역사적 시간의 도전과 책무

·

21세기 사회주의

이 도서의 국립중앙도서관 출판예정도서목록(CIP)은 서지정보유통지원시스템 홈페이지(http://seoji.nl.go.kr)와
국가자료공동목록시스템(http://www.nl.go.kr/kolisnet)에서 이용하실 수 있습니다.
CIP제어번호: CIP2017013731(양장), CIP2017013730(학생판)

역사적 시간의 도전과 책무

21세기 사회주의

한울
아카데미

안토니오 그람시*Antonio Gramsci, 1891~1937*

어틸러 요제프*Attila József, 1905~1937*

체 게바라*Che Guevara, 1928~1967*를 기리며

실재의 물질이 우리를 창조했네,
석탄, 철 그리고 석유가,
이 무시무시한 사회의
거푸집으로 우리를 내던졌네,
열렬하게 그리고 제한받지 않고,
불멸의 땅 위에서,
인류를 위해 우리가 싸우도록.

사제들에 이어 병사들과 시민들,
그리하여 마침내 우리는
법칙의 충실한 경청자가 되었네:
이것이 인간사의 모든 의미가
깊은 비올라처럼
우리에게 쇄도하는 이유라네.

어틸러 요제프

· 차 례 ·

옮긴이의 글 12

추천의 글 16

서문 28

· 제1장 자본의 시간 지상명령의 독재 ·

1.1 개인들의 시간과 인류의 시간	55
1.2 '시간의 형해'로 환원된 인간	66
1.3 역사적 시간 의식의 상실	75
1.4 자유 시간과 해방	82

· 제2장 세계화하는 자본의 통제 불가능성과 파괴성 ·

2.1 자본의 '유기적 체계'에서 잉여노동의 추출	91
2.2 개혁 불가능성, 통제 불가능성 그리고 파괴성	94
2.3 자본 시스템의 3중 내적 균열	96
2.4 전 지구적 국가구성체를 창출하는 데 실패한 자본	98
2.5 국가에 의한 '외생적인 지원'의 만성적 불충분성	100

· 제3장 마르크스주의, 자본 시스템 그리고 사회혁명 ·

3.1 자본에 관한 지구적 관점	105
3.2 노동가치론의 역사적 한계	107
3.3 계속되는 프롤레타리아화와 그에 대한 희망적인 부인	112
3.4 마르크스적 관념의 필수적인 갱신	116
3.5 사회주의의 객관적 가능성?	121
3.6 정치적·사회적 혁명	124
3.7 차별적 착취율의 하향 평균화	129

• 제4장 사회주의냐 야만이냐: '미국의 세기'에서 갈림길로 •

서문	137
4.1 자본 — 살아 있는 모순	139
4.2 제국주의의 잠재적으로 치명적인 국면	151
4.3 사회주의 운동이 직면한 역사적 도전들	191
4.4 결론	214
4.5 군국주의와 임박한 전쟁들 — '사회주의냐 야만이냐'의 보론	217

• 제5장 실업과 '유연한 임시 고용화' •

5.1 실업의 세계화	229
5.2 '유연성'의 신화와 불안정화의 현실	237
5.3 '필요노동시간'의 폭정에서 '가처분 시간'을 통한 해방으로	248

• 제6장 경제 이론과 정치 — 자본을 넘어서 •

6.1 대안적인 경제적 접근법	261
6.2 포괄적인 계획의 필요	265
6.3 자본의 위계적 명령 구조	269
6.4 '개인들의 배후에서 작동하는 경제법칙'에 근거한 예측에서 통제 가능한 미래의 예견으로	274
6.5 비결정론적인 경제 이론을 창조하기 위한 객관적인 전제 조건	282
6.6 사회주의 회계와 해방적 정치	287

• 제7장 지속 가능한 발전의 도전과 실질적 평등의 문화 •

7.1 '자유-우애-평등'이여 안녕   299

7.2 '근대화와 발전'의 실패   304

7.3 구조적인 지배와 실질적 불평등의 문화   308

• 제8장 교육 — 자본을 넘어서 •

8.1 교정할 수 없는 자본의 논리와 그것이 교육에 미치는 영향   319

8.2 치유책은 단지 형식적일 수 없다, 그것은 본질적이어야 한다   328

8.3 "배움은 젊을 때부터 늙어서까지 바로 우리의 삶 자체다"   337

8.4 '노동의 자기 소외를 긍정적으로 초월하는 것'으로서 교육   348

• 제9장 21세기 사회주의 •

9.1 불가역성: 역사적으로 지속 가능한 대안 질서의 불가피함   367

9.2 참여: 연합한 생산자들에게 의사 결정을 점진적으로 이전하기   372

9.3 실질적 평등: 지속 가능성의 절대적 조건   378

9.4 계획: 자본의 시간 남용을 극복하는 데 불가결한 것   386

9.5 이용에서의 질적 성장: 유일하게 실행 가능한 경제   396

9.6 민족적인 것과 국제적인 것: 우리 시대에 이들의 변증법적 상호 보완성   424

9.7 의회주의에 대한 대안: 물질적 재생산 영역과 정치 영역의 통일   448

9.8 교육: 사회주의 의식의 지속적인 발전   474

• 제10장 왜 사회주의인가? 역사적 시간과 근본적 변화의 현실성 •

10.1 시간 규정들의 충돌   518

10.2. 왜 자본주의적 세계화는 작동할 수 없는가?   537

10.3 정치의 구조적 위기   562

10.4 우리 시대의 지평에 오른 새로운 도전과 시간의 긴박성   592

찾아보기 619

• 옮긴이의 글

이 책의 독자들 중에는 5년 전에 단행본으로 출간된『21세기 사회주의』를 읽어보신 이도 있을 것입니다. 당시 1년 후에 완역본을 내겠다고 약속했는데, 5년 반이라는 시간이 흐르고 말았습니다. 약속을 지키지 못해 죄송하다는 말씀부터 드립니다.

『역사적 시간의 도전과 책무: 21세기 사회주의』를 번역해 내게 된 동기와 과정은『21세기 사회주의』의 옮긴이 글에서 밝혔기 때문에 반복하지 않겠습니다. 다만 번역 작업이 늦어지다 보니 원저가 출간된 지도 10년 가까이 흐른 지금 이 책을 내는 일이 어떤 의미가 있을까 하는 의문이 들 수 있습니다. 사실 지난 10년 동안 국내외적으로 '역사적'이라고 할 만한 사건과 변화들이 줄지어 일어났습니다.

나라 안에서는 이른바 '최순실 국정농단 사태'가 폭로된 것을 계기로 누적된 분노가 광범위하게 터져 나오면서 박근혜 정권을 무너뜨리는 '촛불 혁명'이 있었습니다. 국제정치적으로는 리비아와 시리아, 우크라이나 등에서 내전 또는 내분으로 위장된 제국주의 침략 전쟁이 이어졌고, 동시아시아에서는 이른바 '전략적 재균형'을 내세운 미국의 공세 속에 미-중 패권 경쟁이 본격화되면서 한반도부터 동중국해, 남중국해에 이르기까지 군사적 분쟁과 긴장이 고조되었습니다.

세계 여러 나라에서도 전례 없는 일들이 벌어졌습니다. 영국에서는 2015

12 • 역사적 시간의 도전과 책무

년 총선에서 노동당이 패배한 이후 노동당 역사상 처음으로 좌파인 제러미 코빈Jeremy Corbyn이 당 대표가 되더니, 2016년에는 유럽연합 탈퇴 여부를 묻는 국민투표에서 브렉시트Brexit가 가결되는 사태가 벌어졌습니다. 미국에서도 한편으로는 자칭 '민주적 사회주의자' 버니 샌더스Bernie Sanders가 민주당 경선에서 급부상해 힐러리 클린턴Hillary Clinton을 위협하더니, 결국에는 공화당 후보가 되는 것조차 상상하기 어려웠던 극우 포퓰리스트인 도널드 트럼프Donald Trump가 대통령에 당선되는 이변이 일어났습니다. 프랑스에서도 2017년 대선과 총선을 거치면서 공화·사회 양당 체제가 무너졌습니다. 그 외에도 그리스, 스페인, 아이슬란드, 네덜란드, 오스트리아 등 유럽 곳곳에서 한편으로는 신생 좌파 정당이 급부상하고 다른 한편에서는 이민 규제 등을 내세운 극우 정당이 부상해, 보수정당과 사회민주주의 정당을 양대 축으로 하는 기성 정치 모델을 위협하고 있습니다. 1990년대 후반 이래 세계화와 신자유주의에 저항하는 범좌파 세력이 진출해 온 중남미에서는 초국적 자본 및 제국주의 세력과 연계된 반동 세력의 공세가 거칠어지고 있습니다. 전 세계적으로 갈등과 혼돈의 시대라고 할 수 있습니다.

10년 전에 출간된 원저는 당연히 그간에 있었던 이런 역사적 사건들을 분석하고 있지 않습니다. 그런데도 지금 이 책을 내는 이유는 바로 현상만 보아서는 도대체 어디에서 비롯되어 어디로 가는지 알 수 없는 전 세계적인 갈등과 혼돈의 본질을 꿰뚫어 보고 다른 세상을 꿈꿀 수 있는 실마리를 제공해주기 때문입니다.

메자로스에 따르면, 지금 계속되는 세계적인 갈등과 혼돈의 뿌리는 자본의 구조적 위기입니다. 메자로스는, 노동에 대한 위계적 지배와 잉여노동의 착취에 기반을 둔 하나의 사회신진대사 통제 시스템 또는 양식으로서의 자본에 내재한 구조적 한계를 분석함과 더불어, 현 시기를 그러한 자본의 구조적 한계가 전면적으로 활성화되면서 정세적 위기를 넘어 구조적 위기에 처한 '역사적 시간historical time'으로 파악합니다. 메자로스의 이 말을 빌리지 않더라도 자본이 인간의 존엄과 주체성, 인간다운 삶의 향상이라는 인류 진보와 양립할 수 없는 지점에 와 있음은 부인하기 어렵습니다. 전 세계적으로 구조화된 대량 실업, 생태적 지속 가능성의 위기, 인류 절멸 전쟁의 가능성 등이 두드러진 증거입니다. 메자로스가 특히 강조하는 것은 자본의 사회신진대사 통제 시스템에 대한 근본적인 대안, 즉 사회주의적 사회신진대사 통제 시스템을 수립해야 할 시간적 긴급성입니다.

이러한 문제의식에서 메자로스는 '자본주의'와는 구별되면서 그 뿌리에 있는 '자본 시스템'의 본질과 그것을 극복할 필요성, 노동시간 단축과 가처분 시간의 해방적 잠재력, 연합한 생산자들의 자기 결정에 기반을 둔 사회신진대사 통제 양식으로서의 사회주의, 계획의 중요성과 포괄적 방식, 실질적 평등의 필요성, 노동과 교육의 보편화, 민족적인 것과 국제적인 것 사이의 관계, 의회주의 비판과 국가의 소멸, 사회주의 이행에서 교육의 역할, 노동운동의 전략 등 거대 이슈들을 두루 정면으로 다루면서 사회주의의 필연성과 가능성을 논의합니다. 그리고 이러한 이슈들을 검토하는 과정에서 20세기에 풍미한 '역사적 사회주의'와 '사회민주주의'의 한계와 문제를 비판적으로 분석하고 '21세기 사회주의'가 지향해야 할 원리들을 제시합니다.

1990년대에 '역사적 사회주의' 체제가 무너진 이후 거대 담론은 현실을 변화시키지 못하는 관념의 유희로 비판의 대상이 되었습니다. 그러나 문제는 거대 담론 자체가 아니라 제대로 된 거대 담론의 부재였다고 할 수 있습니다. 낡은 교조를 붙들고 있는 것도 문제이지만 근본적으로 우리가 도대체 어디로 가고 있는지, 어떤 세상을 꿈꿀 수 있는지, 그 꿈을 이루기 위해 무엇을 어떻게 해야 할지 진지하게 탐색하고 방향을 설정하지 않는다면 우리의 실천은 나침반 없는 맹목적인 노력이 될 것입니다. 그리고 자본이 만들고 지배하는 거대 구조의 틀 안에서 시시포스의 노동을 반복하는 꼴이 될 수밖에 없습니다. 그런 의미에서 이 책은 자본이 인간을 지배하는 세상을 넘어 인간해방의 세상으로 나아가기 위해 우리가 생각하고 대결해야 할 문제들에 대해서, 비록 정답은 아닐지라도, 더 넓고 더 깊게 생각할 수 있는 시각을 제공해줄 것입니다.

『21세기 사회주의』에서도 밝혔지만 메자로스의 글은 내용도 간단하지 않은데다 워낙 길고 복잡한 문장이 많아서 번역이 쉽지 않았습니다. 전체적으로 직역에 가깝게 뜻을 정확히 전달하는 데 중점을 두면서도, 맥락이 닿는 한 긴 문장을 여러 개의 짧은 문장으로 나누고 가능하면 쉽게 읽을 수 있게 표현하려고 애를 썼습니다. 그렇지만 여전히 이해하기 어려운 부분이 적지 않을 것입니다. 또 옮긴이의 부족함으로 잘못 이해하고 번역한 부분도 있지 않을까 걱정됩니다. 너그럽게 양해해주시고 많이 지적해주시기 바랍니다.

다시 한 번, 이 책이 역사적 수명이 다한 자본주의를 넘어 인간해방의 길을 찾고자 하는 모든 분에게 하나의 활력소가 되기를 바랍니다.

2017년 7월
전태일을 따르는 민주노동연구소

• 추천의 글

　한때 카를 마르크스Karl Marx는 "이론이 대중을 사로잡자마자 그것은 ……
물질적 힘이 된다"라고 서술했다.[1] 이스트번 메자로스István Mészáros가 그의
새로운 책에서 설명한 바에 따르면, 이런 일이 일어나기 위해서는 이론이
'역사의 근본적 개방성'을 잃지 않으면서 특정한 시기의 민중의 필요를 파
악한 역사적 시간[2]의 도전과 책무를 떠맡아야 한다.

　오늘날 메자로스의 이론적 통찰력은 라틴아메리카의 볼리바르[3] 혁명 속
에서 활약하는 다양한 세계사적 행위자를 통해 대중을 사로잡음으로써 물
질적인 힘이 되고 있다. 2007년 1월 24일 ≪뉴욕타임스≫는 베네수엘라 대
통령 우고 차베스Hugo Chávez의 잘 알려진 '이스트번 메자로스에 대한 존경'을
언급하면서 "상대적으로 잘 알려지지 않은 헝가리의 마르크스주의 학자인

1　Karl Marx and Frederick Engels, *Collected Works*, vol.3(New York: International
　Publishers, 1975), p. 182.
2　'역사적 시간'은 사람들이 살아가는 시간 자체를 동일한 것의 지속이 아니라 변화하는 역
　사 속에서 일정한 특수성을 갖는 시간(또는 시대)으로 바라본다는 의미와 더불어 역사적
　인 차원의 거대한 또는 근본적인 변혁을 요구하는 시대라는 의미를 내포한다. ― 옮긴이
3　시몬 볼리바르(Simón Bolivar, 1783~1830). 남아메리카의 독립운동 지도자. 콜롬비아,
　베네수엘라, 에콰도르를 해방시키고 이를 합한 콜롬비아공화국과 볼리비아공화국을 수
　립했다. 그는 스페인에 뿌리를 둔 신생 공화국의 유대를 목표로 파나마(Panama)회의를
　개최했는데, 이는 '범아메리카주의'의 기초가 되었다. ― 옮긴이

메자로스는 1천 쪽에 달하는 그의 책『자본을 넘어서*Beyond Capital*』에서 자본주의의 대안이 있다고 주장한다"라고 보도했다.

하지만 메자로스는 '상대적으로 잘 알려지지 않은' 사상가가 결코 아니다. 그는 1930년에 태어나 1949년에 부다페스트 대학에 입학했는데, 이 대학에서 20세기의 대단히 뛰어난 마르크스주의 철학자 죄르지 루카치*György Lukács*[4]의 젊은 조교가 되었다. 1956년 소련이 헝가리를 침공한 후 그는 헝가리를 떠나 영국 서식스 대학에서 철학 교수로 자리를 잡았다. 이후 마르크스, 루카치, 사르트르*Jean Sartre*에 관한 저작을 포함해 수많은 철학, 정치경제학, 문화 관련 저작을 저술했다. 그중『마르크스의 소외론*Marx's Theory of Alienation*』(1970)은 권위 있는 아이작 도이처*Issac Deutscher* 상을 수상했다.

메자로스는 아이작 도이처 기념 강연 "사회적 통제의 필연성*The Necessity of Social Control*"과 1971년『마르크스의 소외론』제3판의 서문에서 '자본의 지구적인 구조적 위기' 문제를 처음 제기했다.[5] 그는 자본주의 내부와 탈자본주의 소련 체제의 내부에서 일어나고 있던 거대한 변화를 인식하고, 긴급한 이 쟁점에 집중하기 위해 수년 동안 저술해온 주요 철학 저작『방법의 사회

---

4 헝가리의 마르크스주의 철학자, 미학자, 문학 이론가, 스탈린주의를 비판하는 서구 마르크스주의 전통의 창시자(1885~1971). 1918년 헝가리 공산당에 입당해 헝가리 소비에트 공화국의 인민위원이 되었으며, 공화국이 반혁명으로 무너지자 오스트리아 빈으로 망명했다. 그 후 독일, 소련에서 거주했으며, 1945년 제2차 세계대전을 통해 헝가리가 해방된 이후 부다페스트 대학의 미학·철학 교수를 역임했다. 1956년 소련에 의해 너지(Nagy) 정권이 붕괴되자 너지 정권에 참여하고 소련에 반대했다는 이유로 추방되었다가 1957년 귀국이 허용되었다. 문학과 미학에 대한 많은 저작이 있으며 대표적인 저작은『역사와 계급의식(Geschichte und Klassenbewusstsein)』(1923)이다. ─ 옮긴이

5 István Mészáros, *The Necessity of Social Control*(London: Merlin, 1971). 이 책은 나중에 István Mészáros, *Beyond Capital*(New York: Monthly Review Press, 1995)에 부록으로 실렸다. 또한 István Mészáros, *Marx's Theory of Alienation*(London: Merlin, 1975), p. 10을 참조하라.

적 규정The Social Determination of Method』과 『구조와 역사의 변증법The Dialectic of
Structure and History』을 미완성 형태로 미뤄야만 했다. 그 결과로 일련의 주요
저작 세 편이 탄생하게 되었는데, 바로 『이데올로기의 힘The Power of Ideology』
(1989), 『자본을 넘어서』(1995), 『역사적 시간의 도전과 책무The Challenge and
Burden of Historical Time』이다.

메자로스의 기념비적인 책 『자본을 넘어서』는 관점의 근본적인 변화와
고전 마르크스주의의 혁명적인 잠재력을 되살린 점에서 마르크스주의 사
상 발전사에서 하나의 전환점을 이루었다. 이 책은 철학, 정치학, 경제학의
광범한 범위를 다룬다. 책 제목은 이 책이 지향하는 3중 목표를 반영했다.
첫째, 자본 시스템capital system[6]을 넘어서고, 둘째, 마르크스의 『자본론Das
Kapital』을 넘어서며, 셋째, 19세기와 20세기의 역사적 조건 아래에서 이해
되었던 마르크스주의 프로젝트project를 넘어서는 하나의 전망을 발전시키는
것이다.

『자본을 넘어서』에서 다음과 같은 수많은 이론적 혁신이 이루어졌다.

1. '자본 시스템'을 강조한 것. 자본 시스템은 생산수단의 사적 소유와 결합된 자본주
   의라는 역사적으로 특수한 제도 질서와 구별되는 것이며 노동력 착취에 근거한
   자본 체제regime of capital를 말한다.[7]

6　'자본 시스템' 개념은 메자로스가 소련, 동유럽 등 현실 사회주의국가(탈자본주의사회)의
　　실패를 비판적으로 성찰하면서 새롭게 사용한 용어로 자본주의 또는 자본주의 체제 개
　　념과 구별된다. 또한 이 개념은 생산수단의 사적 소유와 결합된 자본주의라는 역사적으
　　로 특수한 생산양식과 구별되는 것으로, 노동력 착취에 근거한 자본 체제를 뜻한다. 그는
　　소련 사회가 탈자본주의를 지향했으나 자본 시스템 전체를 근절하지 못했기 때문에 결
　　국 내적으로 파열되었으며 자본주의의 복원으로 귀결되었다고 비판한다. 그리고 마르크
　　스의 『자본론』에서 이루어지는 비판의 초점이 특수한 생산양식으로서 '자본주의'라기보
　　다 하나의 포괄적인 사회관계 또는 사회신진대사 통제 시스템으로서 '자본'에 맞춰져 있
　　다는 점을 강조하며 '자본 시스템' 개념을 도입했다. ― 옮긴이

2. 자본 시스템을 사회의 모든 측면에 침투한 '사회신진대사[8] 통제'의 특정한 질서로
   취급한 것.

3. '자본의 절대적 한계들'을 분석한 것.

4. 탈자본주의사회, 특히 소련 시스템을 자본 시스템 전체를 근절하는 데 실패한 것
   으로 비판한 것.

5. 자본의 완전한 근절을 위한 역사적 조건을 서술한 것. 이는 사회신진대사 통제에
   대한 실질적 평등에 뿌리를 둔 대안적 질서를 수반한다.

----

7 메자로스는 마르크스가 비판의 초점을 특수한 제도 질서(생산양식)로서 자본주의에 두기
   보다 하나의 포괄적인 사회관계 또는 사회신진대사 통제 시스템으로서 자본에 두었다는
   점을 인식하는 것이 핵심적으로 중요하다고 본다. 이와 관련해, 그의 관점에 따라 프리드
   리히 엥겔스(Friedrich Engels)의 감독 아래 탄생한 『자본론』 제1판 영어 번역본에서 『자
   본론』 1권의 부제목이 '자본의 생산과정'으로 정확하게 번역되지 않고 '자본주의적 생산의
   비판적 분석'으로 번역된 것은 유감스러운 일이다. Mészáros, *Beyond Capital*, p. 912를 참
   조하라.

8 신진대사(新陳代謝, metabolism)란 '물질대사'와 같은 말로, 사전적 의미로는 '생물체가
   몸 밖에서 섭취한 영양물질을 몸 안에서 분해하고 합성해 생체 성분이나 생명 활동에 쓰
   이는 물질이나 에너지를 생성하고 필요하지 않은 물질을 몸 밖으로 내보내는 작용'을 뜻
   한다. 마르크스는 노동과정에 대한 설명에서 인간과 자연의 관계를 이 용어로 표현한다.
   "(노동)과정에서 인간은 자신과 자연 사이의 신진대사를 자신의 행위에 의해 매개하고
   규제하고 통제한다." 기존의 마르크스주의 용어법에서는, 생산에서 인간과 자연 관계를
   '생산력', 생산에서 인간들 사이의 사회관계를 '생산관계'로 표현한다. 마르크스주의의 자
   본주의 분석과 비판은 주로 생산관계와 가치 차원에 집중되어 이루어졌다. 따라서 마르
   크스주의 분석 틀에서 인간과 자연의 관계와 사용가치 차원에 대한 이론적 분석과 비판
   이 소홀해지는 한계가 드러났으며, 자본주의의 자연 파괴와 생태 문제를 체계적으로 분
   석하고 비판하지 못했다. 메자로스는 기존 마르크스주의의 분석 틀이 가진 이런 한계를
   극복하기 위해 '사회신진대사(social metabolism)' 개념을 도입해 인간들 사이의 사회관
   계와 가치 차원에 인간과 자연의 관계와 사용가치 차원을 체계적으로 통합하려고 시도
   한다. 즉, '사회신진대사' 개념은 인간들 사이의 사회관계뿐만 아니라 인간과 자연의 관
   계까지 포괄하며 가치뿐만 아니라 사용가치 차원도 중요하게 포함한다. 따라서 이 개념
   은 자본주의의 모순과 한계를 총체적으로 분석할 수 있게 한다. 동시에 '21세기 사회주
   의'라는 대안을 더욱 총체적이고 풍부하게 구상할 수 있게 한다. — 옮긴이

대니얼 싱어*Daniel Singer*가 메자로스의 주장이 갖는 혁명적 함의를 요약한 바와 같이 "폐지되어야 할 것은 고전적인 자본주의사회뿐만 아니라 자본의 통치 그 자체다. 자본의 통치는 노동의 지배에 달려 있다. 실제로 소련 사례는 자본의 통치가 의존하는 노동의 지배를 근절하지 않는다면 '수탈자를 수탈하는 것'으로는 충분하지 않다는 것을 입증한다".[9] 메자로스는 『자본을 넘어서』에서 요한 괴테*Johann Goethe*[10]의 삶에서 가져온 비유를 사용해, 인류의 집을 구성하는 건물을 바닥층부터 위층까지 교체함으로써 결국 완전히 새로운 구조물이 되도록 해야 한다고 주장했다. 비록 인류가 그 건물 안에 살고 있는 중일지라도 말이다.[11]

메자로스는 『자본을 넘어서』에서 젠더 지향적이고 생태학적인 인간해방의 개념을 자본 체제를 넘어서는 데 필수 요소로 설득력 있게 포함해 마르크스주의적 비판의 범위를 확장하는 데 기여했다. 이러한 개념 없이는 실질적 평등과 진정으로 지속 가능한 발전이라는 필요조건을 달성할 수 없다. 메자로스는 다른 어느 책보다 이 책에서 자본의 통제 불능성과 낭비성을 더욱 빈번하게 부각했다. 그는 전체적인 자본의 지배가 점점 자신의 내적 모순을 다른 곳으로 치환置換할 수 없게 된 결과 절대적인 한계에 도달해 지구적인 구조적 위기를 낳고 있다고 주장했다.

또한 그는 영국 총리 마거릿 대처*Margaret Thatcher*의 "대안은 없다"라는 선언을 거부하면서, 유일하게 실행 가능한 대안은 자본이 아닌, 연합한 생산자[12]들에게 사회에 대한 통제를 완전히 이전하는 것을 필요로 한다고 주장

---

9 Daniel Singer, "After Alienation," *The Nation*, June 10, 1996.
10 독일의 위대한 시인이자 자연 연구가이기도 한 사상가(1749~1832). 초기에는 낭만주의 입장을 취했지만 후기에는 고전주의 입장에 섰다. 문학 활동 외에도 광학에서 색채론을 주장했고 지질학을 연구했으며, 생물학에서는 진화론 사상을 주장했다. ─ 옮긴이
11 또한 이 책도 참조하라. Mészáros, *Beyond Capital*, p. 423, 493.
12 자본주의적 생산관계 아래에서 자본에 고용된 노동자들이 위계적으로 편성된 노동자 집

했다. '혼합' 체제(자본주의와 사회복지의 화해)라는 사회민주주의적인 꿈은 기만적인 것으로 기각될 수밖에 없었다. 사회민주주의는 자신의 개혁을 통해 자본 시스템의 내적 신진대사를 손보는 데 실패함으로써 도처에서 신자유주의나 원래의 거친 자본주의로 넘어갔다.

우고 차베스가 "주권이 있는 인민은 권력의 객체이자 주체로 변혁되어야 한다. 이 선택은 혁명가로서는 타협할 수 없는 것이다"라고 선언한 1995년에 이미 메자로스는 차베스가 필요한 대안적인 경로를 그리고 있음을 인식했다.[13] 이는 『자본을 넘어서』에 서술된 메자로스의 분석이 얼마나 통찰력이 있었는지를 보여준다[차베스는 1998년 대선에서 승리하여 대통령이 되었다. 1995년은 쿠데타 시도(1992년)로 투옥되었다가 석방된 차베스가 정치에 뛰어든 지 얼마 되지 않은 시점이었다 — 옮긴이]. 그 후 베네수엘라 대통령이 된 차베스는 『자본을 넘어서』의 분석에 의지했다. 자본주의적 상품 교환에 반대하고 공동체적인 '활동 교환'의 필요성을 강조한 이 책의 주장을 자신의 관점에 반영했으며, 메자로스를 따라 공동체적 교환을 혁명적 사회변혁의 "아르키메데스의 점"[14]으로 선정했다.[15] 그 결과 '우리 아메리카 민중을 위한 볼리

단을 구성하는 것과 대비해 사용하는 개념으로, 자본주의를 넘어선 사회주의사회에서 자유롭고 대등한 생산자들이 맺는 사회관계를 뜻한다. — 옮긴이

13 Mészáros, *Beyond Capital*, p. 711에 인용된 차베스. 또한 István Mészáros, "Bolivar and Chávez: The Spirit of Radical Determination," *Monthly Review*, vol.59, no.3 (2007), pp. 55~84를 참조하라.

14 '아르키메데스의 점(Archimedean point)'이란 관찰자가 총체적 관점에서 탐구 주제를 객관적으로 지각하게 해주는 가설적 지점을 가리킨다. 연구 대상을 그 밖의 모든 것들과의 관계에서 볼 수 있도록 하고 그것들을 독립적인 것들로 유지하도록 하는, 그 연구 대상에서 "자신(관찰자)을 제거하기"라는 이상(Ideal)이 '아르키메데스의 점'의 관점으로 묘사된다. 이 표현은 고대 그리스의 과학철학자 아르키메데스가 충분히 긴 지렛대와 그것이 놓일 장소만 주어진다면 지구라도 들어 올릴 수 있다고 주장했던 것에서 유래한다. — 옮긴이

15 Michael Lebowitz, *Build It Now: Socialism for the Twenty-First Century*(New York:

바르 동맹$_{ALBA}$'[16]에 소속된 국가들 간의 직접적인 '활동 교환', 베네수엘라의 주민평의회[17] 발흥, 초국적 자본의 정치적 헤게모니를 해체하는 것을 목표하는 베네수엘라와 볼리비아의 새로운 제헌의회, 라틴아메리카 혁명에서의 작업장 협동조합 확산 등을 통해 자본주의적 상품 교환의 절대적인 지배가 완화되는 중이다.

『역사적 시간의 도전과 책무』는 자본 시스템에 대한 메자로스의 비판에서 반드시 필요한 해답의 열쇠라고 할 수 있는 『자본을 넘어서』를 대신하려고 의도된 책이 아니다. 오히려 두 책은 여러 방식으로 중첩되며 상호 보완한다. 이 책은 『자본을 넘어서』에 비해 분량이 더 적고 내용 측면에서 더 쉽게 접근할 수 있다는 이점을 가진다. 이에 따르면 이 책을 『자본을 넘어서』에 대한 장문의 서론이나 연장된 후기로서 읽을 수도 있다. 하지만 메자로스의 새로운 책 『역사적 시간의 도전과 책무』는 그런 것을 훨씬 뛰어넘는다. 『자본을 넘어서』가 자본의 지구적인 구조적 위기와 사회주의 이행移

Monthly Review Press, 2006), pp. 107~108; Mészáros, *Beyond Capital*, pp. 758~760.

16 ALBA는 라틴아메리카와 카리브 제도 국가들 간의 사회적·정치적·경제적 통합 사상에 기반을 둔 국제협력기구다. 미국이 제안한 미주자유무역지대(FTAA)의 대안으로 베네수엘라의 차베스 정부가 제안해 2004년 창설되었다. 자유무역협정(FTA) 같은 무역자유화가 아니라 사회복지, 구상무역과 호혜무역의 비전을 바탕으로 지역적 경제통합을 추구한다. 회원국은 현재 8개국, 즉 베네수엘라, 쿠바, 에콰도르, 볼리비아, 니카라과, 도미니카, 앤티가 바부다, 세인트빈센트 그레나딘이다. ALBA가 표방하는 원칙은 국민 삶 향상, 모든 회원국 국민에게 무상의료와 무상교육 제공, 회원국 토지 재분배와 식량 안보, 국영기업 육성, 노동운동·학생운동·사회운동 장려, 친환경적 사업 등이다. — 옮긴이

17 주민평의회는 카라카스 같은 일반 도시 중심의 약 200~400가구를 한 단위로 하는 주민자치 조직이다. 각 지역의 주민이 자신의 필요와 요구를 주민 회의를 통해 기획, 결정, 집행하는 체계적이고 조직적인 모임이다. 중앙정부에서 예산을 지원받아 어려움에 처한 이웃의 생활고를 해결하는 경제 부조부터 무료 급식, 지역개발사업, 협동조합 건설 등까지 역할을 점차 늘려가고 있다. 주민평의회는 민중 권력의 맹아이며, 현재 몇 개의 주민평의회들이 네트워크 형태로 결합해 코뮌(Commune) 단위로 발전하고 있다. — 옮긴이

行의 필연적 경로를 강조하고 있는 반면에 『역사적 시간의 도전과 책무』는 역사적 시간 자체에 초점을 맞춘다. 이 책은 사회주의적 시간성의 필연적 형태와 역사의 근본적 개방성을 다룬다. 『마르크스의 소외론』에서 메자로스가 마르크스의 혁명적 세계관의 규정적 특징으로 역사의 근본적 개방성을 지목한 이래 그의 사상에서 역사의 근본적 개방성은 중심 주제로 기능해왔다.

메자로스가 '시간의 참수斬首'라고 부르는 것은 자본 시스템 안의 모든 수준에서 작동한다. 존 로크John Locke,[18] 애덤 스미스Adam Smith, 이마누엘 칸트Immanuel Kant, 게오르크 헤겔Georg Hegel 같은 매우 위대한 부르주아 사상가들은 모두 자본주의의 발흥과 동일시되는 '역사의 종말'을 다양한 방식으로 언급했다. 역사에 대한 똑같은 이데올로기적 폐쇄를 오늘날 세계화에 대한 지배적인 개념들에서, 모더니즘·포스트모더니즘이라는 관념에서, '대안은 없다'라는 끊임없는 신자유주의의 주문呪文에서, 소련의 몰락이 역사의 종말에 관한 옛날 헤겔의 견해가 옳았음을 증명했다는 프랜시스 후쿠야마Francis Fukuyama의 주장에서 볼 수 있다.

미래에 대한 이런 기만적인 폐쇄는 알베르트 아인슈타인Albert Einstein이 1949년에 발표한 논문 「왜 사회주의인가?Why Socialism?」에서 "개인들의 불구화"라고 비판한 것을 불가피한 일로 합리화하려고 의도된 것이다. 아인슈타인은 개인들의 불구화를 "자본주의의 최악의 해악"으로 보았고, 동시에 이것을 사회주의를 역사적으로 추구하는 일이 사활적으로 중요한 이유로 꼽았다.[19] 가처분 시간[20]에 대한 자유로운 인간의 통제는 자본의 시간회계 체

---

18 영국의 철학자이자 정치사상가(1632~1704). 계몽철학과 경험론 철학의 원조로 불린다. 자연과학에 관심을 가졌고 반(反)스콜라적이었으며 『인간오성론(An Essay Concerning Human Understanding)』(1690) 같은 저서를 남겼다. 교육에도 많은 관심을 보여 개인의 본성에 따라 적합한 소질을 발전시켜야 한다고 주장했다. — 옮긴이

19 Albert Einstein, "Why Socialism?," *Monthly Review*, vol.1, no.1(1949), p. 14.

계에서는 최소화된다. 자본의 시간회계 체계는 기득권의 이익을 위해 삶을 생산성과 이윤 향상을 지향하는 끝없는 분分 단위 결정으로 바꾼다. 마르크스가 관찰했듯이, 이런 조건 아래서는 "시간이 모든 것이고, 인간은 아무것도 아니다. 즉, 인간은 기껏해야 시간의 형해形骸[21]일 뿐이다".[22] 개개인의 생활은 하나의 추상적 실재, 즉 추상적 가치의 증진을 위해 바쳐진다.

따라서 자본의 '끝이 잘린 시간회계'는 다른 모든 고려를 배제한 채 정밀한 분업을 더할 수 없을 만큼 촉진하는 데 기초를 둔다. 자본 시스템은 속도와 양을 근시안적으로 추구하면서 자신이 끼치는 어마어마한 인간적·사회적·생태적 손실을 단지 '부수적인 피해'로 치부한다. 이와 달리 라틴아메리카의 해방자 시몬 볼리바르의 위대한 유토피아적 사회주의 스승이었던 시몬 로드리게스Simón Rodriguez는 1847년에 다음과 같이 서술했다.

> 재화 생산에서 분업은 노동력을 야수처럼 비인간적으로 만드는 데 기여할 뿐이다. 만약 값싸고 성능이 뛰어난 손톱깎이를 생산하기 위해 노동자를 기계로 떨어뜨려야 한다면, 우리는 손톱을 이로 깎는 편이 더 나을 것이다.[23]

---

20 '자유롭게 연합한 생산자 사회'인 사회주의에서 노동을 조직하는 원리는 사회적으로 가용한 노동력을 사회적 필요에 따라 합리적으로 배치하는 것이다. 사회 전체를 위한 필요 노동시간은 사회적 개인의 필요 욕구에 따라 규정되고, 사회적 생산력이 발전함에 따라 가처분 시간은 증대한다. 따라서 필요노동시간이 크게 단축되고 자기 개발과 향유를 위한 '자유 시간'인 가처분 시간이 크게 증대한다. 즉, 노동의 보편성과 노동시간이 크게 단축되는 사회주의 원리를 표현한 것이 '가처분 시간' 개념이다. 마르크스는 사회주의사회에서 부(富)의 척도는 노동시간이 아니라 가처분 시간이라고 주장했다. ― 옮긴이

21 '시간의 형해'란 시간이 인간의 신체 형태를 갖춘 것, 즉 인간의 삶이 노동하는 시간으로만 계산되는 자본주의에서 임금노동자의 비인간적인 상태를 비유적으로 표현한 것이다. ― 옮긴이

22 Marx and Engels, *Collected Works*, vol.6, p. 127.

23 Richard Gott, *In the Shadow of the Liberator*(London: Verso, 2000), p. 116에 인용된 로드리게스.

메자로스의 견지에서 볼 때 인류의 자기 개발이 진정으로 강조될 경우 평등적인 사회관계를 위한 전제 조건이 창출되는 한편, 정상적인 노동시간을 주당 20시간 이하로 줄이는 것이 가능하게 된다.

『역사적 시간의 도전과 책무』에서 메자로스는, 자본 시스템은 앞을 내다보는 일에서 '단기주의'를 넘어설 수 없다고 주장한다. 이것은 다음과 같은 3중의 모순과 연관된다.

1. 사회신진대사 통제 양식의 적대적인 성격에서 유래하는 내재적인 '통제 불가능성'.
2. 끊임없는 경쟁과 독점의 변증법.
3. 경제적으로는 세계화하는 경향을 갖는데 지구적 수준의 정치적 통합에는 무능함.
   이에 자본 시스템은 계획에 대해 깊은 반감을 보인다.

그 결과 인간 노동의 지위를 끊임없이 낮추는 것, 이용률을 감소하는 것, 금융적 기생을 급속히 증대하는 것, 핵 절멸의 위협이 증가하는 것, 야만이 증대하는 것,[24] 지구의 생태적 파국을 가속화하는 것이 특징인 낭비와 파괴가 극대화된다. 1999년 10월 19일 아테네에서 메자로스는 "사회주의냐 야만이냐"라는 제목의 대중 강연을 진행했는데, 강연 내용은 나중에 같은 제목의 소책자로 증보되어 2000년 그리스와 이탈리아에서, 2001년 영국에서 간행되었다. (이 책의 제4장으로도 포함되었다.) 이 소책자에서 그는 2001년 9·11 사태 훨씬 이전에 세계는 "잠재적으로 제국주의의 가장 치명적인 단

---

24 초기 사회주의 사상에 따르면 야만은 자본주의 '문명' 아래 온전히 극복되기보다 더욱 진전되고 세련되어지는 것으로 생각되었고, 특히 노예제, 강제 노동, 여성의 야만적 예속, 자의적 구속, 제국주의 전쟁, '토착민 절멸', 환경 파괴를 통해 매우 극단적인 형태의 착취, 인권 박탈과 결합되었다. 메자로스는 자본 시스템이 이런 의미의 야만을 오히려 더 큰 규모로 조장하고 있다고 시사한다. John Bellamy Foster and Brett Clark, "Empire of Barbarism," *Monthly Review*, vol. 56, no. 7(2004), pp. 1~15를 참조하라.

계"에 들어섰다고 주장했다. 지금 미국은 자본 시스템의 국가(세계국가 ─ 옮긴이)가 되려는 헛된 시도로 인류가 절멸하는 위험을 무릅쓰면서 실제로 전 지구와의 전쟁에 빠져들고 있다.[25]

『역사적 시간의 도전과 책무』에서 메자로스는 가장 혁명적인 평등주의 형태의 사회주의가 제시하는 대안적인 사회신진대사 통제 양식은 전혀 다른 시간회계를 요구한다고 설명한다. "합리적인 살림살이"에 기초한 지속 가능한 발전은 실질적으로 평등한 사회에서만 가능한 일이다. 볼리바르가 평등은 "법칙들의 법칙"이라고 매우 웅변적으로 강조한 원칙에 따라, 연합한 생산자들이 사회의 주체이자 객체가 되는 시스템이 요구된다.[26] 이런 시스템은 위에서 지시하는 명령이 아니라, 집단적인 필요와 매우 광범위한 민주주의적인 참여에서 생겨나는 포괄적인 사회적 기획을 통해서 성취할 수 있다.[27] 이 시스템이 목표하는 것은 필요와 생산성 사이에 현존하는 괴리를 극복할 질적인 인간 계발을 추구하는 근본적으로 변화된 시간회계다. 이런 방향으로 진전된 혁명은 결국 '역사적으로 불가역적'인 상태가 될 것이다.

메자로스는 어린 시절부터 그의 조국 헝가리의 혁명 시인인 어틸러 요제프[28]에게서 많은 영감을 받았다. 따라서 메자로스가 요제프의 문구를 자주

---

25 이 측면과 관련해서, 열렬한 갈채를 받은 마이클 하트(Michael Hardt)와 안토니오 네그리(Antonio Negri)의 『제국(Empire)』을 지지하는 제국주의의 종말에 관한 공허한 주장들과 비교할 때 메자로스의 주목할 만한 통찰력은 훨씬 돋보인다. John Bellamy Foster, "Imperialism and 'Empire'," *Monthly Review*, vol.53, no.7(2001), pp. 1~9를 참조하라.

26 Simón Bolivar, "Message to the Congress of Bolivia, May 25, 1826," *Selected Works*, vol.2(New York: The Colonial Press, 1951), p. 603.

27 이 점에서 메자로스는 Harry Magdoff and Fred Magdoff, "Approaching Socialism," *Monthly Review*, vol.57, no.3(2005), pp. 19~61에 의존한다.

28 헝가리의 시인(1905~1937). 독특한 낭만적 사실주의 형식으로 사회의 부정에 대한 분노와 항의, 실의와 절망을 표현한 많은 서정시를 발표했다. 아버지가 가족을 버리고 떠나면

인용하고 새로 쓴 책을 요제프에게 헌정하는 것은 놀라운 일이 아니다. 메자로스는 요제프의 시에서 다음과 같은 대목에 주목한다.

> 사제들에 이어 병사들과 시민들,
>
> 그리하여 마침내 우리는
>
> 법칙의 충실한 경청자가 되었네 …….[29]

이 시는 이론이 대중을 사로잡은 결과, '법칙에 충실히 귀를 기울이는' 새로운 물질적 힘이 출현하는 역사적 시간의 도전과 책무를 표현한다.

존 벨라미 포스터_John Bellamy Foster[30]

서 청소부로 일하는 어머니 아래에서 궁핍한 어린 시절을 보냈으며, 훗날 매형의 도움으로 오스트리아와 파리에서 문학을 공부하며 헤겔과 마르크스의 영향을 받았다. 『문학과 사회주의(Irodalom és szocializmus)』(1931)라는 평론을 내기도 했으며, 1930년 헝가리 공산당에 입당해 활동했으나 1934년 알려지지 않은 이유로 출당되었다. 『미인의 거지(A szépség koldusa)』(1922), 『내가 쏜 게 아니다(Nem én kiáltok)』(1925), 『나는 아버지도 어머니도 없다(Nincsen apám se anyám)』(1929), 『많이 아프다(Nagyon fáj)』(1935) 등의 시집이 있으며, 노동계급의 상징으로 묘사된 다뉴브 강을 노래한 시를 많이 썼다. ─ 옮긴이

29 "On the Edge of the City," in Attila József, *The Iron-Blue Vault*(Newcastle upon Tyne: Bloodaxe Books, 1999), p. 100. 실제 사용된 영어 번역은 이 책의 제10장 제1절에 나와 있는 메자로스의 번역을 따른 것이다.

30 미국 오리건 대학(The University of Oregon) 사회학 교수(1953~). 미국 독립 사회주의 잡지 ≪먼슬리 리뷰(Monthly Review)≫ 편집인. 정치경제학, 환경사회학, 마르크스주의 이론 등에 관한 연구와 저술 활동을 하고 있다. ─ 옮긴이

◦ 서문

이 책은 20세기의 위대한 인물인 안토니오 그람시,[1] 어틸러 요제프, 체 게바라를 추념하는 데 바치는 것이다. 그람시와 요제프의 비극적인 죽음으로부터 70년, 체 게바라의 비극적인 죽음으로부터는 30년이 지났다. 그들은 자신들이 겪은 비극적인 결과에 결코 굴복하지 않고 모든 난관에 맞서면서 연이은 극단적 위기가 찢어놓은 시대의 지속적인 도전에 맞섰다. 그리고 자신들이 살아간 역사적 시간의 책무를 궁극적인 한계까지 지고 갔다. 그들은 모범적인 헌신과 원대한 비전을 통해 자신들이 처한, 최악이라 할 수 있는 불우한 환경의 제약을 뛰어넘을 수 있었다. 그들이 추구한 비전은 의식적으로 채택하고 또 열정적으로 옹호한 전망으로서 인류가 유일하게 실행 가능한 미래인 사회주의를 향했다.

그람시, 요제프, 체 게바라는 20세기 동안 자본의 사회질서에서 위기가

---

1 이탈리아의 마르크스주의자로서 탁월한 이론가이자 이탈리아 공산당의 창설자(1891~ 1937). 파시스트 정권에 의해 20년 형을 선고받아 복역 중 1937년 감옥에서 사망했다. 안 토니오 그람시는 특히 역사유물론 연구에 집중해 토대와 상부구조, 프롤레타리아와 인 텔리겐치아의 관계, 사회 발전에서 이데올로기 역할 등에 대해 깊이 있는 견해를 개진했다. 당시 서유럽 여러 나라의 공산당에 광범위하게 나타난 우편향의 이데올로기적 기초, 기계론적 철학을 폭로하고 가톨릭주의와 베네데토 크로체(Benedetto Croce)의 관념론을 비판했다. — 옮긴이

심화하는 것을 목격한 위대한 증인들이다. 그들은 전례 없이 격렬하게 진행되는 그 위기가 인류의 생존 자체를 위협하기 시작했다는 사실을 온전히 의식했다. 그람시와 요제프는 국제정치적·군사적 권력관계를 다시 규정하려는 파시스트*fascist*와 나치 파시스트의 폭력적인 시도를 보면서, 체 게바라는 생애 최후 몇 년 동안 패권 제국주의를 통해 세계 질서를 영구적으로 지배하려는 미국의 새로운 공격적인 기획을 보면서 인류의 생존을 위협하는 위기를 파악했다.

세 사람 모두 진정한 **획기적 변화**를 도입하는 근본적인 사회변혁만이 20세기의 특징인 위기의 위험한 연속에서 벗어나는 탈출구가 될 수 있다는 점을 명확하게 인식했다. 기존 질서가 끝없이 이해관계를 파멸적으로 충돌시켜 전 세계를 파괴하기 때문에 이를 극복하는 획기적 변화는 필수적인 일이 되었다. 두 번의 세계대전이 발생시킨 끔찍한 유혈조차 저변에 깔린 적대 관계에 아주 작은 차이도 만들어내지 못했다.

제1차 세계대전 당시 지배 질서 옹호자들이, 전쟁에서 감내된 희생이 '모든 전쟁을 끝낼 것'이라고 약속하고 있었다는 사실은 더 나빠지는 않더라도 완전히 역설적이었다(전쟁을 통해 전쟁을 끝낸다는 약속 자체가 역설이라는 의미 — 옮긴이). 하지만 전쟁이 끝난 직후 더욱 파멸적인 대결을 위한 불길한 준비가 진행되었고, 1929년부터 1933년까지 발생한 세계 경제 대공황의 여파는 이를 더욱 강화했다. 경쟁국들은 또 하나의 포괄적인 경제 위기에 침몰할 가능성에 대비한다는 자기기만적인 보장책으로 전쟁 준비에 착수했다. 자본의 잘못된 논리 때문에 그들은 자신들이 맹목적으로 추구하는 행위와 이를 위한 경로가 지닌 광범하고 재앙적인 함의를 이해할 수 없었다.

1939년에 시작된 새로운 전쟁에 대한 준비는 6년 동안 계속된 지구적인 무장 충돌이 폭발하는 것으로 결실을 맺었다. 사실상 미국은 프랭클린 루스벨트*Franklin Roosevelt*의 뉴딜정책이 추구한 구제 노력에도 불구하고 제2차 세계대전 발발 직전에 또 한 번 심각한 경기후퇴로 치닫고 있었다. 하지만 전쟁에 대한 능동적인 산업적·군사적 개입은 이런 경향을 재빨리 역전시켰으며, 그 결과 미국에서 이전에 상상할 수 없던 경제적 팽창이 이루어졌다. 하지만 전쟁을 통해 역사상 최강의 경제 권력을 획득한 미국은 자본 시스템이 지닌 운명적인 모순 가운데 어떤 것도 해결하지 못했다. 경제 권력은 단지 미국으로 하여금 부차적인 식민 권력을 가지고 있던 포르투갈과 네덜란드를 망각 속에 몰아넣고 영국과 프랑스가 행사하던 제국주의적 지배라는 역할을 인수할 수 있는 압도적인 이점을 마련해주었을 뿐이다. 그리하여 몇 시간 안에 전 인류를 손쉽게 절멸할 수 있는 막강한 무장력을 갖춘 미국은 제국주의를 끝내고 보편적으로 이로운 동시에 온전히 균등한 민주주의와 새로운 자유 시대가 시작될 것이라는 완전히 허구적인 약속 아래 처음에는 이른바 '미국의 세기'인 20세기의 세계에 대한 지배권을 주장했다. 그리고 나중에는 스스로 선포한 우리 앞의 '미국의 천 년'을 지배하겠다는 확고한 결의를 표명했다.

그람시와 요제프는 미국이 전 지구적인 제국주의 패권국의 구실을 떠맡기 훨씬 이전에 죽었다. 하지만 체 게바라는 초기 미국이 나아가는 방향을 나타낸 베트남전쟁이 어떻게 전개되는지부터 열정적이고 명석하게 추적했다. 왜냐하면 베트남전쟁에서 미국은 한때 프랑스인이 지배했던 이 지역에 압도적인 군사력을 투입해 전 지구적인 지배에 기여하는 미래의 모험 사업을 위한 난공불락의 교두보를 구축하려고 했기 때문이다. 이것은 지금 미국이 중동에 개입하는 것과 동일한 제국주의적 설계의 일부다. 그 속에서 미국은, 그들이 말하고 있듯이, 군사 침략이 '예방적' 기준(편의)에 부합하면 제멋대로 비난하는 '악의 축axis of evil'[2] 국가에 대한 군사적 공격을 언제든지

---

2 '악(惡)의 축(軸)'은 2002년 1월 30일 조지 부시(George Bush) 미국 대통령이 연두교서에서 사용한 용어다. '악의 축' 국가란 '대량 살상 무기 개발과 테러 지원 국가'를 뜻한다. 그동안 미국은 북한, 쿠바, 이란, 이라크, 리비아, 수단, 시리아 등 반미 국가들을 소위 '불량

'무한정한' 미래로 연장하겠다고 협박한다. 심지어 그러한 목적을 위해서 '도덕적으로 정당'하다고 스스로 선포한 바에 따라 비非핵 강대국에게도 핵 무기를 사용하겠다고 위협한다.

체 게바라는, 핵심적인 문제는 단순히 현재의 역사적 상황에서 어떤 특정 국가가 인류에게 가장 끔찍한 고통과 희생을 부과하려는지에 관한 것이 아니라는 사실을 잘 이해했다. 그런 측면에서 보면 침략자 역할은 패배한 히틀러의 나치 독일에서, 승리한 적대국인 자본주의의 미국으로 이전될 수 있었기 때문이다. 진정한 쟁점은 가변적이고 때때로 가역적이기도 한 역사적 우연이 아니라 저변의 구조적 필연이다. 다시 말해, 전적으로 중요한 결정 인자는 사회 재생산에 대한 자본의 통제가 갖는 교정 불가능한 성격이다. 사회 재생산에 대한 자본의 통제는 자신이 지닌 극복할 수 없는 체제적 적대 관계에 대한 어떤 해결책도 찾을 수 없다. 따라서 독점 제국주의 발전의 조건들 아래에서는 압도적으로 지배적인 강대국 — 하나의 특정한 강대국이 아니라면 또 다른 강대국 — 이 실제적 또는 잠재적인 적대국에게 (필요하다면 그 결과가 어떻든 가장 폭력적인 형태로) 완력을 행사하려고 시도할 수밖에 없었다.

그렇기 때문에 체 게바라의 이상vision에서 미 제국주의에 대한 투쟁 — 그가 영웅적으로 목숨을 바친 — 은 확실히 지속 가능하고 역사적으로 실행 가능한 새로운 사회질서를 지구적 규모로 확립하기 위한 비타협적인 헌신과 분리할 수 없다. 그렇게 하는 것만이 우리의 역사적 시간의 도전에 대처하고

국가', 즉 '테러 지원국'으로 지칭해왔는데, '악의 축'이라는 용어를 새롭게 도입해 특히 이란, 이라크, 북한을 지목한 것이다. 이는 미 제국주의의 제3세계 침략 전쟁을 정당화하기 위해 주요 반미 국가인 이란, 이라크, 북한을 악마화하려는 이데올로기 공세다. 1980년대 초 로널드 레이건(Ronald Reagan) 미국 대통령은 소련에 대한 냉전 공세로 군비경쟁을 강화하면서 소련을 '악의 제국(Evil Empire)'으로 지칭한 바 있다. ― 옮긴이

또 거기에서 생겨나는 책무를 받드는 실행 가능한 유일한 길이었다. 우리가 예견하는 새로운 사회질서의 확고한 토대를 마련하는 일만이 미래에 더욱 파괴적인 적대 관계가 되살아나지 않는 것을 보장할 수 있었다. 따라서 절대로 시간을 허비할 수 없었다. 그는 위험한 역사적 시간에서 인류의 생존 자체가 경각에 달려 있다는 사실을 명확히 의식했기 때문에 기존 질서에 의해 도처에서 촉진되는 반反가치의 확산에 맞서 투쟁하면서 대응책의 일환으로 협동적인 사회질서를 위한 확고한 기초를 다지는 헌신적인 작업을 시작했다.

이러한 정신에 따라 체 게바라는 쿠바에서 활동할 당시 인류에 대한 우리의 의식에 호소하면서 인민에게 다음과 같이 연설했다.

대중으로부터 고립된 극단적인 교조주의, 차가운 스콜라주의에 빠지지 않기 위해서는 인류에 대한 대단한 헌신, 정의감과 진리 의식이 필요합니다. 인류에 대한 이런 능동적인 사랑을 (모범으로 작용할 수 있는) 구체적인 사실과 행동으로 전환하기 위해 일상적으로 투쟁할 필요가 있습니다.[3]

체 게바라는 야만이 더욱더 노골적으로 인류를 위협하는 상황에서 영속적인 인류 가치에 대해 열렬한 헌신을 계속하는 것이 사활적으로 필요하다고 주장했다. 이 점에서 그는 그람시, 요제프의 노선과 전적으로 함께한다. 그람시의 시대에 발흥하기 시작한 파시스트의 주동자들은, 인류의 이름으로 파시즘에 대항하는 목소리를 열정적으로 높이는 이탈리아의 탁월한 정치 지도자인 그람시를 거듭 공개적으로 비난했다. 이뿐만 아니라 그를 잔혹하게 수감해 인생의 절정기를 감옥에서 보내도록 만들었으며 비로소 임

---

3   브라질의 토지 없는 농민운동(MST)은 창립 20주년 행사 '2004년 의제'(São Paulo: Instituto de Filosofia e Ciência Humanas, 2004)를 위한 제사(題詞)로 이 문구를 채택했다.

종을 앞두고 석방했다.

그가 감옥에 갇혀 있을 당시, 한때 사회주의 신문의 편집자로 활동했던 변절자 베니토 무솔리니*Benito Mussolini*가 부추긴 이탈리아의 파시스트 검사는 잔인한 냉소를 담아 다음과 같이 썼다. "우리는 이 두뇌가 20년 동안 기능하지 못하도록 막아야 한다."[4] 그들의 희망은 그람시의 영혼을 파괴해 그의 사상이 확산될 수 없게 하는 것이었다. 그러나 그는 무솔리니의 감옥에서 믿을 수 없는 고초, 박탈, 큰 병 등을 겪으면서도 오히려 매우 오랫동안 영향력이 사라지지 않을 위대한 저작인 『옥중수고*Prison Notebooks*』를 저술했다. 그람시가 상정한 것처럼 실제로 그 영향력은 자본의 권력이 돌이킬 수 없을 만큼 과거의 일로 물러섰다고 말할 수 있는 시기가 될 때까지 오래 계속될 것이다.

그람시가 파시즘의 비인간적인 행태와 대결하고 그것을 견디던 때와 같은 시기에 헝가리의 사회주의 시인인 어틸러 요제프는 심원한 통찰력을 통해, 도래하는 나치 파시스트의 전 지구적인 군사 모험이 지닌 파멸적인 전망을 인지했다. 그 역시 인류의 운명에 대한 간절한 우려를 위대한 시의 중심 주제로 삼았다. 그는 펼쳐지는 야만성에 대해 다음과 같은 표현으로 경종을 울렸다.

새로운 사악함이 일어나
인종들을 서로 적대하게 만드네.
억압은 떼를 지어 깍깍 소리를 질러대네.
그것은 썩은 고기에 앉듯이, 살아 있는 심장에 날아와 앉네.

4　"Per vent'anni, dobbiamo impedire a questo cervello di funzionare," Fascist Procurator's Memorandum, June 2, 1928. Giuseppe Fiori, *Antonio Gramsci: Life of a Revolutionary*(London: NLB, 1970), p. 230.

그리고 비참함이 온 세상에 뚝뚝 떨어지네.

백치가 자기 얼굴에 흘린 타액처럼.[5]

요제프는 당시 헝가리에서 열린 한 대중 집회에서 자신의 시를 낭독한
토마스 만Thomas Mann에게 다음과 같은 헌시를 썼다.

방금 우리는 가련한 코즈톨라니[6]를 묻었네,

그리고 암이 그를 삼켜버린 방식으로,

괴물 국가들은 인류를 삼키고 있네.

공포에 떨면서 우리는 묻네, 다른 무엇이 우리를 덮쳐누를 수 있나?

새로운 흉악한 신조信條들이 어디에서 나타나 우리를 공격할까?

우리에게 먹일 새로운 독약이 준비되고 있을까?

당신이 우리에게 연설할 장소는 얼마나 오랫동안 남아 있을까?[7]

자본 옹호자들은 자본 시스템을 영속화하려는 목적으로 역사적 시간에
대한 사람들의 각성을 말살하기 위해 할 수 있는 모든 일을 했으며, 이를 계
속하고 있다. 확고하게 지속 가능한 사회질서를 수립하고, 그것을 통해 인
류의 생존을 확보하는 데 사활적인 관심을 가진 사람들만이 사회 발전의
엄중한 국면에서 역사적 시간의 중요성을 참되게 평가할 수 있다. 그람시
는 감옥에서 이미 위중한 병을 앓고 있을 때 다음과 같은 말을 계속 반복했

---

5   Attila József, "Ös patkány terjeszt kórt miköztünk(원시의 쥐가 우리 사이에 흑사병을 퍼
     뜨린다)," 1937. 원시의 쥐는 변절자라는 의미도 가진다. ― 옮긴이

6   헝가리의 유명 작가인 데조 코즈톨라니(Dezsö Kosztolanyi, 1885~1936)는 직전에 암으
     로 사망했다.

7   "Saludo a Thomas Mann," 1937, translated by Fayad Jamis, "Thomas Mann üdvözlése,"
     in Attila József, *Poesias*(Budapest: Eötvös József Könyvkiadó, 1999), p. 55.

다. "시간이야말로 가장 중요한 문제다. 그것은 단지 삶을 지칭하는 다른 이름이다."[8] 지배 질서 옹호자들은 그 의미를 결코 알아차릴 수 없었다. 그들에게 시간은 영원한 현재라는 한 차원만을 가지고 있을 따름이었다. 그들에게 과거는 현재를 후방으로 투사投射한 것에 불과했고 확립된 현재의 맹목적인 정당화일 뿐이었다. 그리고 미래는 지금 여기 존재하는 '자연 질서' ─ 그것이 아무리 파괴적이고 또한 이로써 자기 파괴적일지라도 ─ 의 자기 모순적으로 영원한 연장일 뿐이었다. 이러한 시간관은 "대안은 없다"라는 끝없이 반복되고 분별없는 반동적인 언명으로 압축된다. 그리고 곤란하게도, 이 말에 미래가 압축되어 있다고 잘못 여겨진다.

이러한 자본변호적인 시간관념을 일반적으로 수용하면 사람들은 끝을 알 수 없는 비관주의의 심연으로 불가피하게 빠져들 것이다. 그람시는 개인적으로 최대의 고난을 겪고 있을 때, 동시에 인류에 대한 나치 파시스트의 재앙이 가까이 닥쳐오고 있음을 인지했을 때조차 궁극적인 비관주의에 굴복하기를 절대적으로 거부했다. 가장 암울한 구름이 수평선 모든 곳에 드리워지고 있었는데도, 눈에 보이는 추세와 상황이 아무리 불리할지라도 그는 인간의 의지가 비관주의에 어쩔 수 없이 굴복할 수밖에 없다는 생각을 완강하게 거부했다. 그는 "지성의 비관주의와 의지의 낙관주의"라는 로맹 롤랑Romain Rolland의 말을 자신의 격언으로 삼았다.[9]

'의지의 낙관주의'로 언명된 그람시의 확신은 지속 가능한 미래에 고무되어 기존의 세력 관계를 거부하면서 파괴적인 발전 추세를 극복하려는 급진적인 사회 세력의 억누를 수 없는 결의를 대변했고, 지금도 대변한다. '자본

---

8 "Il tempo è la cosa più importante: esso è un semplice pseudonimo della vita," in Giuseppe Fiori, *Vita di Antonio Gramsci*(Bari: Editori Laterza, 1966), p. 324 인용.

9 "Il pessimismo dell'intelligenza e l'ottimismo della volontà," Ibid., p. 323.

의 인격화'[10]는 '대안 없는' 영원한 현재를 찬양하는 데 만족하지 않고 ― 수중에 있는 모든 수단을 가지고 사회를 지배한다는 이유만으로 ― 역사적 과정 자체가 이미 끝났다고 스스로를 기만한다. 그들은 심지어 후쿠야마풍의 사이비 학술적인 선전용 짜집기를 통해 행복한 신자유주의적인 '역사의 종말'을 거들먹거리며 말한다. 그들은 대량 학살genocide 전쟁을 추구하면서 자신들 ― 개종자들 ― 에게 갈등이 영원히 사라진 역사의 완성을 희망 사항으로 설교하고 있다.

그러나 생동하는 미래의 차원을 가진, 억압받고 착취당하는 사람들의 시간은 지울 수 없다. 만들고 부수는 것으로 점철된 우리 시대의 억누를 수 없는 역사적 시간처럼 그 시간은 나름의 전개 논리를 가진다. 인류의 절멸만이 그 시간을 끝낼 수 있다. 잠재적으로 해방적인 이 시간은 어떤 역경에도 불구하고 투쟁을 통해 그람시가 말한 '의지의 낙관주의'를 관철할 역량 있는 사회적 주체와 분리될 수 없다. 이것이 요제프의 시에서 나타난 현재와 미래의 참된 역사적 시간이다.

> 시간이 안개를 걷어 올리고 있네, 우리가 우리의 정상頂上을 더 잘 볼 수 있도록.
> 시간이 안개를 걷어 올리고 있네, 우리는 시간을 데려왔네,
> 우리는 투쟁을 통해 그것을 데려왔네, 우리의 남은 불행과 함께.[11]

---

10 마르크스는 자본가를 '인격화한 자본' 또는 '자본의 인격화'로 파악한다. 이는 자본가들이 자신의 의지에 따라 행동하는 것이 아니라 잉여가치의 생산과 축적이라는 자본(관계)의 논리에 따라 행동할 수밖에 없는 존재임을 의미한다. 자본가는 자본의 충직한 하인인 한에서만 자본가일 수 있는 것이다. 메자로스는 사적 자본가뿐만 아니라 자본주의국가의 관료, 정치인, 이데올로그 그리고 옛소련과 동유럽의 당과 국가 관료 등을 포함해 자본의 논리에 복무하는 다양한 존재를 포괄적으로 '자본의 인격화'로 지칭한다. ― 옮긴이

11 Attila József, "Szocialisták," 1931.

착취되고 억압받는 사람들이 근본적으로 다른 미래 사회의 윤곽을 깨우칠 수 있도록 도와주는 이 시간은 아무도, 어떤 것도 파괴하거나 굴복시킬 수 없다. 그 정상에 도달하기 위해 수행해야 하는 힘든 등반에는 어떤 환상도 존재할 수 없다. 자본의 사회 재생산 질서의 비인간적이고 소외를 야기하는 현재의 일차원적인 시간이 여전히 상황을 통제하기 때문이다. 어틸러 요제프는 또 다른 시에서 매우 큰 호소력을 갖춰 이 점을 묘사한다.

> 지금은 은행가의 시간이며
> 장군의 시간이다: 현재 시간은.
> 버려진 쇠, 얼어붙은 시간,
> 이 번쩍이는 칼날 같은 시간.
>
> 천둥치는 무장한 하늘,
> 폐부를 찌르는 서리와
> 넝마를 걸친 맨살의 가슴,
> 숫돌처럼 비명을 질러대는 시간.
>
> 이 얼어붙은 진열장의 시간 뒤로
> 얼마나 많은 침묵의 차가운 빵과
> 양철통이 쌓여
> 서리 내린 더미가 되어 있는가?
>
> 그리고 사람들은 외치네. 그 돌은 어디 있는가?
> 얼음장 같은 쇳조각들은 어디 있는가?
> 쇳조각들을 그 돌에 던져라! 그것을 부숴라! 밟아라!
> 얼마나 대단한 시간인가! 아, 얼마나 대단한 시간인가![12]

그럼에도 이 세계에 억압과 착취가 있는 한 '얼어붙은 진열장의 시간'을 가진 자본의 '영원한 현재'는 역사적으로 지속 가능한 사회질서를 확립하려는 인류의 열망을 없애지 못한다. 우리 세계에서 억압과 착취를 과거로 돌이킬 수 없게 보내버리는 날이 오면 자본 시스템 자체는 과거의 나쁜 기억으로만 남게 될 것이다. 인류가 생존하려면 그런 날이 반드시 와야 한다.

자본은 자신의 사회신진대사 재생산양식에 대한 어떠한 제한도 참지 못한다. 이에 따라 시간에 대한 고려 사항이 자본 확장이라는 통제할 수 없는 지상명령을 제약하도록 요청하는 것은 용인될 수 없다. 그 지상명령에는 예외가 존재할 수 없다. 심지어 생산의 장과 생태 영역에서 파멸적인 결과가 눈에 띄게 명백해졌을 때도 마찬가지다. 자본이 관심을 가지는 유일한 시간 양식樣式은 **착취 가능한 노동시간**이다. 인간의 필요에 봉사하도록 과학기술의 잠재력을 발전시킨다면 노동시간에 대한 무자비한 착취가 **역사적 시대착오**가 되는 시점에 와서도 이 점은 달라지지 않았다. 자본은 그런 대안을 고려할 수 없기 때문에 ─ 왜냐하면 그것을 추구하려면 자신의 작동 양식이 지닌 물신적인 구조적 한계를 초월하는 것이 요구되므로 ─ **역사의 적**이 된다. 역사의 적이 되는 것만이 역사적 시대착오라는 객관적인 궁지에서 자본이 탈출하는 것을 상정할 수 있는 유일한 길이다.

따라서 자본은 세계에 대한 자신의 이상에서 역사를 부정해야만 한다. 이는 사회 재생산에 대한 자신의 노동 착취적인 ─ 모든 자기 신화에도 불구하고 경제적 효율성과는 거리가 먼 ─ 통제가 아무리 시대착오적이고 위험하더라도, 자신의 지배에 대한 어떠한 역사적 대안의 질문도 상상 속에서조차 일어나지 않게 하기 위함이다. 여기서 난점은 역사를 부정하는 것이 여흥으로 하는 정신적인 연습이 아니라는 점이다. 그것은 군사적인 측면뿐만

---

12 "Helada," 1932, translated by Fayad Jamis, Attila József, "Fagy," *Poesias*, p. 27.

아니라 모든 영역에서 확대된 자본축적과 그에 수반하는 잠재적으로 치명적인 파괴의 실제 과정이다.

알다시피, 발전의 상승 국면에서 자본 시스템은 굉장히 역동적이고 여러 면에서 긍정적이었다. 오직 시간의 흐름에 따라서 — 이와 함께 객관적으로 자본 시스템의 구조적 적대 관계가 격렬해지는데 — 그것은 위험한 퇴행적 세력이 되었다. 하지만 지배적인 재생산 질서가 역사적 시간에 대한 아무런 지각도 하지 못한다면 (오늘날이 그런 경우지만) 변화된 조건에 맞추기 위해 필요한 조정을 하기는커녕 그 조건의 차이조차 인식할 수 없다.

역사의 말살은 유일하게 실행 가능한 행위 경로이기 때문에 이는 직면할 수밖에 없는, 고통스러울 만큼 실재적인 미래에 대한 자본의 맹목과 분리할 수 없다. 따라서 자본은 역사적 시간의 남용 외에 다른 대안을 가질 수 없다. 인류의 역사적 발전의 현 단계에서 자본의 가장 내밀한 성격에 부합하는, '대안은 없다'라는 냉담한 격언은 역사를 부정하는 선전용 변종變種에 불과하다. 항상 그랬던 것은 아니지만 오늘날 자본의 이런 규정성은 변경할 수 없는 사실이 되었다. 그러므로 우리 시대에 자본이 역사와 관계하는 유일한 방법은 폭력적으로 역사를 남용하는 것이다.

여기에서 역사적 우연과 구조적 필연의 명백한 결합을 볼 수 있다. 만일 인류가 마음대로 처분할 수 있는 '무한한 시간'을 가지고 있다면 '자본의 시간 남용'을 문제 삼을 수 없을 것이다. 또한 무한한 시간은 역사적으로 어떤 특정 세력에 의해서 남용될 수도 없을 것이다. 그런 상황에서 지속적인 '자본 확장'은 무해無害한 양적 개념으로 끝이 보이지 않을 것이다. 그러나 자본 의지의 인격화들이 터무니없이 가정하듯이, 인류는 시간을 포함해 처분할 수 있는 그 어떤 것도 무한하게 가지고 있지 않다. 이뿐만 아니라 인간의 역사적 시간의 무한성을 이야기한다는 것은 어법상 하나의 기괴한 모순이다.

모든 인간적인 고려를 회피하는 매우 무감각한 세력만이 시간의 한계를 무시할 수 있다. 바로 이 점이 오늘날 우리가 특유한 방식으로 목격하는 것이다. 자본의 극복할 수 없는 ― 절대적인 ― 구조적 한계를 활성화하는 것이 우리에게 주어진 역사적 우연이다. 이는 인류의 미래를 가로막는 파괴적 규정이 되고 있는 자본 시스템이 가진 절대적인 구조적 한계다. 이 같은 역사의 국면에서 자본은 결코 자신의 실제 모습과 다른 것일 수 없다. 이런 방식으로 자본의 구조적 필연성은 철저하게 ― 그러나 완전히 헛되이 ― 무시해버린 역사적 우연과 파멸적으로 융합된다. 이는 바로 자본이 역사적 시간의 의식을 가지고 있지 않으며 가질 수도 없기 때문이다. 오직 구조적으로 개방적인 사회 재생산 시스템[13]만이 역사적 시간의 의식을 가질 수 있다. 따라서 자본이 오랫동안 확고하게 통제해온 사회신진대사 과정에서 자본 시스템 자체를 제거하지 않고서는 인류가 이런 파괴적인 함정에서 벗어날 방법은 없다.

이 책의 제사題詞로 등장한 바 있는 시를 통해 요제프는 역사적 시간의 책무, 그리고 이것과 분리될 수 없는 엄청난 책임에 주의를 기울일 것을 요청한다. 그는 우리 시대의 거대한 사회적·역사적 도전에 부응해야 하는 인간을 '법칙의 충실한 경청자'라고 말한다. 그는 우리가 그런 길을 따라야지만 인류의 역사 발전 경로에서 유산으로 물려받은 사명의 훌륭한 상속자가 될 자격을 가질 수 있다고 강조한다. 우리가 반드시 그렇게 해야 하는 것처럼, 그는 미래를 구축할 수 있는 토대가 되는 역사적 연속성과 계속되는 질적 변혁의 과정에서 도입하고 때맞춰 공고하게 해야 할 중대한 차이 모두를 온전히 의식하고 있었다. 요제프는 다음과 같이 시를 썼다.

---

13 자본 확장이라는 오직 하나의 지상명령에 따라 작동된다는 점에서 폐쇄적인 사회 재생산 시스템인 자본 시스템과 달리, 역사적 조건에 따라 목적과 방향이 바뀔 수 있다는 의미에서 개방적인 사회 재생산 시스템을 의미한다. ― 옮긴이

실재의 물질이 우리를 창조했네,

석탄, 철 그리고 석유가,

이 무시무시한 사회의

거푸집으로 우리를 내던졌네,

열렬하게 그리고 제한받지 않고,

불멸의 땅 위에서,

인류를 위해 우리가 싸우도록.

사제들에 이어 병사들과 시민들,

그리하여 마침내 우리는

법칙의 충실한 경청자가 되었네:

이것이 인간사人間事의 모든 의미가

깊은 비올라[14]처럼

우리에게 쇄도하는 이유라네.[15]

　　요제프가 강조한 '법칙의 충실한 경청자'라는 사활적인 요구는 단순히 인위적인 법칙을 가리키지 않는다. 그것은 무엇보다 객관적으로 우리 실존의 기층基層인 자연 자체에 대한 인류의 관계에서 절대적으로 근본이 되는 법칙을 뜻한다. 이 법칙이 인간의 법칙 체계에 대한 근본적인 법칙이어야 한다. 하지만 우리 시대에 자본이 스스로 초래하는 결과를 무책임하게 무시하면서 이 법칙은 모든 가능한 방식으로 훼손되고 있다. 인간 실존의 자연적 기초에 대한 무자비한 훼손이 무한히 계속될 수 없다는 점을 이해하기

14　바이올린과 첼로의 중간 크기인 현악기. ─ 옮긴이

15　"Al boarder de la ciudad," 1933, translated by Fayad Jamis, Attila József, "A város peremén," *Poesias*, p. 35.

위해서는 어떠한 예언가적 통찰력도 필요하지 않다.

확실히, 인위적인 법칙들은 전반적인 파괴 과정에 매우 크게 관여한다. 회피할 수 없는 필연성과 의식적인 책무에 관한 우리의 양식良識 ─ 이는 법칙에 충실하게 귀를 기울일 것을 요구한다 ─ 에 대한 요제프의 호소 또한 그것들을 포함한다. 이는 모두 절대적인 것과 상대적인 것 사이의 우선순위에 관한 문제다. 우리는 이 양자 사이에 무엇이 앞서는 것인지를 명확히 해야 한다. 양자의 관계를 역전시키는 것은 ─ 무책임하게 상대적인 것을 절대화하고 무모하게 절대적인 것을 상대화함으로써 ─ 우리를 위험에 빠뜨릴 뿐이다.

자본은 언제나 이러한 역전을 기초로 작동했다. 이 점에서 자본은 '색맹'이라고 할 수 있다. 자본은 내밀한 본성 때문에 이 사활적인 관계를 전복하는 방식으로 작동할 수밖에 없다. 자본은 항상 자신은 절대적인 것으로, 그 밖의 모든 것은 종속적이고 없어도 무방한 상대적인 것으로 규정했다. 실제로 긍정적인 의미에서 ─ 파괴적인 결과 없이도 그것이 작동될 수 있는 한 ─ 이런 작동 방식은 언제나 비할 바 없는 역동성과 성공의 비밀이었고, 길 위에 있는 모든 방해물을 쓸어버렸다.

더 나아가, 이것은 겉으로 보기에는 그렇게 하지 않을 어떤 이유도 없는 것처럼 보인다. 자연에 의해 모양이 정해진 부분이나 형태를 다른 것으로 변형해 (설사 단지 태워 없애거나 쓸모없는 생산물로 변형하더라도) 파괴하는 것을 절대적으로 비난할 이유는 원칙적으로 없다. 자연에서 그런 일은 이런저런 방식으로 항상 일어난다. 하지만 요점은, 자본이 억제할 수 없고 모든 것에 침투하는 역동성을 가지고 역사의 무대에 등장한 시점에는 자본이 자연에 미치는 객관적 충격에 대한 안전한 여유 공간이 ─ 신진대사 과정에서 자본의 낭비적인 직접 개입을 통해 생겨난 파괴의 크기와 무관하게 ─ 매우 커서 자본이 가진 부정적 함의는 그리 중요해 보이지 않았다는 사실이다. 이는, 문을 두드리기에는 단지 '결정적인 순간' ─ 자연 세계의 유한성과 재생산 통제의 (변경할 수 없이 낭비적인) 특정 유형 사이의 교호 작용에서 반드시 생겨날 수밖에 없는 — 이 아직 먼 시점이었기 때문이었다. 심지어 20세기에도 자기만족적인 자유주의 경제학자들이, 그들의 시스템이 '생산적 파괴'[16]라고 거창하게 특징지을 수 있는 자질을 영원히 보유할 것이라는 경악스러운 환상을 가졌던 것은 바로 이 때문이다. 현실에서 그들의 시스템이 이미 파괴적 생산으로 가는 돌이킬 수 없는 경향에 더욱 위험하게 감염되고 있을 때였는데도 말이다.

모든 가치와 마찬가지로 생산성과 파괴는 인간적 맥락에서만, 즉 관련된 역사적 조건과의 가능한 한 밀접한 관계 속에서만 그 의미를 획득한다. 우리가 지금 목격하는 바와 같이 자연의 파괴를 복구 불가능하게 — 장기적으로는 파국적으로 — 부정적인 과정으로 만드는 것은 인간의 삶 자체에 미치는 자연 파괴의 궁극적인 영향이다. 우리 시대의 조건에 따라 역사적으로 형성된 상대적인 것 — 자본 자신 — 의 절대화와 절대적인 것(인간 삶 자체의 자연적 기초)의 무분별한 상대화가 러시안 룰렛 게임보다 더 나쁜 까닭이 여기에 있다. 아직 시간이 남아 있는 가까운 미래에 자본의 계속되는 사회신진대사 재생산과정이 확실한 종말에 이르지 않을 경우 이러한 전도顚倒는 너무나 확실한 인간의 자기 파괴를 가져올 것이기 때문이다. 절대적인 것

---

16 조지프 슘페터(Joseph Schumpeter, 1883~1950)는 빈(Wien) 학파의 경제학자로 1932년 이래 미국 하버드 대학 교수로 활약한 20세기의 대표적인 부르주아 경제학자다. 그는 자본주의경제의 발전 과정을 혁신 기업가의 행동을 중심으로 한 동태적인 과정으로 파악하는 독특한 경기순환·경제 발전 이론을 발전시켰다. 그는 '창조적 파괴(creative destruction)'라는 개념을 통해 유명해졌다. 『자본주의, 사회주의 그리고 민주주의(Capitalism, Socialism and Democracy)』(1942)에서 그는 자본가의 혁신 행위가 기존 가치를 파괴해 불균형을 초래할 경우 기술혁신을 넘어서는 사회 전체의 변화가 촉발되어 사회가 발전한다고 주장했다. 따라서 그는 이러한 자본가의 혁신 행위를 '창조적 파괴'라고 불렀다. 메자로스는 슘페터가 경제 발전의 원동력으로 파악하는 '창조적 파괴'의 의미를 살려 '창조적 파괴' 개념을 '생산적 파괴'로 표현한다. — 옮긴이

과 상대적인 것 사이의 객관적인 관계에 대한 자본의 전도는 인류를 반대 방향으로 몰아가며, 심지어 통계적 개연성에 따른 치명적인 발사 이전에 권총의 방아쇠를 몇 차례 당겨볼 기회조차 주지 않는다.

여기에서 다시 우리는 역사적 우연과 구조적 필연 사이의 위험천만한 조합을 알 수 있다. 애초에 넓게 존재했던 안전한 여유 공간은 영원히 사라졌다. 우리에게 주어진 역사적 우연은 자본의 구조적 한계를 돌이킬 수 없도록 맹렬하게 작동시켰으며, 미래를 가로막는 쪽으로 기울어진 극도로 파괴적인 규정으로 전환했다. 기존 시스템의 구조적 필연성과 맹렬한 파괴성은 이제 시대착오적인 ─ 그러나 자본으로서는 인정할 수 없는 ─ 역사적 우연과 불가피하게 융합된다. 자본은 허구적인 자기 절대화의 극점에서 역사적으로 극복될 수 있다는 사실을 계속 부정하기 때문이다.

예견할 수 있는 미래에 개방적인 사회 재생산 시스템을 제도화해야 한다는 지상명령은 이런 조건에서 생겨난다. 법칙에 충실하게 귀를 기울이지 않는다면 미래는 있을 수 없다는 사실은 두말할 필요도 없다. 이를 위해서는 우리의 전반적인 법칙 체계에서 적절한 우선순위가 확립되어야 한다. 자본의 법칙은 언제나 자연 파괴라는 희생을 치르고서라도 자신의 지배를 절대적인 것으로 만들기 위해 절대적인 것과 상대적인 것 사이의 관계를 역전하는 잘못된 우선순위에 기초해왔다. 자본은 사회신진대사 과정에 대한 자신의 지배를 영속화하기 위해 역사적 한정성을 부정할 수밖에 없었고, 언제나 부정할 수밖에 없는 것이다. 지금의 결정적인 역사적 국면보다 인류가 더욱 법칙을 경청하고 따를 필요가 있었을 때는 결코 없었다. 문제가 되는 법칙은 역사적 시간의 피할 수 없는 도전과 책무에 걸맞게 우리의 존재 조건이 가진 절대적 규정과 상대적 규정을 완전히 지속 가능하게 조화시켜 근본적으로 다시 만들어져야 한다.

20세기는 탈자본주의사회를 수립하려는 최초의 주요한 시도뿐만 아니라 소련과 동유럽 전체에서 그런 유형의 사회가 내파內波되는 것도 목격할 수 있던 시기다. 자본의 사회질서의 무비판적인 옹호자들이 그 내파를 잘못된 일탈 이후 '자연적' 질서로 돌아오는 건강한 회귀로 생각하며 환영한 사실은 놀라운 일이 아니다. 그들은 이제 모든 위험한 불안정성의 불온한 신호에도 불구하고 뻔뻔하게 기존 조건의 절대적 영원성을 상정하며, 심화하는 경제적·생태적 위기와 그들 시스템의 풍토병인 영속적인 전쟁을 무시하고 있다.

자본의 사회신진대사 재생산 질서에서, 역사적으로 실행 가능한 대안적 질서로 이동하는 일이 고통스러운 모순이나 심지어 퇴보 없이 일어날 수 있다고 상상하는 것은 지극히 순진한 행태다. 이는 인류 역사의 전 과정에서 발생한 어떤 사회변혁도 (지금의 변혁과 — 옮긴이) 멀리서라도 비견할 만한 질적 변화를 요구하지 않았기 때문이다. 이는 진정으로 전 지구적인 무대에서 서로 연관된 대단히 다양한 민족 집단 — 오랜 역사와 뿌리 깊은 전통과 더불어 다양한 이해관계를 가진 — 을 참여시키는, 거의 엄두를 내기 힘든 규모의 과업이기 때문만은 아니다. 이것이 한 사회구성체에서 다른 사회구성체로 이행하는 역사적으로 목격된 모든 변화와 근본적으로 다른 점 — 말하자면, 요구되는 사회주의 변혁의 '타협할 수 없는' 구성 부분 — 은 자본주의적인 변종뿐만 아니라 모든 형태의 **구조적 지배와 종속**을 영원히 극복해야 하는 절대적인 필연성이다. 애초에 아무리 좋은 의도를 가지더라도 '인물 교체'만으로는 우리 시대에 이 과업에 부응하는 데 착수조차 할 수 없다. 다시 말해, 모든 알려진 역사에서 너무 명백한 것이지만, 인간들 사이의 **적대적**이고 **서로 충돌하는** 관계는 새로운 사회질서의 창출과 확고한 정착을 통해 **긍정적으로 대체**되어야 한다. 그렇지 않을 경우, 소비에트 유형의 사회에서 실제로 그러했던 것처럼 조만간 통제할 수 없는 모순과 적대가 새롭게 수립된 토대 위에 독버섯처럼 피어나 마침내 그 토대를 침식하고 파괴할 것이다.

사회주의적인 역사 변혁 과정에서 진정으로 비판적인 - 그리고 자기비판적인 - 관여만이, 조건이 변하고 그 변화된 조건의 도전에 부응해야 할 때 필요한 교정책을 제공해 지속 가능한 결과를 낳을 수 있다. 마르크스는 아주 초기부터 이 점을 매우 명확히 했다. 그는 사회주의혁명이 사활이 걸린 해방적 목적을 완수할 수 있도록 '무자비한 철저함'[17]을 가지고 스스로 비판하는 일을 게을리해서는 안 된다고 주장했다.

20세기에 마르크스의 가르침은 큰 의미가 있었다. 왜냐하면 아주 비싼 비용을 치른 지난 70년 동안의 **실천적 경험**에 비춰볼 때 스스로의 행위에 대해 필수적으로 요구되는 실천적인 비판에 대한 마르크스의 경고 - 19세기 중엽까지는 매우 일반적인 권고 이상이 될 수 없었던 경고 - 는 사회주의 운동에서 회피할 수 없는 긴급성을 획득했기 때문이다. 한편 어디서나 눈에 띄는 지배 이데올로기의 자기도취적인 공격에도 불구하고, 기존 사회신진대사 질서의 심화하는 구조적 위기를 고려할 때 근거를 제대로 갖춘 사회주의적 대안의 도입은 이전 어떤 시기보다 오늘날 더 긴급한 일이기 때문이다. 하지만 다른 한편으로 소비에트 유형의 발전이 보여준 무거운 역사적 증거와 더불어 그 수십 년 동안 감내해야 했던 어마어마한 희생 때문에 오늘날 제기될 수밖에 없는 문제에 대해 '무자비한 철저함'을 가지고 대결할 필요성을 누구도 부정할 수 없다. 과거든 현재든 해방적 의도를 가지고 취해진 조치에 대해 완전히 의식적이고 자기비판적으로 수행되는 사회주의적인 재검토를 통해서만 21세기 사회주의의 기초를 20세기에 드러났던 것보다 더 튼튼하게 만드는 일이 가능하기 때문이다.

이 책이 헌정된 위대한 세 인물 모두 이렇듯 중요한 비판 정신을 가지고 사회주의 변혁이라는 역사적 과업에 접근했다. 그람시와 요제프는 계급적

---

17 Marx, "The Eighteenth Brumaire of Louis Bonaparte," in Marx and Engels, *Collected Works*, vol.11(London: Lawrence and Wishart, 1979), p. 106을 참조하라.

적대 세력에 대한 대항뿐만 아니라 자기 진영의 분파주의적인 몰이해로 고통받았을 때도 근본적인 획기적 변화라는 타협할 수 없는 사회주의의 불가결성에 대한 자신들의 신념을 확고하게 견지했다. 체 게바라는 소련이 추구한 행동 방침에 원칙적으로 동의하지 않음을 아주 분명하게 주장하는 데 주저하지 않았다. 또한 선견지명을 가지고 소련의 행동 방침이 자본주의 복귀의 방향을 가리킨다고 지적했다. 이러한 공개적인 반대는 사람들로 하여금 그를 이단자로, 심지어 모험가로 폄하하게 만들었다. 피델 카스트로 *Fidel Castro*[18]는 한 인터뷰에서 다음과 같이 강조했다.

체에 대한 나의 경의와 동지 의식은 사회주의 진영에서 일어난 일을 보면서 커져왔다. 왜냐하면 그는 사회주의 건설을 위해 자본주의적 방법을 사용하는 데 원천적으로 반대했기 때문이다. …… (체의 저작은) 엄청난 가치가 있으며, 연구되어야 한다. 내가 생각하기에 그러한 자본주의적 방법과 개념은 이를 사용하는 국가에서 소외를 야기하는 영향력을 가졌기 때문이다. 나는 체가 일찍이 1960년대 초 몇 년 동안 동유럽에서 사회주의를 건설하는 데 사용된 방법이

---

18 쿠바의 혁명가, 정치가, 쿠바혁명의 지도자(1926~2016). 1953년 당시 쿠바의 독재자 바티스타(Batista) 정권을 전복하기 위해 156명의 동지들과 함께 몬카다(Moncada) 병영을 습격하였으나 실패하고 체포되어 15년 형을 선고받았다. 1955년 특사로 풀려나 망명한 후, 1956년 86명의 동지들과 함께 시에라 마에스트라(Sierra Maestra)에 숨어들어 게릴라전을 전개했고, 이후 1959년 바티스타 정권을 무너뜨려 쿠바혁명을 승리로 이끌었다. 1961년 미국 정부의 지원을 받아 쿠바 해안을 침공한 반혁명군을 격퇴했으며, 그해 5월 쿠바혁명의 사회주의적 성격을 선언했다. 그는 1980년대 후반부터 1990년대 초반까지 발생한 동유럽, 소련의 몰락에도 불구하고 쿠바 사회주의를 지켜냈다. 2006년에는 지병 때문에 친동생이자 공식 후계자인 라울 카스트로(Raul Castro) 국방 장관에게 권력을 임시로 이양했으며, 2008년에는 국가평의회 의장직을, 2011년에는 쿠바 공산당 제1 서기직을 이양했다. 공직 사임 이후에는 가끔 글이나 연설을 통해 사회주의혁명과 국제 정세에 대해 발언했으며, 2016년 11월 사망했다. ― 옮긴이

지닌 모든 결점과 결과를 예견했을 때 그가 예언가적 비전을 가지고 있었다고 생각한다.[19]

선견지명을 가진 체 게바라의 통찰력은 심지어 그의 사후에도 이런 식으로 쿠바의 교정 기간에 매우 중요한 영향력을 발휘할 수 있었다. 피델 카스트로의 열정적인 말을 다시 한 번 인용한다.

우리는 관료주의, 과잉 인원, 낡은 작업 규범 등의 수렁과 기만·허위의 수렁에 빠져 있었다. 체가 보았으면 정말 경악할 온갖 종류의 나쁜 습관에 빠져 있었다. 쿠바 혁명 이래 어느 날 수익성이 있는 것처럼 위장하기 위해 도둑질을 하는 기업이 있게 될 것이라고 체가 들었다면 대경실색했을 것이다. …… 만일 그가, 돈이 인민의 관심사와 인민의 근본적인 동기가 되고 있음을 들었다면 얼마나 경악했을까? 그 점에 대해 그렇게도 경고했던 그는 분명 경악했을 것이다.[20]

그람시의 파시스트 적들은 '그의 두뇌가 20년 동안 기능하지 못하게' 만들기를 원했을 뿐 아니라 그가 역사에 아무런 영향도 미치지 못하도록 방지하기를 원했다. 우리 모두가 알고 있듯이 그들의 모든 시도는 실패했다. 마찬가지로 체 게바라의 경우에도 그의 살해 집행자들 — 당시 미 제국주의의 하수인이었던 볼리비아 정권 — 은 그의 유해遺骸를 영원히 사라지게 만들어 그에게 망각의 저주를 내리려고 했다. 이 점에서도 그들은 무참히 실패했다. 체 게바라의 영향은 오늘날 쿠바뿐만 아니라 남미 모든 곳 — 우리 시대의 가장 중요한 사회운동 중 하나인 '브라질의 토지 없는 농민운동'이 입증해주듯이

---

19 Fidel Castro, "Interview with Tomás Borge"(1992), in David Deutschmann(ed.), *Che: A Memoir by Fidel Castro*(New York: Ocean Press, 2006), pp. 215~216.

20 Fidel Castro, "20th Anniversary of Che's Death"(October 8, 1987), Ibid., p. 194.

― 부터 그곳을 넘어서까지 생생히 살아 전 세계에서 구세대와 수없이 많은 젊은이의 존경과 연대를 불러일으킨다.

지난 20~30년 동안의 전 지구적인 발전을 살펴보면, 의심할 바 없이, 지배적인 세력 관계에서 발생한 변화는 자본에 유리한 것처럼 보인다. 이는 단지 글라스노스트*Glasnost, 개방*와 페레스트로이카*Perestroika, 개혁*의 채택(그것은 자본주의적 복귀를 적극적으로 추진하는 것으로 판명되었고 동유럽에서 같은 종류의 내파가 뒤따랐다)을 통해 '사회주의의 재구조화'라는 전적으로 근거 없는 전략을 추구한 이후 소련의 미하일 고르바초프*Mikhail Gorbachev*[21]와 그 추종자들이 비열하게 굴복했기 때문은 아니다. 서유럽 최대의 공산당들, 특히 프랑스와 이탈리아 공산당에서도 이와 유사한 투항적인 변형이 존재했다. 그리하여 한때 그람시의 전투적인 사회주의 정당이었다는 이유로 이탈리아 공산당을 예로 들어보면, '사회주의로 가는 이탈리아의 길'과 '위대한 역사적 타협'이라는 요란하게 선포된 ― 그러나 역시 전적으로 근거 없는 ― 전략은 미래의 국제적 사회주의 변혁을 더욱 보장한다고 약속했지만 실제로는 이른바 '좌파민주당'이라는 당 깃발 아래 미국이 지배하는 국제 자본의 제국주의 세력에 유보 없이 투항한 것으로 판명되었다.

실제로 성취된 것을 보면 그림은 (그들이 내세웠던 것과는 ― 옮긴이) 아주 다르다. 이는 결코 놀랍지 않다. 지속성을 갖는 어떤 결과도 굴종 위에 세워질 수 없기 때문이다. 사회사, 정치사, 군사사의 연대기가 풍부하게 증명하

---

21 소련의 정치가(1931~). 1985년 소련공산당 서기장으로 선출된 이후 페레스트로이카를 추진해 소련의 개혁과 개방뿐만 아니라 동유럽의 민주화 등 세계 질서에 큰 변혁을 일으켰다. 1990년 그는 소련 최초의 대통령에 선출되었고, 1991년 7월 마르크스·레닌주의와 계급투쟁을 수정하는 소련공산당의 새로운 강령을 마련했다. 1991년 8월 보수 강경파가 주도한 쿠데타에 의해 한때 실각했다가 쿠데타가 실패로 끝나면서 3일 만에 복권해 공산당을 해체시켰다. 그러나 보리스 옐친(Boris Yeltsin)의 주도로 소련이 해체되고 독립국연합이 탄생하자 1991년 12월 25일 대통령직을 사임했다. ― 옮긴이

듯이 굴종은 결코 지속 가능한 발전의 기초가 될 수 없다. 그것은 다음 단계의 적대 관계가 점증하는 규모로 역사의 무대에 분출해 더 강력하게 스스로를 하나의 법칙으로 관철할 때까지 일면적인 성과와 그에 상응하는 일시적인 유예를 제공할 뿐이다. 폰 클라우제비츠*Von Clausewitz* 장군이 정식화했듯이, 한때는 전쟁을 '다른 수단에 의한 정치의 연장'이라고 합리적으로 주장할 수 있었다. 하지만 과거에는 정치와 전쟁의 숙명적인 호혜성에 관한 동일한 방정식의 다른 변은 결코 자세히 서술되지 않았다. 인류의 총체적 파괴라는 그 암울한 함의는 뚜렷이 보이지 않았기 때문이다. 즉, (적대에 기초한) 정치는 필연적 전쟁의 전조였다. 적대 자체의 해결 불가능성을 고려할 때 그것은 일방의 굴종과 그에 따른 유예가 결국에는 폭발하는 불안정성으로 끝날 수밖에 없었기 때문이다.

오직 실질적 기초를 가진 합리성만이 — 폭력적으로 부과되거나 전술적으로 합리화된 '갈등 조정(균형 잡기)'이라는 명목으로 성립된 듣기 좋은 '타협'과는 반대로 — 모든 형태의 적대적 대립을 영원히 제거해 악순환에서 벗어나는 길을 보여줄 수 있다. 역사적 시간의 심대한 도전과 책무는, 현재까지 우리에게 알려진 전쟁과 정치의 숙명적인 — 우리 시대에는 불가피하게 치명적인 — 악순환을 영원히 단절하기 위해 적대적 대립 관계를 영원히 과거로 보내는 것이다. 이것은 요구되는 지구적 규모에서 모든 인간사를 의식적으로 관리할 수 있도록 실질적이고 역사적으로 지속 가능한 합리성의 기초 위에서 정치를 근본적으로 재정립하는 것을 뜻한다. 따라서 '만들 것인가 또는 부술 것인가 중에서 선택해야 하는' 21세기에 사회주의라는 실행 가능한 제도가 매우 긴급한 역사적 의제로 나타난다. 이는 '무자비한 철저함'을 가지고 과거의 실패에 맞설 필요성과 더불어 실질적 평등이라는 유일하게 가능한 기초 위에서 모든 긍정적인 협동의 길을 탐구할 필요성을 부과한다.

소련형 체제의 내파, 세계 곳곳에서 일어난 대규모 공산당의 붕괴는 어떤 문제도 영속적인 방식으로 해결하지 못했다. 노동이 **자본의 기존 질서를**

선호하면서 최소저항노선line of least resistance[22]을 따르려는 유혹은 의심할 바 없이 이러한 사태를 발전시키는 데 중요한 역할을 수행했으며, 계속해서 수행하고 있다. 이는 기존 질서에 대한 실행 가능한 대안으로 사회주의적 재생산 질서를 수립하는 일이 거대한 역사적 사업이기 때문이다. 하지만 최소저항노선은 자본의 미래를 보장할 수 없다. 현재 심화하는 역사적 위기 상황에서 이 노선은 노동에게 점점 줄어드는 이익 외에는 가져다줄 수 있는 것이 없고, 자본의 재생산 질서의 파괴적 구성 부분이 통제의 고삐에서 풀려남에 따라 궁극적으로 아무런 이익도 가져다줄 수 없기 때문이다.

자본이 처한 구조적 위기의 역사적 국면에서 거짓 주장된 자본의 성공에 대해 말하자면, 현실에서 우리는 자본 시스템의 지배적인 국가들이 민주주의와 자유에 대해 냉소적으로 설교하면서 대량 학살 전쟁에 관여하는 것을 보고 있다. 실제로 중동이나 여타 지역에서 우리가 목격한 것은 자본의 사

---

22 최소저항노선은 19세기 말 20세기 초 러시아혁명 당시 경제주의자들이 노동계급의 투쟁은 경제투쟁으로 제한하고 정치투쟁은 혁명적 인텔리나 대학생에게 맡겨야 하며, 노동자 정당도 '최소저항노선'에 따른 전술을 구사해야 한다고 주장했던 데서 유래한다. 노동자는 노동계급의 역사적 임무를 인식할 수 없고, 자신의 생활을 통해 자신의 이해관계만을 인식할 수 있기 때문이라는 것이다. 노동자에게 의식을 확산시키는 것은 오로지 물질적 조건 자체이며, 따라서 '어린아이' 같은 노동자는 고상하고 추상적인 이념이 아니라 실제적인 개량에 의해서만 의식을 획득할 수 있기 때문에 이들의 '최소저항노선'은 경제적 성격을 지닌 노동자 자신의 투쟁을 추종하는 것을 의미했다. 레닌은 『무엇을 할 것인가(Что делать?)』(1902)에서 '최소저항노선'을 '부르주아 노동조합주의 노선'이라고 비판했다. 레닌은 노동운동과 사회주의의 융합이라는 관점에서 '최소저항노선을 따르는 운동'은 '자생적 운동'으로 부르주아 이데올로기에 지배될 수밖에 없다며 경제주의자들이 자생성에 굴종하는 것을 비판했다. 이처럼 '최소저항노선'은 경제투쟁과 정치투쟁을 기계적으로 분리하는 점에서 오류일 뿐만 아니라, 노동계급을 '어린아이'처럼 물질적 이해관계에만 집착한다고 보는 잘못된 엘리트주의적 대중관을 따른다. '최소저항노선'은 정치투쟁의 내용을 경제적인 것으로 한정한 정치적 조합주의 또는 정치적 경제주의 노선으로, 사회변혁을 포기한 개량주의 노선이다. ─ 옮긴이

회신진대사 통제 질서가 지닌 심각한 국내적·국제적 문제에 대한 지속적인 해결책을 찾는 일이 아니라 더욱 파괴적인 규모로 일어나는 대참사다.

제국주의가 획득한 궁극적으로 자기 파괴적인 성취들 가운데 많은 것이 과거 북아메리카와 라틴아메리카에서 일어난 대량 학살 위에서 이루어졌다. 오늘날 상황은 더욱 심각하다. 전 지구적인 패권 제국주의가 인류를 절멸로 몰아가고 있기 때문이다. 다른 길이 있어야 한다. 안토니오 그람시, 어틸러 요제프, 체 게바라의 비타협적인 선례가 우리에게 그 길을 보여주고 있다.

2007년 1월 1일
영국 로체스터*Rochester*에서

제1장

·

자본의 시간 지상명령의 독재

·

The Tyranny of Capital's Time Imperative

1.1 개인들의 시간과 인류의 시간

오늘날과 미래의 어떤 개인도, 인식 가능한 어떤 사회형태도 역사적 시간에 의한 객관적 규정과 그에 상응하는 책무를 회피할 수 없다. 이것에서 필연적으로 생기는 책임 역시 회피할 수 없다. 일반적으로 말하면, 우리에게 주어진 사회질서의 가장 큰 폐단은 이것이 의미 있는 역사적 시간 ─ 개인들과 인류 모두의 생애 ─ 의 피할 수 없는 책무를, 그 결과가 어떠하든 상관하지 않고, 자본의 물화物化된 시간 지상명령의 독재 속으로 분해해버린다는 점이다.

역사적으로 독특한 자본의 사회신진대사 재생산양식은 시간의 가치를 떨어뜨릴 수밖에 없다. 왜냐하면 자본에 고유한 인간 교류 형태가 지닌 가장 근본적인 객관적 규정은 끊임없이 자기 확장하려는 억누를 수 없는 충동인데, 이 충동은 사회 교류 양식의 본질적 특징에 의해 필수적인 **자본 확장**으로 규정되기 때문이다. 그리고 상품 사회에서 이 자본 확장은 노동시간의 착취를 통해서만 성취될 수 있다. 따라서 자본은 최대한으로 착취 가능한 잉여노동과 그에 상응하는 노동시간이라는 차원 이외의 다른 모든 시간 차원에 대해 눈감을 수밖에 없다.

이런 까닭으로 자본축적이라는 체제의 지상명령에 직접 연계된 것 외에 역사적으로 창출된 관계에서 잠재적으로 발생하는 모든 가능한 가치와 의미는 자본의 방정식을 통해 제거될 수밖에 없다. 이 점은 관련된 잠재적 의미와 가치들이 분리된 개인들로서 그들 상호 간의 사적 관계에 관한 것이든, 특정 개인이 부분을 이루는 사회집단에 관한 것이든, 아니면 참으로 인류 일반에 관한 것이든 마찬가지다. 오늘날 우리 자신의 역사적 시간처럼 확실한 역사적 환경 아래서 그 관계를 의식적으로 파악할 수 있고 또 파악해야 할 때 말이다. 이 재생산 시스템에서 의미와 가치들이 정당한 관심사가 되는 것은 다음과 같은 경우뿐이다. 즉, 의미와 가치들이 (고립된 개인들과 관련해서) 자본주의적으로 이상화된 **금전적인 연계**로 쉽게 환원되거나 아니면 (문제가 되는 사안이 기존 사회질서에서 축적을 보장하는 구조적 지배와 착취의 계급 관계일 때는) **수익성 일반**이라는 지상명령으로 쉽게 환원되는 경우뿐이다.

물론 이 맥락에서 우리의 관심은 인간의 역사적 시간에 있으며, 시간에 대한 어떤 '형이상학적' 또는 '우주론적' 고찰에 있지 않다. 우리에게 '우주론적 우연성' 문제와 연관된 시간 관계는 전적으로 부적절하다. 예를 들어 멀리 떨어진 태양계에서 고등의 생명 형태를 떠받칠 수 있을지도 모르는, 지구와 같은 다른 행성의 가능성에 관한 문제 — 오늘날 일정하게 진행되는 천체물리학 탐구의 잘 알려진 일부다 — 가 그런 것이다. 인간의 역사적 시간에 초점을 맞춘다는 것은 의미 있는 시간 관계라는 우리의 평가에서 어떤 형태의 상대주의가 용인될 수 있음을 뜻하지 않는다. 이와 반대로 역사적 필연성 문제는 여기에서 핵심적인 사안이다. 비록 이 문제는 적대적인 이데올로기적 의도를 가지고 역사적 시간이라는 심오하게 변증법적인 마르크스적 개념에 조야한 기계적·결정론적 견해를 부과하려는 사람들과는 질적으로 다른 방식으로 평가되어야 하겠지만 말이다. 왜냐하면 인간의 역사적 필연성이 지닌 핵심적인 의미는 바로 그것이 **단지 역사적이라는 것** — 궁극적으로 사라지는 필연성(마르크스의 말로는 eine verschwindende Notwendigkeit)[1]이라는 의미에서 — 이고, **자연주의적 규정**의 모델에 기초해 다루어져서는 안 되는 것이기 때문이다.

제9장에서 살펴보겠지만, 자연계 질서에 인간 역사가 도래하면서 근본적으로 새로운 시간 차원이 출현한다. 그때부터 지평선 위로 **의미**meaning 문

---

1 사회주의 이론에서 이것이 의미하는 바는 사회 발전을 부정하는 측면들이, 그것들의 실천적 폐지(supersession)를 예견한다는 실질적인 의미에서, 역사적인 것으로 묘사될 수 있다는 것이다.

제가 떠오른다. 물론 장구한 역사적 발전을 거쳐야지만 사람들에 의해 그 의미에 함축된 해방적 목적이 역사적으로 구성된 인류의 기획으로서 현실로 전환되고 또 의식적으로 추구될 수 있다. 여기서 문제가 되는 의미라는 것은 인류의 생산적 발전과 밀접하게 연계되어 생기는 개인들의 잠재적으로 의미 있는 생애다. 인류의 생산적 발전은 개인들에게 근근이 먹고 살아가는 수준의 생존이라는 야만적인 제약에서 점차 벗어나 진정한 선택을 할 수 있게 하는 힘을 확립한다.

사회적 개인들의 의미 있는 삶이 실현될 잠재적 가능성이 생기는 것은 역사적으로 발전하는 ─ 그리고 자신의 생산적 활동을 통해 자기 매개自己媒介하는 ─ 인류가 자연계 질서의 독특한 일부이기 때문이다. 따라서 사람은 단순한 동물류의 속屬, genus을 구성하지 않고 다수의 현실적 개인으로 이루어진 복합적인 사회체social body를 구성한다. 확실히 사람은 동물처럼 제한된 수명을 가진다. 하지만 사람은 동물의 '개체들의 속'과는 전혀 달리, 추구하려는 특정한 목적을 자신에게 의식적으로 부과할 수 있다. 이런 목적은 제한된 맥락에서 개별적인 경우로 추구되기도 하고 일종의 서로 연관된 전반적인 일관성을 가지고 ─ 생애의 상당한 부분을 할애하고, 이로써 그것에 의미를 부여하면서 ─ 추구되기도 한다.

여기에서 매우 강조할 필요가 있는 것은 개인들이 속한 가장 포괄적인 사회체는 역사적으로 발전하는 인류 ─ 특정 개인의 수명에 비할 수 없이 긴 수명을 가진 ─ 라는 점이다. 이런 의미에서 인류의 역사적 시간은 (가치의 가장 근본적인 차원을 구성하면서) 개인의 시간을 초월하지만 동시에 변증법적 의미에 따라 그것에서 분리될 수 없다. 따라서 개인과 인류 사이의 가장 밀접한 상호 관계를 통해서만 역사의 전개 과정에서 적절한 가치 체계를 확립할 수 있으며 그 이상의 발전 ─ 확장되고 심화되는 ─ 을 이룩할 수 있다. 인류는 인류 전체로 행동하는 것이 아니라 사회적 주체로서 개인이 속한 사회적 집단에서 분리될 수 없는 특정 개인이 역사 과정에 개입함으로써 행동한다.

특정 개인을 제약하는 직접적인 지평을 넘어서 가치의 정립과 실현을 가능하게 만드는 것은 인류와 개인 사이에 객관적으로 존재하는 관계다. 먼 과거에 인류가 '근근이 먹고 살아가면서' 생존한 것과 아주 대조적으로, 생산력 측면에서 발전하는 인류에 의해 개인이 쓸 수 있도록 만들어진 **자유 시간**이 점점 증가하는 것 — 비록 계급사회가 지속되는 동안 단지 매우 부조리한 방식으로 이루어지더라도 — 은 대안적 선택(그리고 그와 연관된 가치들)을 확대하기 위한 필요조건이라는 의미만을 나타내지 않는다. 여기에서 직접적으로 적실한 것은 개인의 시간과 인류의 시간 사이에 발생하는 객관적 차이가 **가치와 반反가치**$counter\text{-}value$[2]의 객관적 기초를 형성한다는 점이다. 인류의 **잠재력**은 언제나 훨씬 큰 제약을 받는 개인의 잠재력과 결코 **동일하지 않기** 때문이다. 이 관계를 고찰할 때 우리가 실제로 이야기할 수 있는 것은 인류와 개인 사이에 일어나는, 서로를 풍요롭게 하는 **상호작용**이다. 이 상호작용을 통해 인류와 개인 양자의 실제적 잠재력이 지속적으로 온전하게 전개될 수 있다. 개인은 인류의 **긍정적 잠재력**이 실현되는 방향의 가치를 자신의 열망으로 채택해 자신을 긍정적으로 발전시킬 수 있기 때문이다. 이와 달리 개인이 인류의 긍정적 잠재력과 역사적으로 이룩한 성취에 반하는 행위를 선택할 수도 있다. 물론 후자의 경우, 개인은 다소간 의식적인 **반가치**의 운반자가 된다. 비록 현실적으로 그들의 행위를, 추상적인 철학적·종교적 도덕 담론에서 흔히 묘사되는 것과 같은 순전히 사적인 동기가 아니라, 반동적인 계급 규정에 근거해 이해할 수 있을지라도 말이다.

---

2 'counter-value'를 대항 가치가 아니라 '반(反)가치'로 번역한다. 인간을 '시간의 형해'로 환원하는 자본주의사회의 '가치'는 실제로 개인의 고유한 가치에 반하는 '반가치'다. 자본주의 아래서는 이윤을 위해 '반가치'가 진정한 인간적 가치를 지배하고, 유일하게 허용된 실제적 가치 관계를 통해 자신의 절대적 지배를 관철한다. ― 옮긴이

인류의 긍정적인 잠재력이 자신이 속한 사회집단과 분리될 수 없는 개인의 활동을 통해서만 발전될 수 있다는 것은 분명하다. 하지만 특정한 개인의 시간 척도와 인류의 시간 척도라는 근본적으로 다른 시간 척도 사이의 객관적인 관계에 기초해 가치를 정립하는 일은 전진하는 역사적 과정의 본질적인 부분이다. 이런 의미에서 **가치**에 대한 **주장**과 **논쟁**은 언제나 인류가 발전하기 위한 필수적인 기관_organ_이며, 이는 미래에도 지속될 것이다.

당연한 일이지만, 이 관계와 관련된 복잡한 문제들 ― 무엇보다 인류의 역사적 시간이 개인의 시간을 **초월한다**는 극복할 수 없는 사실 자체 ― 은 오랫동안 사회적 의식에 **종교적 초월주의**로 반영되었고, 동시에 종교적으로 표현된 **도덕규범**의 형태를 취했다. 하지만 저변에 있는 핵심 규정이 인류와 특정 개인 사이의 객관적인 관계라는 사실에 대한 진정한 의식은 역사에서 매우 늦게 나타났다.

그 의식은 18세기 후반에 보다 일반적인 철학적·문학적 형태로 (예컨대 이마누엘 칸트와 요한 괴테에 의해) 발생했고, 20세기에 이르러 비로소 훨씬 광범위하게 확산된 다양한 방식으로 비종교적 형태의 일상적 의식에 도입되었다. 실제로 20세기에 인류의 현실에 관한 의식이 전면적인 주목을 확실히 받게 될 무렵 그 의식은, 점점 더 큰 우려와 함께 묘사되는 것이 단순히 인류의 우연적 상황이 아니라 **중대하게 위협받고 있는 인류의 운명**이라는 자각과 점점 더 관련된다. 달리 말하면, 지평 위에 나타나는 것은 바로 인류의 생존 자체에 영향을 미치는 훨씬 더 명백한 위협이다. 이 위협은 가장 극단적인 형태의 **반가치**를 부과하는 것과 분리될 수 없는, 계속되는 ― 점점 위험해지는 ― 사회적·경제적 발전 때문에 생겨난 것이다. 따라서 인류의 긍정적인 잠재력의 실현을 위해서, 심화하는 자본의 구조적 위기에 내재한 (구조적으로 뿌리내린) 반가치 세력에 맞서 싸울 수 있는 능력 측면에서 **도덕의 역할**이 오늘날보다 더 큰 적은 없었다. 매우 교조적인 부류의 철학 (그리고 그와 연관된 정치학)만이 그 점을 무시하거나 내놓고 부정할 수 있다.

이마누엘 칸트는 심원한 통찰력으로 개인과 인류의 관계를 서술할 때, 모든 것이 "마치 인간이 모든 것을 스스로 책임지도록 자연이 의도한 것처럼 …… 노동work에 의해 성취되도록" 역사적 진보가 결정되어 있는 듯하다고 강조했다.[3] 이로써 그는 인간의 생산 활동 자체가 지닌 의미에서 매우 중요한 발전의 한 측면을 확인했다. 하지만 동시에 그는 애덤 스미스의 이상화된 "상업 정신"에 근거한 정치경제학적 입장 ― 자본의 관점과 일치하는 ― 을 전적으로 채택했다. 따라서 칸트는 그의 (이론 ― 옮긴이) 체계에서 "이성理性의 사용을 목표한 자연적 능력은 개인이 아니라 류類. species에서 온전히 발전될 것이다"라고 거듭 주장하면서 개인으로서 인류, 류로서의 인류 사이에 극복할 수 없는 이분법을 설정할 수밖에 없었다.[4]

이런 이분법적 결론은 그에게 또 다른 딜레마를 불가피하게 부과했다. 왜냐하면 그가 시민사회에 대한 합리적 관리에서 자기중심주의와 정의正義를 화해시키는 것은 해결될 수 없는 문제에 해당한다고 명기할 수밖에 없었기 때문이다. 그가 말했듯이 "따라서 관련된 과제는 매우 어려우며 실제로 완벽한 해결은 불가능하다. 구부러진 목재를 이용해 절대적으로 곧은 어떤 것을 제작할 수 없다. 인간 역시 구부러진 목재만큼이나 구부러져 있다".[5] 인간에 대한 칸트적인 성격 규정에 대해 말하자면, 그는 "사회 속 인간들의 적대 관계"가 인간 본성 자체에서 직접 생겨나기 때문에 똑같이 해결될 수 없는 문제로 표현하는데, 이는 모든 주요 이론가가 밝히는 '시민사회'에 대한 성격 규정과 매우 흡사하다. 다시 칸트를 인용하면 "내가 사용하는 적대antagonism라는 단어는 사람들의 비非사회적 사회성sociability, 다시 말해 사회 속

---

3   Kant, "Idea for a Universal History with Cosmopolitan Intent," in Carl Friedrich(ed.), *Immanuel Kant's Moral and Political Writings*(New York: Random House, 1949), p. 119.

4   Ibid., p. 118.

5   Ibid., p. 123.

으로 들어오는 사람들의 성향을 뜻한다. 하지만 이 성향은 사회의 해체를 위협하는 항구적인 상호 간의 저항과 연계된다. 이 성향은 명백히 인간이 타고난 것이다".[6] 따라서 칸트의 역사적 접근이 지닌 계몽적 요소는 '시민사회', 그리고 이것과 짝을 이루는 국가를 지배하고 종속하려는 자본의 사회적 지상명령에 의해 잠식된다. 따라서 이들은 결국 실질적 불평등에 대한 가장 몽매한 명시적 정당화로 귀결된다.[7]

'시민사회'에 대한 다양한 개념화에서 현실 속 사회적 개인 — 계급 규정을 지니며 인류(굳이 종교적 초월주의 영역으로 들어가지 않아도 인류는 오직 엄격하게 제약된 특수성으로만 존재하는 사회적 개인을 초월한다)에서 궁극적으로 분리될 수 없는 — 의 자리는 고립된 개인과 그들의 속屬으로서 규정된 고정적인 '인간 본성'이라는 이미지로 대체되었다. 이런 종류의 개념화가 만들어진 이유는 고립된 개인에게 '비사회적 사회성'을 지닌 기존의 적대적이고 대립적인 관계를 영속화하고 그럴듯하게 정당화하는 역할에 자신들을 맞출 수 있도록 하기 위함이었다. 자본의 재생산 질서를 이런 식으로 묘사한 결과는 실제 가치 정립의 사회적 토대가, 예컨대 칸트 철학처럼 '시민사회'에 대

---

6   Ibid., p. 120.
7   칸트의 말로 표현하면 "한 국가에서 주체인 사람들의 일반적 평등은 사람들의 재산의 정도에서 발생하는 최대의 불평등과 아주 쉽게 공존한다. 그 재산이 육체적 또는 정신적 우위로 구성되든 그 밖에 물질적 재산으로 구성되든 그러하다. 따라서 사람들의 일반적 평등은 수없이 존재할 수 있는 특권의 거대한 불평등과도 공존한다. 즉, 한 사람의 복지는 다른 사람들의 의지에 매우 크게 의존할 수도 있다는 결론이 된다. 마치 가난한 사람이 부유한 사람에 의존적이고, 의존적인 사람은 어린아이가 자신의 부모에게, 부인이 그녀의 남편에게 복종하듯이 다른 사람에게 복종해야 하는 것처럼 또는 마치 한 사람이 시중들고 다른 사람이 이에 대해 지불하면서 명령하는 것처럼 말이다. 그런데도 모든 주체는 법 앞에서 동등한데, 이 법은 일반의지의 선언이 될 수 있을 뿐이다. 이 법은 내가 권리를 가질 수 있는 대상의 형식에 관한 것이지 내용에 관한 것이 아니다"(Kant, "Theory and Practice," Ibid., pp. 415~416).

한 가장 위대하고 계몽된 형태의 개념화에서도 신비스럽게 분리된 **윤리적 선험론**의 '예지계_{叡智界}'[8]로 제시되어야 한다는 것이다.

더구나 20세기에 이르러서는, 개인이 바로 자신의 생존 자체를 위해 서로 직접적으로 의존한다는 사실을 더 이상 부정할 수 없을 정도로 개인과 사회의 관계가 밀접해졌다. 따라서 이 무렵에는 지속적인 자본 변호론을 위해 어떤 방식으로든 고립된 개인성의 개념에 매달리는 것을 도저히 옹호할 수 없게 되었다. 막스 베버_Max Weber_ 같은 일부 주요한 지적 인물은 우리에게 사회적·도덕적 관계에 대한 극단적인 개인주의적 관념을 고립된 개인의 임의적인 윤리적 결단이라는 가장 개탄스러운 비이성적인 설명과 함께 제공했다. 이런 관념은 개인의 불가해한 "사적私的 악령惡靈"[9]을 찬양하고, 그 결과 베버 철학의 합리성에 관한 모든 주장을 잠식한다.

본성에 의해 규정된 가치 수립의 근거로 '비사회적 사회성'을 상정하는 것은 자멸적일 수밖에 없다. 왜냐하면 이처럼 상정할 경우 **진정한 대안적 선택의 가능성**은, 그것이 적대적이고 상충하는 지배적인 '영원한 현재'의 파괴적 규정과 — 불가피하게 그러하듯이 — 모순된다면, 결국 부정될 수밖에 없기 때문이다. 자본의 '영원한 현재'라는 근거 없는 가정은 순환론적으로

---

8 '가상계(可想界)'라고도 부른다. 감각에 의해 지각되는 대상계를 가리키는 '감성계(경험계 또는 현상계)'와 달리 예지에 의해 알게 되는 대상계를 가리킨다. 플라톤의 이데아계를 비롯해 형이상학적 대상계를 나타내며, 진실로 실재하는 세계라는 의미를 갖는다. 스콜라 철학과 칸트 철학에서 '감성계'와 대비해 사용하는 용어다. ― 옮긴이

9 가치 자체는 개인을 단지 개인으로서만 관계하는 것으로 상정된다. 베버는 다음과 같이 말한다. "개인에 관한 한 하나는 악마이고 다른 하나는 신이다. 개인은 자신의 힘으로 어느 것이 신이고 어느 것이 악마인지를 결정해야 한다. 이는 삶의 질서 전반에 대해서도 그러하다. …… 우리의 일에 착수해 ― 전문적 수준에 대한 것과 똑같이 인간적 수준에 대해서도 ― '시대의 요구'를 충족하자. 만약 우리 각자가 자신의 목숨을 쥐고 있는 악령을 발견하고 복종한다면 그 요구는 의심의 여지없이 분명하고 단순하다"[Lukacs, _The Destruction of Reason_(London: Merlin Press, 1980), pp. 616~618에서 재인용].

가정된 '비사회적 사회성'의 영속성이라는 관념을 수반한다. 우리가 너무나 잘 알다시피, 확실히 '사회성'은 '비사회적'일 수 있을 뿐만 아니라 가장 파괴적인 방식으로 반사회적일 수도 있다. 하지만 실제로 알려진 사회성은 또한 진정한 협동의 형태를 취해 심오하고 책임감 있게 사회적일 수도 있다. 이것 모두 사회적 개인의 가치 지향에 달려 있다. 즉, 사회적 개인은 자신이 처한 역사적 시간의 도전과 책무를 떠나거나 회피하는 문제에서 ─ 그들이 현실의 가능한 대안들 가운데서 선택하기 때문에 ─ 인류의 긍정적인 잠재력 편에 설 수도 있고, 반대로 점점 더 위험해지는 자본의 반가치에 동조할 수도 있다.

만일 우리가 자본의 자기 지속적인 적대성의 악순환에서 벗어나기를 정말로 원한다면 자본 시스템을 지배하는 실천적 전제와 필수적 가정을 문제 삼아야 한다. '시민사회' 이론들의 개념적 구조를 면밀히 살펴보면 그들의 결론 ─ 본성상 구부러진 것에서 곧은 어떤 것을 창출해내는 것의 불가능성을 단언하는 ─ 은 그들의 가정과 일치한다는 점이 드러난다. 우리는 앞에서 인용한 칸트 철학의 예시에서 이 점을 볼 수 있다. 칸트 철학은 인간 본성과 목재의 치명적 유사성 ─ 본래적 규정에 의해 구부러진 것으로 상정된 ─ 이라는 가정과 결론이 제시되는 형태를 띠고 있다. 즉, 주장된 결론적 가정 자체에 담겨진 독단적인 단언 이외에는 양자 사이에 상정된 관계를 확립하는 것은 아무것도 없다.

이와 같은 관념에서 근본적으로 벗어나는 것이야말로 역사적 시간의 심대한 문제들을 해결해야 하는 긴박성에 대면하는 데 핵심적이다. 이 점에서 20세기, 21세기 역사라는 실제로 주어진 시간은 개인과 인류 모두의 발목을 잡고 있다. 몇몇 강력한 생산기술과 그것의 잠재적 사용이 극히 어렵고 불가역적으로 위험한 결정을 내려야 할 필연성 ─ 직접적으로 시간의 문제를 포함해 ─ 을 수반하기 때문에 더욱 그러하다.

명백한 예를 들면 인간의 생산 활동에 필수적인 에너지 요구량은, 보다 먼 미래에 그 요구량이 몇 배로 증가할 개연성은 제쳐놓고서라도, 오늘날 이미 그것을 위해 **원자력발전소**를 이용한다는 전망을 의제에 올려놓았다. 우리가 (원자력발전소 이용과 — 옮긴이) 동일한 기술과 밀접히 연관되어 쉽게 획득할 수 있는 **핵무기의 확산**이라는 엄청난 위험을 무시하더라도, 관련된 생산과정과 그 불가피한 폐기물의 상상하기 힘든 **시간 척도 자체**에 대해서는 절대적으로 엄두도 못 낼 정도다. 잠재적으로 치명적인 방사선의 방출 기간은 **수천 년**, 즉 수없이 많은 세대의 생애를 포괄하는 시간이다. 물론 단기적인 이익을 위해 핵 방사선 방출 시간의 위험한 장기적 척도에 손대는 것을 잠시도 망설이지 않을 사람들이 있다. 어떤 이들은 오히려 핵 발전의 필요성이 매우 높아지더라도 일종의 **선험적** 근거에 따라 그 가능성을 기각해 단순히 문제 자체에서 도망갈지도 모른다.

하지만 진정한 문제는 그 안에서 결정을 내려야 하는 생산 시스템 자체의 본성에 관한 것이며, 이와 더불어 연관된 운영의 적절한 시간 척도에 대처하는 해당 시스템의 능력이나 실패 가능성에 관한 것이다. 우리의 모든 역사적 경험을 통해 알 수 있듯이 자본 시스템은 단지 주기적으로 반복되는 **국면적 위기** — 우리 시대의 심대한 **구조적 위기**와 대비되는 — 를 특징으로 한 역사 단계에서조차 **극단적으로 단기적인 전망**을 특징으로 한다. 그 전망은 통상적인 재생산 주기인 2~3년 이상을 포괄하지 못하며, 요구되는 만큼의 신뢰할 만한 예측을 가지고 수천 년을 포괄하는 데는 결코 이르지 못한다. 더구나 자본의 통상적인 재생산과정 아래서 그 2~3년은 자본축적의 체계적인 지상명령과 그와 연관된 채무 상환의 주기 때문에 **사후약방문**死後藥方文**식으로**, 적대적이고 상충하는 방식으로만 포괄될 뿐이다. 자본 시스템의 **구조적 위기**라는 조건 아래서 역사적 시간에 대한 이러한 관계는 얼마나 더 문제적일 수밖에 없겠는가? 왜냐하면 구조적 위기는 이 문제를 악화할 뿐이기 때문이다. 어쨌든 자본의 사회신진대사 틀 안에서는 어떤 환경에서도 앞으로의 수천 년을 위한 **계획**은 절대로 생각될 수 없다. 또한 우리의 역사적 시간에서 사회적 개인의 가치 설정을 위한 선택과 인류의 운명 사이의 불가피한 관계에 대한 합당한 이해에 기초해 가장 포괄적이고 장기적인 시간 척도를 가지고 온전히 의식적이고 책임 있는 계획을 실시하지 않고서는 이런 문제에 대한 실행 가능한 해결책은 전혀 있을 수 없다.

'비사회적 사회성'은 특정한 사회적·경제적 환경에서만 인간의 역사적 곤경인 것이며, 절대적인 존재론적 숙명은 아니다. 속屬으로서 규정된 개인이 아니라 자기 매개적인 존재인 인간은 비사회적 사회성의 적대적 조건의 피해자일 뿐만 아니라 동시에 그 조건을 만들어낸 창출자이기도 하다. 하지만 인간에 의해 역사적으로 창조된 것들은 (비록 그 기원에서 구조적으로 내장된 사회적 적대 아래서 창조되었더라도) 또한 역사적으로 변경될 수도 있고 궁극적으로 과거의 일로 청산될 수도 있다. 하지만 그 점에서 성공의 필수적인 전제 조건은 사회적 개인이 근본적으로 다르고 역사적으로 실행 가능한 사회질서 — 깊게 자리 잡은 구조적 적대를 폐기할 수 있는 유일하게 구상 가능한 길 — 를 수립해 문제의 그 적대를 극복하는 과업에 관여해야 한다는 점이다.

당연한 일이지만 개인의 역사적 시간은 인류의 시간과 결코 동일할 수 없다. 하지만 서로 다르다고 해서 과거 역사에서 경험했듯이 양자가 꼭 적대적인 관계를 형성해 맹목적인 물질적 규정의 형태로 개인에게 '인류의 무의식적 조건'을 겹쳐 놓게 되는 것은 아니다. 또한 종교적 초월주의의 '다른 세상(하느님 나라와 같은 초월적 세계 — 옮긴이)'의 광휘 아래서 그런 사태를 받아들이려고 애쓰는 것 — 현존 세계의 명백히 화해할 수 없는 적대라는 틀 안에 여전히 사로잡혀 있으면서 — 은 매우 값싼 위무慰撫에 지나지 않는다.

사실 개인의 역사적 시간이 인류의 역사적 시간의 객관적 규정과 항상 모순될 필요는 없다. 개인의 역사적 시간은 인류의 시간과 조화를 이룰 수도 있다. 만약 사회적 개인이 인류의 지속 가능한 미래를 지향하는 긍정적인 대안을 의식적으로 채택한다면 이것은 오늘날 성취할 수 있는 일이다.

우리가 처한 역사적 시간의 특수성과 긴박함은 사회적 개인이 할 수 있을 뿐만 아니라 반드시 해야 하는 것이다.

1.2 '시간의 형해'로 환원된 인간

당연한 일이지만, 개인과 인류의 관계는 인간과 자연 사이에서 일어나는 필수적인 상호작용이 역사적으로 규정된 일련의 사회관계에 의해 (주어진 환경에서) 매개되는 방식에 항상 의존한다. 자본 시스템의 중대한, 그리고 원리상 극복할 수 없는 문제는 그것이 인류와 자연 사이의 불가피한 제1차 매개[10] 위에 소외를 야기하는 일련의 제2차 매개를 겹쳐 놓는다는 점이다. 이로써 자본 시스템은 자본의 관점을 공유할 경우 결코 탈출할 수 없는 '영구적인' 악순환을 만들어낸다. 사실 가장 위대한 부르주아 사상가들조차 그렇게 개념화했다.

언제나 불가피한 제1차 매개와 자본주의에 특수한 제2차 매개 사이의 근본적 차이를 아주 간략하게 나타내기 위해서,[11] 우리는 인간과 자연 사이를 일차적으로 매개하는 필요조건 가운데 어떤 것도 자본의 제2차 매개로부터 분리될 수 없는 명백한 계급적 지배·종속 관계를 규정하지 않는다는 사실을 명심해야 한다. 이는 애덤 스미스 같은 가장 위대한 고전파 정치경제학자들조차 자본의 자기 편의적인 관점을 채택했기 때문에 품게 되었던 잘못된 이론적 표상과 상반된다. 사회생활 자체에 요구되는 인류와 자연 사이의

---

10 인간은 항상 특수한 사회적 생산관계 속에서 사회적 노동을 통해 자연과 관계한다. 인간이 살아가기 위해 자연과 관계를 맺는 직접적인 과정인 노동이 제1차 매개라면, 그 노동을 사회적으로 수행하기 위해 인간들 사이에 맺어지는 관계가 제2차 매개다. ─ 옮긴이
11 여기서 세부적으로 들어가는 것은 불가능하다. 관심 있는 독자는 내 책 『자본을 넘어서』 제4장에서 이에 관한 자세한 논의를 찾아볼 수 있다.

일차적 매개는 다음과 같이 요약할 수 있다.

1. 이용 가능한 자원과 관련해, 생물학적인 재생산 활동과 지속 가능한 인구 규모에 대한 필요하고도 다소 자발적인 규제.

2. 노동과정에 대한 규제. 이를 통해 주어진 공동체와 자연 사이의 필수적인 상호작용은 인간의 욕구 충족에 필요한 재화와 재생산과정 자체를 유지하고 개선하는 적절한 작업 도구, 생산 기업, 지식 등을 생산할 수 있다.

3. 역사적으로 변하는 인간의 필요*needs*가 가용한 천연자원과 생산적 (문화적으로 생산적인 것을 포함해) 자원의 최적화를 위해 연결될 수 있는 적절한 교환관계 확립.

4. 점점 더 복잡해지는 인간 공동체의 성공적인 사회신진대사 재생산과정에 필요한 물질적·문화적 필요조건이 확보되고 보장될 수 있도록 다양한 활동의 조직, 조정, 통제.

5. 이용할 수 있는 물적·인적자원의 합리적 할당. 이를 통해 주어진 사회의 재생산 방식과 수단에 대한 경제적인 (절약한다는 의미에서) 활용을 통해 희소성의 독재에 맞서 싸운다.

6. 다른 일차적 매개 기능 및 규정과 함께, 주어진 사회 전체의 규칙과 규제를 제정하고 관리.

실제 역사 발전에 대한 이데올로기적으로 가장 두드러진 이론적 왜곡은 자본의 제2차 매개 ― 현재 지배적인 재생산과정의 특징인 ― 가 존재론적으로 대체할 수 없는, 사회신진대사 상호작용 자체의 제1차 매개라고 가정되는 방식으로 작동한다. 이런 식으로 자본의 제2차 매개는 역사적으로 창출되고 가변적인 특수한 사회질서뿐만 아니라 생각할 수 있는 모든 사회생활 일반에 적용되는 핵심적인 실제적 전제 조건으로 묘사된다. 따라서 편향적으로 가정된 자본주의적 사회 재생산양식의 실제적 전제 조건들은 요구되는 결론 — 상정된 '결론적 가정'이 도출되는 '가정과 결론'의 경우 — 의 확고한 기초를 제공하는 것으로 여겨진다. 이 결론은 자본의 체제적 원환*systemic circle*을 돌이킬 수 없게 닫아버린다.

그러므로 불가피하게 자본 시스템의 제2차 매개들로 구성된 자본의 악순환이 지닌 마비적인 제약을 극복하기 위해서는 실제적 전제 조건 자체를 **통째**로 반대하는 것이 필요하다. 그것들은 환상적인 개량주의적 목적을 위해 편의적으로 구분될 수 없기 때문이다. 자본 시스템의 개혁을 목적으로 한 모든 시도 — 그것이 한때 진정으로 의도되었든 일차적으로 이데올로기적 신비화를 목적으로 사용되었든 간에 — 의 요란스러운 역사적 실패는 구조적으로 예단된 실제적 전제 조건 자체와 자본의 사회신진대사 질서의 절대적으로 필요한 작동 양식 — 그러한 실제적 전제 조건에 따라 **재생산을 위한 지상명령**으로 이미 예견된 — 사이의 무서운 순환성에 의해 고통스럽게 설명된다.

만약 우리가 제1차 매개들을 자본의 제2차 매개들이 지닌 위계적·구조적인 규정과 비교하면 우리는 자본주의의 등장에 따라 모든 것이 거의 몰라볼 정도로 변화되었음을 알 수 있다. 왜냐하면 일차적 매개의 모든 필요 조건은, 물신숭배*fetishism*[12]적이고 소외를 야기하는 사회 재생산적 통제 체제

---

12 마르크스는 『자본론』에서 "인간 두뇌의 산물들이 스스로 생명을 가진 자립적 인물로 등장해 그들 상호 간에 그리고 인간과의 사이에 일정한 관계를 맺고" 있는 것으로 나타나는 종교 세계의 물신숭배 현상과 비교하면서 "상품 세계에서는 인간 손의 산물들이 그와 같이 등장한다"라고 말한다. 즉, 인간 손의 산물(상품)이 일정한 가치를 가지는 것은 동일한 노동을 서로 교환하는 인간들 사이의 관계의 표현일 뿐인데, 마치 물건 자체가 다른 물건과의 관계에서 일정한 가치를 가지는 것처럼 나타나는 현상이 상품의 물신숭배다. 이렇게 가치가 인간들 사이의 관계가 아닌 물건의 속성이라는 형태를 취하면서 자립화된 화폐의 권력으로 전화하고, 나아가 인간 노동의 산물이자 노동의 조건인 생산수단이 자본으로서 노동자를 고용하는 '사물의 인격화와 인간의 물화' 현상이 생겨난다(이 책의 제9장, 466쪽 참조). 그리하여 인간은 자본의 지상명령인 가치의 증식, 즉 자본축적에 종속된다. 여기서 말하는 물신숭배와 소외는 이러한 현상을 가리킨다. — 옮긴이

의 자기 확장적 요구에 맞추도록 변경되어야 하기 때문이다. 이 통제 체제는 자본축적의 지상명령에 모든 것을 절대적으로 종속시켜야만 한다. 따라서, 한 가지 예를 들면, 자본 시간회계의 무자비한 적용을 토대로 자본 시스템에서 물적인 것과 살아 있는 노동의 '생산 비용'을 감축하려는 한결같이 추구되는 목표와 그에 따른 희소성과의 싸움은 한 차원에서는 엄청난 성취를 이룩한다. 하지만 다른 차원에서 이 모든 것은 주장되는 성취들을 완전히 무효로 만드는 자기모순적인 방식으로 이루어진다. 기존 사회신진대사 통제 양식의 가장 낭비적인 재생산을 위해 가장 불합리한 '인위적 욕구'와 이것과 연관된 점증하는 희소성을 창출해 성취를 무효화하는 것이다.

이런 발전의 결과로, 필요에 상응하는 사용가치는 자기 확장하는 교환가치의 선험적인 지상명령에 부합할 때만 존재할 권리를 얻을 수 있다. 따라서 수익성 없는 효용*utility*에 대한 진정한 관심은 무자비하게 말살되고 사물과 인간관계 모두가 보편적으로 상품화되어버린 시기에 자본 시대의 주요 철학 가운데 하나가 자신을 '공리주의*utilitarianism*'[13]의 대변자로 간주하는 것은 이중의 역설이다. 이런 과정이 전개된 것은 이상화된 '상업 정신'의 외견상 저항할 수 없는 전진 때문인데, 바로 그 철학은 이 '상업 정신'의 승리를 전폭적으로 승인한다.

자본의 제2차 매개들과 실제적 전제 조건에 전적으로 부합하는 이런 발전에 대한 이데올로기적 합리화는 몇몇 중요한 개념적 경계선을 **뭉뚱그리**는 형태를 취한다. (생산적 성취와는 ― 옮긴이) 정반대의 것이 분명하게 나타

---

13 19세기 중반 영국에서 나타난 사회사상으로 가치 판단의 기준을 효용과 행복의 증진에 두어 '최대 다수의 최대 행복' 실현을 윤리적 행위의 목적으로 보았다. 넓은 의미에서 공리주의는 효용, 행복 등 쾌락에 최대의 가치를 두는 철학적·사상적 경향을 통칭한다. 고유한 의미에서 공리주의는 19세기 영국에서 제러미 벤담(Jeremy Bentham, 1748~1832), 제임스 밀(James Mill, 1773~1836), 존 스튜어트 밀(John Stuart Mill, 1806~1873) 등을 중심으로 전개된 사회사상을 가리킨다. ― 옮긴이

날 때 생산적 성취를 주장하기 위해 **사용가치**를 **교환가치** 속으로 그릇되게 깊이 감추는 방식 — 자본의 이데올로그들이 자본의 급중하는 낭비성과 파괴성을 '생산적 파괴'로 거짓되게 이상화하는 경우처럼 — 은 이런 종류의 신비화하는 뭉뚱그림의 두드러진 예다.

의미심장하게도 이와 동일한 방식으로, 자본 시스템의 적극적인 인격화들에 의한 **생산수단**의 일방적 수탈과 관련된 핵심 문제는 '생계수단을 불평등하게 배분하는 우연'이라는 모호한 일반성으로 **뭉뚱그려져 계급 갈등**의 차원을 제거한다. 그 결과 자본주의사회에서 분배는 무엇보다 **사람들을 적대적 사회 계급**으로 나누는 것을 뜻하고, 이를 통해 위계적으로 서열화된 방식을 가진 생산의 지배가 필연적으로 뒤따른다는 점은 편리하게 은폐된다. 이런 맥락에서 위대한 변증법 사상가인 헤겔조차 자신이 "보편적인 영구적 자본"이라고 부른 것을 찬미할 수 있도록 **생산수단**을 **생계수단**과 뭉뚱그릴 뿐만 아니라 일반적인 **노동**_work_을 **사회적으로 분할된 노동**_labor_과 뭉뚱그린 것은 그리 놀라운 일이 아니다.[14]

자본의 사회질서에서 가장 퇴화적인 측면 중 하나는 사람들이 자본 시스템의 **시간회계** — 자본의 사회질서와 양립할 수 있는 유일한 종류의, 극단적으로 비인간적인 회계 — 라는 협소한 제한에 자신을 맞출 수 있도록 사람을 하나의 물화된 조건으로 환원한다는 것이다. 질을 저하하는 사회 발전의 이런 유형은 경제학자들이 행하는 이데올로기적으로 노골적인 **추상**抽象, _abstraction_ 의 형태로서 이론적으로 정당화된다. 이들 정치경제학자는 **추상적 개별성** (고립된 개인)과 **추상적 보편성**(자연 자체에 의해 창조된 영원한 보편적 규칙으로 선언되는 지배적인 자본주의적 분업과 파편화)을 직접 연결한다. 정치경제학자들의 극단적으로 환원적인 이론적 절차는 모든 인간적인 질質에서 추상되는데, 이는 기저에 있는 자본의 실제적 환원주의에 기초한다. 마르크스는

---

14 Hegel, _Philosophy of Right_(Oxford: Clarendon Press, 1942), p. 130.

이 실제적 환원주의를 단순노동과 복잡노동 사이의 객관적인 관계, 그리고
자본의 지배적인 지상명령 아래 양量과 시간의 지배를 통한 인간의 (소외를
야기하는) 종속에 초점을 맞춰 폭로한다. 마르크스를 인용하면,

> 어떤 미국인 경제학자에 따르면, 경쟁이 하루의 복잡노동 속에 얼마나 많은
> 날의 단순노동이 포함되어 있는지를 결정한다. 복잡노동을 하는 것을 이렇게
> 단순노동을 하는 것으로 환원하는 것은 단순노동 자체가 가치척도로 취급된다
> 는 것을 상정하는 것이 아닐까? 만일 그 질에 관계없이 단순한 노동량이 가치척
> 도로 기능한다면 이는 단순노동이 산업의 중심축이 되었다는 점을 전제한다.
> 이는 사람이 기계에 예속되면서 또는 극단적인 분업에 의해서 노동이 균등하게
> 되었다는 것, 사람은 자신의 노동에 의해 그 고유함이 사라진다는 것, 벽시계의
> 진자가 두 기관차의 속력을 재는 척도로 정확한 것만큼 단순한 노동량이 두 노
> 동자의 상대적 활동에 대한 척도로서 정확하게 되었다는 것 등을 전제한다. 따
> 라서 우리는 어떤 사람의 시간이 다른 사람의 시간만큼 가치 있다고 말해서는
> 안 된다. 오히려 한 시간 동안의 한 사람은 한 시간 동안의 다른 사람과 정확히
> 똑같은 가치를 가진다고 말해야 한다. 시간이 모든 것이고 사람은 아무것도 아
> 니다. 사람은 기껏해야 시간의 형해일 뿐이다. 질은 더 이상 중요하지 않다. 오
> 로지 양이 모든 것을 결정한다. 즉, 한 시간에는 한 시간, 하루에는 하루(가 대응
> 한다 — 옮긴이).[15]

따라서 현존하는 사회경제 체제의 틀 안에서 잠재적으로 변증법적인 다
양한 상호 연관들은 비뚤어진 실제적 이원론二元論, *dualisms*, 이분법*dichotomies*,
이율배반*antinomies*의 형태로 재생산된다. 그리하여 인간을 하나의 물화된 조

---

15 Marx and Engels, *Collected Works*, vol.6(London: Lawrence and Wishart, 1976), pp.
126~127.

건으로 환원하고(이를 통해 인간은 '기관차들' 그리고 다른 기계들과 함께 공통분모로 환원되며, 또 그런 기계들로 대체될 수 있게 되고), '시간의 형해'라는 수치스러운 지위로 환원한다. 또한 소외를 야기하는 이런 환원 과정('한 시간 동안의 한 사람을 한 시간 동안의 다른 사람과 정확히 똑같은 가치가 있게' 만드는)의 결과, 개인들이 본질적인 생산 활동을 통해 자신의 내재적 가치와 인간적 고유성을 실제적으로 드러내고 실현할 가능성은 막혀버리기 때문에 가치 자체가 극히 문제적인(의심스러운) 개념이 된다. 왜냐하면 자본가의 수익성이라는 이해관계에서는 개인의 고유한 가치를 실현하기 위한 여지가 존재할 수 없을 뿐만 아니라, 더욱 나쁘게는 반가치가 인정사정없이 가치를 지배하고 단 하나의 유일하게 인정될 수 있는 실제적 가치 관계value-relation로서 자신의 절대적 지배를 관철하기 때문이다.

자본의 비인간적인 시간 지상명령의 독재를 타파해 사회 재생산과정을 통째로 급진적으로 재정립reorienting하는 데 성공하지 않으면 대안적인 **사회주의적 회계**는 지배적인 것으로 될 수 없다. 발전 과정, 특히 자본의 사회신진대사 통제의 물신숭배적 지상명령 아래 놓인 지난 3세기 동안 사회 재생산과정의 기본 범주들 — 무한한 역사적 시간 척도에서 인류와 자연 사이의 지속 가능한 변증법적 상호작용의 핵심적인 제1차 매개들에 내재적인 — 은 전복되었다. 따라서 생산적으로 확장되는 사회의 잉여노동 — 소외를 야기하는 자본주의적 외피外皮에서 벗어날 경우 미래의 모든 진보의 보고寶庫일 뿐만 아니라 전제 조건인 — 으로 체현된, 잠재적으로 해방적인 **자유 시간**이라는 형태를 띤 인류의 지극히 중요한 성취는 질식할 것 같은 잉여가치라는 **구속복**拘束服[16]을 입도록 강요되었다. 이는 필요노동시간[17]을 최소한으로 감축하라는 지상명령

---

16 미친 사람이나 광포한 죄수를 통제하기 위해 입히는 옷. — 옮긴이
17 노동일 가운데 노동자의 자기 재생산 비용인 임금에 해당하는 노동시간을 말한다. 자본은 노동일에서 필요노동시간을 공제한 시간인 잉여노동시간을 잉여가치로 착취한다. 사

아래 비인간화를 야기할 뿐만 아니라 역사적으로 점점 더 시대착오적인 자본 시스템의 시간회계에 의해 관리될 수 있도록 하기 위함이다.

이에 따라 그러한 제약에서 수익성 있게 맞추어질 수 없는 모든 것은 기껏해야 부적합하거나 존재하지 않는 것으로 판정된다. 불구화를 야기하는 봉쇄 기획에 대해 적극적인 저항을 표현하는 것으로 보일 경우에는 실제로 반드시 파괴되어야 한다. 진정한 사회주의적 대안을 수립할 목적으로 행하는 모든 시도는 규모와 관계없이 파괴되어야 하는 것이다. 만약 반가치가 경제적 효율성과 가치의 유일한 실행 가능한 생산자로 가장假裝하면서 — 노동시간을 무자비하게 최소한으로 감축하고 만성적 실업이 사회적으로 불러오는 파괴적인 결과를 무시함으로써 — 수익성을 더욱 잘 확보한다는 이유로 개인들의 인간적 가치*human worth*가 고려에서 절대적으로 배제된다면, 생산 대상을 조절하고 측정하는 기준이 어떻게 개인의 **질적으로 규정된** 인간적 필요와 여기에 상응하는 **사용가치**에서 생길 수 있겠는가?

어떤 희생을 치르더라도 수익성 있는 반가치는 역사적으로 지배적인 유형의 자본주의적 시간회계 — 필요노동시간을 최소한으로 감축하라는 점점 더 시대착오적인 요건과 결부된 — 에 맞는 **척도**를 지시한다. 그리고 인간 자체를 한편으로 생산적 매개변수에, 다른 한편으로는 생산물의 종류에 들어맞도록 **시간의 형해로** (소외를 야기하면서) **환원**하는 것과 분리될 수 없게 지시한다. (여기서 생산물의 종류는 자본의 환원주의적인 시간회계에 전적으로 부합할 때 존재 이유를 획득하는, 수익성 있게 팔 수 있는 상품들이다.) 따라서 사회적 개

회 전체와 각 구성원들의 유지, 재생산에 필요한 노동시간을 필요노동시간으로 말할 수 있다. 이 필요노동시간을 제외한 시간이 비(非)노동시간으로서 가처분 시간이다. 자본은 이윤 추구를 위해 생산력을 발전시켜 끊임없이 전체 사회를 위한 노동시간(필요노동시간)을 최소한으로 감축하고, 이로써 사회적 가처분 시간을 증대한다. 자본의 경향은 언제나 한편으로 가처분 시간을 창출하고, 다른 한편으로는 이를 잉여가치로 전환하는 것이다. — 옮긴이

인의 질적으로 규정된 필요를 평가하는 문제는 존재할 수 없다. 즉, 각 생산물에 할당된 시간 — 맹목적인 경제적 메커니즘이 아니라 인간적 필요에 따라 자유롭게 이루어진 선택에 기초해 정당화되는 — 을 의식적으로 결정하면서, 동시에 어떤 종류의 대상이 생산되어야 하는지를 고려하는 문제는 존재할 수 없다. 자본의 환원주의적인 시간회계가 가진 경제결정론은 모든 것을 지시하기에 충분한 것으로, 그리고 자본의 시간회계가 성공적으로 지시할 수 있는 모든 것을 당연하게 정당화하기에 충분한 것으로 여겨진다. (자본의 시간회계는 한때 주요한 생산적 진보를 만들어냈지만 일정 시점을 지나서는 위험한 역사적 시대착오로 전환되었다.) 헤겔이 "이성적인 것은 현실적이고 현실적인 것은 이성적이다"라고 체념적으로 동의하는 어조로 어떠한 탈출구도 생각할 수 없을 만큼 온전하게 완성된 자본의 고리에 대한 궁극적인 공식을 간결하게 설명한 것에는 충분한 이유가 있다.[18]

따라서 자본에게 자유 시간 개념은 전적으로 무의미하다. 자유 시간은 자본축적의 전반적인 지상명령 아래 착취적으로 포섭되기 위해 빈둥거리는 '여가 시간'으로 전환되어 전복되고 격하된다. 대조적으로, 사회주의적 회계에서는 사회의 가용한 자유 시간을 항상 최선으로 사용할 수 있게 만드는 과업과 더불어 그 시간을 모든 사람의 이익을 위해 적정하게 확대하는 과업이 최우선 관심사로 되어야 한다. 이것이 사회적인 개인을 의미 있는 방식으로 풍부하게 만들 수 있는 방법이다. 그들이 개인적으로 쓸 수 있는 자유 시간 — 자본주의사회에서는 필연적으로 완전히 무시되는 개인의 가처분 시간 — 을 창조적으로 사용해 미래에 개인적·사회적 발전의 토대가 되는 인류 자신의 긍정적인 잠재력을 증대하는 과정을 통해서 말이다.

생산적으로 확대되는 잉여노동과 창조적으로 사용되는 자유 시간은 잉여가치의 협소한 시간이 가지는 지평에 대비되는 사회주의적 회계의 지침

---

18 Hegel, *Philosophy of Right*, p. 10.

이 되는 중요한 개념이다. 계급사회의 역사는 언제나 **잉여노동의 강제적 추출**을 특징으로 가진다. 그 추출 양식樣式은 **정치적**이거나 **경제적**이기도 했고, 또는 실제로 양자가 결합되기도 했다. 잉여노동을 잉여가치 형태로 수익성 있게 추출하는 것은 자본이 만든 사회질서의 특징이다. 그것은 오랜 역사를 지닌 착취 관계의 본질을 바꾸지 않았고, 단지 그 양식만을 바꾸었다. 잉여가치의 끊임없는 축적을 위해 인간을 시간의 형해로 환원하는, 경제적으로 강제된 잉여노동의 수탈을 구조적으로 지배적이게 만드는 것을 통해서 말이다. 역사적 도전은 사회적 개인이 의식적으로 선택한 목적을 위해 합리적으로 결정된 자유 시간을 할당해 강제적 추출의 악순환을 과거의 일로 넘기는 것이다.

1.3 역사적 시간 의식의 상실

지난 한 세기 반 동안 이루어진 이론적 발전을 검토해보면 역사에 대한 부르주아 철학적 전통의 계몽된 개념은 헤겔이 죽은 뒤 수십 년부터 오늘날 우리 시대에 이르기까지 점점 더 회의주의와 비관주의의 팽배로 귀결되었다는 것을 알 수 있다. 레오폴트 랑케Leopold Ranke[19]와 알렉시 드 토크빌 Alexis de Tocqueville[20]이 모든 것은 신과 '같은 거리'에 있고 피할 수 없는 우리의

---

19 독일의 역사가(1795~1886). 랑케는 18세기의 계몽주의 역사가들을 비판하면서 원사료에 충실하게 사실을 객관적으로 기술하는 역사관, 이른바 실증주의 사관을 주창했다. 그는 정치, 신학, 철학에서 역사적 사실을 독립시켜 객관성과 독립성을 확보하려 했다. 또한, 이전의 자의적인 역사 연구와 서술을 부정하고 엄격한 사료 비판에 근거한 객관적 서술을 지향해 역사학을 과학의 경지로 끌어올리려고 시도했다. 이에 랑케는 '근대 역사학의 아버지'로 불린다. ― 옮긴이
20 프랑스의 정치철학자, 역사가(1805~1859). 토크빌은 자유주의 정치의 전통을 대표하는

곤경은 적막하다고 설파하면서 이런 풍조를 만들었다.

유명한 역사가 루이스 네이미어 경Sir Lewis Namier[21]은 20세기 부르주아 이데올로기를 지배하던 반反역사적인 '역사철학'을 비관주의적 회의주의 — 자신의 계급이 권력의 고삐를 쥐고 있다는 것을 아는 사람들의 자기 확신적인 독단주의에 의해 완화된 — 로 요약한다. 그가 썼듯이 이는 "적대적인 투쟁"에 대한 조사를 실행할 가능성을 기각한 다음에 (그런 조사는 우리를 헤아릴 수 없는 심연으로 또는 공허한 허공으로 이끌 것이기 때문에) "교차하는 유형類型들"을 기술하는 것을 두둔하기 위함이다. 즉, "인간 역사가 계절의 변화나 별의 운동보다 더 큰 의미가 있는 것은 아니다. 설령 의미가 있더라도 그것은 우리에게 파악되지 않는다".[22]

이런 견해를 채택하면서 역사 이론 분야의 계몽주의 전통이 이룬 모든 진정한 성취는 완전히 전복된다. 계몽주의의 걸출한 인물들은 현생 인류 homo sapiens를 둘러싼 자연과, 인간이 만드는 사회적 상호작용의 세계 사이에 의미 있는 경계선을 그으려고 시도했다. 인간적 목적을 추구하면서 생겨나는 사회 역사적 발전의 규칙-지배적인 특유성을 명료하게 만들기 위해서였

인물로 프랑스 정치에 적극 참여했다. 처음에는 7월 왕정(1830~1848)에 참여했고, 두 번째는 2차 공화정(1849~1851)에 참여했다. 1831년 『미국의 민주주의(De la democratie en Amerique)』(1835)를 저술하고, 1851년 나폴레옹 3세의 쿠데타 이후 정치계에서 은퇴해 『구체제와 프랑스혁명(Ancien Regime et la revolution)』(1856)을 저술했다. — 옮긴이

21 영국의 보수주의 역사가(1888~1960). 유대계 폴란드인으로 옥스퍼드 대학에서 근대사를 전공하고, 1913년 영국 국적을 취득했다. 저서 『조지 3세 즉위 때의 정치 구조(The Structure of Politics at the Accession of George III)』(1929)와 『미국 혁명기의 영국(England in the Age of the American Revolution)』(1930)을 통해 '네이미어 사학'이라 불리는 정치사 연구의 새로운 방법을 탄생시켰다. 만년에 『의회사(The House of Commons, 1754~1790)』(1964)를 편찬했다. — 옮긴이

22 Sir Lewis Namier, *Vanished Supremacies: Essays on European History, 1812-1918* (Harmondsworth: Penguin Books, 1962), p. 203.

다. 하지만 이제 그런 성찰의 합리성과 정당성조차 단호하게 부인된다. 따라서 역사적 일시성은 근본적으로 억압되고 인간 역사의 영역은 원리상 '무의미한' 자연의 광대한 세계 속으로 잠겨버린다.

작동중인 **사회경제적 법칙**을 파악해 기저에 있는 **구조적 규정**을 통제하는 문제는 제기될 수조차 없도록 그들은 역사는 **현상**現象, *appearance*의 직접성이라는 관점에서만 이해할 수 있을 뿐이라고 말한다. 반면 '설령 의미가 있더라도' 그것은 역사적으로 산출되고 역사적으로 변화 가능한 사회관계 — 인간적 목적에 의해 만들어진 — 가 아니라 광대한 자연에서 찾을 수 있기 때문에 영원히 '우리에게 파악되지 않는다'라는 무기력한 결론을 감수하라고 말한다.

당연한 일이지만 이런 종류의 이론들 — ('거대 담론'에 반대하는 '탈근대' 장광설에서 잘 드러나듯이) 모든 '종합적인 개념'을 서슴없이 완고하게 혹평하는 — 이 지닌 비관주의적 회의주의가 반드시 '세계에서 철수하기'라는 이름으로 사회적 실천의 일반(만약 비관주의적 회의주의가 아니었다면 조건으로서 요구되었을)을 반대하는 것은 아니다. 후자('세계에서 철수하기' — 옮긴이)의 필요성은 오로지 주장되는 행위에 주요한 구조적인 변화 — 근본적인 포괄적 개념과 관련된 — 가 내포되어 있을 경우에만 생겨난다.

모든 것이 기존 질서의 매개변수 내부에 봉쇄될 수 있는 한 '이론과 실천의 통일'을 이른바 마르크스의 수많은 '혼동'의 하나로 비난할 필요가 없다. 반대로, 그런 상황에서는 '이론과 실천의 통일'을 지적 사업의 매우 긍정적인 측면으로 칭송할 수 있다. 우리가 발견하듯이 실상 루이스 네이미어 경의 관찰에 따르면 "처음에는 외무부 산하에, 다음에는 외무부 안에 있는 정보부에서의" 근무의 결실인 자신의 연구 「합스부르크 왕가의 몰락」과 관련해 "그 작업이 관심을 끄는 **실천적 목적**에 기여할 때 인식이 얼마나 예리해지는지는 주목할 만하다".[23]

따라서 역사적 회의주의는 아무리 극단적이더라도 원인 분석과 대상의 정의에서 극히 선택적이다. 왜냐하면 만약 문제가 되는 주제가 주요한 구조적 변혁의 가능성을 포함할 경우 역사적 회의주의는 우리 곤경의 '무의미성'과 '설혹 의미가 있더라도 그것은 우리에게 파악되지 않는다'라는 결론의 불가피성을 역설하기 때문이다. 다른 한편으로 문제가 다음과 같을 때, 즉 기존 질서를 그 적대성에도 불구하고 모든 필요한 수단과 조치를 가지고 어떻게 유지할 것인지, 망해가는 합스부르크 제국의 전리품을 어떻게 분배할 것인지(또는 망해가는 합스부르크 제국에 의해 창출된 공백으로 어떻게 밀고 들어갈 것인지) 등이 문제일 때는 운이 다한 제국 영국 정보부의 '관심을 끄는 실천적 목적'이 기적적으로 '인식을 예리하게 만들고' 회의주의라는 성가신 골칫거리를 잠재울 것이다.

애석하게도 이것이 계몽주의 전통의 해방적인 탐구가 현대 부르주아 역사 편찬으로 귀결되는 방식이다. 상승기 부르주아의 위대한 대변자들은 인간 역사의 주체가 가진 '역사를 만드는' 힘을 해명해 역사 지식의 기초를 세우려고 시도했다. 비록 원래 의도했던 결론에 이르도록 그들의 탐구를 처음부터 끝까지 한결같이 수행할 수는 없었지만 말이다. 이제 그들의 접근 방법을 구성하는 모든 요소는 청산되어야 한다.

'역사를 만든다'라는 생각 자체가, 여전히 그 생각을 마음에 품었을지도 모를 모든 사람에 대한 공공연한 경멸과 함께 버려진다. 왜냐하면 고려되어야 할 유일한 역사는 이미 만들어진 역사이며, 그것은 영원히 우리에게 남을 것으로 가정되기 때문이다. 따라서 「합스부르크 제국의 몰락」을 연대순으로 기록하는 것은 올바르고 정당하지만 영국 제국과 프랑스 제국의 필연적인 해체 ― 또는 그 문제에서 또한 정치적·군사적으로 훨씬 더 매개되고 널리 퍼진, 압도적으로 미국이 지배하는 전후戰後 제국주의 구조의 해체 ― 를 예시豫示하는 역사 발전의 객관적인 추세와 적대성을 조사하는 것의 지적 정당성과

---

23 Ibid., p. 7.

같은 모든 것은 **선험적으로** 기각되어야 한다.

마찬가지로 '관심을 *끄는*' 채택된 국가정책의 결정을 역사의 발전에 강요하는 데서 개인의 한계를 마지못해 인정하는 것이, 역사의 주체를 구성하는 데서 개인과 그들의 계급 사이에 작동하는 변증법적 상호 관계를 좀 더 현실적으로 파악하게 이끌지는 않는다. 또한 역사적으로 적절한 행위의 불가피한 **집단적** 매개변수들을 인정하도록 이*끄*는 것도 아니다. 개인의 한계를 인정하는 것은 오히려 역사의 주체에 관한 회의주의적 분석과 완전한 제거를 가져오며, 이로써 그러한 지평 안에서 구축될 수 있는 이론에 파멸적인 결과를 초래한다. 왜냐하면 역사의 주체를 없애버리면, 계몽주의의 위대한 인물들이 직면했던 문제에 대한 해법을 찾으려 노력하면서 올바르게 인식한 바와 같이, 역사를 만들 가능성은 물론이고 역사를 이해할 가능성도 같은 운명을 겪을 수밖에 없기 때문이다.

또한 마지막으로, 이런 모든 것이 관련 역사가들에게 가져다주는 역설적인 결과는 그들의 사업 역시 전적으로 **존재 이유**를 상실한다는 점이다. 이는 '역사의 주체', '역사 만들기', '역사 이해하기'라는 밀접하게 상호 연관된 개념을 포기하기를 거부하는 사람들의 토대를 잠식하려고 시도하는 과정에서 스스로 초래한 곤경이다. 그렇게 함으로써 그들이 속한 철학적 전통의 긍정적 측면과의 모든 연계를 필연적으로 파괴하는 것이다.

결국 하나의 '탈출구'로 남는 것은 의심스러운 지적 입장의 자의적인 일반화와 이상화다. 그것은 자신의 사회적인 적敵뿐만 아니라 자신의 조상祖上에 대해서도 회의주의적인 자기 확신을 추구할 수밖에 없게 만든다.

그들은 결국 자신들이 마주치게 되는 해법의 모순을 보편적인 '무의미성'이라는 이데올로기로 감추면서 그 대신 (겉보기에 당연히 실행 가능한) 서술적인 '완벽성'을 갖는 '유형들*patterns*'을 제시한다. 그러나 이는 설사 실행 가능하더라도 구제 불능일 정도로 자멸적인 열망이다. 또한 그들은 우주적 신비의 '헤아릴 수 없는 심연'에 고유하게 속한다는 것을 근거로 포괄적인 주제를 계획적으로 회피하는 것을 정당화한다. 하지만 개인들이 사회적으로 제한된 목적을 추구하는 것에서 생기는 추세와 필연성을 어떻게 이해하는지에 관한 문제는 포괄적인 주제에서 제거될 수 없다.

이런 근본적인 반전反轉 — 인간적 의미와 역사에서 그 의미의 점진적인 실현에 대한 계몽주의의 집착으로부터 우주적인 비관주의와 보편적인 무의미성의 절정으로 — 이 이룬 우울한 궤적의 이면에 있는 이유를 찾아보면, 무엇보다 하나의 특별한 요인이 막중하고 불가역적인 중요성과 함께 부각된다. 이 요인은 문제의 철학적 전통이 질적으로 변하는 발전 국면에서 그 전통에 직접적으로 영향을 미친다. 이 요인은 객관적으로 주어진 해방의 조건, 가능성과 관련될 뿐만 아니라 서로 다른 역사적 상황에서 그것들의 개념화에 수반되는 변화하는 사회적 제약과도 관련된다.

사실 위대한 계몽주의 전통에서 해방에 대한 탐구는, 주요 대변자들이 모호하고 추상적으로 정의된 (또는 정의되지 않은) 역사의 주체 문제를 그대로 남겨두게 만든 제약 때문에 난항을 겪는다. 이것은 한편으로 이 전통에 속하는 철학자들의 개인주의적 전제들 때문이고, 다른 한편으로는 주어진 역사적 대치 국면에서 그들이 연계된 사회 세력의 잠재적으로 적대적인 이질성 때문이다. 따라서 여기서 우리가 만나는 것은 부르주아적 역사 개념의 구성에 매우 유리한 상황에서조차 극복할 수 없는 사회적 적대의 현존 — 처음에는 잠재적이지만 가차 없이 증대하는 — 이다. 이 사회적 적대는 각각의 철학적 종합을 구성하는 핵심에 이른다.

따라서 당연한 일이지만 프랑스혁명과 나폴레옹전쟁의 여파 때문에 문제의 역사적 시기가 종언을 고한 것은 진정으로 양면적인 성취를 보여준다. 한편으로, 그것은 최고 수준의 일반화로서 역사의 동학動學에 대한 가장 위대한 부르주아적 개념화를 가져온다. 이 개념화는 그 시대 지평의 추상적인 절대적 한계 안에서 자본의 지구적 전개의 객관적 논리 — 역사 발전에서 노동의 핵심적인 역할에 대한 참으로 획기적인 통찰과 연결된 — 를 당당하게 예견한다. 다른 한편으로, 그것은 신비화를 야기하는 이데올로기 무기고를 이전에는 상상할 수 없을 만큼 확장한다.

의미심장하게도 이 두 가지는 내적으로 파열되고 그 자체의 견지에서도 지극히 문제적인 헤겔 체계의 종합*synthesis*에 결합되어 있다. 즉, 진정한 역사의 주체 대신에 '동일한 주체와 객체' 그리고 '이성의 간계'로, 또한 역사적 과정을 자기 산출하는 '오직 개념의 진보'의 '원환들의 원환'으로 환원하면서(대논리학 범주 체계 구축과 역사철학의 이른바 '진정한 신정설神正說'에서) 말이다. 그리고 현재의 결정적 국면에서 역사의 일시성을 억압함으로써 말이다. 그리하여 헤겔 체계는 보편적인 역사의 과업을 "절대정신이 어떻게 진리를 인식하고 채택하는지"[24]를 입증하는 것으로 규정한 후에 역사적이라고 주장하는 이론 가운데 단연 최대의 거짓말 — 즉, "유럽이 절대적으로 역사의 종말이다"[25] — 로 자기 모순적이게 마무리된다.

이런 의미에서 프랑스혁명 이후 사회질서의 공고화와 함께 몇몇 매우 중요한 개념적 변형이 이루어졌다. 우선 '계급투쟁'의 사회 역사적 실체와 설명적 가치가 부르주아 역사가들에 의해 인정되었다. 비록 그들이 이 개념을 점점 더 보수적인 전체 틀 안에 집어넣으려고 했지만 말이다. 하지만 나중에 그런 모든 범주는 19세기 개념으로서 완전히 폐기되어야 했다. 당혹감 없이 자신들의 지적 유산을 제거할 수 있도록 그런 개념을 마르크스의 특유한 것으로 돌림으로써 (마르크스 자신은 결코 이 측면에서 독창성을 주장하지 않았는데도) 말이다. 모든 주요 측면에서 계몽주의의 해방에 대한 탐구는 점점 더 '고상한 환상' — 기껏해야 — 으로 언급되면서 먼 과거의 일로 격하되는 동일한 운명을 겪는다.

(자본의 기존 질서의 관점을 대변하는) '정치경제학 관점에서' 종속 계급이

---

24 Ibid., p. 53.
25 Hegel, *The Philosophy of History*(New York: Dover Publications Inc.), p. 103.

새로운 사회질서를 촉진하기 위해 역사를 만드는 것을 어떻게 **방지할 것인**지가 문제가 될 때 '증가하는 무의미성'이라는 역사적 비관주의와 '역사 만들기'라는 생각 자체를 부정하려는 근본적 회의주의는 지배적인 물질적·이데올로기적 이해관계와 완벽하게 일치한다. 하지만 동시에 자본의 지배에서 해방되기 위한 투쟁에 참여하는 사회 세력은 '역사 만들기' 프로젝트나 새로운 사회질서를 수립한다는 생각을 포기할 수 없다. 메시아적인 '전체론 *holism*'[26]으로 향하는 일부 비뚤어진 성향 때문이 아니라, 단지 그들의 매우 제한된 **즉각적인 목표** — 인류의 압도적 다수에게는 음식, 주거지, 기초 보건 의료, 교육과 같은 — 의 실현조차 기존 질서에 근본적으로 도전하지 않고서는 전혀 생각할 수 없기 때문이다. 기존 질서의 본질 자체가 **필연적으로** 그들을 사회에서의 구조적 종속이라는 무기력한 지위로 묶어두기 때문이다.

1.4 자유 시간과 해방

인간해방은 오로지 기계적인 유물론적 결정론의 모든 관념, 그리고 우리가 기념비적인 헤겔적 세계관에서 만나는 일종의 관념 철학적인 **역사의 종말**도 거부하는 역사 개념에 기초할 경우에만 실현될 수 있다. (우리가 앞서 보았듯이) 헤겔은 체념적으로 동의하는 어조로 "**이성적인 것은 현실적이고**

---

26 부분과 전체의 관계를 이해하는 관점은 우선 '개체론(individualism)'과 '전체론(holism)' 으로 나눌 수 있다. 개체론에 따르면 "전체는 부분들의 합이다". 이에 따라 우리가 부분들에 관한 정확하고 완벽한 정보를 가지고 있으면 그 부분들로 이루어진 전체도 알 수 있다. 반면에 전체론에 따르면 "전체는 부분들의 합 이상이다". 이에 따르면 우리가 부분들을 정확하고 완전하게 알고 있더라도 전체에 관해 완전히 알 수 없다["부분과 전체," 한국 브리태니커(http://premium.britannica.co.kr/bol/topic.asp?article_id=b10b0821a)]. — 옮긴이

현실적인 것은 이성적이다"라고 선언하면서 동시에 현존하는 것*the existent*의 이른바 '이성적인 현실성'을 실정성$_{\text{實定性, positivity}}$[27]과 동일시한다. 이는 현재와의 불가피한 화해를 수용하는 것을 정당화하기 위함이다. 이로써 그는 자신의 사변 체계에서 사전적으로 예정된 '영원한 현재'에서 역사의 동학 자체에 자의적인 종말을 고한다. 또한 이를 통해 계몽주의 정신으로 품었던 원래 자신의 해방적 탐구와 결별한다. 기계적 결정론 그리고 사변적 관념론과 대조적으로, 참된 해방에 대한 사회주의적 옹호는 역사의 근본적 개방성을 주장하지 않고서는 전혀 이치에 닿지 않을 것이다. 왜냐하면 만약 역사 변혁의 전반적 과정이 기계적 결정론(또는 '자연주의적 결정론')의 협소한 제한에 의해, 또는 그와 동일한 결론에 이르는 '자기 실현하는 세계정신'의 과장된 사전적 기획에 의해 결정적으로 예단된다면 인류가 자유 시간 ― 역사 발전 과정에서 사회적 개인이 창조적으로 사용할 수 있는 ― 을 생산적으로 발전시키는 것이 가지는 긍정적인 해방적 잠재력을 강조하는 일이 무슨 소용이 있는가?

따라서 마르크스는 역사의 근본적 개방성이라는 자신의 변증법적 개념에서 모든 형태의 결정론적인 이데올로기적 종말에 단호히 반대하며 다음과 같이 주장한다. 즉, 역사적 규정에 의해 초래된 어떠한 특수한 과정과 단계도 단지 역사적일 뿐이기 때문에 생산적으로 뒷받침되는 인류 해방에 발맞춰 적절한 때에 더욱 진전된 ― 사회적 개인에게는 잠재적으로 더욱 풍요롭고 성취감을 주는 ― 발전 단계에 그 자리를 넘겨주어야 한다. 따라서 마르크스의 견해에 대한 의도적인 곡해 ― 그의 견해는 이른바 '경제결정론'이라는 이유

---

27 청년기 헤겔은 기독교에서 예수의 정신이 현실로 제도화되면서 인간의 자유를 제한하고 억압하게 되는 현상을 기독교의 실정성으로 비판했다. 반면 후기 법철학에서 헤겔은 국가를 통해 법이 실정화됨으로써 사회 속에서 이성과 현실이 화해를 이루고 사회의 안정과 인간의 자유를 확보할 수 있다는 뜻으로 실정성을 긍정적 개념으로 사용한다. ― 옮긴이

로 잘못 비난받았는데, 실제로 이 '경제결정론'은 마르크스가 날카롭게 비판한 정치경제학자들의 이론적 접근 방법이다 — 와는 정반대로, 물질적 토대의 지배적인 힘을 강조할 때 그는 매우 분명한 단서를 단다. 왜냐하면 그는 자본의 사회질서의 역사적으로 규정적인 조건 아래 이루어진 인류의 생산적인 발전 덕분에 몇몇 주요 해방적 잠재력이 지평 위에 보일 때 (비록 그 잠재력이 자본의 파괴적인 내적 적대에 의해 좌절되고 잠식되더라도) 사회변혁의 물질적 토대가 역설적으로 우세해진다는 점을 부각하기 때문이다. 마르크스는 바로 그런 긍정적인 생산적 잠재력을 해방시키기 위해 자본의 적대적인 구조적 규정에 맞서 사회주의의 해방적 대안을 사회신진대사 통제 양식으로 제기한다. 이 사회주의의 해방적 대안은 상품 사회라는 보편적으로 물화된 규정의 형태로 구성된 자본의 역사적으로 특수한 물질적 토대의 힘을 의식적으로 대체하는 것뿐만 아니라 물질적 토대 일반의 아주 오래된 우세를 극복하는 것 또한 목표로 삼는다. 이것이 인류의 진정한 역사_real history_와 그 '자유의 왕국' — 그가 인류의 전사_前史, pre-history_라고 부른 것에서 압도적으로 지배적인 '필연의 왕국'과 대비되는 — 에 관한 마르크스 담론이 가지는 의미다.

자본의 시간 지상명령의 독재는 자의적인 역사의 종말에서 포괄적으로 적절하게 완성된다. 따라서 구조적으로 결정되어 있고 견고하게 자리 잡은 사회관계의 확립된 위계적 틀에 의식적으로 도전해 역사의 근본적인 개방성을 (대안적인 이론적 개념은 물론이고 무엇보다 혁명적 변혁의 포괄적인 실천 전략을 통해서) 확고히 하지 않고서는 자본의 시간 명령을 분쇄하는 데 성공할 수 없다. 이런 의미에서, 자본 시스템의 소외를 야기하는 **시간회계**를 통해 사회 재생산과정에서 실제로 집행되는 자본의 시간 **지상명령** 독재와 역사의 종말 독재는 생사_生死_를 함께한다.

역사적으로 창출된 역사의 근본적 개방성 자체는 역사 전체에 걸쳐 인류가 자연과 행하는 **자기 매개**의 특유한 조건과 분리될 수 없다. 그것이 바로 자기 매개이기 때문에 인간의 자기 매개의 형태와 양식을 영구적으로 미리 결정해놓을 방도는 존재할 수 없다는 의미에서 정말 그렇다. 생산 활동을 통한 이런 자기 매개의 복합적인 변증법적 조건들은 자기 매개 자체의 과정에서 충족될 수 있을 뿐이다. 그 조건들은 끊임없이 창조되고 또 재창조되기 때문이다. 따라서 자족적이고 편의적으로 폐쇄된 역사를 설명하는 체계를 솜씨 좋게 만들어내는 모든 시도는 인간 행위의 복합성을 기계적 결정론의 조야한 단순성으로 자의적으로 환원하거나, 인간 발전의 내재성에 관한 이런저런 종류의 **선험적 초월주의**를 관념론적으로 포개 놓는 것으로 귀결된다.

사회적 개인의 진정한 해방과 실질적 평등은 역사 과정에서 인류의 **자유시간**을 누진적으로 창출하는 것을 통해 가능해진다. 따라서, 앞서 인용문에서 칸트가 명기한 바와 같이, 개인은 "그들이 가질 수 있는 권리는 대상의 **형식**에 관한 것이지 대상의 **내용**에 관한 것이 아니다"라는 관념론적인 위로상*consolation prize* — 고상하게 표현되지만 본질상 극히 환상적인 위로상 — 을 받아들일 필요가 없다.[28] 이런 위로상은 환상적이기 마련이다. 왜냐하면 대상은 자본의 사회 재생산양식의 비인간적인 현실성에 의해 그것의 내용뿐만 아니라 형식에 관해서도 모든 의도된 의미를 박탈당하기 때문이다. 이는 자본 시스템이 생존하는 한 계속 그럴 수밖에 없다.

인류의 발전 과정에서 **자연적 필연성**은 점진적으로 역사적으로 창출된 필연성에 그 자리를 넘겨주는 한편, 적절한 때에 역사적 필연성 자체는 사회의 생산능력과 진정한 부의 거대한 확장을 통해 **잠재적으로 불필요한 필연성**이 된다. 따라서 우리는 현실적으로 실현 가능한 해방의 중대한 조건을 그림으로써 실제로 역사적 필연성이 '단지 역사적인 필연성'임을 알게 된다. 즉, 역사적 필연성은 (중력과 같은 엄격히 자연적인 규정의 절대성과는 대조적으로) 필연적으로 소멸하는 "사라지는 필연성"으로서 본질상 일시적인 것으로

---

28 앞의 〈각주 7〉을 참조하라.

개념화되어야 한다.[29] 역사적으로 창출된 필연성에 의한 자연적 필연성의 점진적인 대체는 생산력의 보편적인 발전 가능성을 열어젖힌다. 결국 이 생산력에는 (필수적인 활동의 교환인) 교환관계의 중심축이 되는 "활동의 총체"가 언제나 포함된다.[30] 이와 대조적으로, 자본 입장에서 이 세계를 변호하는 하이에크[31]들은 상품 교환의 물신숭배적 견해를 과거 역사의 가장 먼 구석에 몰래 들일 뿐만 아니라 무한한 미래까지 근거 없이 투사한다.

국제분업과 세계시장의 틀 안에서 객관적인 생산 조건을 지구적 교환 차원으로 이전하는 '자본의 보편화 경향'은 자본 시스템을 "이전의 모든 생산 단계"와 구별한다.[32] 하지만 그 결과, 생산 조건은 특정 산업 기업의 외부에 있기 때문에 — 매우 거대한 초국적기업과 국가 독점기업의 경우조차 — 실상 자본의 '보편화 경향'은 은총이지만 저주이기도 한 것으로 드러난다. 왜냐하면 그것은 인간해방의 진정한 잠재력을 창출하는 반면에 생산과 통제의 필수조건이 외부에, 즉 악몽같이 모든 곳에 있으면서 동시에 어디에도 없다는 점에서 가장 복잡한 문제 — 극히 파괴적인 충돌의 위험을 함의하는 — 를 제기하기 때문이다. 그런 관점에서 최대의 악몽은 '보이지 않는 손'이 지구적으로 뒤얽힌 자본 시스템의 무질서하게 연동된 모순과 파괴적인 적대를 모두 해결할 수 있다고 기대하는 것이다. 애덤 스미스, 칸트, 헤겔 등 수많은 사람

---

29 Karl Marx, *Grundrisse*(Harmondsworth: Penguin Books), p. 832.
30 Ibid., p. 528.
31 프리드리히 하이에크(Friedrich Hayek, 1899~1992)는 오스트리아 태생의 영국 경제학자다. 오스트리아 학파에 속하며 화폐적 경기론과 중립적 화폐론을 전개했고, 신자유주의 입장에서 모든 계획경제에 반대했다. 대표적으로 『법, 입법, 자유(Law legislation and liberty)』(1973~1979)를 저술했고, 1974년 화폐와 경제변동의 연구가 인정되어 노벨 경제학상을 수상했다. 그는 신자유주의 이데올로기 창시자로 모든 계획경제에 반대하는 『노예의 길(The Road to Serfdom)』(1944), 『자유의 구조(The Constitution of Liberty)』(1960) 등을 저술했다. — 옮긴이
32 Karl Marx, *Grundrisse*, p. 540.

이 무한한 신뢰를 부여한 보이지 않는 손이 지난 수 세기 동안 더 작은 범위에서조차 자신에게 부여된 역할을 수행하는 데 실패했는데도 말이다.

정신을 번쩍 들게 하는 진실은 자본의 보편화 경향이 자본의 틀 안에서는 **결코** 실현될 수 없다는 점이다. 왜냐하면 자본은 자신이 초월할 수 없는 장벽 — 즉, 자본의 가장 깊숙한 구조적 한계들 — 을 모든 생산의 극복할 수 없는 한계라고 선언할 수밖에 없기 때문이다. 동시에, 실제로 지속적인 발전의 신성불가침한 한계이자 핵심적 조건으로 인정되고 존중되어야 할 것 — 즉, 인류의 생존 자체의 토대로서 매우 복합적인 자연 — 은 자연의 체계적 정복, 황폐화, 궁극적인 파괴 속에서 철저히 무시된다. 이는 근본적으로 맹목적인 자본 확장의 이해관계가 자연에 직접적으로 뿌리내린 인간 생활의 가장 기초적인 조건조차 기각할 수밖에 없기 때문이다. 따라서 인간 생활 자체의 핵심 기층인 자연에 대한 자본의 교정할 수 없는 파괴적인 영향과 관련된 자본 시스템의 편의적인 규정을 **의식적으로 단절해야** 한다. 이 규정은 자본이 인정하기를 거부하는 자본 자신의 구조적 한계와 관련되어 있다.

자본의 이데올로그들이 선교의 열정을 가지고 고취한, 우리 시대에 '보이지 않는 손'의 더욱 그럴듯한 유형으로서 '세계화*globalization*'라는 신화에 대해서도 똑같은 것을 고려해야 한다. 자본의 이데올로그들이 세계시장과 관련해 이른바 모든 방면에 미치는 지구적 이익이라는 이미지를 만들 때 그들은 실제로 존재하는 것 — 그리고 매우 오랫동안 존재했던 것 — 이 결코 보편적으로 균등하게 이로운 것이 아니며, 오히려 반대로 **제국주의적으로 지배되는** '세계시장'이라는 것을 무시하거나 교묘하게 왜곡한다. 세계시장은 일련의 매우 부당한 **권력관계**로서 수립되었다. 그 권력관계는 항상 강대국의 이익을 위해 작동했고 항상 약소국에 대한 무자비한 지배 — 필요할 경우 직접적인 군사적 정복까지 — 와 착취를 만들어냈다. 근대국가의 종합적인 명령 구조에서 약자에 대한 강자의 지배와 착취라는 기초 위에 구성된 '세계화된' 질서는 오직 사태를 더욱 악화할 수밖에 없다. 따라서 자본의 사회신진대사 통제 양식을 의식적으로 단절하지 않고서는 인류의 지구적 재생산 교환의 원대한 긍정적인 해방적 잠재력은 진정한 결실을 맺을 수 없다. 사회적 개인이 스스로 자유롭게 선택한 목표를 추구하면서 자유 시간을 창조적으로 사용할 때만 몹시 필요로 하는 유익한 결과를 가져올 수 있다.

역사 과정에서 해방의 필요조건인 **자유 시간**의 산출은 위대한 집단적 성취다. 자유 시간은 인류의 진보적 발전과 분리될 수 없다. 이는 또한 지식 ─ 그리고 사회 재생산과정과 직접 관련된 역사적으로 누적되는 과학적 지식 ─ 이 인류라는 집단적 주체 없이는 생각될 수 없고 역사 전체에 걸쳐 확장되는 것과 마찬가지다. 하지만 자본은 모든 인류 지식의 보고寶庫를 순식간에 약탈하고, 자신의 물신숭배적 재생산양식을 통해 수익성 있게 ─ 심지어 가장 파괴적인 방식으로 ─ 이용될 수 있는 지식에만 정당성을 자의적으로 부여한다.

당연한 일이지만 자본은 인류가 역사적으로 만든 자유 시간에 대해 똑같은 방식으로 관계한다. 이에 따라 '여가 산업'의 착취적인 규정 아래 직접 포섭될 수 있는 자유 시간만이 수익성 있는 자본 확장 과정에 포함되어 활성화될 수 있다. 하지만 인류의 자유 시간은 사변적 관념이 아니라 매우 현실적이고 본질상 무궁무진한 잠재력이다. 실질적으로 인류의 자유 시간은 사회적 개인의 무한한 ─ 풍부하게 재생할 수 있고 확장할 수 있기 때문에 ─ 가처분 시간으로 존재한다. 자기들의 행위가 기여하는 의미 있는 목적이 자신들의 자율적인 숙고에서 나오게 된다면 이 가처분 시간은 자기실현하는 개인으로서 그들에 의해 창조적으로 사용될 수 있다. 그것이 인류의 해방적 잠재력을 일상생활의 해방적 현실성으로 전환하는 유일한 방법이다.

제2장

·

세계화하는 자본의 통제 불가능성과 파괴성

·

The Uncontrollability and Destructiveness

of Globalizing Capital

우리는 유례없는 역사적 위기의 시대에 살고 있다. 그 심각성을 나타내는 것은 우리가 범위가 조금 넓거나 좁은 **자본주의의 순환적 위기**가 아니라 **자본 시스템** 자체의 심화하는 구조적 위기에 직면해 있다는 사실이다. 이 같은 위기는 역사상 처음으로 인류 전체에 영향을 미치고 있다. 이 위기는 인류가 살아남기 위해서 사회신진대사를 통제하는 방식을 근본적으로 변화할 것을 요구한다.

2.1 자본의 '유기적 체계'에서 잉여노동의 추출

초기의 산발적인 상업 생산은 물론이고 화폐자본과 상인자본 같은 자본 시스템의 구성 요소는 수천 년 전의 역사까지 거슬러 올라간다. 하지만 수천 년 동안 이들은 대부분 노예제도나 봉건제도의 생산·분배 양식을 포함해 당시 역사에서 지배적이던 특수한 사회신진대사 통제 시스템의 종속적인 부분에 머물러 있었다. 오직 지난 수 세기 동안 부르주아 자본주의 형태 아래서 자본은 일체를 포괄하는 '유기적 체계'로서 자신의 지배를 성공적으로 관철할 수 있었다. 마르크스의 글을 인용하면,

> 새로운 생산력과 생산관계는 무無에서 발전하지도, 하늘에서 떨어지지도 않으며 자기 정립하는 이념의 자궁에서 나오지도 않는다. 그것은 현존하는 생산의 발전과 전래된 전통적인 소유관계 안에서 그것에 대립해 발전함으로써 나온다는 사실을 명심해야 한다. 완성된 부르주아 체제에서 모든 경제적 관계는 부르주아적 형태의 다른 모든 경제적 관계를 전제로 한다. 즉, 정립된 모든 것은 또한 하나의 전제다. 이는 모든 유기적 체계에서 그러하다. 이 유기적 체계는 하나의 총체로서 자신의 전제들을 가진다. 이 유기적 체계가 총체로 발전하는 것은 바로 사회의 모든 요소를 자신에게 종속시키거나 아직 결여된 기관들을 사회

에서 창출하는 것이다. 이것이 유기적 체계가 역사적으로 하나의 총체가 되는 방법이다.[1]

이러한 방식으로 자본은 오래된 유기적 구성 요소를 이전의 유기적 체계의 족쇄에서 해방시키고, 몇몇 새로운 필수적인 구성 요소의 발전을 가로막는 장벽을 타파했다.[2] 이로써 일체를 포괄하는 유기적 체계로서 자본은 지난 3세기 동안 일반화된 상품생산을 통해 자신의 지배를 관철할 수 있었다. 자본은 인간을 '필요노동력'으로서 단순한 '생산 비용'의 지위로 축소하고 전락하게 만들어 살아 있는 노동마저 다른 상품과 똑같이 '매매될 수 있는 상품'에 불과한 것으로 취급할 수 있었고, 경제적 강제라는 비인간화를 야기하는 규정에 노동을 굴복시켰다.

인간들 사이의 그리고 자연과의 생산적인 상호작용의 과거 형태는 대체로 사용을 위한 생산에 방향이 맞추어졌고, 그 체제적 규정은 높은 수준의 **자급자족**_self-sufficiency_이었다. 이는 인간을 그와 날카롭게 대비되는 자본의 재생산 원리 — 처음에는 소규모적이었을지라도 낡은 시스템 안에서 이미 작동하고 있던 — 에 매우 취약하게 만들었다. 왜냐하면 역동적으로 펼쳐지는 자본의 유기적 체계의 구성 요소 중 어느 하나도 자신을 자급자족의 구조적 제약에 가둘 필요가 없었고, 실제로 그럴 **능력**도 없었기 때문이다. 사회신진대사 통제 시스템으로서 자본은 계량할 수 없는 **사용가치**의 한계에 묶여 있는 인간적 필요에 대한 모든 고려를 포기했다. 자본은 오직 그렇게 함으로써 등장할 수 있었고 역사적으로 선행한 시스템을 이길 수 있었다. 그리하여 자본은 사용가치 — 수용할 수 있는 생산 목표로서 정당성의 절대적 조건인 — 위

---

1 Marx, *Grundrisse*, p. 278.
2 무엇보다 노동과 토지의 판매와 구매에 대한 금지를 극복하고, 이를 통해 모든 영역에서 소외의 승리를 확보함으로써.

에 계량할 수 있고 끝없이 확장하는 교환가치의 지상명령을 겹쳐 놓았다. 이를 통해 자본 시스템의 역사적으로 특수한 형태, 즉 부르주아 자본주의적으로 변종한 자본 시스템이 존재할 수 있었다. 부르주아 자본주의적 형태의 자본 시스템은 엄격하게 양화된 잉여가치로 잉여노동을 추출하는 압도적으로 경제적인 양식 — 이는 주로 정치적인 형태로 잉여노동을 추출하는 전前자본주의적 또는 소비에트 유형의 탈脫자본주의적 양식과 대비된다 — 을 채택해야만 했다. 이는 당시 승리하는 시스템의 확장이라는 지상명령을 실현하는 가장 역동적인 방식이었다. 더구나 온전히 완성된 자본 유기체의 비뚤어진 순환논리 — 그 안에서 '모든 경제적 관계는 부르주아적 형태의 다른 모든 경제적 관계를 전제로 하고', '정립된 모든 것은 또한 하나의 전제다' — 때문에 자본은 자신의 세계가 어떤 탈출구도 생각할 수 없는 '철창'이라는 자신의 주장을 관철할 수 있었다.

그러나 제약 없는 확장 — 자본의 거역할 수 없는 전진의 비밀인 — 이라는 요건에 성공적으로 부응해야 하는 절대적 필연성은 또한 극복할 수 없는 역사적 한계를 수반했다. 이는 부르주아 자본주의라는 사회 역사적으로 특수한 형태뿐만 아니라 자본 시스템 일반의 생존 가능성에 대해서도 그러했다. 왜냐하면 이 사회신진대사 통제 시스템은, 그 결과가 아무리 파멸적이더라도, 무자비하고 궁극적으로 비합리적인 확장 논리를 사회에 부과하는 데 성공해야만 했기 때문이다. 아니면 통제할 수 없는 확장 체계로서 자본 시스템이 가진 가장 내밀한 규정에 직접적으로 모순되는 합리적인 제약을 채택해야만 했기 때문이다. 20세기에 우리는 케인스주의부터 소비에트 유형의 개입주의까지 자본의 체제적 한계를 극복하기 위한 실패한 시도들을 — 그것들이 초래한 정치적·군사적 대참사와 더불어 — 목도했다. 하지만 이러한 시도가 성취한 것은 단지 고전적인 경제적 형태와 비교되는 자본 시스템의 '이종 혼합*hybridization*'이었을 뿐이며 구조적으로 생존 가능한 해결책이 아니었다.

2.2 개혁 불가능성, 통제 불가능성 그리고 파괴성

이와 관련해 아주 중요한 점은 사실상 ─ 근래에 이상화된 '시장 사회'의 신화적인 미덕과 다시는 절대로 도전받지 않을 자유주의적 자본주의 원리의 헤게모니 아래서 '역사의 종말'을 축하하는 모든 승리주의에도 불구하고 ─ 자본 시스템은 진정한 **자본주의적** 형태의 전 **지구적** 시스템으로 완성될 수 없었다는 점이다. 즉, 잉여노동을 잉여가치로 추출하고 전유하는 압도적으로 **경제적**인 양식을 **보편적**으로 만들지 못했다. 20세기에 그러한 난관에서 벗어나기 위한 방식으로 '이종 혼합'을 ─ 사회경제적 재생산과정에 대한 국가의 더 큰 개입이라는 형태로 ─ 받아들인 자본은 어느 때보다 더 큰 규모의 위기(상상할 수도 없는 두 차례의 세계대전까지 수반한)에 대응할 수밖에 없었다. 그러면서 채택한 치유책이 시스템의 생존 가능성에 초래할 장기적인 위험은 무시했다. 특징적인 점은 시계를 뒤로 (심지어 극도로 오도된 애덤 스미스의 시대까지) 되돌리려는 시도가 자본 시스템을 무비판적으로 옹호하는 사람들 사이에서 현저하게 나타난다는 사실이다. 따라서 '급진 우익'의 대표자들은 '국가의 경계 되돌리기'에 대한 환상을 계속해서 가졌다. 국가에 의한 이런저런 형태의 더 많은 '외부적 지원'의 관리가 없다면, 요구되는 규모로 자본 확장을 확보할 수 없는 시스템의 무능력 때문에 실제로는 반대의 추세가 명백하게 관찰될 수 있는데도 말이다.

옛 소련이나 동유럽에서 자본주의가 우위를 점해왔더라도 오늘날 세계 모든 곳에서 **자본주의**가 성공적으로 지배하고 있다고 ─ 자본의 지배 아래에 있는 것은 틀림없을지라도 ─ 묘사하는 것은 잘못이다. 예컨대 중국에서 자본주의는 해안의 '영지'에서 효과적으로 확립되어 있지만, 인구의 압도적인 다수(10억 명 이상)는 그 틀 밖에 남겨져 있다. 심지어 자본주의 원리가 지배하는 중국의 제한된 지역에서조차 잉여노동의 경제적 추출은 노동비용을 인위적으로 낮출 수 있도록 정치적 요소에 의해 강력히 뒷받침되어야만 한다. 거대한 인구를 가진 또 다른 나라인 인도 역시 비슷하게 자본주의적으로 조절되는 사회경제적 신진대사가 성공적으로 관리되는 것은 오직 일부일 뿐이며, 지금까지 인구의 압도적 다수는 아주 다른 곤경 속에 남겨져 있다.[3] 심지어 지난 12년 이상 옛 소련에서도 지배하던 정치기구들이 자본주의 복원에 전적으로 매달렸지만, 모든 곳에서 자본주의가 성공적으로 복원되었다고 말하는 것은 그리 정확한 이야기가 아니다. 더욱이 지난 수십 년 동안 '선진 자본주의'국가들이 선전하는 처방을 따른 제3세계에서 '근대화 *modernization*'의 실패는 엄청난 숫자의 사람들 — 아시아뿐만 아니라 아프리카와 남미에서도 — 이 자유주의적 자본주의 새 천 년이라는 약속된 땅에 들어갈 수 없었다는 사실을 잘 보여준다. 따라서 자본은 자신의 진보적인 발전 국면에서 등을 돌리고 자유주의적 자본주의의 기획을 통째로 포기하는 것을 통해서만 (그 반대의 온갖 자족적인 이데올로기적 신비화에도 불구하고) '역사적 상승기'의 종언에서 생기는 압력에 적응할 수 있었다. 사회주의라는 변혁이 장기적으로 성공하려면 변혁의 대상*target*이 단지 **자본주의**뿐만 아니라 **자본 시스템** 자체가 되어야 한다는 점이 어느 때보다 오늘날에 분명한 이유가 바로 여기에 있다.

모든 자본주의적 또는 탈자본주의적 형태에서 이 자본 시스템은 **확장 지향적**이고 **축적**에 의해 추동된다(그리고 계속해서 그래야만 한다).[4] 이런 측면

---

3 엄청난 수가 "전통적인 경제"에서 "하루 벌어 하루 먹는" 삶을 (살 수 있다면) 살아가고 있고, 아직 자본주의 시스템 안에서 모종의 직업을 찾고 있지만 완전히 주변화된 사람들 수는 거의 헤아릴 수 없다. 그리하여 "공공 직업소개소에 등록된 전체 실업자 수는 1993년 3억 3600만 명이었지만, 기획위원회에 따르면 그해에 고용된 사람 수는 3억 760만 명이었다. 이는 등록된 실업자가 고용된 사람들보다 많다는 것을 뜻한다. 그리고 고용증가율은 무시해도 좋을 정도다"[Sukomal Sen, *Working Class of India: History of Emergence and Movement 1830-1990*(Calcutta: K. P. Bagchi & Co., 1997), p. 554].

4 폴 스위지(Paul Sweezy)와 해리 맥도프(Harry Madgoff)는 축적의 만성적 위기를 심대한 구조적 문제로 여러 차례 조명해왔다.

에서 문제가 되는 것은 당연히 인간의 필요를 점점 더 충족하기 위해 고안된 과정이 아니다. 오히려 문제는 그 자체가 목적인 자본 확장이며, 이는 부단히 확대되는 재생산양식으로서 자신의 힘을 관철하지 않으면 생존할 수 없는 시스템의 보전에 복무하는 것이다. 자본 시스템은 철두철미하게 **적대적**이다. 이는 의사 결정권을 완전히 찬탈하는 – 언제나 찬탈해야만 하는 – 자본에 대한 노동의 위계적인 구조적 종속 때문이다. 이 구조적 적대는 가장 작은 구성적인 '소우주들'부터 가장 포괄적인 재생산구조와 관계를 포함하는 '대우주'에 이르기까지 어디서나 지배적이다. 바로 이 적대가 **구조적**이기 때문에 자본 시스템은 개혁 불가능하고 **통제 불가능하다**(그리고 언제나 그럴 수밖에 없다). 개혁적인 사회민주주의의 역사적 실패는 자본 시스템을 개혁할 수 있는 능력이 없음을 웅변적으로 증언한다. 구조적 위기의 심화는 그 위기에 따르는 인류의 생존 자체에 대한 위험과 더불어 시스템의 통제 불가능성을 분명하게 드러낸다. 실제로 총괄적인 사회신진대사 통제양식인 자본 시스템의 재생산적 '소우주'와 '대우주'에서 파괴적인 구조적 적대를 극복하지 않고서는 사태를 치유하는 데 필요한 근본적인 변화를 도입하는 것은 생각할 수 없다. 그것은 인간의 필요를 질적으로 재배열하고 점차 더 충족하는 것을 지향하는, 근본적으로 다른 사회신진대사 재생산형태를 수립하지 않고서는 성취될 수 없다. 이는 물신화된 물질적 규정들이 아니라 연합한 생산자들에 의해 통제되는 인간 상호작용의 양식이다.

2.3 자본 시스템의 3중 내적 균열

자본 시스템은 3중의 균열이라는 특징을 가진다.

1. 생산과 그것의 통제 사이의 균열.

2. 생산과 소비 사이의 균열.

3. 생산과 생산물의 국내적·국제적 유통 사이의 균열.

그 결과 자본 시스템은 치유할 수 없을 정도로 '원심력적인' 시스템으로서 내부에서 갈등하고 내적으로 적대하는 부분을 아주 다른 방향으로 끌어당긴다.

과거 자본의 입장으로 정식화된 이론에서, 이 잃어버린 응집 차원에 대한 치유책은 대체로 희망 사항으로 개념화되었다. 처음에는 애덤 스미스에 의해서 '보이지 않는 손'으로 개념화되었는데, 이는 국가와 정치가에 의한 정치적 개입을 불필요하게 — 스미스는 이러한 개입을 아주 해로운 것이라고 명시적으로 비난했다 — 만드는 것으로 가정되었다. 나중에 칸트는 애덤 스미스의 '상업 정신'을 변형해 '도덕 정치'의 실현을 옹호하고, (다소 순진하게도) 상업 정신의 담당자에게 보편적으로 확산되는 경제적 혜택뿐만 아니라 조화로운 국제연맹의 틀 안에서 정치적으로 찬양할 만한 '영구 평화'의 지배를 기대했다. 그 후 이러한 사상의 정점에 선 헤겔은 "이성의 간계"라는 생각을 도입했는데, 그것이 애덤 스미스의 '보이지 않는 손'과 아주 비슷한 기능을 충족할 것이라고 여겼다. 그러나 스미스와는 완전히 대조적으로 — 훨씬 더 갈등으로 찢겨진 그 시대의 곤경을 반영해 — 헤겔은 다가올 '영구 평화'의 지배에 대한 칸트의 믿음을 경멸하면서, 인간사에서 총체성을 만들어내는 보편적인 이성의 역할을 국민국가에 부여했다. 또한 그는 "보편은 국가 안에서, 법률 안에서, 국가의 보편적이고 이성적인 배치 안에서 찾아져야 한다. 국가는 지상에 존재하는 신의 이념이다"라고 주장했다.[5] 근대 세계에서 "이성의 이미지이자 실재성으로서 국가는 객관적인 것이 되었기" 때문이다.[6] 이렇게 자본 입장에서 이런 문제들을 개념화한 위대한 사상가들조차

---

5 Hegel, *The Philosophy of History*(New York: Dover Publications Inc.), p. 39.

기저에 있는 모순 ─ 위에서 언급한 치유할 수 없는 3중의 균열 ─ 에 대해 이상화된 해결책만을 제공했다. 하지만 그들은 적어도 암묵적으로 그런 모순의 존재를 인정했다. 이 점에서 그들은, 자신들이 소중히 여기는 시스템에 실질적인 치유가 필요하다는 사실을 절대로 인정하지 않는 오늘날의 자본 변호론자들 ─ 예컨대 '급진 우익'의 대표자들 ─ 과 대비된다.

2.4 전 지구적 국가구성체를 창출하는 데 실패한 자본

자본 시스템을 구성하는 부분의 원심력적인 내적 규정을 고려할 때 이 시스템은 오직 국민국가 구성체 형태에서 하나의 ─ 아주 문제가 많은 ─ 응집력 차원을 찾을 수 있었다. 국민국가는 포괄적이고 총체화하는 자본의 정치적 명령 구조를 체현하는데, 이는 시스템의 역사적 상승기에는 그 역할에 적합한 것으로 판명되었다. 그러나 이런 치유적인 응집력 차원은 역사적으로 호혜적이고 조화로운 국민국가와는 거리가 먼 형태로 구성되었다. 국민국가들은 다가오는 '영구 평화'라는 칸트적인 지상명령에 따를 의지가 전혀 없었던 것이다. 이는 실재하는 국가가 여러 방식으로 "위기 상황 *contingency*에 감염되어" 있었음을 의미한다.[7]

첫째, 현대의 전쟁에서 작동하는 파괴력은 어마어마해서 가장 포괄적인 국제적 적대를 또 한 번의 세계대전의 형태로 해결할 궁극적인 제재 수단을 국민국가에게서 빼앗아버렸기 때문이다.

둘째, 자본의 역사적 상승기가 끝나면서 시스템의 비합리적인 낭비성과 파괴성이 생산 영역에서도 현저해졌고,[8] 이 때문에 패권적이고 제국주의적

---

6   Ibid., p. 223.

7   Ibid., p. 214.

인 지배를 통해 자본의 새로운 배출구를 확보할 필요성이 강화되었기 때문이다. 그렇지만 패권적이고 제국주의적인 지배를 부과하는 전통적인 방식은, 엄밀하게 군사적인 이유뿐만 아니라 그런 조치가 잠재적인 전 지구적 무역 전쟁을 초래할 커다란 함의 때문에 더 이상 쉽게 이용할 수 있는 선택 사항으로 생각하기 어려운 상황이다.

셋째, 상대적으로 최근까지 감추어졌던, 자본의 통제할 수 없는 확장 충동(완전한 전 지구적 통합을 추구하는)과 역사적으로 구성된 그 국가구성체들 ─ 경쟁하는 국민국가들 ─ 사이의 모순이 표면으로 터져 나와 시스템의 **파괴성**뿐만 아니라 **통제 불가능성**을 드러냈기 때문이다.

따라서 20세기에 자본의 역사적 상승기가 종언을 고하면서, 알려진 모든 자본의 국가구성체가 심대한 위기에 처했다는 사실은 놀랄 일이 아니다.

우리가 직면하는 모든 문제와 모순의 해결책으로 '세계화'라는 마법 지팡이가 제공된다. 이 해결책은 완전히 새로운 것으로 제시된다. 마치 세계화 문제가 지난 10년 또는 20년 동안 역사의 지평에 처음 나타난 것처럼 말이다. 여기에는 한때 비슷하게 떠벌려지고 요란하게 숭배되었던 '보이지 않는 손'이라는 관념과 마찬가지로 보편적 박애의 약속이 함께한다. 그러나 실제로 자본 시스템은 시초부터 '세계화'를 향해 거침없이 움직였다. 자본 시스템을 구성하는 부분의 제약 불가능성을 고려하면, 이 시스템이 총괄적인 전 지구적 시스템이 아닌 다른 어떤 형태로 완성된다고는 생각할 수 없다. 왜 자본이 자신이 전개되는 과정에 있는 모든 장애물을 타파하려고 시도했는지, 또 생존하려는 한 계속 그래야 하는지에 관한 이유가 여기에 있다.

바로 이 지점에서 거대한 모순이 선명하게 보인다. 왜냐하면 생산적 구

---

8 조지프 슘페터는 자본주의를 "생산적 파괴"의 재생산 질서라고 다소 자기도취적으로 찬양했다. 오늘날에는 그것을 점점 더 '파괴적 생산'의 시스템으로 특징짓는 것이 훨씬 더 올바를 것이다.

성에서 — 우리 시대에는 주로 거대한 민족적-초국적기업의 대리인을 통해 — 자본은 전 지구적 통합을 지향하는 (그리고 이런 의미에서 진정으로, 실질적으로 세계화를 지향하는) 경향을 가지는 반면, 오늘날까지 '사회총자본' 또는 '전 지구적 자본'의 필수적인 배열에는 그에 적합한 국가구성체가 완전히 결여되어 있기 때문이다. 이는 거침없이 전 지구적이고 제약 없는 시스템 자체의 내적 규정과 모순되는 것이다. 이렇게 '자본 시스템의 국가'가 결여되어 있다는 사실은 자본이 자본 시스템의 제약 불가능성이라는 객관적 논리를 궁극적인 결론까지 밀고 나갈 수 있는 능력을 가지고 있지 못함을 보여준다. '세계화'의 낙관적 기대가 고통스러운 실패의 그림자 아래 놓일 수밖에 없는 것은 바로 이런 상황 때문이다. 하지만 문제 자체 — 즉, 인류의 재생산 상호작용의 진정한 전 지구적 통합 — 는 제거되지 않으며, 이에 대해서는 오직 사회주의적 해결책만이 예견될 수 있다. 왜냐하면 사회주의적 해결책이 아니고서는 필연적으로 증가하는 치명적인 적대와 요구되는 배출구를 위해 경쟁하는 강대국들의 패권적인 대결은 오직 인류의 생존에 재앙적인 위협으로 귀결될 뿐이기 때문이다. 하나의 예만 들어보면, 20~30년 안에 중국은 (현재의 발전 속도로도) 미국의 경제력을 훨씬 추월하고, 그에 맞먹는 군사적 잠재력을 갖게 될 것이다. 그리고 이미 미국의 훌륭하고 오래된 '전략적 사고'의 전통 속에는 이러한 엄청난 경제적·정치적 도전에 불가피하게 '예방적 타격'으로 대응하는 해결책을 상정한 '이론들'이 존재한다.

2.5 국가에 의한 '외생적인 지원'의 만성적 불충분성

자본의 구조적 위기는 자본 시스템이 자신의 고유한 내적 한계에 직면하고 있음을 극명하게 보여주는 것이다. 이런 사회신진대사 통제 양식의 융통성(적응성)은 그것의 체제적 규정과 양립할 수 있는 '외생적인 지원'이 허용하는 한에서만 주어질 수 있다. '외생적인 지원'의 필요성이 표출되었다는 사실 — 그리고 그 필요성이 정반대의 모든 신화에도 불구하고 20세기 내내 계속 커졌다는 사실 — 은 언제나 시스템의 심각한 역기능에 대응하기 위해 자본의 경제적인 잉여노동 추출과 전유라는 정상상태와는 다소 다른 어떤 것이 도입되어야 함을 암시했다. 그러나 우리 세기에 자본은 대부분 관리된 치유책을 소화했고, 심지어 몇몇 '선진 자본주의국가들' — 꼭 그곳만은 아니다 — 에서 자본은 전후 수십 년, 케인스주의적 국가개입주의 기간에 분명히 성공적인 확장적 발전 국면을 축복할 수 있었다.

자본 시스템의 **구조적 위기**의 심각성은 사회주의자들에게 주요한 전략적 도전으로 다가오지만 동시에 그런 도전에 부응할 몇몇 중요한 새로운 가능성도 제공한다. 여기에서 강조할 점은 20세기의 '외생적인 지원'이 아무리 풍부하고 다양하더라도 우리 시대의 모든 지원은 시스템의 영원한 안정성과 도전받지 않는 생존력을 확보하는 데 **불충분한** 것으로 드러났다는 사실이다. 이는 (마르크스가 헨리Henry 8세와 다른 왕들을 언급하면서 지적했듯이) 절대주의적인 '외생적인 지원'이 총괄적인 시스템으로서 자본의 정상성과 건전한 작동을 구축하는 데 도구적이었던, 아니 필수적이었던 자본주의 발전의 초기 국면과 상당히 다르다. 20세기의 국가 개입은 사회 재생산 시스템으로서 자본의 '이종 혼합'을 강화할 수밖에 없어서 미래의 문제를 누적했기 때문이다. 우리 앞의 수년 동안 자본의 구조적 위기 — 현재의 발전 단계에서 '외생적인 지원'의 만성적 **불충분함**으로 드러나는 — 는 점점 더 깊어지게 되어 있다. 그 위기는 전 지구를 진동시켜 심지어 지구의 가장 외딴 구석까지, 직접적으로 물질적 재생산 차원부터 가장 간접적으로 매개되는 지적이고 문화적 관심사에 이르기까지 우리 삶의 모든 측면에 영향을 줄 것이다.

역사적으로 실행 가능한 변화는 그 과업을 사회신진대사 통제 양식으로서 **자본 자체를 넘어서는** 것으로 설정하는 진정으로 **획기적인** 것이 될 수밖에 없다. 이는 자본 시스템이 봉건 체제를 제압했던 것보다 훨씬 더 큰 변동을 의미한다. 왜냐하면 무엇이든 간에 소외된 통제 세력에 대한 노동의 위계적이고 구조적인 종속을 근본적으로 극복하지 않고서 자본을 넘어서는 것은 불가능하기 때문이다. 이는 과거에 늘 발생한 것처럼 잉여노동의 추출과 전유는 영속되면서 그 특수한 역사적 형태만 바꾸는 것과는 정반대다.

'자본의 인격화들'은 사적인 자본주의 형태부터 오늘날의 신정神政 체제에 이르기까지, '급진 우익' 이데올로그와 정치가부터 탈자본주의 정당과 국가 관료에 이르기까지 많은 다른 형태를 취할 수 있다. 심지어 그들은 정치적으로 이성의 옷을 입는 변장자로 나타날 수도 있다. 예컨대 자본의 계속적인 지배를 위한 신비화를 훨씬 쉽게 퍼뜨리려고 지금의 영국 정부처럼 '신노동당New Labour'[9]의 옷을 걸치는 것이다. 하지만 이 모든 것은 시스템의 구조적 위기도, 자본의 사회신진대사 질서에 대한 노동의 헤게모니적 대안을 통해 그것을 극복할 필요성도 해소하지 못한다. 비타협적인 대중운동으로서 사회주의 운동을 근본적으로 재구성하는 임무를 역사적 의제로 올려놓는 것은 바로 이 때문이다. 비극적으로 자신을 무장해제하는 노동의 '산업적 날개(노동조합)'와 '정치적 날개(전통적 정당)'의 분리를 끝내고 정치적으로 의식화된 직접행동에 착수하는 것 — 의회주의라는 게임의 허위 민주주의적 지배가 생산자에게 부과하는 점점 악화된 조건을 순순히 받아들이는 것에 대항해 — 은 멀지 않은 미래에 재활성화되는 사회주의 운동이 필수적으로 지향하는 목표이며 이행기적인 움직임이다. 세계화하는 자본의 파괴적인 발전 경로에 계속 굴종하는 것은 참으로 선택 사항이 아니다.

9　영국 노동당은 1979년 마거릿 대처가 이끄는 보수당에 패배한 이후 총선에서 패배를 거듭한 끝에 1994년 노동당의 현대화를 내세운 토니 블레어(Tony Blair)를 새로운 당수로 선출하면서 신노동당으로 변신했다. 신노동당이 내세운 당 현대화의 핵심은 노동조합의 의결권을 약화하고 사회주의 강령을 폐기하는 것이었다. 신노동당은 1997년 총선에서 승리한 후 2010년까지 집권했지만 마거릿 대처의 보수당 정부와 별 차이 없는 신자유주의 노선을 걸었다. — 옮긴이

제3장

·

마르크스주의, 자본 시스템 그리고 사회혁명

·

Marxism, The Capital System and Social Revolution

3.1 자본에 관한 지구적 관점

≪비판≫: 당신은 마르크스의 모델 가운데 어떤 것이 근대의 자본주의 위기를 가장 잘 설명한다고 보는가?

1. 사회적 총자본의 재생산 모델?
2. 과잉생산 모델?
3. 이윤율 저하 경향?
4. 또는 이 모든 모델을 하나로 결합할 수 있는가?

메자로스: 근본적으로 그것들을 결합할 수 있다. 하지만 모든 것에 우선해야 할 것은 자본에 관한 지구적 관점이다. 사람들이 최근에야 우리가 '세계화'의 세계에 살고 있다는 사실을 발견한 것은 매우 역설적이다. 마르크스에게 세계화는 언제나 자명했고, 나는 1971년 아이작 도이처 기념 강연 ─ 『자본을 넘어서』 제4부에 다시 실린 '사회적 통제의 필연성' ─ 에서 같은 방식으로 그것을 논의했다. 거기에서 나는 '세계화'에 대해, 그 단어는 아니지만, '사회적 총자본'과 '총노동*totality of labor*'이라는 그와 동등한 핵심 범주를 사용해 상세히 논의했다. 자본 시스템을 이해할 수 있는 개념적 틀은 지구적인 것일 수밖에 없다. 자본은 자신을 제약할 방법을 전혀 가지고 있지 않다. 또한 자본 시스템 자체를 근본적으로 극복하지 않고서는 그것을 제약할 수 있는 대항 세력 역시 이 세상에 존재하지 않는다. 따라서 자본은 자신의 발전 경로와 논리를 따라야 한다. 즉, 자본은 지구의 총체를 포괄해야 한다. 마르크스에게 이는 항상 함의되어 있었다.

---

* 이 장은 1998년 6월 2일 이란의 계간지 ≪비판(Naghd)≫과의 인터뷰를 기초로 하고 있다[*Naghd*, no. 25(spring 1999)].

이윤율 저하 등 당신이 언급한 다른 것들은 자본의 지구적 확장 논리에서 부수적이기 때문에 모두 지구적 시야 안에 포괄될 수 있다. 자본 시스템은 모순투성이인 다수의 특수한 구성 요소를 가지고 있다. 어떤 민족 공동체의 내부에서는 물론이고 서로 다른 민족 사이에서도 서로 부딪히는 다수의 자본이 있다. 실제로 특정 민족 공동체 안에서 자본의 복수複數성은 자유주의의 이론적 토대를 구성하며, 자유주의는 확실한 자유의 옹호자인 양 착각에 빠진다. 자본은 동질적인 실체가 아니다. 이는 '세계화' 문제 전체에서 커다란 함의를 갖는다. 관례적으로 제시되는 방식의 '세계화'는 완전한 환상으로, 우리가 모두 이 통합된 지구 정부의 통치에 문제없이 복종하면서 하나의 자본주의적 지구 정부 아래서 살게 될 것을 시사한다. 이것은 상상도 할 수 없다. 자본 시스템을 (지구 정부의 물질적 토대를 제공할) 하나의 거대한 독점 아래로 가져갈 방법은 없다. 현실에서 우리는 다수의 분열과 모순을 가지고 있는데, '사회적 총자본'은 온갖 모순과 함께 다수의 자본을 포함하는 포괄적 범주다.

이제 다른 측면을 보면 '총노동' 역시 자본 시스템이 존속하는 한 결코 동질적인 실체로 간주될 수 없다. 주어진 역사적 조건 아래서 단순히 특정 부문의 자본과 부딪치기보다 서로 대립하고 투쟁하며 경쟁하는 노동 부문들 사이에서 볼 수 있는 수많은 모순이 필연적으로 존재한다. 이것이 오늘날 우리가 처한 곤경의 비극 가운데 하나다. 그리고 이러한 곤경은 쉽사리 사라지리라고 기대할 수 없다. 왜냐하면 오래전에 마르크스가 썼듯이,

경쟁은 개인을, 부르주아지뿐만 아니라 더욱더 노동자를 서로 분리한다. 비록 경쟁이 노동자를 단결시킨다는 사실에도 불구하고 그러하다. 그래서 이렇게 고립된 개인 ― 그러한 고립을 나날이 재생산하는 조건 속에서 살고 있는 ― 을 감시하고 통제하는 모든 조직된 권력은 오랜 투쟁을 거친 후에야 극복될 수 있다. 그 반대를 요구하는 것은 이 특정한 역사시대에 경쟁이 존재하지 말아야 한

다거나, 아니면 개인들이 고립된 상태에서 통제할 수 없는 조건을 (마치 없는 것처럼 — 옮긴이) 마음에서 지워버려야 한다고 요구하는 것과 마찬가지다.

이런 분열과 모순은 우리에게 계속 남아 있다. 궁극적으로 그것들은 모두 자본 시스템 자체의 본질과 기능에 의해 설명되어야 한다. 자본 시스템은 사회적 적대에 토대를 둔 극복할 수 없이 모순적인 시스템이다. 그것은 노동에 대한 자본의 구조적인 지배에 토대를 둔 적대적인 시스템이다. 따라서 온갖 종류의 부문별 분열은 필연적이다.

우리는 역동적으로 전개되는 시스템을 이야기하고 있음을 명심해야 한다. 지구적 자본 시스템의 역동적으로 전개되는 경향은 총체적으로, 분리 불가능하게 뒤얽혀 있으면서도 매우 모순적인 시스템이다. 당신이 이야기한 다른 모든 모델이 지구적으로 전개되는 '사회적 총자본'과 그에 조응하는 '총노동'의 내적인 규정 아래 포섭될 수 있는 것은 바로 이 때문이다. 이 일반적인 틀은 내적인 구조적 규정과 한계에 따라 가차 없이 전개된다는 의미에서, 고유한 논리를 가진다. 이 시스템에는 몇몇 절대적인 — 역사적으로 초월할 수 없는 — 한계가 있다. 나는 그것을 "자본의 절대적 한계들의 활성화"라는 제목이 붙은 『자본을 넘어서』 제5장에서 설명한 바 있다.

3.2 노동가치론의 역사적 한계

≪비판≫: 마르크스의 "가치의 가격으로의 전환" 이론에 대한 비판의 타당성과 이에 답하는 마르크스적 모델은 무엇인가?

메자로스: 너무 상세하게 들어가기에는 그 문제는 너무 기술적일 수 있다. 당신은 근대의 경제 이론이 이들 문제에 대해 질문하는 방식을 알고 있

을 것이다. 나는 우리가 살아가는 시장 시스템이 그런 전환을 제공하는 것을 필수적으로 만든다는 점 때문에 그것을 중요시해야 한다고 생각하지 않는다. 이는 우리를 '노동가치론' 문제로 돌아가게 만든다. 마르크스적 개념 틀의 기초는 노동가치론인데, 이는 자본의 지배 아래서 잉여가치가 산출되고 전유되는 방식과 관련된다. 대부분 국가들이 현재와 같은 사회경제적 재생산 조건 아래 앞서 언급한 다수 자본이 순응해야만 하는 시장 시스템을 가지고 있다. 당신은 역시 끊임없는 조정 과정에 있는 이윤율을 언급했다. 하지만 이런 조정은 전환이라는 매개 없이는 이루어질 수 없다.

이것(전환이라는 매개 — 옮긴이)은 옛 소련에서 종말을 고한 것이지만 어디에서나 그런 것은 아니다. 중국 시스템을 생각해보면 거기에는 여전히 잉여노동의 추출에 대한 정치적 통제가 지배적이다. 많은 사람이 중국 시스템의 시장 틀을 이야기하지만 실제로 — 중국의 사회신진대사 재생산의 총체를 고려해볼 때 — 시장은 정치적 통제에 비해 아주 부차적이다. 따라서 근본적으로는 중국 시스템에서 잉여노동의 정치적 전유는 계속되고, 또 실제로 대규모로 이루어진다. 이러한 의미에서, 잉여가치 — 자본 시스템의 특수한 변종(자본주의적 변종 — 옮긴이)에서 나타나는 — 보다 잉여노동이라는 각도에서 전환 문제를 보면, (잉여가치에 토대를 둔) 자본주의적 변종은 전환의 매개 — 그 특수한 세부 사항은 역사적으로 불확정적인데 — 와 함께 작동하는 것이 필수적이라는 것을 알 수 있다. 또한 그 세부 사항은 자본주의적 발전의 역사적 단계에 달려 있다. 따라서 잉여가치의 가격으로의 전환과 관련해, 마르크스가 알았던 초기의 발전 단계와 비교해볼 때 자본주의적 발전의 보다 발전된 독점 단계는 분명히 상당히 다른 방식으로 작동될 것이다.

≪비판≫: 어떤 조건 아래서 '노동가치론'은 아무런 유효성을 가지지 못하는가? 그런 조건은 기술적인 것인가, 경제적인 것인가 또는 인간적 요인과 관련된 것인가?

메자로스: 노동가치론은 오직 근본적인 사회주의 변혁의 결과로서만 작동을 멈출 수 있다. 이것이 첫 번째로 강조할 점이다. 노동가치론이 사라지려면 어떤 종류든, 그것이 정치적인 것이든 경제적인 것이든 간에 외부 기관에 의한 잉여노동의 추출과 배분이 없어져야 한다. 그렇지만 그것을 없애려면 시스템 전체를 바꾸어야 한다. 다시 말해, 사람들이 스스로의 활동과 그 결실의 배분을 자신의 목적에 따라 통제할 때에만 우리는 사회주의를 말할 수 있다. 마르크스가 지적했듯이, 이것은 "연합한 생산자들"에 의한 사회의 자율 활동self-activity과 자율 통제self-control를 의미한다. 물론 '연합한 생산자들'은 사회적으로 생산된 잉여의 배분을 스스로 통제하지 않는 한 그들의 활동과 목표를 통제할 수 없다. 따라서 만약 분리된 기관이 계속 잉여노동의 추출과 전유를 통제한다면 사회주의를 제도화하는 것은 생각할 수 없다. 사회주의 아래서 노동가치론은 절대적으로 어떤 유효성도 갖지 않는다. 즉, 노동가치론의 여지는 존재하지 않는다.

마르크스는 사악한 잉여노동의 추출이 자본 시스템에서 사회 재생산과정의 규제자가 되어야만 하는 "비참한 토대"에 대해 이야기한다. 모든 사회에는 자원을 배분하는 방법에 관한 문제를 다루는 방식이 있어야 하는 것은 분명하다. 그런데 '경제economy'의 의미가 무엇인가? 그것은 기본적으로 절약economizing의 합리적 방식이다. 우리는 자본 시스템 아래서 — 위험하게도 — 그렇게 하듯이, 마음대로 낭비할 수 있는 무한한 자원을 가지고 있지 않다. 특정 시점의 물적 자원을 생각해보든 인간 에너지를 생각해보든 간에 무한한 것은 없다. 따라서 우리는 사회 재생산과정의 합리적 규제를 필요로 한다. 중요한 것은 자본 시스템의 무책임하게 근시안적이고 철저하게 지속 불가능한 범위 내부가 아니라 장기적인 토대 위에서 사회 재생산과정이 갖는 생존 능력이다. 바로 이 때문에 사회의 상호작용을 잉여가치의 독재에서, 분리된 기관에 의한 생산자들의 잉여노동의 전유에서 질적으로 다른 것으로 새로 순응시킬 필요가 있다. '연합한 생산자들'이 생산과 그들의 생산물의 배분을 통제하는 후자의 경우 잉여가치가 사회적 개인에게 부과될 여지는 전혀 없다. 다시 말해, 자본과 자본축적의 지상명령을 위한 여지는 없다.

자본은 단순히 하나의 물적 실체가 아니다. 우리는 자본을 역사적으로 규정된 사회신진대사 재생산 통제 방식으로 생각해야 한다. 그것이 자본의 근본적인 의미다. 그것은 어디에든 침투한다. 물론 자본은 하나의 물적 실체이기도 하다. 즉, 금, 은행, 가격 메커니즘, 시장 메커니즘 등이다. 하지만 그것들을 훨씬 뛰어넘어 자본은 예술 세계, 종교 세계와 교회에 침투해 사회의 문화 기관을 지배한다. 이런 의미에서 볼 때 지금 우리의 삶에서 자본에 의해 통제되지 않는 것은 아무것도 없다. 이런 까닭에, 자본이 모든 것을 포괄하고 규제 과정 자체가 근본적으로 비합리적인 역사적 시기에 노동가치론이 유효한 것이다.

이야기는 결코 여기서 끝나지 않는다. 자본의 지배에서 매우 다른 시스템으로 이행하는 어려운 역사적 시기에 노동가치론과 가치법칙이 매우 불완전한 방식으로 기능한다는 사실 때문에 이야기는 더욱 복잡해진다. 이것이 소련 유형의 자본 시스템이 붕괴할 수밖에 없었던 이유 가운데 하나다. 소련 유형의 자본 시스템은 두 가능성을 가진 이행적 시스템이었다. 즉, 사회주의적 사회변혁을 향해 한 방향으로 나아가거나 ─ 그렇게 하지 않았다 ─, 조만간 내파해 자본주의 복원의 길로 들어설 수밖에 없었다. 이것이 우리가 목격한 바다. 일정 시점에 이르자 소련 시스템은, 말하자면, 이것도 저것도 아니게 되었기 때문이다. 소련 시스템에는 시장, 가격 시스템 따위의 경제 체제에 의해 경제를 규제하는 방식이 없었다. 따라서 소련 시스템은 우리가 자본주의 시장 시스템 아래서 실제로 가지고 있는 것과 같은 노동규율 능력을 가질 수 없었다.

우리 사회에서 시장의 힘은 많은 일을 자동적으로 결정한다. 즉, 노동은 지배적으로 조건을 설정하는 시장의 독재에 무자비하게 종속된다. 이와 관련해 핵심적인 문제는 바로 노동시장이다. 미하일 고르바초프 통치 아래 소련 시스템이 붕괴하던 시점으로 돌아가 보면, 시스템의 종말은 노동시장을 시스템 내부에 도입하려는 잘못 구상된 무익한 시도들과 동시에 진행되었음을 알 수 있다. 바로 그것이 선전되던 페레스트로이카의 종언이다. 노동시장은 자본주의적 조건들 아래서만 적절하게 작동하기 때문이다. 가치법칙이 '자본의 확대 재생산'으로서 — 부분적이거나 주변적이 아니라 당연한 원리로서 — 성공적으로 관철되는 곳은 바로 노동시장이다. 여기에는 자본주의 세계를 넘어서는 온갖 한계 — 즉, 지구적 틀 — 가 존재했는데, 소련 시스템 역시 그 아래에서 작동될 수밖에 없었다. 20세기의 발전 상황에서는 과거 잉여노동의 추출이 경제적으로 규제되는 틀 안에서 작동하던 많은 것이 매우 문제가 되었다. 오늘날 시장의 결함과 가치법칙이 순조롭게 작동하지 못하는 현상은 서구의 선진 자본주의국가의 시스템에서도 분명하게 눈에 띈다. 어느 때보다 큰 국가의 역할 — 그것이 없다면 우리 사회에서 자본 시스템이 존속할 수 없다 — 은 우리 시스템에서 가치법칙에 매우 심각한 제약을 부과한다. 지금 우리는 잠재적으로 지대한 영향을 미칠 한계 — 물론 시스템의 자기모순인 — 에 대해 이야기하고 있다.

추가할 점은 옛 소련에서 자본주의의 완전한 복원을 시도한 것과 그것에 성공하는 것은 전혀 다른 문제라는 것이다. 왜냐하면 마하일 고르바초프가 자본주의적 복구를 시작한 지 15년이 지난 지금 이야기할 수 있는 것은 주로 대도시 마피아 기업에 국한된 부분적인 성공뿐이기 때문이다. 러시아의 고질적이고 만성적인 위기는 많은 노동자 집단 — 예컨대 광부 — 이 여러 달, 때로는 심지어 일 년 반 동안 빈약한 임금조차 받지 못하는 형태로 극명하게 드러났는데, 이는 잉여노동 추출의 근본적인 규제자가 정치적이지 않고 경제적인 적절한 자본주의적 틀에서는 상상할 수 없다. 이런 러시아의 위기는 20세기 발전의 중요한 추세를 두드러지게 보여준다. 20세기에 자본 시스템이 잉여노동 추출의 경제적 규제에 토대한 자본주의적 변종의 형태로 완성되지 못했다는 사실은 세계사적 중요성을 갖는다. 따라서 오늘날 세계 인구의 대략 절반 — 중국부터 인도, 아프리카와 동남아시아, 남미의 중요한 지역들까지 — 이 제대로 된 자본주의에 속하지 않고, 상당히 **잡종적인 종류의 자본 시스템** 아래서 살고 있다. 그것이 만성적으로 저발전된*underdeveloped* 조건 때문이든, 사회경제적 신진대사의 조절에 대한 대규모적인 국가 개입 때문이든, 실상 양자의 결합 때문이든 간에 그러하다. 이런 맥락에서 러시아의 고질적인 위기 — 그것은 전면적인 불안정과 잠재적인 폭발로 끝날 수도 있다 — 는 설명될 수 있다. 이 세계사적 사실 — 즉, '세계화'에 대한 자기도취적인 이야기에도 불구하고 자본주의가 모든 곳에 성공적으로 자신을 부과하는 데 실패했다는 것 — 이 갖는 진정한 의미를 충분히 이해하는 데는, 과거와 현재 우세한 승리주의 신화를 고려할 때, 얼마간의 시간이 걸릴 것이다. 하지만 이 때문에 사실 자체의 중요성과 그것이 미래에 대해 갖는 심대한 함의 — 자본 시스템의 구조적 위기가 심화함에 따라 생겨날 — 의 중요성이 감소될 수는 없다.

3.3 계속되는 프롤레타리아화와 그에 대한 희망적인 부인否認

≪비판≫: 오늘날 프롤레타리아는 어디에 있으며, 이들이 사회 변화에서 수행하는 역할은 무엇인가? 오늘날 어디에서 그 주체*agency*를 발견할 수 있는가?

메자로스: 당신이 나에게 진정으로 묻는 것은 변혁의 사회적 주체 문제라고 생각한다. 그것이 마르크스 시대에 '프롤레타리아트'라는 단어로 요약된 것이고, 사람들은 종종 그것을 산업 프롤레타리아를 뜻하는 말로 사용했다. 산업 노동계급은 대체로 광업에서 시작해 다양한 산업 생산 부문에 걸친 육체노동자다. 변화의 사회적 주체를 육체노동자로 제한하는 것은 분명

히 마르크스의 입장이 아니다. 마르크스는 '육체노동자'의 개념이 급진적 사회 변화에 요구되는 것에 적절한 설명 틀을 제공해준다는 생각과 아주 거리가 멀었다. 그가 사회 양극화를 통해 많은 수의 인민이 어떻게 프롤레타리아화하는지를 이야기했다는 사실을 기억해야 한다. 따라서 이 논점을 정의하고 궁극적으로 해결하는 것은 프롤레타리아화 과정 — 자본 시스템의 지구적 전개와 분리할 수 없는 — 이다. 말하자면, 문제는 어떻게 압도적 다수의 개인이 삶의 가능성에 대한 모든 통제력을 잃어버리는 상태에 빠지게 되는지, 그리고 그런 의미에서 프롤레타리아화하는지에 관한 것이다. 초기의 발전 단계에서 사회의 가장 비참한 구성원들 — 프롤레타리아들 — 이 그러했던 것처럼 모든 것은 압도적 다수의 개인이 프롤레타리아화하고 철저하게 무력화되는 상태로 전락할 때 사회 재생산과정을 '누가 통제하는가'라는 문제로 귀착한다.

자본의 역사에서 일정 지점까지는 통제의 여러 정도와 가능성이 있었다. 이는 인구의 일부 집단이 다른 집단보다 더 많은 통제를 행한다는 것을 의미한다. 실상 마르크스는 『자본론』에서 자본주의적 기업을 장교와 하사관이 있으며 하사관처럼 현장감독이 자본의 권위에 따라 직접 노동력을 감독하고 규제하는 군사작전으로 묘사한다. 모든 통제 과정은 궁극적으로 자본의 권위 아래에 있지만 일정한 영향력과 가능성을 가진 제한적인 자율성이 특정 감독 부문에 할당된다. 이제 프롤레타리아화의 진전을 이야기할 때 그것은 몇몇 그룹의 사람들이 노동과정에서 누렸던 아주 제한된 자율성마저 약화되거나 부정되는 것을 함의한다.

'화이트칼라'와 '블루칼라' 사이의 매우 긴장된 구분을 생각해보라. 알다시피, 문화적이고 지적인 과정을 지배하는 자본 시스템의 선전자들은 마르크스에 대한 또 하나의 부정으로 둘 사이의 구분을 사용하는 것을 좋아한다. 이들은 우리 사회에서 블루칼라인 육체노동자는 모두 사라지며, 훨씬 큰 고용 보장을 누리는(이는 완전한 허구다) 화이트칼라 노동자는 중간계급으로 상승하고 있다(또 다른 허구다)고 주장한다. 하지만 나는 그들이 상정한 블루칼라의 소멸에 대해서조차 "기다려, 그렇게 빠르지 않아!"라고 말할 것이다. 왜냐하면 세계를 둘러보고 '총노동'이라는 중요한 범주에 초점을 맞춰보면, 압도적 다수의 노동이 여전히 블루칼라로 묘사되는 것으로 남아 있음을 알 수 있기 때문이다. 이런 견지에 따르면, 예컨대 인도에는 수억 명의 블루칼라 노동자가 있다.

≪비판≫: 거기에 조금 덧붙여도 될까? 생산적 노동자와 비생산적 노동자라는 마르크스의 구별은 충분한가?

메자로스: 글쎄, 그러한 구별이 가능하다는 의미에서는 충분하다. 재생산과정 전체를 고찰해보면, 전체 재생산과정의 특정 구성 부분은 점점 기생적으로 되어가고 있음을 알 수 있다. 이와 관련해 더욱 증가하는 관리 비용과 보험 비용을 생각해보라. 이 시대의 재생산과정에서 기생성의 가장 극단적인 형태는 물론 금융 부문이다. 그것은 말 그대로 의미에서 재생산과정에 매우 심각한 ─ 그리고 잠재적으로 지극히 중차대한 ─ 부작용을 초래하는 지구적 투기에 늘 열중한다. 투기적인 국제금융 부문의 위험한 기생성 ─ 설상가상으로, 그것은 불가피하고 보편적으로 이익을 주는 '세계화'라는 선동적인 구호 아래에서 계속 찬양된다 ─ 은 미래의 사회변혁 전망에 중요한 영향을 미친다. 이는 우리로 하여금 변화의 사회적 주체라는 필수적인 문제로 되돌아가게 한다. 문제를 결정하는 것은 역사적으로 변하는 블루칼라 노동자와 화이트칼라 노동자의 관계가 아니라 자본과 노동 사이에 발생하는 사회적으로 초월 불가능한 근본적 대결이다. 이는 노동의 특정 부문에 한정되는 것이 아니라 자본의 적대자로서 총노동을 포괄한다. 달리 말하면, 자본 ─ 지구적으로 자기를 관철하는 '사회적 총자본' ─ 의 적대자로서 노동은 오직 '총노동'이 될 수밖에 없는데, 그것은 역사의 현 단계에서 그들의 사회경제

적 배열이 어떠하든 모든 부문과 종류의 노동을 포섭한다. 우리는 우리 사회, 즉 서구의 이른바 선진 자본주의사회에서 진행되는 사태를 목도해왔다. 과거에 일어났고 계속해서 일어나는 것처럼 거대한 규모의 화이트칼라 노동자는 노동과정에서 무자비하게 쫓겨나고 있다. 실제로 모든 주요한 국가에서 수십만 명이 그러하다.

이 문제를 미국에 대입해 살펴보자. 한때 화이트칼라 노동자는 그들의 활동에 약간의 상대적 자율성이 수반된 일정한 고용 보장을 누렸다. 이제 이 모든 것은 사라지고 있다. 컴퓨터화한 선진 기계가 있고 기술 문제가 아주 중요하게 그림 안으로 들어온다. 하지만 이런 맥락에서조차 기술은 자본축적이라는 지상명령 문제에서 항상 부차적인 지위를 가진다. 자본축적이라는 지상명령이 '불가피한 기술 진보'를 인간의 삶을 대규모로 짓밟는 것에 대한 알리바이로 이용하면서 궁극적으로 그 문제를 결정한다. 따라서 예전에 한때 더 안정적이었던 노동력이 프롤레타리아화한다. 이는 계속해서 진행되는 과정이다. 실업은 고질적이며 도처에 퍼져 있다. 실업자가 점점 증가하지 않는 나라는 없다. 나는 『자본을 넘어서』 페르시아어판에서 인도에는 336,000,000명(3억 3600만!)의 인민이 실업자로 등록되어 있다고 언급했다. 얼마나 많은 숫자가 등록조차 되어 있지 않은지 상상해보라. 이것이 오늘날 인류가 처한 곤경이다. 남미에서 무슨 일이 벌어지고 있는지, 아프리카의 실업, 심지어 불과 수년 전까지 '기적'의 나라로 칭송되었던 일본의 실업을 둘러보라. 나는 매달 일본 출판물에서 새로운 실업 기록을 본다. 실제로 오늘날 일본의 실업률은 미국보다 상당히 더 높다. 그리 멀지 않은 과거에 실업 문제를 다루는 일본의 방식이 이상적인 해결책으로 간주되었던 것을 생각하면 이는 역설적이다.

실업률의 암적인 성장은 과거에 그런 문제를 갖지 않았던 국가를 포함해 모든 국가에 영향을 미치고 있다. 예컨대 헝가리를 보자. 이제 헝가리의 실업률은 독일의 높은 실업률보다 더 높다. 여기서 자본주의적 시스템과 소런 유형의 탈자본주의 시스템 사이의 커다란 차이를 볼 수 있다. 과거 소련 유형의 국가에는 실업이 없었다. 다양한 형태의 불완전고용은 있었지만 실업은 없었다. 이제 헝가리의 실업률은 독일뿐만 아니라 영국이나 이탈리아보다 훨씬 높은 수준이다. 당신은 실업의 심각성을 이해할 것이다. 러시아에서 일어나는 일을 보라. 러시아는 한때 실업을 경험하지 않았지만 지금 러시아의 실업률은 엄청나다. 앞서 언급했듯이, 러시아에서 광부로 고용되어 있더라도 수개월 동안 임금을 받지 못할 수 있다. 우리가 전개와 변혁의 역동적인 과정을 이야기하고 있다는 사실을 항상 염두에 두어야 한다. 이 과정은 대대적인 파괴로 인류를 위협하고 있다. 이러한 위협에 대응해 무언가를 할 수 있는 사회적 주체 — 사회신진대사를 통제하는 대안적 방식을 제도화할 역량을 가진 실제로 유일한 실행 가능한 주체 — 는 노동이다. 특정 부문의 노동이 아니라 **자본의 화해 불가능한 적대자로서 총노동**이다.

3.4 마르크스적 관념의 필수적인 갱신

《비판》: 사회주의의 객관적 가능성 또는 실제적 가능성에 대해 묻기 전에 마르크스에 대해 묻고 싶다. 마르크스 이론의 어떤 측면이 취약하거나 갱신될 필요가 있는가? 어떤 분야가 갱신되어야 한다고 생각하는가? 방법론, 사회학, 역사 이론 또는 경제 이론?

메자로스: 마르크스의 틀은 언제나 갱신을 필요로 한다. 마르크스는 19세기 중엽에 저술을 했고, 1883년에 죽었다. 그때 이후로 사정은 헤아릴 수 없이 변했다. 가까운 과거에 우리가 목격한 변혁 경향 — 그 뿌리는 20세기 초반 20~30년으로 거슬러 올라가는데 — 은 마르크스가 꿈도 꾸지 못한 성격을 띤다. 무엇보다도, 이는 자본 시스템이 그 적대적인 모순의 전개와 성숙을

지연할 수 있도록 자신을 적응시키고 갱신할 수 있었던 방식에 관련된다. 마르크스는 자본 시스템의 수명을 연장하는 일에 국가가 개입하는 다양한 양식과 그것의 궁극적인 한계를 평가할 수 있는 상황에 있지 않았다. 20세기의 경제 발전을 생각해볼 때 그 안에서 가장 중요한 인물은 존 메이너드 케인스*John Maynard Keynes*다. 케인스의 근본 목적은 자본주의적 사기업에게 혜택이 돌아가는 국가 재정을 대규모로 투입해 시스템을 구해내는 것이었다. 이는 방해받지 않는 자본축적의 틀 안에서 전반적인 재생산과정을 영원히 규제할 수 있도록 하기 위함이다.

최근에는 케인스를 옆으로 밀쳐내고 국가의 개입을 깡그리 배제하는 환상에 빠진 '통화주의'와 '신자유주의'가 있다. 이들은 매우 어리석은 방법으로 국가의 경계를 되돌리는 것을 구상한다. 당연하게도, 현실에 그런 자기만족적인 환상에 상응하는 것은 없다. 실제로 당대의 자본 시스템에서 국가의 역할은, 자본주의적으로 가장 선진적인 국가에서 케인스주의적인 발전이 이루어졌던 전후 25년의 기간을 포함해, 그 어느 때보다 크다. 이 모든 발전은 마르크스 생전에 일어난 일과 비교하면 완전히 새로운 것이다.

마찬가지거나 그 이상으로, 옛 소련과 소련 유형의 시스템 일반에서 일어난 일은 문제를 더욱 복잡하게 만든다. 사회주의적 사회변혁을 가져올 것을 목적으로 하는, 사회주의적이기를 원하는 혁명을 생각할 수는 있다. 하지만 그런 혁명에서 생겨난 사회 유형을 보면 그와는 상당히 다른 것이라고 말할 수밖에 없다. 자본의 지배는 ─ 비록 매우 다른 방식이지만 ─ 소련 유형의 탈자본주의 시스템에서도 계속되었기 때문이다. 그것을 조금 더 가까이 들여다보면 마르크스와의 중요한 연관성이 발견된다. 마르크스가 '자본의 인격화들'을 이야기하기 때문인데, 이는 매우 중요한 범주다. 마르크스는 사적 자본가에 대해 이야기할 때 이 범주를 사용했다. 그의 생전에는 ('자본의 인격화'의 ─ 옮긴이) 다른 가시적인 형태가 없었기 때문이다. 하지만 그는 위대한 통찰력을 통해 진정으로 자본 시스템의 지휘관을 규정하는 것은 자본의 인격화들이라는 사실을 인지했다. 그들은 자본 자체의 객관적인 명령 아래서 작동할 수밖에 없다.

자본주의의 이데올로그와 선전자는 노동자를 매우 잘 돌보는 '계몽된 자본가'와 '자애로운 돌보는 자본가'라는 신화를 하나의 통칙으로 영구화하는 것을 좋아한다. 그들은 자신들과 다르게 행동하는 자본가를, 영국 보수당의 전 총리 에드워드 히스*Edward Heath*의 표현을 이용하면, "자본주의의 용인할 수 없는 얼굴"로 간주한다. 그것이 완전히 냉소적으로 이야기되지 않았을 경우에조차 ─ 히스 자신이 그렇게 말하지 않았다고 인정하듯이 ─ 이는 기괴한 환상이다. 모든 자본가는 변경 불가능한 자본 확장 논리에서 나오는 객관적인 명령에 굴복해야 하기 때문이다. 만약 그렇게 하지 않는다면 그들은 금방 자본가이기를 중지해야 할 것이고, 똑같은 논리에 의해 생존 가능한 자본의 지휘관으로서 전반적인 재생산과정에서 인정사정없이 쫓겨날 것이다. 자본가가 노동계급 열망의 조력자가 되는 바탕에서 기능하는 것은 생각조차 할 수 없다. 상상 가능한 모든 변종의 자본 시스템에서 필연적인 노동에 대한 자본의 구조적 지배를 감안하면 그것은 용어상 모순이 될 것이다.

이제 그것은 마르크스의 비전과 연결되는 고리로서 자본의 인격화 문제로 돌아가게 한다. 왜냐하면 자본의 인격화들은 사회 역사적 상황의 변화에 따라 자본의 논리에서 나오는 객관적 명령에 복종하고 또 그것을 노동자에게 부과해야 하기 때문이다. 그것은 우리가 20세기에 목격했던 다양한 자본의 인격화들이 존재할 수 있는 방식을 이해하는 데 매우 적실하다. 마르크스는 오직 한 가지 형태의 ─ '단독의' 또는 주식 보유로 '결합된' ─ 자본의 인격화만을 알고 있었다. 하지만 서로 다른 여러 형태가 있었고, 지구적 자본 시스템의 구조적 위기가 펼쳐지면서 미래에는 새롭고 또 전혀 예상 밖으로 변화된 것을 다시 볼 수 있다.

내가 『자본을 넘어서』를 쓴 주요한 이유 가운데 하나는 바로 미래를 숙고하려는 것이었다. 그것은 역사의 현 단계에서 자본의 파괴적인 힘이 가진 치명적인 함의를 충분히 알고 염려하면서 역사적 과정에 능동적인 참여자가 되기 위해 비판적인 눈을 가지고 마음에 새겨야 하는 미래다. 자본은 매우 오랫동안 이런저런 형태로, 실제로 몇몇 더욱 제한된 형태로 수천 년 동안 우리와 함께 존재해왔다. 하지만 그 결과가 인류의 생존 자체에 얼마나 파멸적인지는 상관없이 자기 확장적 자본의 논리를 온전히 작동하는 자본주의라는 형태로 존재해온 시기는 지난 300~400년 동안 뿐이다. 이는(자본의 오랜 역사에 비춰보면 그 자본주의적 형태의 역사는 짧다는 사실 ― 옮긴이) 바르게 인식해야 할 점이다. 우리의 고통스러운 경험에 비춰 미래를 생각할 때 우리는 자본주의의 전복 ― 과거에는 이 용어로 사회주의혁명을 생각했다 ― 이 우리가 직면한 심대한 문제를 해결하는 상황을 상상할 수 없다. 자본은 편재해 있기 때문이다. 즉, 우리 사회생활의 모든 영역에 깊이 뿌리박혀 있기 때문이다. 따라서 우리가 어떤 성공이라도 거두려면 수고스러운 심오한 사회변혁 과정을 통해 모든 곳에서 자본이 근절되어야 한다. 지속적인 토대를 갖는 사회주의적 변화의 열망은 어떤 어려움이 있더라도 바로 자본의 근절과 관련되어야만 한다. 잠재적인 자본의 인격화들이 미래의 사회주의혁명의 목표에 주제넘게 나서지 않도록 부단히 감시해야 한다. 우리의 관점은 어떤 새로운 형태로 자본의 인격화들이 재등장하는 것에 맞서 필수적인 보호 장치를 고안하고 또 성공적으로 관철하는 쪽으로 향해야 한다.

그런 의미에서 마르크스적 틀은 '역사의 간계'라는 당혹스러운 우여곡절에 대처할 수 있도록 부단히 갱신되어야 한다. 모든 중요한 역사적 변화에 맞게 자신을 철저하게 갱신할 필요를 회피할 수 있는 이론적 활동 영역은 없다. 마르크스는 이런 명제에 동의한 최초의 인물이며 실제로, 명시적으로 그렇게 했다. 또한 실제로 마르크스의 생전부터 우리의 현재 상황에 이르기까지 거대한 역사적 변화가 있었다.

이 문제에 대한 결론에서 더 중요한 고려 사항 하나만 언급하자면, 마르크스는 이미 '생태적 문제', 즉 자본의 지배 아래의 생태 문제와 그 안에 함의된 인간 생존의 위험을 어느 정도 인식했다. 실제로 마르크스는 이 문제를 최초로 개념화했다. 그는 공해를 이야기했고, 자본의 논리 ― 자기 확장과 자본축적의 동학에 따라 이윤을 축적해야만 한다는 ― 는 인간적 가치와 심지어 인간의 생존에도 아무런 고려를 할 수 없다고 주장했다. 이런 담론의 요소는 마르크스에게서 찾아볼 수 있다. (이 주제에 대한 그의 언급에 대해서는 앞서 언급한 '사회적 통제의 필요성'에 관한 1971년 강의에서 논의했다.) 물론 마르크스에게서 찾아볼 수 없는 것은 우리가 직면한 상황의 극도의 엄중함이다. 우리에게 인간 생존에 대한 위협은 **임박한** 문제다. 오늘날 우리는 쉽사리 인류를 파괴할 수 있다. 인류의 총체적인 파괴를 위한 수단과 무기는 이미 우리 손에 있다. 마르크스 시대의 지평에 그런 것은 전혀 없었다. 기저에 있는 파괴적인 지상명령은 오직 자본이 경제 문제에 적용하는 미친 논리의 견지에서만 설명될 수 있다. 일찍이 내가 강조했듯이, 인간적 상황에서 경제의 진정한 의미는 장기적 관점에서 **절약** 외에는 있을 수 없다. 오늘날 우리는 그것의 정반대를 발견한다. 자본 시스템이 작동하는 방식은 절약을 비웃는다. 실제로 자본 시스템은 모든 곳에서 극도로 무책임하게 경제의 반대, 즉 완전한 **낭비성**을 추구한다. 인류의 생존 자체를 직접적으로 위협하는 것은 바로 이러한 이윤 추구적 낭비성이다. 이는 그에 대해 무언가 실행할 도전을 매우 **긴박한** 문제로 제기한다. 이러한 문제는 마르크스가 저술하던 상황에서는 생각할 수 없었다. 비록 그가 자연에 대한 루트비히 포이어바흐*Ludwig Feuerbach*의 몰역사적인 평가 ― 그는 자연을 사회적 맥락에서 완전히 분리해 이상화하기에 이르렀고, 자본의 노동과정이 필연적으로 자연에 가하는 영향을 완전히 무시했다 ― 를 비판하면서 썼던 공해에 대한 언급을 투사할 수는 있겠지만 말이다. 『독일 이데올로기*Die Deutsche Ideologie*』에서 마르크스의 비판적인 언급을 찾아볼 수는 있지만, 임박성과 긴박성 속에서 우리에게 부딪혀오는 것처럼 문제의 복합성이 충분히 전개되지는 않았다.

우리는 1998년 3월 『공산당 선언*The Communist Manifesto*』 150주년을 기념했다. 문제는 이것이다. 인류가 또다시 150년을 지속할 수 있을 것인가? 자본 시스템이 존속한다면 분명 그렇지 못할 것이다! 우리가 직면하는 것은 자본 시스템의 가공할 낭비성 때문에 벌어지는 총체적인 재앙이거나, 아니면 인류가 사회신진대사를 규제하는 근본적으로 다른 방식을 기필코 찾아내는 것이다!

3.5 사회주의의 객관적 가능성?

≪비판≫: 당신은 사회주의의 객관적이고 현실적인 가능성을 어떻게 묘사하는가?

메자로스: 가까운 과거에 일어났고 어느 정도는 여전히 일어나는 일 때문에 현재로서는 매우 어려운 문제다. 우리가 명심할 것은 현재와 미래 세대에게 거대한 역사적 도전은 사회신진대사의 한 유형에서 근본적으로 다른 유형으로 옮겨가는 것이라는 점이다. 이것은 엄청나고 어려운 임무다. 과거에는 오늘날처럼 회피할 수 없는 극적인 긴박성을 가지고 그런 임무에 직면해본 적이 없다.

우리에게 익숙한 자본의 사회질서는 지난 300~400년 동안 모든 것을 포괄하고 지배하는 시스템이 되었다. 또한 20세기에 자본의 사회질서는 자신에 반대하고 자신을 넘어설 것을 목적하는 모든 주요 정치 운동을 질식시키고 잠식하며 타락시키는 데 성공했다. 하지만 이것이 사회주의의 종언이라고 가정하는 것은 큰 착각이다. 이것은 지난 수년 동안 신자유주의 선전이 '이제 사회주의를 영원히 끝장냈다'라고 외치면서 기술하려고 시도했던 방식이다. 10년 이상 영국 총리를 지낸 마거릿 대처는 "사회주의를 영원히 몰아냈다"라고 자랑했다. 그녀는 노동운동, 노동자와 노동조합원 그룹, 특히 광부에 대해 이야기했다. 당시 발생한 광부 파업은 자본주의국가와 닐 키녁*Neal Kinnock*이 지휘하던 노동당 지도부의 합작에 의해 패배했다. 마거릿 대처는 광부를 '내부의 적'으로 규정했다. 자유주의적인 체했지만 대처의 진영은 사회주의적 질서를 수립하려는 열망을 간직한 모든 이를 '적' 또는 '내부의 적'이라고 말하는 데 어떤 두려움이나 유보도 없었다.

오늘날 세계를 둘러보면 자본은 어디서나 우위를 점하고 있다. 하지만 자본은 자신의 사회신진대사 양식의 작동에 의해 부단히 생겨나는 심각한 문제를 해결할 수 있는가? 까마득하다. 극복할 수 없는 적대적 모순을 고려할 때 자본은 이러한 문제를 다룰 수 없다. 반면 자본은 그런 문제를 어느 때보다 점증하는 규모로 계속해서 만들어낸다. 사회주의를 없애려는 매우 대규모의 결연한 노력에도 불구하고 사회주의 문제가 역사적 의제로 계속 유지되는 것은 바로 이 때문이다. 자본은 자본 시스템의 심각한 문제와 대결하는 것이 피할 수 없는 필연성이 되는 시기를 연기하는 데 성공할 수 있을 뿐이다. 문제는 계속해서 누적된다. 과거에는 기존 사회질서가 가진 모순에 대응한 사회적 폭발이 많이 있었다. 두드러지게는 1848년과 1871년, 어느 정도는 1789년 프랑스혁명과 그 여파로 거슬러 올라간다. 하지만 오늘날까지 진정으로 평등한 사회질서에 대한 인민의 열망은 좌절되었고, 심지어 매우 영웅적인 시도조차 자본의 힘에 의해 이런저런 방식으로 반격과 억압을 당했다. 부딪쳤던 수많은 문제가 해결되지 않은 채로 위험하게 남아 있다. 이런 의미에서 참으로 유지할 수 없는 것은 바로 계속해서 심각한 문제를 야기하면서 동시에 그 해결을 가로막는 대립적이고 적대적인 사회 재생산과정의 양식이다. 그 결과가 어떻게 될지라도 적대적인 구조적 규정은 현존하는 시스템의 작동과 재생산에 절대적인 필연성이다. 이런 규정은 제거될 수 없다. 모든 승리주의에도 불구하고 그러한 규정은 사라지지 않을 것이다. 그런 구조의 파멸적인 결과는 또 다시 돌아올 것이다. 오직 한 종류의 해결책 외에는 있을 수 없다. 즉, 우리의 사회신진대사 재생산에서 구조적인 적대성을 제거하는 것이다. 이는 용어 그대로 우리 사회의 가장 작은 구성 세포부터 우리의 삶을 계속 지배하는 가장 큰 독점적·초국적기업에 이르기까지 변혁이 모든 것을 포괄할 경우에만 생각할 수 있다.

따라서 피상적인 의미에서는 의심할 나위 없이 자본이 승리하고 있지만 훨씬 더 근본적인 의미에서 보면 자본은 가장 심각한 곤경에 처해 있다. 이는 역설적으로 들릴지도 모른다. 하지만 만약 자본이 어디서든 사회 재생산과정을 지배할 수 있는 방식을 당신이 인식한다면, 당신은 또한 자본이 구조적으로 자신의 문제와 모순을 해결할 수 없음을 인식할 수밖에 없다. 어디를 보든 바위처럼 단단한 영속적인 해결책으로 보이는 ─ 그리고 그런 것으로 크게 선전되는 ─ 것들이 조만간 먼지로 부서져 가는 것을 볼 수 있다. 예를 들어, 전후 몇 십 년 동안 발생한 '경제 기적'의 단명한 역사를 생각해 보라. 어떤 종류의 '기적'이 거기에 있었는가? '독일 기적'과 '일본 기적'이 있었고 이탈리아, 브라질, 다른 나라의 기적들이 있었다. 우리가 잘 기억하듯이 최근의 기적은 가장 편향적으로 선전되었던 아시아 호랑이 국가들의 기적이었다. 이 '기적들'에 무슨 일이 벌어졌는가? 다른 모든 기적과 마찬가지로 그것은 증발되었고, 그 자리에 심각한 위기를 남겼다. 최근 러시아와 다른 동유럽 국가에서 주식시장 재앙을 포함해 절대적으로 근본적인 문제에 직면하지 않은 국가는 이 세계에서 찾아볼 수 없다. 부르주아의 신문을 읽어보면 그들은 모두 일종의 공황 상태에 처했다. 그 신문들의 제목은 실제로 진행되는 것에 겁을 주며 스스로 겁먹고 있다. 나는 '아시아의 기적'이 정점에 달했을 때 이 거짓 '기적'이 서구 자본주의국가의 노동계급에 대한 강력한 훈육을 겨냥한 주장으로 이용되었음을 기억한다. "얌전히 굴어라! 아시아 호랑이 국가의 노동자들이 받아들이는 것과 같은 생활수준과 노동 관행을 수용하라. 그렇지 않으면 아주 힘들어질 것이다!" '탈산업화된' 서구 '선진 자본주의'국가에서 모든 문제를 해결했다고 주장하는 시스템이, 그 건강성을 유지하기 위해 그런 권위주의적인 공갈 메시지에 의존해야 한다면, 그런 시스템은 자신의 기준에 의해서도 미래에 대해 약속할 수 있는 것이 많지 않다. 다시, 이런 견지에서 실행 가능하고 지속 가능한 해법 하나가 있다. 그리고 오직 그 해법만이 존재할 수 있다. 그것은 사회주의다. 앞서 내가 언급한 의미에서의 사회주의, 즉 극복할 수 없는 구조적 규정으로서 인구의 일부 — 극소수 — 가 압도적 다수를 지배해야만 하는 대립적이고 적대적인 현재의 틀을 제거하는 것으로서 사회주의 말이다. 말하자면, 자신을 위해 의사 결정권을 완전히 도용盜用하는 지배 형태를 제거하는 것이다. 심지어 가장 제한된 맥락에서조차, 자본의 적대자로서 노동은 아무런 의사 결정권을 가지고 있지 않다. 이는 미래를 위한 필수적이고 피할 수 없는 문제다. 그런 의미에서 나는 조만간 사회주의 운동이 부활할 가능성이 매우 크고 중요하다고 믿는다.

3.6 정치적·사회적 혁명

≪비판≫: 당신 입장에서 '혁명' 개념은 무엇인가?

메자로스: 혁명을 사회생활의 모든 측면에서 계속되는 심오한 혁명적 변혁이라고 정의할 때 이 개념은 여전히 매우 중요하고 유효하다. "모든 것을 일거에 영구히 해결하는 하나의 대공세"를 의미하는 혁명 개념 — 몇몇 사람의 목을 자르고 나서 이겼다는 환상을 키우는 — 을 생각해서는 안 된다. 혁명 개념에 대한 마르크스의 용법은 '사회혁명'이었기 때문이다. 그는 과거의 혁명과 사회주의적 사회혁명의 차이는 과거의 혁명이 성격상 본질적으로 정치적이었다는 사실이라고 말했다. 이는 압도적 다수의 인민을 구조적 종속의 지위에 남겨둔 채 단순히 사회의 통치자를 바꾸는 것이었음을 의미한

다. 또한 자본의 인격화 문제가 고려되어야 하는 맥락도 바로 이것이었다. 무언가를 전복하기 위한 대공세에서 좀 적거나 많은 수의 머리를 베는 일은 비교적 쉽게 할 수 있는 일이며, 이 모든 일은 대개 정치 영역에서 일어난다. 최근까지도 '혁명' 개념은 바로 이런 의미에 따라 정의되었다.

쓰라린 경험을 통해 이제 우리는 그것이 작동하지 않는다는 사실을 안다. 그런 방식으로 나아가는 것은 충분하지 않다. 따라서 우리는 마르크스가 사회혁명에 대해 뭐라고 이야기했는지로 돌아가야 한다. 마찬가지로 강조할 점은 이런 사회혁명 개념이 마르크스의 독창적인 생각이 아니었다는 사실이다. 이는 1789년 프랑스혁명의 여파가 요동치는 동안 프랑수아노엘 바뵈프[1]와 그의 운동에서 등장한 개념이다. 당시 바뵈프는 그의 음모 집단과 함께 기소되어 처형당했다. 실제로 그는 평등한 자들의 사회를 역설했다. 같은 개념은 1830년대와 1848년 혁명 당시 다시 나타났다. 혁명적 봉기의 시기에 사회혁명 이념은 가장 진보적인 세력의 전면에 있었고, 마르크스는 아주 당연하게 그것을 껴안았다.

근본적인 사회변혁에서 ― 우리는 사회주의혁명에 대해 말하고 있다 ― 변화

---

1   프랑수아노엘 바뵈프(François-Noël Babeuf, 1760~1797)는 프랑스혁명가이자 '평등자단(Society of Equals)'의 지도자로서 유토피아적 평등 공산주의를 대변했다. 마르크스의 평가에 따르면, 바뵈프와 그의 지지자들은 "실제로 활동하는 공산당의 최초의 출현"이었으며, 이들은 "'제후국'과 '공화국'의 사회 문제가 제거되어도 프롤레타리아트의 관점에서는 결코 해결되지 않은 사회 문제가 여전히 남아 있다"는 점을 이해했다. 바뵈프는 이런 프롤레타리아의 독자적인 요구라는 인식에서 출발해 자신의 평등 요구를 유토피아적 공산주의의 혁명 이론으로 발전시켰다. 이 혁명 이론은 초기 형태의 평민적·프롤레타리아적 인민 계층의 이해를 반영했고 '평등자단'의 투쟁 강령이 되었다. 혁명 봉기 계획이 무산되면서 이들 지도자인 바뵈프와 아우구스틴 다르테(Augustin Darthé)가 처형되었지만 바뵈프의 이념은 이론적·실천적으로 1830년대와 1840년대 프랑스, 독일, 영국 노동운동의 혁명적인 좌파에 모범적인 영향을 미쳤다[Karl Marx, "Moralising Criticism and Critical Morality-A Contribution to German Cultural History Contra Karl Heinzen," *MECW*, Vol.6(1847), pp. 321~322]. ― 옮긴이

는 지배자에게 국한되지 않는다. 혁명은 참으로 모든 견지에서 사회적이어야 한다. 혁명은, 변혁과 사회신진대사를 통제하는 새로운 양식이 사회의 모든 부분을 뚫고 들어가야 함을 의미한다. 이런 의미에서 혁명 개념은 여전히 유효하다. 실제로 우리의 역사적 경험에 비춰볼 때 이런 의미의 혁명 개념은 그 어느 때보다 더 유효하다. 제거할 뿐만 아니라 (새로운 것을 — 옮긴이) 심어 놓는 혁명 말이다. 제거는 제거된 것의 자리에 놓아두는 그 무엇과 마찬가지로 이 과정의 일부다. 어디선가 마르크스는 '근본적_radical_'의 의미는 사태를 그 뿌리에서 파악하는 것이라고 말한다. 그것이 '근본적'이라는 것의 문자 그대로의 의미이고, 또한 방금 이야기한 제거하기와 심어 놓기의 의미의 사회혁명에서도 그 타당성을 간직한다.

따라서 오늘날 확고하게 뿌리내리는 것들 가운데 많은 것이 장차 부단한 — 당신이 좋아한다면 '영구적인' — 혁명적 변혁의 수고스러운 과정을 통해 제거되어야 한다. 하지만 제거된 영역은 빈 채로 남겨질 수 없다. 제거된 것의 자리에 깊이 뿌리내릴 수 있는 무언가를 놓아두어야 한다. 자본의 사회질서에 대해 말하면서 마르크스는 "유기적 체계"라는 표현을 사용한다. 나는 마르크스가 이에 대해 이야기하는 구절을 『자본을 넘어서』 페르시아어판 서론에서 인용했다. 우리가 살아가는 자본 시스템은 유기적 체계다. 그것의 모든 부분은 다른 부분을 떠받치고 강화한다. 혁명적 변혁 문제를 매우 복잡하고 어렵게 만드는 것은 바로 부분들 사이의 이런 **상호 지지** 때문이다. 자본의 유기적 체계를 교체하려면 그 자리에 **또 다른 유기적 체계** — 부분들이 서로 떠받치기 때문에 전체를 떠받치는 — 를 갖다 놓아야 한다. 이것이 새로운 체계가 실행 가능하고 확고하게 성장하고 모든 사회 구성원을 만족시키는 방향으로 성공적으로 움직이는 방법이다.

분명히 '혁명'은 단순히 '타도'의 문제일 수 없다. 타도될 수 있는 어떤 것도 단지 **사회혁명**의 매우 부분적인 측면이다. 역사적으로 알려진 **자본주의**의 변종들은 타도될 수 있지만 — 몇몇 제한된 맥락에서 그것은 실제로 일어났다 — **자본** 자체는 '타도'될 수 없다. 위에서 언급한 의미에서 그것은 제거되어야 하고, 그 자리에 무언가가 놓여야 한다. 마찬가지로 자본주의국가는 타도될 수 있다. 하지만 일단 **자본주의국가**를 타도한다고 해도 문제 자체를 제거한 것은 아니다. **국가** 자체는 타도될 수 없기 때문이다. 마르크스가 근본적으로 다른 개념인 "국가의 소멸"을 말하는 이유가 바로 여기에 있다. 더구나 혁명적 변혁의 임무와 관련된 문제 가운데 가장 골치 아픈 것은 **노동** 자체가 '타도'될 수 없다는 것이다. 자본, 국가와 더불어 자본 시스템의 한 기둥인 노동을 당신은 어떻게 타도할 것인가? 노동은 사회 재생산의 토대인데 말이다.

특히 지난 20~30년 동안 '탈산업화 사회'에서 노동을 영원히 끝장내고 우리를 계속 행복하게 살 수 있게 한다는 '정보혁명'에 대한 온갖 종류의 환상이 존재했다. 일이 놀이가 된다는 사상은 프리드리히 실러*Friedrich Schiller*로 거슬러 올라가는 훌륭한 혈통을 가지고 있다. 하지만 자본변호론적인 최근의 신종들은 완전히 터무니없다. 어떤 법령에 의해 **임금노동**을 폐지할 수는 있다. 하지만 이는 노동 해방 문제를 해결하는 것과는 거리가 멀다. 이것은 오직 연합한 생산자들의 **자기해방**으로 생각할 수 있다. 생산적 활동으로서 인간 노동은 재생산과정의 절대적인 조건으로 언제나 남아 있다. 개인 존재의 자연적 기층은 생산적 활동에 의해 합리적이고 창조적으로 **통제되어야** 하는 — 비합리적이고 낭비적이며 파괴적인 자본 확장의 지상명령에 의해 무책임하고 파괴적으로 지배되는 것과 반대로 — 자연 자체다. 사회신진대사는 개인 사이에, 개인의 총체와 다루기 힘든 자연 사이에 필연적인 상호작용을 수반한다. 18세기에 있었던 놀이로서 노동이라는 본래의 비非변호론적 사상조차 자연의 이상화, 즉 그것의 필연적인 반항에 대한 무시 또는 부정과 떼어 놓을 수 없다. 하지만 자본 이론 옹호자들이 냉소적으로 무시하는 자본에 의한 악의적인 자연 파괴의 강력한 증거를 감안하면 최근의 자본변호론적 응답들은 전혀 믿을 수가 없다.

당신은 지난 20~30년 사이에 이른바 탈산업화 사회에 대한 책이나 기사를 틀림없이 읽었을 것이다. 그것이 의미하는 바가 도대체 무엇인가? '탈산업적?' 인류가 생존하는 한 인류는 근면해야 하고 산업적이어야 한다. 자신을 재생산하기 위해 인류는 일해야 한다. 인류는 삶이 계속 가능하고 인간적 성취의 면에서 더욱 풍부해지는 조건을 창출해야 한다. 이는 그 용어의 가장 심오한 의미에서 산업을 통해서만 생각될 수 있다. '정보혁명'이 모든 산업적 노동을 완전히 불필요하게 만들 것이라는 자기 편의적인 선전적 환상과는 반대로 우리는 언제나 산업적일 것이다. 특징적인 사실은 자본변호론의 대변자들이 '탈산업적' 천국을 이야기하면서 굴뚝 산업을 인도로, 중국으로, 필리핀으로 또는 남미로 옮기는 것에 대해 이야기하는 것이다. 굴뚝 산업은 선진 자본주의 서구에서 제거되어야 한다고! 그렇다면 산업의 우두머리들은 유니언 카바이드*Union Carbide*[2]의 유독한 굴뚝을 어디에 둘 것인가? 그것들은 인도의 보팔로 옮겨져서 1만 5천 명의 민중을 죽이고 수천 명에게 눈이 멀거나 부상을 당하게 하는 재앙적인 결과를 초래했다. 이것이 사회를 '탈산업화'하는 것인가? 전혀 아니다. 그런 기술의 이전은 단지 자본주의적 서구가 자신들의 더러운 아마 섬유를 지구의 몇몇 '저개발된' 부분 — 이른바 제3세계 — 으로 보내는 것을 뜻할 뿐이다. 동시에 시스템의 이데올로그와 선전자들은 그런 이전이 미국 모델에 기초한 '근대화'를 뜻한다고 지극히 냉소적으로 주장한다. 그 결과로 적당한 때가 되면 어디에서나 사람들은 완전히 자동화된 사회에서 부유하고 행복해질 것이라고 하면서 말이다.

----

2 화학약품을 제조하는 미국의 다국적기업. 1984년 12월 인도의 보팔(Bhopal)에 위치한 비료 공장에서 2만여 명이 사망하고 12만 명이 실명과 만성 질환에 시달리는 등 엄청난 인명 피해와 환경 피해를 초래한 대규모 유독가스 누출 사고를 일으킨 바 있다. 2001년 유니언 카바이드를 인수한 다우 케미컬(The Dow Chemical Company)이 보팔 주민의 요구를 수용하지 않아 지금도 갈등이 계속되고 있다. — 옮긴이

정말로 필요한 혁명은 그 모든 것의 근본적인 변화다. 타도만으로는 아무것도 해결할 수 없다. 몇몇 제도의 타도나 폐지는 필수적인 **첫걸음이다.** 급진적인 정치 행동은 한 가지 유형의 인물을 제거하고 뭔가 다른 것이 그 자리에 생겨날 수 있게 하기 위해 필요하다. 하지만 그 목적은 지속적인 사회변혁의 심오한 과정이어야 한다. 그런 의미에서 혁명 개념은 계속해서 절대적으로 근본적이다.

3.7 차별적 착취율의 하향 평균화

≪비판≫: 조직된 노동조합을 가진 서구 노동자들은 그들의 마르크스를 오늘날 세계의 노동 상황에 적응시키려고 한다. 그들의 목소리와 투쟁은 복지와 고임금 등을 위한 제한된 행동을 넘어서지 않는다. 반면에 동구에서는 독재와 지연된 경제적 압력, 이론적 지식의 결여 때문에 사회운동은 더 나은 삶뿐만 아니라 그들의 자본 시스템 타도를 목적한다. 세계화와 사유화는 자본주의에 반대하는 운동의 기회를 창출해왔다. 급진적 운동은 서구보다 차라리 동구에서 생겨날 것으로 보인다. 당신은 어떻게 생각하는가?

메자로스: 사실을 조사해보아야 한다고 생각한다. 그러면 당신이 이야기한 것 가운데 일부는 옳다는 것을 알게 되겠지만, 역사적 조건부로 그러하다. 말하자면, 당신이 묘사한 것은 아마 20~30년 전의 상황을 반영하지만 오늘날의 조건은 점점 덜 그렇다. 프랑스와 이탈리아 같은 서구 자본주의 국가에서 노동운동의 중요한 요구를 고려해볼 때 그것들은 단순히 임금을 개선하라는 요구로 묘사될 수 없다. 예컨대, 임금 삭감 없는 주 35시간 노동에 대한 요구를 보라. 그것은 프랑스 정부에 의해 시행되었다. 프랑스에는 주당 노동시간을 35시간으로 단축하는 법 ― 2000~2001년부터 시행된 ―

이 있다. 이는 임금 요구가 아니다. 똑같은 일이 이탈리아에서도 일어났는데, 동일한 목표를 위한 매우 중요한 공세가 있었다. 나는 이탈리아의 주 35시간 노동을 위한 운동의 지도적 인물인 파우스토 베르티노티Fausto Bertinotti의 대답을 당신에게 보여줄 수 있다. 그는 ≪재건Rifondazione≫이라는 일간지의 한 여성 독자가 보낸 질문에 답해야 했다. 알다시피, 모든 자본주의사회에서 여성 노동자의 조건은 남성 노동자보다 더 나쁘다. (그렇다고 남성 노동자에게 노동조건이 장밋빛이라는 것은 전혀 아니다.) 그녀는 질문을 던졌다. 주 35시간 노동의 결과로 "만약 우리가 자신을 위한 시간을 더 많이 갖는다면 그 시간을 어떻게 사용할 것인가?" 베르티노티의 대답은 이러했다.

우리가 주 35시간 노동을 노동조합의 문제일 뿐만 아니라 문명의 문제라고 말할 때 우리는 정확히 당신이 제기하는 문제의 지평을 가리키는 것이다. 즉, 중요한 시간 문제, 노동시간과 삶-시간의 관계다. 우선 우리는 역사 발전의 특정 단계에서 노동시간의 도둑이 생산과 부, 사회조직의 매우 비참한 토대라는 사실을 마르크스에게서 배워 알고 있다. 더구나 우리는 착취에 대항하는 투쟁은 소외에 대항하는 투쟁과 함께해야만 한다는 것, 다시 말해 그 투쟁과 얽혀 있고 밀접하게 연관되어 있다는 것을 알고 있다. 말하자면 '살아 있는 노동'의 생산물을 각 노동자에게서 빼앗아갈 뿐만 아니라 낯설어짐, 타율hetero-direction, 삶-시간의 억압적인 규제를 초래하는, 자본주의의 본질에 깊이 내재된 그런 메커니즘에 대항하는 투쟁과 함께해야 하는 것이다. 이런 의미에서 35시간제는 고용의 관점에서 촉발할 수 있는 혜택을 넘어서서 삶의 향상이라는 중심적인 문제 — 본질적인 정치적 용어로 말하자면, 시간의 자치自治, self-government 문제 — 로 돌아간다. 왜냐하면 노동시간과 삶-시간의 집단적인 자치라는 기획 — 사회적 주체와 개별적 주체의 외부에서 만들어진 가설이 아닌 참된 기획 — 없이는 진정한 사회변혁은 없을 것이기 때문이다. 이 문제 역시 정치와 우리 당에게 거대한 도전이다.

이제 여기서 당신은 주 35시간을 위한 투쟁이 단순히 '노동조합의 요구'가 아님을 알 수 있다. 그것은 사회신진대사 재생산 시스템 전체에 도전한다. 따라서 그것을 노동조합 요구에 지나지 않는 것으로 묘사한다면 매우 부정확할 것이다.

선진 자본주의국가에서 오랫동안 경제적 요구가 노동운동의 지평을 이루고 있었던 것은 맞다. 하지만 이렇게 협소한 지향은 더 이상 유지될 수 없다. 이는 사회주의의 가능성 문제와 연관된다. 이제 노동운동은 노동시간과 삶-시간의 문제를 제기할 수밖에 없도록 강요된다. 노동시간의 단축은 아주 제한된 정도에서 임금 요구와 같다. 노동자들은 단순히 임금의 향상만을 원하지 않는다. 그렇다. 그들은 "우리는 이미 가지고 있는 것을 잃고 싶지 않다"라고 말한다. 어쨌든 상황의 객관적 논리에 따르면 그들은 다른 이유 때문에 그것을 잃고 있다. 지난 30년 동안 자본주의 발전에서 잃어버린 것 가운데 가장 중요한 하나는 내가 "차별적 착취율*differential rate of exploit-ation*의 하향 평균화"라고 부르는 것이다.[3] 서구 자본주의국가에서 노동계급은 오랫동안 **차별적 착취율**의 혜택을 누릴 수 있었다. 그들의 존재 조건과 노동조건은 이른바 제3세계라고 부르는 곳보다 엄청나게 좋았다. (제3세계는 하나의 유일하고 깊이 상호 연관된 세계의 불가결한 일부이기 때문에 나는 이 제3세계 개념을 서구 자본주의의 자기 편의적 선전으로서 늘 거부해왔다.)

하지만 우리는 이제 어디에서나 조건이 악화되고 있음을 본다. 하향 평균화는 선진 자본주의국가에서도 뚜렷하게 확인된다. 이제 노동자들은 그들의 기본적인 존재 조건이 위협받는 현실에 직면할 수밖에 없다. 실업 ─ 종종 '유연한' 임시 고용화로 위장되는 ─ 은 어디에서나 확산되고 있기 때문이다. 실업에 맞서 싸우는 것은 단순한 임금 협상으로 간주될 수 없다. 그런

---

3 나의 책 『자본을 넘어서』 890~892쪽에 있는 "사회적 통제의 필연성" 제7절 "착취율의 강화"를 참조하라.

측면에서 '최저한의 실업' – 케인스주의적 확장의 정점에서 – 을 다룰 수 있던 시대는 지나갔다. 선진 자본주의국가에서조차 노동계급은 이 도전에 직면해야만 한다.

물론 동구에서는 상황이 비교할 수 없을 만큼 더 나쁘다는 것은 맞다. 하지만 관련 국가들이 '사회적 총자본'과 '총노동' 시스템의 불가결한 일부임을 강조하는 것이 중요하다. 한 부분에서 일어나는 어떤 일은 여타의 조건에 영향을 미친다. 노동시장의 상황은 서구 자본주의국가에서도 – 미국만큼이나 캐나다, 영국, 독일, 프랑스, 이탈리아에서도 – 악화되고 있다. 압력은 강화되고 있다. 이는 서구 노동운동의 지향에서 필연적인 변화를 의미한다고 덧붙일 수 있다. 20세기 노동운동의 역사를 조사해보면, 역사의 가장 큰 비극 중 하나는 운동의 이른바 '정치적 날개(정당)'와 '산업적 날개(노동조합)'의 분리로 묘사되는 내적 분열이다. 이 분리는 노동운동의 행동을 매우 협소한 한계에 가두어 노동운동을 심각하게 제약하는 것이다. 정당에 의해 대표되는 것으로 상정되는 인민들은 투표할 – 4년이나 5년에 한 번씩 종잇조각을 투표함에 넣을 – 기회를 가지고, 그것을 통해 의회의 누구에게든지 의사 결정권을 넘겨주는 상황에 가두어진다.

이제 끊임없는 변화와 관련해 중요한 점은 노동조합 운동 자체의 '산업적 날개'를 직접 정치적으로 만드는 것이 필연적이라는 사실이다. 이러한 현상은 일본과 함께 몇몇 유럽 자본주의국가(두드러지게는 프랑스와 이탈리아)에서 일어나기 시작했다. 나는 이 같은 상황이 멀지 않은 장래에 캐나다나 미국에서도 일어날 것이라고 믿는다. 이것이 내가 당신의 질문에 덧붙이고 싶은 조건이다. 단지 **자본주의**뿐만 아니라 **자본 시스템 자체**의 구조적 위기의 시대에 차별적 착취율의 하향 평균화라는 자본 발전의 경향 법칙의 영향 아래에서 사태는 의미심장하게 변해왔고, 변하는 중이다. 나는 『자본을 넘어서』에서 이 문제를 아주 자세하게 논의했다. 이런 상황에서는 사람들을 고분고분하게 순종하는 곤경 속에 묶어둘 수 없다.

나는 임금 개선이라는 목적이 아니고서도 일 년 동안 투쟁을 벌인 영국의 광부들을 언급할 수 있다. 투쟁 과정에서 금전적으로 훨씬 많은 것을 잃을 수 있는데도 주당 10, 20 또는 50달러의 임금 인상을 위해 1년 내내 곤란과 비참함, 차별, 적대, 국가의 탄압을 견뎌내는 것은 생각할 수 없다. 이미 언급했듯이, 영국 광부들은 국가와 슬프게도 자신들의 '정치적 날개'라고 상정했던 노동당의 합작에 의해 결국 패배했다. 그 후에 영국 광부들의 노동력에 어떤 일이 벌어졌는가? 파업 당시 그들의 수는 약 15만 명 정도였는데 오늘날 그 수는 1만 명 이하로 줄었다! 이것은 실제 상황이다. 이것 — 광부 수의 절멸, 광산 도읍과 마을이 실업의 황무지로 바뀌는 것 — 이 그들이 맞서 싸워야 했던 이유다. 이제 선진 자본주의국가에서 점점 더 많은 노동자 집단이 영국 광부들이 그랬던 것과 같은 길로 나아가도록 강요된다. 또 다른 경우도 언급할 수 있다. 1년이 아니라 2년 반 동안 파업의 극단적인 고통을 견뎌냈던 리버풀 부두 노동자들이다. 산업적이면서 동시에 정치적인 이런 종류의 행동, 이런 종류의 투쟁은 '노동조합의 목표'라는 협소한 틀 안에서는 거의 생각될 수 없다.

≪비판≫: 인터뷰에 응해준 것에 감사드린다. 이란 독자들을 위해 덧붙이고 싶은 말은?

메자로스: 나는 다만 우리가 모두 절실하게 필요로 하는 근본적인 사회변혁을 위한 공동의 사업과 투쟁에서 당신들의 위대한 성공을 바랄 뿐이다. 나는 당신들이 그런 방향으로 나아갈 것이라고 믿는다.

제4장

·

사회주의냐 야만이냐:
'미국의 세기'에서 갈림길로

·

Socialism or Barbarism:

from The 'American Century' to The Crossroads

서문

우리는 목청 높여 자본을 옹호하는 사람들이 '미국의 세기'라고 묘사한 20세기와 곧 헤어지게 된다. 이런 견해를 말하는 사람들의 눈에는 1917년 10월 혁명이나 중국, 쿠바의 혁명, 그 뒤 수십 년 동안 이어진 식민지 해방 투쟁과 막강한 미국이 베트남에서 당한 치욕스러운 패배가 마치 전혀 보이지 않는 듯하다. 실제로 기존 질서의 무비판적인 옹호자들은 다가오는 세기뿐만 아니라 다음 천 년까지 팍스 아메리카나*Pax Americana*(미국의 지배에 의한 평화 — 옮긴이)의 지배가 아무 도전도 받지 않고 관철될 것이라고 자신 있게 예상했다. 하지만 최근 10년 동안 세력 관계가 자본에 유리하게 대폭 재조정되었더라도, 명백한 진실은 앞서 언급한 20세기의 주요한 사회적 지각변동 — 거기에 두 번의 세계대전을 포함해서 긍정적인 것이든 부정적인 것이든 겨우 몇 개 추가할 수 있을 것이다 — 밑에 깊이 놓여 있는 원인들이 그에 뒤따른 발전을 통해 해소되지 않았다는 점이다. 반대로, 자본 시스템의 모순은 강제로 연기되는 새로운 국면을 거치면서 매번 더욱 악화될 수밖에 없어 인류의 생존 자체에 점점 더 큰 위험을 가져온다.

최근에 그러했듯이, 우리의 사회적 적대 관계의 만성적 해소 불가능성은 자본의 통제 불가능성과 짝을 이루어 (자본 시스템의 — 옮긴이) 영속성이라는 혼란스러운 환상뿐만 아니라 승리주의의 분위기를 당분간 계속 만들어

---

* 이 장의 제1절과 제2절은 1999년 10월 19일 아테네에서 에프티치오스 비사키스(Eftichios Bitsakis)가 편집한 그리스 격월 잡지 《유토피아(*ΟΥΤΠΙΑ*)》가 주관한 강연회에서 발표한 것으로, 2000년 3월 이 잡지에 그리스어로 실렸다. 글 전체는 2000년 9월 밀라노 출판사 푼토 로소(Punto Rosso)에 의해 이탈리아어로 처음 출판되었고, 영어 완역판은 2001년 6월 뉴욕 먼슬리 리뷰에 의해 최초로 출판되었다. 지난 50년 동안 자신들의 저서를 통해, 그리고 《먼슬리 리뷰》의 편집자로서 우리에게 제국주의와 독점적 발전을 일깨워주는 데 최고의 공헌을 한 해리 맥도프와 폴 스위지에게 이 연구를 바친다.

낼 것이다. 하지만 머지않아 문제들이 누적되어 강한 파괴력을 발휘하는 사태에 봉착할 것이다. 왜냐하면 21세기가 실제로 자본이 승리하는 '미국의 세기'가 된다면 이후 인류에게 허용되는 시간은 새 천 년은커녕 수백 년도 안 될 것이기 때문이다. 이렇게 말하는 것은 '반미주의'와 아무 관련이 없다. 나는 1992년에 이런 확신을 다음과 같이 표현했다.

> 비관적으로 들릴지도 모르겠지만 사회주의의 미래는 미국에서 결정될 것이다. 나는 보편성 문제를 논의한 졸저 『이데올로기의 힘』의 마지막 장에서 이것을 암시하려고 했다.[1] 사회주의는 보편적이어야 한다. 즉, 세계에서 가장 발달한 자본주의 지역을 포함해 모든 지역을 포괄할 수 있어야 한다. 그렇지 않으면 성공할 수 없다.[2]

현재의 발전 단계에서는 지속적인 해결책을 갈망하는 문제들이 심각하게 얽혀 있기 때문에 보편적으로 실행 가능한 접근법만이 통할 수 있다. 치유 불가능한 사악한 자본 시스템이 '세계화'를 강요할지라도 본래 그것은 의미의 보편성과 구조적으로 양립할 수 없다.

---

1 István Mézáros, *The Power of Ideology*(London: Harvester/Wheatsheaf, 1989), pp. 462~470.

2 "Marxism Today," *Radical Philosophy*, no.62(autumn 1992)에 실린 인터뷰. 『자본을 넘어서』 제4부에 재수록.

4.1 자본 — 살아 있는 모순

4.1.1

현재 진행 중인 '세계화' 과정에 대해 무슨 주장을 펴든 간에 실질적 평등이 없다면 사람이 사는 세상에 보편성은 존재할 수 없다. 따라서 자본 시스템은 분명히 역사적으로 이미 경험했거나 생각할 수 있는 어떤 형태를 취하든 간에 자신의 — 쪼그라들고 불구화된 — 지구적 보편성의 기획에조차 완전히 적대적이다. 생산력의 보편적 발전과 자유롭게 연합한 사회적 개인의 여러 능력과 잠재력의 전면적 발달을 온전하게 조화시킬 사회적으로 실행 가능한 보편성을 유의미하게 구현하는 것에 대해서 자본 시스템은 훨씬 더 적대적이다. 그 보편성은 자유롭게 연합한 사회적 개인이 의식적으로 추구하는 열망을 바탕으로 형성되는 것이기 때문이다. 이것과 달리 자본의 보편화 경향이 가진 잠재력은 비인간화를 야기하는 소외와 물화의 현실로 전환된다. 마르크스는 그것을 다음과 같이 말했다.

제한된 부르주아 형태의 껍질을 벗겨내면 보편적 교환을 통해 창출된 개인의 필요, 능력, 기쁨, 생산력 등 보편성 이외의 부흘란 무엇인가? 자연력, 즉 소위 말하는 자연과 인류 자신의 힘에 대한 인간 지배의 완전한 발달? 이전의 역사 발전 이외에는 다른 아무런 전제도 없이 미리 결정된 잣대로 재지 않고 발전의 총체성, 즉 모든 인간의 능력의 발전을 목적 자체로 삼는, 인류의 창조적 잠재력의 절대적 발현? 인간이 스스로 자신을 하나의 특이성으로 재생산하지 않고 자신의 총체성을 생산해낼 때? 인간이 자신의 현존 상태에 머물려고 애쓰지 않고 절대적 생성 운동 속에 존재하는 것? 부르주아 경제학과 그것이 조응하는 생산단계에서 인간이 가진 잠재력의 완전한 발현은 텅 빈 통으로 나타나고, 이 보편적 객체화는 전적인 소외로 나타나며, 제한되고 일면적인 모든 목표의 해체는 인간

적 목적 자체를 전적으로 외부적인 목적에 희생시키는 것으로 나타난다.[3]

원리상 보편적으로 적용할 수 있는 기능적 분업이 발전하면서 잠재적으로 해방적인, 자본주의적 노동과정의 수평적 차원이 형성된다. 그렇지만 이 차원은 자본의 명령 구조라는 틀 안에서는 수직적이거나 위계적인 분업과 분리될 수 없다. 수직적 차원의 기능은 총노동에 대한 최대한의 실질적 착취를 토대로 잉여노동의 계속적 확장을 보장해 자본 시스템의 핵심적 이해관계를 수호하는 것이다. 따라서 수평적 구성력은 특정 시점의 자본의 재생산 지평 안에서 수직적 차원에 의해 확고하게 통제될 수 있는 정도까지만 나아가도록 되어 있다.

이것은, 수평적 구성력이 자체의 역동성을 따를 수 있는 범위는 오로지 그에 따라 일어나는 생산력의 발전이 자본의 지상명령의 한도 (그리고 그에 조응하는 한계들) 안에 가두어질 수 있을 정도까지라는 것을 의미한다. 수직적 명령에 대한 자본의 요구는 두 차원 사이의 관계 안에서 항상 우월한 계기가 된다. 자본 시스템 발전의 상승 국면에서 수직적·수평적 차원은 상대적으로 유연한 상호 교환을 통해 서로 보완해준다. 하지만 일단 상승 국면이 지나가면 앞에서 말한 변증법적 복합체의 우월한 계기는 극도로 파괴적인 일방적 규정으로 변한다. 이것은 우리가 살고 있는 오늘날 아주 명백하게 드러난 주요한 축적 위기와 더불어 생산력 발전에 심각한 한계를 초래한다. 이런 까닭에 한때 약속했던 생산력 발전의 잠재적 보편성은 자본의 자기 지향적 부분성과 극복할 수 없는 구조적 위계를 방어하기 위해 유산될 수밖에 없었다.

자본 시스템은 일정 기간 다소 성공적으로 관리될 수 있지만, 절대로 극복할 수 없는 밀림 같은 모순의 그물망으로 짜여 있다. 우리는 그 모순의 뿌

---

3 Marx, *Grundrisse*, p. 488.

리에서 자본과 노동 사이의 화해 불가능한 적대 관계를 볼 수 있다. 아무리 정교하고 신비하게 감추려 해도 이 적대 관계는 항상 필연적으로 **노동이 자본에 구조적이고 위계적으로 종속된** 형태를 취한다. 주된 모순들 몇 개를 짚어보면 다음과 같은 것들 사이의 모순을 만날 수 있다.

1. 생산과 그것의 통제.
2. 생산과 소비.
3. 생산과 유통.
4. 경쟁과 독점.
5. 발전과 저발전(즉, 지구적으로 그리고 각국 안에서 '남-북' 사이의 분열).
6. 위기를 낳는 수축의 씨앗을 잉태한 확장.
7. 생산과 파괴(후자는 종종 '생산적' 또는 '창조적 파괴'로 찬양된다).
8. 노동에 대한 자본의 구조적 지배와 살아 있는 노동에 대한 자본의 극복할 수 없는 의존.
9. 자유 시간(잉여노동)의 생산과, 필요노동을 재생산하고 착취해야 하는 지상 명령을 통해 자유 시간을 쓸 수 없게 부정해버리는 것.
10. 생산 기업에서 권위주의적 의사 결정과 '합의에 의한' 실행의 필요성.
11. 고용의 확대와 실업의 창출.
12. 물적·인적자원의 매우 불합리한 낭비를 동반하는 물적·인적자원의 절약 극대화 충동.
13. 무슨 수를 써서라도 산출을 늘리는 것과 이에 수반되는 환경 파괴.
14. 초국적기업의 세계화 경향과 경쟁국에 대항해 민족국가가 행사하는 필연적인 제약.
15. 특정 생산 단위에 대한 통제와 그것의 포괄적인 배치에 대한 통제 실패(이 때문에 상정 가능한 모든 형태의 자본 시스템 안에서 계획에 대한 일체의 시도들은 극도로 문제적인 성격을 갖게 된다).

16. 경제적으로 규제되는 잉여노동의 추출과 정치적으로 규제되는 잉여노동의 추출 사이의 모순.

자본의 사회신진대사 통제 양식에 대한 근본적인 대안을 수립하지 않고서는 이 모순들이 불가분하게 결합된 네트워크는커녕 이것들 가운데 단 하나라도 극복하는 것은 언감생심이다. 이들 모순을 극복하기 위해서는 **실질적 평등**에 근거한 대안이 요구된다. 이 실질적 평등이 총체적으로 부재하는 것이 바로 현존 시스템 아래 모든 사회관계의 공통분모이자 그 관계들을 해치는 핵심이다.

여기서 우리가 또 중요하게 강조할 점은 과거에 목격했던 자본주의의 주기적인 **국면적 위기**와 대비되는 자본 시스템 자체의 **구조적 위기** 때문에 현재의 발전 단계에서는 여러 문제가 치명적으로 악화된다는 점이다. 이는 인류의 물질 생산과 문화적 교환에 대한 실행 가능한 **전반적 통제**의 필요성을 긴급한 문제로 역사적 의제에 올려놓는다. 아직까지 마르크스는 자본 시스템의 발전에 대해 자신의 장벽과 한계에도 불구하고 "소비 범위를 넓히고" "생산력의 발전, 필요의 확장, 생산의 전면적인 발전, 자연력과 정신력의 이용과 교환을 제약하는 장벽들을 모두 분쇄하는" 시스템이라고 말할 수 있었다.[4] 이런 취지에서 그는 자본 시스템의 전면적 전개를 '새로운 생산양식의 전제'로 볼 수 있었다.[5] 오늘날 인간 필요의 확대와 연계된 '생산의 **전면적 발전**'에는 의문의 여지가 없다. 따라서 자본의 발달 장애적인 세계화 경향이 실현된 — 그리고 계속 강제되는 — 방식을 놓고 볼 때 자본의 파괴적 실체를 (아주 절실하게 요구되는) 지속 가능한 인간의 존재 조건을 재생산하는 새로운 양식의 전제로 상정하는 것은 자살행위나 다름없다. 오늘날

---

4   Ibid., p. 408, 410.

5   Ibid., p. 540.

사태가 진행되는 바와 같이 자본의 관심은, 마르크스가 말했듯이, "부유한 rich 사회적 개인"에 복무하는 "소비 범위의 확장"이 될 수 없고, 오히려 어떤 비용을 치르더라도 자본 자체의 확대 재생산을 꾀하는 것일 수밖에 없다. 자본의 확대 재생산은 적어도 당분간은 다양한 파괴 양식을 통해 보장될 수 있다. 자본의 '실현 과정'이라는 왜곡된 관점에서 볼 때 소비와 파괴는 기능적 등가물이기 때문이다. 예전에는 소비 범위의 확장이 자본의 확대된 자기실현이라는 우선적인 지상명령과 함께 갈 수 있었다. 자본의 역사적 상승기의 종말과 함께 이 시스템의 확대 재생산 조건들은 근본적이고 돌이킬 수 없게 변해 그 파괴적 경향과 (그것의 자연적 동반자인) 재앙적인 낭비를 확연히 눈에 띄게 만들었다. 이것을 가장 잘 보여주는 것이 바로 **군산복합체**military industrial complex이고, '냉전 종식' 이후 '신세계 질서'나 이른바 '평화 분담금' 따위의 구실에도 불구하고 이 군산복합체가 계속 확대되고 있다는 사실이다. (우리는 4.2.7에서 이 복잡한 문제를 다시 다룰 것이다.)

4.1.2

사태가 이렇게 발전하는 것과 더불어 실업 문제도 악화되는 쪽으로 크게 바뀌었다. 앞으로는 실업이 자본의 생산 확장의 틀 속에 들어가 활성화되기를 기다리는, 때때로 엄청난 규모의 '노동 예비군' ― 자본 시스템의 상승 국면에서 그러했듯이 ― 에 국한되지 않는다. 지금은 비인간화를 조장하는 실업이라는 심각한 현실이 만성적인 성격을 띠고 있어 매우 무비판적인 자본 옹호자들까지 이를 '구조적 실업'으로 인식한다. 물론 이들은 이 사태가 자신들이 소중히 여기는 시스템의 비뚤어진 본성과는 아무 상관이 없는 것처럼 자기 정당화 논리를 편다. 이와 대조적으로, 전후 수십 년 동안 지속된 순조로운 확장기에는 실업 문제가 영원히 해결된 것으로 가정되었다. 하나의 예로, 매우 질이 나쁜 자본 옹호자에 포함되는 월트 로스토Walt Rostow ―

존 케네디*John Kennedy* 대통령의 두뇌 집단의 지도적 인물 — 는 알맹이는 없으면서 대대적으로 선전된 저서에서 이렇게 거만하게 선언했다.

　　현대 민주 사회에서 아주 작은 규모의 실업에 대해서도 민감하게 반응하는 정치과정을 보고 있으면, 실업 수준을 대하던 1920~1930년대의 더디고 소심한 정책들이 서구 사회에서 더 이상 용납될 수 없다는 것을 믿을 만한 충분한 이유를 알 수 있다. 지금은 케인스혁명 덕분에 경기를 조절하는 기법들이 널리 이해된다. 케인스는 자본주의 아래의 실업 추세에 관한 마르크스의 예측을 물리치는 것을 자신의 과업으로 설정했고, 자신의 과업에 대체로 성공했다는 사실을 잊어서는 안 된다.[6]

　　같은 맥락에서, 로스토와 전체 부르주아 경제학자 군단은 모두 '서구 민주국가들 내부의 실업 지대'는 곧 영원히 풍요와 번영의 오아시스로 변할 것이라고 확신을 가지고 예언했다. 이뿐만 아니라 이들은 보편적으로 적용 가능한 '근대화'에 대한 자신들의 처방과 경기 조절 기법 덕분에 제3세계 역시 '서구 민주국가' 같은 수준의 '발전'과 행복한 성취에 이르게 될 것이라고 예언했다. 왜냐하면 '저발전' 다음에는 자본주의적 '도약'이 뒤따르고, 이 도약은 다시 반드시 자연스럽게 '성숙 단계로의 진입'을 가져온다는 것이 시간과 무관한 우주의 예정된 본성에 내재한다고 가정하기 때문이다. 이렇게 되기 위해서는 '서구 민주국가'의 정치적 힘이 이 당연한 질서를 방해하려는 사고뭉치 혁명가들의 사악한 행위를 예방하기만 하면 된다.
　　이런 장밋빛 전망 때문에 '발전 연구' 산업에 많은 돈이 지원되었다. 이들 연구는 커지기만 하는 동심원 안에서 빙빙 돌다가 마침내 해변에 떨어진

6　Walt Rostow, *These Stages of Economic Growth*(Cambridge: Cambridge University Press, 1960), p. 155.

빗방울처럼 모두 망각의 모래밭 속으로 사라졌다. 자본의 구조적 위기가 시작되면서 신자유주의적 통화주의의 조류가 이데올로기를 주도하는 지위 — 그때까지 케인스주의 구세군의 상층 성직자들이 차지하던 — 를 넘겨받게 되면서 그렇게 된 것이다. 결국 케인스주의 경기 조절 기법이 이전의 '기적들(이는 비판적 적수들이 아니라 당시 바보처럼 기적이 있다고 믿었던 자들이 '기적'으로 묘사한 조건이다)'을 결코 재생할 수 없음을 인정할 수밖에 없게 되자, 앞서 자본의 결점에 대한 케인스주의의 최종 해결책을 선전했던 자들은 최소한의 자기비판도 없이 그저 겉옷만 뒤집어 입고는 자신들의 새로운 초월적 계몽 수준에 아직 도달하지 못한 모든 사람에게 잠에서 깨어나 지금까지 그들의 영웅이었던 자의 장례를 정중하게 치르자고 초대했다.[7]

이렇게 제3세계 근대화 이데올로기는 다소 치욕적으로 포기될 수밖에 없었다. 이 의제는, 점증하는 생태 파괴의 위험과 '근대화'의 견본이 된 국가인 미국이 만들어내는 재앙적 수준의 낭비와 오염을 단지 중국과 인도에서만이라도 만연하게 내버려둘 경우 이것이 이상화된 '서구 민주국가'에 파괴적인 결과를 초래할 것이라는 자명한 사실 때문에 훨씬 복잡해진다. 더욱이 제3세계 국가에게서 '오염권'을 산다는, 미국이 제 잇속만 챙기기 위해 새롭게 옹호하고 나선 해법은 제3세계의 영구적인 저발전을 동시에 가정하지 않는다면 자기 파괴적인 개념이 될 것이다. 이에 따라 이제 서구 민주국가를 포함해 도처에서 근대화 이데올로기는, 현대화되기를 거부했다는 이유로 '신노동당'이 '구노동당'을 두들겨 패고 실격시키는 신형 무기로 사용되어야 했다. 즉, '구노동당'이 '신노동당'처럼 온건한 사회민주주의적 원리와 공약까지 완전히 포기해 현대화되지 못하고 있다는 것이다. 새롭게 보

---

7 1993년 7월 3일 자 런던 ≪이코노미스트(The Economist)≫의 탁월한 사설 "케인스를 묻어야 할 때?(Time to bury Keynes?)"를 참조하라. 이 질문에 ≪이코노미스트≫ 편집자들은 '그렇다'라고 힘주어 답했다.

편적으로 권장할 만한 선전 목표는 '민주주의와 발전'이었다. 민주주의는 미국의 공화당과 민주당 사이의 정치적 합의 체제를 본보기로 한다. 그 결과, 여기서 노동계급은 제한적인 의회 차원의 의미에서조차 깡그리, 완전히 권리를 박탈당한다. 발전의 의미는 동유럽과 구소련의 '신흥 민주국가'부터 동남아시아와 아프리카, 라틴아메리카까지 전 세계에 걸쳐 부여된, 매우 편향되게 정의된 형식적 민주주의의 빈껍데기로 압축될 수 있는 것에 불과했다. 미국이 지배하는 G7의 선도적 선전 기관인 런던의 ≪이코노미스트≫는 흉내 낼 수 없는 비아냥거림으로 다음과 같이 썼다.

경제생활을 조직하는 방식으로는 자유 시장에 대한 대안은 없다. 자유 시장이라는 경제학의 확산은 점차 다당제 민주주의로 이어지게 된다. 자유로운 경제적 선택을 하는 인민은 또한 자유로운 정치적 선택을 주장하는 경향이 있기 때문이다.[8]

자본의 적대자인 노동에게 고용에서의 '자유로운 경제적 선택'은 결국 자본 시스템의 확장적 지상명령에서 나오는 질서에 굴복하는 것일 수밖에 없다. 그 수가 계속 증가 중인, '재수'가 별로 없는 사람들에게 자유로운 경제적 선택이 의미하는 것은 만성적인 구조적 실업에 따른 모욕적인 처우와 극도의 고역에 노출되는 것이다. '다당제 민주주의'의 틀 안에서 구현될 수 있는 '자유로운 정치적 선택'은 실제로는 갈수록 좁아지는 정치적 합의의 결과들을 쓰라린 체념 속에 받아들이는 쪽으로 선택 범위가 좁아지고 있다. 그 결과, 지난 총선에서 영국 유권자의 77% 이상은 유럽의회 의원 선거와 같은 의미 없는 의례적 행사에 참가하는 것을 거부했다. 유럽공동체의 다른 나라 유권자들도 큰 차이가 없다.

---

8   *The Economist*, December 31, 1991.

자본의 수익성이 갈수록 줄어든 결과로 생산적 고용 분야에서 일어난 것과 유사하게 우리는 정치적 대의 체계와 관리 분야에서도 극적인 반전이 일어나는 것을 목격해왔다. 자본 발전이 상승하는 동안 생산 분야에서는 광범위한 고용 확대가 일어났지만, 오늘날에는 만성적 실업이라는 위험한 흐름에 그 자리를 내주고 있다. 정치 분야에서는 참정권의 극적인 확장부터 보통선거까지 그리고 그에 상응하는 노동자 대중정당의 형성까지 진전되었지만 결국 거대한 역전이 일어나 의회정치의 틀 안에서 노동의 권리가, 형식적으로는 아니지만, 실질적이고 완전한 박탈로 귀결되는 것을 목도할 수 있었다. 이 점에서는 '신노동당'이나 그 반대편 정당(신자유주의로 무장한 보수정당 — 옮긴이)과 같은 정치적 구성체를 생각해보는 것으로 충분하다. 이들은 콧구멍만 한 '부엌 내각_kitchen cabinet_'[9] 안에서 아주 독특한 형태의 '민주적 의사 결정'을 조몰락거리면서 거수기 노릇이나 하는 내각 안에서 어쩌다 반대 목소리가 나오기라도 하면 '대안은 없다'라고 무자비하게 가르치려 든다.

4.1.3

만성적 실업의 파괴적 추세는 이제 선진 자본주의국가에까지 영향을 미친다. 동시에, 공식적 통계가 증명하듯이, 이들 국가에서 아직 고용 상태에 있는 사람들도 자신의 물질적 존재 조건의 악화를 견뎌야만 한다. 자본의 역사적 상승기의 종말이 차별적 착취율의 하향 평균화로 이어졌기 때문이다.[10]

---

9 대통령이나 총리가 국정 운영의 충고를 듣기 위해 마련하는 비공식적 식사에 초청받을 정도로 가까운 지인이나 친구를 말한다. — 옮긴이
10 필리핀의 역사가, 정치사상가인 레나토 콘스탄티노(Renato Constantino, 1919~1999)가

제3세계 근대화의 종말은 자본 시스템의 발전에 내재한 아주 근본적인 문제를 드러낸다. 이것은 자본이 지구적 자본주의로서, 즉 잉여가치의 형태로 잉여노동을 추출하는 압도적으로 경제적인 조절 장치로서 자기 시스템을 완성하는 데 실패했다는 사실이 갖는 광범위한 중요성을 보여준다. '도약'이니 '성숙 단계로의 진입'이니 하는 따위의 과거의 모든 환상에도 불구하고 오늘날 전 세계 거의 절반의 인구는 압도적으로 지배적인 사회신진대사 조절 장치로서 이상화된 '시장기구*market mechanism*'와 완전히 상반된 방식으로 자신의 존재 조건을 재생산해야 한다. 자본은 자신을 온전하게 자본주의적 지구 체제로 완성하는 대신에 잉여노동의 전유專有를 통제하는 경제적 양식이 우세한 국가와는 별개로 다소 큰 비非**자본주의적** 배후지를 가진 **자본주의의 영지들***enclaves*을 창출하는 일에 성공했다. 이 점에서 인도는 명백한 본보기가 된다. 반면에 중국은 훨씬 복잡한 경우다. 이 국가는 자본주의로 분류되지 않기 때문이다. (그렇지만 중국은 10억 명이 넘는 인구를 가진 비자본주의적 배후지에 연결된 몇몇 강력한 자본주의적 영지들을 가지고 있다.) 어떤 면에서 이것은 영국 같은 과거의 식민 제국과 흡사하다. 영국은 인도

쓴 에세이에는 차별적 착취율에 대한 눈에 띄는 사례가 있다. "1967년 설립한 포드 필리핀 주식회사는 불과 4년 만에 1천 개에 달하는 필리핀 대기업 명단에서 37위를 차지했다. 1971년 이 회사는 자기자본 수익률이 121.32%라고 발표했는데, 같은 기간 132개국에서 거둔 전체 자기자본 수익률은 11.8%에 그쳤다. 정부에게서 짜낸 모든 지원 외에 포드가 거둔 고수익은 주로 값싼 노동 때문이었다. 1971년 미국 수련공의 시급이 7.50달러였던 반면 유사한 노동에 대한 필리핀의 시급은 0.30달러에 불과했다"[Renato Constantino, *Neo-Colonial Identity and CounterConsiousness: Essays in Cultural De colonization* (London: Merlin Press, 1978), p. 234]. 최근 30년 동안 자본의 생산적 축적에 대한 수익성의 협소화와 진행 중인 초국가적 세계화의 결과로 과거 선진 자본주의국가의 노동계급이 누린 상대적 특권은 침식되기 시작했다. 이 같은 차별적 착취율의 하향 평균화가 우리 시대의 가장 중요한 발전 추세이며, 향후 수십 년 동안 이런 추세는 점점 심각하게 관철될 것이다.

를 대상으로 전반적인 정치적·군사적 통제를 실시하면서 그 자본주의적 경제 영지들을 모두 착취했다. 동시에 대다수 인구가 자신들의 자원에 의지해서 식민지 이전의, 식민지 상태에서 악화된, 하루 벌어 하루 먹는 삶을 살도록 내버려 두었다. 여러 이유로 자본주의의 이런 실패가 장차 치유되리라고는 생각하기 어렵다. 그 이유에는 재앙적일 정도로 낭비적인 이용률*rate of utilization* 저하를 계속적인 확장의 주요 조건으로 하는, 수긍할 수도 일반화할 수도 없는 선진 자본주의의 구조적 구성*articulation*이 포함된다. 따라서 전후 수십 년 동안의 확장기에 투여된 모든 노력에도 불구하고 발생한 제3세계의 자본주의적 근대화의 실패는 우리에게 자본 시스템 전체의 근본적인 구조적 결함에 주의를 돌리게 한다.

이 맥락에서 또 다른 문제 하나를 간단하게 짚고 가겠다. 그것은 선진 자본주의국가 안에서조차 명확하게 나타나는 '이종 혼합' 현상이다. 그 주요한 차원은 자본의 사회신진대사 재생산양식의 지속적인 생존력을 보호하는 일에 국가가 점점 더 크게 직간접적으로 개입하는 것이다. 이와 상반된 주장들, 즉 국가 영역을 뒤로 밀쳐놓으려는 신자유주의적 환상과 짝을 이루는 모든 주장에도 불구하고, 국가의 엄청난 지원을 항상 받아온 자본 시스템은 그 지원 없이는 단 일주일도 버틸 수 없다. 이 문제를 다른 곳에서 논한 적이 있기 때문에 여기서는 간단히 언급해도 될 것이다. 요점은 마르크스가 언급한 바와 같이, 헨리 8세와 다른 왕들이 초기 자본주의 발전기에 제공한 '외생적 지원'이 20세기에 흔한 농업정책과 수출보증부터 국가의 엄청난 재정 지원을 받는 연구 기금과 만족할 줄 모르는 식욕을 지닌 군산복합체에 이르기까지 상상할 수 없을 정도의 큰 규모로 다시 출현했다는 점이다.[11] 문제를 더 악화시킨 것은 국가가 아무리 많이 지원해도 전혀 충분

---

11 로자 룩셈부르크(Rosa Luxemburg)는 군국주의적 생산의 점증하는 중요성을 예언처럼 강조하며 다음과 같이 기술했다. "자본 자체는 입법부와 이른바 '여론'을 주무르는 기능

하지 않다는 점이다. 현재의 역사 발전 단계에서 자본은 갈수록 늘어나는 외생적 지원에 전적으로 의존하게 되었다. 이 점에서도 역시 국가가 조달할 수 있는 것과 관련해 **외생적 지원의 만성적 부족 사태**에 직면했다는 점에서 우리는 체제적 한계에 다가간다. 이런 적대적인 사회 재생산 체제의 결함과 실패가 한정 없는 외생적 지원의 공급을 요청하는 조건 아래에 있다는 점에서 자본의 구조적 위기는 실제로 이런 외생적 지원의 만성적 부족과 불가분 관계를 형성한다.

을 가진 언론을 통해서 군국주의적 생산의 자동적이고 주기적인 운동을 궁극적으로 통제한다. 바로 이 때문에 자본주의적 축적의 특별한 영역이 무한히 확장하는 가능성을 지닌 것처럼 보인다"[Rosa Luxemburg, *The Accumulation of Capital*(London: Routledge, 1963), p. 466]. 군국주의적 생산이 더욱 확장하는 데서 나치의 역할은 아주 뚜렷했다. 사실 이것은 제2차 세계대전 이후 '서구 민주국가'와 다른 곳에서 군산복합체를 통해 자본에게 제공된 엄청난 (그리고 매우 낭비적인) '외생적 지원'과 마찬가지다. 비록 종류는 약간 다르지만, 똑같이 중요한 외생적 지원이 전후 수십 년 동안 온갖 종류의 케인스주의를 통해 자본에게 제공되었다. 이런 점에서 루스벨트가 대통령에 당선되기 전에 이미 동일한 목적에 의식적으로 헌신했었는지는 덜 분명하다. 그는 나중에 '신자유주의'라고 알려진 것의 비난을 예상하고, 1932년 7월 2일 자 연설에서 이렇게 주장했다. "우리는 농가의 초과생산물을 줄이기 위해 연방 정부가 시장에 가서 농산물을 사고팔고 거기에 투기하라고 강요하는 저 법조문들을 즉각 폐지해야 합니다. 그리고 정부는 기업에 관여하지 말라고 말하는 사람들은 바로 인민입니다"("The New Deal Speech before the Democratic Convention"). 이 인용문과 앞으로 나오는 루스벨트의 연설 인용문은 B. D. Zebin(ed.), *Nothing to Fear: The Selected Address of Franklin Delano Roosevelt, 1932-1945*(London: Hodder & Stoughton, 1947)에서 따온 것이다.

4.2 제국주의의 잠재적으로 치명적인 국면

4.2.1

자본 시스템이 지닌 가장 중대한 모순들과 한계들 가운데 하나는 경제 영역에서 초국적 자본의 세계화 경향과 기존 질서의 포괄적인 정치적 명령 구조로서 국민국가의 계속적인 지배 사이의 관계와 관련된다. 지배적인 강대국들이 다른 국가와 경쟁해 승리함으로써 자신들의 국민국가가 자본 시스템 자체의 유일 국가*the state*[12]로서 세계를 지배하려는 노력은 그 과정에서 20세기의 가공할 두 차례 세계대전이라는 유혈이 낭자한 우여곡절 속으로 인류를 마구 몰아넣었다. 그런데도 계속해서 국민국가는 포괄적인 사회경제적·정치적 의사 결정의 궁극적인 결정자이자 국가를 뛰어넘는 모든 중대한 경제적 모험이 야기한 위험의 실질적 보증자다. 이것은 규모가 너무 큰 모순이어서 무한정 지속될 수 있다고 가정할 수 없다. 이는 '민주주의와 발전' 그리고 그것의 유혹적인 귀결인 '지구적으로 생각하고 지역적으로 행동하라' 같은 담론을 통해 모순을 해결할 수 있는 것처럼 끝없이 반복하는 수사修辭 따위와 무관하다.

여러 해 전 폴 배런*Paul Baran*은 전후 자본주의 세계 내부에서 이루어진 국제적인 세력 관계의 급격한 변화와 "미국의 영향력 확대 요구에 직면해 자신들의 영향력을 유지할 수 없게 된 구제국주의 국가들의 커져가는 무능력"을 특징적으로 잘 지적했다. 그는 "'자유'세계에서 미국의 패권 주장은

---

12 여기서는 '*the state*'를 '유일 국가'로 번역한다. 일반적으로 '국민국가'와 구별되는 '세계국가'의 의미를 지니는데, 본문에서 '세계정부'라는 용어가 사용되기 때문에 이것과 구별하기 위해서는 '유일 국가'가 적절하다고 생각한다. 본성상 자본은 세계적 성격을 지니고, 자본주의도 세계 자본주의로 존재한다. 이런 내적 경향은 제국주의로 표현되며, 지구적 자본 시스템에 걸맞는 '세계국가'로서 '유일 국가'를 필연적으로 요구한다. — 옮긴이

(벨기에, 네덜란드, 포르투갈은 물론이고) 영국과 프랑스를 결국 미 제국주의의 하위 파트너*partner* 신세로 만든다는 것을 함의한다"라고 주장했다.[13] 또한 그는 런던 《이코노미스트》의 고통스러울 정도로 명료한 표현을 인용한 바 있는데, 그 주간지는 독특한 아부 말투로 "우리는 이제 미국과 동급이 아니고, 또 그렇게 될 수도 없다는 것을 알아야 한다. 우리는 최소한의 국가 이익을 언급할 권리가 있고, 미국인들도 그것을 존중해줄 것을 기대한다. 하지만 그렇게 하자면 우리는 그들의 지도를 구해야 한다"라고 애원하듯이 말했다.[14] 미국의 지도력 수용에 대한 비슷한 간청 ─ 그러나 당시까지는 완전히 체념해 대영제국을 어떤 형태로든 미국에 넘겨주는 것은 아니었다 ─ 은 4반세기 전에 런던 《옵저버*The Observer*》를 통해 표현된 바 있다. 《옵저버》는 루스벨트 대통령에 대해 "미국이 인물을 발견했다. 세계는 분명 그에게서 지도자를 발견할 것이다"라고 열정적으로 말했다.[15]

이미 여타 제국을 포함해 대영제국의 종말은 루스벨트의 첫 취임사에서 그 조짐을 드러냈다. 취임사에서 루스벨트는 미국의 대통령으로서 "국제경제의 재조정을 통해 세계무역을 복원하기 위해 어떤 노력도 아끼지 않을 것"임을 분명히 했다.[16] 같은 의미에서 몇 년 후 그는 "국내외에 있는 독점기업의 불공정 경쟁과 지배를 벗어나 자유로운 분위기에서 무역"할 권리를 옹호했다.[17] 이렇듯 그 글은 루스벨트 대통령의 임기 시작부터 대영제국을 겨냥

---

13 Paul Baran, *The Political Economy of Growth*(New York: *Monthly Review* Press, 1957), vii.

14 *The Economist,* November 17, 1957.

15 The Observer's comment on Roosevelt's "First Inaugural Address", B. D. Zebin(ed.), *Nothing to Fear: The Selected Address of Franklin Delano Roosevelt, 1932-1945*, p. 13 에서 인용.

16 Ibid.

17 "Annual Message to Congress," Washington D.C., January 11, 1944.

하고 있었다. 식민주의 문제는 윈스턴 처칠_Winston Churchill_과의 관계에서 처칠을 매우 불편하게 만든 문제가 되었다. 이런 사실은 루스벨트가 처칠, 이오시프 스탈린_Iosif Stalin_과 가진 얄타회담을 끝내고 귀국하는 길에 행한 일부분 비보도_off-the-record_를 요청한 기자회견에서 폭로되었다. 루스벨트는 프랑스령 인도차이나에 관한 질문을 받고 해결책으로 독립 전 과도적인 신탁통치를 제안했다. 그 목적은 다음 대화에서 드러난다.

…… 자치 정부를 위해 그들을 교육하기 위함이다. 필리핀에서는 50년이 필요했다. 스탈린과 중국의 장제스蔣介石는 이 생각을 좋아했다. 영국은 좋아하지 않았다. 그렇게 되면 그들의 제국이 붕괴될지도 모른다. 인도차이나인들이 협력해 결국 독립을 얻게 되면 버마인들도 영국에 대해 똑같이 할 테니까.
기자: 과거의 모든 영토가 원래 자리로 돌아가기를 원하는 것이 처칠의 생각인가?
루스벨트: 그렇다. 그는 그런 문제에 관한 한 중기中期 빅토리아인이다.
기자: 이런 처칠의 구상은 자결주의 정책과 어울리지 않는 것인가?
루스벨트: 그렇다. 그게 사실이다.
기자: 처칠이 대영제국의 몰락을 보려고 총리가 된 것이 아니라고 한 연설을 기억하는가?
루스벨트: 친애하는 윈스턴 노인은 그 점에 관해서 결코 배우지 않을 것이다. 그는 바로 그 점을 전문성으로 삼아왔다. 이건 물론 보도하면 안 된다.[18]

물론 루스벨트가 주창한 "국제경제의 재조정"에 대영제국 전체의 운명이 걸려 있었다. 이 재조정에 대한 요구는 1929~1933년의 엄청난 세계적 위기에서 시작되었고, 제2차 세계대전 발발 직전 또 다른 불경기가 시작된 미국

---

18 P. C. no. 992. February 23, 1995. Thomas H. Greer, _What Roosevelt Thought: The Social and Political Ideas of Franklin D. Roosevelt_(London:Angus&Robertson, 1958), p. 169.

입장에서 더욱 절박해졌다. 왜냐하면 루스벨트는 이렇게 믿었기 때문이다.

인도는 전쟁 기간에는 대영제국 일부의 지위를, 5~10년 후에는 완전히 자유로운 선택을 인정받아야 한다. 수구적인 영국인을 가장 기분 나쁘게 한 것은 (다롄大連뿐만 아니라) 홍콩을 국제 자유항으로 만들어야 한다는 얄타에서 이루어진 루스벨트의 제안이었다. 실제로 영국인의 관점에서 그의 입장 전체는 물정 모르고 틀려먹은 것으로 보였다. 그들은 루스벨트가 대영 제국주의의 목표와 결과물을 잘못 짚고 있다고 느꼈다. 더 중요한 측면으로, 영국인은 제국의 붕괴가 '힘의 정치'의 세계에서 서방세계를 약화할 것이라고 경고했다. 그렇게 되면 여러 지역이 혼란과 분쟁으로 위험해지고 잠재적인 침략자들(빨갱이들)이 들어올 수 있는 '힘의 공백' 지대가 될 것이라는 생각이었다.[19]

비할 바 없이 강력한 제국주의 경쟁자인 미국의 출현으로 대영제국의 운명은 봉인되었다. 이는 훨씬 더 무시하기 어렵게 되었고, 식민지에서는 기만적인 호소력을 지녔다. 왜냐하면 루스벨트는 '만인의 자유'라는 수사와 심지어는 보편적으로 받아들일 수 있는 '운명'이라는 주장을 통해 미국의 국제적 패권 실현을 목적하는 정책들을 제시했기 때문이다. 그는 주저 없이 천명했다. "우리가 알고 있는 어떤 문명보다 더 나은 문명이 미국을 위해, 우리의 본보기를 통해, 이 세계를 위해 준비되어 있다. 운명의 여신은 여기서 면밀히 고려한 것 같다."[20] '수구적인 영국인'의 노골적으로 제국주의적인 이데올로기 정당화 작업을 조롱하자마자 미국인은 곧바로 영국인의 선전 구호들을 전부 자신의 것으로 채택했다. '힘의 공백'의 발생을 막고

---

19 Ibid.

20 "Address on the Fiftieth Anniversary oh the Statue of Liberty," New York City, October 28, 1936.

'빨갱이들'이 만드는 '도미노 효과'의 가능성을 차단한다는 그럴싸한 이름 아래 인도차이나와 다른 지역에 대한 군사개입을 정당화한 것이다. 이것을 보고 놀란 사람은 '제국주의의 종말'에 관한 환상을 계속해서 키우고 있던 사람들뿐이었다.

4.2.2

현재 상황의 심각성을 이해하기 위해서 우리는 이것을 역사적 전망 속에 놓고 봐야 한다. 근대 초기 지구 곳곳을 대상으로 한 제국주의자의 침입은, 19세기 후반 수십 년 동안 이루어진 세계의 나머지 지역에 대한 몇몇 선도적 자본주의 세력의 비교할 수 없을 정도로 더 광범위하고 강력한 침입과 비교하면, 성격이 전혀 달랐다. 해리 맥도프[21]가 양자를 선명하게 대조해보였다.

제한된 대차대조표의 의미로 경제적 제국주의 개념에 접근하는 똑같은 유형의 생각은 보통 이 용어를 어떤 산업 강대국이 저개발국을 (직간접적으로) 통제하는 것으로 국한한다. 이 같은 제한은 19세기 말 생겨나는 새로운 제국주의의 본질적인 특징을 망각한다. 즉, 지배적 위치에 있던 산업국 사이에서 세계시장

---

21 1969년부터 30여 년 동안 ≪먼슬리 리뷰≫ 편집자로 활동한 미국의 대표적인 좌파 정치 경제학자(1913~2006). 뉴욕 대학에서 경제학을 공부하고 미국 상무부 등에서 노동·산업 정책 분석가로 일하다 매카시즘(McCarthyism) 광풍으로 쫓겨났다. 1960년대 후반부터 제국주의론 관점에서 미국의 정치 경제와 세계 체제를 분석하는 저술로 명성을 얻었다. 저작으로는『제국주의의 시대(Age of imperialism)』(1969),『심화되는 미국 자본주의의 위기(The Deepening Crisis of U.S. Capitalism)』(1980),『경기 침체와 금융 폭발(Stag-nation and the Financial Explosion)』(1987),『세계화의 끝은?(Globalization: To What End?)』(1993) 등이 있다. ― 옮긴이

과 원자재를 놓고 벌어지는 경쟁적 투쟁이라는 특징이다. 신제국주의를 구제국주의와 구별하는 구조적 차이는 많은 회사가 경쟁하는 경제가 각 산업마다 한 줌의 거대한 회사끼리 경쟁하는 경제로 대체된 것에 있다. 더구나 이 시기에는 교통·통신 기술의 발전과 영국에 대한 (독일 같은) 새로운 산업국가의 도전으로 말미암아 제국주의 단계에 부가적인 특징 두 가지가 생기게 되었다. 하나는 세계 무대에서 경쟁적 투쟁이 강화된 것이고, 또 하나는 국제적인 자본주의 체제가 진정으로 성숙한 것이다. 이런 상황에서 거대 기업 집단 그리고 그들의 국가 사이에서 이루어지는 경쟁이 전 지구적 범위에서, 즉 산업화가 진행 중이거나 산업화가 일어나지 않은 국가의 시장에서는 물론이고 선진국 시장에서도 일어난다.[22]

전후 세계에서 미국의 헤게모니가 성공적으로 부과된 것과 더불어 — 앞서 보았듯이, 이는 루스벨트의 첫 집권기에 뿌리를 둔 것인데 — 우리는 제국주의 발전의 세 번째 단계에 들어가게 되었다. 이 단계는 미래에 대한 심각한 함의를 담고 있다. 왜냐하면 우리가 과거에 경험한 바와 같이, 이제 전 지구적 대참화와 동행하는 파멸적인 위험들은 가장 무비판적인 자본 시스템 옹호자들에게조차 자명하기 때문이다. 동시에 남녀를 불문하고 정신이 바르게 박힌 사람이라면 누구나 파멸적인 분쟁의 분출과 이에 따른 인류의 절멸 가능성을 배제할 수 없을 것이다. 하지만 저렇게 치명적인 방향을 겨누는 거대한 모순들을 해소하기 위해 실제로 행한 것은 아무것도 없다. 오히려 하나 남은 초강대국 미국의 경제적·군사적 헤게모니의 계속적인 강화 때문에 장래에 더욱 어두운 그림자가 드리워지고 있다.

우리는 자본의 초국가적인 발전에서 새로운 역사적 단계에 도달했다. 이

---

22 Harry Magdoff, *The Age of Imperialism: The Economics of U.S. Foreign Policy*(New York: *Monthly Review* Press, 1966), p. 15.

단계는 더 이상 체제의 근본적인 모순과 구조적 한계에 직면하는 것을 피할 수 없는 단계다. 그 한계는, 초국가적인 열망과 구성에 대한 보완물로서 자본 시스템 자체의 유일 국가를 수립해 지난 200년 동안 부단히 악화된 형태로 자본 시스템의 특징을 이루어온 국민국가 사이의 폭발적인 적대 관계를 극복하는 데 완전히 실패한 것이다.

이 점에서 최선의 경우에서도 루스벨트가 위기 상황에서 성공적으로 써먹은 자본주의적 수사는 아무런 대체물이 될 수 없다. 오늘날까지 미국의 좌파 지식인들이 향수에 젖어 기억하는 루스벨트의 수사는 비상 상황에 부응했다는 바로 그 이유로 비교적 성공적이었다.[23] 비록 루스벨트가 주창한 행동의 보편타당성을 엄청 과장하고 제국을 건설하는 미국의 여러 요소를 대폭 줄여 말하거나 아주 단순하게 와전하기는 했지만, 세계적 경제 불황의 징후를 다룬 점(비록 원인을 다룬 것은 아니었지만. 그 원인은 '나쁜 경제'와 동일시되는 '나쁜 도덕심'과 '맹목적으로 이기적인 인간들'의 행동으로 환원되는 경향이었다),[24] 그리고 히틀러의 독일을 물리치기 위해 미국이 참전한 점 모두에서 이해관계는 어느 정도 일치했다. 이와 대조적으로, 오늘날 우리는 뉴

---

23 루스벨트는 전쟁에 준하는 비상사태를 명분으로 자신의 행위를 정당화한다는 점을 굳이 숨기려 하지 않았다. 다음의 언급에 그런 의도가 드러난다. "나는 의회에 비상사태에 맞서 전쟁을 수행할 광범위한 행정부 권력을, 즉 실제로 우리가 외부 적의 침략에 맞닥뜨렸을 때 내게 주어질 최대한 큰 권한을 요구할 작정입니다"("First Inaugural Address").

24 "Second Inaugural Address," Washington D.C., January 20, 1937. 루스벨트는 같은 기조로 주장했다. "산출된 이윤 가운데 가격 인하로 돌아간 것은 거의 없다. 소비자는 잊혀졌다. 이윤 중 임금 인상분으로 간 것도 거의 없다. 노동자도 잊혀졌다. 적절한 비율이 배당금으로 지불되지도 않았으니 결국 주주도 잊혀졌다"("Roosevelt's New Deal Speech"). 그들이 왜 망각되었는가 하는 질문은 던지지 않았다. 유일하게 문제가 되는 것은 지금 그것들이 기억되고, 따라서 그 모든 것이 바로잡힐 수 있으며 바로잡히게 될 것이라는 점이다. 이런 담론에서 놓치는 것은 압도적인 객관적 양립 불가능성에 대한 인식이다. 이것 때문에 많은 경우 이런 담론은 비현실적인 수사가 된다.

딜 시절에 들었던 최선의 수사修辭 대신 최악의 수사에 폭격당하고 있다. 오늘의 수사들은 냉소적으로 현실을 위장하는 것이며, 가장 뻔뻔스러운 미제국주의의 이해관계를 '다당제 민주주의'와 편향적으로 선택된 '인권'의 옹호라는 보편적 만병통치약으로 제시한다. 미국의 인권 옹호 노선은 많은 사례가 있지만, 그중에서도 터키의 쿠르드족 학살과 인도네시아에서 수하르토Suharto 정권을 세울 당시 자행된 중국인 50만 명 말살, 이후 같은 미국 꼭두각시 정권이 동티모르에서 자행한 수십만 명의 말살 등을 수용한다. 더욱이 한때는 '국내외에서 독점자본의 지배'로 비난받던 것이 이제는 '자유 시장'으로 제시된다.

오늘날 거대 기업집단, 그리고 그 국가 사이의 경쟁에는 주요한 예선 통과자가 있다. 그것은 이용할 수 있는 온갖 수단을 동원해 모든 경쟁 강대국을 포섭하면서 자본 시스템 자체의 유일 국가의 역할을 자임하는 쪽으로 위험하게 기우는 미국의 압도적인 힘이다. 그 목적이 장기적인 관점에서 성공적으로 달성될 수 없다는 사실은, 그 목적의 실현을 위해 무자비하게 밀어붙이는 힘에 대해 아무런 억제책이 되지 못한다. 문제는 단순히 어떤 주관적 오해가 아니다. 주어진 체제의 주요 모순과 객관적 조건들 때문에 초국적 자본과 국민국가 사이의 구조적 균열을 극복하기 위해서는 어떤 대가를 치르더라도 하나의 경제적·군사적 초강대국이 패권적 지배 전략을 추구할 수밖에 없게 된다. 하지만 기저에 깔린 모순의 본성 자체 때문에 장기적으로 이 전략은 필연적인 실패를 예고한다. 잠재적인 대참변이라는 문제와 그것을 치유하는 방법을 다루려는 많은 시도가 있었다. 칸트의 영구 평화 수립을 위한 국가 연맹이라는 꿈부터 제1차 세계대전 이후의 국제연맹 설립에 이르기까지, 그리고 엄숙하게 선포된 대서양헌장의 원리에서 국제연합UN이 하나의 기구로 작동되게 만드는 데까지. 하지만 이 모든 노력은 예견되는 과업에 전혀 적합하지 않다는 것이 증명되었다. 기존의 사회신진대사 재생산양식에 근거해 '세계정부'를 수립하는 데 실패한 이유는 지금 우리가 자본 시스템 자체의 절대적이고 넘을 수 없는 한계들 가운데 하나에 직면한다는 사실에서 나온다. 이 점에서 노동의 구조적 적대자(자본 시스템 — 옮긴이)의 실패는 절대로 위안의 이유가 될 수 없다는 것은 두말할 필요가 없다.

4.2.3

루스벨트 대통령의 말을 빌려, "자치 정부를 위해 필리핀인을 교육한 50년(페르디난 마르코스*Ferdinand Marcos*나 그 후계자들 같은 미국 괴뢰정권의 대리인을 통한 50년이 훨씬 넘는 '심화 교육'은 논외로 하더라도)"으로 정당화했지만, 미국 역사에서 제국주의적 지배는 전혀 새로운 것이 아니다. 대니얼 셔머 *Daniel Schirmer*는 세기의 전환기에 미국에서 잠시 일어났던 반제국주의 운동에 관해 정곡을 찌르면서도 꼼꼼한 저작을 통해 다음과 같이 강조했다.

> 베트남전쟁은 미국이 다른 민족의 사태에 계속해온 일련의 개입 행위 가운데 단지 가장 최근의, 길고 가혹했던 사례일 뿐이다. 미국 정부 기관이 지원한 쿠바의 침공은 피그 만灣에서 실패했지만 다른 경우들, 예컨대 도미니카공화국, 과테말라, 영국령 가이아나, 이란, 콩고와 같은 곳에서는 개입이 더 효과적이었다. 개입 사례는 그것뿐만이 아니다. 다른 식민지 인민들(몇몇 유럽 인민을 포함해)은 노골적인 폭력의 형태든 아니든 간에 그들의 국내 문제에 대한 미국의 공격적인 개입의 효과를 느껴왔다. …… 폭동에 대처하고 개입하는 오늘날의 정책들은 20세기 초에 일어난 사건들에 근원을 둔다. 당시 미국은 스페인과 전쟁을 벌여 이긴 다음 카리브 해와 태평양에 있는 스페인의 식민지를 모두 없애면서 푸에르토리코를 완전히 접수하고, 쿠바에게는 명목상 독립을 부여했고, 민족주의자의 혁명을 무력으로 억누른 후 필리핀을 합병해버렸다. 미국이 많은 땅을 뺏기 위해 벌인 멕시코 전쟁이나 인디언 전쟁과 현대의 대외 정책을 특별히 구

별하는 것은, 그것이 미국 역사의 또 다른 시기의 산물이며 매우 다른 사회적 압력에 대한 반응에서 나오기 때문이다. 현대의 대외 정책은 미국의 지배적 경제 세력이면서 미국 정부에 가장 강력한 영향력을 행사하는 대규모 기업체(산업 또는 금융 기업)의 출현과 연계된다. 미국-스페인 전쟁이나 아귀날도*Aguinaldo*와 필리핀 반군을 굴복시키려고 일으킨 전쟁은 이런 영향의 결과로 수행된 최초의 대외 전쟁이었고, 기업이 지배하는 현대 미국의 첫 전쟁이었다.[25]

루스벨트 대통령이 첫 취임 연설에서 '세계경제의 재조정' 전략을 천명한 것은 그가 영국뿐만 아니라 모든 식민지 제국의 해체를 위해 움직이겠다는 결의를 보여준 것이었다. 여느 중요한 역사적 시발이 그러하듯이 이런 접근법도 수십 년 앞선 선구자들을 모방한 것이었다. 실제로 그것은 세기가 바뀔 무렵 천명된 '문호개방정책'[26]과 밀접하게 연결되어 있었다. 다른 국가

---

25 Daniel Schirmer, *Republic or Empire: American Resistance to the Philippine War* (Rochester, Vermont: Schenkman Books Inc.), pp. 1~3. 저자는 역사적 맥락에 충실한 자세로 세기 전환기에 반제국주의 운동이 실패할 수밖에 없었던 까닭을 잘 밝히고 있다. "1902년 링컨(Lincoln)의 옛 동료이자 반제국주의연맹 의장을 맡은 조지 보트웰(George Boutwell)은 제국주의에 대한 투쟁을 성공시키는 지도력은 노동의 손에 맡겨야 할 것이라고 결론을 내렸다. 그는 보스턴 노동조합원들 앞에서 '공화국의 구원을 위한 최후의 노력은 노동하고 생산하는 계급에 의해 이루어져야 한다'라고 말했다. 그것이 맞는 말이긴 하지만, 당시 미국의 노동계급은 대기업들과 화해하는 정책을 펴면서 그들의 대외 정책을 지지하던 새뮤얼 곰퍼스(Samuel Gompers) 같은 자들에 의해 지배되고 있었기 때문에 자신들의 책무를 짊어질 준비가 되어 있지 않았다. 미래가 그의 믿음에 무엇으로 답하든지 간에 보트웰이 연설할 당시 반제국주의자들의 영향력은 기울고 있었다. 결국 그들은 안정적이고 성장하는 사회적 기반이 없는 하나의 이데올로기를 대변했다"(Ibid., p. 258).

26 문호개방정책(Open Door Policy)은 중국에서 통상의 기회균등과 중국의 영토적 보전을 위해 20세기 초 추진한 미국의 극동외교정책이다. 1898년 미국-스페인 전쟁 결과 필리핀을 차지해 극동(極東) 진출의 발판을 얻은 미국이 자본주의 열강에 의한 중국 분할의 위기를 해소하고, 극동에서의 세력 경쟁에 뒤진 자국의 입장을 만회하기 위해 이 정책을 내

가 요구하는 이른바 '문호개방'이란 (직접적인 식민지 군사점령과 대비되는) 경제적 침투를 상정하는 것으로, 그에 수반되는 압도적인 정치적 지배에 관해서 침묵을 지키는 특징을 가진다. 따라서 많은 이가 '문호개방정책'을 완전한 위선이라고 하는 것은 조금도 놀랄 일이 아니다. 1899년 미국이 이런 정책을 명분으로 내세워 중국에 다른 국가와 동등한 조차지(식민 영지)를 수립하는 것을 거절했을 때, 이는 자유주의적 계몽이나 민주적 동정심의 발로가 아니었다. 그 기회를 거부한 이유는 미국이 ─ 그 시점에서 가장 역동적인 자본의 구성으로서 ─ 적절한 때에 혼자 힘으로 중국 전체를 차지하려는 것이었다. 이런 계획은 이후 우리 시대까지 쭉 이어지는 역사적 전개 과정에서 아주 명확해졌다.

그렇지만 '문호개방정책'을 통해 세계 지배를 완수하는 것은 ─ 주요 제국주의 강대국의 전반적인 배치에서 세력 관계를 고려할 때 ─ 세기 전환기에는 무망하게도 시기상조였다. 제1차 세계대전의 무시무시한 피바람과 짧은 재건기 뒤에 맞이한 심각한 세계경제 위기가 발생한 후에야 루스벨트 판版 전략이 발표될 수 있었다. 더구나 루스벨트 전략의 이행은, 제2차 세계대전에서 훨씬 더 많은 피바람이 ─ 그 전쟁 과정에 유례없이 최강의 경제력을 가진 미국이 등장한 것과 짝을 이루어 ─ 일어난 다음에, 제2차 세계대전이 끝날 무렵과 전쟁 직후의 여파 속에서 비로소 강력하게 시도될 수 있었다. 유일하게 남은 주요 문제였던 소비에트 체제의 존재는 (추가적으로 문제를 더 복잡하게

세웠다. 즉, 1899년 존 헤이(John Hay) 미국 국무장관은 청나라가 각국에 대해 평등한 관세·철도요금·입항세(入港稅)·통상권을 승인할 것을 촉구하고, 1900년 청나라의 영토 보존을 주장했다. 그 후 미국은 이 정책에 근거해 러시아와 일본의 만주 진출, 중국을 대상으로 한 일본의 21개조 요구 등을 반대했으며, 1921~1922년 워싱턴 9개국 조약에서 정식으로 각국의 승인을 받았다. 그러나 1931년 일본은 만주사변을 일으켜 이에 어긋나는 정책을 취했는데, 이것이 미·일 관계를 악화해 태평양전쟁의 간접적인 원인이 되었다. ─ 옮긴이

만든 요인인 중국의 경우 1949년에야 현실화되었기 때문에) 매우 한시적인 것으로 간주되었다. 이런 견해는 국무 장관 존 덜레스*John Dulles*가 '공산주의 퇴치' 정책과 관련해 여러 차례 행한 선언 속에서 자신 있게 천명되었다.

따라서 이른바 '다중심적 세계'에 대해 아무리 많은 말치레가 있었을지라도, 20세기 발전 과정에서 제국주의 강대국들의 수평적인 ― 그리고 경쟁적인 ― 공존은 더 이상 용인될 수 없는 지점에 이르렀다. 1957년 폴 배런*Paul Baran*이 올바로 주장했듯이, 이전 식민 제국의 콧대 높은 소유주들은 그 규모가 줄어들어 '미 제국주의의 하위 파트너' 역할만 수행하게 되었다. 전쟁이 끝날 무렵 제국이 소유한 것의 장래를 토론할 때 영국의 관심사는 '친애하는 윈스턴 노인'의 가망 없는 '빅토리아 중기' 개념으로 치부되어 무시되었다. 동시에 샤를 드골*Charles De Gaulle*은 의논 대상의 축에 끼지도 못했으니,[27] 사진 속에도 들어오지 않았던 벨기에, 네덜란드, 포르투갈은 말할 것도 없었다. 국가 사이의 평등이라는 원칙 아래 '다중심적 세계'를 논하는 것은, 냉소적인 이데올로기적 위장은 아닐지라도, 모두 순진한 환상에 속하는 것이다. 물론 거기에서 놀랄 것은 아무것도 없다. 왜냐하면 자본 세계에서 '다원주의'란 **자본의 다수성**多數性을 의미하고, 그런 다수성 안에는 평등에 대한 고려가 전혀 없기 때문이다. 반대로, 자본의 세계는 언제나 매우 불평등한 구조적 위계 서열과 그에 상응하는 권력관계를 특징으로 하며, 그것은 늘 강자가 자신의 필요에 따라 약자를 먹어치우는 것을 쉽게 만든다. 따라서 자본 논리의 냉혹성을 고려할 때 체제의 역동성이 전개됨에 따라 국가 간 관계의 수준에서도 하나의 패권적인 초강대국이 자신보다 힘이 약한

---

27 그 문제는 프랑스령 인도차이나에 국한되지 않았다. 루스벨트의 태도는 모로코 같은 북아프리카 식민지를 계속 차지하려는 프랑스의 열망을 똑같이 무시하는 것이었다. 위의 그리어(Greer)의 책 168쪽에 인용된 코르델 홀(Cordell Hull)에게 보낸 1944년 1월 24일자 그의 편지를 참조하라.

― 덩치가 얼마나 크든 간에 ― 모든 국가 위에 군림하면서, 자본 시스템 자체의 유일 국가가 되겠다는 ― 궁극적으로 지속 불가능하고 인류 사회 전체에 매우 위험한 ― 배타적인 요구를 주장하고 나서는 것은 시간문제에 불과했다.

4.2.4

이 점에서 매우 중요한 의미를 지니는 것은 국익 문제와 관련해 취하는 태도다. 한편으로, 미국은 현안 문제가 직간접으로 미국의 이익으로 추정되는 것에 영향을 미칠 때 그것의 정당성을 강력하게 주장한다. 이 경우 가장 극단적인 형식의 군사적 폭력을 사용하거나 사용하겠다고 위협을 가하는 데 주저하지 않고 자의적인 결정을 다른 국가에게 밀어붙인다. 다른 한편으로는, 다른 국가의 정당한 이익을 용인할 수 없는 '민족주의'라거나 심지어 '민족적 복마전'이라고 거만하게 일축한다.[28] 동시에 국제연합이나 다른 국제기구들은 미국의 노리개로 취급되고, 그 기구들의 결의안은 어느 정도든 공개적으로 천명된 미국 국익의 수호자의 입맛에 맞지 않을 때는 아주 냉소적으로 거부된다. 그 예는 셀 수 없이 많다. 그중 몇몇에 대해 놈 촘스키*Noam Chomsky*는 날카롭게 지적했다.

> 최고위 당국자들이 거칠지만 명료하게 설명한 바로는 국제사법재판소, 유엔, 다른 기구들은 적합하지 않게 되었다. 전후 초기 시절과 달리 이제는 미국의 지시를 더 이상 따르지 않기 때문이다. …… 클린턴*Clinton* 재임 시기 세계 질서에 대한 거역이 극심해 매파 성향의 정책 분석가들조차 걱정할 정도였다.[29]

---

28 미국 민주당 상원 의원 대니얼 패트릭 모이니핸(Daniel Patrick Moynihan)의 악명 높은 책, *Pandaemonium: Ethnicity in International Relations*(New York: Oxford University Press, 1993)을 참조하라.

설상가상으로 미국은 유엔에 자신의 정책을 강요하면서도 큰 액수의 유엔 회원국 분담금의 미납분을 지출하는 것을 거부했다. 여기에는 만성적인 자금 부족에 시달리는 세계보건기구*WHO*에 대한 기금 삭감도 포함된다. 이 노골적인 방해에 대해서는 의심의 여지없이 미국이 지배하는 '시장경제'의 대의에 헌신적인 제프리 삭스*Jeffrey Sachs* 같은 기득권층 인물도 지적할 정도였다. 그는 최근 기사에서 이렇게 썼다.

> 미국이 유엔 분담금을 지불하지 않는 것은 분명히 국제적 의무에 대한 세계에서 가장 중대한 불이행이다. 미국은 세계보건기구 같은 중요한 것을 포함해 유엔 기구들의 예산을 체계적으로 쥐어짰다.[30]

여기서 의사 결정의 국가적 틀을 우회하는 데 들인 − 이데올로기적이고 조직적인 − 노력도 언급할 필요가 있다. '지구적으로 생각하고 지역적으로 행동하라' 같은 겉보기에 그럴듯한 구호가 흥미로우면서 아주 적절한 사례다. 왜냐하면 분명히 일반 사람들은 (실권이 없는 투표 의식 외에는) 더 넓은 범위에서 모든 유의미한 의사 결정권을 박탈당하고 있는데, 엄격하게 지역적인 수준에서는 어느 정도 개입하는 것이 정말 실행 가능하다고 생각할 수도 있기 때문이다. 더구나 적절한 지역적 행동의 잠재적 중요성은 누구도 부인할 수 없다. 그렇지만 (주로 미국이 지배하는 국적 있는 **초국적***national transnational*기업을 '**다국적***multinational*'으로, 보편적으로 수용 가능한 것으로 편향되게 묘사하는) '일국 정부의 무력함'과 '다국적 세계화의 불가피성'에 관한 테제에 고분고분하게 동의하면서 우리가 무비판적으로 주의를 기울이도록 기대하는 '지구적인 것'은 특정 국가 공동체와의 복잡한 관계를 고려하지

---

29 Noam Chomsky, "The Current Bombings," *Spectre*, no. 7(summer 1999).
30 Jeffrey Sachs, "Helping the world's poorest," *The Economist*, August 14, 1999.

않을 경우 완전히 공허하다. 게다가, 일단 '지구적인 것'이 여러 겹의 국가적 환경과 분리되어 얽히고설킨 모순적인 국가 간 관계를 도외시할 경우 '지역적으로' 행동하라고 요청하는 것은 극히 근시안적이며 궁극적으로 무의미하게 된다.[31] 만약 '민주주의'가 이처럼 목이 잘린 '지역적 행동'으로 국한되면 개인의 삶에 영향을 주는 모든 '지구적 의사 결정과 행동'은 불가피하게 지배적인 경제·정치 세력 ― 주로 미국이겠지만 ― 에 의해, 자본의 지구적 위계질서 안에서 그들이 차지한 위치에 맞춰 매우 권위주의적인 방식으로 좌지우지될 수 있다. 세계은행과 미국이 지배하는 다른 기구들이 투자한 기금은 국가적인 것을 희생시키고 '지역적인 것'을 확장하려고 시도한다. 또한, 넉넉하게 후원하는 회의와 연구(배타적인 것은 아니지만 특히 제3세계에서)를 통해 대학과 기타 지적 엘리트의 지원을 얻으려고 시도한다. 이 기금들은 잠재적으로 매우 골치 아픈 매개자인 국가 수준의 의사 결정 과정과 그 불가피한 반항을 효과적으로 우회하는 하나의 '세계정부'를 창설하고, 사회적 삶에 대한 '세계정부'의 노골적으로 권위주의적인 지배 ― '정기적인 쓰레기 수거' 같은 이른바 '지역적 행동'과 동의어인 '민주주의'라는 허구적인 그럴듯한 명목으로 위에서 무자비하게 부과되는 ― 를 정당화하려는 기획을 보여준다.

---

31 특징적으로, ≪이코노미스트≫는 "저개발 세계"의 빈곤에 관한 사설에서 지방행정 차원의 문제("가정에 공급하는 비싼 수도관을 설치하도록 투쟁하는" 대신 "물 판매업자"를 통한 "믿을 만한 물 공급", "안전한 하수처리"나 "정기적인 쓰레기 수거" 등)를 강조하면서 "**주요한 해답은 지방정부를 더 효율적이고 책임성 있게 만드는 데 있다**"라고 결론짓는다 ("Helping The Poorest," August 14, 1999). 물론, 진실은 문제가 된 나라들의 지방정부의 경우 중앙정부가 그들에게 제공하는 가용 자원이 형편없이 부족하다는 점이다. 또한 이 중앙정부들은 자기 영속적인 지구적 자본 시스템의 구조적 위계 안에 매우 부당하게 묶여 있다는 점이다.

4.2.5

미국의 경제적 제국주의를 보여주는 사례는 너무 많아 여기에서 모두 나열하기는 어렵다. 나는 과거에 "기술이전 규제, 미국의 보호주의 법률, 펜타곤(미 국방부 — 옮긴이)이 조율하고 의회가 보호하는 국경 밖 통제 조치"[32] 같이 보수적 정치인조차 항의할 수밖에 없었던 사례와 "(진행되는 과정이 견제받지 않은 채 계속된다면) 세계의 선진 기술 분야로 잇달아 진출해나가는 (그런 방식으로) 지구상에서 가장 크고 부유한 회사에게 흘러들어가는 기금"[33]을 포함해 몇 가지 두드러진 문제를 논의한 적이 있다. 또한 나는 같은 글에서 "군사적 비밀에서 취하는 산업 이익", "미국 입법부와 행정부가 적용하는 직접적인 무역 압력", 세계의 "진정한 부채 문제", 즉 나머지 국가가 지불할 수 있는 한 이 지배적인 제국주의 강대국이 그들에게 부과하는 미국 자체의 천문학적 부채 등을 논의한 적이 있다.[34]

'달러 제국주의'에 대한 항의의 목소리가 자주 나오고는 있지만 아무 소용이 없다. 미국이 특권적 세계경제통화인 달러를 통해서 그리고 국제통화기금IMF부터 세계은행까지, 관세 및 무역에 관한 일반협정GATT부터 그를 뒤이은 세계무역기구까지 아우르는 국제경제 교류 기구를 모두 지배함으로써 압도적으로 지배적인 지위를 유지하는 한 미국의 경제적 제국주의는 확고하게 유지될 것이다. 오늘날 프랑스에서는 미국이 WTO의 독자적인 판정을 구실로 내세워 프랑스인에게 보복관세를 부과한 것 때문에 많은 이들이 미국의 경제적 제국주의에 항의하고 있다. 같은 종류의 수단이 과거 몇

---

32 Michael Heseltine, "ministerial resignation statement," January 9, 1986. Mézáros, "The Present Crisis"(1987)에서 인용되었고, *Beyond Capital* 제4부, 952~964쪽에 재수록되었다.

33 Ibid., p. 952.

34 Ibid., pp. 954~958.

차례 일본에게 인정사정없이 부과되었고, 이는 대개 일본 정부가 미국의 요구에 마지못해 또는 기꺼이 굴복하는 것으로 끝났다. 최근 유럽에 보복 관세가 부과될 때 만약 영국이 약간 더 관대하게 취급되었다면 이는 현재 영국의 '신노동당' 정부가 워싱턴에서 오는 모든 지시에 완전히 굴종하는 것에 대한 보상에 불과한 것이다. 그렇다고 해도 국제무역 전쟁의 소규모 충돌들은 매우 심각한 경향을 드러내는 것이며, 미래에 대한 광범위한 잠재적인 결과를 함축한다.

마찬가지로 군용과 민수용 고급 기술 분야에서 미국 정부 기관의 우세한 개입이 무한정 지속될 것이라고 상정할 수 없다. 하드웨어든 소프트웨어든 간에 컴퓨터 기술 같은 핵심 분야에서는 상황이 극히 심각하다. 하나만 언급하면 마이크로소프트가 세계에서 거의 완벽하게 독점적 지위를 누리면서 그 소프트웨어는 가장 적합한 하드웨어를 획득하는 데 커다란 함의를 갖는다. 하지만 그것을 훨씬 뛰어넘어, 바로 얼마 전에 마이크로소프트의 소프트웨어에 깔린 비밀 코드가 미국 안보·군사 기구로 하여금 마이크로소프트 윈도와 인터넷을 사용하는 전 세계 모든 사람을 염탐할 수 있게 한다는 사실이 온 세상에 드러났다.

문자 그대로 생명과 관련된 또 다른 분야 ─ 몬산토Monsanto 같은 거대한 초국적기업의 유전자 조작 식품 생산 ─ 에서도 역시 미국 정부는 장막 뒤에서 전 세계 나머지 지역 사람들의 목구멍에 (유전자 조작) 농산물을 쑤셔넣기 위해 할 수 있는 짓을 모두 하고 있다. 이런 농산물을 채택하면 어느 곳에 있는 농부들이든 몬산토에게서 이듬해에는 다시 뿌릴 수 없는 씨앗을 살 수밖에 없고, 이로써 농업 분야에서 미국의 절대적인 지배가 확보될 것이다. 미국 회사들이 유전자 특허를 내려는 시도도 비슷한 목적에 봉사한다.

WTO를 통해 '지적재산권'[35]을 전 세계에 부과하려는 미국의 시도 ─ 늘

---

35 제프리 삭스가 "지식재산권에 대한 지구적 체제는 새로운 면모를 요구한다"라고 썼을 때

우리에게 홍수처럼 쏟아지는 수준 낮은 할리우드의 생산품으로, 세계의 영화와 텔레비전을 영원히 지배할 수 있도록 보장하는 것을 목표하는 — 역시 '미국 문화 제국주의'라는 아우성을 자아낸다. 동시에 세계 어디든지 미국의 '경영 자문' 군단의 침투를 독려하는 형태로 놀랄 정도로 풍부한 자금을 조달받는 '기업 문화 제국주의business culture imperialism'도 같은 그림에 속한다.

하지만 아마도 현재 진행 중인 경제적·문화적 지배의 흐름 가운데 가장 심각한 것은 미국이 전 세계 에너지와 주요 원료 자원을 혼자 장악하는 탐욕스럽고 무서울 정도로 낭비적인 방식이다. 미국은 세계 인구의 4%에 불과하지만 에너지와 주요 원료 자원의 25%를 사용하면서 생태계에 엄청난 피해를 계속 끼치고 있다. 그것이 전부가 아니다. 왜냐하면 같은 맥락에서 미국은 자본 시스템의 가장 질 나쁜 옹호자들조차 부인할 수 없는, 계속되는 환경 파괴의 재앙적 추세를 제한하고 2012년까지 이를 어느 정도 줄이기

그가 좋은 의도를 가진 것은 분명하다. "미국은 특허법을 더욱 강화하면서 해적판을 근절하기 위해 전 세계를 주름잡는다. 하지만 이제 초국적기업과 부자 나라의 제도는 인간 유전자부터 우림 지역의 종(種) 다양성까지 모든 것을 특허로 만든다. 이 질주하는 과정에 어느 정도라도 양식과 형평을 도입하지 않으면 가난한 사람들은 다 빼앗기고 말 것이다"(Ibid., p. 22). 그러나 비판하는 정책 뒤에 있는 규정을 그가 "놀랍게도 오도된" 것으로 묘사하는 데서 그는 무망할 정도로 비현실적이다(Ibid., p. 16). 그런 정책에 관해서는 '놀랍게도 오도된' 것은커녕 '오도된' 것이 아무것도 없다. 이는 그 정책들이 (루스벨트의 '잊혀진' 것을 '기억하기' 같은) 합리적인 조명이라는 좋은 약을 쓰면 나을 수 있음을 암시한다. 이와 반대로 그 정책들은 냉정하게 의도되고 잘 계산된, 무자비하게 부과된 결정들의 전형으로서, 구조적으로 보호되는 자본의 위계질서와 객관적 지상명령을 통해 생겨난다. 진정한 쟁점은 합리적인 통찰력의 부재 — 이제는 잘 제공되는 — 가 아니라 압도적인 양립 불가능성, 즉 삭스의 경우로 말하면 "양식과 형평" 사이의 양립 불가능성의 현실이다. '양식'이 무엇을 권고하든 '균형'에 대한 가능한 모든 고려의 근본적인 배제가 그것을 완전히 부인해야 하기 때문이다. 따라서 제프리 삭스의 논문은 저자의 '시장 사회(본래 이름인 자본주의 시장이라고 부를 수도 없다)'를 숭배하는 태도 때문에 완전히 허구적인 '시장 해법'으로 끝나게 되는 것이다.

위해 일정한 통제 형태를 도입할 것을 목표하는 모든 국제적 노력을 계속해서 방해하기 때문이다.

4.2.6

우리는 이 모든 것 중에서도 군사적 측면을 아주 심각하게 취급해야 한다. 20세기 후반에 축적한, 이전에는 상상할 수 없을 정도로 엄청난 파괴력을 지닌 무장력을 생각하면 제국주의가 역사상 가장 위험한 단계에 진입했다고 하는 것은 전혀 과장된 말이 아니다. 왜냐하면 오늘날 문제가 되는 것은 하나의 주도적인 경제적·군사적 초강대국이 몇몇 경쟁국에게 불이익을 주지만 그들의 독자적인 행동을 용인하면서 지구의 특정 부분 ― 그것이 아무리 넓어도 ― 을 통제하는 것이 아니다. 문제는 그런 하나의 강대국이 수단과 방법을 가리지 않고 자기 마음대로 ― 매우 극단적으로 권위주의적인 수단과 필요할 경우 폭력적인 군사적 수단까지 동원해 ― 지구 전체를 통제하는 것이다. 이것은, 화해할 수 없는 적대 세력(노동 ― 옮긴이)을 통제 아래 두려는 헛된 시도 속에서 지구적으로 전개된 자본의 궁극적 합리성이 요구하는 바다. 그런데 문제는 자본의 논리가 지구적으로 전개된 현재의 역사 단계에 잘 조응하는 이런 합리성을 인류 생존에 필요한 조건과 관련지어 본다면, 동시에 그것이 나치의 세계 지배 개념을 포함하더라도 역사상 가장 극단적인 형태의 비합리성이라는 것이다.

조너스 소크*Jonas Salk, 1914~1995*(미국의 바이러스 연구 권위자 ― 옮긴이)가 그의 발명품인 소아마비 백신의 특허등록을 거부하면서, 그것을 '태양을 특허로 등록하기'를 바라는 것과 같다고 주장했을 때 그는 자본이 바로 그런 짓을 하려는 날이 오리라는 것을 상상할 수 없었다. 자본은 태양뿐만 아니라 공기도 특허로 등록하려고 한다. 그렇게 하려면 그런 열망과 행동이 인류의 생존에 가져올 치명적인 위험에 대한 고려를 완전히 묵살해버려야 하는

데도 말이다. 왜냐하면 의사 결정 과정에 있는 자본의 궁극적인 논리는, 소규모 경제 기업 같은 '소우주'부터 최고 수준의 정치적·군사적 의사 결정까지, '위에서 아래로 내리먹이는' 절대적으로 권위주의적인 종류일 수밖에 없기 때문이다. 그렇지만 어떻게 태양과 공기에게서 끌어낸 특허를 **집행**할 수 있겠는가?

넘어설 수 없는 자신의 한계를 해체하려고 부심하는 자본이 인정하고 싶지 않겠지만, 이와 관련해 자본은 뛰어넘기 힘든 장벽 두 개를 가진다. 첫 번째는 자본 시스템 안에서 표출되는 독점적인 발전 추세가 아무리 거침없고 엄연하더라도 **자본의 다수성**은 제거될 수 없다는 점이다. 두 번째는 (자본의 다수성에 상응하는 — 옮긴이) **사회적 노동의 다수성**을 제거해 국가나 부문에 따라 다양하고 분열된 인류의 총노동력을 패권적으로 지배하는 자본 분파에 아무 생각 없이 '순종하는 하인'으로 전환하는 것이 불가능하다는 점이다. 뛰어넘을 수 없는 다수성을 가진 노동은 절대로 태양과 공기에 접근할 권리를 포기할 수 없기 때문이다. 또 태양과 공기 없이는 노동이 계속 자본의 이익 — 자본의 사회신진대사 재생산 통제 양식의 절대적 당위인 — 을 위해 생존할 수조차 없다.

오늘날 제국주의가 영토에 대한 군사적 점령을 포함하지 않는다고 말하는 사람들은 우리가 직면한 위험을 과소평가할 뿐만 아니라 매우 피상적이고 판단을 흐리게 하는 겉모습을 우리 시대의 제국주의를 규정하는 실체적 특징으로 받아들인다. 이들은 발전의 역사와 동시대의 추세를 모두 무시한다. 우선 한 예를 들면 미국이 군사기지를 통해 69개 이상의 **국가**의 영토를 군사적으로 점령하고, 그 수는 북대서양조약기구NATO의 확대와 더불어 계속 늘어난다는 점이다. 그 기지들은 그 나라 사람들의 이익을 위해 거기에 있는 것 — 얼마나 괴상망측한 이데올로기적 합리화인가 — 이 아니라 오직 점령한 강대국의 이익을 위한 것이며, 강대국이 원하는 대로 정책을 명령할 수 있도록 하기 위함이다.

어느 경우든 과거 식민지 영토에 대한 직접적인 군사적 점령은 그 정도에서 부분적일 수밖에 없었다. 그렇지 않다면 적은 인구를 가진 영국이 어떻게 거대한 제국의 인구와 영토 — 특히 인도 — 를 통치할 수 있었겠는가? 그런 불균형은 대영제국만의 배타적인 특징이 아니었다. 레나토 콘스탄티노는 필리핀에 관해 다음과 같은 사실을 환기시켰다.

> 스페인의 식민지 정책은 시작부터 무력보다 종교를 통해 더 많이 작동되어 사람들 의식에 깊은 영향을 미쳤다. 이것은 적은 병력에도 식민지 당국에 헌금, 부역, 병역을 부과할 수 있게 만들었다. 사제들의 활동이 없었다면 이런 일은 불가능했을 것이다. 사제들은 식민지 체제 수립의 기둥이 되었다. 그 영향력이 얼마나 컸던지 성직자들이 '필리핀에는 수사가 있는 교구마다 (스페인) 왕은 한 명의 총사령관과 전체 백성으로 구성된 부대를 가지고 있다'라고 큰소리를 칠 정도였다. 식민지 통제를 위해 의식을 주조하는 것은 다른 국면에서 미국인이 장차 따라하게 될 것이었다. 미국인은 10년 동안의 엄청난 탄압 후에 이번에는 교육과 기타 문화제도를 이용해 마찬가지로 의식을 통하여 식민지를 통제했다.[36]

또 하나 아주 중요한 사례인 중국은 영토의 작은 일부를 제외하고는 군사적으로 점령당하지 않았다. 일본이 엄청난 군사력으로 침략했을 때도 그러했다. 하지만 일본 침략 이전에 오랫동안 이 나라는 외세에 완전히 지배당했다. 그 실상이 얼마나 심했던지 젊은 마오쩌둥毛澤東은 "외국인이 방귀를 뀌면 천상의 향기로 묘사할 정도"라고 비꼬았다. 모든 제국주의 사업에서 늘 중요한 것은 피지배국에게 지속적으로 명령을 부과하는 능력이다.

---

36 Renato Constantino, *Identity and Consciousness: The Philippine Experience*(Quezon City: Malaya Books, 1974), p. 6. 미국인들은 1935년 필리핀 교육체계에 대한 직접적인 통제를 포기했다. 그때쯤에 그들은 아주 효과적인 간접적 통제 방도를 구사하고 있었다.

징벌적인 군사개입은 '정상적인' 통치 방법이 도전받을 때만 사용하면 되었다. "포함砲艦외교"[37]라는 유명한 표현은 이용 가능한 군사력을 통해 실행 가능하고 실천할 수 있는 것이 무엇인지를 잘 요약한다.

이런 제국주의 지배의 주요한 특징은 오늘날 우리에게도 남아 있다. 오늘날 엄청나게 커진 사용 가능한 군사력 – 특히 재앙 수준을 가진 항공 무기의 파괴력 – 은 굴복시키려는 국가에 제국주의적 명령을 부과하는 형태를 어느 정도 바꾸기는 했지만, 실질적 내용을 바꾼 것은 아니다. 장차 적국을 위협하는 궁극적 형식인 새로운 '포함외교'는 핵 공갈이 될 개연성이 매우 크다. 그 목적은 과거와 유사하겠지만 예견되는 방식은 고분고분하지 않은 국가에게 자본의 궁극적 합리성을 그런 식으로 부과하려는 시도가 지지받을 수 없는 어리석은 짓임을 분명히 드러낼 수 있을 뿐이다. 오늘날 역시 아무리 경제적으로 지속 가능한 최강의 군사력을 가졌더라도, 12억 5천만 명의 인구를 포함한 중국 전체를 점령하고, 이를 점령 상태로 유지하는 것은 상상할 수 없다. 이런 상상 불가능성이, 세계 지배에 대한 어떤 대안도 상정할 수 없는 극단적 모험주의자들이 제국주의적 목표를 포기하게 만들지는 않을 것이다. 이들보다 결코 덜 위험하다고 할 수 없는 '조금 더 온건한' 축은 '자유 시장' 이데올로기의 도움으로 지구적 자본주의의 패권 중심에서 통제할 수 있을 만큼 중국을 여러 조각으로 쪼개버리는 쪽으로 전략 목표를 수정하려 한다.

군사력이 경제적으로 뒷받침되어야 한다는 것은 자명하다. 이런 사정은 군사 조직의 규모와 그 작전시간의 측면에서 항상 군사력을 제한된 사업에

---

37 제국주의 국가가 비자본주의국가 또는 제3세계에 함대를 파견해 무력시위를 벌여 자신의 요구를 관철하는 것, 즉 함대를 외교 수단으로 사용하는 것을 말한다. 1866년 프랑스 함대가 강화도를 침략한 병인양요, 1871년 미 제국주의가 조선을 개항하기 위해 함대를 앞세워 침략한 신미양요 등이 그 예다. ─ 옮긴이

국한되게 만든다. 과거 모험적인 제국주의 사업에 대한 역사적 기록은, 그것들이 넓게 확장될 무렵에 — 처음에 인도차이나, 다음에는 알제리에서의 프랑스와 나중에 베트남에서의 미국처럼 — 문제가 된 사업의 실패가 이미 눈에 뻔히 보였다는 것을 알려준다. 비록 그것에서 물러나는 데 상당한 시간이 걸릴지라도 말이다. 과거 미국이 벌인 셀 수 없이 많은 군사 제국주의 작전에 관해서 우리는 필리핀뿐만 아니라 실패로 끝난 베트남에 대한 대규모 개입 전쟁,[38] 과테말라, 도미니카공화국, 영국령 가이아나, 그레나다, 파나마, 콩고, 중동, 발칸반도부터 아프리카의 여러 지역에 이르기까지 여러 나라에서 실시된 군사작전을 상기해보아야 한다.

미국의 제국주의적 이해를 관철하기 위해 가장 선호되는 방법 가운데 하나는 마음에 들지 않는 정부를 축출하고 새 주인에게 철저히 의지하는 독재자를 앉힌 다음, 통제가 잘 되는 이 독재자를 통해 문제의 나라를 다스리는 것이었다. 우리가 말하는 독재자들은 바로 마르코스, 피노체트Pinochet, 수하르토, 브라질의 장군들, 소모사Somosa, 월남South Vietnamese의 미국 꼭두각시 장군들, (린든 존슨Lyndon Johnson이 "개새끼들"이라고 부른) 그리스의 대령들, (미 국무부 고위 관리들이 요상한 찬사로 "우리의 개새끼"라고 부른) 모부투Mobutu 같은 이들이다.[39] 미국 정부 인사들이 자신의 군사적 지배 아래에 있는 국

---

38 재앙에 가까운, 미국의 베트남 개입에 대해서는 개브리엘 콜코(Gabriel Kolko)의 중요한 저작 *Vietnam:Anatomy of a War, 1940-1975*(London: Allen &Unwin, 1986)를 참조하라.

39 안드레아 파판드레우(Andreas Papandreou)는 내게 1973년에 자신이 어떻게 대령들의 감옥에서 석방되었는지 이야기해주었다. 케네디 대통령 참모진의 일원이었던 케네스 갤브레이스(Kenneth Galbraith)가 린든 존슨 대통령을 만나러 가서 그의 하버드 대학 동창을 위해 간곡한 부탁을 했다. 존슨은 그의 비서관을 불러들여 주 아테네 미국 대사와 연결해달라고 했다. 바로 그 자리에서 존슨은 대사에게 "그 개새끼들에게 당장 파판드레우를 석방하라고 말하시오"라고 말했고, 그들은 그렇게 했다. 그들은 누가 실제로 그리스를 책임지는지 아주 잘 알고 있었으니까. 모부투 정권이 전복되기 몇 주 전 ≪이코노미스트≫는 미국 국무부 관리의 이런 발언을 인용했다. 즉, "그는 개새끼다. 그는 바로 우리의

가에 둔 마름을 부르는 경멸의 표현은, 대중들 앞에서는 '자유세계'의 투사라고 냉소적으로 소개하지만, 어느 경우든 너무나 분명하다.

4.2.7

1970년대 자본의 구조적 위기가 시작된 이후 제국주의의 태세에 중대한 변화가 생겼다. 이 때문에 제국주의는, 화해의 수사학에 더해 나중에는 한 번도 준수한 적이 없는 '평화 배당금' 약속을 담은 '신세계 질서'라는 말도 안 되는 선동적 관념을 동원했는데도, 갈수록 더 공격적이고 모험적인 자세를 취하게 되었다. 몇몇 주장과는 반대로 이러한 제국주의의 태도 변화를 소비에트 체제의 붕괴 탓으로 돌리는 것은 오류다. 비록 과거에 냉전과 소비에트의 군사적 위협에 대한 가정이, 아이젠하워*Eisenhower* 장군이 대통령 임기 말미에 경고한, '군산복합체'가 고삐 풀린 듯 팽창해나가는 것을 정당화하는 데 매우 성공적으로 사용되었지만 말이다. 더 공격적인 ─ 그리고 궁극적으로 모험주의적인 ─ 입장을 채택할 것을 요구하는 도전은 소비에트 체제 붕괴보다 훨씬 이전에 있었다. 나는 (소비에트 붕괴 8년 전인) 1983년에 다음과 같이 그 도전들을 기술했다.

  1. 모잠비크와 앙골라에서 식민지 체제의 종말.
  2. 짐바브웨에서 백인 인종주의가 패퇴하고 권력이 짐바브웨 아프리카 민족연 합*ZANU*[40]으로 이전.

개새끼다".

40 짐바브웨 아프리카 민족연합(ZANU: Zimbabwe African National Union). 로버트 무가 베(Robert Mugabe)가 이끄는 군사(정치) 조직이다. 짐바브웨 아프리카 인민동맹(ZAPU: Zimbabwe African People's Union)에서 분리되어 1980년 선거에서 승리했다. 1987년 두 조직은 재결합해 짐바브웨 아프리카 민족동맹 애국전선(ZANU-PF: Zimbabwe Afri-

3. 그리스에서 대령들이 주도한 친미 체제 붕괴 후 안드레아 파판드레우의 범그리스 사회주의 운동*PASOK: Panellinio Sosialistikó Kinima, ΠΑΣΟΚ*[41] 연속 승리.

4. 미국의 지원을 받던 니카라과 소모사 정권의 장기 집권 와해와 산디니스타 *Sandinista* 전선의 파격적 승리.

5. 엘살바도르를 비롯한 중앙아메리카 여러 나라에서 인민 해방 무장투쟁과 해당 지역에 대한 미 제국주의의 손쉬운 통제 종언.

6. 전 세계에 걸쳐 '중심부'에 의해 고무되고 지배되던 '발전 전략'의 총체적 — 비유적으로만이 아니라 문자 그대로의 의미에서 — 파산과 라틴아메리카의 주요 산업국, 즉 아르헨티나, 브라질, 심지어 석유 부국인 멕시코에서 거대한 구조적 모순의 분출.

7. 이란에서 샤*Shah* 체제의 극적이고 총체적인 와해. 더불어 해당 지역에서 오랫동안 확립되어 있던 미국 전략의 주요한 패퇴. 이는 그 이후 (직접 또는 대리인을 통해 실행하는) 절망적으로 위험한 대체 전략의 도입을 요구.[42]

소비에트 체제 붕괴 이후 변화된 것은 세계 여러 곳에서 미 제국주의의 점증하는 공격적 자세에 대한 정당화 논리를 찾을 필요성이었다. 특히 구 소련권 안에서 서구의 '원조'를 통해 지역 국가의 정치기구를 조작하는 데는 (여전히 불안정하지만) 상대적인 성공을 거둔 반면, 경제적으로 지속 가능한 자본주의의 복원을 통해 서구 자본을 활성화하려는 시도가 실패에 맞닥

---

can National Union Patriotic Front)을 결성해 짐바브웨를 통치하고 있다. — 옮긴이

41 1981년 집권 후 2000년대 초까지 통치한 그리스 사회민주주의 정당. — 옮긴이

42 István Mészáros, "Radical Politics and Transition to Socialism: Reflections on Mark's Centenary," *Escrita Ensaio*, Anno V, no.11-12(summer 1983). 이 논문은 브라질 정기간행물 ≪에세이 쓰기(Escrita Ensaio)≫에 최초로 실렸다. 1983년 4월 아테네에서 이 논문의 요약본을 강의했다. 이 논문은 『자본을 넘어서』 제4부, 937~951쪽에 완성본으로 재수록되었다. 이 인용문은 『자본을 넘어서』 943~944쪽에서 따온 것이다.

뜨린 이후에 더욱 그러했다. 소비에트 체제 붕괴 전후 몇 년 동안에는 '직접 또는 대리인을 통해 실행된 지극히 위험한 대체 전략'이 우세했다. 하지만 일부에서 생각하는 것처럼 그런 위험한 모험주의 전략의 출현을 냉전 적대자의 치명적인 약화 탓으로 돌릴 수는 없다. 오히려 소비에트 체제의 붕괴 자체는 자본 시스템 자체의 구조적 위기의 불가결한 일부로서만 이해될 수 있다.

미국의 대리자일 뿐만 아니라 모하마드 모사데크*Mohammad Mossadeq*가 등장하는 위험을 막는 역할을 부여받은 이란의 샤는 그의 신민들을 무자비하게 통제하고, 이를 위한 수단으로 어마어마한 양의 서구의 무기를 구입해 그 목적에 충실히 봉사했다. 하지만 일단 그가 사라지자 '악마 미국'을 이야기하는 적대자를 파괴하기 위해 미국과 서방은 제2의 대리인을 찾아야 했다. 그들은 사담 후세인*Saddam Hussein*의 이라크가 그 역할에 적합할 듯하다고 판단해 그를 완전무장시켰다. 하지만 이라크는 이란을 파괴하는 데 실패했고 미국의 제국주의 전략에서 전 세계 가장 불안정한 지역으로 규정된 이 지역은 불안정의 한 요소로 버림받게 되었다. 더욱이 한때 미국의 대리인이었던 사담 후세인은 이제 더 큰 목적에 봉사할 수 있게 되었다. 그는 냉전 시대에 소비에트에게 돌렸던 위험뿐만 아니라 그보다 훨씬 더 큰 위험을 대표하는, 화학·생물 무기는 물론이고 핵무기를 동원한 대량 학살을 통해 서구 세계 전체를 위협하는 전능의 신화적 능력을 지닌 적의 지위로 격상되었다. 이 신화적인 적을 내세워 미국과 서방은 걸프 전쟁뿐만 아니라 그 이후 이라크에 대한 여러 차례의 대규모 군사개입과 미국의 요구에 따라 이 나라에 부과된 제재 때문에 100만 명의 어린이가 냉혹하게 죽어간 사실이 정당화되기를 기대했다. 부끄럽게도 이러한 것들은 '윤리적 외교정책'을 계속 떠벌리는 '위대한 민주국가'에 의해 수용되었다.

하지만 이 모든 것은 전 세계는커녕 중동의 만성적 불안정의 표면을 긁어주기에도 충분하지 않다. 현재의 제국주의가 영토 점령을 요구하지 않는다고 생각하는 사람들은 다시 생각해야 한다. 기간을 정하지 않은 군사적 점령은 이미 발칸반도 일부 국가에서 (이 역시 '무한한 책무'로 인정되고 있지만) 모습을 드러냈다. 그러니 장차 세계 다른 지역에서 유사한 군사적 영토 점령이 뒤따르지 않을 이유가 어디에 있겠는가? 현재 진행 중인 추세는 어두운 그림자를 드리우고, 갈수록 심각해지는 자본 시스템의 위기 추세는 더 악화될 수밖에 없다.

우리는 과거 미 제국주의의 이념과 조직적 틀 안에서 극도로 위험한 두 발전상을 목격했다. 첫째는 NATO와 관련된 것이다. 러시아가 (현재는 아니더라도 장차) 위협으로 간주할 수 있는, 동유럽을 향한 NATO의 확대만을 말하는 것이 아니다. 훨씬 더 중요한 것은, 이 기구의 목표와 목적을 국제법과 어긋나게 근본적으로 재규정해 과거 순수하게 방어적인 군사 협의체를 구성한다고 주장한 것에서 잠재적으로 매우 **침략적인 공격동맹**으로 바꾸어 놓았다는 것이다. 이 군사동맹은 합법적인 권위에 근거하지 않고, 자신이 하고 싶은 것이 아니라 미국이 원하고 명령하는 것을 할 수 있게 되었다. 1999년 5월 워싱턴에서 개최된 북대서양조약기구 정상 회의에서 NATO는 미국의 압력을 받아 "그들의 말에 따르면 다른 나라의 주권에 개의치 않고 유엔도 무시하면서 NATO 지역 바깥에서도 군사행동에 의지할 수 있는 새로운 전략 개념을 채택했다".[43] 이 점에서 아주 중요한 것은 24개의 '위험 요소' 형태로 제시된 확연히 공격적인 새로운 태세에 대한 이데올로기적 정당화가 명백하게 미심쩍다는 것이다. 심지어 "실제로 군사적 위협을 표현한다고 간주할 수 있는 것은 위험 요소 24개 가운데 단지 5개뿐"이라고 인정하고 있다.[44]

---

43 Shoji Niihara, "Struggle Against U.S. Military Bases," *Dateline Tokyo,* no.73(July 1999).

44 József Ambrus, "A pogári védelem feladatai(The Task of Civil Defense)". 이 글은 헝가리의 NATO 가입 문제를 다룬 ≪천년(Ezredforduló)≫ 특별호(*Strategic, Enquiries of*

두 번째로 위험한 최근의 전개 상황은 — 안타깝지만 서구에서는 좌파조차[45] 거의 무시하는 — 새로운 미·일안보조약에 관한 것이다. 특이하게도 이 조약은 일본 의회 중의원과 참의원에서 전격 통과되었다. 이 점에서도 이 새로운 상황 전개는 국제법을 코웃음치며 무시하고 일본 헌법도 어겼다. 일본의 영향력 있는 정치인 후와 데쓰조Fuwa Tetsuzo[46]가 언급한 것처럼 "미·일안보조약의 위험성은 전쟁을 부정하는 일본 헌법에 도전하면서 일본을 미국의 전쟁으로 끌어들일 수 있을 만큼 진화되었다. 이것의 배후에는 극도로 위험한 미국의 예방적 타격 전략이 있는데, 이 전략은 미국이 다른 나라에 개입해 자신이 싫어하는 나라를 임의로 공격하는 것"이다.[47] 말할 필요도 없이 워싱턴의 지시를 받는 '예방적 타격 전략'에서 일본에 할당된 지위는 '대포 밥'의 역할을 수행하는 것이며, 이와 동시에 걸프 전쟁에서 강요받은 바와 같이 군사작전의 재정적 비용에 기여하는 것이다.[48]

---

the Hungarian Academy of Sciences, 1999)에 게재되었다.

45 주목할 만한 예외는 존 매닝(John Manning)이 Spectre, no.6(spring 1999)에 보낸 편지를 참조하라. 연관된 문제에 대해서는 U.S. Military Bases in Japan: A Japan U.S. Dialogue report from the Boston Symposium, April 25, 1998(Cambridge, MA, 1998)를 참조하라.

46 1969년부터 2003년까지 중의원을 열한 차례 지내고 공산당 위원장을 역임한 일본 공산당의 지도자. — 옮긴이

47 Tetsuzo Fuwa, "Address to Japan Peace Committee in its 50th Year," Japan Press Weekly, July 3, 1999. ≪이코노미스트≫는 일본 총리 오부치(Obuchi)를 야당의 지도적 인물인 후와와 비교하면서 마지못해 이렇게 썼다. "지금까지 여러 사태는 오부치를 갈팡질팡하는 아마추어처럼 보이게 만든 경향이 있었다. 후와 데쓰조 같은 능수능란한 전문가의 닦달을 받을 때 특히 그렇다"("A Pity about Uncle Obuchi," November 1999).

48 이것은 이미 일본에 있는 수많은 군사기지 때문에 미국의 군사적 점령 비용을 엄청나게 부담하면서 발생하고 있는 일이다. "1997년 일본 정부가 떠안은 주일 미군기지의 유지 비용은 49억 달러에 이르렀는데, 이는 ('공동 방위에 대한 동맹국의 공헌, 1999년 보고서'에 따르면) 세계 여러 나라 가운데 1위다. 일본 주둔 미군 병사 1인당 12만 2500달러에 해당한다"(Niihara, "Struggle Against U.S. Military Bases," p. 3).

이런 상황 전개의 가장 우울한 면들 중 하나가 최근 일본 방위청 차장인 신고 니시무라*Shingo Nishimura*의 강제 사임을 통해서 드러났다. '성급하게도' 일본은 핵무장을 해야 한다고 공격적으로 역설한 것이 그의 사임 이유였다. 그는 거기서 몇 발짝 더 나아가 한 회견에서 논란이 된 센카쿠 열도 문제와 관련해 군사력 사용 계획을 밝히기도 했다. 그는 "외교가 문제 해결에 실패하면 방위청이 개입할 것"이라고 주장했다. 주간지 ≪아카하타赤旗≫는 사설에서 다음과 같이 지적했다.

> 여기서 실제로 문제되는 것은 국제적 분쟁을 해결하기 위해 일본의 핵무장과 군사력 사용을 공개적으로 천명한 정치인을 각료에 임명한 것이다. 다른 아시아 국가가 이 문제에 심각한 관심을 표명하는 것은 당연하다. 더 문제가 되는 것은 미국과 맺은 비밀 협정 아래서 자민당 정부가 비핵 3원칙(비보유, 비제조, 일본 내 핵무기 배치 불허)을 건드린 것이다. 더욱이 최근의 '비상사태법'은 전쟁 발발 시 전쟁 협력을 위해 지휘 편의 시설, 기지용 토지, 건물을 동원하고 함선, 항공기, 전파를 통제해 미군과 자위대의 군사작전에 우선권을 부여하는 것을 목표한다. 이러한 법을 제정하는 것은 (평화) 헌법을 무너뜨리게 될 것이다.[49]

당연히 새로운 '미·일안보조약'의 공격적 태세는 일본 방어의 필요성이라는 명분으로 정당화된다. 하지만 실제로 정당화 보고서에서 주장된 '공동 방어'라는 말은 가상의 '침략자'에게서 '일본을 방어'하는 것과는 아무 상관이 없고, 전적으로 미 제국주의의 이해관계를 보호하고 확대하는 것과 관련된다.

미국이 오키나와 기지를 포함해 일본에 있는 미군 기지를 사용하는 목적은

---

49 *Akahata*, November 1, 1999; *Japan Press Weekly*, November 6, 1999에서 인용.

인도네시아를 포함한 동남아시아 여러 국가의 정치적으로 불안정한 상황에 군사개입을 수행하기 위함이다. 작년 5월 수하르토 정권이 무너졌을 때 미군 특수부대가 오키나와의 가데나 미군 기지를 거쳐 즉시 오키나와의 요미탄에 있는 미국 토리 주둔지로 돌아왔다. 그들은 인도네시아의 시위를 진압한 인도네시아군의 특수부대ABRI를 훈련시켰다. 미군 특수부대의 급작스러운 귀환은 바로 오키나와에 있는 미국의 그린베레 부대가 인도네시아에 개입한 비밀 활동을 보여준다.[50]

'민주적인' 정부가 미국의 모든 명령에 고분고분 굴종하는 국가에게 이런 위험한 정책과 작전이 부과되는 방법을 보면 모든 것이 자명해진다. 보통 일련의 변화는 각국의 의회에서 토론조차 이루어지지 않으며, 그 대신 은밀한 조약과 의정서를 통해 우회한다. 동일한 냉소적인 회피의 기조에 따라, 어찌어찌 의회의 의제가 되었을 때도 모든 반대를 매우 권위주의적인 방법으로 묵살하고 불도저처럼 밀어붙여 버린다. 이런 식으로 계속해서 '용의 씨를 뿌리는' 정상배政商輩들은 때가 되면 역사 무대에 등장할 진짜 용의 위험은 염두에 두지 않는 듯하다. 그들은 모든 것을 파괴하는 핵룡nuclear dragons의 불이 특정 지역 — 예컨대 중동이나 극동 지역 — 에 국한되지 않고 미국이나 유럽을 포함해 지구상의 모든 것을 완전히 휩쓸어버릴 수 있다는 것을 이해하거나 인정하려 들지 않는 듯하다.

4.2.8

계획된 미국의 예방적 타격 전략의 궁극적인 과녁은 당연히 중국이다. 베오그라드Beograd에 위치한 중국 대사관 폭격 이후 워싱턴에서 나온 중국

---

50 Niihara, "Struggle Against U.S. Military Bases," p. 3.

에 대한 시끄러운 공격적 발언과 누설을 언급하면서 독립적인 연구소 국방정보센터*CDI*의 해군 소장 유진 캐럴*Eugene Carroll*은 다음과 같이 말했다. "지금 중국을 악마로 만드는 일이 진행 중이다. 누가 이런 일을 하는지는 모르지만 지금 새어나오는 말은 한목소리로 중국이 황화黃禍(황인종이 서양 문명을 압도한다는 백인종의 공포심)임을 보여준다."[51]

베오그라드의 중국 대사관 폭격은 처음 NATO 대변인을 통해 "유감스럽지만 불가피한 사고"였다고 설명되어 정당화되었다. 나중에 대사관이 빗나간 폭탄에 맞은 것이 아니라 다른 세 방향에서 발사된 로켓에 맞은 것이고, 따라서 세심하게 조준된 폭격임을 부인할 수 없게 되었을 때 워싱턴은 동화 같은 설명을 지어냈다. 미국 중앙정보부*CIA*가 베오그라드의 최신 지도 ― 구멍가게에서 누구나 구할 수 있는 ― 를 입수할 수 없었기 때문이라고 말이다. 하지만 이 경우에 중국 대사관이 들어선 공간에 한때 있었다고 가정되는 빌딩이 왜 그리 중요한 것이었으며, 왜 그것이 정당한 목표물이 되었는지는 완전한 미스터리*mystery*로 남는다. 지금도 우리는 믿을 만한 답을 고대하지만 결코 그런 답은 나오지 않을 것이다. 생각해볼 수 있는 합리적인 설명은 그 작전이 두 측면에서 하나의 시험대로 고안되었다는 것이다. 첫째는, 중국에게 모욕감을 삼키도록 강요하면서 이런 공격 행위에 대응하는 중국 정부의 태도를 시험해보려는 것이었다. 더 중요한 두 번째는, 세계 여론에 대한 시험인데, 그것은 아주 온순하고 순응적임이 증명되었다.

미국과 중국의 관계에 깊은 영향을 미치는 문제는 매우 심각한 상태다.

---

51 "Washington tells China to back off or risk Cold War," *The Daily Telegraph*, May 16, 1999. 다음은 같은 논문에 나오는 글이다. "간첩 이야기의 범람은 공화당이나 미국 국방부 내부 인물들이 흘리는 것 같다. 이들은 큰 적을 하나 만들어놓는 것이 길게 보면 미국의 국익에 부합한다고 본다." 미국의 공격적인 제국주의적 태세에 따른 이데올로기적 요구와 장기 계획에 부합하는 점증하는 군사비에 비추어볼 때 사담 후세인은 분명히 그 덩치가 충분하지 않았다.

어떤 면에서 문제는 "저 당-국가(중국 — 옮긴이)가 여전히 자유 시장 세계에서 자리를 잡지 못했다"라는 불편한 사실에서 생겨난다.[52] 전 지구적 패권 제국 주의가 그 이데올로기적 정당화로 '민주주의'와 '자유 시장' 개념을 사용할 때 자신의 이데올로기 — 주요 경제적·군사적 강대국에 의해 뒷받침되는 — 에서 벗어나려는 것은 심각한 도전으로 비친다. 그 도전을 용인할 수 없게 만드는 것은, 중국 인구가 미국보다 10억 명이나 더 많다는 충격적인 사실과 더불어, 현재의 괄목할 만한 팽창률 때문에 경제적 발전 전망이 미국에게 불리하다는 점이다. 같은 기사는 현재 진행 중인 발전에 대해 큰 관심을 나타내며 다음과 같이 언급한다. "2020년까지 중국 경제는 미국 경제의 세 배가 될 것이다."[53] 미국의 지배 집단 안에서 이런 전망이 울리는 경종을 상상하는 것은 어렵지 않다.

변호론적 역할에 충실한 《이코노미스트》는 '민주주의'와 '자유 시장'을 위해 죽겠다는 군사적 대비 태세에 존경심을 표하느라 침이 마를 새가 없다. '새로운 지정학'에 대한 기사에서 《이코노미스트》는 미국은 물론이고 이 주간지가 미국의 '지역 조력자'라고 부르는 국가 역시 '시체 포대들'이 많이 쌓이는 것을 받아들이라고 요구한다. 《이코노미스트》는 끝없는 위선으로 전쟁에 대한 민주국가의 필수적인 '도덕적 책무'를 말하면서 이들 나라에 그 도덕성의 이름으로 '전쟁은 죽이기도 하고 죽기도 하는 때'임을 받아들이라고 요구한다.

미국의 헌신적인 '지역 조력자'가 되는 것이 일본에게 할당된 역할인데, 이것은 예상되는 중국의 위협을 이유로 정당화된다. 일본에서는 위험하게

---

52 Jonathan Story, "Time is running out for the solution of the Chinese puzzle," *Sunday Times,* July 1, 1999.

53 Ibid. Story의 글은 그의 책 *The Frontiers of Fortune*(London: Financial Times/Prentice Hall, 1999)에서 발췌.

확대되고 재편된 미·일안보조약을 심각하게 반대하는 것을 '신경과민 반응'이라고 둘러씌운다. 다행히도 중국은 일본인이 정신을 차리고 더 단단히 결심하게 만들 것이다. '점점 커지는 중국이 신경과민에 빠진 일본을 미·일 동맹에 더욱 매달리게 할 것'이기 때문이다. 그와 똑같은 헌신적인 지역 조력자의 역할은 터키와, ≪이코노미스트≫의 희망대로라면, 인도에 부여된다. 이들은 주장하기를 "자국 군인들이 **직접 부딪치는 일**을 하는 것(즉, 죽어가는 것)에 괘념하지 않는 동맹국의 군대가 구하러 올 수도 있다. 동맹에서 터키가 중요한 이유가 바로 여기에 있고,[54] 같은 이유로 언젠가 인도의 도움을 요청하는 것도 좋은 생각일 수 있다"라는 것이다. 이런 질서 속에서 장차 중국과 대립할 수밖에 없는 러시아 역시 친미적인 위치를 적극적으로 차지하게 될 것이다. "동쪽 영토의 취약성에 대한 걱정으로 러시아는 결국 구차하게 NATO와의 평화를 위한 동반자 관계에 어느 정도 힘을 싣는 선택을 하게 될지도 모른다." 몇몇 국가의 특징을 ─ 오늘이 아니라도 내일은 ─ '신경을 쓰는' 또는 '우려하는' 따위로 규정하는 것은 모두 '떠오르는 동쪽의 거인' 중국과 분쟁을 겪을 것을 예상하기 때문이다. '새로운 지정학'에서 중국은 모든 갈등의 공통분모로, 동시에 모든 '우려하는', '신경을 쓰는' 국가를 '민주주의를 위한 동맹'과 '평화를 위한 동반자 관계'로 단단하게 결속시키는 해결책으로 제시된다. 이는 "전통적으로 비동맹국가인 민주적인 인도

---

54 미국의 '지역 조력자'로서 터키의 중요성이 극적으로 드러난 사례는 지난봄 미국의 큰 압력 아래 쿠르디스탄 노동자당(PKK) 지도자 오칼란(Ocalan)을 앙카라로 치욕스럽게 압송해버린 사건이다. 이 사건은 그 일에 개입된 다양한 유럽의 '지역 조력자들'에게 심한 굴욕감을 주었다. Luigi Vinci, *La socialdemocrazia e la sinistra antagonista in Europa* (Milan: Edizioni Punto Rosso, 1999), p. 13을 참조하라. 또한 조르조 리올로(Giorgio Riolo)의 파우스토 베르티노티(Fausto Bertinotti) 회견 기록 *Per una società alternativa: Intervista sulla politica, sul partito e sulle culture critiche*(Milan: Edizioni Punto Rosso, 1999), pp. 30~31도 참조하라.

마저 (미국 주도 아래) 평화를 위한 동반자 관계의 새로운, 남아시아 판으로 끌어들일지도 모른다". 하지만 앞으로 우리가 행복하게 살게 될 것인지, 아니면 정말 살아남기라도 할 것인지에 대해서는 말하지 않는다.[55]

물론 워싱턴이 부추기는 이런 종류의 '독트린doctrine'은 런던 ≪이코노미스트≫에 국한되지 않는다. 그것은 극동에서도 대변인을 발견했다. 여기서는 오스트레일리아의 존 하워드John Howard 총리가 '하워드 독트린'을 발표했는데, 그에 따르면 이 나라는 미국의 충실한 '지역 조력자' 역할을 수행할 것이다. 그는 동남아시아의 정치적 여론에 파문을 일으키면서 "오스트레일리아는 지역의 평화를 지키는 일에서 미국의 보안관 대리로 행동할 것이다"라고 발표했다.[56] 말레이시아의 야당 지도자 림킷샹Lim Kit Siang은 이 생각에 대응해 "하워드 총리는 '백호주의' 정책이 폐지된 1960년대 이래 오스트레일리아와 아시아의 관계에 그 이전 어떤 총리보다 더 많은 상처를 입혔다"라고 말했다.[57] 그렇지만 정곡을 찌른 사람은 미국에서 교육받은 인도네시아 학자 하디 소에사스트로Hadi Soesastro였다. 그의 말에 따르면 "살해당하는 사람은 언제나 보안관 대리".[58] 사실이다. 위에서 내려받은 대의를 위해 죽이고 죽는 것이야말로 정확히 미국의 '지역 조력자' 역할이다.

카를 마르크스는 그의 저작 『루이 보나파르트의 브뤼메르 18일Achtzehnte Brumaire des Louis Bonaparte』에서 이렇게 썼다. 즉, 역사적 사건은 종종 두 번 대비되는 형태로 나타난다. 첫째는 비극으로, 두 번째는 소극笑劇으로. 최근에 수정된, 헌법에 어긋나는 미·일안보조약을 통해 일본에 할당된 역할은 오직 동남아시아에 큰 비극을 만드는 것과 동시에 일본 자신에게도 비극적인

---

55 "The New Geopolitics," *The Economist*, July 31, 1999에서 인용.

56 David Watts, "Howard's 'Sheriff' Role Angers Asians," *The Times*, September 27, 1999.

57 Ibid.

58 Ibid.

파멸을 초래할 뿐이다. '하워드 독트린'에서 천명한 '미국 보안관 대리'로서 무력을 과시하는 역할은 그 비극에 앞서 열성으로 상연될 소극으로 묘사될 수 있을 뿐이다.

4.2.9

제국주의 역사에는 뚜렷이 구분되는 세 국면이 나타난다.

1. 근대 초기의 식민지 제국-건설 제국주의: 유럽의 몇 나라가 비교적 침투가 쉬운 세계의 여러 지역으로 확장하면서 생겨났다.
2. '재분할' 제국주의: 주요 강대국이 자기들의 유사-독점적 기업을 위해 적대적으로 다투던 제국주의로, 레닌이 '자본주의의 최고 단계'라고 부른 것이다. 여기에는 소수의 실제 경쟁자만 참여했고 과거에서 살아남은 소규모의 제국은 이들의 외투 자락을 붙들고 있었다. 제2차 세계대전의 즉각적인 결과로 종언을 고했다.
3. 전 지구적 패권 제국주의: 미국을 초강대국으로 만든 제국주의로, 민주적 평등이 라는 구실을 내세운 루스벨트 판 '문호개방정책'에서 예시되었다. 이 세 번째 국면 은 제2차 세계대전 직후에 공고해졌고, 1970년대 자본 시스템의 구조적 위기가 개시되면서 지구적으로 지배적인 국가가 주재하는 하나의 '지구 정부' 아래에 전 체를 포괄하는 자본의 정치적 명령 구조를 구축해야 한다는 지상명령이 긴급하게 제기되었을 때 아주 확연해졌다.

전후 '신식민주의'가 정치적·군사적 지배에서 단순한 경제적 지배로 대체된 안정된 체계를 가져왔다는 환상을 즐기는 사람들은 이전 식민지 제국주의의 주인들이 그들의 제국이 해체된 이후에도 계속 힘을 가진다는 점을 지나치게 강조하는 경향이 있다. 동시에 지구적인 패권적 지배를 향한 미국의 배타적인 열망과 그것을 떠받치는 원인을 과소평가했다. 그들의 생각은, 이전 식민지의 정치·행정 엘리트를 '더 많이 교육'해 새롭게 장려된 '근대화'와 '발전' 이론과 정책을 채택하게 할 목적으로 발전 연구 기관을 설립함으로써 이전의 식민지 지배자들이 구체제의 실질적 연속성을 확보할 수 있으리라는 것이었다. 이런 환상에 종지부를 찍은 것은 (미국 정부의 강력한 뒷받침을 받는) 미국 기업의 엄청나게 더 큰 침투력뿐만이 아니었다. 앞에서 논의했듯이, 세계 도처에서 '근대화 정책' 전체가 붕괴한 결과 더욱 그렇게 되었다.

그렇지만 미국의 패권 제국주의가 성공적임을 증명하고 여전히 우세하다는 사실이 이 제국주의가 (영원하리라는 것은 제쳐놓고) 안정적이라는 것을 의미하지는 않는다. 미국의 관리 아래에 있는 '지구 정부'라는 구상은 (군사적 충돌과 사회적 폭발이 증가하는 시대에) 최신판 '신세계 질서'의 튼튼한 토대로서 기획된 '민주주의를 위한 동맹' 또는 '평화를 위한 동반자'와 마찬가지로 여전히 희망 사항에 불과하다. 우리가 앞서 본 바와 같이 소비에트 체제의 붕괴 이후 그런 전망은,

…… 냉전이 끝날 때 자본주의의 동력을 계속 유지하려고 부심하는 미국에서 지지를 받았다. 주요 '신흥 시장' 국가에 대한 선택적 개입은 효력이 상실된 봉쇄 전략에 대한 대안적 외교정책을 제공했다. 그 정책은 미국을 번영의 공유, 민주주의, 모두에게 더 나은 삶의 조건을 향해 나아가는 '하나의 세계'의 중심축으로 상정했다. 서구의 기업은 풍부하고 값싸고 재능 있는 노동력을 가진 세계의 빈국에게 기술을 퍼부어줄 것이다. 더 이상 정치적 통제 아래에 있지 않은 세계 금융시장은 자본을 제공하게 될 것이다. 20년 이내에 소비자를 위한 거대한 초국적 시장이 떠오를 것이다.[59]

---

59 Story, *The Frontiers of Fortune*, p. 33.

계획되었던 20년이 거의 지났으나 우리는 그 어느 때보다 훨씬 더 나쁜 상태에 처해 있다. 심지어 최신 통계를 보면, 영국 같은 선진 자본주의국가조차 세 명 중 한 명의 어린이가 빈곤선 이하에서 살고 최근 20년 동안 그 수는 세 배로 늘었다. 이제 아무도 자본주의의 구조적 위기가 가장 부유한 나라인 미국까지 얼마나 영향을 미칠지에 대해서 환상을 가지지 않을 것이 분명하다. 마찬가지로 미국에서도 최근 20년 동안 생활 상태가 엄청나게 악화되었기 때문이다. 최근 의회 예산국 ─ 이 예산국이 '좌익적 편견'을 가졌다고 비난할 사람은 아무도 없을 것이다 ─ 의 보고서에 따르면, 전체 인구 가운데 가장 부유한 1%가 밑바닥에 있는 1억 명(즉, 거의 40%)의 수입 정도를 벌어들인다. 중요한 점은 이 끔직한 수가 1977년 이후 두 배로 늘었다는 것이다. 당시에는 상위 1%의 수입이 '단지' 4900만 명의 최빈층, 즉 전체 인구의 20% 이하의 소득과 비슷했다.[60]

앞서 인용한 낙관적인 계획들 가운데 남은 것을 말하자면, 동구의 인민을 포함해 '모든 사람에게 번영'을 가져다줄 '거대한 초국적 시장'이라는 신기루는 더 이상 우리를 초대하지 않는다. 중국의 주룽지朱鎔基 총리는 "국가 부문을 개혁하려는 대담한 시도로 칭송받고 있지만 그것은 이제 수백만 중국 노동자의 실업을 의미한다".[61] 중국이 '자유 시장 안에 자리를 잡을' 자격을 마침내 갖추었다는 말을 듣기까지 또 다시 중국 노동자 몇 백만 명 ─ 실제로는 수억 명 ─ 이 실직해야 한다는 말인가? 지금 상황에서 ≪이코노미스트≫의 사설은 중국 체제가 안에서부터 뒤집힐 것이라는 희망 사항을 표현하고, 그 실현을 예언할 수 있을 뿐이다.[62] 또 앞서 살펴본 다른 기사에 나

60 David Cay Johnson, "Gap Between Rich and Poor Found Substantially Wider," *The New York Times*, September 5, 1999 참조.

61 "Worried in Beijing," *The Economist*, August 7, 1999.

62 Ibid. 이 기사에서는 중국의 필연적인 전복이 여러 차례 절실하게 예언되고 있다.

온 것처럼 외부의 군사적 해법을 제시할 수도 있다. 이 두 가지 접근의 공통점은 전혀 현실감이 없다는 것이다. 왜냐하면 설사 중국 체제가 오늘이나 내일 뒤집힌다고 해도 한때 '신흥 시장 국가'가 '냉전이 끝날 때(1990년대 초 동유럽, 소련 붕괴 당시 — 옮긴이) 자본주의의 발전 동력을 유지시키는 데' 기여할 것이라고 예상했던 낙관적 기대가 총체적으로 실패한 것과 관련해 중국 체제의 전복이 어떤 문제도 전혀 해결하지 못할 것이기 때문이다.

그러는 사이에 근절할 수 없는 원인과 이에 연결된 모순과 적대는 계속 악화된다. 자체적으로 모순을 해결하는 능력이 **구조적으로** 결핍된 — 따라서 압력이 쌓여 모종의 폭발로 귀결될 때까지 '진실의 순간'을 연기하는 길밖에 없는 — 자본의 지배 아래에서는, 과거와 미래의 양 방향에서, 현재를 영구화하기 위해 역사적 시간을 왜곡하는 경향이 존재한다. 극단적인 과거의 오독誤讀은 현재를 모든 가능한 변화에 필수적인 구조적 틀로 오도해야 한다는 이데올로기적 지상명령에 의해 생겨난다. 왜냐하면 현재의 질서가 미래로 무한하게 투사되기 때문에 과거 역시 또 다른 형태 — 뒤로 투사되는 형태 — 로 체제의 영원한 현재의 영역으로 허구화되어야 하기 때문이다. 그렇게 해서 실재의 역사적 규정과 현재의 시간적 한계를 제거한다.

자본과 시간의 관계의 뿌리에 놓여 있는 서로 어긋난 이해관계의 결과로 자본은 장기적 전망도, 심지어 어떤 폭발이 일어나려는 때조차 위기에 대한 감각도 가질 수 없다. 기업은 가장 근시안적인 시간대 위에서 생각한 기획의 달성을 향하고, 성공도 그것으로 측정된다. 이런 이유로 자본의 입장을 채택하는 지식인들은 과거에 작동한 것은 무엇이나 — '조금씩 조금씩' 행하는 이상화된 방법 안에 응축되어 — 미래에도 작동하게 되어 있다고 즐겨 주장한다. 이것은 위험한 오류다. 축적되는 모순의 압박을 고려할 때 시간은 우리 쪽에 있지 않기 때문이다. 모든 '신경을 쓰는' 또는 '우려하는' 나라들이 미국의 전략을 기꺼이 지지하는 것에 관한 ≪이코노미스트≫의 청사진은, 그렇게 되었으면 하는 미래에 맞추기 위해 현재의 실상을 완전히 왜곡하는 것은 아닐지라도, 기껏해야 현재를 미래에 자의적으로 투사하는 것에 불과하다. 오늘날 미국과 일본 사이, 미국과 러시아 사이의 모순은 채택된 책략이 감안하는 것보다 훨씬 더 크다. 그 모순들이 장차 어떻게 전개될지는 논외로 하더라도 말이다. 중국에 대한 가상의 '신경과민'을 이유로 미국과 인도를 완전히 조화로운 관계로 변모시키려고 두 나라 사이에 존재하는 객관적인 이해관계의 갈등을 무시해서는 안 된다.

더욱이 유럽연합 내부나 유럽연합과 미국 사이에서 벌어지는 제국주의 간 갈등의 분명한 징후를 고려할 때 NATO라는 틀 안에서 겉보기에는 단단한 미국과 유럽연합의 조화조차 미래에도 당연히 지속되리라고 볼 수 없다.[63] 가끔은 ≪이코노미스트≫도 갈등에 시달리는 서구의 권력관계 안에서 모든 일이, 마땅히 그래야만 하는 대로 굴러가지 않는 것을 걱정하기도 한다. 그러면서도 이 주간지는 아무도 미국의 지배에 도전할 꿈조차 꾸지 말아야 한다고 주장한다. 이 주간지의 한 사설은 이렇게 말한다.

공통의 외교정책의 동기들조차 바뀐다. 어떤 유럽인은 그것을 유럽이 공통으로 가지는 정치적 의지의 표현이기를 바란다. 반면 다른 이들은 그것을 미국의 적수로, 미국에 제한을 가하는 것으로 받아들이려 한다. 그것이 반미주의의 한 형태에 지나지 않는다면 이는 하나의 재앙이 될 것이다. 예견이 가능한 미래에 NATO는 가급적이면 국제연합과 호흡을 맞추면서 서방 안보의 핵심 장치가 될 것이다. 여전히 미국은 세계의 위험 지역 대부분에 대해 주도적으로 대처할 것이다. 하지만 발칸반도 같은 가까운 지역에서 미국은 기꺼이 유럽을 앞장세울 것이다. 중동이나 러시아 같은 지역에서조차 유럽은 미국의 보완적 역할을 할 수 있어야 한다. 유럽은 세계에 더 큰 영향력을 발휘할 수 있고, 또 그렇게 해

---

63 앞서 〈각주 54〉에 인용한 루이지 빈치(Luigi Vinci)의 책 『생각을 자극하는 이 문제들에 대한 논의』에서 특히 60~66쪽을 참조하라.

야 한다. 하지만 유럽은 향후 오랜 기간 초강대국이 되지는 않을 것이다.[64]

'유럽은 세계에 더 큰 영향력을 발휘할 수 있고, 또 그렇게 해야 한다(무엇처럼? 또 어디서?)'라는 무의미한 문장은 알맹이 없는 장려상으로 던진 것으로서 ≪이코노미스트≫가 전파하는 미국의 절대적 우위를 지적장애인의 눈으로 정당화하기 위한 것이다. 그렇지만 진정한 문제는 유럽이 미국의 군사력에 필적하는 '초강대국'이 되기 위해서 얼마만큼의 시간이 걸릴 것인지가 결코 아니다. 오히려 문제는 결코 멀지 않은 장래에 제국주의 내부의 모순들이 어떤 형태로, 어떤 강도로 밖으로 분출하게 될 것인지에 관한 것이다.

사실대로 말하면 미국 행정부는 이미 유럽의 발전 전망에 대해 상당히 우려하고 있다.

미국 국무부 부장관 스트로브 탤벗Strobe Talbott은, 워싱턴이 보고 싶지 않은 것은 'NATO 안에서 시작해 NATO 바깥으로 성장한 다음 NATO에서 벗어나는' 독자적 유럽 방위 체제의 출현이라고 말했다. 또한 그는 영국 왕립국제관계연구소의 세미나에서 위험은 '처음에는 NATO를 복제하다가 그다음에는 NATO와 경쟁하는' 유럽연합 방위 구조라고 말했다. 탤벗 씨의 말은 …… 더 큰 유럽의 통일에 관한 미국의 기본적인 양면성을 건드린다. 말하자면, 유럽의 통일은 미국의 지구적 우위를 위협하지 않는 한 괜찮다는 것이다.[65]

이처럼 미국 국무부는 나머지 세계를 자신의 '지구적 우위'의 요구에 계속

---

64 "Superpower Europe," *The Economist*, July 17, 1999.

65 Rupert Cornwell, "Europe warned not to weaken NATO," *The Independent*, October 8, 1999.

복종하게 만들겠다는 미국의 결의에 관한 평범한 진리를 주입할 기회를 놓치지 않는다. 서방 정부들 가운데 가장 복종적인 영국 정부는 당연히 왕립 국제관계연구소의 같은 세미나에서 서둘러 전폭적인 재신임을 보냈다. "다음 주에 솔라나Solana 씨에게서 NATO를 인수받으면서 퇴임하는 국방장관 로버트슨 경Lord Robertson은 미국의 근심을 가라앉히려 노력하면서, 대서양 동맹이 여전히 영국 방어 정책의 주춧돌로 남아 있다고 선언했다."[66] 미국이 영국 정부에게 부여한 유럽 내부의 '트로이 목마' 역할이 의문의 여지없이 유지되는 한 그렇게 될 것이다. 하지만 서방 세력 사이에 현존하는 객관적 모순과 관련해보면, 그런 재신임은 무서움을 이기려고 어둠 속에서 휘파람을 부는 행위일 뿐이다. 미국 국무부가 누가 실제로 결정권을 갖는지에 대해 (심지어 그 대가의 지불을 거부할 때조차) 유럽연합에게 아무리 강력하게 환기시키더라도 이 모순들은 장차 심화할 수밖에 없다.

4.3 사회주의 운동이 직면한 역사적 도전들

4.3.1

앞서 본 바와 같이, 19~20세기의 전환기에 미국에서 일어난 반제국주의 운동은 노동이 '독점자본과 화해하고 그들의 대외 정책을 지원'했기 때문에 실패했다. 1902년 링컨의 동료였던 조지 보트웰[67]이 내린 결론, 즉 "공화국

---

66 Ibid.

67 19세기 미국 정치인(1818~1905). 율리시스 그랜트(Ulysses Grant) 대통령 시절 재무장관을 역임했다. 미국 반제국주의연맹의 총재를 지내면서 미국의 필리핀 합병에 반대했다. ─ 옮긴이

의 구원을 위한 마지막 노력은 노동하고 생산하는 계급에 의해 이루어져야한다"라는 결론은 오늘날에도 예언적으로 들린다. 왜냐하면 지금도 성공의 조건은 똑같고, 미국의 노동하고 생산하는 계급만이 전 지구적 패권 제국주의의 파괴적인 준동에 종지부를 찍을 수 있기 때문이다. 지구상의 어떤 정치적·군사적 권력도 미국 내부에서 현존 질서에 대해 긍정적인 대안을 제시하는 운동을 통해 이루어져야 할 것을 바깥에서 만들어낼 수 없다.

물론 이 말은 그 밖의 모든 사람이 물러앉아, 요구되는 행동들이 끝날 때까지 기다려야 한다는 것을 의미하지 않는다. 이런 일은 고립된 채로는 절대로 완성될 수 없기 때문이다. 문제와 모순들은 불가분 관계로 서로 얽혀있기 때문에 이를 해결하기 위해서는 세계의 다른 지역에서도 역시 심대한 변화가 필요하다. 깊이 자리 잡은 폭발적 모순들의 원인은 도처에서 참으로 국제적인 사업을 통해 다루어져야 한다. 그 사업의 특정한 구성 부분은, 미국과 세계의 다른 곳에 있는 '노동하고 생산하는 계급'과 연대해 자본의 모순이 얽혀 있는 밀림 같은 그물망에서 자신이 맡아야 할 몫과 대결해야한다. 세기 전환기에 미국의 노동이 "독과점기업과 화해하고 그들의 외교정책을 지지"한 것은[68] 한편으로는(자본 쪽에서는 — 옮긴이) 제국주의적 팽창을 위한 배출구를 이용해 자본의 모순들을 탈구시켜 지연할 수 있었기 때문이다. 노동 쪽에서는 자본의 사회 재생산 통제 양식에 대한 실행 가능한 헤게모니적 대안의 주관적·객관적 조건이 부재한 것에 기인했다.[69] 그러

---

68 미국 노동운동의 생생한 최신 역사를 보려면 Paul Buhle, *Taking Care of Business: Samuel Gompers, George Meany, Lane Kirkland, and The Tragedy of American Labor* (New York: *Monthly Review* Press, 1999)에서 특히 17~90쪽과 204~263쪽을 참조하라. 오늘날 조직된 노동의 전략적 역할에 대한 통찰력 있는 평가는 Michael D. Yates, *Why Unions Matter*(New York: *Monthly Review* Press, 1998)를 참조하라.

69 비우호적인 객관적 상황의 존재를 인정하는 것이 '주관적 측면'에서 종종 스스로 만들어 낸 모순에 대해 일괄적 합리화의 기회를 제공할 수 없는 것은 분명하다. 마이클 예이츠

한 대안은 실질적 평등 질서의 창출을 지향하는 국제 연대 없이는 생각할 수 없다.

직면한 위험을 깨닫기 위해 우리가 전투적인 사회주의자가 되어야만 하는 것은 아니다. 이러한 맥락 속에서 1995년 노벨평화상 수상자인 조지프 로트블랫*Joseph Rotblat*이 제기한 경고를 회상하는 것은 적절하다. 그의 경고는 생명과학 분야, 그중에서 특히 복제 분야에서 추구되는 이윤 중심의 연구 활동에 관한 것이다. 우리가 아는 바와 같이, 자본의 지배 아래에서 그런 활동 — 인간과 환경에 어떤 영향을 미치든 상관없이 자본 시스템의 확장적 지상명령에 사로잡힌 — 은 인류의 잠재적인 자기 파멸의 새로운 차원을 대변한다. 이 새로운 차원은 이제 기존의 핵, 생화학 무기고에 추가된다. 이들은 제각각 우리 위에 우주적인 참화를 여러 번 가할 능력을 지녔다.

마찬가지로, 마거릿 대처가 옥스퍼드 대학 총장으로 선출되는 것을 막은 운동에서 가장 두각을 나타낸 탁월한 자유주의 과학자 조지프 로트블랫은 과학 지식이 사회질서 안에서 일반적으로 생산되고 사용되는 방식과 관련해 그것의 통제 불가능성과 인류의 잠재적인 자기 파멸의 위험을 인식하고

(Michael Yates)는 미국 노동운동의 주인공으로서 결정을 내리는 지위에 있던 개인의 책임성과 역사적 영향을 올바르게 강조한다. 그는 최근 한 논문에서 다음과 같이 쓰고 있다. 즉, "곰퍼스(Gompers)는 세계산업노동자동맹(IWW)과 전투적 사회주의 간부들을 경찰에 넘기는 배신행위를 해서는 안 되었으며, 당시 지도적 사회주의자들은 곰퍼스와 동맹을 맺고 결국 그와 같이 광적인 보수주의자가 되어서도 안 되었다. 곰퍼스와 그의 후세대는 미 제국주의에 굴종해 전 세계 노동조합 지도자들을 살해하고 감옥에 집어넣은 죽음의 기관인 CIA의 돈을 받고 세계의 진보적 노동운동의 기반을 약화시켜서는 안 되었다. 산업별노조회의(CIO) 지도자들은 1955년 합병하기 전까지 CIO를 미국 노동총연맹(AFL)과 구분할 수 없게 만들면서 마녀사냥에 참여해서는 안 되었다. 하지만 공산주의자 역시 정부에게 트로츠키주의자들을 구금하도록 요구하면서 스탈린의 지령을 맹종해서는 안 되었다. 이 모든 것이 일부 급진파의 행동과 곰퍼스 등의 행동이 동일한 판 위에 있다는 말은 아니다. 급진파 역시 자신들의 역사를 만들었다는 말이다"(Michael D. Yates, "The Road Not Taken," *Monthly Review*, 51:6, November 1999).

있었다. 그는 학문적 통합성에 관한 최근의 논문에 다음과 같이 썼다.

> 사회구조들 ─ 사회적·정치적·종교적 구조들 ─ 은 폭넓게 수용될 수 있는
> 윤리적이고 사회적인 체계 속으로 우리가 아는 것을 흡수할 줄 모르는 무능함
> 때문에 심하게 삐걱거린다. 문제는 화급을 다툰다. …… 가능성이 있는 하나의
> 결과는 물론 다양한 형태의 근본주의로 퇴행하는 것이다. 이는 분명 학문적 통
> 합성에 심각하게 도전할 것이다. 이에 대한 대안은 우리를 파괴하는 지식의 능
> 력을 무장해제하는 방법을 찾는 의무가 이 지식 창고의 창조자들 쪽에 있음을
> 인식하는 일이다.[70]

이런 위험에 맞서 싸우는 과학자의 사회적 책임은 더할 수 없이 중대하
다. 실제로 20세기에 이 계획에 참가한 과학자 중에는 우리의 가장 위대한
인물들도 포함되어 있다. 예를 들면, 아인슈타인은 여러 해 동안 과학의 군
사화에 반대하는 투쟁과 핵 비무장의 대의를 위해 행동했다. 계획했다가
총체적 방해의 결과로 실제 소집되지 못한 전국과학자총회에 보낸 서한에
서 그는 다음과 같이 썼다.

> 나는 절대다수의 과학자들이 학자로서, 세계 시민으로서 자신의 책임을 충분
> 히 인식하고 있는 것에 대해 그리고 우리의 미래와 우리 아이들의 미래를 위협
> 하는 널리 퍼진 히스테리에 넘어가지 않은 점에 대해 심심한 감사를 드린다. 군
> 사주의와 제국주의의 독소가 미국의 정치적 태도에 바람직하지 않은 변화를 초
> 래하도록 위협하고 있음을 인식하는 것은 무서운 일이다. …… 우리가 여기서
> 보는 것은 미국 인민의 감상 표현이 아니다. 오히려 그것은 정치적 기관을 통제

---

70 Denis Noble, "Academic Integrity," in Alan Montefiore and David Vines(eds.), *Integrity in the Public and Private Domains*(London & New York: Routledge, 1999), p. 184.

하기 위해 경제력을 사용하는 유력한 소수의 의지를 반영한다. 정부가 이 치명적인 길을 따르면 우리 과학자들은, 비록 정부의 비도덕적 요구들이 법적 장치에 의해 뒷받침되더라도, 그 요구에 굴종하기를 거부해야 한다. 성문화되지 않은 법, 즉 우리 자신의 양심에서 나오는 법이 있다. 이것은 워싱턴에서 고안한 어떤 법조문보다 훨씬 더 큰 구속력을 지닌다. 우리에게는 비협조와 파업이라는 최후의 무기가 있다.[71]

과학자들의 절대다수가 의식적으로 승인하는 사회적 책임에 대해 아인슈타인이 공개적으로 천명한 믿음은 1946년 1월 10~12일에 예정되었던 중요한 모임이 취소되면서 큰 상처를 입은 것이 분명하다. 그런데도 그는 위협과 공개적인 비난을 견뎌내면서 죽을 때까지 계속해서 투쟁했다. 그는 "사람들은 혁명적 행동이 아니고서는 법률 속에 동결된 참을 수 없는 구속에서 자신을 해방시킨 적이 결코 없다"는 것을 잘 알고 있었다.[72] 그리하여 그는 계속 주장했다. "말이 아니라 행동이 필요하다. 말만으로는 어디에서도 평화주의자가 될 수 없다. 평화주의자라면 마땅히 행동에 돌입해야 하고, 지금 이룰 수 있는 것부터 시작해야 한다."[73] 하지만 그의 대단한 지위, 정부 고위층과 대중매체에 대한 남다른 접근 기회에도 불구하고 끝내 아인슈타인은 완전히 고립되었고, 갈수록 커지는 군산복합체의 정치적 옹호자들에게 패배하고 말았다. 그들은 그를 미국에서 추방하기 위해 기소할 것을 요구하기까지 했으며,[74] 의회에서 "이 외국 태생의 선동가는 우리를 또

---

71 Otto Nathan and Heinz Norden(eds.), *Einstein on Peace*(New York: Schocken Books, 1960), p. 343에서 인용. 아인슈타인의 말(message)은 사후에야 출판될 수 있었다.

72 Ibid., p. 107.

73 Ibid., p. 116.

74 Ibid., p. 344.

다른 유럽의 전쟁에 끌어들여 전 세계에 공산주의의 확산을 꾀하려 한다"
라고 떠들었다.[75]

이처럼 그 나라의 가장 위대한 사회적 관심과 정치의식을 소유한 과학자의 항의마저 광야의 외침으로만 남아야 했다. 왜냐하면 그 외침은 새 질서에 대한 인류 사회의 실행 가능한 대안적 전망을 통해, 깊이 구축된 자본의 파괴력과 대결하고, 또 이를 해체할 대중운동에 의해 증폭되지 않았기 때문이다. 조지 보트웰이 구상한 대안도 마찬가지였다. 당시 그는 "공화국의 구원을 위한 최후의 노력은" – 제국 건설, 모험주의적 대기업과 그들의 국가에 대항하는 – "노동하고 생산하는 계급이 감당해야 한다"라고 주장했다. 보트웰이 이 말을 한 시기는 거의 한 세기 전인데, 그 후 그 말의 진실은 계속 강화되어왔다. 왜냐하면 인류 사회 전체에 대한 위험은 그가 발언했던 1902년은 물론이고 아인슈타인의 시대와 비교하더라도 측정할 수 없을 정도로 증가했기 때문이다. 아인슈타인이 우려한 핵무기의 양은, '냉전의 종식'에 관한 온갖 자기기만적인 이야기에도 불구하고, 그가 죽은 이후에 급증해왔다. 최근 보리스 옐친Boris Yeltsin이 전 세계에 대놓고 러시아에는 아직도 충분한 핵무기고를 소유하고 있다고 경고하면서 체첸에 대한 끔찍한 전쟁을 '주권적 권리'로 정당화하려고 했을 때 우리는 사태의 진면목을 다시금 되돌아보게 되었다.

오늘날에는 상호확증파괴MAD: Mutual Assured Destruction[76]라는 핵 위협과 더불

---

75 Ronald W. Clark, *Einstein: The Life and Times*(London: Hodder and Stoughton, 1973), p. 552에서 인용. 하원에서 아인슈타인을 극심하게 비난한 의원은 존 랭킨(John Rankin) (민주당, 미시시피)이었다.

76 1960년대 이후 미국·소련이 구사했던 핵전략. 핵 억제 전략의 중추 개념으로서 1950년대 말 미국의 아이젠하워 대통령이 처음으로 채택했다. 미국이 봉쇄 전략과 대량 보복 전략에 이어 채택한 전략 개념으로, 상대방이 공격을 하면 공격 미사일 등이 도달하기 전 또는 도달 후 생존해 있는 보복력을 이용해 상대방을 절멸시키는 전략을 말한다. 이 전략

어 대량 살상용 생·화학무기의 사용법에 대한 지식이 자본의 지배가 위협 당할 경우 이런 무기를 주저 없이 사용할 모든 사람의 손아귀에 들어가 있다. 이것이 전부가 아니다. 20세기 죽음의 나날 동안 무책임한 산림 파괴와 투기적 '개발'의 결과로 베네수엘라 인민에게 가해진 무시무시한 재앙이 극적으로 보여주는 것에서 알 수 있듯이, 지금까지 자본의 맹목적 이익 추구에 따른 환경 파괴의 규모는 엄청나다. 그래서 자본의 치명적인 자기 추동적이고 자기 지속적인 구성을 견제하는 것을 통해 ― 그것은 자신의 '이성적인', 직접적인 의미의 '경제적인' 최소저항노선을 추구해야 한다 ― 어떤 유의미한 변화를 만드는 데는 수십 년이 걸릴 것이다. 비록 그 과정이 내일부터 되돌려진다고 해도 말이다. 더욱이 이윤을 추구하는 거대 기업과 그들 정부의 명령에 따라 무모하게 사용된 생명공학, 복제, 통제되지 않은 유전자조작 식품 생산 등을 통한 자연 조작이 가지는 잠재적으로 치명적인 함의는 새로운 판도라의 상자를 여는 것을 의미한다.

오늘날의 여러 사태가 보여주듯이, 바로 이런 것들이 우리의 지평에서 명백하게 보이는 위험이다. 자본의 파괴적 통제 불가능성 때문에 어떤 추가적인 위험이 우리 아이들의 미래에 나타날 것인지 누가 알겠는가! 하지만 우리의 역사적 경험에 비춰볼 때 절대적으로 분명한 것은 진정한 사회주의 대중운동만이 지금 인류를 자기 파괴의 구렁텅이로 몰아넣는 힘과 맞

개념은 선제공격으로 완전한 승리를 하기보다 핵무기를 사용하지 않기 위해 행하는 전략, 즉 핵전쟁이 일어나면 누구도 승리할 수 없다는 전제 아래 행하는 핵 억제 전략이다. 따라서 핵무기는 사용하기 위해 생산하는 것이 아니라 사용하지 않기 위해 생산하는 억제 무기로서, 합리적이고 이성적인 지도자라면 상호 절멸을 의미하는 핵 공격을 감행할 수 없다. 이후 1991년 소련이 붕괴될 때까지 상호확증파괴는 냉전시대의 핵 억제 전략으로서 미국과 소련 사이에 핵전쟁을 억제하는 데 중요한 기능을 했다. 그러나 2000년 11월 부시가 대통령에 당선된 뒤에 미국은 2001년 핵태세 검토 보고서(NPR)를 발간해 기존의 핵 억제 전략인 상호확증파괴를 버리고 보다 적극적인 핵무기 사용 의지를 천명하는 등 일방적 확증파괴라는 새로운 핵 원칙을 내세우고 있다. ― 옮긴이

서 그것을 물리칠 수 있다는 점이다.

4.3.2

과거에 대한 비판적인 재검토가 없다면 자본의 사회신진대사 재생산양식에 대한 근본적인 대안을 구성하는 긴급한 과제는 이루어질 수 없다. 역사적 좌파가, 여러 자본주의국가의 산업 발전에 병행하는 노동조합 같은 '연합combination'과 그에 뒤따르는 노동계급의 정치적 발전을 내다본 1847년 마르크스의 낙관적인 예상에 부응하는 데 실패한 점을 검토할 필요가 있다. 당시 마르크스는 이렇게 언급했다.

> 어떤 나라에서 연합의 발전 정도는 세계시장의 위계 안에서 그것이 차지하는 순위를 분명히 나타낸다. 산업이 최고 수준으로 발전한 영국은 가장 크고 잘 조직된 노동조합들을 보유하고 있다. 영국에서는 그것들이 부분적 연합에 머물지 않고 …… 노동자의 정치투쟁과 함께 전진했고, 이제는 차티스트라는 이름 아래 거대한 정당을 구성하고 있다.[77]

마르크스는 이 과정이 다음과 같은 방식으로 계속되기를 기대했다.

> 노동계급은 발전 과정에서 구 시민사회를 대체하고 계급들 그리고 계급들의 적대를 배제한 연합체를 구축할 것이다. 말 그대로의 의미에서 정치권력은 더 이상 존재하지 않을 것이다. 정치권력이란 시민사회 안에 존재하는 적대의 공식적 표현이기 때문이다.[78]

---

77 "The Poverty of Philosophy," in Marx and Engels, *Collected Works*, vol.6(New York: International Publishers, 1976), p. 210.

하지만 노동계급의 역사적 발전은 부분성_partiality_과 부문성_sectionality_을 특징으로 한다. 이런 특성은 '부분적인 연합들'이나 거기에서 발생하는 다양한 노동조합에 국한되지 않는다. 우선 부분성은 불가피하게 정치적 차원을 포함해 사회운동의 모든 면에 영향을 끼쳤다. 실상 150년이 지난 지금도 그 부분성은 여전히 커다란 문제를 제기하는데, 이는 희망하건대 그리 멀지 않은 미래에 해결되어야 할 것이다.

노동운동은 초기에 부문적이고 부분적일 수밖에 없었다. 종종 주장되듯이 이것은 단순히 주체가 잘못된 전략을 채택한 문제가 아니고 객관적 규정의 문제였다. 앞에서 언급한 바와 같이, '자본의 다수성'은 자본의 사회신진대사 질서의 틀 안에서는 과거에도 극복될 수 없었고 지금도 극복될 수 없다. 세계화하는 자본의 ― 초국가적이지만, 바로 그 초국가적인(그리고 진정으로 多多국가적이지 않은) 특성 때문에 부분적일 수밖에 없는 발전뿐만 아니라 ― 독점적인 집적과 집중을 향한 강력한 경향에도 불구하고 그러하다. 동시에 '노동의 다수성' 역시 자본의 사회신진대사 재생산의 토대 위에서는 지양될 수 없다. 이는 노동을 자본의 화해 불가능한 구조적 적대자에서 하나같이 자본에 순응하는 하인으로 바꾸어보려고 아무리 많은 노력을 기울여도 지양될 수 없다는 것이다. 그 시도는 주식을 보유하는 '인민의 자본주의'라는 신비화되고 불합리한 선전부터 탈자본주의적인 자본의 인격화들(소비에트 체제의 당과 국가 관료들 ― 옮긴이) ― 이들은 노동계급의 진정한 이해의 화신化身이라는 그럴싸한 주장으로 자신들을 정당화하려고 시도했다 ― 이 수행한 포괄적이고 직접적으로 정치적인 잉여노동 추출에 이르기까지 걸쳐 있다.

노동운동의 부문적이고 부분적인 특성은 노동운동의 **방어적인** 구성과 연계된다. 초기 노동조합주의 ― 나중에 여기에서 정당이 생겨나는데 ― 는 권위주의적인 경향을 띠는 **부문성의 중앙 집중**, 즉 지역 '연합체들'에서 노조

78 Ibid., p. 212.

중앙으로, 이어서 정당으로 의사 결정권의 이동을 보여주었다. 따라서 초기 노조 운동은 불가피하게 대체로 부문적이고 방어적이었다. 실제로 이 운동 발전의 내부 논리 때문에 부문성의 중앙 집중은 방어성의 고착을 수반했다. 이는 지역 연합체들이 지역 수준의 자본 적대자에게 심각한 피해를 입힐 수 있었던 산발적 공격과 비교된다. (더 오래전 러다이트*Luddite*[79] 부류는 똑같은 공격을 아주 단기간에 더 일반적으로 파괴적인, 따라서 거의 실행하기 어려운 형태로 행하려고 했다.) 방어성의 고착은 역설적으로 역사적 진전을 나타냈다. 왜냐하면 초기 노동조합을 통해 노동은 객관적으로는 계속 자본의 구조적 적대자이면서도 자본의 대화 상대가 되었기 때문이다. 노동이 일반화된 방어성이라는 새로운 입장에 서면서, 조건이 우호적일 경우 노동의 몇몇 부문에게는 분명한 이점이 생길 수 있었다. 이것은 상응하는 자본의 구성 부분이 전국 규모에서 — 잠재적인 자본 확장과 축적의 동학에 맞추어 —, 방어적으로 구성된 노동운동이 내놓은 요구에 부응할 수 있는 한 가능한 일이었다. 이 운동은 자본 시스템의 구조적 전제 조건 안에서 법적으로 구성되고, 국가가 규제하는 대화 상대로서 작동되었다. '복지국가'의 발전은 이 논리의 궁극적 표현으로서 제한된 몇몇 나라에서만 작동되었다. 이는 복지국가가 출현하기 위한 전제 조건으로서 해당 국가 안에서 자본의 확장이 교란되지 않는 우호적인 조건들과 관련해서도 제한적이었고, 시간 범위와 관련해서도 제한적이었다. 결국 자본 시스템 전체의 구조적 위기의 결과, 시간 범위와 관련된 제한은 지난 30년 동안 복지국가를 완전히 청산하라는 우파의 압력에서 분명하게 드러났다.

---

79 러다이트운동은 1811년에서 1817년 사이 영국에서 산업혁명으로 기계가 도입되면서 처지가 악화된 숙련노동자를 중심으로 일어난 기계파괴운동으로, 노동 대중은 물론 지식인들 사이에서도 광범위한 지지를 얻었다. 결국 정부가 군대를 동원해 노동자들을 탄압하고 주동자들을 처형하면서 수그러들었지만, 노동조합과 단체교섭이 허용되는 계기를 만든 최초의 노동운동이다. ― 옮긴이

노동의 '산업적 날개(노동조합)'를 노동의 '정치적 날개(사회민주주의 정당과 전위 정당)'에서 분리하는 형태로 노동자 정당이 구성된 것과 더불어 운동의 방어성은 더욱 깊이 자리 잡았다. 두 유형의 정당이 전반적인 의사 결정의 배타적 권리를 스스로 전유해버렸기 때문이다. 그것은 이미 노동조합 운동의 중앙 집중화된 부문성에서 조짐을 보였다. 이 방어성은 사회주의 운동을 본래의 목표에서 이탈시키고 방향을 바꾼 대가로 어느 정도 성공을 거두고 있던 정당들이 채택한 작동 양식을 통해 더욱 악화되었다. 왜냐하면 자본주의적 의회의 틀 안에서 자본이 노동자 정당의 합법성을 수용하는 것과 맞바꿔 정치적 목적을 위해 '산업적 날개'를 사용하는 것은 불법화되었기 때문이다.

이것은 매우 심각한 제약 조건 — 노동자 정당들이 동의한 — 이 되어 물적 토대에 근거하고 정치적으로도 가장 효과적인 생산적 노동의 거대한 전투적 잠재력을 완전히 무력한 상태로 전락시켰다. 이렇게 행동하는 것은 자본이 구조적으로 보장된 우월성을 통해 외부에서 자기가 원하는 대로 의회를 지배할 수 있는 대단히 강력한 초超의회[80] 세력으로 남아 있었기 때문에 더욱 문제가 되었다. 탈자본주의국가에서도 상황은 노동에게 조금도 나을 게 없었다. 왜냐하면 스탈린은 노동조합을 공식 선전의 '전달 벨트'라고 부를 정도로 그 지위를 격하했다. 동시에 그는 탈자본주의적 정치 형태의 의사 결정이 노동계급에 기초해 통제될 가능성을 없애버렸다. 따라서 정당의 모든 주요한 형태에 관련된 불쾌한 역사적 경험에 비춰보면, 노동의 '산업적 날개'와 '정치적 날개'의 온전한 결합 없이는 사회주의 운동의 근본적 재구성

---

80 'extra-'를 '초-'로 번역한다. 'extra-'는 사전적으로 '… 외의, 범위 밖의, … 을 넘어선' 등을 의미하는데, 여기서 '의회 밖의'로 번역할 경우 의회 안이냐 밖이냐는 형식적 규정만으로 제한되기 때문에 그러한 형식적 규정을 포함해서 의회를 넘어선다는 내용적 규정까지 표현하려면 '초의회'가 더 적절하다. — 옮긴이

*re-articulation*에 대해 아무 희망도 있을 수 없다는 것을 알 수 있다. 이렇게 되려면 노동조합에게 유의미한 정치적 의사 결정 권력을 부여하는 (그리하여 곧바로 노조가 정치적으로 되도록 고무하는) 한편, 정당 자체가 비타협적인 자본의 적대자로서 의회의 **안**과 **밖**에서 자신의 투쟁에 대한 책임을 떠맡고 노사 갈등에 도전적으로 개입하도록 만들어야 한다.

노동운동은 자신의 오랜 역사 내내 부문적이고 방어적인 성격으로 남아 있었다. 실제로 이 규정적 특징 두 가지는 최악의 악순환을 이루었다. 일반 운동으로서 노동은 방어적으로 구성되어 있다. 따라서 분할되고 종종 내적으로 분열된 다수성 안에 있는 노동은 자본의 다수성에 의해 (노동을) 마비시키는 부문적 제약들을 깨고 나올 수 없었다. 그리고 반대로 지금까지 노동은 조직화된 산업적·정치적 구성에서 부문적으로 남아 있었기 때문에 자본에 대해 필연적 방어성이라는 심대한 한계를 극복할 수 없었다. 동시에 노동이 취한 방어적 역할이 자본의 사회신진대사 통제 양식에 요상한 형태의 정통성을 부여하면서 이 악순환은 더욱 공고해졌다. 왜냐하면 노동의 방어적 태도는 자동적으로 기존의 사회경제·정치 질서를 노동의 요구 가운데 '현실적으로 실행 가능하다'라고 고려될 수 있는 것을 규정하는 필수적인 틀이자 계속되는 전제 조건으로 취급하는 데 명시적이든 암묵적이든 동의한 것이 되기 때문이다. 이는 동시에 협상 상대들이 서로 경쟁적인 주장을 펼 때 생기는 갈등을 해결하는 유일하게 합법적인 방식을 획정한다. 이는 일종의 자기 검열에 이르러 자본의 열렬한 인격화들을 기쁘게 만들었다. 그것은 전략적 무기력으로 귀결되는 무감각한 자기 검열을 나타낸다. 오늘날 이 전략적 무기력은 한때는 진짜 개혁주의자였지만 이제는 완전히 길들여지고 통합되어버린 세력은 물론이고 조직된 역사적 좌파의 더 급진적인 잔류파들까지 계속 마비시키고 있다.

자본의 '합리적 대화 상대' — 이 합리성은 지배 질서의 실제적인 전제와 제약에 들어맞느냐에 따라 선험적으로 정의된다 — 라는 방어적인 자세가 노동에게 상대적 이득을 가져다주는 한 자본의 전반적인 정치적 조절 틀이 자칭하는 **정당성**은 근본적인 도전 없이 유지될 것이다. 하지만 구조적 위기의 압력 아래 자본이 '합리적 대화 상대'에게 어떤 의미 있는 것도 양보할 수 없고, 반대로 과거의 양보를 거두어들여 복지국가의 토대 자체를 공격하고 (일련의 '민주적으로 제정된' 권위주의적인 반反노동조합적 법률들을 통해) 노동의 방어적인 법적 보호 장치를 공격하게 되면 기존의 정치 질서는 그 정통성을 잃게 될 것이다. 이는 동시에 노동의 방어적 자세가 전혀 유지될 수 없음을 드러낼 것이다.

오늘날 자본 시스템의 최악의 옹호자들조차 정치의 위기를 부인할 수 없다. 물론 그들은 신노동당의 '제3의 길' 정신에 따라 그 위기를 정치적 조작과 그에 의한 위태로운 합의 영역으로 한정하려 한다. 하지만 정치의 위기는 기존 사회신진대사 재생산양식과 그것의 정치적 통제의 전반적인 틀이 처한 심대한 **정통성** 위기를 나타낸다. 바로 이것이 **사회주의 공세의 역사적 실재성을**[81] 가져온 것이다. 한때 압도적으로 인정되었던 정통성의 근거인 '제 할 일을 하는' 데 실패하고 있음이 ─ 심지어 선진 자본주의국가에서조차 ─ 점점 더 명백함에도 불구하고 노동이 '최소저항노선'을 추구하는 것이 당분간은 기존 질서를 유지하는 데 유리하게 작용할지라도 말이다. 유럽의 다양한 변종들과 마찬가지로 오늘날 '신노동당'은 오직 단단히 뿌리내린 자본의 이해관계에 대해서만 '제 할 일을 하는' 조력자다. 그것이 금융자본 영역 ─ 심지어 유럽의 몇몇 동반자와 갈등을 겪으면서까지 블레어 정부가 냉소적으로 옹호한 ─ 에서든 몇몇 산업부문 그리고 유사-독점적 상업부문에서든 간에 그러하다. 동시에 재생산을 가능하게 하는 자본의 수익성이 줄어드는 조건 아래 체제를 방어하기 위해서 노동계급의 관심사는 완전히 무시된다. 그리하여 가까운 과거의 모든 권위주의적인 반反노동 입법을 유지하고,[82] 자본

---

81 *Beyond Capital*, chapter 18, pp. 673~738 참조.

이 밀어붙이는 노동력의 대대적인 **임시 고용화**를 (실업 문제에 대한 냉소적인 속임수 해결책으로서) 국가권력으로 지원함으로써 자본의 핵심적 이익은 촉진된다. 노동이 따르는 방어적 순응의 (이미 존재하거나 생각할 수 있는) 어떤 변종도 사회주의 공세의 필요성을 역사적 의제에서 제거할 수 없는 이유가 바로 여기에 있다.

현재의 위기 상황 아래서 '발전'을 위한 낡은 '확장(경기 부양)적 합의'의 정신에 호소하는 케인스주의의 기만적인 노래가 희망적인 치유책으로 다시 들리는 것은 전혀 놀랍지 않다. 하지만 오늘날 저 노래는 케인스의 무덤 밑바닥에서 긴 대롱을 타고 올라오는 아주 미약한 것일 수밖에 없다. 왜냐하면 현실에서는 현존하는 순응적인 노동의 변종들에 의해 일구어진 합의의 유형이 자본 확장과 축적의 **구조적 실패**를 자신의 구미에 맞게 만들어야 하는데, 이러한 상황은 한때 역사적으로 아주 국한된 시기에 케인스주의 정책이 우위를 떨칠 수 있던 상황과 극명하게 대비되기 때문이다. 이탈리아의 재건 운동에서 두각을 나타낸 인물 루이지 빈치는 오늘날 급진 사회주의 세력의 엄밀한 자기규정과 자율적인 조직적 생존력은 "중심 입장이 '발전'이라는 마법의 단어에 사로잡힌 좌파 케인스주의의 모호하고 낙관적인 태도 때문에 종종 심하게 방해받고 있다"라고 올바르게 강조했다.[83] '발전'이라는 관념은 케인스주의적 확장이 정점에 있을 때조차 사회주의적 대안을 조금도 앞당길 수 없었다. 그것은 '최소저항노선'이라는 내면화된 제약

---

82 우리가 잊지 말아야 할 것은 영국 해럴드 윌슨(Harold Wilson)의 노동당 정부 아래서 자본의 구조적 위기 초입 단계에 "투쟁 대신에(In place of strife)(1969년 노동조합의 힘을 약화하기 위한 입법을 제안한 영국 정부 백서의 제목 — 옮긴이)"라는 입법 기획과 더불어 반노동적 법제화가 시작되었다는 점이다. 그것은 마거릿 대처의 통치 아래에서 신자유주의 도장을 받기 10년 전에 단명한 에드워드 히스 정부 그리고 윌슨과 레오나르도 캘러헌(Leonard Callaghan) 노동당 정부 아래서 계속되었다.

83 Vinci, *La socialdemocrazia e la sinistra antagonista in Europa*, p. 69.

아래 확고하게 놓여 있어서 언제나 자본의 필수적인 실제적 전제들을 자기 전략의 방향을 규정하는 틀로서 당연시했기 때문이다.

또 강조할 점은 케인스주의는 본성상 **국면적**_{conjunctural}이라는 것이다. 그것은 자본의 구조적 한계 안에서 작동하기 때문에 지배적인 상황에 따라 짧은 국면이 되든 긴 국면이 되든 간에 국면적일 수밖에 없다. '좌파 케인스주의'적인 변종에서조차 케인스주의는 필연적으로 자본의 **중단-전진**_{stop-go} (공황-호황을 반복하는 경기순환 ─ 옮긴이) **논리** 내부에 위치하고, 그것의 제약을 받는다. 케인스주의는 기껏해야 확장 주기의 '전진' 국면만을 나타낼 수 있을 뿐이다. 하지만 '전진' 국면은 조만간 '중단' 국면에 의해 종언을 고하게 되어 있다. 본래 케인스주의는 두 국면을 모두 균형적으로 관리해 중단-전진 논리에 대한 대안을 제공하려 했다. 하지만 그렇게 하는 데 실패했고, 바로 자본주의의 국가 중심적 조절 틀의 본성 때문에 일방적인 '전진' 국면에 매여 있었다. 유별나게 길었던 전후 케인스주의적 확장 ─ 주로 선진 자본주의국가에 국한되었던 ─ 은 전후 재건이라는 유리한 조건과 국가의 엄청난 재정 지원을 받는 군산복합체가 그 안에서 차지하던 지배적인 지위 덕분이었다. 다른 한편으로, 균형을 바로잡는 '중단' 국면이 예외적일 정도로 가혹하고 냉정한 신자유주의 (그리고 신자유주의를 마치 객관적인 것처럼 이데올로기적으로 합리화하는 통화주의) 형태를 취할 수밖에 없었던 사실 ─ 이미 해럴드 윌슨[84]의 노동당 정부 아래서 데니스 힐리_{Denis Healy} 재무 장관이 통화주의적 재정 정책을 주도했다 ─ 은 자본의 (더 이상 전통적인 주기적 위기가 아닌) **구조적 위기**가 시작되어 역사의 한 시대 전체를 포괄하게 되었기 때문이었다. 이것이 바로 전후 케인스주의의 '전진' 국면보다 훨씬 길게 신자유

---

84 영국의 정치가. 노동당 당수로 1964년부터 1970년까지 총리를 지냈다. 그는 '과학혁명 시대의 사회주의'를 주창하고 광산의 국유화, 완전고용, 사회보장제도 실현 등을 통해 영국 경제의 활성화를 시도했으나 결실을 맺지 못하고 물러났다. ─ 옮긴이

주의의 '중단' 국면이 예외적으로 지속되는 것을 설명해준다. 이 중단 국면은 아직 끝이 보이지 않고, 보수당 정부나 노동당 정부 아래서 다를 바 없이 영구화되고 있다. 달리 말해, 반노동정책의 가혹함과 신자유주의적 '중단' 국면의 엄청난 지속성, 그리고 의회 정치에서 서로 반대편에 있다고 상정되는 정부들이 신자유주의를 실행하고 있다는 사실은 실제로는 자본의 구조적 위기의 표현으로서만 이해될 수 있다. 몇몇 노동당 이론가들이 신자유주의 국면이 혹독하게 장기적으로 지속하는 것을 정상적인 자본주의 발전의 '장기하향주기downward long cycle'라고 하며, 또 다른 '장기확장주기expansionary long cycle'가 그 뒤를 이을 것이라고 이데올로기적으로 합리화하는 상황은 개량주의의 '전략적 사고'가, 진행 중인 발전 추세의 본질을 파악하는 데 완벽히 실패했음을 분명히 드러낼 뿐이다. 신자유주의의 야만성이 길들여진 노동의 도전을 받지 않고 계속 제 갈 길을 가고, 이제 노동당의 자본 옹호자들이 이론화한 '긍정적인 장기 주기'가 도래할 것이라는 환상적인 관념이 단언한 시간도 거의 끝나고 있기 때문에 더욱 그러하다.

따라서 자본 시스템의 구조적 위기를 감안할 때 비록 국면의 변화에 따라 모종의 케인스주의적인 국가의 재정 관리 형태를 제도화하려는 시도가 다시 나타날 수 있겠지만, 지배적인 자본주의국가에서조차 그것을 장기간 연장하는 물질적 조건이 없기 때문에 지속 기간은 극히 제한적일 수밖에 없다. 더 중요한 점은 이런 제한된 국면적 부활은 급진적 사회주의 대안의 실현을 위해 아무것도 제공해줄 수 없다는 것이다. 왜냐하면 내적인 국면적 체제 관리 방식 ― 즉, 자신의 작동 양식의 필수 전제 조건으로서 자본의 건실한 확장과 축적을 필요로 하는 방식 ― 에 따라 자본의 사회신진대사 통제 양식에 대한 실행 가능한 전략적 대안을 구축하는 것은 절대 불가능하기 때문이다.

4.3.3

우리가 바로 앞에서 보았듯이, 노동의 부문적인 한계와 방어적인 태도는 그 운동의 노동조합적·정치적 중앙 집중화를 통해서는 극복될 수 없다. 이런 역사적 실패는 이제 자본의 초국가적인 세계화에 의해 더욱 분명해진다. 하지만 이에 대해 노동은 어떤 대답도 갖지 못한 것처럼 보인다.

여기서 우리가 환기할 점은 지난 150년 동안 노동의 국제적 통일체를 창설하려는 시도로 인터내셔널*International*이 최소한 네 번 설립되었다는 것이다. 하지만 네 번 모두 그들이 천명한 목적을 달성하기는커녕 거기에 근접하지도 못했다. 이런 실패를 단순히 몇몇 개인의 배신 때문이라고 볼 수는 없다. 그런 식으로 보는 것은 개인 차원에서는 타당할지도 모르지만 여전히 의문의 여지가 있으며, 또 우리가 장차 그런 상황을 치유하고 싶다면 명심해야 할 중요한 객관적 규정을 무시하는 것이다. 어떤 이유로 긴 역사적 시간 동안 실제로 그러한 궤도 이탈과 배신행위가 일어나기에 알맞은 상황이 조성되었는지는 여전히 해명되어야 한다.

근본적인 문제는 노동의 부문적 다수성이 위계적으로 구조화된 자본의 갈등적인 다수성과 밀접하게 연계된다는 점이다. 이는 모든 개별 국가 안에서나 지구적 차원에서 모두 그러하다. 자본의 다수성이 없다면 자본에 대항하는, 통일되었거나 통일될 수 있는 국제적인 노동 통일체를 성공적으로 건설하는 것을 구상하는 일은 훨씬 쉬울지도 모른다. 그렇지만 자본 시스템이 필연적으로 국내적·국제적으로 교정할 수 없는 부당한 약육강식의 질서를 통해 위계와 갈등의 관계로 구성되어 있음을 고려할 때 자본의 지구적 통일은 실현될 수 없다. 자본의 지구적 통일이 실현된다면 원리상 그에 상응하는 국제적인 노동 통일체가 응당 대치될 수 있겠지만 말이다. 주요한 국제분쟁에서 다양한 나라의 노동계급이 사회주의자의 말을 따라 무기를 자신의 지배계급에게 겨누는 대신 자국의 착취자의 편에 섰던 매우 개탄스러운 역사적 사실을 설명할 수 있는 물질적 근거는 바로 여기에서 언급된 모순된 세력 관계에 있다. 이러한 사실은 '이데올로기적 선명성' 문제로 환원될 수 없다. 같은 이유로, **세계화하는 자본**의 통일과 자본의 '세계정부'에서 급진적인 변화를 기대하는 사람들 역시 곧바로 실망하게 될 것이다. 자본의 통일과 세계정부는, 국제적으로 단결하고 계급의식이 투철한 노동과 전투적으로 대결하게 될 것이다. 자본이 그렇게 할 수 없다는 단순한 이유 때문에 자본은 노동에게 은혜를 베풀어 그런 '호의'를 보이지 않을 것이다.

자본이 위계와 갈등의 관계로 구성되는 것은 그 시스템 전체의 구조화 원리 때문이다. 이는 그 구성단위들이 아무리 크고 심지어 거대하더라도 그러하다. 이것은 시스템이 가지는 의사 결정 과정의 가장 내밀한 본성에 기인한다. 자본과 노동 사이의 화해할 수 없는 구조적 적대 때문에 노동은 유의미한 모든 의사 결정에서 철저하게 배제될 수밖에 없다. 이것은 가장 포괄적인 수준뿐만 아니라 심지어 특정 생산 단위 안에 있는 여러 구성적인 '소우주들'에 대해서도 진실이다. 왜냐하면 소외된 의사 결정 권력으로서의 자본은 특정 작업장에서든, (노동력에 의해서) 특정 국가 안에서 중간 수준으로 경쟁하는 생산복합체에 의해서든, 심지어 가장 포괄적인 수준에서든 (국제적으로 경쟁하는 단위를 책임지는 지휘자에 의해) 자신의 결정에 의문이 제기되지 않도록 만들어야 기능할 수 있기 때문이다. 이 때문에 자본의 의사 결정 양식 — 알려져 있거나 실행 가능한 모든 종류의 자본 시스템에서 — 은 다양한 기업을 운영하는 **상명하복의 권위주의적 방식**이 될 수밖에 없다. 여기에서 알 수 있듯이, 노동이 자본과 권력을 공유하거나 자본의 의사 결정 과정에 참여하는 것에 대한 모든 이야기는, 사태의 실상을 냉소적으로 감추려는 것은 아니더라도, 순전히 허구에 속한다.

이처럼 권력을 공유하는 것이 구조적으로 불가능하다는 사실은 20세기에 광범위하게 전개된 **독점화**가 왜 '적대적'이건 '비적대적'이건 간에 인수 합병 형태를 취해야 했는지를 설명해준다(이는 오늘날 엄청난 규모로 비일비 재하게 일어난다). 이 인수 합병에서는 예외 없이 (이데올로기적 합리화가 그 과정에 대해 '동등한 존재들의 행복한 결합'이라고 오도할 경우조차) 관련 당사자 가운데 한 명이 최고의 자리에 오른다.

우리 시대에 훨씬 더 중요한 것으로, 진행 중인 자본의 세계화가 동일한 권력 공유의 불가능성을 통해 이데올로기적으로는 다국적이 더 편리한데 도 진정한 다국적기업이 아니라 거대한 초국적기업을 만들어냈고 또 계속 만든다는 중요한 사실을 설명할 수 있다. 앞으로 진정한 다국적기업을 창 설하고 운영해 이 상황을 시정하려는 많은 시도가 분명히 있을 것이다. 하 지만 기저에 놓인 문제는 그런 상황 속에서도 여전히 남아 있을 것이다. 왜 냐하면 장차 진정한 다국적기업의 '공유되는 의사 결정 체제'가 작동할 수 있는 것은 오직 문제가 되는 다국적기업의 특정 국가 구성원들 사이에 중대 한 이해관계의 갈등이 없을 경우이기 때문이다. 일단 그런 갈등이 발생하면 이전의 '조화롭고 협동적인 체제들'은 지속되기가 불가능하고, 전반적인 의 사 결정 과정은 가장 강력한 구성원의 압도적인 무게에 눌려 권위주의적인 상명하복식 관행으로 후퇴할 수밖에 없다. 왜냐하면 이 문제는 자신들의 노 동력에 대한 특정 국가 자본의 관계에서 분리될 수 없는데, 이 관계는 늘 구 조적 적대와 갈등의 관계로 남아 있기 때문이다. 따라서 주요한 갈등 상황 에서는 어떤 특정 국가의 자본도 자신과 대립하는 노동력에 유리한, 그리 고 이에 따라 경쟁 관계에 있는 타국의 자본에 유리해질 수 있는 결정에 의 한 불리한 처지를 감수 — 그리고 허용 — 할 수 없다.

오직 이 문제를 풀 유효한 해법을 찾아낼 때에만, 희망 사항으로 예견되 는 자본 지배 아래의 '세계정부'가 실행 가능하다. 그러나 물질적 토대가 잘 구축되어 효과적으로 작동되지 않고서는 어떤 정부도, 최소한의 '세계정부' 도 실현 불가능하다. 실행 가능한 세계정부에 대한 생각은 먼저 필수적인 물적 토대로서 자본 시스템의 지구적 구성에서 모든 중요한 물질적 적대

관계를 완전하게 제거해 지구적 노동력이 기꺼이 협력하는 ― 말 그대로 진정 모순이지만 ― 가운데 사회 재생산의 모든 면을 포괄하면서 경합 없는 하나의 지구적 독점에 의해 사회신진대사 재생산을 조화롭게 운영하는 것을 의미해야 한다. 그렇지 않으면 하나의 패권적 제국주의 국가가 세계 전체를 완전히 권위주의적이고, 필요한 경우 아주 폭력적으로 영원히 지배하는 것을 의미할 것이다. 이는 마찬가지로 세계 질서를 관리하는 하나의 불합리하고 지속 불가능한 방식이다. 오로지 사회신진대사 재생산의 진정한 사회주의 양식만이 저런 악몽 같은 해법에 진정한 대안을 제공할 수 있다.

아무리 불편하더라도 우리가 직면해야 하는 또 하나의 중요한 객관적 규정은 정치 영역과 그 안에 있는 정당들의 본성과 관련 있다. 왜냐하면 노동의 부문성 ― 노동자 정당이 치유해주기를 기대한 부문성 ― 의 중앙 집중화는 대부분 정당 자체의 필연적인 작동 양식에서 기인하기 때문이다. 이 정당들은 대체로 자본의 전반적인 정치적 명령 구조를 대변하는 자본주의국가 안에서 그 정치적 적대자와 불가피하게 대립한다. 따라서 레닌주의 정당을 포함한 모든 노동자 정당은 그들이 종속된 기저적인 정치 구조(관료화된 자본주의국가)를 자신의 구성 양식에 반영할 수 있도록 포괄적인 정치적 차원을 스스로 전유해야 했다. 이 모든 것에서 문제가 되는 것은 적대자의 정치 구조 원리의 성공적 반영이 정치적으로는 필요하지만 시스템을 통제하는 대안적 방식에 관한 실천적 전망을 수반할 수는 없다는 점이다. 노동자 정당들은 부정하는 기능과 관련해서 오로지 적대자의 **정치적 차원**에 집중할 수밖에 없었다. 다시 말해, 그 **부정의 대상에 완전히 의존해** 있었기 때문에 실행 가능한 대안을 고안할 수 없었다.

그런 정당들이 제공할 수 없는, 중요하면서도 빠져 있는 차원은 **정치적 명령**으로서 자본이 아니라(그 측면은 분명히 다루어졌다) 물질적 재생산과정의 사회신진대사 조절자로서 자본이다. 이는 역시 정치적 차원을 여타 사항보다 훨씬 더 궁극적으로 규정한다. 자본 시스템 안에서 발생하는 정치적 차원과 물질적 재생산 차원 사이의 이 독특한 상호 연관은 주요한 사회경제적·정치적 위기의 시기에 주기적인 움직임을 목격하게 되는 원인을 설명해준다. 즉, 혼란에 빠진 사회신진대사 과정이 요구하고 또 허용할 때 정치가 민주주의적 구성에서 극단적으로 권위주의적인 변종으로 갔다가, 때가 되면 새롭게 구성되고 공고화된 자본의 사회신진대사의 토대 위에서 **형식적 민주주의의 대립 규칙**에 의해 규제되는 정치적 틀로 되돌아오는 주기적인 움직임이다.

실제로 자본은 사회신진대사의 핵심을 전면적으로 통제하기 때문에 그와 별도로 구성된 정치적 합법성의 영역을 엄격하게 형식적인 문제로 정의할 수 있다. 이로써 자본은 사회경제적 재생산 작동의 **실질적** 영역에서 합법적으로 도전받을 가능성을 **선험적으로** 배제한다. 이런 규정에 순응하면 실제로 현존하는 자본의 적대자인 노동은 스스로 영원히 무기력한 상태에 빠질 뿐이다. 이 점에 관해서 탈자본주의의 역사적 경험은 폐기했던 사회질서의 근본 문제들을 잘못 진단하여 대결했던 방식과 관련해 매우 슬픈 경고성 이야기를 들려준다.

자본 시스템은 갈등하고 대립하는, 교정할 수 없이 **원심력적인** 구성 요소로 이루어져 있다. 이는 자본주의 아래 **응집인** 차원으로서 '보이지 않는 손'이라는 막무가내로 군림하는 힘과 현대 국가의 법적·정치적 기능에 의해 보완된다. 탈자본주의사회의 실패는 권위주의 국가의 **극도로 중앙집권화된 명령 구조**를 특수한 적대적 구성 인자 위에 **겹쳐 놓는 방식**을 통해 상속받은 체제의 원심력적으로 구조화하는 규정에 대처하려 했다는 점이다. 특정 생산·분배 단위의 적대적 특성과 그에 수반하는 원심력적인 작동 양식을 어떻게 — 내부의 재구조화와 실질적인 민주적 통제의 제도화를 통해 — **치유할** 것인지를 다루는 대신에 말이다. 따라서 자본의 사적인 자본주의적 인격화를 제거했지만, 그것은 약속된 사회주의 변혁으로 가는 첫걸음이라는 자신의 역할조차 완수할 수 없었다. 왜냐하면 노동을 희생시키면서 중앙집권화된 정치적 통제를 겹쳐 놓는 방식을 통해 폐기된 체제의 대립적이고 원심력적인 본성은 사실상 그대로 보존되었기 때문이다. 실제로 사회신진대사 체제는 이전의 어느 때보다 통제하기 어렵게 되었는데, 이는 탈자본주의적 자본의 '눈에 보이는' 새로운 인격화에 따른 의지주의적 권위주의를 통해 낡은 재생산 질서의 '보이지 않는 손'을 생산적으로 대체하는 데 실패했기 때문이다.

이른바 현존 사회주의의 전개와 반대로 사회주의 성공의 핵심 조건으로 요구되는 것은 진정한 사회주의사회를 향한 이행 과정에서 개인이 소외된 정치적 ─ 정치적인 것뿐만이 아닌 ─ 의사 결정권을 점진적으로 되찾는 것이다. 이들 권력을 다시 획득하지 않고서는 개인에 의한 사회 전체의 새로운 정치적 통제 양식도, 자주적으로 관리하는 연합한 생산자에 의한 특수한 생산·분배 단위의 비적대적이고 따라서 응집적이며 계획 가능한 작동도 생각할 수 없다.

물질적 재생산 영역과 정치 영역의 통일을 다시 구축하는 것은 사회주의적 사회신진대사 통제 양식을 규정하는 핵심적인 특성이다. 그것을 향한 필수적인 매개물을 창조하는 일을 먼 장래의 일로 미룰 수 없다. 여기서 20세기 사회주의 운동의 방어적 구성과 부문적 집중화가 참으로 역사적인 시대착오였으며 유지될 수 없는 것임이 드러난다. 자본의 사회신진대사 통제 양식에 대한 급진적인 헤게모니 대안의 포괄적 차원을 정치 영역에 국한하는 것은 결코 성공적인 결과를 낳을 수 없다. 그렇지만 오늘날 보다시피 체제의 필수적인 사회신진대사 차원을 다루는 데 실패한 것은 여전히 노동의 조직된 정치적 화신들(정당들 ─ 옮긴이)의 특징으로 남아 있다. 바로 이것이 미래의 가장 큰 역사적 도전을 나타낸다.

4.3.4

근본적으로 재구성된 사회주의 운동이 이 도전에 부응할 가능성을 보여주는 주요 고려 사항 네 가지가 있다.

첫 번째는 부정적인 것이다. 그것은 지속적으로 악화되는 현재 질서의 모순에서 나오는데, 그 모순들은 기존 질서의 절대적 영원성을 옹호하는 전망이 어리석은 것임을 잘 드러낸다. 왜냐하면 끊임없이 악화되는 상태인 우리의 존재 조건을 통해 너무나 잘 알고 있듯이, 파괴성이 아주 멀리 뻗칠 수 있기 때문이다. 체제 비호자들은 진행 중인 세계화를 문제의 해답으로 묘사한다. 하지만 실제로 진행 중인 세계화는 합리적 계획을 통해 체제를 통제할 가능성이 없음은 물론이고, 자신의 지속성과 정당성의 조건인 통제 기능을 수행할 능력이 없음을 드러내는 힘을 작동한다.

두 번째 고려 사항은 사건들의 긍정적인 변화 가능성을 가리킨다. 그것은 오로지 가능성일 뿐이다. 하지만 이 가능성은 매우 현실적이다. 자본/노동의 관계는 대칭적인 관계가 아니기 때문이다. 가장 중요한 의미에서 이 말은 노동에 대한 자본의 의존이 절대적인 — 자본이 영원히 착취해야만 하는 노동이 없다면 자본은 완전히 아무것도 아니라는 점에서 — 반면 자본에 대한 노동의 의존은 상대적이고, 역사적으로 형성되었으며 역사적으로 극복할 수 있음을 의미한다. 다른 말로 하면, 노동은 자본의 악순환 속에 영원히 갇힌 채로 남아 있을 운명이 아니다.

세 번째 고려 사항도 마찬가지로 중요하다. 그것은 자본과 노동 사이의 대결 속에서 생기는 역사적 변화와 관련된다. 그것은 '자유롭게 연합한 생산자들'의 핵심적인 이해관계를 관철하는 아주 다른 방법을 추구할 필연성을 수반한다. 이것은 운동을 막다른 길로 몰고 가면서 동시에 과거 자본에게서 짜낸 최소한의 양보마저 청산해버린 개량주의적인 과거와 극명하게 대비된다. 이리하여 역사상 최초로 즉각적인 목표와 전반적인 전략적 목표

사이의 신비화된 간격 ― 이것 때문에 노동운동에서 개량주의적인 막다른 길이 지배적으로 되었다 ― 의 유지가 거의 불가능하게 되었다. 그 결과 **대안적 사회신진대사 질서의 실제적 통제**라는 문제가 역사적 의제로 나타났는데, 당분간 그 실현을 위한 조건들이 얼마나 불리한지는 중요하지 않다.

마지막으로 바로 앞에 언급한 것의 필연적 귀결로 **실질적 평등** 문제가 역시 표면화되었는데, 이는 자본의 의사 결정 과정이 지닌 **형식적 평등**과 매우 두드러진 **실질적 위계적 불평등**뿐만 아니라 그러한 의사 결정 과정이 실패한 탈자본주의의 역사적 경험 속에서 반영되고 재생산되었던 방법과도 대비된다. 왜냐하면 미래를 위한 하나의 절대적 당위로서 **비적대적**이고 진정으로 **계획 가능한** 사회신진대사 질서를 통제하는 사회주의의 대안적 양식은 그것을 구조화하고 조절하는 원리로 실질적 평등을 상정하지 않고서는 생각될 수 없기 때문이다.

4.4 결론

마르크스의 발걸음을 뒤따라 로자 룩셈부르크[85]는 우리가 직면한 딜레마를 "사회주의냐 야만이냐"라고 아주 강력하게 표현했다. 처음 마르크스가 이 사상의 초기 형태를 만들어냈을 때, 그는 전개되는 모순의 궁극적인

---

85 로자 룩셈부르크(1871~1919)는 폴란드 출신으로 국제 노동운동의 주요 이론가이며 독일 공산당 창시자 가운데 한 명이다. 그녀는 마르크스주의를 제국주의 시대의 요구와 사회주의혁명의 요구에 맞춰 발전시키기 위해 단호하게 투쟁했으며 노동운동에서 부르주아계급 노선과 기회주의의 공격에 대항해 마르크스주의를 방어했다. 특히 그녀는 레닌과 함께 독일 사민당의 수정주의(revisionism), 개량주의, 중앙주의에 맞서 혁명적 마르크스주의를 옹호했다. 1919년 독일혁명 과정에서 독일 사회민주주의자들에 의해 살해되었다. ― 옮긴이

역사적 지평 안에 그것을 위치시켰다. 그의 견해에 따르면 불확정적인 미래의 언젠가 이 모순들은, 바로 자신의 생존 자체를 구하기 위해 채택할 사회질서에 대해 올바른 선택을 해야 하는 지상명령과 더불어 개인에게 닥치게 되어 있었다.

로자 룩셈부르크가 냉정한 대안을 말하고 있을 당시에는 제국주의의 두 번째 역사적 국면이 한창 진행 중이었는데, 이전의 발전 국면에서는 상상할 수 없던 광범위한 파괴가 일어나고 있었다. 하지만 그의 생전에는 자본 시스템이 얼마나 오랫동안 자신을 '생산적 파괴'와 '파괴적 생산'[86]의 형태로 계속 관철할 수 있을지는 아직 가늠하기 어려웠다. 왜냐하면 당시에는 어떤 강대국도 — 심지어 강대국들이 모두 힘을 합쳐도 — 대규모 갈등에 의해 인류를 파멸할 능력을 가지고 있지 않았기 때문이다.

오늘날 상황은 질적으로 다르다. 따라서 그의 문장은 극적인 긴급성을 얻게 되었다. 타협을 통해 회피할 수 있는 탈출구는 없다. 체제의 폭발적인 모순을 해결하거나 계속 지연할 능력이 없기 때문에 전 지구적 패권 제국주의의 역사적 국면도 역시 실패하고 말 것이라고 자신 있게 주장할 수 있을지라도, 이것은 장래를 위해 어떠한 해결책도 약속할 수 없다. 만성적인 구조적 실업부터 앞서 언급한 주요한 국제적인 경제적·정치적·군사적 분쟁, 어디서나 확인되는 아주 광범위한 생태 파괴에 이르기까지 우리가 직면해야 할 많은 문제는 가까운 장래에 우리의 공동 행동을 요구할 것이다. 이러한 행동은 수백 년이 아니라 수십 년 안에 이루어져야 한다. 우리는 시간을 고갈하고 있다. 따라서 오직 기존의 사회신진대사 재생산 통제 양식

---

86 여기서 메자로스는 슘페터가 자본가의 혁신 행위를 '창조적 파괴'로서 경제 발전의 원동력으로 파악한 것을 자본주의 신화로 비판하면서 이를 '생산적 파괴'로 표현하고 있다. 이와 대비되는 '파괴적 생산'은 군비 생산이나 생태적 지속 가능성을 위협하는 무분별한 개발과 같이 그야말로 파괴만을 초래하는 생산을 의미한다. — 옮긴이

에 대한 근본적인 대안만이 자본의 구조적 위기에서 벗어날 길을 제공할 수 있다.

급진적 대중운동이 부활할 가능성은 없다고 주장하면서 이 딜레마의 해결책으로 '제3의 길'을 말하는 사람들은 지배 질서의 비굴한 수용을 '제3의 길'로 불러 우리를 속이고 싶거나, 상황의 엄중함을 인식하지 못한 채 거의 100년 전에 약속되었지만 한 치도 접근하지 못했던 갈등 없는 긍정적 결과에 대한 신념을 계속 가지고 있을 것이다. 사안의 불편한 진실은 우리 시대에 급진적 대중운동의 미래가 없다면 인류의 미래도 없다는 것이다.

우리가 직면한 위험과 관련해 로자 룩셈부르크의 극적인 표현을 수정한다면, 나는 '사회주의냐 야만이냐'에 '우리가 운이 좋으면 야만'이라는 단서를 덧붙이겠다. 인류의 절멸이야말로 자본의 파괴적인 발전 과정에 따를 궁극적인 부산물이기 때문이다. '사회주의냐 야만이냐'라는 대안 너머에 있는 제3의 가능성의 세계가 있다면 그것은 치사량 수준의 핵 방사능도 견딜 수 있다고 하는 바퀴벌레들에게나 해당될 것이다. 자본의 제3의 길이 지닌 합리적 의미는 이것뿐이다.

현재 완전히 가동되는 전 지구적 패권 제국주의의 잠재적으로 치명적인 세 번째 국면은 정치적·군사적 영역에서 자본 시스템의 심각한 구조적 위기와 조응해 우리가 편안할 여지나 스스로 안도할 수 있는 이유를 남겨놓지 않는다. 그 대신 그것은 아직 우리의 손길이 닿는 시간 안에서 사회주의 운동이 직면한 역사적 도전에 성공적으로 부응하지 못할 경우 미래에 가능한 한 가장 어두운 그림자를 드리운다. 따라서 우리 앞에 놓인 세기는 '사회주의 아니면 야만'의 세기가 될 수밖에 없다.

4.5 군국주의와 임박한 전쟁들
— '사회주의냐 야만이냐'의 보론[87]

4.5.1

역사에서 인민이 군국주의에 가위눌린 적은 이번이 처음은 아니다. 세부적으로 들어가려면 너무 길어질 것이다. 여기서는, 예전의 — 훨씬 제한된 — 제국주의 변종들과 대조적으로, 근대 제국주의가 지구적 규모로 전개되는 것과 더불어 군국주의가 주요한 정책 결정 도구로 진가를 발휘하던 19세기까지 역사를 거슬러 올라가는 것만으로 충분할 것이다. 1870년 무렵에 광대한 영토를 지배하던 국가로는 영국과 프랑스만 있었던 것은 아니다. 미국 역시 라틴아메리카의 예전 스페인 식민지들을 직간접으로 인수해 굵은 흔적을 남겼다. 또한 미국은 필리핀에서 일어난 대대적인 해방 투쟁을 유혈이 낭자하게 진압하고 그 지역의 통치자로 자리를 잡았는데, 그 방식은 오늘날에도 이런저런 형태로 유지된다. 또 우리가 잊어서는 안 될 것은 '철혈재상' 오토 비스마르크Otto Bismarck의 제국주의적 야망과 그 후계자들이 그 야망을 더 강하게 추구해 일어난 재앙이다. 그것들은 제1차 세계대전과 이것이 발생시킨 깊은 적대적 후유증으로 귀결되었다. 이는 또한 히틀러 나치의 복수심을 초래해 제2차 세계대전 자체를 아주 뚜렷하게 예시豫示했다.

어떤 규모든 군사적 개입으로 뿌리 깊은 사회 문제를 해결하려는 시도가 초래하는 위험과 엄청난 고통은 불을 보듯 훤하다. 군사적 모험의 역사적 추세를 조금 더 면밀하게 들여다보면 국지전부터 두 번에 걸친 20세기의 가공할 세계대전까지, 나아가 오늘날 인류의 잠재적 절멸에 이르기까지 갈수록 강도가 높아지고 규모도 커지고 있음이 놀랄 정도로 명확해진다.

---

87 2002년 12월 10일에서 2003년 1월 6일 사이 영국 로체스터에서 씀.

이 맥락에서는 프로이센의 빼어난 장교이면서 전략가였던 카를 클라우제비츠*Karl Clausewitz, 1780~1831*를 언급하는 것이 적절하다. 그는 헤겔과 같은 해에 똑같이 콜레라로 죽었다. 인생 말년에서 13년 동안 베를린 군사학교 교장으로 재직한 그는 사후 출판된 그의 저서 『전쟁론*Vom Kriege*』(1833)에서 정치와 전쟁의 관계에 대해 "전쟁은 다른 수단을 통한 정치의 연장이다"라는 자주 인용되는 고전적 명제를 제시했다.

이 유명한 규정은 꽤 최근까지 지지받을 수 있었지만 오늘날에는 전혀 옹호받을 수 없다. 그것은 정치와 전쟁이라는 두 분야를 연결하는 행동의 합리성을 상정했다. 이런 의미에서 문제가 되는 전쟁은, 도구적 수준의 계산 잘못으로 패배에 이르게 된다는 점을 고려할 수 있을지라도, 최소한 원리상으로는 이길 가능성을 가져야 했다. 패배가 전쟁 자체의 합리성을 파괴할 수는 없었다. 왜냐하면 아무리 불리해도 정치가 새롭게 공고화된 이후 패배한 측에서 다른 수단을 통한 정치의 합리적인 연장으로서 새로운 전쟁을 계획할 수 있기 때문이다. 이와 같이, 폰 클라우제비츠의 방정식이 충족해야 할 절대조건은 원리상 전쟁의 승리 가능성으로서, 이는 정치에서 전쟁으로 이어지고 다시 또 다른 전쟁을 낳는 정치로 되돌아오는 과정이 무한정 계속되는 '영원한 순환'을 만들어낸다. 이러한 대결에 간여하는 행위자는 국민국가였다. 그것들이 적대국과 심지어 자국 인민에 끼친 피해가 아무리 무시무시할지라도(히틀러만 생각해보라!), 원리상으로 전쟁에서 승리할 수 있다고 간주되면 군사적 추구의 합리성은 보증되었다.

오늘날 상황은 두 가지 이유에 따라 질적으로 달라졌다. 첫째, 제국주의의 객관적 요구에 부합해 역사 발전의 현 단계에서 실행 가능한 전쟁의 목적 — 자본의 최강대국이 무자비한 권위주의적 세계화라는 (미국이 지배하는 세계시장에서의 '자유로운 교역'으로 치장된) 자신의 정치적 기획에 맞춰 세계를 지배하는 것 — 은 궁극적으로 달성될 수 없다. 그 대신 전쟁은 인류 파괴의 전조가 된다. 아무리 생각해봐도, 이런 목적은 한 국가 또는 국가 집단이 다른 국가를 상대로 수행하는 '다른 수단을 통한 정치의 연장'에 규정된 합리적 요건에 부합하는 합리적 목적으로 간주될 수 없다. 따라서 힘이 있는 한 국민국가의 의지를 다른 모든 국가에게 공격적으로 부과하는 것 — 냉소적인 전술상의 이유로 그들이 옹호하는 전쟁이 '단순한 국지전(또 다른 '끝없는 국지전들'로 이어지는)'으로 터무니없이 호도될지라도 — 은 완전히 불합리한 것으로 평가될 수 있다.

두 번째 이유는 첫째 이유를 크게 강화한다. 21세기의 전쟁(들)을 벌이기 위한 이미 수중에 있는 무기들은 적국뿐만 아니라 인류 전체를 절멸할 수 있기 때문이다. 현존하는 무기 체계가 바로 그 행로의 끝을 표시한다는 어떠한 환상도 가져서는 안 된다. 더욱 즉각적으로 생명을 앗아갈 수 있는 다른 무기들이 내일이나 모레 나타날지도 모르기 때문이다. 더욱이 지금 이런 무기들을 사용하겠다고 위협하는 것은 수용할 수 있는 국가의 전략 도구로 간주된다. 그리하여 첫째 이유와 둘째 이유를 함께 고려할 때 다음과 같은 결론을 회피할 수 없다. 즉, 오늘날 세계에서 전쟁을 세계정부의 기제로 상정하는 것은, 만약 진행 중인 발전 과정을 수용할 경우 돌이킬 수 없는 절대적 비이성의 벼랑 끝에 우리들 자신이 서게 된다는 것을 분명히 보여준다. '전쟁은 다른 수단을 통한 정치의 연장'이라는 폰 클라우제비츠의 전쟁에 대한 고전적 규정에서 빠진 것은 더 깊이 깔려 있는 전쟁의 원인과 그것을 피할 수 있는 가능성의 탐색이다. 오늘날 이런 원인에 정면으로 도전하는 것은 과거 어느 때보다 더 시급한 일이다. 우리 앞에 어렴풋이 보이는 21세기의 전쟁은 '원리상 이길 수 있는 것이 아닐' 뿐더러 그보다 더욱 나쁜 것, 즉 원리상 이길 수 없는 것이다. 결과적으로 2002년 9월 17일 미국 행정부의 전략 문서처럼 전쟁 수행을 상정하는 것은 히틀러의 비합리성이 합리성의 모범인 듯 보이게 만든다.

4.5.2

2001년 9월 11일 이래 워싱턴은 공격적 정책을 전 세계에 대놓고 마구 강요해왔다. 정책 경로를 '자유주의적 관용'에서 이른바 '자유와 민주주의의 단호한 방어'로 바꾼다면서 내놓은 정당화 논리는 다음과 같다. 즉, 2001년 9월 11일 미국이 국제 테러의 희생자가 되었고, 거기에 대응해 정의되지도 않고 정의될 수도 없는 ─ 그러나 자의적으로 정의되는 ─ '테러와의 전쟁'[88]을 벌이는 것이 지상명령으로 된다는 것이다. 아프가니스탄에 대한 군사개입은 장차 착수할 무제한적인 '예방전쟁' 시리즈 가운데 첫 번째에 불과하다고 인식되었다. 실제로 미국은 중동의 거대하고 전략적으로 사활적인 석유 자원을 차지하기 위해 바로 아주 가까운 장래에 오랜 동맹국이었던 이라크에서 그러한 전쟁에 착수할 것이다.

그렇지만 현행 미국 군사정책의 시간대별 순서는 완전히 거꾸로 되어 있다. 2000년 대통령 선거 당시 의혹 속에 앨 고어_Al Gore 대신 조지 부시가 당선되면서 가능해진 것으로 알려진 2001년 9월 11일 이후의 '경로 변경'에 대해 어떤 문제도 제기할 수 없다. 왜냐하면 약간 더 위장된 형태이기는 하지만 이미 클린턴 대통령이 그의 공화당 계승자(조지 부시 ─ 옮긴이)와 똑같은 정책을 추구했기 때문이다. 민주당의 대선 후보였던 앨 고어에 관해 말하자면, 그는 2002년 12월에 이라크 전쟁을 전적으로 지지한다고 천명했다. 그런 전쟁은 '정권 교체'가 아니라 단지 '대량 살상 무기를 보유한 정권의 무장해제'를 의미하기 때문이라는 것이었다. 사람이 이보다 더 냉소적이

---

88 미국은 2001년 9월 11일에 발생한 뉴욕의 무역센터 빌딩에 대한 테러(9·11 테러)를 계기로 아프가니스탄을 침공했다. 미국은 테러 배후로 오사마 빈 라덴(Osama bin Laden)과 테러 조직 알 카에다(Al-Qaeda)를 지목하고 이들을 보호하는 아프가니스탄의 탈레반 정권을 상대로 '테러와의 전쟁'을 선언했다. 이후 미국과 유럽연합은 이라크 같은 제3세계에 대한 침략 전쟁을 감행할 때 '테러와의 전쟁'을 명분으로 활용했다. ─ 옮긴이

고 위선적일 수 있을까?

나는 오랫동안 1960년대 말이나 1970년대 초 자본의 구조적 위기의 개시가 압도적인 지배력을 가진 미 제국주의의 질적으로 새로운 국면을 알려준다고 굳게 확신해왔다. 나는 나의 저서 『사회주의냐 야만이냐: '미국의 세기'에서 갈림길로*Socialism or Barbarism: From the 'American Century' to the Crossroads*』에서 그것을 "전 지구적 패권 제국주의의 새로운 역사적 국면"이라고 불렀다.

미 제국주의에 대한 비판 — 다른 나라 영토를 군사적으로 점령하지 않는 것으로 상정하는 '탈영토화된 제국주의'라는 보기 좋은 환상과 대조되는 — 이 책의 중심 주제로 구성되어 있다. "제국주의의 잠재적으로 치명적인 국면"이라고 제목을 붙인 장은 2001년 9·11 사태가 발생하기 2년 전에 작성해 1999년 10월 19일 그리스 아테네에서 대중을 상대로 강연한 것이다. 내가 힘주어 강조한 점은 "장차 적국을 위협하는 궁극적 형태, 즉 새로운 포함외교는 핵 공갈이 될 것"이라는 점이었다. 이 부분은 먼저 2000년 3월 그리스어 정기간행물로 출판되었고, 2000년 9월 이탈리아어로 된 단행본으로 출판되었다. 이후 내가 예언한 바대로 궁극적인 핵 위협으로 나아가는 군사전략의 전환 — 인류의 파멸을 재촉하는 군사적 모험을 일으킬 — 이 미국의 공식 외교정책으로 공개 표명되었다. 이러한 전략 독트린의 발표가 수사적인 '악의 축'에 대한 한가로운 위협이라고 상상해서는 안 된다. 어쨌든 대량 살상이 가능한 원자폭탄을 히로시마와 나가사키 사람들에게 실제로 사용한 주체는 미국이었다.

이렇게 지극히 중대한 문제들을 생각할 때 우리는 변동하는 정치적 국면에 초점을 맞춘 특정한 제안에 만족할 수 없다. 우리는 오히려 그 문제들을 깊이 뿌리내린 구조적인 — 정치적·경제적으로 필연적인 — 발전 배경에 견주어 검토해야 한다. 위험에 처한 우리의 상황에 책임을 져야 할 세력에 대응할 실행 가능한 전략을 생각하려면 이것은 아주 중요하다. 전 지구적 패권 제국주의의 새로운 역사적 국면은 단순히 (미국에 압도적으로 유리한) 강대국 정치의 현존하는 관계 – 그에 대항해 장차 가장 강력한 국가들 사이의 재조정이나 정치 영역에서 잘 조직된 시위들이 성공적으로 이루어질 수 있는 – 를 표현하는 것이 아니다. 불행하게도 상황은 그보다 훨씬 더 나쁘다. 그런 우발적인 사태들이 설령 일어나더라도 여전히 기저에 있는 원인과 구조적 규정들은 그대로 남아 있을 것이기 때문이다.

분명히 전 지구적 패권 제국주의의 새로운 국면은 현저하게 미국의 지배 아래에 있다. 제국주의 강대국이 되려는 다른 국가는 대체로 미국의 코트 뒷자락에 매달리는 역할을 수긍하는 – 물론, 결코 영원히 그렇게 하지는 않겠지만 – 것처럼 보인다. 우리는 이미 나타난 불안정 상태에 근거해 장차 주요 강대국들 사이에 중대한 적대들이 폭발하리라는 것을 주저 없이 예견할 수 있다. 하지만 제국주의 발전의 뿌리에 있는 인과적 규정을 다루지 않고서, 오늘날 문제가 된 체제의 모순에 대한 그런 예상 자체가 어떤 답을 줄 수 있겠는가? 그것이 가능하다고 믿는 것은 아주 순진한 태도다.

다만 여기서 나는 중심적인 관심 하나를 부각하고 싶다. 말하자면 자본의 논리는 약자에 대한 강자의 지배라는 지상명령에서 절대로 분리될 수 없다는 것이다. 일반적으로 이 체제의 가장 긍정적인 구성 요소로 간주되는 것에 (즉, 확장과 전진으로 귀결되는 경쟁을 생각하더라도) 필연적으로 수반되는 것은 독점욕과 자기 관철적인 독점을 가로막는 경쟁자들의 굴복과 절멸이다. 제국주의는 자본의 무자비한 독점욕의 필연적인 결과물이다. 제국주의의 변화하는 국면들은 진행 중인 역사적 발전의 변동을 체현하고, 크든 작든 그 변동에 직접 영향을 미친다.

오늘날 나타나는 제국주의의 국면과 관련해, 밀접하게 연결된 아주 중요한 두 측면이 있다. 첫째는 자본의 물질적·경제적 경향은 궁극적으로 지구적 통합을 지향하지만 정치적 수준에서 자본은 지구적 통합을 확보할 수 없다는 점이다. 이는 지구적 자본 시스템이 주로 역사적 과정에서 분할되고 적대적으로 대립하는 다수의 국민국가라는 형태로 전개되었다는 사실에 기인한다. 이 점에서는 과거의 매우 폭력적인 제국주의적 충돌조차 지속성을 갖는 결과를 산출할 수 없었다. 그 충돌들은 최강의 국민국가가 가진 의지를 그 경쟁자에게 오랜 기간 부여할 수 없었다. 동전의 다른 면이지만, 우리의 문제가 지닌 두 번째 측면은 모든 노력에도 불구하고 자본이 자본 시스템 자체의 유일 국가를 만들어내지 못했다는 점이다. 이것은 '세계화'에 관한 모든 언술에도 불구하고 미래에 가장 심대한 난제로 남을 것이다. 미국이 지배하는 전 지구적 패권 제국주의는 조만간 저항할 다른 모든 국민국가 위에 자본 시스템 자체의 '국제적(지구적)' 국가를 겹쳐 놓으려는, 궁극적으로 운명이 정해진 시도다. 여기에서도 우리는 역시 거대한 모순에 직면하게 된다. 왜냐하면 최근의 가장 공격적이고 공공연하게 위협하는 미국의 전략 문서들이, 그들이 옹호하는 '보편적으로 타당한' 정책을 '미국의 국익'이라는 명목으로 정당화하려고 시도하기 때문이다.

4.5.3

여기서 우리는 역사적 우연성 — 현 시점에서 미국 자본이 우세한 지위에 있다는 — 과 자본 시스템 자체의 구조적 필연성 사이의 모순적 관계를 볼 수 있다. 구조적 필연성은 어떤 대가를 치르더라도, 심지어 그것이 바로 인류의 생존을 위험에 빠뜨리는 것을 의미한다 해도 지구적 차원에서 독점적 통합을 이루려는 자본의 억제할 수 없는 물질적 충동으로 요약될 수 있다. 따라서 우리가 현재 미국이 우위에 있다는 역사적 우연성 — 과거 다른 제국주의적 배열들(제국주의 국가들 간의 우열 — 옮긴이)이 이에 선행했고 또 (우리가 현재의 폭발적인 위험에서 살아남을 수 있다면) 앞으로 다른 배열이 뒤따를 수도 있는 — 이 가진 힘에 대항하는 데 성공할 수 있더라도, 궁극적으로 지구적 자본의 독점 논리에서 생기는 구조적 또는 체제적 필연성은 어느 때보다 긴급한 문제로 남아 있을 것이다. 왜냐하면 미래의 역사적 우연성이 어떤 특정 형태를 취하든 기저에 있는 체제적 필연성은 지구적 지배에 대한 충동을 남겨두게 되어 있기 때문이다.

문제는 단순히 어떤 정치집단의 특정한 군사주의적 모험이 아니다. 즉, 정치적·군사적 수준에서 다루고 성공적으로 극복할 수 있는 군사주의적 모험이 아니다. 그 원인들은 뿌리가 훨씬 더 깊어서 (경제·정치·군사 분야뿐만 아니라 가장 매개된 문화적·이데올로기적 상호 관계까지 망라하는) 사회신진대사 통제 양식 - 전반적인 재생산의 - 인 자본의 가장 내밀한 체제적 규정에 상당히 근본적인 변화를 일으키지 않고서는 대처할 수가 없다. 그 실체를 어느 정도 파악한 아이젠하워 대통령이 비판적 의미로 도입한 '군산복합체'라는 표현 역시 우리와 관련된 것이 몇몇 직접적인 정치적·군사적 규정이나 조작 - 원리상 그 수준에서 역전될 수 있는 - 보다 훨씬 더 단단하게 자리잡은 완강한 어떤 것임을 분명하게 말해준다. 현재의 사회적 틀 안에서 '다른 수단들을 통한 정치의 연장'으로서 전쟁은 우리에게 완전한 절멸의 위협을 계속 가할 것이다. 우리가 정치적 의사 결정의 뿌리에 있는 체제적 규정 - 과거에 전쟁 모험을 필연적으로 만들었던 - 과 대결할 수 없는 한 전쟁은 계속 우리를 위협할 것이다. 그런 규정 때문에 많은 국민국가가, 적대적 정치의 강화를 수반하면서 정치가 전쟁으로 이어지고 또 전쟁은 더 많고 큰 전쟁으로 폭발할 수밖에 없는 악순환에 빠졌다. 조금 낙관적으로 주장을 펴기 위해 오늘날 미국 자본의 역사적 우연성을 그림에서 빼보자. 그래도 우리는 여전히 그 어느 때보다 훨씬 더 파괴적인 자본의 생산 질서가 가진 체제적 필연성에서 벗어나지 못한다. 그 필연성은 변화하지만 점점 더 위험하고 특수한 역사적 우연성을 전면화한다.

오늘날 주로 '군산복합체'로 구현된 군국주의적 생산은 자율적인 군국주의 세력들 - 따라서 전쟁에도 책임이 있는 - 에 의해 규제되는 독립된 실체가 아니다. 로자 룩셈부르크는 자신의 고전적 저서 『자본축적The Accumulation of Capital』(1913)에서 (영문판은 50년 후에 출간되었다) 적절한 관점을 통해 이런 관계를 파악한 최초의 인물이다. 90년 전 그녀는 군국주의적 생산의 점증하는 중요성을 예언처럼 강조하면서 이렇게 지적했다.

> 자본 자체는 입법부와 이른바 '여론'을 주무르는 기능을 가진 언론을 통해 군국주의적 생산의 자동적이고 주기적인 운동을 궁극적으로 통제한다. 바로 이 때문에 이 특수한 자본주의적 축적의 영역이 무한하게 확장한다는 가능성을 지닌 것처럼 보인다.[89]

이렇게 우리는 하나의 유기적 체계의 부분으로 보아야 하는 하나의 상호규정 집합체에 관심을 가진다. 바로 우리의 생존 자체를 방어하기 위해 응당 그렇게 해야 하겠지만, 만약 우리가 세계정부의 기제인 전쟁과 싸우기 바란다면 우리는 지난 20~30년 동안 일어났던 역사적 변화들을 적절한 인과관계의 틀 안에 놓고 보아야 한다. 자본의 논리에서 나오는 지상명령을 따라 하나의 초강대국이 다른 모든 국민국가를 통제한다는 구상은 결국 인류의 자멸로 이어질 수밖에 없다. 동시에 우리가 인식해야 할 사실은, (때때로 파멸적 적대로 폭발하는) 민족적 열망과 국제주의 사이에서 발생하는 외관상 해소할 수 없는 모순은 온전하게 평등한 토대 위에서 조절될 때에만 해소될 수 있으며, 이는 위계적으로 구조화된 자본의 질서에서는 절대로 생각될 수 없다는 점이다.

결론적으로 전 지구적 패권 제국주의의 현 국면이 제기하는 도전에 대해 역사적으로 실현 가능한 대답을 구상해보려면 우리는 전 지구적으로 노동을 예속시키는 자본의 체제적 필연성 ─ 상황에 따라 어떤 특정 사회적 주체가 자신에게 할당된 이 역할을 떠맡을 수 있다 ─ 에 맞서야 한다. 물론, 이것은 독점적이고 제국주의적인 세계화로 향하는 자본의 충동에 대해 근본적으로

---

89 Luxemburg, *The Accumulation of Capital*, p. 466.

다른 대안, 즉 사회주의적 기획의 정신에 따라 점진적으로 전개되는 대중 운동으로 체현되는 대안을 통해서만 실현 가능하다. 호세 마르티José Martí[90]의 아름다운 표현을 빌리면, "나의 유일한 조국은 인류다"라는 말이 비가역의 현실이 될 때에만 물질적 발전과 인간적으로 보상하는 정치적 관계 사이의 모순은 영원히 과거에 안치될 수 있다.

---

90 19세기 쿠바의 시인이자 정치가(1853~1895). 쿠바 독립운동에 참여했고 뉴욕에서 ≪조국(La Patria)≫을 간행해 쿠바의 독립과 남아메리카 국가들의 우호 증진에 노력했다. 이후 정치에도 참여해 정당의 당수가 되었다. 1895년 4월 막시모 고메스(Máximo Gómez)와 무장 독립군을 이끌고 쿠바에 상륙했으나 스페인군과의 전투에서 전사했다. 문예평론·전기·설화집 등을 남겼으며, 특히 소박한 인간 감정이 넘치면서도 근대적 감각을 풍기는 시를 남겨 근대주의의 선구자로 불린다. ─ 옮긴이

제5장

·

실업과 '유연한 임시 고용화'

·

Unemployment and 'Flexible Casualization'

5.1 실업의 세계화

유럽의 여러 국가에서 ─ 남북아메리카와 마찬가지로 ─ 사회주의자는 임금 손실 없이 노동시간을 주 35시간으로 단축하는 목표를 위해 싸우고 있다. 이 중요한 전략적 요구를 실현하는 것은 결코 쉬운 일이 아니다. 그것은 전 세계에 걸친 실업이라는 긴급한 문제와 (자체의 왜곡된 필연성 때문에 헤아릴 수 없이 많은 인민에게 실업에 수반되는 곤궁과 고통을 부과하는) 사회경제 체제의 모순을 모두 부각하기 때문이다.

따라서 어떻게든 성공하려면, '주 35시간' 노동을 위한 싸움은 기존의 임금교섭기구로 한정된 전통적인 노동조합운동의 요구로 머물러서는 안 된다. 반대로 이 싸움은 과업의 중요성, 관련된 쟁점의 장기적인 함의뿐만 아니라 사회경제 질서가 반드시 집요하게 저항한다는 사실을 온전히 자각해야 한다. 이 사회경제 질서는 자신의 지상명령에 따라 노동조합과 좌익 정치 대표에게 일시적으로 유리했던 상황 아래 법적·정치적 영역에서 이루어진 일체의 양보를 무효로 만들려고 한다. 당연하게도, 예컨대 이탈리아의 공산주의재건당(리폰다치오네*Rifondazione*)[1]은 실행 가능한 사회적 기초 위에서 노동시간 단축이라는 구상된 목표를 확보하기 위해 고용 증가와 생활수준 향상, 사회를 바꾸는 것의 필요성에 대한 관심을 강조한다. 왜냐하면 이 문제에서 지속적인 성공은, 노동시간의 상당한 단축이라는 직접적인 목표를 위한 싸움과 그런 모든 요구에 저항하고 무효화하려는 기존 사회질서를 진보적으로 변혁하는 것 사이에 이루어지는 지속적인 상호작용 ─ 변증법적 상호 관계 ─ 을 통해서만 가능하기 때문이다.

자신들이 소중히 여기는 체제의 미덕을 극찬하면서 이런 요구의 정당성

---

1   이탈리아의 중도좌파 정당인 공산주의재건당의 준말. 1991년 이탈리아 공산당이 '좌파 민주당'으로 변신하자 이에 반발한 세력이 따로 이 당을 만들었다. ─ 옮긴이

을 부인하는 사람들은 실업 문제는 물론이고 이와 분리할 수 없는 사회악을 해결하기 위해 미국 모델을 계속 이상화한다. 하지만 실제 상황을 얼핏만 조사해보아도 미국 모델의 성공이라고 알려진 것이 환상임이 드러난다. 왜냐하면 ≪네이션≫의 한 사설이 강조하는 바와 같이,

> 작년(1997년 ─ 옮긴이)까지 7년 동안 거의 순탄한 성장을 이뤘는데도 작년의 빈곤율 13.7%는 1989년의 수치보다 높다. 대략 5천만 명의 미국인 ─ 미국인구의 19% ─ 이 연방 빈곤선 이하로 살아간다. 가난한 사람들에는 18세 이하 어린이 4명 중 1명, 성인 시민 5명 중 1명, 편부모 5가구 중 3가구가 포함된다. 노동자의 평균 주급은 불변 달러(인플레이션을 제거한 실질적 달러 가치 ─ 옮긴이)로 1973년 315달러에서 1996년에는 256달러로 19%나 하락했다. 작년에 가장 빈곤한 제5분위(하위 20% ─ 옮긴이) 가구는 210달러까지 소득이 하락한 반면, 가장 부유한 5%는 평균 6440달러를 벌었다(자본 소득은 계산하지 않음). …… 건강보험이 없는 미국인 수는 1995년 4060만 명으로, 70년대 중반 이래 41%나 늘어났다. 1995년 미보험자의 약 80%는 가구주가 직업을 가지고 있는 가구에 속했다.[2]

당신이 사실을 직시하려 할 때 실제로 미국 모델이 얼마나 장밋빛으로 보이는지를 나타내는 실상이다. 또한 우리는 여기에다 자본의 최악의 변호론자도 부인할 수 없는, 최근 미국 의회 예산처가 발표한 매우 중요한 수치도 덧붙일 수 있다. 이에 따르면, 인구의 가장 부유한 1%의 소득은 하위 40%의 소득과 맞먹는다. 이 정보가 가리키는 훨씬 더 중요한 점은, 자본의 **구조적 위기**의 결과로 이 오싹한 수치가 실제로 지난 20년 동안 **곱절**로 뛰었다는 것이다. 아무리 열심히 '유연성'을 찬양하는 것으로 이를 왜곡하더라

---

2 "Underground Economy," *The Nation*, January 12-19, 1998.

도, 노동조건의 악화에 대한 어떤 냉소적 위장도 이 추세가 자본 확장과 축적의 미래에 대해 갖는 심각한 함의를 숨길 수 없다.

물론, 미국뿐만 아니라 이른바 선진 자본주의국가에서도 실업 통계는 조작되거나 매우 자의적으로 규정되고 재규정될 수 있다. 예컨대, 영국에서는 자본 시스템의 직업적인 변호론자들 ― ≪이코노미스트≫의 편집자들 ― 조차 정부가 실업 수치를 더욱 긍정적으로 보이게 하려고 33번이나 '수정했다'는 사실을 인정할 수밖에 없었다. 영국에서 1주일에 16시간 일하는 사람은 누구든 상근常勤 고용을 누리는 것으로 계산된다는 사실은 말할 필요도 없다. 심지어 더욱 놀랍게도, 일본 ― 최근까지 '역동적인 선진 자본주의'의 모범 사례로 불리는 나라 ― 에서는 "그 달의 마지막 주에 한 시간 이상 임금을 위해 일한 사람은 실업 통계에 잡히지 않는다".[3] 결국, 그러한 경제적·정치적 조작 장치는 누구도 속이지 못한다. 왜냐하면 현 사태가 아무리 서로 짜고 기만적으로 왜곡하더라도 선진 자본주의국가조차 잠재적으로 매우 심각한 실업 문제를 회피할 수 없기 때문이다. 변호론적인 통계 수치가 무엇을 시사하든지 간에 끊임없이 높아가는 일본의 실업 기록과 이것에 동반되는 경제 침체에 대한 경고를 더 이상 감출 수 없다.

실제로 선진 자본주의국가에서 실업이 극적으로 늘어난 것은 최근의 현상이 아니다. 그것은 ― 전후 25년 동안 상대적으로 방해받지 않고 자본 확장이 계속된 이후 ― **자본 시스템** 전체의 **구조적** 위기가 시작되면서 지평 위에 나타났다. 실업이 늘어나는 것은 구조적 위기의 필연적이고 점점 악화되는 특징이다. 따라서 나는 일찍이 1971년에 다음과 같이 주장했다. 전개되는 실업 상태 아래서,

…… 문제는 더 이상 비숙련노동자의 곤경만이 아니라, 초기의 실업자군群에

---

3 *Japan Press Weekly*, May 16, 1998.

더해, 맥 빠질 정도로 거의 없는 일자리를 찾는 수많은 고숙련노동자의 곤경이다. 또한 '합리화' 절단의 추세는 더 이상 '사양산업의 주변 분야'에 한정되지 않고 매우 발전되고 근대화된 생산 부문의 일부 ― 조선과 항공에서 전자까지, 기계에서 우주공학까지 ― 도 포괄한다. 이에 우리가 관심을 갖는 것은 더 이상 '성장과 발전'의 '정상적'이고 기꺼이 수용할 수 있는 부산물이 아니라, 성장과 발전의 정지停止로 나아가는 것이다. 또한 '저발전'의 주변적인 문제가 아니라 '발전', '합리화', '근대화'의 최근의 성취조차 만성적인 저발전의 끔찍한 부담으로 전환하는 자본주의 생산양식 전체의 근본적인 모순이다. 그중에서 가장 중요한 것은, 당하는 쪽에 있는 인간 주체는 더 이상 사회적으로 힘없고 냉담하며 파편화된 다수의 불우한 사람이 아니라 **모든 범주의 숙련과 미숙련노동, 즉 객관적으로 사회의 총노동력이다.**[4]

이 문구들이 작성된 이래 우리는 영국이든 어디에서든 실업의 놀라운 증가를 목격했다. 오늘날 정황으로는, 심지어 '공식' 수치에 따르더라도, 산업적으로 가장 발전한 국가에 4천만 명 이상의 실업자가 있다. 이 수치 가운데 유럽이 2천만 명 이상을 차지하고, 독일 ― 한때 '독일의 기적'을 낳은 것으로 칭송된 ― 은 500만 명을 넘어섰다. 앞서 강조했듯이, 인도 ― 건강하게 발전하는 나라로서 전통적인 경제연구기관에서 그 성취를 높게 칭찬하는 ― 에서는 3억 3600만 명 이상이 실업 명부에 올라 있고,[5] 계산에 포함되어야 하는데도 등록되지 않은, 적절한 일이 없는 사람도 수백만 명이 넘는다. 더욱이

---

4   Mészáros, "The Necessity of Social Control," *Beyond Capital*에 재수록.

5   우리는 다음의 사실도 떠올려야 한다. "공공 직업소개소에 등록된 총 실업자 수가 1993년 3억 3600만 명인 반면, 계획위원회에 따르면, 같은 해의 고용자 수는 고작 3억 760만 명이다. 즉, 등록된 실업자 수가 고용자 수보다 더 많다. 그리고 고용증가율은 거의 무시할 만하다"[Sukomal Sen, *Working Class of India: History of the Emergence and Movement 1830-1990*(Calcutta: K.P. Bagchi & Co.,1997), p. 554].

국제통화기금은 미국의 지시대로 '개발도상국'에 개입해 실업자의 곤경을 더 나쁘게 만들면서도 마치 관련 국가의 경제 상황을 개선한 것처럼 기만한다. ≪네이션≫의 편집자는 이 점을 다음과 같이 지적했다.

> 멕시코 경제는 잘나가는 듯이 보일지도 모르지만 멕시코 인민은 곤란을 겪고 있다. IMF의 구제금융 이래 중간계급은 분쇄되었다. 즉, 2만 5천 개의 소기업이 파산했고 같은 시기에 200만 노동자가 일자리를 잃었으며, 달러 가치로 임금이 40%나 곤두박질쳤다. IMF는 멕시코 경제를 구하기 위해 그것을 파괴해야 했다.[6]

동시에, 러시아에서 헝가리에 이르기까지 소련형 시스템에 속하는 예전의 탈자본주의국가 — 비록 높은 수준의 불완전고용을 가지고 경제를 운용했지만 과거에는 실업을 겪지 않았던 — 는 종종 IMF의 직접적인 압력 아래 대량실업이라는 비인간적인 조건에 적응해야만 했다. 예컨대, 헝가리는 실업을 50만여 명으로 '안정화'한 것에 대해 IMF의 축하를 받았다.[7] 실제로 그 수치

---

6 "Waterloo in Asia?," January 12~19, 1998. 미국의 이해관계는 기회가 닿는 곳이면 어디서나 냉소적으로 추구되었고 부과되었다. "IMF, 즉 워싱턴에서 독립된 아시아 지역 기금(Asian Regional Fund)의 창설을 실질적으로 거부한 미국 관리들은 또한 경기 침체에 빠진 나라들이 IMF의 요구에 순응할 때까지 미국이 직접 나서서 원조를 베풀지 않는다는 것을 — 최근 한국 사례에서 — 알게 했다. 지금까지 태국 정부는 외국이 금융회사를 소유하는 권리에 대한 모든 제한을 제거하는 데 동의했고, 오랜 금기였던 외국인의 토지 소유를 허용하는 입법도 추진하고 있다. IMF에 도움을 청하기도 전에 인도네시아는 외국인이 공개 거래 주식을 소유하는 것에 대한 제한을 폐지했다. 이 조치는 서울에서 되풀이되었다. 그들은 외국인 투자자들이 여러 해 모색한 640억 달러의 장기·보증 회사채시장에 대한 접근을 허용했다"(Walden Bello, "The End of the Asian Miracle," *The Nation*, January 12~19, 1998).

7 IMF의 축하는 자신의 준거와 관련해서조차 별다른 의미가 없다는 것이 분명하다. 이런 특징을 잘 보여주는 것으로, "태국 경제가 곤란을 겪을 때 IMF는 여전히 그 정부의 '건전

는 훨씬 더 많고 계속 증가하고 있다. 헝가리는 인구가 적기 때문에 50만 명이라는 수치는 서유럽 전체의 실업 수준보다 훨씬 더 높은 수준을 나타 낸다. 러시아연방의 상황도 마찬가지로 나쁘다. 여러 달 동안 광부와 여타 노동자의 임금을 지급하지 않아 분노가 폭발한 것과 같이 상황이 악화하는 추세다. 특히 베트남은 비극적인 사례다. 왜냐하면 미 제국주의의 오랜 재 앙적인 개입주의 전쟁에 맞서 베트남 인민이 영웅적 승리를 거둔 후 자본 주의 복원 압력 아래서 평화가 유린되고 있기 때문이다.[8] 경제가 정치적으 로 통제되는 매우 특수한 방식을 가진 중국조차 실업 증가라는 일반적 규 칙에서 예외가 아니다. 중국의 노동부 장관이 준비한, 유출된 비밀 보고서 는, 현재의 추세와 대결하기 위해 적절한 (그러나 명시되지 않은) 조치들이 채택되지 않는다면 몇 년 안에 실업이 2억 6800만 명이라는 충격적인 수치 에 도달할 것이라고 중국 정부에 경고했으며, 실업에 동반될 주요한 사회 적 폭발의 위험도 같이 지적했다.[9]

우리는 실업이 자본 시스템 전체의 지배적인 특징으로 되는 역사적 발전 의 지점에 도달했다. 그 새로운 양식 속에서 자본 시스템은 상호 관계와 상 호 규정의 밀접한 네트워크를 구성한다. 그 결과, 자유주의 정치인들이 자 유 사회의 완전고용[10]에 관해 말할 수 있던 소수의 특권적인 국가에서 이루

한 거시 경제 관리 정책의 일관된 기록'을 찬양하고 있었다"(Ibid.). 비슷하게, IMF가 한 국의 경제를 '구제'한 후 실제로 몇 달 안에 한국의 실업은 두 배로 뛰었다. 또한 다음의 통찰력 있는 글 János Jemnitz, "A review of Hungarian politics 1994-1997," *Contemporary Politics*, vol.3, no.4, 1997를 참조하라.

8 개브리엘 콜코의 *Vietnam: Anatomy of a Peace*(London and New York: Routledge, 1997)를 참조하라. 또한 ≪네이션≫에 실린, 콜코의 책에 대한 누 레(Nhu Le)의 서평 "Screaming Souls," *The Nation*, November 3, 1997에서 그의 열렬한 응수도 참조하라.

9 Anthony Kuhn, "268 million Chinese will be out of jobs in a decade," *The Sunday Times*, August 21, 1994.

10 베버리지(Beveridge) 경의 같은 제목의 책을 참조하라. 베버리지는 영국의 '복지국가' 건

어진 전후 수십 년의 발전과는 아주 다르게, 지금은 제한된 영역의 실업 문제에 대해 부분적인 처방과 해결책을 찾아내는 일이 불가능하다.

최근에 보편적으로 유익한 '세계화'의 미덕을 극찬하는 이야기가 무척 난무했다. 이는 자본의 전 지구적 확장과 통합 추세가 우리의 모든 문제를 해결할 근본적으로 새로운 현상인 것처럼 왜곡한다. 실제적인 발전 추세 — 여러 세기 전에 자본 시스템이 처음 구성될 때부터 자본의 논리에 내재적이었고, 우리 시대에 자본 시스템의 구조적 위기와 불가분하게 연계된 형태로 그 성숙에 도달한 — 가 가지는 거대한 아이러니는 사회신진대사를 통제하는 이 적대적 양식의 생산적 진보가 인류의 점증하는 부분을 잉여노동 범주로 내던진다는 것이다. 마르크스는 이미 1848년에 『공산당 선언』에서 다음과 같이 말했다.

> 어떤 계급을 억압하려면 억압받는 계급에게 적어도 노예적 생존을 이어갈 수 있는 일정한 조건들이 보장되어야 한다. …… (그러나) 부르주아지는 더 이상 사회의 지배계급으로 머물러 있을 수 없으며, 사회에 그들 계급의 생존 조건을 규제적 법칙으로서 강요할 능력이 없다. 부르주아지는 자신의 노예들에게 노예 상태에서의 생존을 보장해줄 수 없기 때문에, 즉 노예들이 부르주아지를 부양하는 대신에 부르주아지가 노예를 부양해야 하는 처지에 노예들을 빠뜨릴 수밖에 없기 때문에 지배할 능력이 없는 것이다.[11]

역설적으로, 역사상 가장 역동적인 생산 시스템의 발전은 점점 더 증가

설에서 중요한 역할을 했다.

11 Marx and Engels, *Manifesto of the Communist Party*(Moscow: Progress Publisher, 1971), p. 44. 마셜 버먼(Marshall Berman)의 선언 150주년에 관해 깊이 감사하는 글, "Unchained Melody," *The Nation*, May 11, 1998을 참조하라.

하는 수의 인간을 그 생산 기구의 잉여로 만들어 절정에 도달한다. 비록 ─ 자본 시스템의 교정할 수 없는 모순적인 성격에 충실하게 ─ 소비자로서는 전혀 잉여가 아닐지라도 그러하다. 전 지구적으로 완성된 시스템에서 실업 형태의 역사적 새로움은 어떤 특정한 부분의 모순들이 여타 부분의 문제를 악화시켜 문제 전체를 복잡하게 만들고 악화시킨다는 점이다. 왜냐하면 실업을 낳는 '인원 삭감' 등등의 필요는 이윤과 축적을 추구하는 자본의 적대적인 생산적 지상명령에 따라 필연적으로 생겨나기 때문이다. 자본은 합리적이고 인간의 필요를 충족하는 원리에 맞춰 스스로를 제한하기 위해 자신의 지상명령을 절대로 단념할 수 없다. 자본은 그 결과가 아무리 재앙적일지라도 자기 확장적 목표를 향한 냉혹한 운동을 계속한다. 그렇지 않으면 자본은 더 이상 재생산의 사회신진대사를 통제할 수 없게 된다. 중간적인 타협도, 심지어 인간적 고려에 대한 털끝만큼의 관심조차 있을 수 없다. 이런 까닭에, 역사상 처음으로 인류의 압도적 다수를 (필요하다면) 노동과정에서 무자비하게 내쫓는, 역동적인 ─ 그리고 궁극적인 함의에서 역동적으로 파괴적인 ─ 자기 확장적 사회신진대사 통제 체제가 생겨난 것이다. 이것이 오늘날 '세계화'가 갖는 매우 충격적인 의미다.

자본이 이런 발전 단계에 도달할 때, 자본은 자신의 구조적 위기의 원인에 대처할 길이 없다. 즉, 자본은 결과와 표면 현상을 만지작거릴 수 있을 뿐이다. 따라서 자본이 "자신의 노예를 더 이상 부양할 수 없기" 때문에 (마르크스의 표현에 따르면) 자본 시스템의 '인격화들'은 방해받지 않은 자본 확장의 전후 시기에 '복지국가' 형태로 노동에 양보한 제한된 급부조차 되돌려 문제를 해결하려 한다. 미국에서는 실업자들이 어떤 사회적 급부라도 받기를 원한다면 '일-복지|work-fare'[12]의 명령에 복종할 것이 강요된다. 늘 그

─────────────

12 복지(welfare) 급여를 일(work)과 연계해 노동을 강제하는 정책 또는 제도를 말한다. 주로 실업자나 불완전고용 노동자들이 여기에 해당되는데, 과거에는 구직 활동을 하거나

렁듯이, 영국에서 한때 스스로 사회주의적이라고 간주했던 정당(영국 노동당 — 옮긴이)의 정부에 의해 '복지welfare'에서 '일-복지'로 똑같은 전환이 시도되고 있다. 따라서 ('신노동당' 정부에 매우 가까워진) 영국의 한 자유주의 신문이 뽑은 "실업자에게 권고: 군대 입대 아니면 급부 상실"이라는 머리기사의 제목은 정부가 청년 실업자를 대상으로 취할 조치를 예고한다.[13] 또 다시, 이것은 지금 사회 전반에 퍼진 실업과 임시 고용화의 세계화가 자본 시스템 자체의 근본적인 폐기 없이는 시정될 수 없다는 사실을 분명히 한다. 얼마 전만 해도 미국 모델에 맞춘 보편적인 '근대화'가 알려진 모든 사회악을, 심지어 세계의 매우 '저개발된' 지역에서도, 극복할 것이라고 자신 있게 기대했다. 그러나 지금 우리는 기획된 장밋빛 그림과는 정반대의 상황에 직면해 있다. 왜냐하면 '개발 이론'과 관변 담론에서 한때 '저개발'의 일시적인 어려움으로 한정되었던 상황이 지금 매우 발전된 자본주의국가에서도 명확하게 가시화되기 때문이다.

5.2 '유연성'의 신화와 불안정화의 현실

1998년 5월 19일 프랑스 의회는 노동시간을 주 35시간으로 단축하는 법안을 의결했다. 이탈리아에서도 비슷한 법률 제정이 시작되었다. 하지만

취업이 어려운 상태일 경우 실업수당 등의 복지 혜택을 받을 수 있었으나 일-복지 시스템에서는 직업훈련, 재활훈련을 받거나 낮은 임금을 받는 사회서비스 노동이라도 할 경우에만 복지 혜택을 받을 수 있다. — 옮긴이

13 "Jobless told: join Army or lose benefits," Stephen Castle, *Independent on Sunday*, May 10, 1998. 같은 면의 다른 기사는 "노동당이 최저임금을 3.60파운드로 책정하자 노조가 분노하다"라는 제목으로, 영국 신노동당 정부가 도입한 최저임금의 비참한 수준에 대한 반응을 보도한다.

이것이 이야기의 전부라고 생각하면 매우 순진한 것이다. 파리에서 그 조치는 즉각 "수많은 경제학자와 기업 지도자에 의해 경제적 자살로 묘사되었기" 때문이다.[14] 이탈리아에서는 심지어 입법 조치가 있기 전부터 이탈리아 산업연맹*Confindustria*의 지도자 조르조 포사*Giorgio Fossa*가 그의 조직이 결단코 그런 모든 입법을 무력화할 것이라고 다짐했다.[15] 더구나 포사(매우 적절하게도 그의 이름은 이탈리아어로 '심각하다'라는 뜻이다)는 또한 만일 그 법안이 의회에서 제정될 경우 심지어 극우 정당의 지지자까지 포함한 '대연합'의 도움으로 그 법안을 매장하겠다고 (그렇게 하리라는 것을 그의 조직을 아는 사람들이 모를까봐 확인하듯이) 뻔뻔스럽게 공언했다.[16] 런던의 ≪이코노미스트≫는 습관적인 냉소를 곁들여 거만하게 말했다.

그래서 누가 리오넬 조스팽*Lionel Jospin*의 주 35시간 노동제를 실제로 원하는가? 그것이 노무 비용을 증가시켜 경쟁력을 약화시킬 것이라 주장하는 프랑스의 고용주들은 분명히 아니다. 또한 그 기획을 위한 재정을 조달하기 위해 더 많은 세금을 내야할지도 모른다고 의심하는 납세자도 아니다. 더욱이, 그것이 더 낮은 임금과 더 적은 노동자 권리로 귀결될 것을 두려워하는 노동조합도 아니다. 심지어 그들 대부분은 예전과 똑같은 시간으로 계속 일을 해야 하거나 더욱 불편한 교대 근무와 시간 외 근무를 감수하게 될 노동자도 아니다. 심지어 그 기획의 수혜자로 상정되는 실업자들도 실제로 그것이 도대체 얼마나 많은 일자리를 만들어낼 것인지 의심하고 있다. …… 소문에 의하면 조스팽 씨는 심지어 자신조차 믿지 않는 기획을 떠안고 있음을 알고 있다.[17]

---

14 Susan Bell, "Paris passes law on 35-hour week," *The Times*, May 20, 1998.
15 "주 35시간 노동문제에 관해서는 단념한 것도 아니고 유화적인 것도 아니다. 산업가협회 회장은 법안 폐지 국민투표를 주장하는 것 이상으로 단호하다"(Vittorio Sivo, "Referendum sulle 35 ore," *La Repubblica*, April 22, 1998).
16 Ibid.

물론, 임금 손실 없이 노동시간을 실질적으로 단축하기 위한 싸움에서 노동운동은 심각한 어려움에 직면할 수밖에 없다. 그러나 그것은 ≪이코노미스트≫와 지배 질서의 여타 대변자에 의해 만들어진 섬뜩한 이야기와는 매우 다른 종류의 어려움이다. 지금, 그리고 가까운 미래에 노동이 직면할 실질적인 장애는 두 단어로 요약될 수 있다. 즉, '유연성'과 '탈규제'. 이는 오늘날 정치뿐만 아니라 업계에서 자본의 인격화들이 매우 애호하는 두 가지다. 이들은 매우 매력적이고 진보적인 것처럼 여겨진다. 그러나 실상 두 단어는 신자유주의의 가장 공격적인 반노동의 열망과 정책을 압축한다. 모성애와 사과 파이처럼 모든 이성적인 사람에게 권장할 만한 것이라고 주장하면서 말이다. 왜냐하면 노동 관행과 관련해 '유연성'은 — 다양한 종류의 '탈규제'를 통해 촉진되고 실행되는데 — 현실에서 노동력의 무자비한 '임시직화'에 해당되기 때문이다. 그것은 토니 블레어의 '신노동당' 정부에 의해 유지된 권위주의적인 반노동 입법 —레이건의 미 항공 관제사에 대한 탄압에서 마거릿 대처의 일련의 사악한 반노동법까지 — 과 종종 연결된다. 그리고 임시직화의 매우 불안정한 노동조건이 확산되는 것을 보편적으로 이로운 '유연성'이라고 부르는 바로 그 사람들이 역시나 낯 두껍게도 권위주의적인 반노동 입법 조처를 '민주주의'라고 부른다.

정치적 위기 때문에 불가피하게 주 35시간 노동을 수용해야 할 경우에 유연성이 그것을 상쇄할 것으로 기대된다. 프랑스와 이탈리아의 경우가 그렇다. 프랑스에서는 몇몇 장관들이 "주간 노동시간이 한 해 단위의 평균으로 계산되도록 고용주에게 계절적 수요에 맞춰 주간 노동시간을 변형하는 것을 허용하는 악명 높은 방식으로(변형 근로시간제를 의미 — 옮긴이) 노동시장을 더욱 유연하게 만드는 것에 대해 말한다".[18] 이탈리아에서도 똑같은 책

---

17 "The working week: Fewer hours, more jobs?," *The Economist*, April 4, 1998.

18 Ibid.

략이 효과가 있을 것으로 기대된다. 그것을 도입할 때 이탈리아 총리 로마노 프로디*Romano Prodi*는 ─ 나중에 유럽연합 집행위원장으로 보상받았는데 ─ 적절한 유연성이 그 법의 부정적 효과를 방지할 수 있다는 명목으로 비판자들을 안심시켰다.

자본의 인격화들이 나타내는 실질적인 관심은 '노동 유연성'을 촉진하고 가능한 방법을 모두 이용해 '경직된 노동시장'에 맞서 싸우는 것이다. ≪파이낸셜 타임스*The Financial Times*≫의 한 뛰어난 기사는 "일본과 유럽 양쪽에서 회사들은 경직된 노동시장이 창출할 수 있는 것보다 더 빠르게 일자리를 없애버리는 데 박차를 가하고 있다"라고 주장하면서 "**탈규제**가 그 속도를 올릴 수도 있음"을 긍정적으로 시사하며, 안심시키는 선전을 위해 다음과 같이 덧붙였다. "탈규제가 결국 새로운 시장에서 충분한 일자리를 창출해 과잉 노동의 많은 부분을 흡수할 것이라고 낙관주의자들은 확신한다. 하지만 이렇게 되려면 일본은 미국에서 작동하는 일종의 **노동 이동***labor mobility*이 필요할 것이다."[19] (닛산 노동자 3만 명의 해고를 초래한 르노의 닛산 인수 이야기는 일본이 '올바른 방향'으로 움직인다는 것을 보여준다는 점에서 그런 치유책의 주창자들을 기쁘게 하는 것임이 틀림없다.) 마찬가지로 IMF의 한 직원용 보고서 ─ ≪이코노미스트≫가 열광적으로 논평한 ─ 는 이렇게 단언하고 있다. "연구에 따르면 유럽에서 실질임금의 **유연성**은 미국의 절반에 불과하고, 유럽 노동자는 미국 노동자보다 일자리를 찾기 위해 훨씬 덜 돌아다니는 것 같다." 존 갤브레이스*John Galbraith*[20]가 여러 해 전에 늘어놓았던 불평을 속편하

---

19 Michiyo Nakamoto, "Revolution coming, ready or not," *Financial Times*, October 24, 1997. ≪파이낸셜 타임스≫의 같은 주제, 같은 기조로 쓴 존 플렌더(John Plender)의 "When capital collides with labor"를 참조하라.

20 케네디 대통령의 정책 참모, ≪포천(Fortune)≫ 편집 등 폭넓은 경력을 가진 미국 경제학자(1908~2006). 20세기 중반 미국의 자유주의와 진보주의를 주도한 인물이다. 대표적인 저서로 『풍요로운 사회(Affluent Society)』(1958), 『새로운 산업국가(The New Indus-

게 잊고서 말이다. 그는 미국 노동자들이 자란 곳에 매이는 '귀소본능'에 따라 돌아다니기를 거부하기 때문에 실업에 대해 자신을 탓할 수밖에 없다고 불평했다. 수십 년 동안 진단이나 치유책은 바뀐 것이 없는 듯하다.

IMF의 직원용 보고서의 필자들은 자본의 신자유주의적인 희망이 담긴 '분명히 그렇게 될 것이다'라는 투사의 형태로 하나의 자동적인 조건반사를 보여준다.

  이를테면, 한 정부가 실업 급부를 삭감한다고 가정하라. 이제 노동자들은 일
  자리를 찾는 데 더 첨예한 유인을 가지게 되고, 이로써 실업은 하락할 것이다. 또
  한 구직자 수의 증가는 임금에 대한 하방 압력도 가할 것이다. 더 낮아진 임금
  비용은 결국 고용을 늘게 할 것이다.[21]

물론, 임금의 멋진 하락의 결과로 그 후 우리는 행복하게 잘 살 것이다. 다른 한편, 만약 — 바로 노동자들의 실질적인 희생에도 불구하고 — '될 것이다'라는 허구적인 기대가 실현되지 않을지라도, 그것은 IMF와 ≪이코노미스트≫가 공유한 이론이 틀렸음을 결코 입증할 수 없을 것이다. 그것은 잘 알려진 영국 속담에 나오는 돼지들이 (희망적으로 투사된 자본의 낙관적인 미래를 향해 날아오르기 위해) 거대한 땅벌처럼 보이도록 날개를 기르는 것을 완

---

trial State)』(1967), 『대공황(The Great Crash)』(1929), 『미국의 자본주의(American Capitalism: The Concept of Countervailing Power)』(1952), 『불확실성의 시대(The Age of Uncertainty)』(1977), 『대중 빈곤의 본질(Nature of Mass Poverty)』(1979) 등이 있다. — 옮긴이

21 David Coe and Dennis Snower, "Policy Complementation: The Case for Fundamental Labour Market Reform," *IMF Staff Paper*, volume 44, no.1(1997). *The Economist*, November 15, 1997에서 논평되었다. 효과적이게도 논평 기사의 제목은 다음과 같다. "전부 아니면 전무(全無): 단편적인 노동시장 개혁은 유럽의 실업 문제를 치유하지 못할 것이다. 정부는 전면적으로 개혁할 필요가 있다."

강하게 거부한다는 것만을 드러낼 뿐이다.

한편, 이 시스템의 진정한 야만성은 노동과정에서 점점 더 많은 사람을 내쫓는다는 점뿐만 아니라 자본이 그렇게 할 수만 있다면 어디에서나 노동 시간을 연장한다는 (특유한 모순인) 점에서 역시 조금도 변함이 없다. 매우 중요한 사례를 들면 일본에서 정부는 '하루 노동시간의 상한선을 9시간에서 10시간으로, 주 노동시간을 48시간에서 52시간으로 높이는' 의회 법안을 도입했다. "연간 총 노동시간이 지정된 한계를 초과하지 않는 한, 그런 조항은 회사가 바쁠 때 피고용인들이 더 긴 시간을 노동하도록 강제하는 것을 허용할 것이다."[22] 더구나 동일한 법안은 또한 "화이트칼라 **노동자들이** 더 오래 일했을지라도 회사가 딱 8시간의 노동에 해당하는 만큼만 임금을 지급하는 것을 허용하기 위해" 이른바 "재량근무제"를 확대하는 것도 겨냥한다.[23] '재량 근무'가 초래한 비인간적으로 파괴적인 결과의 몇몇 끔찍한 사례는 이미 이 제도가 적용되고 현재 확대되는 분야에서 보고되고 있다. 예컨대, 도쿄 지방법원의 판결에 따르면 한 젊은 컴퓨터 프로그래머는 과로 때문에 죽었다. "그의 연간 평균 노동시간은 3천 시간 이상이었다. 그가 죽기 석 달 전, 그는 한 달에 300시간을 일했다. 그때 그는 은행에서 쓸 컴퓨터 소프트웨어 시스템을 개발하고 있었다."[24] 심한 과로 때문에 심장마비로 죽은 또 다른 젊은이는 "죽기 전 2주 동안 하루 평균 16시간 19분을 일했다".[25] 또 다른 일본 신문에 따르면 오늘날에도 다음과 같다.

---

22 *Japan Press Weekly*, February 14, 1998. 이 주간신문의 4월 18일 자 기사를 보자. "그 법안의 주된 목표는 현존의 변형(유연) 근로시간제에 대한 제한을 완화하고 단기 고용계약을 합법화하기 위해 재량근무제의 적용을 늘리는 것이다."

23 *Japan Press Weekly*, February 14, 1998.

24 *Japan Press Weekly*, March 28, 1998.

25 *Japan Press Weekly*, April 4, 1998.

…… 고용주들은 노동자에게 엄격한 할당량을 부과하는데, 이는 노동자들이 부담하는 장시간 노동과 지불되지 않은 노동을 의미한다. …… 예컨대, 일본의 최대 철도 회사인 동일본 철도 회사에서 일하는 기차 차장은 실제로 14시간 5분 동안 업무를 수행하지만 일터에서 24시간 13분 동안 있어야 한다. 그런데 회사는 나머지 10시간 8분에 대해 '노동시간도 아니고 휴식시간도 아니'라고 말하면서 보수를 지불하지 않는다.[26]

자본의 구조적 위기 시대에는 이런 수준의 착취로도 충분하지 않다. 노동운동이 감수할 수 있는 한 착취는 확대되어야 하는 것이다. 지금 일본 의회에 상정된 한 법안은 "노동자 권리에 대한 전후 최대의 공격이다".[27] 일본 노동조합의 일부가 과거 그들의 전통적인 노선에 비해 미래에 훨씬 더 직접적인 정치적 역할을 스스로 구상하는 것은 당연하다. 일본 전국노동조합총연합[28]의 총서기 가네미치 구마가이*Kanemichi Kumagai*의 말을 인용하면 "올해 봄의 투쟁은 과거의 관행을 단순히 따르는 것이 아니라 일본의 정책과 경제가 취해야 할 방향을 포함한, 노동운동과 정치의 추세를 변화시키는 것을 목표한다. 이를 위해 우리는 사회에 영향을 미칠 수 있도록 노동자와 노동조합이 행동하는 것을 성취하는 데 더 큰 중점을 둔다".[29]

일본은 특별히 중요한 사례다. 왜냐하면 우리가 이야기하고 있는 것은 매우 냉혹하고 무자비하게 착취적인 노동 관행조차 항상 당연시되는, 이른바 제3세계에 대한 것이 아니기 때문이다. 반대로 일본은 세계에서 두 번째

---

26 Akira Inukai, "Attack against workers' rights," *Dateline Tokyo*, no. 58(April 1998).

27 Ibid.

28 일본 공산당계 노총으로 조합원이 120만 명에 이르는 전노련(全勞連)은 일본에서 렌고(連合, 일본노동조합총연합회)에 이어 두 번째로 큰 노총이다. ― 옮긴이

29 Ibid.

로 강력한 경제를 가진 나라로, 자본주의적 진보의 한 패러다임을 대표한다. 지금 그런 나라에서조차 실업이 위험스럽게 증가하고 있다. 그리고 노동조건은 자본의 전후 발전과 확장의 오랜 기간에 비해 악화될 수밖에 없다. 여기에는, '유연성'이라는 그럴듯한 이름 아래 착취적인 근무 일정이 크게 강화된 것뿐만 아니라 ― 많은 사람들에게 전혀 이해될 수 없는 ― 더 긴 주간 노동시간이라는 지상명령까지 포함된다.

경직된 권위주의적 노동 입법과 연결된, 당혹스럽고 어떤 면에서 자기 모순적인 '유연성'을 주창하는 근원에는 **차별적 착취율의 하향 평균화**라는 핵심적으로 중요한 경향 법칙이 있다. 이는 자본 시스템의 구조적 위기가 작동할 때 한층 더 파괴적인 자본의 세계화를 통해 첨예하게 드러난다. 그래서 나는 1971년에 다음과 같이 서술했다.

> 매우 발달한 '탈산업'사회에서 노동계급 일부는 '자유주의적' 자본의 실질적인 사악함을 미리 맛보고 있다. …… 따라서 자본주의적 생산관계의 진정한 본성, 즉 냉혹한 자본의 노동 지배가 **전 지구적** 현상임이 점점 더 명백해지고 있다. …… 자본 생산양식의 발전과 자기 재생산에 대해 이해하는 것은 사회적 **총자본** 개념 없이는 전혀 불가능하다. …… 마찬가지로 적절한 평가의 필수적인 틀, 즉 사회적 **총자본**과 **총노동** 사이의 화해할 수 없는 적대를 끊임없이 명심하지 않고서는 사회적으로 계층화되어 있을 뿐 아니라 민족적으로 다변화된 노동의 여러 골치 아픈 문제들을 이해하는 것도 전혀 불가능하다.

> 이러한 근본적인 적대는 다음의 것에 맞도록 불가피하게 변경된다. ① 지역의 사회경제적 상황, ② 자본 생산의 전 지구적 틀에서 특정 나라들 각각의 지위, ③ 전 지구적 사회의 역사적 발전의 상대적인 성숙도. 따라서 상이한 시기에 이 시스템 전체는 사회적 적대 양쪽 모두에서 일련의 복합적인 이해관계의 객관적 차이의 작동을 드러낸다. **상이한 착취율의 객관적 현실은** ― 특정 나라 내부와 세계 자본 시스템에서 모두 ― 어떤 특정 시기든 간에 **이윤율의 객관적 차이**

만큼이나 의심할 나위 없다. …… 그런데도 상이한 착취율과 이윤율의 현실이 근본적인 법칙 자체 ― 즉, 세계 자본의 전 지구적 발전 추세로서 차별적 착취율이 점점 평균화되는 것 ― 을 바꾸지는 않는다.

　전 지구적 자본 시스템에 관해서, 이 평균화 법칙이 장기 추세라는 것은 확실하다. …… 지금은 '사회적 총자본'이 '국민적 총자본'과 혼동되어서는 안 된다는 점만 강조해두자. 전 지구적 시스템 안에서 '국민적 총자본'은 그 지위의 상대적 약화로 영향을 받을 때, 불가피하게 자신의 직접적 통제 아래에 있는 노동력에 맞서 특수한 착취율을 증대시킴으로써 지위 약화에 따른 손실을 보상받으려고 할 것이다. (그렇지 않으면 그 경쟁적 지위가 '사회적 총자본'의 전 지구적 틀 안에서 더욱 약화된다.) …… 특수한 착취율의 강화 말고는 어떠한 출구도 있을 수 없다. 이는 장기적으로는 지역적으로 그리고 전 지구적 차원에서 근본적인 사회적 적대의 폭발적인 강화로 귀결될 수 있을 뿐이다. 노동계급의 '통합'에 관해 이야기하는 사람들은 ― '조직된 자본주의'를 그 사회적 모순을 근본적으로 제어하는 데 성공한 시스템으로 묘사하는데 ― (상대적으로 '교란 없는' 전후 재건과 확장의 역사적 단계에서 통용되었던) 차별적 착취율을 조종하는 데 성공한 것을 기본적인 **구조적 치유책**으로, 구제가 불가능할 정도로, 오인했다.[30]

　진행 중인 생산관계와 분배관계의 세계화에 필연적으로 수반되는 차별적 착취율의 하향 평균화는 모든 선진 자본주의국가에, 심지어 매우 부유한 국가에도 영향을 미친다. (그것들이 아무리 '전통적'이고 '뿌리 깊은' 것으로 상정되더라도) 온정주의적으로 조종된 노동관계를 위한 여지도, 상대적인 무역과 기술 우위를 통해 편재한 구조적 위기의 심각한 부정적 영향을 영구적으로 회피할 여지도 실제로는 더 이상 있을 수 없다. (앞서 인용한 ≪네

---

30 Mészáros, *The Necessity of Social Control*, pp. 56~59; *Beyond Capital*, pp. 890~892에 재수록.

이선≫이 밝힌 수치를 잊지 말라.) 한 이탈리아 신문에서 저명한 지식인들이 호소했듯이, 실제로 상황을 심각하게 만드는 것은 모든 노동 세계에서 임시직화와 불안정이 (이탈리아어로 표기할 경우 'la precarietà e l'insicurezza') 증가한다는 점이다. 즉, "보호받지 못하고 임금이 낮은 일은 석유 저장고처럼 확산되는 반면, 매우 안정된 일조차 전례 없이 노동강도를 강화하라는 압력과 매우 다변화된 노동시간(변형 근로시간제 — 옮긴이)에 철저히 순종하라는 압력을 받고 있다".[31]

달리 말하면 여기서 우리는 매우 현저하고 광범한 경향, 즉 지난 수십 년 동안 선진 자본주의사회에서 **절대적 잉여가치로의 복귀**가 점점 증가하는 것을 인정해야 한다. 아우구스토 그라치아니*Augusto Graziani* 교수는 1998년 2월, 주 35시간 노동 문제를 다룬 밀라노의 리폰다치오네 당대회에서 이탈리아 남부 일반의 노동조건에 관해, 특히 칼라브리아*Calabria*(이탈리아 남부의 주 — 옮긴이)에서의 여성 노동에 대한 끔찍한 착취에 관해 매우 웅변적으로 연설했다. 착취가 극심한 노동 관행의 일부가 산업이 아주 발달한 이탈리아 북부에서도 확인된다는 점에서, 그의 개입은 이탈리아 같은 선진 자본주의국가의 '절대적 잉여가치' 문제와 매우 관련이 있다. 동시에, 영국의 한 TV의 기록 영상물은 분명히 법에 위반되는데도 아동노동이 광범하게 확산된 현상을 보여주었다. 물론, 그 법은 전혀 집행되지 않는다. 반대로, 그런 불법적인 관행을 간접적으로 정당화하기 위해 갖가지 거짓 주장이 난무한다. 따라서 최저임금 일반에 대해 재계 이익 단체들은 최저임금 도입이 청년 실업을 훨씬 더 악화할 것이라며 요란한 반대 캠페인을 벌인다. 이 문제

---

31 다음의 지식인들이 서명한 호소문. Mario Agostinelli, Pierpaolo Baretta, Heinz Birnbaum, Carla Casalini, Marcello Cini, Giorgio Cremaschi, Pietro Ingrao, Oskar Negt, Paolo Nerozzi, Valentino Parlato, Marco Revelli, Rossana Rossanda, Claudio Sabattini, Arno Teutsch, "Trentacinque ore della nostra vita," Il Manifesto, February 13, 1998.

를 다루는 또 다른 방법은 — 영국산업연맹, (영국)관리자협회, 다양한 기업 '싱크 탱크' 조직이 그러하듯이 — 최저임금 입법에서 '청년들을 제외'하거나 훨씬 낮은 수준의 최저임금으로 일방적으로 양보하도록 압박하는 것이다. 더구나 무수한 '노동 착취 공장sweat-shops(극히 열악한 작업환경에서 초저임금을 통해 초과 착취하는 작업장 — 옮긴이)'에서 일하는 모든 연령대의 사람들 — 합법 또는 불법 이주자뿐만 아니라 영국, 스코틀랜드, 웨일스와 아일랜드 노동력의 결코 무시할 수 없는 부분들 — 의 악화되는 노동조건은 매우 특권적인 선진 자본주의국가들 가운데 하나에서 20세기 자본의 발전이 보여주는 매우 퇴행적인 경향으로서 절대적 잉여가치 증대 운동의 재출현을 명백하게 말해준다. 두말할 필요 없이, 절대적 잉여가치 일반의 가혹한 추구와 그 특히 역겨운 표현 형태인 아동노동은 제3세계에서는 항상 흔한 일이었다(물론 오늘날 역시 계속 그러하다).

선진 세계화 시대에 전 지구적 자본축적 위기는, '낙관주의적' 세계화 대변인들이 선전하듯이, 오랫동안 다투어온 자본 시스템의 문제들을 해결하기보다 몇몇 주요한 새로운 어려움을 만들어낸다. 왜냐하면 자본 시스템의 생산적 여지margins를 확장하거나 적어도 유지하려는 자본주의국가의 모든 노력 — 개별적으로 또는 G7·G8 회합처럼 협력해서 — 에도 불구하고 자본의 생산적 생존력productive viability의 여지가 감소하고 있기 때문이다. (그래서 절대적 잉여가치를 추구하게 된다.) 실제로 줄어드는 **자본축적** 여지를 확대하는 일에는 오직 한 가지 방법, 즉 **노동**을 희생하는 것이 있을 뿐이다. 이것이 국가가 적극적으로 고무하는 전략이다. 우리 시대에 그 전략은 차별적 착취율의 하향 평균화 경향에 의해 객관적으로 밑받침된다. (정반대의 모든 신자유주의적 신화(국가는 비효율적이기 때문에 시장에 모든 것을 맡겨야 한다는 시장만능주의 — 옮긴이)에도 불구하고, 참으로 이런 필요 때문에 국가의 개입주의적 역할이 우리 시대보다 더 컸던 적이 결코 없다.)[32] 하지만 노동운동이 역사적 도전에 감연히 맞서기 위해 진정한 대중운동의 창출을 지향하는 자신의 고유한 조직화 전략과 형태를 근본적으로 재구성하는 데 성공하면 그 전략은 결국 실패할 것이다. 왜냐하면 국제통화기금이나 여타 기금이 풍부한 자본 변호기관의 매우 낙관주의적인 이론가조차 점차 악화되는 경제 상황과 노동력의 '임시직화된 임금 봉투'에서 그들에게 필요한 구매력의 계속적인 증가와 그에 상응하는 자본축적을 쥐어짜내는 것을 가능하게 만들 장치를 아직까지 발명해내지 못했고, 앞으로도 그럴 것 같지 않기 때문이다.

5.3 '필요노동시간'의 폭정에서 '가처분 시간'을 통한 해방으로

노동 — 자본의 구조적 적대자 — 은 좁아지는 자본의 생산적 생활력의 한계와 분리할 수 없는 악화 추세에 어떻게 대처할 수 있는가?

이 문제는 이 장의 앞머리에서 인용한 주 35시간 노동을 확보하기 위한 리폰다치오네의 노력의 세 번째 요소, 즉 '사회를 바꾸는 것'으로 되돌아가

---

32 국가의 개입주의적 역할은 경제와 정치 측면에서 모두 분명히 보인다. 경제 영역에서 주요 자본주의 기업에게 푸짐하게 나누어준 기금은 수억 파운드에 달한다. 예컨대, 영국 항공은 오래되지 않은 과거에 정부를 거의 속여서 무수한 돈을 빼냈을 뿐 아니라 진행 중인 한 사업에 대해 거의 6억 파운드를 받았다. 이 사업은 다시 파산한 기업 로버(Rover)를 경제적으로 회생시킨다는 구실을 대고 있다. 이 사업에 대해, 오늘날 국가는 로버를 구제하는 데 필요한 대규모 기금을 다시 투입할 것으로 예상되는 ― 지금은 아무도 사적 기업의 경이로운 미덕으로 묘사하는 것 같지 않은 ― 반면, 물론 신노동당이 그렇게도 선호하는 이른바 '민관(民官) 파트너십'의 자본가 쪽은 이윤을 남길 것으로 예상된다. 더 중요한 것은 아니지만, 마찬가지로 정치 측면에서도 자본을 위한 국가 개입의 역할이 있다. 왜냐하면 자본 시스템은 역사적 발전의 현 단계에서 신자유주의적인 사회 통치를 유지하기 위해 ― 보수주의 정부와 사회민주주의 정부 모두의 합작에 의해 도입된 ― 권위주의적인 반노동 입법을 몹시 필요로 하기 때문이다. 실제로 시스템의 구조적 위기의 심각성을 은연중에 매우 효과적으로 보여주는 이러한 반노동 입법은, 이탈리아에서처럼 심지어는 옛 공산당이 주도하는 일부 정부까지 도입했다.

게 만든다. 왜냐하면 오늘날 – 자본이 자신이 과거에 한 양보조차 인정사정없이 되돌려야 할 필요성 때문에[33] – 근본적인 사회변혁으로 이르는 길에 나서지 않고서는 전통적 노동조합운동의 매우 직접적이고 제한된 목표조차 전혀 실현될 수 없기 때문이다. 사회주의 운동을 근본적으로 재구성하는 일은 이 과정에서 결정적으로 중요한 부분이다.[34]

딘 위터Dean Witter – 모건 스탠리Morgan Stanley의 수석 경제학자이자 세계경제 책임자 – 같은 자본의 좀 더 지적인 대표자들 일부는 진행 중인 추세가 신자유주의의 선전 기관들이 흔히 묘사한 것보다 훨씬 더 문제적이라는 것을 기꺼이 인정한다. 그는 ≪선데이 뉴욕 타임스≫에 기고한 "노동자의 반발"이라는 제목의 글에서 최근의 성공이 "탈규제와 생산성 증가"의 결과라는 설명을 부인한다. 훨씬 더 갈등을 인식하고 덜 고무적인 그의 설명은 다음과 같다.

  …… 훨씬 더 큰 조각은 자본에게 돌아가고 더 작은 조각은 노동에게 돌아가는, 국가의 경제 파이의 극적인 재조정이 있었다. 그것을 노동-핍박 경기회복이라고 부르자. 즉, 주식회사인 미국이 오직 자신의 노동력을 끊임없이 압박한 덕분에 번창한 경기회복.[35]

---

33 마셜 버먼이 앞의 〈각주 11〉에서 인용한 그의 글에서 말하듯이 "완전한 잔인함이 자유주의라고 불린다(우리는 당신 자신을 위해 당신과 당신 아이들을 복지에서 내쫓는다)", 그리고 당신은 "일시 해고되거나 영구 해고된다. 그렇지 않으면 **탈숙련되고**(deskilled) 하청업체로 내쫓기고(outsourced), 감원된다(dowmsized). (이런 참담한 단어들의 얼마나 많은 부분이 완전히 새로운 의미로 쓰이는지는 매우 흥미롭다)".

34 노동운동이 직면한 도전에 관한 호소력 있는 논의는 다음을 참조하라. "Beyond Labor and Leisure," in Daniel Singer, *Whose Millennium?*(New York: *Monthly Review* Press, 1999).

35 ≪먼슬리 리뷰≫ 1997년 10월호 편집자가 독자와 후원자에게 보낸 한 편지에서 인용한 "The Worker Backlash," Sunday New York Times.

실제로 주식회사인 미국이 자신의 노동력에 끊임없이 압력을 가할 뿐 아니라, 자본의 인격화들 역시 모든 곳에서 그렇게 한다. 양호한 경제 상황에서 자본의 양보로 이루어졌던 과거의 개혁주의적 성취는 지속적인 **파이의 성장**을 전제했기 때문이다. 비록 자본이 항상 대부분을 전유하기 때문에 노동에 유리한 파이 재조정 문제는 결코 일어날 수 없었지만 말이다. 지금은 자본의 구조적 위기와 시스템의 좁아지는 생산적 생존력의 여지 때문에, 노동력의 수동성과 체념에 따라 **노동-핍박 경기회복**을 확보할 수 있도록 그 어느 때보다 더 자본에 유리하게 **국가가 경제 파이를 재조정**하는 일이 절대적으로 필요하게 된다. 하지만 전통적이거나 새롭게 고안된, 노동을 핍박하는 경제 형태에 의해 부과된 곤경이 악화되어 더 이상 그렇게 할 여지가 없다는 이유로 노동이 경제 파이의 가혹한 재조정에 동조하기를 거부할 경우 어떻게 될 것인가? 줄어드는 파이는 말할 것도 없고 정체 상태의 파이조차 재조정할 수 있는 여지에 명확한 한계가 있다. 노동운동의 체념적 비활동성이 자연적 본성의 문제로서 어느 나라에서든 영원히 당연한 것으로 간주될 수 없다는 것은 두말할 필요가 없다. 매우 선진적인 자본주의국가에서조차 그렇지 않다. 따라서 오늘날 모건 스탠리의 수석 경제학자조차 "자본과 노동 사이의 원색적인 권력투쟁"의 가능성을 우려하며 "한때 기업의 화전식火田式 구조 조정에 순응했던 유순한 노동력 시대는 끝났다"라고 덧붙이면서 미국에서 "노동자의 반발"을 언급할 수밖에 없다는 것은 전혀 놀랄 만한 일이 아니라고 했다.[36]

　물론 자본의 관점에서는, 자본과 노동 사이의 원색적인 권력투쟁을 회피하기 위해 노동을 핍박하는 경제에 대해 어떤 종류의 대안이 추구되어야 할 것인가 하는 문제에 대해 해법이 있을 수 없다. 모건 스탠리의 수석 경제학자가 가진 불안과 우려가 어떤 것이든지 간에 그는 전 지구적 금융 투

36　Ibid.

기의 기회를 이용하는 최선의 방법을 그의 회사에 계속 자문해야 하고, 그렇지 않으면 그는 고액의 퇴직금을 받고 바로 쫓겨날 것이다. 설령 추구되는 사회경제적 경로에 내포된 몇몇 위험을 누군가가 지각하더라도, 자본의 관점에서는 가능한 한 많이 — 비상 상황에서는 더 많이 — 노동을 핍박하는 것 외에 '어떤 대안'도 진실로 있을 수 '없다'. 왜냐하면 결국 수하르토 장군이 통치하는 미국의 후견국(인도네시아 — 옮긴이)뿐만 아니라 서구의 '선진 자본주의 민주국가'에서도 권위주의적인 해결책의 유혹은 언제나 있기 때문이다. 서구 민주국가들은 처음에 수하르토의 집권을 지원했고 32년 동안 민중에 대한 그의 야만적인 군사적 억압을 비롯해 가능한 모든 방법으로 그를 지지했다. 그리고 그가 쫓겨나기 몇 분 전에조차 국제통화기금의 대규모 자금을 이용해, 난파한 정권을 구제하려 했다.

오래 전부터 지금까지 시스템의 심각한 부정不正과 모순을 해결하는 데 대한 일반적인 약속은, 점점 확대되고 전 지구적으로 통합된 '자유무역'의 이익을 통해 전 세계 노동자의 상태가 크게 개선되리라는 것이었다. 이는 인플레이션과 경기 침체로 끝난 전후 수십 년의 문제점에서 벗어나 자본 확장이 방해받지 않고 이루어지는 상황으로 경제가 복귀함으로써 가능하다는 것이었다. 오늘날에도 대체로 이 약속은 그대로 남아 있다. 그러나 실제의 조짐과 경제지표들은 그 반대 방향을 가리키고 있다. 이는 자본 시스템의 능가할 수 없는 미덕에 대한 믿음을 견지하는 '주류' 경제학자조차 때때로 시인하는 사실이다. 그런 경제학자가 최근에 쓴 책에 대한 한 논평을 인용해보면,

대니 로드릭Dani Rodrick은 『세계화는 너무 진행되었는가?Has Globalization Gone Too Far?』에서 저임금 수입품만이 아니라 무역 일반이 소득분배를 악화시킨다고 주장한다. 그의 서술에 따르면, 증가된 국제 경쟁은 국내 노동 수요의 '탄력성'이 더 커지는 것으로 나타난다고 한다. 이것은 일반적인 말로 노동자가 이제 훨

썬 더 큰 노동 공급과 경쟁한다는 뜻이다. 그 결과, 해외 노동자의 임금 또는 생
산품이나 서비스에 대한 전 지구적 수요에서의 작은 변동이 국내 노동 수요의
큰 변동을 초래할 수 있다. 시장 변동에 대한 노동의 취약성이 더 커지면서 자본
에 대한 노동의 교섭 지위는 약화된다. 이에 로드릭은 결론짓기를, '무역의 1차
효과는 잉여의 확대보다 고용주 쪽으로 기업 잉여의 재분배인 것 같다'. 그 증거
는 자유무역의 비판자들이 옳았다는 것을 말해준다. 즉, 무역은 부를 확대하는
것이 아니라 그것을 상층에게 재분배한다.[37]

그런데도 대안 문제로 가게 될 때 로드릭은 경건한 설교만을 늘어놓는
다. 계속 인용해보자.

　로드릭의 정치학은 잘해야 순진한 것이다. 그는 노동과 정부가 더 책임감을
가져야 한다고 설교하지만 다국적기업에 대해서는 아무 말도 하지 않는다.
…… 로드릭은 '노동은 더 인간의 얼굴을 한 지구적 경제를 주창해야 한다'라고
말하지만, 심지어 국제통화기금, 세계은행, 세계무역기구, 지구적 시장의 여타
규칙-부과자들이 인간적인 정책을 고려하는 것조차 막으려는 다국적기업과 금
융의 맹렬한 조직적 노력에 관해서는 침묵한다. 이는, 완곡하게 말하면, 그의 관
점이 세계 정치 경제의 현실과 동떨어져 있다는 것을 시사한다.[38]

실제로 자본의 관점을 채택하는 것은 ― 맹목적으로 무비판적이고 매우 공
격적인 신자유주의 형태뿐만 아니라 자유주의적인 개혁주의 변종에서도 ― 아주

37　Jeff Faux, "Hedging the neoliberal bet," *Dissent*, fall 1997; A review of Dani Rodrick's,
　　Has Globalization Gone Too Far?(Washington, DC: Institute for International Eco-
　　nomics, 1997).

38　Ibid.

오랫동안 '세계 정치 경제의 현실과 동떨어져 있음'을 의미했다.

우리 시대의 근본적인 새로움은 자본 시스템이 그 무엇이든 노동에게 양보할 위치에 더 이상 있지 않다는 것이다. 이는 과거의 개혁주의적 성취와 대비된다. 예컨대 영국이나 유럽 여러 나라에서 (유럽에서만 그런 것은 결코 아니다) 예전 노동계급 정당들 일부가 거대 기업 세력의 요구에 우울하게 적응하거나 심지어 전면적으로 투항한 사례는 이 점을 명확히 한다. 영국 '신노동당'이나 이탈리아 '민주좌파당' 정부 등등이 지난 수십 년의 권위주의적인 반노동 입법을 유지할 뿐만 아니라 핵심 내각 자리를 대자본의 저명한 대표들(영국에서 시몬*Simon* 경, 세인츠버리*Sainsbury* 경, 제프리 로빈슨*Geoffrey Robinson* 등등 그리고 독일, 프랑스, 이탈리아에서 비슷한 인물들)에게 양보하는 지경에 이르렀다. 따라서 지금의 역사적 시기에 ─ 주 35시간 노동제 같은 ─ 노동의 제한적이고 온건한 목표조차 '사회를 바꾸는 것'에 의해서만 실현될 수 있다. 왜냐하면 객관적으로 그 목표들이 '국가의 경제 파이'가 생산되고 분배되는 기존의 사회경제적·정치적 질서(달리 말하면, 전체 의사 결정 체계)에 이의를 제기하기 때문이다.

자본의 구조적 위기 상황에서 이것은 객관적으로 회피할 수 없는 사회경제적 논쟁의 본질이다. 설령 한동안 수많은 노동의 대표자가 그런 용어로 개념화하거나 표현하지 않더라도 말이다. 이것은 옛날에 자본이 역동적으로 확장하는 데 강력한 동맹 세력이었던 자유주의적이고 사회민주주의적인 개혁주의가 오늘날 경건하지만 무익한 설교 ─ '만족의 문화'에 관한 존 갤브레이스 교수의 설교(털끝만큼의 약효도 없었지만 영국 성공회 대주교와 주교들에게는 곧장 공명을 얻은)부터 앞서 인용한 "노동과 정부에 의해 고취되는, 인간의 얼굴을 한 지구적 경제"의 관념에 이르기까지 ─ 로 비난받는 이유이기도 하다. 자본의 인격화들은 아마도 이런 설교에 귀 기울일 수 없을 것이다.

주당 노동시간을 현저하게 단축하라는 요구는 근본적인 전략적 중요성을 갖는다. 근본적인 쟁점이 육체노동자든 정신노동자든 모든 개별 노동자에게 심각하게 영향을 미치면서 직접 관련되기 때문만은 아니다. 그와 동시에 이런 도전에 직면하는 문제가 사라지지 않을 것이기 때문이기도 하다. 반대로, 이 문제는 날이 갈수록 중요성을 더해간다. 이에 관해 무엇이든 의미 있는 일을 하라는 지상명령은 선진 자본주의국가에서 자본의 의회 인격화들에 의해 폐지될 수 없다. 또한 자본의 전 지구적 질서의 주변부에서 노골적인 폭력에 의해 억압될 수도 없다. 달리 말하면 이것은 협상할 수 없는 것, 즉 현존 질서에서의 사이비 양보 조작으로 통합될 수 없기 때문에 노동의 입장에서는 핵심적인 전략적 요구다. 그것은 **통제**의 문제 ─ 대안적인 **사회신진대사 통제** 체제 ─ 와 직접 관련되고, 그에 대해 자본은 적대적으로 대립하고 있으며 대립할 수밖에 없기 때문이다.

물론 주 35시간 노동제는 ─ 설령 그것이 진정으로 인정될 수 있고, 이미 냉소적으로 계획된 것처럼 많은 상이한 방식으로 우회적으로 무력화되지 않을지라도 ─ 엄청난 규모의 심각한 실업 문제를 해결할 수 없을 것이다. 이에 정당하게 제기되는 질문은 다음과 같다. 왜 주당 35시간이고, 25시간이나 20시간이 아닌가? 그것은 우리를 문제의 심장으로 이끄는 질문이다.

노동시간의 현저한 단축에 따라 해방된 '자유 시간'을 포함해 사람들이 자신들의 삶과 활동을 통제하는 사회질서와 현존 사회질서 사이의 근본적인 양립 불가능성은 영국에서 광산 산업의 파괴를 통해 아주 생생하고 고통스럽게 예증되었다. 1984년 영국의 석탄 광부들은 돈 때문이 아니라 그들의 일자리를 지키기 위해 영웅적인 투쟁을 벌였다. 1여 년의 파업은 ─ 광부들을 '내부의 적'이라 부른 ─ 마거릿 대처 여사의 정부와, 광부들을 등 뒤에서 찌른 닐 키넉의 노동당의 합작에 의해 짓밟혔다. 그 결과, 당시 15만 명 이상이었던 광부 수는 오늘날 1만 명도 채 안 되는 수치로 대량 감축되었고, 비인간적인 실업 때문에 수많은 광산촌 읍과 마을은 버려진 땅으로 변했다. 광부 파업 시기에 석탄 광산은 여전히 '국유화'되어 있었는데, 이는 국가석탄위원회에 의해 '효율성'이라는 매우 냉혹한 자본주의적인 잣대와 권위주의적 통제로 운영되는 것을 의미했다. 이 석탄 광산은 나중에 처음보다 훨씬 적은 규모로 '사유화'되었다. 석탄위원회가 석탄 산업의 작업 요건을 '합리화할' 절대적인 필요성을 들어 '더 높은 효율성' 문제를 다루는 방식에서 매우 특징적인 것은, 국가가 운영하는 위원회가 자신의 통제 아래에 있는 노동력을 무자비하게 삭감함과 동시에 광부들에게 거의 비정상적인 주 7일 작업편성표를 부과했다는 사실이다. 왜냐하면 자본은 인간적 고려를 전혀 할 수 없기 때문이다. 자본은 노동시간을 관리하는 오직 한 가지 방식만을 알 뿐이다. 즉, 사회 전반에서 사용 가능한 '가처분 시간'에서는 이윤을 짜낼 수 없기 때문에 그것을 완전히 무시하는 한편, 고용된 노동력의 '필요노동시간'을 최대한 착취하는 것이다.

이것이 실업 문제를 대처하는 방식에서 자본에 극복할 수 없는 한계를 설정한다. 이에 관해서는 다소 역설적이고 참으로 심오하게 모순적인 무엇이 있다. 사실상 자본의 생산 시스템은 사회 전체에서 점증하는 규모로 '잉여시간'을 창출하기 때문이다. 하지만 그 시스템은 개념상 사회적으로 산출된 잉여시간을 우리 모두가 보유한 잠재적으로 매우 창조적인 가처분 시간 — 지금 잔인하게 부인된 수많은 인간 필요의 충족을 위해 우리 사회에서 사용할 수 있는, 교육과 의료 서비스의 필요부터 전 세계에 걸친 기근과 영양실조의 제거에 이르기까지 — 으로 그 법률상의 현존, 즉 합법성을 인정할 수 없다. 반대로 자본은 잉여시간에 대해 부정적이고 파괴적이며 비인간적인 태도를 취한다. 실제로 자본은 '잉여노동' 개념이, '잉여시간'과 더불어 현실에서 살아있는 인간이며 사회적으로 유용한 — 자본주의적으로는 남아돌거나 사용할 수 없을지라도 — 생산능력의 보유자를 가리킨다는 사실을 냉담하게 무시한다.

사회주의자들의 열망으로서 긍정적이고 해방적인 의미의 가처분 시간 개념은 마르크스보다 훨씬 이전, 마르크스의 『자본론』보다 거의 50년 전인 1821년 런던에서 출간된 익명의 팸플릿pamphlet에서 언급되었다. 그 제목이 『국가적 어려움의 원천과 해결책The Source and Remedy of the National Difficulties』이다. 마르크스가 이 팸플릿에서 인용한 몇몇 구절은 ─ '가처분 시간', '잉여노동', '노동일 단축'이라는 핵심적으로 중요한 범주에 주목해 ─ 자본주의적 생산과정의 본질과 그 모순에서 벗어날 가능성 모두에 대해 두드러진 변증법적 파악을 제공했다. 인용해보자.

> 부는 가처분 시간이고 그 밖에 아무것도 아니다. …… 만약 어떤 나라의 전체 노동이 전체 인구의 생계를 유지할 수 있을 뿐이라면 잉여노동은 없을 것이고, 따라서 자본으로서 축적되는 것을 허용할 수 있는 것도 없을 것이다. …… 만약 이자가 없거나 노동일이 12시간이 아니라 6시간이라면, 그 민족은 진실로 부유하다.[39]

1821년 우리 선조에 의해 제기된 6시간 노동일에 대한 요구를 우리는 느리게 따라잡고 있지만 우리는 여전히 헤아릴 수 없이 더 거대한 **가처분 시간**의 부富를 생산하는 잠재력의 기초 위에서 사회를 조직하지 못하고 있다. 가처분 시간 없이는, 물신숭배적인 규정의 폭정과 끔찍한 죄악에서 노동하는 개인을 해방시키는 문제는 있을 수 없다. 우리의 제한된 목표의 실현조차 취업자와 실업자의 **대중 동원**[40]을 필요로 한다. 이는 우리 모두가 공유할 수밖에 없는 문제에 대한 연대에 의해 인도될 것이다. 오늘이 안 되면 내일이 될지라도 말이다.

전략적인 장기 전망은 즉각적인 요구들의 실현도 가능하게 만든다. 이는 **가처분 시간**의 기초 위에서 우리의 사회신진대사 재생산 통제 양식을 채택

---

39 Marx, *Grundrisse*, p. 397에서 인용.
40 앞서 〈각주 31〉에서 참조된 호소문은 "정치권만큼이나 노동 세계에, 조직체들의 세계만큼이나 문화에 영향을 미치기 위해 주 35시간 노동제를 위한 **대중 동원**을 고취할" 필요성을 올바르게 언급하고 있다.

하는 것의 실행 가능성과 실제로 그 궁극적인 필요성에 대한 우리의 자각과 떼어 놓을 수 없다. 이것이 실업 문제를 주목할 때 우리의 자원을 바칠 필요가 있는 목표다. 오직 급진적인 사회주의 대중운동만이 가처분 시간의 기초 위에서 사회신진대사 재생산을 규제하는 전략적 대안 ─ 미래를 위한 절대적인 당위 ─ 을 채택할 수 있다. 왜냐하면 자본 시스템의 극복할 수 없는 제약과 모순 때문에 가처분 시간을 사회적·경제적 상호 교환의 규제자로 도입하려는 어떤 시도도 ─ 이는 주 20시간 노동제의 한계도 훨씬 뛰어넘는 노동시간의 단축을 통해 해방된 막대한 자유 시간을 개인의 처분에 맡긴다는 것을 의미할 수밖에 없는데 ─ **사회적 다이너마이트**로 작용할 것이며, 기존의 재생산 질서를 완전히 파괴할 것이기 때문이다. 자본은 자유롭게 연합한 사회적 개인에 의해 자율적이고 의미 있게 활용될 자유 시간과 절대로 양립할 수 없다.

제6장
·
경제 이론과 정치 — 자본을 넘어서
·

Economic Theory and Politics — Beyond Capital

6.1 대안적인 경제적 접근법

나는 몇몇 유력한 경제 이론의 (다행스럽지 않은) 행운*fortunes, 운명*을 보여주기 위해 대조적인 두 사례를 들면서 시작하고 싶다.

첫 번째 사례는 ≪이코노미스트≫의 최근 사설에서 따온 인용문에서 나온다. 그 사설은 이렇게 말한다.

> 미국의 생산성 문제에 대해 얼마나 많은 변화가 있었는지를 살펴보는 것은 버거운 일이다. 역사적 기준으로 봐도 어지러운 현재의 증권시장 가치, 미국을 포함한 전 세계적인 생활수준의 전망, 낮은 인플레이션과 높은 고용의 결합에 대한 장기적인 전망 등과 더 많은 것은 미국의 생산성 성장이 1990년대 말에 널리 상정되었던 것처럼 실제로 새로운 더 빠른 길*track*로 옮겨가고 있는지에 달려 있다. 지난해를 거치면서 신경제에 대한 많은 주장이 거짓으로 밝혀지고 있다. 경기순환은 끝났다, 정보 기술에 대한 지출은 경기후퇴의 영향을 받지 않는다, 주가를 평가하는 고전적인 방법은 이제 부적절하다 등등의 관념이 바로 그것이다. 이제 신경제의 가장 중요한 기둥은, 허물어지지는 않았을지라도, 심각하게 찌그러졌다.[1]

결론적으로 ≪이코노미스트≫ 사설은, 조만간 이 모든 거짓된 가정에 대한 대가를 치를 수밖에 없다고 말한다. 따라서 "신경제 광신자들은 …… 그들이 탄탄하고 그럴싸한 개선이 아니라 이제는 일어나지 않은 것으로 판명된

---

* 이 장은 2001년 9월 10~12일 베네수엘라 카라카스에서 개최된, ≪베네수엘라 중앙은행보(Revista BCV)≫ 편집자가 주관한 "경제사상의 유형과 오늘날 세계에의 적실성" 학술대회에서 발표한 논문을 토대로 한다.

1 "American productivity: Measuring the new economy," *The Economist*, August 11~17, 2001.

기적에 너무 많은 내기를 걸었던 것을 후회할지도 모른다".[2]

　이 사례를 통해 이제 우리는 《이코노미스트》에 의해 망설임 없이 거짓으로 탄핵되는 섣부른 가정들의 허약함을 분명히 볼 수 있다. 그런데 문제는 그런 모든 가정이 그 전성기에는 최첨단 이론 체계의 탄탄한 기둥으로 열렬하게 선언된다는 사실이다. 신경제 광신자들은 이런 식으로 그야말로 '신경제' — 최신의 남해*the South Sea* 거품[3]에 대한 대규모 투자를 보증하는 것으로 상정된 — 라고 찬양가를 불렀다. 알다시피, 최근 일어난 '신경제'의 붕괴에 수반된 금액은 상상을 초월할 정도다. 1년 동안 발생한 나스닥의 손실은 조지 부시 대통령이 발표한 감세 총액 — 다가오는 10년 전체 동안 — 의 **두 배 반**이었다. 즉, 연간 나스닥 손실이 상응하는 연간 감세 목표액의 30배에 이른다. 《이코노미스트》의 최근 사설이 보여준 지혜가 '소 잃고 외양간 고치기'라는 사실에 대해서는 지금 맥락에서 크게 마음에 두고 걱정할 필요가 없다. 무엇보다 이 언론의 이론적 무기는, 지금 지도적인 저자들이 뒤늦게 비판하는 사람들과 똑같이, 언제나 매우 단기적인 전망에 의해 만들어진다. 《이코노미스트》가 — 무시할 수 없게 아주 중요한 어떤 것을 예로 들면서 — 장기적으로 추구해온 '규모의 경제'의 이상화에서 그 입장을 정반대로 쉽게 바꿀 수 있는 이유가 여기에 있다. 그들은 앞서 주장하던 만병통치약이 효력을 나타내지 않으면 그것을 '**규모의 비경제**'라고 규탄하고, 다시 그것이 조금 더 편리해 보이면 '**규모의 경제**'를 주창하는 것으로 돌아간다.

　나는 첫 번째 사례보다 이 논문의 서두에서 지적한 두 번째 사례에 훨씬 더 긴밀한 관심을 가지고 있다. 그것은 생산 시스템을 조직하는 구상 — 계

2　Ibid.

3　남해 거품 사건(South Sea Bubble)은 1720년 봄부터 가을에 걸쳐 영국에서 일어난 투기 과열에 의한 주가 급등과 급락 그리고 연속적인 혼란을 말한다. 영국의 남해 거품 사건은 튤립 거품(네덜란드), 미시시피 계획(프랑스)과 함께 근대 유럽의 삼대 거품으로 꼽힌다. — 옮긴이

획경제의 지도 원리 아래서 — 에 관한 것이고, 자본주의 시장경제의 사고뭉치적인 성격에 대해 실행 가능한 대안을 제공하려 했기 때문이다.

상기하고 싶은 이 사례는 실제로 일어났다. 오늘날 그런 일이 일어날 수 있다는 사실을 거의 믿을 수 없겠지만, 정말로 그러했다. 1954년 여름 그 일을 알게 되었을 때 (그런 문제가 언급될 수 없던 언론을 통해서 알게 된 것이 아니라 병실에서 그 사건으로 고생하던 환자인 나의 이웃에게서 들었다) 나는 내가 '실생활 풍자'라고 불렀던 그 사건의 어리석음에 대해 가장 먼저 대중적으로 폭로했다. 헝가리 서남부에 위치한 조그만 읍에서 "아무 생각이 없는 몇몇 관료들이 그 읍이 의무적으로 생산해 국가에 바치는 돼지고기 위탁 생산량에 (거기에 100킬로그램이 곱해지는) 날짜 — 1952 — 를 추가해버렸다".[4] 이 사례에서 특히 어리석은 것은 그런 일이 일어났다는 사실이 아니라, 비교적 작은 경제단위의 의무에 더해진 천문학적인 할당량을 취소해 상황을 바로잡을 수 없었다는 사실이다. 명백한 오류가 확인되고, 관계 당국도 무언가 심각하게 잘못되었으며 헝가리의 가장 가난한 읍 가운데 하나인 잘라Zala 읍의 가뜩이나 위태로운 경제 상태에 심각한 결과를 가져올 것이라는 사실을 인정해야만 했는데도 말이다. 당국자들은 부풀려진 의무량이 이미 법적으로 승인된 국가계획 일부였기 때문에 어떤 감축도 허용될 수 없고, 따라서 반드시 완수되어야 한다고 자의적으로 선포했다. 바로 이 때문에 그런 상황에서 나는 다음과 같이 주장했다.

우리는 그런 사고의 배후에서 관료제의 비인간성을 발견한다. 그런 놀라운 행위가 천생 관료가 아니라 사람 좋은 얼간이에 의해 우발적으로 일어났을지라도 사실상 이것이 그 사태의 사회적 내용이며 특징을 규정하는 힘이다. 그 행위

---

4 István Mészáros, *Szatíra és valóság(Satire and reality)*(Budapest: Szépirodalmi Konyvkiadó, 1955), p. 53.

자체가 비난의 화살이 관료제로 향하게 만드는 객관적인 내적인 논리를 가지고 있기 때문이다.[5]

예정대로 잘라 읍은 비상식적으로 부풀려진 양의 돼지를 국가에 바쳐야 했다. '국가적으로 계획된' 의무량을 완수하기 위해 살 수 있는 곳이면 어디든지 가서 돼지를 샀다. 잘라 읍 돼지의 총수는 거기에 부과된 '법적인 숫자'보다 한참 적은 숫자에도 못 미쳤기 때문이었다. 잘라 읍은 법을 준수하기 위해 이웃 읍에 황소를 내주고 — 언덕배기 지역이기 때문에 말이 적합하지 않아 황소를 농업용 견인력으로 사용했다 — 이를 돼지로 바꿔야 했다. 더욱이 이것마저 모자라 장래의 경제적 어려움이 가중되는 것을 감수하고 돈을 빌려야 했다.

놀랍지도 않게, 그런 자의적인 경제계획 과정 — 그 결과를 겪어야 하는 사람들은 지휘directing에서 배제된 과정 — 은 소련형 사회경제 시스템 아래 있던 모든 나라에서 원망과 심지어 적대감을 불러일으켰다. 러시아 저자인 O. I. 안토노프O. I. Antonov는 1965년에 출간된 책에서 자의적으로 부과된 '규범들'과 그에 따른 노동규율을 준수해야 하는 노동자들이 현실에서 드러내는 부정적인 태도를 이렇게 묘사했다.

트럭에서 벽돌을 빨리 내리는 일에 고용된 두 노동자는 벽돌을 바닥에 던지는 방식으로 일을 했다. 보통 벽돌의 30%는 부서졌다. 그들은 그런 행동이 나라의 이익에 반하며 간단히 상식에 반한다는 것을 알고 있었지만, 그들의 일은 시간 지표에 의해 평가되고 지불되었다. 따라서 그들이 벽돌을 주의 깊게 땅에 쌓는다면 그들은 처벌될 것이다. (실상 생계를 유지하기 어려울 것이다.) 그들이 일을 하는 방식은 국가 입장에서는 해롭지만 표면상으로는 계획에 적합했다!

---

5   Ibid., p. 55.

따라서 그들은 자신의 양심과 지성에 반하면서 계획자에게 아주 쓰디쓴 감정을 가지고 행동했다. '당신들은 그 일이 세심한 농부가 하는 방식으로 수행되기를 원하지 않는다. 당신들은 계속해서 오직 더 빨리, 더 빨리 하라고 압력을 넣을 뿐이다! 쾅! 쾅!' 이에 온 나라에 걸쳐 괜찮고 책임 있는 시민들은 온전히 합리적인 존재로서 낭비적이고 거의 범죄적인 방식으로 행동한다.[6]

따라서 계획 과정과, 국가계획이 법적으로 복무하도록 예정된 인민의 필요 사이에 존재하는 날카롭고 명백히 조화될 수 없는 모순은 약속된 대로 자본주의의 결함을 치유하는 대신 조만간 소련형 사회경제체제의 붕괴로 귀결될 수밖에 없었다.

6.2 포괄적인 계획의 필요

하지만 고르바초프의 페레스트로이카 개혁이 붕괴된 이후 동구와 서구에서 많은 지식인이 그러했듯이, 계획 자체에 어떤 미래도 없기 때문에 '시장경제' 외에는 대안이 없다고 결론을 내린다면 이는 아주 잘못된 것이다. 시장경제의 이름 아래 잠시 동안 고르바초프의 이데올로그들을[7] 포함한 몇

6　Moshe Lewin, *Stalinism and the Seeds of Soviet Reform: the Debates of the 1960s* (London: Pluto Press, 1991), p. 148에서 인용.

7　소련의 당 이데올로기 위원회 의장이자 고르바초프 정치국 위원이었던 바딤 메드베데프 (Vadim Medvedev)는 공식적으로 '이데올로기 수장(首長)'으로 불렸다. 그는 그 권력을 통해 "주식회사는 사회주의적 경제 원리와 결코 대립되지 않는다. 우리는 소유관계의 광범위한 재조직화, 소유 형태의 다양성과 평등성을 사회주의 갱신의 보증자로 간주한다"라고 선언했다[Vadim Medvedev, "The Ideology of Perestroika," Abel Aganbegyan(ed.), *Perestroika Annual*, vol. 2(London: Macdonald & Co. Ltd., 1990), p. 32]. 또한 그는 자본주의적으로 재조직된 소유관계, 주식회사와 더불어 경제의 새로운 경로는 "나라의 사

몇 사람들은, 사회주의와 양립할 뿐만 아니라 이상적으로 그것에 적합한 경제체제를 상정했다. 그들은 '시장 사회주의'[8] 제도를 약속했는데, 이 제도의 독특한 이점은 이것이 민주주의와 온전히 조화된 가운데 공존하며, 그 이상이라고 말했다. 즉, 그들은 그것을 '사회주의와 민주주의의 보증'이라고 말했다. 그러나 시장 사회의 엄청난 미덕에 대한 온갖 이야기들은 기껏해야 자본주의의 절대적인 영속성을 옹호하는 수줍은 방식에 불과하다는 점이 곧 분명해졌다.[9]

회민주주의적 진보를 보장"할 것이라고 주장했다(Ibid., p. 27). 당연하게도, 고르바초프의 이데올로그들에 의해 만들어진 희망적 기획 가운데 어떤 것도 결실을 맺지 못했다.

8   '시장 사회주의(market socialism)'는 이론적으로 사회주의적 계획경제와 시장경제 요소들의 다양한 결합 형태를 말하지만, 여기서는 역사적으로 주로 소련, 동유럽 등 소련형 경제에서 관료적·명령적 계획경제의 비효율성을 극복하기 위해 시장경제 요소를 보완적으로 도입한 다양한 시도를 말한다. 1970년대와 1980년대에 헝가리, 체코슬로바키아, 유고슬라비아에서 '시장 사회주의'적 요소들이 도입되었다. 현대의 베트남과 라오스도 스스로를 '시장 사회주의 체제'로 기술한다. 소련은 고르바초프의 페레스트로이카와 함께 시장 사회주의 체제를 도입하려 했다. 개혁 후기 단계에는 최고위층에서 정부가 '사회주의 시장경제'를 창출해야 한다는 토론도 있었으나 사회주의와 시장을 어떤 비율로 혼합할 것인지에 대해서는 합의에 이르지 못했다. 역사적으로 이런 종류의 시장 사회주의 체제는, 중공업, 에너지 등 사회기반시설 같은 '경제의 관제 고지(Commanding Heights, 국민경제를 주도하는 기간산업, 전략산업, 독점 대기업 등 주요 경제 영역을 뜻하는, 레닌이 만든 용어)'에서는 국가 소유를 유지하고, 한편으로는 분권화된 의사 결정을 도입해 지방 관리자에게 시장 수요에 대응할 수 있도록 의사 결정권을 더 많이 부여하려고 시도했다. 또한 시장 사회주의는 서비스와 부차적 경제 부문에서 사적 소유와 이윤 활동을 허용했다. 시장에서 소비재와 농산물 가격을 결정하는 것이 허용되었으며 농민에게는 생산을 증진하고 개선할 인센티브로서, 공개시장에서 자신의 생산물을 판매해 이윤을 갖는 것이 허용되었다. ― 옮긴이

9   실제로 '시장 사회주의' 또는 '사회적 시장경제'에 관한 동요하는 이론들은 가장 보수적인 형태의 신자유주의적 자본주의 옹호에 재빠르게 굴복했다. ≪이코노미스트≫가 만족스럽게 언급했듯이, 바클라프 클라우스(Vaclav Klaus)가 체코슬로바키아에는 "아무런 형용사가 없는 시장경제"가 필요하다고 주장한 것이다. 12월 초 이후 체코슬로바키아의 재무 장관이었던 그가 보기에 동유럽 다른 곳에서 회자되는 문구인 '사회적 시장경제'는 잘

우리는 이 계획에 관련된 몇몇 쟁점을 탐색한 후에 이것이 장차 인류 전체에 대해 가지는 중요성으로 돌아가야 한다. 하지만 벌써 이 지점에서 우리에게 익숙한, 계획에 대한 맹목적인 적의는 몇몇 당혹스러우면서 부인할 수 없는 역사적 사실을 무시하는 것임이 강조되어야 한다. 예컨대 가장 부유하고 가장 강력한 자본주의국가에서도 어떤 환경에서는 계획이 불가피하다는 사실을 고의로 무시한다. 미국 정부의 계획 공무원으로서 이 같은 사업의 저명한 참가자였던 해리 맥도프의 직접적인 진술을 인용해보자.

중앙 계획의 필요성은, 제2차 세계대전 기간에 국가적 우선순위가 수정같이 명료했을 때 (예컨대 군사 항공기 대 민간 자동차, 탱크 대 가정 냉장고, 병영 대 민간 주택 등) 미국에서 드러났다. 중앙 계획은 산업적 기적을 성취하는 유일한 길이었다. 두 대륙에서 싸우는 군대를 위한 무기, 교통수단, 식품, 의복, 주택 들이 재빨리 공급되었다. 사실상 워싱턴 당국은 무엇을 생산하며 무엇을 생산하지 말 것인지, (세세하지는 않았지만 가장 긴급한 우선순위들이 충족될 만큼 충

못된 것이었다. 부드러운 언변이지만 미소를 띠고 확신에 차 말하는 48세의 경제학자는, 절반의 조치는 해롭기만 하고 이익은 없다고 믿는다. 시장을 빨리 도입하기 위해 클라우스와 그의 부처는 서구 유형의 금융시장을 허용하는 다수의 새로운 법을 준비하고 있다. …… 클라우스 그리고 다보스에 파견된 그의 동료 체코슬로바키아 대표들은 1968년 개혁[즉, '프라하의 봄']과 거리를 두기 위해 애썼다. 반면 그들은 서구의 기업가들과 친하게 구는 것을 좋아했다. 그들은 원조(aid)가 아니라 자기자본을 찾고 있고, 그것이 합작 투자로 들어오든 그린필드(신규 회사 설립형) 투자나 체코 회사의 직접 인수로 들어오든 신경을 쓰지 않는 것처럼 보인다. 훌륭한 프리드먼(Friedman) 이론 신봉자인 클라우스는 자유 시장 방식의 결과를 통제하는 것에는 어떤 관심도 보이지 않는다. 그의 역할은 가격을 안정적으로 유지하는 것이고, 사업가들은 그들의 일을 하는 것이다("Financial Reform in Czechoslovakia: A Conversation with Vaclav Klaus," February 10, 1990). 프리드먼 이론 신봉자인 클라우스가 곧바로 체코슬로바키아(나중에 체코공화국)의 총리직에 올랐다는 사실은 놀라운 일이 아니었다. 서구 '시장 사회'의 거대 기업에게는 기쁘게도 그는 아주 오랫동안 이 요직을 차지했다.

분한 지침을 가지고) 어떤 종류의 생산능력이 구축되어야 하는지, 부족한 금속, 산업 물자, 금속공작기 따위를 어떻게 배분할 것인지 등을 지시했다. 오늘날 가장 서글픈 오해 가운데 하나는 소련 방식과 국가계획을 동일시하는 것이다. 이에 따라 소련 방식의 계획 실패는 국가계획은 실패할 수밖에 없음을 입증하는 것으로 채택된다. 하지만 소련 모델이 유일하게 가능한 모델이라고 가정하는 것을 당연하게 생각할 이유는 없다. 그것은 주어진 역사적 환경에서 진화된 시스템이다. 실패했다면, 오류의 반복을 피하기 위해 실패를 철저하게 연구해야 한다. …… 소련에서는 사용을 위한 생산보다 생산을 위한 생산이 이윤을 위한 생산을 대신했다. 혁명 후 사회에서 축적 논리는 자본주의의 축적 논리와 뚜렷하게 달랐지만 환경오염을 포함해 생산 활동의 방향은 대체로 자본주의적 발전의 패턴과 유사했다.[10]

미국으로 하여금 중앙 계획을 수행하게 유도한 긴급성의 종류는 결코 세계 전쟁이라는 매우 **특별한** 상황으로 국한되지 않는다. 그것은 모든 거대한 역사적 비상 상황에 적용된다. 예컨대, **정상상태**로서 이미 우리 자신의 미래에 드리우는 위험한 생태적 생존 조건 같은 상황 말이다.

다수의 자본으로 구성된 시스템이 기능하는 양식 — 정의상 그것은 아무리 저개발 상태든 선진적이든 간에 언제나 사적 자본가 시스템에서 특징적인데 — 은 원심적일 수밖에 없다. 그러한 원심성이 긍정적인 결과를 낳든 부정적인 결과를 낳든 상관없이, 이 양식은 시스템을 구성하는 소우주들을 서로 다른 방향으로 끌어간다. 그런데 지금 우리는 방금 언급한 잠재적인 생태적 파멸 같은 커다란 역사적 위기에 처해 있다. 이러한 상황에서 파괴적이고 위험을 가중하는 경향이 있는 시스템의 원심적 내적 규정은 응집을 유도하

---

10 Harry Macdoff, "Are there lessons to be learned?," *Monthly Review*, Februrary 1991, 13~17.

는, 필요하다면 강제적으로 압도하는 어떤 형태의 권위에 의해 견제되어야
한다. 그런 권위의 개입력은 반드시 원심적인 자본주의 시스템의 작동 양
식에 의해 산출되는 문제의 성격과 규모에 따라 달라져야 한다. 제2차 세계
대전 기간 미국에서 실행된 중앙 계획의 종류는 다양하게 가능한 형태 가
운데 하나의 특정 사례에 불과하다. 그 형태들은 일반적 규정과 더불어 매
우 다른 역사적 상황 아래서 거대한 위기의 긴급성에 의해 생겨난다. 따라
서 특히 지난 10년 동안 상당히 유행한 포괄적인 계획에 반대하는 맹목적
인 선입견에 대해 균형 감각을 갖는다면 최소한 이런 고려들을 마음에 새
겨두는 일이 유익하다.

6.3 자본의 위계적 명령 구조

지난 수십 년을 지배해온 신자유주의 경제 이론의 자아도취적인 메시지
에 대해 더욱 비판적인 입장을 취할 만한 매우 타당한 이유가 있다. 특히
계속적인 발전에 대해 실행 가능한 대안을 생각할 수 있게 하는 보다 현실
적인 미래 전망을 갖기 위해서는 그래야만 한다. 왜냐하면 무엇보다 ≪이
코노미스트≫가 안심하라고 의례적으로 하는 말조차 이제 그 지도적인 이
론가들에 의해 뒷전으로 밀려나는 듯이 보이기 때문이다. 그 대신 그들은
안심시키는 것과는 거리가 먼 사실을 숙고하도록 우리를 초대한다. 즉, "7
월에 미국의 산업생산량은 다시 10개월 연속 ─ 1983년 이래 가장 긴 기간이
다 ─ 으로 떨어졌다. 생산량은 최고점에서 4% 이상 하락했다. 이 같은 현상
은 미국뿐만이 아니다. 산업생산량은 전 세계적으로 떨어지고 있다".[11] ≪이

---

11 "World Economy: Nowhere to hide. Economies almost everywhere are looking sick,"
    The Economist, August 18~24, 2001.

코노미스트≫에 따르면, 이번 경우에 더욱 나쁜 것은 더 이상 부인할 수 없는 선진 자본주의국가의 침체 추세 — 1990년대 이래 처음으로 모든 선진 자본주의국가의 경제가 동일하게 나쁘다 — 가 오늘날, 1990년 그리고 그 직후와 대조적으로, 이른바 신흥 경제국의 상쇄 추세에 의해 경감되지 않는다는 점이다. "1990년 신흥 경제국의 성장은 비교적 빠른 상태를 나타내 부유한 국가의 수출을 떠받쳐주었다. 하지만 이번에는 신흥 경제권 역시 어려움을 겪고, 동아시아 여러 국가의 산업생산량은 지난해 10% 또는 그 이상 추락했다."[12]

물론, 전 세계적으로 심각한 문제가 있다는 것이 공공연하게 인정되는 여건 속에서도 ≪이코노미스트≫의 이론적 입지점은 그 주간지의 대책 없이 단기적인 시각에 붙들려 있다. 따라서 ≪이코노미스트≫는 지적한다. "8월 21일 미국 연방준비제도이사회가 이자율을 책정하기 위해 만날 때 이사회는 미국 경제의 취약함 이상의 것을 걱정해야 할 것이다."[13] 가까운 과거의 관점에서 볼 때 이는 따를 수 있게 믿음을 주는 노선이 아니다. 왜냐하면 고통스럽게도 미국에서만 여섯 번의 개입으로도 부진한 경제에 의미 있는 개선을 만들어내는 데 실패한 지금, 일곱 번째 개입에서 심화하는 전 세계적인 침체 추세의 문제에 대한 치유책이 나오리라고 기대하는 것은 마술을 믿는 것보다 별로 나을 게 없기 때문이다. 무엇보다 주요 이자율 지표를 낮추는 방법으로 희망적으로 상정된 긍정적인 해법을 만들어낸다는 전략은 세계에서 두 번째로 강력한 경제인 일본에서도 아무런 개선을 낳지 못했다. 일본에서 중앙은행은 놀랍게도 제로 이자율을 제도화했는데, 이는 동시에 경제를 위험스러울 정도로 높은 8% 비율의 산업 후퇴로 침체하게 만

---

12 Ibid. (산업 침체에 대한 가장 최신의 수치: 말레이시아 10%, 타이완 12%, 싱가포르 — 오랫동안 모범적으로 간주되어왔던 — 17% 미만)

13 Ibid.

들었다. 오늘날 우리가 경험하는 심각한 문제는 통화적·재정적 조정의 수단에 의해 도달할 수 있는 것보다 훨씬 더 깊은 수준의 사회경제적·정치적 규정에서 나온다.

더 큰 어려움은, 골머리를 앓게 하는 오늘의 문제에 대해 의미 있을 만큼 다르면서 실행 가능한 대안을 내다보기 위해서는 훨씬 장기적인 시각을 채택해야 한다는 사실이다. 주어진 사회경제적 조건에 대한 부분적인 조정 ― '조금씩 조금씩' 해나간다는 유명한 충고식으로 ― 을 생각하는 것만으로는 충분하지 않다. 이제는 현존하지 않는 소련형 탈자본주의 질서의 구조적 매개변수에 부합하는 사회를 위해 '자본주의를 전복한다'라는 견지에서 생각하는 것조차 충분하지 않다. 그것은 엄청난 인간적 희생을 대가로 시험되고, 결론적으로 실패했으며, 옛 소련뿐만 아니라 모든 동유럽에 걸쳐 극적인 붕괴로 그 시대를 마감했다. 요구되는 변화를 만들어내기 위해서는 비교할 수 없이 어려운 과업을 생각해보는 일이 필수적이다. 즉, **자본 자체**_capital itself_를 넘어서려는 지속적인 시도에 의해 **자본 자체**_capital as such_의 객관적 논리를 극복하는 역사적 과업이다.[14] 왜냐하면 자본주의국가의 전복, 사적 자본가의 모습을 띤 자본의 인격화를 전복하는 것으로는 운명적으로 **불안정한 시**스템 이상의 어떤 것을 창출해내지 못하며, 자본을 넘어서지 못하면 이 시스템은 조만간 자본주의적 질서로 되돌아갈 수밖에 없기 때문이다.

그 성격이 종종 그렇게 개념화되듯이, 자본은 단순히 경제적인 메커니즘의 조합이 아니다. 자본은 다면적이고 모든 것을 아우르는 사회신진대사의

---

14 이는 시간이 흘러 소련이 망한 뒤에 안 것이 아니다. 나는 『자본을 넘어서』 스페인어판 [_Más allá del Capital: Hacia una teoría de la transición_(Caracas: Vadell Hermanos, Edotores, 2001)]에서 왜 훨씬 어려운 접근 ― 자본을 넘어서는 것 ― 이 채택되어야 하는지를 어떤 조건에서 그것이 실현될 수 있는지와 더불어 꽤 자세히 논의했다. 25년의 집필 기간이 걸린 이 책은 1970년대 중엽 소련형 체제에서 자본주의가 복귀하게 될 것을 예견했다.

재생산 양식이다. 이것은 직접적으로 물질적이며 경제적인 관계부터 가장 매개된 문화적 관계에 이르기까지 삶의 모든 하나하나의 측면에 깊이 영향을 미친다. 따라서 구조적 변화는 자본 시스템 틀 안에 부분적인 조정을 도입하는 것이 아니라, 오로지 사회신진대사 통제 양식으로서의 자본 시스템 전체에 도전함으로써 실행 가능하다.

20세기 역사적 경험이 말해주듯이, 사회주의 변혁의 대상은 노동운동의 양쪽 진영 모두 — 사회민주주의적·개량주의적 운동과 스탈린주의적 혁명 이후 운동 — 에 의해 기존 질서의 전반적인 전략적 범위 안에서 설정되었다. 그 결과, 자본과 자본의 자기 재생산 논리가 지닌 체제적 규정에 도전하는 데 실패했다. 사회민주주의적 개량주의는 자본주의를 개혁하기를 원했지만 자본주의의 구조적 제약을 무비판적으로 수용했기 때문에 실패했다. 사회민주주의는 자기 모순적인 방식으로 자본주의의 자본주의적 본질을 바꾸지 않은 채 자본주의의 개량주의적 변혁을 — 애초에는 (에두아르트 베른슈타인Edward Bernstein의 "진화적 사회주의"라는 슬로건 아래) 시간이 흐름에 따라 자본주의를 사회주의로 바꾸는 지점까지 — 제도화하는 것을 희망했다. 마찬가지로, 혁명 이후 사회경제 시스템은 소외를 야기하는 자본 자체의 구조적 제약에 가두어진 채로 있었다. 비록 직접적인 정치적 수단에 의해 강요된 비율로 잉여노동을 추출하는 탈자본주의적 양식을 제도화해 (이전의 시장에 의해 부과되는 시간 명령 대신에) 새로운 유형의 자본의 시간 명령의 집행자를 도입했지만, 그것이 모든 실행 가능한 형태로 자본 시스템을 이롭게 했기 때문이다. 이것이 실용적 재구조화를 추구한 고르바초프의 페레스트로이카를 포함해 스탈린 이후의 모든 개혁이 실패할 수밖에 없었던 이유이기도 하다. 혁명 이후 시도된 개혁들의 자기모순은 서구에서 사회민주주의적 대당對黨을 특징짓는 것만큼이나 첨예하다. 그들은 현존 질서의 위계적이며 착취적인 명령 구조를 전혀 바꾸지 않은 채 그것을 '재구조화'하려 했기 때문이다.[15]

따라서 자본의 사회신진대사 통제 권력의 결정적인 문제가, (다소간 고립된 반사적인 수단과는 대조적으로) 모든 것을 아우르고 일관성 있게 추구되는 전략적 변혁의 형태로 지속적으로 다루어지지 않는다면 주요 위기 상황에서 매우 급진적인 정치적 개입 — 역사적으로 여러 나라에서 이미 경험한 자본주의국가의 전복과 같이 광범위한 개입 — 조차 '일차원적으로' 불안정하고 궁극적으로 위험에 처할 수밖에 없게 된다. 희망하는 사회주의적 사회변혁을 만들어내기 위해서는 **자본의 위계적 명령 구조**를 바꾸는 일이 필수적이다. 이것이 필요한 까닭은 그렇게 하지 않으면 **사용을 위한 생산**의 정신에 따라 경제 방향을 성공적으로 재정립하는 일은 가능하지 않기 때문이다. 하지만 우리는 정치적 국가의 최정상을 통제하는 지렛대들을 정복하는 것보다 훨씬 더 근본적인 문제에 대해 말하고 있다. 자본의 사회신진대사 통제 양식의 모든 구성 요소는 — 아무리 크든 작든 간에 — 자기 고양적이며 깊이 배태된 명령 구조를 가지고 있다. 전통적으로 그것은 (진정한 인간적 필요와 사용에 대한 고려 없이) **확장**을 보장하는 쪽으로 방향이 잡히고 (아무리 환경이나 다른 측면을 해칠지라도 가장 쉽게 성취할 수 있는 양식을 선호하는) **축적**에 의해 추동된다. 사회주의적 목적의 성공에 대한 어떤 희망이라도 가지려면 이는 반드시 깨뜨려야 하는 악순환이다. 하지만 이것이 가능하기 위해서는 심지어 자본의 가장 작은 사회신진대사 소우주의 **상속받은 위계적 명령 구조**조차 생산적으로 실행 가능한 대안에 의해 대체되어야 한다.

---

15 이와 관련해 *Beyond Capital*, chapter 17("Changing Forms of the Rule of Capital"), chapter 20("The Line of Least Resistance and the Socialist Alternative")을 참조하라.

6.4 '개인들의 배후에서 작동하는 경제법칙'에 근거한 예측에서 통제 가능한 미래의 예견으로

우리는 확장과 축적이 서로 분리될 수 없는 것으로 생각하는 데 익숙하다. 이에 따라 역사적으로 창출되고 역사적으로 변경 가능한 사회경제적 존재 조건의 끔찍한 악순환을 자연적 규정으로 받아들인다. 하지만 우리가 일단 그렇게 받아들이면 자본 시스템에 대한 대안은 없다는 것이 분명하게 된다. 인간적 필요의 확대와 이를 충족할 상응하는 생산 잠재력을 조화시킨다는 생각, 아울러 사회의 생산적 발전이 인간의 필요를 풍부하게 한다는 생각을 비난하는 것은 자멸적인 일이 될 것이기 때문이다. 과거에 유토피아적 구상들이 쉽사리 기각되고 심지어 조롱거리가 되었던 까닭은 성공적으로 확장되는 생산 시스템 — 풍부하게 확장되는 인간의 필요에 의해 제기되는 요구와 조화될 — 을 도입한다는 생각을 포기해버리는 덫에 빠졌기 때문이다. 불행히도 그런 구상들은 방금 언급한 분리 불가능한 악순환에 도전하는 것을 회피한다.

하지만 진실을 말하면 '자연적' 분리 불가능성이라는 가정된 관계는 오직 자본 시스템 아래에서만 타당하다. 자본의 지배 아래 축적의 지상명령은 역사적으로 자의적이면서 변경의 여지없이 **자본축적**으로 귀결되기 때문이다. 심지어 장기적으로 축적된 인류의 지식조차 생산적으로 이용될 뿐만 아니라 사회적으로 인정되고 전유되기 위해서는, 우선 자본 자산의 하나로 정당성을 획득해야 한다는 의미에서, 매우 선택적이고 제약적으로 자본의 속성이 되어야 한다. 이 해악을 끼치는 관계는 다른 방향으로도 작동한다. 왜냐하면 자본의 지배 아래서 진정한 확장(보통 무제한의 '성장')으로 간주될 수 있는 유일한 확장은 자본 자산의 축적을 수반하는 확장이기 때문이다. 바로 이 때문에 문제투성이인 사회경제 질서에 대해 우리가 그려야 하는 대안은 다음을 의미한다. 즉, 자본 자체를 넘어서는 방식을 통해 문제가 되는 악순환을 깨뜨리는 것, 동시에 적절하게 정의되는 성장을 자본축적의 불가피한 한계와 제약에서 분리하도록 주장하는 것이다.

당연히 '자본을 넘어서는' 경제 이론과 정치학의 필연적인 재정의再定義는 전통적인 형태와 비교할 때 몇몇 주요한 변화를 수반한다. 그런 이론들이 처음 태어날 때부터 디디고 있는 유사-자연적 규정의 물질적 토대는 그런 근본적으로 다른 조건 아래서는 지속된다고 가정될 수 없기 때문이다.

근대경제학은 애초에 매우 적절하게도 자신의 적합한 지향 원리를 가진 이론적 접근으로 생각되었다. 18세기에 정당한 염려가 몇몇 고전경제학자들, 가장 분명하게는 애덤 스미스에 의해 표현되었다. 그들은 개별 정치가나 심지어 정치체政治体 전체의 개입에 맞서 새로운 정치경제학을 보호하는 것을 목표했다. 정치체와 관련해서는 "어떤 의회나 상원 그 무엇이라 할지라도" 자연 발생적으로 이로운 경제 발전의 객관적 틀에 손을 대서는 안 된다고 명시했다.[16] 이런 신념에 따라 개별적인 경제적 상호작용의 혼돈스러운 다원성은, 신비롭지만 철저하게 자애로운 개인적 결정의 인도자로 축복받은 '보이지 않는 손'에 대한 언급과 함께 이상화되었다.[17] 그래서 애덤 스

---

16 애덤 스미스가 썼듯이 "사적 국민에게 그들의 자본을 어떻게 사용해야 하는지 지시하려고 노력하는 정치인은 매우 불필요한 관심을 짊어지려는 것뿐만 아니라, 어떤 한 사람은 물론 의회나 상원에게도 안전하게 믿고 맡길 수 없는 권위, 즉 스스로 그것을 행사하기에 적합하다고 자만할 만큼 어리석고 건방진 사람이 행사할 경우 가장 위험한 그런 권위를 가지려 할 것이다"[A. Smith, *An Inquiry into The Nature and Causes of The Wealth of Nations*(Edinburgh: Adam and Charles Black, 1863), p. 200].

17 "모든 개인은 국내 산업을 떠받치도록 자기자본을 사용하고 그 생산물이 최대한의 가치를 갖도록 산업을 지휘하려고 최대한 노력한다. 따라서 모든 개인은 필연적으로 그 사회의 연간 소득을 그가 할 수 있는 한 크게 만들려고 애쓴다. 사실 일반적으로 그는 공공 이익을 증진하려고 의도하지 않으며 얼마나 그것을 증진하는지 알지도 못한다. 외국 산업에 비해 국내 산업을 떠받치는 것을 선호함으로써 그는 단지 자신의 안전을 의도한다. 그 생산물이 가장 큰 가치를 가질 수 있는 방식으로 산업을 지휘해 자신의 수익만을 의도할 뿐이다. 이 경우와 다른 많은 경우 그는 그의 의도와는 상관없는 목적을 증진하는 보이지

미스는 이상화된 형태이기는 하지만 '개인들' — 그의 그림에서는 **자본을 소유**한 개인들, 스미스의 말로는 "국내 산업을 떠받치기 위해 그들의 자본을 사용하는" 개인들에 국한된다 — 에 의한 경제적 상호작용의 혼돈스러운 다원성이 매우 다른 방향으로 끌어당기는 구성원에 의해 산산조각이 되지 않으려면 자본주의사회의 원심력적 성격은 필수적인 교정책을 필요로 한다는 점을 인정했다.

현실에서 자본주의적 생산과정의 원심력적 규정은 단순히 개인들의 서로 갈리는 의도뿐만 아니라 동시에 사회의 개인들로 구성되는 적대적인 계급 사이의 화해할 수 없는 이해관계에서도 생겨난다. 자본주의 시스템의 (그것이 없을 경우) 위험스럽게 파괴적인 원심력에 대한 필수적인 교정책 두 가지가 있다. 첫 번째는 시장인데, 그것의 중요성은 거의 보편적으로 인정된다. 그런데 두 번째 교정책의 경우에는 그렇지 않다. 즉, 자본주의국가가 수행하는 개입의 (정도의 차이는 있지만) 광범위한 역할이다. 이와 관련해 하이에크나 그의 추종자들과 같이 '시장'의 가장 목청 높은 — 열광적으로 과장하는 — 옹호자들은 완전히 비현실적인 입장을 취한다. 그들은 현실적으로는 그 정반대, 즉 그 어느 때보다 큰 국가가 수행하는 지원 역할 없이는 자본주의 시스템이 하루도 존속할 수 없는 시기에 신자유주의와 보수주의 신봉자들로 하여금 '국가의 경계를 되돌리도록' 요청하고 있다.

자본과 노동 사이의 기본 적대를 인정하는 것은 확실히 애덤 스미스의 그림에 필수적인 부분이 될 수 없었다. 부분적으로는, 이런 이유로 그는 여전히 국가의 주요한 교정 역할을 어느 정도 무시할 수 있었다. 또한 부분적으로는, 그의 시대에서는 자본주의국가가 우리 시대에 비해 개입주의적 역

않는 손에 의해 인도된다. …… 그는 자신의 이익을 추구하는 것을 통해 자주 그가 실제로 그것을 증진하려는 의도를 가질 때보다 더 효과적으로 사회의 이익을 증진한다"(Ibid., pp. 199~200).

할을 상당히 미약하게 수행했기 때문에 그럴 수 있었다. 그런데도 스미스가 '보이지 않는 손'에 할당한 기능들은 두 가지 교정책을, 비록 명확하게 분리되어 있지는 않지만, 어떤 방식으로 실현하고 있다. 실제로 '보이지 않는 손'이라는 다소 신비스러운 묘사는 정치인들이 개입하는 '어리석음과 주제넘음'에서 자연스러운 자본주의적 경제 과정을 보호하는 것을 원하는 반면, 모호하게 인지된 이중의 교정 기능을 하나로 병합해야 할 필요의 결과다. 응집을 만들어내는 시장의 역할은 '보이지 않는 손'이 개인들의 의도를 안내하는 동시에 그들의 특수한 이익을 증진하도록 가정되는 방식에서 아주 분명하게 나타난다. 하지만 '보이지 않는 손'의 유익하고 효과적인 성격은 그것 하나에 의해서만 완성되지는 않는다. 개인들은 '그들의 자본을 국내 산업을 지지하기 위해 사용'하도록 안내된다고 하는데, 그것이 바로 자본주의국가의 가장 중요한 교정 기능 가운데 하나다.

20세기에는 국가의 교정·보호 역할을 모호하게 정의된 채로 놔두는 것이 더 이상 불가능했다. 경제학자들은 시장에 대한 국가의 개입에 찬성 또는 반대를 선택해야만 했다. 애덤 스미스의 '보이지 않는 손'을 초역사적으로 이상화하는 동시에 국가 개입을 '노예의 길'로서 ─ 그의 유명한 책 제목이 말해주듯이 ─ 악마로 취급하려는 하이에크의 시도는 두드러지게 보수적인 목적을 뒷받침했다. 하지만 심지어 그런 적의조차 자신이 비난하는 경향의 객관적 성격을 부인할 수 없었다. 대조적으로, 케인스는 이와 관련해 철저하게 긍정적인 태도를 취했다. 그의 반反자유주의적인 의도를 비난하는 ─ 사실 그는 단지 자유방임이라는 환상이 지속되는 데 반대하는 이야기를 했을 뿐인데 ─ 신자유주의적 비방자들과 대조적으로 그는 경제관리에 대한 국가의 관여에 긍정적인 견해를 취했다. 케인스가 이런 입장을 취한 것은, 비록 그의 몇몇 추종자들이 더 좌경화된 개혁주의적 목적을 위해 그의 접근법을 이용했을지라도(대체로는 전후 영국의 보수 정부보다 성공적이지 못했다), 전적으로 사적 자본주의의 생존에 대한 관심 때문이었다. 하지만 지나가버린 자유방임 자본주의의 시대와 대조적으로 20세기 경제적·정치적 발전의 객관적인 조건과 규정이 변화함에 따라 그에 상응하는 경제정책 전반의 조정이 필수적이라는 것은 케인스에게는 너무나 분명했다.[18] 이런 입장은 『고용과 이자, 화폐에 관한 일반이론The General Theory of Employment, Interest, and Money』의 중요한 구절에 강력하게 표현되었다.

> 19세기 논자나 오늘날 미국의 금융업자에게, 소비성향과 투자 유인을 서로 조정하는 임무에 관련한 정부 기능의 확대는 개인주의에 대한 엄청난 침해로 보일 것이다. 하지만 정반대로 나는 현존하는 경제형태가 완전히 파괴되는 것을 피하기 위한 유일한 실제적인 수단이자 개인의 주도성이 성공적으로 작동할 수 있는 조건으로서 그것을 옹호한다. …… 오늘날의 권위주의적 국가 시스템은 효율성과 자유를 대가로 실업 문제를 해결하는 듯이 보인다. 세계는 실업을 그리 오래 관용하지 않을 것이다. 실업은 짧은 호황기를 제외하면 오늘날의 자본주의적인 개인주의와 ─ 내 의견으로는 불가피하게 ─ 연관된다. 하지만 문제의 올바른 분석에 의해 효율성과 자유를 보존하면서도 그 질병을 치유하는 것이 가능할 것이다.[19]

따라서 자본주의경제의 유리한 점을 채택한 주요 이론가들은 그들이 선호하는 시스템의 객관적 ─ 유사-자연적 ─ 규정이라는 토대 위에서 자신들의 구상을 정식화했다. "오늘날 세계는 자본주의적 개인주의와 연관된 실업을 그리 오래 관용하지 않을 것이다"라고 예언한 것에서(나중에 월트 로스토나 다른 사람들이 확신 없이 그대로 되풀이했다) 케인스가 아주 순진했다면

---

18 John Maynard Keynes, *The General Theory of Employment, Interest, and Money* (London: Macmillan & Co., 1975), p. 320을 보라.

19 Ibid., pp. 380~381.

이는 단순히 사상가로서 그의 잘못은 아니다. 케인스주의의 희망적인 기획은 진정으로 객관적인 시스템의 **구조적 결함**에 대응하기 위해 의도된 것이다. 이 결함은 그 이후의 발전 단계에서 전면으로 심하게 ― 케인스가 만든 '현존하는 경제형태'의 분명한 옹호와 양립할 수 있는 종류의 치유적 개입을 최고로 난폭하게 패배시키면서 ― 부상했다. 그것은 자본 시스템 일반의 구조적 위기의 개시와 더불어 자신을 억제할 수 없이 관철했다.

자본의 지배 아래서 분명하게 나타나는 유사-자연적 규정들은 경제적·정치적 의사 결정자를 포함해 '개인들의 배후에서 작동'한다는 바로 그 이유로 유사-자연적이다. 이는 위에서 언급된 교정책들이 도입되는 방식에도 ― 의사 결정자의 고안이 아무리 '의식적'일지라도 ― 적용된다. 개인들의 배후에서 작동하는 규정에서 유래하는 맹목성은 시장 영역에서 종종 좌절되는 예상과 직접적으로 관계된 의사 결정자뿐만 아니라 다양한 양식의 국가 개입의 관리자에게도 영향을 미친다. 물론 이런 환경은 진행 중인 과정의 객관적 성격을 약화시키지 않는다. 오히려 이런 환경은 그것을 더욱 강화하는 경향이 있다. 개인이 의식을 가지고 부딪쳐야 하는 규정에 가장 문제적인 물상화物象化, reification[20]의 객관성을 부여한다는 점에서 그러하다. 헤겔과 같이 자본 입장에서 세계를 그리는 위대한 사상가들이 의식 앞에 우뚝 서 있는 장애를 원리적으로 극복하는 '동일한 **주체이자 객체**identical subject and object, 주객 동일성'[21]를 꿈꾸었던 이유가 바로 이것이다.

---

20 인간들 사이의 사회적 관계가 사물들의 관계를 통해 나타나 인간의 행동이 그 사물들의 관계에 의해 규정되는 것을 물상화 또는 물화라고 한다. 예컨대 상품 가치는 동일한 노동끼리 교환하는 사람들 사이의 관계에서 비롯된 것이지만, 하나의 사물인 상품에는 그러한 사회적 맥락은 보이지 않게 되고 오히려 인간이 상품 세계의 법칙(가치법칙)에 따르는 상품의 대리인으로 행동하게 된다. 이렇게 객체(사물)가 주체로, 주체(인간)가 객체로 전도되는 현상을 물(상)화라고 한다. ― 옮긴이

21 예컨대 헤겔에게 절대정신은 세계 자체이면서 세계를 움직이는 주체다. 절대정신은 스

역설적으로, '개인들의 배후에' 부과되는 그런 객관성 틀 안에서 생겨나는 경제 이론들은 상당 정도 시스템 작동의 유사-자연적 규정의 도움을 받는다. 비록 우리가 상대적으로 유익한 객관성을 단지 하나의 목발로 생각할지라도 그것은 중요하다. 왜냐하면 관련된 사상가들이 몇몇 중대한 객관적 추세를 확인하고 — 종종 아주 한 방면으로 치우쳐 이루어지지만 — (의사 결정의 토대로서) 그들이 주창한 정책의 근거를 제공할 수 있게 하기 때문이다. 하지만 일단 우리가 자본을 넘어서면서 생겨나는 조건을 내다보면 이전에 이용할 수 있던 목발 — 우리에게 익숙한 그런 종류의 경제적 이론화 — 은 시야에서 사라진다. 따라서 경제 이론과 그에 조응하는 자율적인 정책 결정의 실제 과정을 인도하는 틀로서 질적으로 다른 무언가가 유사-자연적 규정을 대체해야만 한다.

그 차이는 예측가능성*predictability* 문제를 고려할 때 분명해진다. 자본주의라는 조건 아래 발전의 객관적 규정은 미래의 결과에 대해 개연론적인 예견*probabilistic anticipations*의 토대를 형성할 수 있는 확인 가능한 경제적 경향으로, 그리고 그런 특정한 의미에서 '경제법칙'으로 나타난다(그렇기 때문에 이들 규정의 유사-자연적 성격을 강조하는 단서를 도입하는 일이 필수적이다). 이 경제법칙은, 비교할 수 없이 더 정확하고 믿을 만한 형태의 예측가능성을 가진 자연과학의 훨씬 확실한 법칙과 대비된다. 동시에 한계이기도 한 이런 자

스스로를 대상 세계로 외화(外化)해 대상 세계(객체)와 의식(주체) — 이 경우 개별화되고 제한적인 의식(주체) — 의 분열을 낳고, 양자 사이의 변증법적 운동을 통해 다시 자기 자신으로 회귀한다. 출발점에서 절대정신이 공허한 전체라면 외화와 자기 회귀를 통해 도달한 절대정신은 풍부한 총체성이 된다. 역사적으로 보면, 자유로서의 절대정신이 주인과 노예로의 분열과 변증법적 운동을 거쳐 근대의 시민사회-입헌 국가-기독교(개신교)에 도달함으로써 완성된 형태로 자기 자신에게 회귀했다고 할 수 있다. 요컨대 헤겔에게 절대정신은 주체이면서 객체이고, 실체이면서 운동이며, 출발점이면서 도달점이라고 할 수 있다. — 옮긴이

산은 좋든 나쁘든 비판적인 이론의 — 기존 체제의 미덕을 무비판적으로 맹신하는 사람들이 만들어낸 이론뿐만 아니라 — 예측가능성도 제한한다. 사실 비판적인 이론과 무비판적인 이론의 결론, 정책 권고는 매우 다를 수 있다. 하지만 이들 모두 평가의 근거를 진행 중인 발전의 유사-자연적 규정에 두어야 한다. 이런 방식으로 확장 추세 또는 침체를 예견하고, 그에 적합하다고 판단되는 조치를 채택하게 된다.

우리가 자본을 넘어 실행 가능한 경제 이론을 생각할 때 이 모든 것은 매우 다르다. 일단 '개인들의 배후에서' 개인들에게 강요되는 유사-자연적 규정에서 나오는 한계들이 성공적으로 극복되면 결정론적인 결과들 — 그런 규정에서 따라 나와 이전의 개연론적인 예견의 틀을 구성하는 — 도 한계와 함께 사라진다. 따라서 새로운 이론에서 미래에 대한 예견*anticipations*은 앞서 나온 같은 의미의 예측*predictions*으로 간주될 수 없다. 그런 예견은 이용할 수 있는 물질적·인간적 자원과의 관계 속에서 관련된 개인들이 의식적으로 설정한 어떤 목표에 근거해 특정한 맥락 속에서 만들어진 정책 결정에서 나오는 미래에 대한 약정이 될 것이다. 달리 말하면, 이런 종류의 '예측'은 특정 게임이 토요일 오후 3시에 시작하기로 되어 있고 또 시작할 것이라고 약정하고 예견하는 축구 협회와 같은 스포츠 단체에 비유될 수 있다. 원리상 그것은 관련된 개인들의 권력 안에 있어야 한다.

따라서 **자본을 넘어선** 사회에서 '경제결정론'이 배제된다는 사실은 경제 이론이 새로운 환경 아래에서 **미래를 현재에 관련시키는** 아주 다른 길을 찾아야 한다는 필연적인 결과를 수반한다. 현재와 미래의 조건을 이루는 힘으로서 과거의 관성은 더 이상 전통적인 역할을 할 수 없다. 따라서 사회적 상호작용의 시간적 관계를 재정의하는 것은 미래에 대한 의식적인 결정 — 개인들에 의해 설정된 목표 안에 명백하게 체현된 — 이 **현재를 인도하는 통제 가능한 힘**이 되는 것을 의미한다. 이는 과거의 관성이 다소간 통제할 수 없이 수행하던 역할과 대비된다.

6.5 비非결정론적인 경제 이론을 창조하기 위한
객관적인 전제 조건

당연한 이야기지만 몇몇 객관적인 전제 조건이 실현되지 않고서는 새로운 유형의 — 비결정론적인 — 경제 이론을 그에 조응하는 의식적인 정치적 의사 결정의 틀과 더불어 정립하는 문제는 있을 수 없다.

문제의 뿌리는, 의식적인 의사 결정의 안내자로서 비결정론적인 경제 이론은 그것이 가리키는 조건이 추구되는 목표에 대한 평가의 토대로서 **투명**할 때에만 생각될 수 있다는 사실이다. '보이지 않는 손'을 통한 해결책을 바라보는 이론들은 **투명성의 선험적인 불가능성**을 선언해 이 문제를 제거하려 한다. 그런 이론들은 극단적으로 보수적인 형태를 취하는데, 자신들을 자본 시스템의 지상명령에 무조건적으로 종속시키도록 개인을 가두는 역할에서 도덕적 미덕을 만들어내려고 시도한다. 하이에크의 십자군적인 열성은 그런 방식으로 이 쟁점을 논하는 두드러진 예다. 그는 "시장의 도덕적 지상명령"이라는 강령적인 제목을 붙여 다음과 같이 썼다.

사람들로 하여금 그들이 모르는 구조에 (그리고 그들이 모르는 그것의 결정 요인들에) 적응하게 만들기 위해서 우리는 시장의 자생적인 메커니즘이 사람들에게 그들이 무엇을 마땅히 해야 하는지를 말하는 것을 허용해야 한다. …… 가격은 사람들이 자신을 시스템의 나머지에 적응시키기 위해 무엇을 마땅히 해야 하는지 알려주는 신호라는 것이 우리의 근대적 통찰이다. …… 사람들은 상업적 도덕에 의해 구성되는 규율에 기꺼이 복종해야 한다.[22]

---

22 Hayek, "The Moral Imperative of the Market," Martin J. Anderson(ed.), *The Unfinished Agenda: Essays on the Political Economy of Government Policy in Hornour of Arthur Seldon*(London: The Institute of Economic Affairs, 1986), pp. 147~149.

따라서 하이에크는 개인을 시스템의 구조적 규정에 복종시키는 자본주의적 지상명령 ― 그의 말로는 개인은 그것을 모르며 원리적으로 그것을 알 수 없다 ― 에 허구적인 '도덕성'을 부여하고, '하지 않을 수 없다*must do*' 대신에 '마땅히 해야만 한다*ought to do*'를 잘못 사용한다. 이로써 하이에크는 그의 권위주의적 메시지(그에 따르면 주저하는 개인은[23] "자신을 시스템의 나머지에 적응"시켜야 한다)가 자유의 수호와 동의어라고 우리가 믿기를 바란다. 하이에크는 이런 추론을 밀고 나가면서 그가 주장하는 원리들이 "**결코 합리적으로 정당화된 적이 없다**"라는 것을 인정할 수밖에 없는데도 '시장의 자생적 메커니즘(그것은 진전되는 독점화 경향과 이에 조응하는 매우 부당한 권력관계라는 조건 아래서 단순한 메커니즘도 아니며 자생적이지도 않다)'이라는 이름으로 투명성의 선험적 불가능성을 단언한다.[24] 동시에 그는 정당화의 부재에 대해 조금도 걱정하지 않으면서, 그의 '상업적 도덕(그것은 사회정의라는 생각을 신기루[25]라는 한마디로 묵살하고 '시장의 긴장된 규율을 배우는 것'을 도덕적 의무로 만든다)'을 유보 없이 채택하는 일이 "사회주의의 주장들이 우리를 원시적인 도덕성으로 돌려놓기 전에 반드시 직면해야 하는, 장래의 문명 보존을 위해 결정적인 문제"라고 경고한다.[26]

진실을 말하자면 우리 시대에 투명성이 결핍된 근본적인 이유는 사회가 개인들로 구성된다는 **변경 불가능한** 사실이 아니라, 그 개인들이 위계적으로 구조화되고 적대적인 힘 아래 포섭된 **근본적으로 변경 가능한** 조건이다. 경제 이론과 정치적 의사 결정이 직면한 기본적인 어려움은 서로 엇갈리는

---

23 같은 글에서 하이에크는 "다수의 사람이 자본주의 체제의 토대를 이루는 도덕적 원리를 받아들이는 데 실패하고 …… 대다수의 사람(내가 과장하는 게 아니다)이 시장을 믿지 않는다"라고 불평한다.

24 Ibid., p. 148.

25 Ibid., p. 146.

26 Ibid., p. 148.

특수한 개인들의 의도 — 이 때문에 국가의 잘 '보이는 손'에 대해서는 침묵을 지키거나 고의적으로 왜곡하는 반면 '보이지 않는 손'의 선량한 봉사를 들먹어야 한다 — 에서 나오는 것이 아니라, 지배적인 사회관계의 적대적인 성격에서 나온다. 이 논점을 '보이지 않는 손'에 유리하도록 예단하기 위해 특수한 개인으로서 개인들 — '사회적 지위'의 지상명령에 따라 행동하는 사회적 힘의 인격화가 아니라 — 의 힘은 엄청나게 과장된다. 의사 결정이 사회적 규정의 불투명함에 의해 어쩔 도리 없이 무효화되는 이유는 사회적 규정의 **적대적인 성격** 속에서 찾을 수 있다. 따라서 물(상)화된 객관성의 불투명함을, 통제할 수 있는 사회적 관계의 투명함으로 바꾸고 싶다면 적대성의 운명적인 타성을 극복해야 한다.

'자본을 넘어서는' 의식적인 경제적·정치적 의사 결정의 생존 능력은 오직 이런 토대 위에서만 실행 가능하다. 이런 견지에서 외적인 규율에 굴복하는 것 — '시장의 긴장된 **규율**'을 옹호하는 허구적인 도덕성 이름 아래서 굴복하는 것이든 정치적으로 강요되는 잉여노동 추출을 부과받는 것이든 — 은 애당초 가능성이 없는 것이다. 우리가 이야기하는 구상(즉, 그에 조응하는 정치적 의사 결정의 틀과 결합해 발전하는 새로운 유형의 — 비결정론적인 — 경제 이론)과 양립할 수 있는 유일한 규율은 공유된 목표 — 갈등적이고 화해할 수 없는 규정의 압력 없이 개인들이 스스로 비적대적인 방식으로 설정한 — 의 토대 위에서 개인들에 의해 채택된 **내적인 규율**이다. 그렇지 않을 경우 개인의 의식은 구제할 수 없이 왜곡되며 온갖 허위의식으로 전락한다. 개인은 부과된 결정을 마치 **자신**의 자율적인 결정인 것처럼 합리화하고 정당화하도록 유도되기 때문이다.

비결정론적인 경제 이론은 두 가지 의미에서 경제와 정치 사이의 질적으로 다른 관계를 전제한다. 첫째는 두 영역 사이의 직접적인 연결인데, 이는 내적인 관계라고 불릴 수 있다. 이는 물질적·경제적 지상명령과 규정의 우위가 뒤로 밀려나기 때문에 전통적인 정치적 의사 결정 과정이 훨씬 덜 일방적인 형태로 의미 있게 재규정될 수 있다는 사실에서 따라 나온다. 두 번째 의미는 첫 번째와 긴밀하게 결부되는데, 경제와 정치 모두에서 소외를 극복하는 문제와 관련된다. 왜냐하면 자본의 지배 아래 두 영역이 기능하는 방식은 오직 개인 ─ 자본의 인격화 또는 노동의 인격화로 할당된 그들의 소외된 역할에 따라야 하는 모든 개인 ─ 에게서 의사 결정권이 소외된다는 특징을 가지기 때문이다. 바로 이 때문에 "단 하나의 유일하게 지속 가능한 시장 사회에서 그들의 의도를 주장하고 그들의 특수한 이해를 추구하는 주권적 개인" ─ 자애로운 '보이지 않는 손' 덕분에 전체로서 사회의 이해와 완전히 조화를 이루는 ─ 에 관한 관념은 사태의 실재 상태와 절망적일 정도로 일치하지 않는다.[27] 정치와 경제 영역에서의 의사 결정은 실제로는 자본의 축적과 확장이라는 소외적인 지상명령에 의해 극도로 제약되고 왜곡된다. 동시에 개인은, 그들의 '결정'이 소외 그리고 물화에 부합하는 '사물의 권력'에 의해 미리 결정된다는 점에서, 의사 결정권을 부정당한다. 즉, 두 번째 의미가 가리키는 경제와 정치 관계에서의 질적인 변화는 의식적으로 행동하는 **사회적 개인**으로서 개인에게 의사 결정권을 **반환하는** 것을 의미한다. 이것이 그 용어의 뜻 그대로를 나타내는 의미에서 개인적·사회적 의사 결정의 조화와 더불어 정치와 경제의 통일을 재건하는 유일하게 가능한 길이다.

이 모두는 사회가 생산적으로 이용할 수 있는 시간에 대해 지대한 함의를 갖는다. 이는 앞서 언급한 대로 한때 과거의 관성이 (현재를 안내하는 측면에서) 수행한 역할과 대조적으로 **미래**와 관련된 사회의 상호작용의 실천적 재정의가 **현재**를 안내하는 힘으로 된다는 의미뿐만이 아니다. 그만큼 중요

---

27 "근대 문명 발전의 필수적인 토대는 사람들이 자신의 지식에 기초해 자신의 목적을 추구하며 다른 사람의 목적에 매이지 않도록 허용하는 것이다"(Ibid., p. 146). 정말로 진지하게 이런 견지에서 이야기하는 사람은 누구도 '근대사회'의 '근대 문명' 속에 사는 게 아니며, 심지어 우리와 같은 행성 위에 살고 있는 것도 아니다.

한 것은 사회적 개인으로서 개인이 직접적으로 통제할 수 있는 시간에서 발생하는 변화다. 알다시피 자본의 지배 아래 확장적인 생산과 자본축적을 위해 요구되는 '필요 시간'은 시스템의 도전할 수 없는 **시간명령***time-imperative*으로서 개인에게 외적으로 ― '시장의 긴장된 규율'을 통해서든 탈자본주의적 잉여노동 추출 양식에 의해서든 ― 부과된다. 하지만 사회의 생산적 잠재력이 더 선진화할수록 생산관계를 이런 방식으로 관리하는 일은 더욱 낭비적인 것으로 된다. 생산적으로 선진화한 사회에서는, 엄격하게 규제되고 외적으로 통제되는 잉여노동(자본주의 아래에서만 잉여가치와 동일시된다)을 훨씬 넘어서, 개인의 **가처분 시간**이 가진 엄청나게 긍정적인 잠재력 ― 외적으로 관리할 수 있는 '경제적 효율성'을 가진 자본의 사회신진대사 통제 양식에 의해서는 쉽사리 활용될 수 없는 ― 을 발견하게 된다.

사회적 개인으로서 자신의 삶과 활동을 온전히 통제하지 않는다면 개인이 생산적이고 분배적인 실천의 공동 저수지로 자신의 가처분 시간을 투여할 수 있도록 내적으로, 긍정적으로 동기가 부여되고 있다고 느낄 ― 이런 차원의 부를 가동하기 위한 결정적인 조건인데 ― 이유가 없는 것은 당연한 일이다. 바로 이런 이유로, 적대성과 필연적인 투명성의 부재라는 조건 아래서, 잠재적으로 어마어마한 ― 그런데 자본에게는 불만스럽게도 본질상 오직 질적으로 정의할 수 있는 ― 개인의 가처분 시간이라는 부는 우리 사회에서 낭비될 수밖에 없다. 그것을 창조적으로 배치할 필요가 날마다 고통스럽게 증대하는 우리 사회에서 말이다. 유감스럽게도 사회신진대사 질서의 지속 불가능한 낭비성을 고려할 때조차 우리는 잘못 활용되는 에너지와 1차 물질 자원 문제에 초점을 맞추면서 문제의 결정적인 차원을 잊어버리는 경향이 있다. 이와 대조적으로 비결정론적인 경제 이론과 그에 상응하는, 모두의 적극적인 개입에 토대한 정치적 의사 결정의 틀은 개인의 가처분 시간이 가진 거대한 긍정적인 잠재력을 실현하지 않고서는 실행될 수 없다.

6.6 사회주의 회계와 해방적 정치

다시 계획의 문제로 돌아와서 우선 강조해야 할 점은 포괄적인 계획을 수립하는 일의 중요성과 커다란 어려움이다.

우리는 이미 제2차 세계대전 기간 가장 강력한 자본주의국가, 즉 미국 정부조차 히틀러에게 승리하기 위해서 요구되는 물질적 조건 확보를 목적으로 중앙 계획을 채택해야 했다는 사실을 보았다. 물론, 이는 비상사태라는 극단적인 상황 아래서 일어났다. 이와 같은 조건이 없다면 자본주의 체제의 사회적·역사적 규정은 포괄적인 계획에 대한 모든 시도를 아주 문제가 있는 것으로 만든다. 하지만 시장-우상숭배의 옹호자들은 이 문제를 '중앙 계획'과 '개인적 선택' 사이의 대립이 영원한 형이상학적 문제인 것처럼 왜곡한다. 그런데 국지적인 수준에서 개인 또는 개인들의 그룹에 의한 '자율적인' 선택이 경제체제의 물질적 명령과 그 전체적인 명령 구조의 권위주의적 지시에 의해 무색하게 된다면 '개인적 선택' ─ 그리고 연계된 '지방적 자율'이라는 사상 ─ 은 아무런 의미도 없다. 적절한 역사적 요건을 도입하지 않는다면 그렇게 좋아하는 '계획과 개인적인 선택' 사이의 대립은 ─ '성장 또는 무성장'과 마찬가지로 ─ 단지 자기 편의적인 거짓 대립일 수밖에 없다.

정상적인 상황에서는 자본주의적 사회 재생산 질서에 포괄적인 계획은 있을 수 없다. 이것은 유사-독점적인 거대 기업이 계획 ─ 필연적으로 불완전한 ─ 이라는 문제적인 형태를 채택할 때조차 여전히 그럴 수밖에 없다. 그런 종류의 계획은 아무리 큰 기업조차 유사-독점적일 뿐이기 때문에 불완전할 수밖에 없다. 그들은 자신들의 비교적 제한된 생산 활동 부문에서조차 ─ 생산 활동의 총체는 차치하고 ─ 지구적 시장을 장악할 수 없기 때문이다. 물론 존 갤브레이스가 말했듯이,[28] 고질적으로 불완전한 기업 계획이 때때

---

28 John Kenneth Galbraith, *The New Industrial State*(Princeton: Princeton University

로 모든 의미에서 온전히 실행 가능한 계획으로 이상화된다는 사실은 놀라운 일이 아니다. 하지만 이 문제에 대한 그와 같은 평가는 희망 사항에 불과하다. 실제로 갤브레이스 경우 대기업의 계획에 대한 지극히 과장된 관념은 심지어 — 소련 경제 전체와 미국 거대 기업의 계획은 똑같은 계획 과정을 공유한다고 볼 수 있기 때문에 — 두 체제가 실제로 자본주의와 사회주의 양쪽 모두와 질적으로 구분되는 어떤 것으로 **수렴**된다는 생각과 결합되기도 한다. 소련 체제의 극적인 내파와 이에 따른 동유럽 전체에서 이루어진 자본주의의 복귀가 분명하게 보여주었듯이, 두 사회의 '수렴'이라는 희망적인 기획만큼 진실과 거리가 먼 것은 없었다.

자본주의 아래서 계획의 필연적인 좌절은[29] 1964년 영국에서 노동당의 선거 승리 이후 구성된 해럴드 윌슨 정부 아래 전면으로 떠올랐다. 당시 윌슨은 여전히 '경제의 관제 고지 점령'에 대해 이야기하고 있었고, 노동당의 부당수 조지 브라운George Brown 경을 위한 새로운 경제 부처를 만들었다. 이 부처는 그들이 주장하는 계획 과정에 맞춰 영국 경제를 관리하는 데 몇몇 중요한 변화를 도입하기로 예정하고 있었다. 하지만 모습을 드러냈을 때 이 시도는 완전한 실패였고, 모험은 종말을 고해야 했다. 정부가 '경제의 관제 고지를 점령'하는 대신 그 정반대가 나타났다. 즉, 대기업의 '관제 고지들'이 정부를 점령해서 사회민주주의적 개혁이라는 낡은 이념을 통째로 포기하게 만들었고, 이에 오늘날 그 당의 지도자[30]가 자랑스럽게 이야기하는

Press, 2007)을 보라.

29 이와 관련해 의미 있는 변화는, (주요한 경제적·정치적 위기 때문에) 국가 입법부의 보다 진보적인 세력이 기꺼이 나설 준비가 된 상태에서 포괄적인 규제 개입에 대한 지배적인 기업 집단의 분명한 적대를 대상으로 대중의 압력이 충분히 강력하고 충분히 장기적으로 맞설 수 있는 환경에서만 실행될 수 있다. 하지만 물론 그런 상황은 제2차 세계대전 시기에 경험한 비상사태 — 비록 작은 규모라 할지라도 — 에 비유될 수 있다.

30 당시 영국 노동당을 신노동당으로 개혁하고 총리직을 맡고 있던 토니 블레어를 지칭한

'기업의 친구'로 노동당의 변형을 예시했다.

자본의 역사적 발전 과정, 특히 제2차 세계대전에 이은 수십 년 동안 절약이라는 경제의 본래 의미는 자본주의 체제의 무한히 확장하는 자기 재생산과정의 지상명령에 의해 완전히 지워졌다. 앞서 이야기했듯이, 자본의 지배 아래서 확장은 자본축적의 지상명령 — 이 체제의 관점에서 보면 허용될 수 있는 한계가 존재할 수 없는 — 에 언제나 종속된다. '추가로 확장 가능한 자본 자산의 확장'이라는 왜소한 의미에서 '성장'을 성취하는 데 실패한 것은 아주 우울하게 체제의 내적 논리를 위반한 것으로 간주된다. 지속 가능한 발전이라는 이해에 따라 자본축적에 관한 규제적인 제약을 의식적으로 도입하려는 사상은 애당초 절대로 가능성이 없는 것으로 배제되었고, 또 항상 배제될 수밖에 없다. 자본의 유사-자연적인 체제 규정은 그것을 허용하지 않는다. 따라서 '경제'는 인간적·환경적 결과와는 무관하게 '계속적인 확장과 축적에 도움이 되는 모든 것'과 동의어가 된다. 이는 절약을 배제한다. 그것은 쓸모없고 심지어는 적대적인 개념으로 보인다. 필수적인 교정책인 포괄적인 계획이 절대적으로 기각되었던 이유가 바로 여기에 있다. 비록 루트비히 미제스*Ludwig Mises*부터[31] 프리드리히 하이에크와 그 추종자들에 이르기까지 그러한 선험적 기각이, 도전할 수 없는 '상식'인 양 이데올로기적으로 윤색되었을지라도 말이다.

하지만 분명히 자원이 제한된 세계에서 필수적인 절약을 통한 규모 있는 살림살이라는 경제의 본래적 의미를 다시 복원하지 않고서는, 포괄적인 계획을 통해 그것을 실행 가능하게 의식적으로 적용하지 않고서는 자본의 재생산과정의 파괴적인 결과[32]를 바로잡을 수 없다. 현존하는 우리의 사회신

다. — 옮긴이

31 Ludwig von Mises, *Socialism: An Economic and Sociological Analysis*(New Haven: Yale University Press, 1951)를 참조하라.

진대사 통제의 극단적인 낭비성 — 재생 불가능한 물적 자원의 활용과 지구환경에 대한 자본의 생산과정의 위험한 영향 모두에 대해 — 은 시간이 지나면서 점점 나빠진다. 기저에 놓인 규정을 필요한 규모로 다룬다는 어떤 증거도 없다. 심지어 대기로 방출되는 유해 물질을 감축하는 영역에서 '선의善意'를 통해 중요한 개선을 계획하는 교토의정서[33]의 매우 제한된 시도조차 가장 강력한 자본주의국가(미국 — 옮긴이)에 의해 무참히 기각된다.

포괄적인 계획의 필요에 대해 이야기하는 것은 단순히 범위(예컨대, 민족적 영토 전체를 포괄하는 것에 대비되는, 몇몇 기업에 의한 특정 산업부문에 계획을 적용한다는 점에서 부분적인) 문제가 아니며, 심지어 그 과정의 **지속성**(아무리 거대하더라도 비상 상황으로 제한될 수밖에 없다는 의미에서 자본주의에서는 필연적으로 일시적인) 문제도 아니다. 더 중요한 점은 포괄적인 계획에 대한 충실성이 대안적인 사회신진대사 재생산양식을 내다보는 도전을, 최소한 암묵적으로, 불가피하게 의제로 올린다는 것이다. 왜냐하면 이 쟁점 자체가 제기되는 조건을 염두에 둘 때 적극적인 규제적 개입의 부분 조치 — 그것들은 대개 일차적으로 자본의 유사-자연적 규정에 대한 대응 조치일 수밖에 없는데 — 조차, 결국 개인들 사이 그리고 개인과 자연 사이의 상호작용을 관리하는 **근본적으로 다른** 방식의 구성 요소가 되는 방식으로 성공적으로 이어지지 않는다면, 완전한 역전이나 심지어는 자본주의의 전면적인 복귀의 위

---

32 실제로는 파괴적 생산이 점점 더 지배적으로 되고 있는 때 슘페터를 따라 많은 이에 의해 '생산적 파괴'로 이상화된.

33 교토의정서는 지구온난화 규제와 방지를 위한 국제 협약인 '기후변화협약'의 수정안이다. 이 의정서를 인준한 국가는 이산화탄소를 포함한 여섯 종류의 온실가스의 배출량을 감축하며, 배출량을 줄이지 않는 국가에 비관세 장벽을 적용하게 된다. 1997년 12월 11일 일본 교토에서 개최된 지구온난화 방지 교토회의 제3차 당사국총회(UNFCCC COP3)에서 채택되었으며, 2005년 2월 16일 발효되었다. 정식 명칭은 기후변화에 관한 국제연합 규약의 교토의정서(Kyoto Protocol to the United Nations Framework Convention on Climate Change)다. — 옮긴이

협 아래 끊임없이 위기에 처하기 때문이다. 생산자들이 다소 비정통적인 방식으로 이의를 제기했던 소련형 시스템이 권위주의적인 계획 과정과 함께 붕괴한 것은 이런 명제의 진실성에 대한 설득력 있는 증거를 제공한다.

물론, 실천적으로 실행 가능한 회계 형태가 없다면 절약이라는 의미의 경제는 존재할 수 없다. 협소하게 양적으로 규정되는 자본의 '경제적 회계'는, 실제로는 자본축적이라는 지상명령에 순응해 가장 극단적인 형태의 낭비를 조장하는데도, 유일하게 '경제적으로 받아들일 수 있는 것' 그리고 실제로 이상적인 '희소 자원의 배분자'라고 주장된다. 이에 반해, 포괄적인 계획의 **사회주의적 회계**는 사회적 실천에서 **양과 질의 변증법** — 상품화, 소외, 물상화의 보편적 전개를 통해 파괴된 — 을 회복하는 기초 위에서 작동해야 한다. 이런 의미에서 사회주의적 회계는 심지어 대안적 활동과 서로 다른 정당한 목적들 사이의 배분에 사용될 수 있는 양을 평가할 때조차 **질-지향적**이어야 한다.

다소간 복잡하고 종종 (이데올로기적인 이유로) 왜곡된, 사회주의적 회계의 필연적인 질-지향성의 매우 다양한 논점을 여기서 충분히 살펴볼 시간은 없다.[34] 그렇지만 최소한 그 논점들 가운데 몇몇에 대해 간단히 언급하는 일은 적절하다.

첫째는 **필요를 위한 생산** 문제에 관한 것이다. 이는 절대다수 인류의 가장 기초적인 필요조차 '경제적으로 생존력 있는' 생산의 자기 편의적 명령에 복무하는 데 완전히 굴복하고, 또 그것에 복무하기 위해 광범위하게 기각되는 현재의 상황과 날카롭게 대비된다. 따라서 분배와 소비 과정의 규정은 잘못된 방식으로 작동한다. 자본주의적으로 채택된 목표는 필요에 기반을 둔 참된 수요에서 출발해 생산 목표의 결정에 이르는 대신, 인간의 열

---

34 관심 있는 독자는 나의 책 『자본을 넘어서』 제14~20장(스페인어판, *Más allá del Capital*, pp. 605~1003) 곳곳에서 이런 쟁점이 논의되는 것을 볼 수 있다.

망을 프로크루스테스*Procrustes*의 침대에 맞춰[35] 좌절시킨다. 사람들은 어떤 것을 얻을 수 있다면 그것이 무엇이든 얻을 수 있는 것에 만족해야만 한다. 설상가상으로 이 모든 것은 '소비자 주권'이라는 터무니없는 이데올로기와 힘을 합쳐 이루어진다.

문제의 또 다른 측면은 **사용가치의 생산**이다. 이는 대부분 기계적인 양화 量化와 이윤 회계에 따라야 하는 **교환가치**의 지배와 대립된다. 여기에서도 역시 인적·물적 자원의 살림을 이런 방식으로 관리하는 것이 얼마나 낭비적인지와 무관하게 기존의 생산 시스템의 리듬이 지배적일 수밖에 없다. 더욱이 이와 관련해 상황은 자본의 구조적 위기의 전개와 함께 지난 수십 년 동안 점점 악화되어왔다. 우리가 생산물과 서비스, 생산 기계의 **이용률 저하**를 목격해온 것은 바로 이 때문이다. 하루 1달러 미만으로 살아가는 수많은 사람에게서 나오는 요구를 충족하기 위해서는 그 정반대, 즉 **이용률 상승**의 필요를 부인할 수 없는데도 말이다.

또한 이런 맥락에서 모든 곳에서 사회적 불안정과 심지어 폭발을 위협하는, 아마도 가장 긴급하게 당면한 문제를 언급할 필요가 있다. 그것은 바로 실업의 증가라는 암이다. 엄격하게 양적으로 계산하는 자본의 접근법에서는 그것을 해결하는 것은 고사하고, 이 문제의 진정한 본질을 감지할 수조차 없다. 자본의 접근법은 기껏해야 일정 비율의 실업을 다양한 **불완전고용**으로 돌릴 수 있을 뿐인데, 이는 장기적으로 작동할 수 없다. 바로 이 때문에, 기획된 해결책들은 결국 환상적이고 지속 불가능한 것으로 드러났다. 예컨대, 케인스주의적 정신으로 고안된 "자유 사회에서의 완전고용"[36] 프로

---

35 사람 키에 맞춰 침대 크기를 조정하는 것이 아니라 침대 크기에 맞춰 사람 키를 조정한다 (즉, 침대보다 사람 키가 더 클 경우 침대 크기에 맞춰 사람을 잘라낸다)는 전도된 방식을 비유한 말. — 옮긴이
36 윌리엄 베버리지의 영향력 있는 책 제목.

그램 ─ 이는 '복지국가의 아버지'인 베버리지 경에 의해 제시된 것인데 ─ 같은 것처럼 말이다. 노동이 수량화할 수 있는 '생산 비용'으로서 고려되어야만 하는 세계에서 치유책은 오직 일시적이고 국면적일 수밖에 없다. 전후 확장기 25년 동안 경험했듯이 그것은 자본축적 ─ 최소한 상대적으로 방해받지 않는 ─ 의 지상명령에 종속된다. 임시 고용화 ─ 이는 살아 있는 인간을 가장 몰인정하게 불안정화하는 것인데 ─ 에 의해 실업 문제를 해결하려는 최근의 시도는 실패를 감출 뿐이다. 그리고 이 실패의 영향은 가까운 장래에 훨씬 심각하게 나타나게 된다.

분명히 이 모든 점에서 이 문제 자체의 중요성에 상응하는 어떤 것도, 의식적으로 동의되고 관리된 목표의 포괄적인 계획 틀 안에서 질을 지향하는 사회주의적 회계로 과감하게 방향을 재정립하지 않고서는 성취될 수 없다. 포괄적인 계획 틀은 자신의 일을 관리하는 데 매우 능동적으로 관여하는 사람들 ─ '자유롭게 연합한 생산자들' ─ 과 조화를 이뤄 작동한다. 여기에서 우리는 또한 선진적인 사회주의사회에서 개인은 자신의 능력에 따라 일하고 그들의 필요에 따라 사회 전체 생산물을 받게 될 것이라고 단언하는 마르크스의 유명한 분배 원리를 다시 고려해보아야 한다.[37] 이 원리는 개인의 자기 결정에 대한 마르크스의 강조를 무시한 채 종종 관료주의적인 일면성에 따라 해석된다. 개인의 자기 결정이 없다면 '능력에 따라 일한다'라는 말은 거의 의미가 없다. 따라서 마르크스의 정의에서 핵심적인 두 용어 ─ 즉, 필요와 더불어 개인의 능력 ─ 는 질적인 회계 틀 안에서만 참된 의미를 획득할 수 있다. 이것이 오직 장기적 관점에서 실행할 수 있는, 실천적으로 실행 가능한 포괄적인 계획 과정의 한도限度를 설정한다.

당연한 말이지만 장기적 관점의 중요성을 강조하는 것이 지금, 여기를 무

---

37 Marx, *Critique of the Gotha Programme*(New York: International Publishers, 1977)을 참조하라.

시할 수 있음을 의미하지는 않는다. 반대로, 우리가 관례보다 훨씬 더 넓은 지평에 관심을 갖는 이유는 현재의 규정과 다른 사회질서로 이행하는 것을[38] 현실주의적으로 개념화하기 위함이다. 장기적 관점이 필요한 것은 변혁의 진정한 목표가 그러한 지평 안에서만 설정될 수 있기 때문이다. 더구나 적절한 목표를 정의하지 않으면 나침반 없는 여행이 되고, 이에 따라 관련된 사람들이 자신의 필수적인 목표에서 돌아설 수 있다. 다른 한편으로 지금, 여기의 객관적·주체적 규정에 대한 이해는 그만큼이나 중요하다. 필수적인 변화를 만들어내는 임무는 이미 현재 시점에서 정의되기 때문이다. 비록 당장은 온건한 방식일지라도 — 현존하는 제약과 더불어 조금 더 긴 시간의 지평 안에서 여행을 지속하는 데 따르는 난관을 충분히 자각하는 속에서 — 임무의 실현이 바로 지금, 여기에서 시작되지 않으면 우리는 어디에도 도달할 수 없을 것이라는 의미에서 그러하다. 누구도 조급하고 시기상조의 행동을 고무해서는 안 되지만, 주요한 구조적 변화를 만들어내는 근본적이고 힘든 사업에 헌신할 경우 시기상조의 위험은 관련된 개인이 매우 책임 있게 행동할 때조차 배제될 수 없다. 문제의 진실은 '유리한 조건'과 '적당한 때'를 기다리는 것만으로는 아무것도 성취될 수 없다는 점이다.

　주요한 구조적 변화를 주장하는 사람들은 그들이 부딪칠 수밖에 없는 제약에 대해 부단히 깨어 있어야 한다. 동시에 그런 제약의 무게가 몇몇 허구적인 '객관 법칙'의 무력화하는 힘 — 그들을 자신들이 공언한 목적에서 돌아서게 만드는 — 으로 고착화되는 것을 허용하지 않도록 주시해야 한다. 지금 여기에서 실행 가능한 계획 과정은 문제에 딱 들어맞는 두드러진 예다. 해리 맥도프가 불가피한 객관적 난관과 그것의 물신적 변형 두 측면 모두에 관련해서 다음과 같이 올바르게 강조했듯이 말이다.

38　내 책 『자본을 넘어서』의 부제가 "이행 이론을 향하여(Towards a Theory of Transition)" 인 것은 그럴 만한 이유가 있었다.

분명히, 노동력의 규모와 숙련, 경지耕地의 양과 질, 천연자원의 잠재적 공급, 손에 넣을 수 있는 도구와 다른 장비, 교통과 통신 시설 등 이 모든 것이 주어진 시점에서 무엇을 수행할 수 있을지에 심각한 제약을 설정한다. 국가적 수준이든 지방적 수준이든 간에 계획의 모든 단계는 실제적인 한계를 고려해야 한다. 적절한 전력원이 없는 알루미늄 공장은 쓸모가 없다. 화학 공장은 보통 많은 양의 물을 필요로 한다. 철강 공장은 접근 가능한 코크스cokes 석탄과 철광석을 가지고 있어야 한다. 더 높은 수준의 계획에서는 다양한 균형과 비율이 끊임없이 고려되어야 한다. 예를 들면 공업과 농업, 생산재와 소비재, 추출 산업과 제조업, 교통과 배분에 필요한 것, 소비자 소득과 소비재의 공급 등. 하지만 객관적 한계라는 것이 사회주의의 '객관적 경제법칙'과 관련되어야 하는가? 여기에 문제의 핵심이 있다. 한계와 제약을 법칙과 혼동하는 효과는 사회주의적 이행의 기본적인 문제와 정책 쟁점을 모호하게 만든다. (또는 숨긴다고 말할 수도 있다.)[39]

13억 인구(베네수엘라의 55배!)를 가진, 대체로 저발전된 사회를 자본주의 선진국이 이룩한 생산수준으로 끌어올리는 역사적 시도와 관련된 제약과 난관은 확실히 어떤 기준으로 보더라도 정말 엄청나다. 그렇기에 역사적 기록은 커다란 역전과 실망으로 점철된 전진을 보여준다. 심각한 제약 아래서, 미래에 더 강화될 가능성이 많은 외부의 적대 속에서 많은 것이 시도되어야만 한다.

멀리서 관찰하면 이런 발전은 때때로 다소 이해할 수 없는 것으로 보일 수 있다. 이런 맥락에서 "쥐만 잡을 수 있다면 고양이 색깔은" 문제가 되지 않는다 — 그것이 자본주의적이든 사회주의적이든 간에 신경 쓸 필요가 없다는 뜻 — 는, 중국 지도자 덩샤오핑鄧小平이 동의하면서 인용한 오랜 격언은 되새겨

---

39 Harry Magdoff, "China: new theories for old," *Monthly Review*, May 1979.

볼 가치가 있다.

표면적으로는 이것이 충분히 그럴 듯하게 생각될 수 있다. 하지만 우리는 또한 이런 질문을 던질 수 있다. 즉, 채택된 정책이 다행스럽게 쥐를 잡는 대신 대규모 구조적 실업이라는 형태로서 쥐가 만연하는 것으로 끝난다면 어쩔 것인가? 맥도프가 비판한 논문이 주장했듯이, 부인할 수 없이 작동하는 제약과 위험을 "사회주의의 객관적 법칙"이라고 부르는 것은 이런 견지에서 아무런 보증도 제공하지 않는다.[40] 이는 ≪이코노미스트≫의 매우 기이한 논리 — 한편으로는 중국의 농촌 주민이 도시로 이주하는 것이 "광범위한 사회적·정치적 결과를 수반하는 실업 위기"를 야기할 것이라고 인정하고, 다른 한편으로는 같은 단락에서 "중국은 농촌 주민이 도시에서 자유롭게 일을 찾을 수 있도록 허용해 노동비용을 낮출 필요가 있다"라고 주장하면서, 잠재적으로 폭발적인 정책의 채택을 옹호하는 — 를 취하는 것이다.[41]

인류가 직면한 — 먼 미래가 아니라 이미 오늘날 — 생태적인 그리고 여타의 위험을 극복하기 위한 길로서 포괄적인 계획이라는 사회주의의 전략적 목적을 추구하는 것은 과거 어느 때보다 더 정당한 일이다. 너무나 요구되는, 자본을 넘어선 사회로 이행하는 데 필요한 변화가 엄두도 내지 못할 만큼 어렵다는 점을 누구도 부인할 수 없다. 객관적 제약을 충분히 인정하면서도 그것의 물신적 규정에 굴복하기를 거부하면서 해방적 정치와 손잡고 일하는 경제 이론은 이 사업의 성공에 결정적으로 기여할 수 있다.

---

40 2001년 7월 '중국의 WTO 가입'에 대한 유럽의회 녹색당 그룹의 워크샵에서 이루어진 한 연설에서 중국 이론가 한 데키앙(Han Deqiang)은 중국의 경제 발전에 대한 서구 자본의 부정적 영향에 관한 우울한 그림을 그렸다. 인터넷에서 구할 수 있는 "The Advantages and Disadvantages of China's Accession to the WTO"를 참조하라.

41 "China's economy: Persuading the reluctant spenders," *The Economist*, August 25~31, 2001.

제7장

·

지속 가능한 발전의 도전과 실질적 평등의 문화

·

The Challenge of Sustainable Development and

The Culture of Substantive Equality

7.1 '자유-우애-평등'이여 안녕

밀접하게 연관된 두 명제가 이번 강연의 중심에 있다. 첫 번째는 미래의 발전이 지속 가능한 발전이 아니라면, 아무리 절실히 필요할지라도 의미 있는 발전은 전혀 없을 것이라는 점이다. 즉, 예전 식민지를 지배한 열강의 대변인들이 이른바 제3세계에 거들먹거리며 처방했던 매우 달성하기 어려운 '근대화' 이론과 관행으로 점철된 지난 수십 년과 같이 원■을 사각형으로 만들려는 좌절된 시도가 될 뿐이다. 당연한 귀결로 두 번째 명제는, 지속 가능한 발전을 추구하는 것과 분리할 수 없는 조건은 실질적 평등의 점진적인 실현이라는 점이다. 이런 맥락에서 극복해야 할 장애가 엄청나게 클 것이라는 점도 강조되어야 한다. 우리 시대에 이르기까지 실질적 불평등의 문화가 계속해서 지배적이기 때문이다. 정치 분야에서 극히 형식적인 몇몇 평등 기제를 도입해 사회적 불평등의 해로운 영향을 대처하려는 보통의 미온적인 노력에도 불구하고 말이다.

우리가 다음과 같이 묻는 것은 당연하다. 즉, 프랑스혁명 당시 선언되었고 오랜 훗날에도 다수가 진정으로 믿었던 **자유-우애-평등**의 고상한 이념에 뒤이은 역사 발전 과정에서 무엇이 일어났는가? 왜 우애와 평등은 모두 종종 노골적인 경멸과 함께 버려졌으며, 왜 **자유**는 '투표할 민주적 권리'라는 허약한 골격으로 축소되었는가?[1] 그러한 권리는 '민주주의의 모범'이라고

---

* 이 장은 2001년 7월 10~13일 베네수엘라 카라카스에서 개최된 라틴아메리카의회 문화 포럼의 "사회적 부채와 라틴아메리카 통합 정상 회의(Summit on the Social Debt and Latin American Integration)"에서 수행된 강연에 기초한다. 이는 대니얼 싱어를 기리는 헌정 강연이었는데, 그와 나는 우리의 구조적으로 불평등한 질서를 옹호할 수 없는 데 대해 종종 대화를 나누었다.

1 최근의 두 사례를 생각해보는 것만으로 충분하다. 즉, ① 무관심 또는 조작 때문에 셀 수 없는 수백만 명의 선거권이 실질적으로 박탈된 것과 최근의 미국 대통령 선거 이후 목격

스스로 칭찬하기 좋아하는 나라에서 회의적일 정도로 줄어드는 수의 사람들에 의해 행사되고 있다. 이것이 나쁜 소식의 전부는 결코 아니다. 왜냐하면, 20세기 역사가 충분히 입증하듯이, 얼마 안 되는 형식적 평등의 조치조차 종종 구입할 수 없는 사치품으로 간주되고, 부패하고 권위주의적인 정치 관행에 의해 또는 실제로 공공연히 추구된 독재적 개입에 의해 인정사정없이 무효화된다.

'누진 과세'와 여타 국가 입법 조치를 통해 전 세계에 걸쳐 사회적으로 실행 가능한 발전의 조건을 확보함으로써 불평등을 제거한다 − 또는 적어도 크게 줄인다 − 고 약속한 지 한 세기가 지났다. 하지만 이후 현실은 '발전한 북(선진국 − 옮긴이)'과 '저발전한 남(제3세계의 저개발국과 개발도상국 − 옮긴이)' 사이뿐만 아니라 심지어 최선진국 내부에서조차 점증하는 불평등을 특징으로 한다는 것이 밝혀졌다. (좌익 편향이라고 비난받을 수 없는) 미국 의회의 최근 보고서는 오늘날 미국 인구의 상위 1%의 수입이 하위 40%의 수입을 초과한다는 점을 인정했다.[2] 이 수치는 최근 20년 동안 '겨우' 20%에서 두 배로 오른 것인데, 그 20%라는 수치조차 말이 안 된다. 이들 퇴행적인 발전은 우선 '결과의 평등'과 '기회의 평등' 사이의 거짓된 대립을 설정한 것, 그리고 다음에는 한때 '기회의 평등'이라는 (결코 실현되지 않은) 이념에 받쳤던 립서비스*lip-service*조차 포기한 것과 밀접히 연관되어 있었다. 이런 종

된 선거 소극(笑劇), ② 2001년 6월 영국에서 열린 총선에서 전체 유권자의 25% 이하의 득표를 통해 여당이 169석의 의회 다수당이라는 터무니없이 부풀려진 결과를 초래한 사상 최저의 투표참여율. 선거에서 승리한 당의 대변인들은 영국 유권자의 명백한 경고 메시지에 귀 기울이기를 거부하고 신노동당이 '압도적인 승리'를 성취했다고 자랑했다. 셜리 윌리엄스(Shirley Williams)는 우리가 목격하는 것은 압도적인 승리(landslide)가 아니라 산사태 발생 시의 토사 유출(mudslide)이라고 적절히 논평했다.

2 David Cay Johnston, "Gap Between Rich and Poor Found Substantially Wider," *New York Times*, September 5, 1999를 참조하라.

류의 최종 결과는 놀라운 일이 아니다. 왜냐하면 사회적으로 도전적인 '결과'가 그림에서 임의로 제거되어 '기회'와 대립하게 되면 '기회의 평등'의 모든 내용은 없어지기 때문이다. 그리고 목적 없는 (그리고 더 나쁜 경우 결과를 부인하는) '평등'이라는 전적으로 공허한 용어의 미명 아래, 그것을 필요로 하는 사람들에게 모든 실질적인 기회를 효과적, 실제적으로 부정하는 것에 대한 이데올로기적 정당화로 전환된다.

스코틀랜드 계몽주의 역사학파의 위대한 인물 헨리 홈*Henry Home*[3]이 그랬듯이, 예전 신흥 부르주아지의 진보적인 사상가들은 '미래에는 한 사회적 존재를 대상으로 다른 사회적 존재가 행하는 지배가 하나의 악몽으로 기억될 것'이라고 낙관적으로 예견했다. 왜냐하면 "주권을 회복한 이성이 박해를 모두 추방할 것이고, 다음 세기(19세기 ― 옮긴이)에는 사회적 존재들 사이에서 박해가 지배적이었다는 사실이 이상하게 생각될 것이다. 박해가 심각하게 실행된 적이 있었는지도 아마 의심받을 것이다".[4] 실제로 진행된 사태에 비춰보면, 역설적이게도 지금 오히려 믿기 어려워 보이는 것은 신흥 부르주아지의 지적 대표자들이 한때 그런 식으로 추론할 수 있었다는 점이다. 왜냐하면 18세기 프랑스 계몽주의의 거장 드니 디드로*Denis Diderot*[5]가 위대한 사회적 급진주의로서 "날품팔이 노동자가 비참하다면 그 국가는 비참하다"[6]라고 서슴없이 주장했기 때문이다. 마찬가지로 루소[7]도 극도의 급진주

---

3 스코틀랜드의 변호사, 재판관, 철학자, 작가, 농업개량가(1696~1782). 스코틀랜드 계몽주의의 중심인물이다. ― 옮긴이

4 Henry Home(Lord Kames), *Loose Hints Upon Education, Chiefly Concerning the Culture of the Heart*(Edinburgh & London, 1781), p. 284.

5 프랑스 백과전서파를 대표하는 18세기 계몽주의 철학자, 작가(1713~1784). 그는 달랑베르(D'Alembert)와 함께 18세기 계몽철학 사상을 집대성한 기념비적 저작 『백과전서(En-cyclopédie)』 편집자이자 철학, 소설, 희곡, 미술비평 등 다방면에서 수많은 저작을 남긴 계몽주의의 대표적 문필가다. ― 옮긴이

6 『백과전서』에 있는 『날품팔이꾼(Journalier)』에 대한 디드로의 표제.

의와 통렬한 풍자로 사회적 지배와 종속의 지배적인 질서를 다음과 같이 묘사했다.

이들 두 신분의 사람들 사이에 맺은 사회계약의 조건은 다음과 같이 몇 마디로 요약될 수 있다. '나는 부자이고 너는 가난하기 때문에 너는 나를 필요로 한다. 따라서 우리는 계약을 맺을 것이다. 내가 너에게 명령하는 수고로움을 무릅쓰는 대가로 네가 가진 얼마 안 되는 것을 나에게 넘겨준다는 조건 아래, 나는 네가 나에게 봉사하는 영광을 갖도록 허락할 것이다.'[8]

동일한 정신으로, 이탈리아의 위대한 철학자 잠바티스타 비코*Giambattista Vico* [9]는 역사 발전의 절정이 "만인이 스스로를 인간성에서 **동등한** 것으로 인정하는 인민의 시대"라고 주장했다.[10] 훨씬 앞서, 독일 농민 혁명의 재침례

---

7 장 자크 루소(Jean Jacques Rousseau, 1712~1778). 18세기 프랑스 계몽주의를 대표하는 철학자, 문필가, 교육학자. 대표적인 저작은 『인간 불평등 기원론(Discours sur l'origine de l'inegalité parmi les hommes)』(1755), 『사회계약론(Du contrat social)』(1762), 『에밀('Emile ou de l''education)』(1762) 등이다. 그는 프랑스혁명 이전에 혁명적 소부르주아(소시민) 계급과 평민 계층의 관심을 대변한 가장 중요한 이론가이자 정치적 이데올로그였다. 그가 죽은 지 11년 뒤에 일어난 프랑스혁명에서 그의 인민주권 사상은 혁명 지도자들의 사상적 지주가 되었다. 또한 그는 19세기 프랑스 낭만주의 문학의 선구적인 역할을 했다. ― 옮긴이

8 Rousseau, *A Discourse on Political Economy*(London: Everyman), p. 264. 루소는 또한 『사회계약론』 24쪽에서 "자유는 평등 없이 존재할 수 없다"라고 단언적으로 서술했다.

9 이탈리아 역사철학자, 사회철학자(1668~1744). 데카르트의 기계적 합리주의와 계몽사상을 비판하면서 사유(思惟)가 아니라 행위에 진리의 기준을 두었다. 인간 역사에 주로 관심을 가졌는데, 민족 역사는 신의 시대, 영웅의 시대, 인민의 시대로 세 시대를 거치는 것으로 보고, 민족의 공통적인 본성을 해명해 자연법 체계의 기초를 세우려 했다. 주요 저서로는 『신학문원리(Principj di Scienza Nuova, The New Science)』(1725) 등이 있다. ― 옮긴이

10 Vico, *The New Science*(New York: Doubleday & Co., 1961), p. 3.

교도*Anabaptist* 지도자 토마스 뮌처*Thomas Münzer*는 루터에 대항하는 그의 팸플 릿에서, 사회적 악이 증가하는 것의 근본 원인을 매우 구체적으로 정확히 묘사했다. 그는 "모든 피조물 — 물속의 물고기, 공중의 새, 지상의 식물 — 이 **소유물로 변형되어야 한다는 것**"이 얼마나 참을 수 없는 일인지를 말함으로 써 자신의 담론을 결론지었다.[11] 그는 그 후 3세기 동안 무엇이 모든 것을 집어삼키는 힘으로 펼쳐질 것인지에 대해 선견지명을 가지고 인식했던 것 이다. 조숙한 유토피아적 예견의 역설적인 성취를 보여주듯이, 뮌처의 글 은 훨씬 덜 발전한 자본주의 구조의 관점에서 다가올 위험에 대한 상像을 더 발전된 단계의 우여곡절에 직접 관련된 참여자들이 볼 수 있었던 것보 다 훨씬 더 명료하게 제공했다. 자본의 사회적 구성의 내적 필요조건과 잘 어울리게 보편적인 상품화의 사회적 추세가 승리를 거두자, 이는 뮌처에게 심각한 자연 질서의 위반(그리고 알다시피, 결국에는 바로 인류의 존립 자체를 위험에 빠뜨릴 것)으로 나타났다. 반면, 전면적으로 발전한 자본의 사회질서 에서 역사적으로 창출된 (그리고 원리적으로 또한 제거할 수 없는) 제약에 거 리낌 없이 일체감을 갖는 사상가들에게 이것은 자명하게 자연적이고 변경 할 수 없으며 수용할 수 있는 것같이 보인다. 따라서 많은 것이 역사적 관 점의 전환에 의해 이해하기 힘들고 애매하게 된다. 심지어 '자유'라는 핵심 적인 용어조차 '동등한 것들 사이의 계약'으로 간주되는 것을 통한 '자유롭 게 자기를 판매하는 권한'의 획득으로 묘사되는, 그것의 소외된 본질로 환

---

11 Thomas Münzer, *Hochverursachte Schutzrede und Antwort wider das geistlose, sanftlebende Fleisch zu Wittenberg, welches mit verkehrter Weise durch den Diebstahl der heiligen Schrift die erbärmliche Christenheit also ganz jämmerlich besudelt hat*(1524). (『성서의 표절을 통해 전도된 방식으로 불쌍한 기독교도를 또한 완 전히 비참하게 모독해온, 비텐베르크에 있는 영혼 없고 편하게 살고 있는 육신에 대항해 예리하게 작성된 변론과 답변』 — 옮긴이) 마르크스는 자신의 책『유대인 문제에 관하여 (The Jewish Question)』에서 이 팸플릿을 인용했다.

원되어 버린다. 봉건적 질서의 정치적 규제에 반대하면서도 새로운 질서의 심각한 물질적·사회적 제약을 무시하고 심지어 이상화하면서 말이다. 따라서 '자유'와 '평등'의 원래 의미는 추상적이고 순환하면서 자동으로 계속되는 규정[12]으로 변화된다. 이로써 '우애'의 이념 — 한때 엄숙하게 선언된 고상한 열망의 세 번째 구성원 — 을 완전히 불필요한 것으로 만들어 버린다.

7.2 '근대화와 발전'의 실패

우리가 현상을 유지하면서 끊임없는 사회적 기능 마비와 궁극적인 인류의 자기 파괴 전망을 기꺼이 수용하려 하지 않는다면 지금 대결해야 할 것은 이런 종류의 정신이다. 왜냐하면 세계의 '발전된' 부분과 '저발전된' 부분 사이의 심각한 불평등 속에서 지금 지배적인 시스템의 수혜를 받는 사람들이 '남반구' 나라들은 그들의 현재 발전 수준에 고착되어야 한다고 주장함으로써 매우 냉소적으로 그들의 이기적인 무책임성이 일으키는 영향을 — 그들이 아주 최근에 교토의정서와 여타 환경적 의무를 자의적으로 기각해버렸듯이 — 서슴없이 강요하기 때문이다. 그들은 뻔뻔스럽게도 평등의 이름으로 말한다! 동시에 그들은 당분간 남과 북의 분할이, 이른바 제3세계보다는 덜 극단적인 형태이더라도 자신의 나라를 포함해 모든 개별 국가에 영향을 미치는, 전체 시스템의 주요한 구조적 결함이라는 것을 직시하는 것도 거부한다. 그런데도 문제의 경향은 최선진국조차 결코 예외가 아니다. 하나의

---

12 달리 말하면, 결국 우리는 대단히 잘못된 실제의 역사 발전이 창출한 이중적 순환에 빠지게 된다. 즉, '자유'는 (추상적으로 상정되나 실질적으로는 순전히 허구적인) '계약상의 평등'으로 정의되고 '평등'은 (형식적으로 선언되나 사회적으로 무효화된 '기회의 평등' 이상이 아닌 것으로 승인되기를 열망하는) '자유'의 막연한 필요물로 사용된다.

예증으로, 앞서 인용한 상위 1%의 소득이 하위 40%의 소득을 초과하는 미국 통계치 외에 영국 아동 빈곤율의 놀라운 증가를 덧붙일 수 있다. 즉, 최신 통계에 따르면 최근 20년 동안 빈곤선 이하에서 살아가는 아동 수가 영국에서 세 배로 급증했고 매년 증가하고 있다.

이 문제를 단기적 관점에서 바라보는 것은 (아무런 의미 있는 변화를 이끌어 내지 못하는) '최소저항노선'을 따르려는 유혹을 동반한다. 지배적인 문화·정치 기관이 필연적으로 보여주듯이 바로 이 점이 우리의 어려움이다. 문제가 되는 쟁점을 평가하는 이런 방식과 관련된 주장은 '그 문제는 과거에 스스로 해결되었다, 그것은 미래에도 그렇게 될 것이다'라는 것이다. 이런 추론 방식보다 더 잘못된 것은 존재할 수 없다. 우리 곤경이 지닌 장기적으로 폭발적인 모순을 인정할 수 없는 현상 유지의 수혜자에게는 그것이 매우 편리하겠지만 말이다. 생태 운동 관련 과학자들이 우리에게 계속 상기하는 바와 같이, 환경적 파국의 먹구름이 우리의 지평에서 가시적으로 더 짙어지고 있기 때문에 '장기'는 이제 그렇게 멀고 긴 것이 결코 아니다. 눈을 감아버리는 것은 해결책이 전혀 아니다. 또한 '새로운 세계 질서' 덕분에 재앙적인 군사적 충돌의 위험이 다시는 일어날 수 없는 과거의 일이 되었다는 환상으로 우리 자신을 기만해서도 안 된다. 소비에트 체제의 내파를 통해 근본적인 모순과 적대 가운데 단 하나도 해결되지 않았다는 점에서, 이러한 위험은 (더 커진 것은 아닐지라도) 여전히 크다. 최근 심지어 과거의 취약하고 제한된 군축 협정을 포기한다고 선언하고, '불량 국가에 맞서' 무기를 배치하는 것을 아무런 설득력 없이 정당화하면서 '별들의 전쟁Star Wars[13]의

---

13 '별들의 전쟁'은 전략방위구상(SDI: Strategic Defense Initiative)의 별칭이다. 대륙간탄도미사일(ICBM)을 비롯한 소련의 핵미사일을 비행 도중에 격추하는 방법에 관한 미국의 연구 계획으로, 1983년 3월 레이건 미국 대통령이 발표했다. 이 계획에 따르면, 발사 장치를 우주 또는 지상에 배치해 미사일이나 핵탄두를 어느 비행 단계에서나 파괴하는 것을 목표로 한다. 구소련은 이에 대해 우주의 군사화를 초래한다면서 정면으로 반발했

후예'라는 악몽의 프로젝트를 모험주의적으로 추진하는 것은 이 점을 강하게 상기시킨다.

매우 오랫동안 모든 문제가 사회적으로 중립적인 '발전'과 '근대화'를 통해 잘 해결되리라고 믿도록 기대되었다. 기술은 그 자체로 모든 인식할 수 있는 장애와 난관을 극복할 것으로 상정되었다. 이것은 기껏해야 하나의 환상이었다. 이 환상은, 의사 결정 과정에서 자신의 능동적인 역할을 위한 어떤 출구도 없어서 그저 약속된 방식으로 자신들의 생존 조건이 주요하게 개선되기를 희망해온 사람들에게 부여된 것이다. 그들은 사회통제의 지렛대를 움켜쥔 사람들이 모순을 자기 편의적으로 얼버무린 것이 기술이라는 만병통치약이었다는 사실을 쓰디쓴 경험을 통해 깨달아야만 했다. 농업에서 '녹색혁명'은 세계의 기근과 영양실조 문제를 완전히 해결할 것으로 상정되었다. 하지만 그것은 문제를 해결하기는커녕 몬산토 같은 괴물 기업을 만들어냈다. 전 세계에 걸쳐 자신의 힘을 뿌리내린 그런 기업들을 근절하기 위해서는 중대한 시민 행동이 요구될 정도다. 하지만 순전히 기술적인 치유책이라는 이데올로기가 그 모든 실패에도 불구하고 오늘날까지 계속 선전된다. 최근 영국을 비롯한 몇몇 정부 수뇌부는 다가올 '녹색 산업 혁명'에 관해, 그것이 무엇을 의미하든, 설교하기 시작했다. 분명한 점은 이 최신식의 기술적 만병통치약이 점차 심화하는 환경 위험의 근절할 수 없는

고, 서구나 미국 일부에서도 우주 군비 확장을 초래하는 '별들의 전쟁 계획'이라는 비판이 거세게 제기되었다. 1993년 클린턴 정부는 구소련 붕괴로 더 이상 SDI의 존재 이유가 없어졌다고 보고, 새로운 전역방위구상(TMD: Theater Missile Defence)을 추진했다. TMD는 적국의 중·단거리 미사일 공격을 방어해 동맹국을 보호하는 축소형 방위 구상이다. '별들의 전쟁의 후예'는 1997년 클린턴 대통령이 제한적인 미사일 공격을 대상으로 발표한 방위 구상이다. 2005년까지 알래스카 주에 지상 요격체 20기를 배치하고 다음 단계에서 이를 100기로 증강해 수십 발의 미사일 공격으로부터 미 본토를 방위한다는 구상이다. ─ 옮긴이

사회적·정치적 차원에서 도피하려는 하나의 방안으로 의도된 것이라는 점이다.

따라서 우리 시대에 주어진 질서의 단기적 관점, 그리고 이런 관점과 양립할 수 있는 순전히 기술적인 교정책이라는 상상에나 나올 법한 기획 외에 다른 대안을 상상조차 할 수 없는 사람들의 이해관계가 인류 생존의 이해관계와 직접적으로 충돌한다고 말하는 것은 결코 과장이 아니다. 과거에 우리 사회 시스템의 건강을 판단하는 마법적인 용어는 '성장'이었다. 오늘날에도 여전히 그것은 해결책이 그 안에서 구상되어야 하는 틀로 남아 있다. '성장'에 대한 무조건적인 찬양에 의해 회피되는 것은 바로 '무슨 목적을 위한, 어떤 종류의 성장인가?'라는 문제다. 특히 우리의 사회신진대사 재생산 조건 아래 무조건적인 성장의 현실은 흔히 극단적인 낭비를 초래해 미래 세대가 직면할 문제를 축적하기 때문이다. 예컨대, 그들은 언젠가는 핵 개발의 결과 ― 평화적이고 군사적인 결과 모두 ― 를 처리해야 한다.

'성장'의 사촌인 '발전' 개념도 같은 종류의 철저한 비판적인 검토를 받아야 한다. 먼 옛날에는 거의 모두가 '발전'을 주저 없이 기꺼이 받아들였다. 이른바 저발전된 세계에 미국식 '근대화와 발전'의 복음을 전파하기 위해서 주요한 제도적 자원이 동원되었다. 어느 정도 시간이 지나자 사람들은 추천된 모델에 어떤 치명적인 결함이 있다는 사실을 깨달을 수 있었다. 왜냐하면 만약 미국 모델 ― 세계 인구의 4%가 세계 에너지와 전략적 물적 자원의 25%를 낭비하고, 그 동일한 25%만큼 세계를 오염하는 ― 을 여타 모든 곳에서 뒤따른다면 우리는 모두 즉시 질식해버릴 것이기 때문이다. 바로 이런 까닭에 모든 미래의 발전을 지속 가능한 발전으로 한정하는 것이 필수적인 것으로 되었다. 그 개념을 실제로 실행 가능하고 사회적으로 바람직한 내용으로 채우기 위해서 말이다.

7.3 구조적인 지배와 실질적 불평등의 문화

지금 우리가 직면해야 할 지속 가능한 발전이라는 거대한 도전은 사회 재생산과정의 적대적 성격이라는 끔찍한 제약을 제거하지 않고서는 적절하게 대처할 수 없다. 이런 이유로 과거와 달리 우리 시대에서는 **실질적 평등**의 문제를 회피할 수 없다. 왜냐하면 지속 가능성은 핵심적인 사회적·경제적·문화적 과정을 실제로 **통제하는** 것을 의미하기 때문이다. 이 과정을 통해 인류는 생존할 수 있을 뿐만 아니라, 예견할 수 없는 자연력과 유사-자연적인 사회경제적 규정에 지배되는 대신 스스로 설정한 기획에 맞춰 성취를 이룰 수도 있다. 현재 우리의 사회질서는 자본과 노동 사이의 구조적 적대 위에 구축되었다. 따라서 그것은 모든 저항 세력에 **외부적 통제**를 행사해야 한다. 적대성은, 그것을 유지하기 위해 얼마나 많은 인간적·경제적 자원이 낭비되든 간에, 그런 시스템의 필수적인 수반물이다.

그런데 낭비를 제거하라는 지상명령은 지속 가능한 발전의 주요한 요건으로서 우리 지평 위에 분명히 떠올랐다. 왜냐하면 장기적으로 '경제'는, 개념의 본질에 걸맞게, 합리적이고 인간적으로 의미 있는 **절약하기**와 밀접하게 연관되어야 하기 때문이다. 그러나 내적이고 **자발적인 통제**를 바탕으로 ― 지금의 지배적이고 외적이고 위계적인 통제와 반대로 ― 우리의 사회신진대사 재생산과정을 규제하는, 의미 있는 절약 방식은 **구조적 불평등** 그리고 적대성과는 근본적으로 양립할 수 없다. 소비에트형型 시스템은, 결국에는 그 내파로 귀결된 고유한 형태의 적대성을 가지고 있었다. 하지만 단지 지금 낭비와 불평등을 더 효과적으로 관리할 수 있다는 이유만으로 우리와 같은 유형의 자본 시스템이 그러한 모순에서 자유롭다는 환상을 누구도 조장해서는 안 된다.

우리 사회에서 구조적으로 구축되고 보호되는 물질적 불평등의 규정은 앞서 언급한 지배적인 **불평등 문화**에 의해 크게 강화된다. 이 불평등 문화를 통해 개인은 자신의 '사회 내 지위'를 내면화하며, 다소간 합의에 의해 자신들의 삶과 활동을 결정하는 사람들에게 종속되는 곤경을 감수하게 된다. 이 문화는 과거에서 물려받은 대단히 잘못된 기초 위에서, 자본이 새롭게 형성한 불평등 구조에 맞게 구성되었다. 물질적 재생산구조와 문화적 차원 사이에 존재하는 **상호작용**은 하나의 악순환을 조성했는데, 이 악순환은 압도적 다수의 개인을 극히 제한된 행동 영역에 가두었다. 마땅히 그래야 하듯이, 우리가 지금 미래의 질적 변화를 구상한다면 문화적 과정의 결정적인 역할은 아주 중요하다. 왜냐하면 만약 우리가 과거의 사회 발전을 특징짓는 동일한 종류의 상호작용을 — 그러나 이번에는 긍정적인 해방적 방향으로 — 작동하는 데 성공하지 못하면 지금의 지배적인 악순환을 깨뜨릴 방법은 존재할 수 없기 때문이다. 장기적으로 전혀 옹호될 수 없는 현재의 사회 재생산양식에서, 우리 시대와 같은 적대적인 대결의 파괴적 경향을 더 이상 갖지 않는 사회 재생산양식으로 즉각 변하는 것은 결코 기대할 수 없다. 성공은 모두의 능동적인 관여와 더불어 **실질적 평등 문화**의 구성, 그리고 이와 같은 — 비적대적인 — 의사 결정 양식의 작동에 함의된 각자의 **책임** 몫에 대한 **자각**을 필요로 한다.

　당연한 일이지만, 오랜 전통의 실질적 불평등 문화를 창조하는 데는 상승기 부르주아지의 가장 위대하고 계몽된 사상가들조차 자신들의 시대와 지위의 자식으로서 연루되어 있다. 자신의 운명을 실현하려는 인류의 추구를 표현하려 했던 파우스트*Faust* 전설의 의미에 대해 평생 씨름했던 괴테의 투쟁을 통해 이 점을 볼 수 있다. 알다시피, 회의에 빠진 파우스트와 악마가 했던 약속에 따라 파우스트는 삶에 성취와 만족을 느끼는 순간 그의 내기(그리고 영혼)를 잃게 되어 있다. 다음은 파우스트가 그 운명적인 순간을 어떻게 맞이했는지를 나타낸 대목이다.

　　내가 만나기를 간절히 바라는 그런 바쁘고 바글거리는 군중,

자유의 땅 위에 서 있는, 자유로운 인민.

바로 그때 나는 말할 수 있네,

오 머물러라, 너는 정말 아름답구나!

이제 내 세속적 날에 관한 기록들

영겁의 비행이 손상시킬 수 없네―

예지豫知가 찾아와서 나를 그런 지복至福으로 채우네,

나는 내 기쁨을 찾네, 내 최고의 이 순간.

하지만 극도로 역설적이게도, 괴테는 파우스트의 커다란 흥분이 부적절한 것임을 보여준다. 왜냐하면 (근심의 영靈에 의해 눈이 멀었을 때) 자신의 계획대로 늪지대를 옥토로 전환하는 위업이 실현되고 있다고 그가 반긴 것은 실제로는 그의 무덤을 파는 여우원숭이들이 내는 소음이기 때문이다. 결국 오직 천상天上의 개입만이 파우스트를 구할 수 있고, 악마의 마수에서 그의 영혼을 구출한다. 또한 괴테의 위대함은 그가 왜 파우스트의 탐구가 역설과 해결할 수 없는 모호함으로 끝나야 하는지를 나타내는 방식에서 분명히 드러난다. 비록 괴테는 '계몽된 불평등'이라는 개념의 덫에 빠진 그의 영웅(파우스트 ― 옮긴이)의 세계관과 자신을 분리시킬 수는 없었지만 말이다. 파우스트식 비전은 다음과 같이 요약된다.

주인의 말만이 행동에 무게를 부여하네,

그리고 내가 사상으로 표현한 것을 나는 성취하리니.

오호, 여러분 나의 인민이여, 빨리 깨어나라,

세계가 대담한 명령의 과실을 보게 하자.

모든 연장, 가래와 삽을 사용하라,

예정된 대로, 표시된 작업은 곧장 완수되어야 하네.

날렵한 근면함, 견고한 규율,

이들을 통해 우리는 최고의 숭고한 경지를 쟁취하네.

기획된 가장 위대한 작업을 끝내기 위해,

천 개의 손은 오직 한 마음만을 필요로 하네.

압도적 다수의 인류의 운명이 "한 마음"을 위해 "모든 연장을 사용"하도록 요청된, "날렵한 근면함과 규율"로써 "주인의 말"에 복종하는 "손"의 역할에 맡겨져 있다는 것은 비록 현재의 지배적인 실제 상황과 아무리 꼭 닮았더라도 오랫동안 유지될 수 없음이 분명하다. 어떻게 그런 역할에 국한된 인류가 "자유의 땅 위에 서 있는, 자유로운 인민"일 수 있다고 생각할 수 있는가? 노동자를 통제하는 방법에 관해 파우스트가 '감독관'에게 내리는 지시는, 오늘날 우리가 처한 곤경에 견주어봐도 아주 현실적인데, 유지될 수 없는 똑같은 정신을 반영한다.

모든 수단을 사용하고, 분투하라

더 많은 노동자를 얻기 위해, 교대 근무를 편성하고,

위안거리로 그들을 채찍질하고, 잘 통제하라.

그들에게 급여를 주고, 그들을 구슬리며, 강제징집 몰이를 사용하라,

너는 매일 새로운 보고서를 나에게 가져올 것이고, 보여줄 것이다

내가 기획한 수문과 제방이 얼마나 커지고 있는지를.

자본의 사회질서가 인류의 생존 자체를 확보하기 위해 불가결한 포괄적인 계획과 근본적으로 양립할 수 없을 때 파우스트의 "인류를 위한 위대한 계획"에 우리는 무슨 의미를 부여할 수 있는가? 괴테의 메피스토펠레스 *Mephistopheles*(파우스트를 유혹한 악마 - 옮긴이)는 우리 앞에 놓인 전망을 잔인한 사실주의로 묘사한다.

망각이 그 번거로움을 단번에 끝장낼 때,

우리의 창조적인 끝없는 노고勞苦는 무슨 의미가 있는가?

"한 마음"을 위해 복무하는 "천 개의 손"은 명백하게 우리에게 어떤 해결책도 제공해줄 수 없다. 또한 『파우스트』의 마지막 장면에 나오는 신비로운 천사들의 합창도 길 끝에서 어렴풋이 나타나는 **망각**이라는 메피스토펠레스적인 위협에 대응할 수 없다.[14]

조금 더 갈등으로 분열된 시대에 발자크Balzac는 그의 위대한 중편 소설인 『화해한 멜모스Melmoth Reconciled』에서 파우스트 주제를 채택해 매우 다른 방식으로 멜모스(파우스트)를 구제한다. 멜모스는 악마와의 약속 때문에 전 생애에 걸쳐 무제한의 부富를 누린다. 이 경우에는 신神이 개입할 필요가 없다. 반대로, 해결책은 극도의 역설과 풍자로 제시된다. 멜모스는 ─ 그가 다가오는 죽음을 느끼고 악마와의 약속에서 헤어나기를 원할 때 ─ 영리하게도 횡령으로 곤란을 겪고 있는 또 다른 사람인 카스타니어Castanier와 거래해 자신의 영혼을 구해낸다. 멜모스는 위험에 처한 그의 영혼을 카스타니어와 교환하는데, 카스타니어는 자신에게 무제한의 부를 부여해주는 거래에 주저 없이 뛰어든다. 이번에는 카스타니어가 악마에게 서약한 자신의 영혼 대신에 또 다른 영혼을 획득해 (멜모스와 똑같이 ─ 옮긴이) 궁극적인 곤경에서 헤어날 방안을 불현듯 생각해냈을 때, 카스타니어의 말은 빼어난 방식으로 발자크의 풍자를 요약한다. 그의 풍자는 모두를 잠식하는 소외라는 토마스 뮌처의 예언적인 진단을 현대화한다. 카스타니어는 자신의 영혼을 대신할, 획득할 수 있는 영혼의 소유자를 발견할 수 있으리라고 절대적으로 확신하고서 증권거래소로 간다. 그는 증권거래소 거대 은행의 목록 속에는 "성령

---

14 Goethe's *Faust*(Harmondsworth, Middlesex: Penguin Classics, 1959), part two, act 5. 영어 인용문들은 이 책의 267~270쪽에 나온다.

조차 그의 시세가 있다*Il Banco di Santo Spirito*"라고 말한다.[15]

　그러나 오늘날 멜모스의 해결책이 괴테의 천상의 개입보다 더 현실적이지 않다는 것을 깨닫는 데는 증권거래소에서 이루어지는 위협적인 교란을 며칠 동안 추적해보는 것만으로 충분하다. 지속 가능한 발전의 조건을 확보하는 우리의 역사적 도전은 매우 다른 방식으로 해결되어야 한다.

　실질적인 불평등 문화에서 벗어나고 이를 실행 가능한 대안으로 점진적으로 대체하는 것이 우리가 따라야 할 길이다.

15　발자크의 중편 소설에 직접적으로 영감을 준 것은 아일랜드의 영국 성공회교 목사가 지어낸 설화였다. 그는 낭트 칙령 폐지 이후 프랑스를 등진 프랑스 위그노 교도(16~17세기경 프랑스 신교도 — 옮긴이) 사제의 후손이었다. 이 작품은 1820년 더블린(아일랜드 공화국 수도 — 옮긴이)에서 성 베드로 성당 부목사 찰스 매튜린(Charles Maturin)에 의해 『방랑자 멜모트(Melmoth the Wanderer)』라는 이름으로 처음 출간되었으며 바로 프랑스어로 번역되었다. 최신본은 1993년 비렌드라 바르마(Virendra Varma)의 서문과 함께 런던 소재 폴리오 소사이어티(the Folio Society)에 의해 간행되었다. 매튜린의 방랑하는 멜모트는 결국 지옥을 탈출할 수 없는 반면, 발자크의 파우스트 전설에 접근하는 매우 다른 방식은 통렬한 역설과 풍자와 함께 이야기를 근본적으로 다른 차원으로 전환하고 우리 사회질서의 핵심적인 규정을 부각한다는 점에서 큰 차이가 있다.

제8장

·

교육 — 자본을 넘어서

·

Education — Beyond Capital

배움은 젊을 때부터 늙어서까지, 실제로 죽기 직전까지 바로 우리의 삶 자체다. 아무도 배움 없이 열 시간을 살지 못한다. _파라셀수스_Paracelsus_[1]

사람은 이 지구상에 밀랍으로 온다. 그리고 우연이 미리 만들어진 주형에 우리를 부어 넣는다. 현존하는 관습 때문에 참된 존재는 기형이 된다. …… 구원은 형식적인 것으로 되었다. 본질적인 구원이 되어야 한다. 정신적 자유가 확보되지 않는 한, 정치적 자유도 확보되지 않는다. …… 학교와 가정은 두 끔찍한 인간 감옥이다. _호세 마르티

환경과 교육의 변화에 관한 유물론적 교의는 환경이 인간에 의해 변화된다는 사실과 교육자 자신도 교육되어야 한다는 사실을 망각한다. 따라서 이 교의는 사회를 둘로 구분해야 하며, 그중 한 부분(교육자들)은 다른 부분보다 우위에 있게 된다. 환경 변화와 인간 활동의 변화 또는 자기 변화의 합치는 오직 혁명적 실천으로만 파악될 수 있고 또 합리적으로 이해될 수 있다. _마르크스

나는 이 강의의 몇몇 요점을 미리 말하기 위해 제사題辭 세 개를 선택했다. 첫 번째는 16세기의 위대한 사상가 파라셀수스의 글이고, 두 번째는 호세 마르티, 세 번째는 마르크스의 글이다. 첫 번째 글은 오늘날의 관습적이지만 의도적으로 협소한 교육 개념과 날카롭게 대조된다. 파라셀수스는 "배움은 젊을 때부터 늙어서까지, 실제로 죽기 직전까지 바로 우리의 삶 자체다. 아무도 배움 없이 열 시간을 살지 못한다"라고 말한다.[2] 호세 마르티

---

* 이 장은 2004년 7월 28일 브라질 포르투알레그리(Porto Alegre)에서 개최된 세계교육포럼 개막 강연에 기초한 것이다.

1 스위스 의학자, 화학자(1493~1541). 학문 세계의 중세적 풍습 타파에 주력했다. 의학 속에 화학적 개념을 도입하는 데 힘써 '의화학'의 원조가 되었다. — 옮긴이

2 Paracelsus, *Selected Writings*(London: Routledge & Kegan Paul, 1951), p. 181.

는 파라셀수스와 같은 생각에서 "교육은 우리의 삶과 더불어 시작하고, 우리의 죽음에 이르러서야 끝난다"라고 썼다. 하지만 그는 우리 사회에서 시도된 치유책들을 강하게 비판하고 앞으로의 막중한 과제를 요약하면서 몇몇 핵심적인 조건을 덧붙인다. 그는 다음과 같은 방식으로 우리의 문제를 이해할 수 있게 한다. "사람은 이 지구상에 밀랍으로 온다. 그리고 우연이 미리 만들어진 주형에 우리를 부어 넣는다. 현존하는 관습 때문에 참된 존재는 기형이 된다. …… 구원은 형식적인 것으로 되었다. 본질적인 구원이 되어야 한다. …… 학교와 가정은 두 끔찍한 인간 감옥이다."[3] 그리고 마르크스의 『포이어바흐에 관한 테제*Thesen über Feuerbach*』에서 가져온 세 번째 제사는 로버트 오언*Robert Owen* 같은 유토피아 사회주의자와, 우리 시대에 사회의 심각한 구조적 적대를 극복해야 하는 사람을 가르는 구분선을 분명하게 보여준다. 왜냐하면 이들 적대는 절대적으로 필요한 변화 ─ 인류의 실존 조건을 개선하는 것은 차치하고서라도, 인류의 생존 자체에 대한 희망이라도 가지려면 반드시 있어야 하는 ─ 의 길을 봉쇄하기 때문이다. 마르크스는 다음과 같이 말했다.

환경과 교육의 변화에 관한 유물론적 교의는 환경이 인간에 의해 변화된다는 사실과 교육자 자신도 교육되어야 한다는 사실을 망각한다. 따라서 이 교의는 사회를 둘로 구분해야 하며, 그중 한 부분은 다른 부분보다 우위에 있게 된다. 환경 변화와 인간 활동의 변화 또는 자기 변화의 합치는 오직 혁명적 실천으로만 파악될 수 있고 또 합리적으로 이해될 수 있다.[4]

3 José Marti, "Libros," *Obras Completas*, vol.18(La Habana: Editorial de Ciencias Sociales, 1991), pp. 290~291.
4 Marx, *Theses on Feuerbach*, in Marx and Engels, *Collected Works*, vol.5(London: Lawrence and Wishart, 1975), p. 7.

내가 강조하고 싶은 요점은 이들 세 인용문 모두 거의 5세기의 세월을 가로질러 근본적인 구조적 변화를 도입하라는 — 그리고 동시에 불가역적으로 만들라는 — 지상명령을 강조한다는 것이다. 다시 말해 우리가 (그 용어의 진정한, 교육적으로 실행 가능한 의미에서) **자본을 넘어서게 만드는** 변화를 도입하라는 것이다.

8.1 교정할 수 없는 자본의 논리와 그것이 교육에 미치는 영향

오늘날 교육과정과 더 광범한 사회적 재생산과정이 긴밀히 서로 얽혀 있다는 것을 부인할 사람은 많지 않을 것이다. 따라서 교육의 의미 있는 재구성은 사회적 틀과 상응하는 변혁 — 그 안에서 사회의 교육적 실천이 핵심적으로 중요하고 역사적으로 변화하는 기능을 수행해야 한다 — 없이는 생각할 수 없다. 하지만 이 단순한 사실에 관한 동의를 넘어서면 길이 날카롭게 갈린다. 만약 특정 사회의 재생산양식 자체가 사회적 교환의 필수적인 틀로서 당연한 것으로 간주되면 교육을 비롯한 모든 영역에서 오직 사소한 조정만이 개혁의 이름으로 용인될 수 있다. 선험적으로 예단하는 제약 아래에서 이루어지는 변화들은, 특정 재생산 시스템의 전반적인 **논리**의 변경할 수 없는 요구에 따라 사회 전체의 근본적인 구조적 규정이 손상되지 않고 그대로 유지되도록, 기존 질서의 일부 결함 있는 세부 사항을 합법적으로 개선하기 위해 용인될 수 있다. 갈등하는 다수의 특수 이해관계들이 기존 사회 재생산의 일반 **규칙**에 따르는 방식을 조정하는 것은 허용되지만, 일반 **규칙** 자체를 바꾸는 것은 결코 허용되지 않는다.

물질적 생산 분야에서든 문화·교육 영역에서든 간에 이런 논리는 특정 사회질서의 근본적인 경쟁 헤게모니 세력들이 실행 가능한 대안으로서 서로 경합하는 것을 정당화할 가능성을 절대적으로 단호하게 배제한다. 따라서 봉건적 지배 질서의 입장에서 교육적 이상理想의 정식화를 기대하는 것은 완전히 부질없는 일이다. 그것은 농노계급이, 확고하게 뿌리내린 지배계급인 영주를 지배하는 것을 예견하기 때문이다. 이는 당연히 자본과 노동 사이의 근본적인 헤게모니적 대안에 대해서도 마찬가지다. 따라서 과거 자본의 입장에서 정식화된 매우 고상한 교육적 유토피아조차 사회신진대사 재생산양식으로서 자본의 지배를 영구화하는 엄격한 한계에 머물러 있어야 했던 것은 놀라운 일이 아니다. 주관적으로 선의를 가진 이들 유토피아와 비판적 담론의 저자들이 지배적인 물질적 이해관계의 비인간적인 현상을 예리하게 파악하고 강력히 비판할 때조차 계급의 객관적인 이해관계는 관철되었다. 그들의 비판적 입장은, 아무리 멀리 가도, 기존 자본주의 재생산 질서의 뿌리 깊은 적대적인 인과적 기초를 제거하지 않은 채 그 최악의 결과를 치유하기 위해 그들이 제안한 교육개혁을 사용하려는 데까지 도달할 수 있을 뿐이었다.

자본의 관점과 조화를 이룬 계몽된 교육개혁을 통해 사회의 주요 변화를 도입하려던 과거의 모든 노력이 완전히 실패로 끝날 수밖에 없었던 까닭은 자본 시스템의 근본 규정이 개혁 불가능하다는 사실 때문이다. (오늘날에도 여전히 그러하다.) 알다시피, 한 세기가 훨씬 넘는 실패한 개혁주의 전략의 시기 — 자본주의 질서를 질적으로 상이한 사회주의 질서로 점진적으로 변혁할 것을 약속한 에두아르트 베른슈타인과[5] 그의 동료에서 시작된 — 이래로 자본은 개혁 불가능하다. 하나의 체제적인 규제의 총체로서 자본은 본성상 전혀 교정될 수 없기 때문이다. 자본은 '온정적인' 자본의 인격화들을 비롯한 사회

---

5   베른슈타인의 개혁주의 전략에 관한 세부 논의는 내 책『이데올로기의 힘』에 있는 "베른슈타인의 대표적인 막다른 골목(Bernstein's representative blind alley)"이라는 제목의 장을 참조하라. 이 책의 포르투갈어판은 *O Poder da Ideologia*, enlarged edition(São Paulo: Boitempo Editorial, 2004)이다.

구성원에게 시스템 전체의 구조적 지상명령을 성공적으로 부과해야만 한다. 그렇지 않으면 자본은 잘 확립된 총괄적 사회신진대사 재생산양식의 역사적으로 지배적인 규제자로서의 생존력을 상실한다. 따라서 자신의 기본적인 구조적 매개변수에서 자본은 언제나 경합할 수 없는 것으로 남아 있어야 한다. 비록 모든 종류의 극히 주변적인 교정책들은 자본의 지배와 양립할 수 있을 뿐만 아니라 자본 시스템의 지속적인 생존을 위해 자본에게 유익하고 실제로 필요하겠지만 말이다. 근본적인 교육적 변화를 자본의 자기 편의적인 교정의 여지에 한정하는 것은 고의든 아니든 질적인 사회변혁의 목표를 모두 포기하는 것을 의미한다. 하지만 같은 이유로 자본 시스템 자체의 틀 안에서 체제적 개혁의 여지를 기대하는 것은 형용形容모순[6]이다. 따라서 만약 우리가 유의미하게 다른 교육적 대안의 창출을 구상해보려면 자본의 논리를 깨뜨릴 필요가 있다.

최선의 주관적 의도와 결합될 때조차 극복할 수 없는 객관적 한계를 보여주기 위해 여기서는 (시간의 제약 때문에) 계몽 부르주아지 가운데 두 명의 주요 인물만 언급할 수 있다. 한 사람은 모든 시대를 통틀어 가장 위대한 정치경제학자들에 속하는 애덤 스미스이고, 또 다른 한 사람은 뛰어난 유토피아적 사회·교육 개혁가인 ─ 또한 그가 도산할 때까지 자신이 설교한 것을 실천하려고 애썼던 ─ 로버트 오언이다.

애덤 스미스는 경제적·사회적 재생산의 자본주의적 조직 방식에 대해 깊이 헌신했지만 노동하는 인민에 대한 그 시스템의 부정적인 영향을 명확하게 단죄했다. 그는 문제의 원인으로 "상업 정신"에 대해 말하면서 다음과 같이 주장했다.

---

6 '형용모순'이란 '둥근 사각형'처럼 형용하는 단어('둥근')가 형용되는 단어('사각형')와 모순되는 것을 뜻한다. ─ 옮긴이

…… (상업 정신은) 사람들의 견해를 한정한다. 분업이 완성된 곳에서는 모든 사람이 단지 수행할 하나의 단순한 작업만을 가진다. 한 사람의 모든 관심은 이것에 한정되고, 또 그것과 직접 연관된 것 빼고는 어떤 생각도 그의 정신에 들어오지 않는다. 정신이 다양한 대상을 생각할 때 그것은 얼마쯤 확장되고 확대된다. 따라서 일반적으로 시골의 장인匠人, artist은 도시의 장인보다 훨씬 더 다양한 사상을 갖는 것으로 인정받는다. 아마 전자는 소목장이, 목수, 가구장이 그리고 이 모든 역할을 행하는 사람이고, 당연히 그의 관심은 매우 상이한 종류의 수많은 대상에 쏠릴 수밖에 없다. 후자는 아마 오직 가구공이기만 할 뿐이다. 즉, 특수한 종류의 노동은 그의 모든 생각을 사로잡는다. 그가 수많은 대상을 비교할 기회를 갖지 못함에 따라 자신의 직업을 넘어서는 사물에 대한 견해는 결코 전자만큼 광범위하지 못하다. 이들이 만드는 제품 공정에서 분업이 심화되면서 한 사람의 모든 관심이 바늘의 17번째 부분이나 단추의 18번째 부분에 쏟아질 때 그들의 견해는 훨씬 더 좁아질 수밖에 없다. ……
바로 이러한 것들이 상업 정신의 약점이다. 사람들의 정신은 위축되고 고양되지 못하게 된다. 교육은 멸시되거나 최소한 무시되고, 영웅적 정신은 거의 전적으로 소멸된다. 이들 결함을 치유하는 것은 진지한 관심을 받을 만한 대상이다.[7]

의기양양하게 전진하는 '상업 정신' 아래에 있는 영국의 상태를 이처럼 날카롭게 관찰한 그는 기저에 있는 힘의 (인간 정신에 대한 ― 옮긴이) 퇴행적인 결과들을 도덕적으로 맹비난하는 것 외에 다른 치유책을 찾지 못했다. 또한, 노동하는 개인들에게 불행한 곤경을 부과하는 시스템을 탓하기보다 그들을 탓했다. 스미스는 이런 태도로 다음과 같이 서술한다.

7 Adam Smith, *Lectures on Justice, Police, Revenue, and Arms*(1763) in Herbert W. Schneider(ed.), *A. Smith's Moral and Political Philosophy*(New York: Haffner Publishing Co. 1948), pp. 318~321.

소년이 어른이 되었을 때 그는 스스로 즐겁게 지낼 방법을 알지 못한다. 따라서 그가 노동에서 벗어날 때 할 수 없이 고주망태나 폭도로 전락할 수밖에 없다. 이로써 우리는 영국의 상업 부문에서 상인들이 대부분 이런 천박한 조건 속에 놓여 있다는 것을 알게 된다. 즉, 일주일의 절반 동안만 일을 하면 그들의 생계를 유지하는 데 충분하고, 또 교육의 결핍 때문에 그들은 폭동과 방탕 외에는 다른 즐길 것들을 갖지 못한다.[8]

오늘날 더욱 최신의 '상업 정신'의 지배 아래에서 완벽해진 '여가 시간'에 대한 자본주의적 착취는 소외를 야기하는 그 시스템의 핵심을 눈곱만큼도 변경하지 않고서도 해결책이 되는 듯 보일 것이다. 애덤 스미스가 젊은이의 '여가 시간'을 무자비하고 냉혹하게 착취하는 것보다 훨씬 더 고상한 어떤 것을 도입하고 싶어 했다는 것을 고려하더라도, 스코틀랜드 계몽주의의 이 위대한 인물의 담론조차 원인을 다루는 데는 아주 무능력하고 그가 비난한 결과의 악순환에 계속 빠질 수밖에 없다는 사실은 바뀌지 않는다. 자본의 관점에서 세계를 개념적으로 설명하는 매우 위대한 인물에 관해서 우리가 이야기할 때조차, 그들이 계몽된 정신으로 진정성 있는 인도주의적 관심을 표명하려고 주관적으로 노력할 때조차 자본의 논리가 지닌 객관적 한계는 관철된다.

두 번째 사례로, 애덤 스미스로부터 반세기기 지난 뒤 로버트 오언은 "고용주가 피고용인을 단지 이익 획득의 수단으로 간주한다"라고 주장하면서 이윤 추구와 화폐 권력을 직설적으로 비난한다.[9] 하지만 실제 교육 실험에서 그는 '이성'과 '계몽'의 영향에 의한 치유를 기대하면서 '개종한 사람들'에게 설교하는 것이 아니라 노동에 관해 '단지 이익 획득의 수단'이 아닌 다른

---

8 Ibid., pp. 319~320.

9 Robert Owen, *A New View of Society and Other Writings*(Everyman edition), p. 124.

제8장 교육 — 자본을 넘어서 • 323

것으로 생각할 수 없는 '개종할 수 없는 사람들'에게 설교한다. 오언은 다음과 같이 주장한다.

> 이미 보았듯이, 근면하고 지성적이며 도덕적이고 소중한 국가 구성원으로 쉽게 훈련될 수 있는 우리의 동포에게 더 오랫동안 국민교육을 보류할 것인가?
>
> 실제로 지금 제안된 모든 조치가 단지 현재 시스템이 가진 오류와의 타협이라는 것은 사실이다. 그러나 지금 거의 보편적으로 존재하는 이들 오류가 이성의 힘에 의해서만 극복되어야 하기 때문에, 매우 유익한 목적에 영향을 미치기 위해 이성은 조금씩 전진하고 또 매우 중요한 진실을 연이어 점진적으로 입증하기 때문에, 포괄적이고 정밀한 사고의 소유자에게 이들 타협과 비슷한 타협에 의해서만 실제로 성공이 합리적으로 기대될 수 있다는 것은 자명하다. 왜냐하면 그런 타협들은 진실과 오류를 대중에게 드러내고, 그것들이 함께 정직하게 공개될 때마다 진실은 결국 승리할 것이 틀림없기 때문이다. …… 무지 때문에 사람에게 불필요한 비참함을 가하지 않을 때가 곧 다가오리라는 것은 확실하게 기대된다. 왜냐하면 수많은 인류가 계몽된 결과, 다른 사람에게 불필요한 비참함을 가할 경우 자신들 스스로가 비참해진다는 사실을 분명하게 알아차릴 것이기 때문이다.[10]

저자의 최선의 의도에도 불구하고 이 담론을 극히 문제적이게 만드는 것은 이 담론이 불구화를 조장하는 자본의 한계에 순응해야 한다는 점이다. 이런 까닭에 래나크*Lanark*에서 진행된 오언의 고결한 유토피아 실험은 실패할 운명이었던 것이다. 그가 불가능한 것을 성취하려고 시도했기 때문이다. 즉, 그는 자유주의적·개혁주의적인 유토피아주의 개념을 자본의 구조적으로 교정 불가능한 질서의 무자비한 명령과 화해시키려 한 것이다.

---

10 Ibid., pp. 88~89.

오언의 담론은 자유주의적 유토피아주의와, '오직 완만한 속도로 타협에 따라' 나아가 '오직 이성의 힘에 의해' 현존의 문제들을 극복하기를 원하는 주장 사이의 밀접한 상호 관계를 드러낸다. 하지만 걸려 있는 문제는 구조적 지배와 종속이라는 변경할 수 없는 요건에 조응하는 **포괄적**인 것이다. 따라서 비판받는 사회현상의 포괄적인 전 지구적 성격과, 제안된 치유책의 **부분성** 그리고 **점진주의** ─ 그것만이 자본의 관점과 양립할 수 있다 ─ 사이의 모순은 아주 일반적인 몇몇 유토피아적 '당위*ought to be*'에 의해 허구적으로 대체될 수밖에 없다. 이에 따라 '무엇을 할 것인가?'에 대한 오언의 특징적 서술에서는 원래 정확하게 지적된 특수한 사회현상 ─ 예컨대 "고용주가 피고용인을 단지 이익 획득의 수단으로 간주한다"라는 개탄스러운 조건 ─ 에서 '오류'와 '무지'의 막연하고 영구적인 일반론으로 옮아가는 것이 보인다. 이는 ('이성과 계몽'의 문제로 언급되는) '진실 대 오류와 무지' 문제가 '이성의 힘에 의해서만' 해결될 수 있다고 순환적으로 결론 내리기 위해서다. 물론, 우리가 오언주의적 교육적 치유책의 성공에 대해 받은 확실한 약속은 다시 순환적인 것이다. 즉, "수많은 인류가 계몽될 것이기 때문에, 진실은 결국 승리할 것임이 틀림없다"라는 주장이 그것이다.

오언의 치유 개념이 지닌 막연한 일반론의 근원에서, 흥미롭게도, 우리는 그의 유토피아적 점진주의가 노동의 사회적·역사적인 헤게모니적 대안이 출현하는 데 대한 두려움과 번민 때문이라는 것을 발견한다. 그가 이런 태도로 주장하기를, 노동자들은 그들이 따르도록 운명이 정해진 상황에서 "심각하게 사나운 성격을 얻게 된다. 만약 이런 사나운 성격의 증가를 막고 또 이 계급의 상태를 개선하기 위해서 입법 조치들이 사려 깊게 마련되지 않는다면 조만간 나라를 무시무시하고 아마도 빠져나갈 수 없는 위험 상태로 몰아넣을 것이다. 개선을 꾀하고 위험을 피하는 것이 이런 관찰의 직접적인 목표다".[11]

사상가들이 '오류와 무지'를 크게 비난할 때 그들은 또한 그 지적 죄악들이 생기는 근거도 지적해야 한다. 그 지적 죄악들을 그들 자신의 환원할 수 없는 궁극적 기초 ― 그것에 대해 '왜?'라는 물음이 제기될 수 없고 또 제기되어서는 안 되는 ― 로 여기는 대신에 말이다. 똑같은 방식으로, 분석되는 문제에 대한 언제나 변함없는 미래 해결책인 '이성과 계몽'의 권위에 대한 호소도 다음과 같은 질문을 잘못되게 회피한다. 즉, '왜 이성과 계몽이 과거에는 작동하지 않았는가?' 그리고 그것들이 작동하지 않았다면 '그것들이 미래에 작동하리라는 보증은 어디에 있는가?' 확실히, 로버트 오언이 ('이성과 계몽'의 전능한 힘에 의해 잘 교정될) 비난받는 현상의 궁극적인 설명 근거로서 '오류와 무지'를 제시하는 유일한 사상가는 결코 아니다. 그는 이런 특징과 또 관련된 ― 결코 확고한 기초를 가지지 않은 ― 긍정적 신념을 자유주의적 계몽의 전통 전체와 공유한다. 이것은 기저에 있는 모순을 훨씬 더 중요하고 극복하기 어려운 것으로 만든다. 따라서 그런 최종 진단과 신념의 선언 ― 누구도 상정된 설명 지점을 넘어설 수 없다고 주장하는 ― 이 갖는 순환성을 우리가 거부할 때, 우리는 철학적 주장에서 너무나 자주 마주치는 생각, 즉 이들의 의심스러운 해답이 비판된 사상가들의 '오류' ― 이제 '올바른 추론'에 의해 교정되어야 할 ― 에서 비롯된다는 생각에 만족할 수 없다. 그렇게 하는 것은 자신의 맞수와 동일한 잘못을 저지르는 것을 의미한다.

로버트 오언의 비판적 담론과 그의 교육적 치유책은 '논리적 오류'와 전혀 상관없다. 그의 사회적 진단이 결정적 지점에서 희석되는 것과 그가 제시한 막연하고 영구적인 해결책의 순환성은 형식적 논리의 결함에서 기인한 것이 아니라 **자본의 잘못된 논리의 교정 불가능성에서 기인하는**, 필연적인 실제적 일탈이다. 그가 두려워하는, 잠재적으로 '심각하게 사나운 성격'을 지닌 사회적 주체와의 진정한 공동체적 연합에서 해답을 찾을 가능성을 그에게 절대 허락하지 않은 것은 바로 자본의 잘못된 논리의 교정 불가능

---

11 Ibid., p. 124.

성이다. 이런 식으로, 결국 그는 기존의 비인간적인 관계들이 바뀌기를 바라는 반면에 그것에 대한 유일하게 실행 가능한 사회적 헤게모니적 대안을 급박한 위험에 불과한 것으로 기각하는 — 논리적이 아니라 기본적으로 실제적인 — 모순에 빠지게 된다. 해결할 수 없는 모순은 오언이 의미 있는 변화를 현존하는 것의 영구화로 파악하는 점에 있다. 그의 추론에서 우리가 보았던 순환성은 '결과'를 가정하는 것의 필연적인 귀결이다. 즉, '오류와 무지'를 적절하게 순화된 문제로 규정하는 ('조금씩' 안전하게 나아가는) 의기양양한 '이성'은 그 문제를 해결하는 데 대단히 적합한 것으로 전제되어 있다. 이런 식으로, 비록 무의식적이기는 하지만, 문제와 해결책 사이의 관계가 실제로 전도되어(문제가 해결책을 규정하는 것이 아니라 해결책이 문제를 규정한다는 의미의 전도 — 옮긴이), — 자본주의적으로 용인될 수 있고 — 개념적으로 미리 생각한 해결책에 적합하도록 문제를 역사와 무관하게 재규정한 것이다. 자신이 개탄한 '화폐의 권력'과 '이윤 추구'의 (소외를 야기하며 비인간적인) 결과를 치유하려고 정직하게 노력하는 계몽된 사회·교육 개혁가조차 자본이 부과한 인과 규정의 구속에서 벗어날 수 없을 때 이런 일이 발생한다.

교육에 대한 자본의 교정할 수 없는 논리의 영향은 그 시스템이 발전하는 모든 기간에 줄곧 거대했다. 다음 절에서 살펴보겠지만, 교육 영역에서 자본의 구조적 지상명령을 부과하는 양식만이 '원시적축적'의 유혈 시대부터 현재까지 역사적 상황의 변화에 맞춰 변화해왔다. 이런 까닭에, 오늘날 근본적인 교육의 변화가 나타내는 의미는 자본 시스템의 교정할 수 없는 논리의 구속을 갈기갈기 찢는 것 외에 다른 것일 수 없다. 즉, 앞으로 발명되어야 할 것을 포함한 모든 가용 수단을 통해 자본의 지배를 타파할 전략을 고안하고 지속적으로 추구함으로써 그렇게 해야 한다.

8.2 치유책은 단지 형식적일 수 없다,
그것은 본질적이어야 한다

호세 마르티의 인용문을 바꿔 표현하면 "치유책은 단지 **형식적**일 수 없다. 그것은 **본질적**이어야 한다"라고 우리는 말할 수 있다.[12]

특히 지난 한 세기 반 동안 제도화된 교육은 자본 시스템의 확장하는 생산 기구가 필요로 하는 전문 지식과 인력을 공급할 뿐 아니라, 지배적인 이해관계를 정당화하는 가치의 틀을 만들고 보급하는 목적에도 — 대체로 — 복무했다. '내면화'하거나 (즉, 적절하게 '교육된' 개인들에 의해 수용되거나) 무자비하게 강제된, 위계적인 구조적 지배와 종속의 형태로 사회를 운영하는 것 외에 다른 대안은 마치 전혀 있을 수 없는 것처럼 말이다. 그 목적을 위해 역사 자체는 전적으로 왜곡되어야 했고, 실제로 종종 노골적으로 날조되어야 했다. 피델 카스트로는 스페인 식민주의의 독립 전쟁 여파로 쿠바 역사가 날조된 것에 대해 말하면서 현저한 사례를 제시한다.

그들은 우리 학교에서 우리에게 무엇을 말했는가? 그 역사책들은 우리에게 사실들에 관해 무엇을 거리낌 없이 말했는가? 제국주의 열강은 실제로는 제국주의 열강이 아니라 관용이 넘쳤으며, 미국은 우리에게 자유를 가져다주고 싶은 바람으로 그 전쟁에 개입했고, 그 결과 우리가 자유를 얻었다고 말했다. (그 역사책들에 따르면 — 옮긴이) 우리는 30년 동안의 투쟁 속에서 죽어간 수십만 쿠바인들 덕분에 자유를 얻은 것이 아니다. 조국의 아버지 카를로스 세스페데스 _Carlos Céspedes_ 의 영웅적 희생 덕분에 자유를 얻은 것이 아니다. 그는 그 투쟁을 시작했고, 굴복하느니 그들이 자기 아들을 쏘는 것을 선택했다. 아니다, 우리는 마르티의 설교 덕분에 자유를 얻지도 않았고, 막시모 고메스, 칼릭스토 가르시

---

12 앞의 〈각주 3〉을 참고하라.

아*Calixto Garcia*, 그리고 수많은 여타 저명한 조상의 영웅적인 노력을 통해 자유를 얻지도 않았다. 아니다, 안토니오 마세이오*Antonio Maceio*가 20여 군데 유혈이 낭자한 부상을 겪고 푼타 브라바*Punta Brava*에서 영웅적으로 사망한 덕분에 자유를 얻지도 않았다. 단지 시어도어 루스벨트*Theodor Roosevelt*가 지치고 또 실제로 패배한 군대에 맞서 전투를 벌이기 위해 산티아고데쿠바*Santiago de Cuba*(쿠바 동남부에 위치한 항구도시 ― 옮긴이)에 일부 특수부대를 상륙시켰기 때문에, 미국 군대가 산티아고데쿠바 만灣의 '낡은 오지항아리' 속에서 상여喪輿를 발견했기 때문에[13] 우리는 자유를 얻었다. 그들이 우리 학교에서 가르쳐왔던 것은 이런 터무니없고 믿을 수 없는 거짓말이었다.[14]

내기에 걸린 판돈이 정말로 큰 것일 때 이런 종류의 왜곡은 정상적인 것이다. 또한 그런 왜곡이 기존 사회질서를 이른바 변경할 수 없는 '자연 질서'로 합리화하고 정당화하는 것과 직접 관련될 때 특히 그러하다. 이 경우에 대중 신문부터 라디오, 텔레비전 방송까지 광범위한 정치 여론을 형성하는 기관뿐만 아니라 객관적인 학술이론에서까지 역사는 다시 쓰여야 하고 매우 왜곡된 형태로 선전되어야 한다. 마르크스는 **자본의 원시적 또는 기원적축적**으로 알려진 자본주의 역사의 핵심 문제가 정치경제학이라는 과학에 의해 어떻게 다루어지는지에 관해 그 특징을 통렬하게 묘사한다. 그는 『자본론』의 한 감동적인 장에서 다음과 같이 서술한다.

원시적축적이 정치경제학에서 하는 역할은 원죄가 신학에서 수행하는 역할

---

13 1898년 미국-스페인 전쟁 당시 미국이 스페인군을 패배시킨 격전지. 이 전투에서 미국이 승리한 결과, 미국이 스페인에게서 쿠바를 빼앗아 식민지로 삼았다. ― 옮긴이
14 Fidel Castro, *José Marti: El autor intelectual*(Habana: Editora Politica, 1983), p. 162. 또한 Ibid., p. 150도 참고하라.

과 거의 동일하다. 아담이 사과를 따먹자 그와 동시에 죄가 인류에게 떨어졌다. 원시적축적의 기원도 옛날의 비사秘史로 설명되고 있다. 아득한 옛날 한편에는 근면하고 영리하며 특히 절약하는 특출한 엘리트가 있었고, 다른 한편에는 게으르고 방종한 생활로 자기의 모든 것을 탕진해버리는 불량배가 있었다는 것이다. …… 그리하여 전자는 부를 축적했으며, 후자는 결국 자신의 가죽 이외에는 아무것도 팔 것이 없게 되었다는 이야기다. …… 이 낡아빠진 어린아이 같은 이야기가 소유 또는 재산을 옹호하기 위해 매일 우리에게 설교된다. …… 현실의 역사에서는 정복, 노예화, 강탈, 살인 등 한마디로 말해 폭력이 매우 큰 역할을 했다. 그러나 정치경제학의 부드러운 역사에서는 옛날부터 목가조牧歌調가 지배했다. …… 그러나 사실상 원시적축적의 방법은 전혀 목가적인 것이 아니다. …… 봉건적 가신 집단의 해체와 폭력적인 토지 수탈에 의해 창출된 프롤레타리아, 이 '자유로운' (즉, '새처럼 자유로운') 프롤레타리아들은 그들이 세상에 내던져진 것과 동일하게 빠른 속도로 신흥 매뉴팩처manufacture에 흡수될 수 없었다. 한편, 관습으로 이루어진 생활 궤도에서 갑자기 내몰린 사람들이 그만큼 갑자기 새로운 환경의 규율에 순응할 수도 없었다. 그들은 대규모로 거지, 도둑, 부랑자가 되었는데, 그중 일부는 자기의 성향으로 그렇게 되었지만 대부분은 별다른 도리가 없었기 때문에 그렇게 된 것이다. 따라서 15세기 말과 16세기 전체를 통해 서유럽의 모든 나라에서 부랑자에 대한 피의 입법이 (실시되었다). 오늘날 노동계급의 선조들은 우선 그들이 부랑자와 극빈자로 부득이 전락한 죄 때문에 징벌을 받았던 것이다. 입법은 그들을 '자발적인' 범죄자로 취급했으며, 이미 존재하지도 않는 종래의 조건 아래서 계속 노동할 것인지 또는 안 할 것인지가 그들 자신의 의지에 달렸다고 보았다. …… 토머스 모어Thomas More가 말하는 불가피하게 도둑이 된 이 가난한 부랑자들 가운데 헨리 8세 통치 시대에만 '7만 2천 명의 크고 작은 도둑들이 사형 당했다'.[15]

---

15 Marx, *Capital*, vol. 1(Moscow: Foreign Languages Publishing House, 1959), pp. 713~714,

물론, 지배 계급의 매우 존경받는 사상가들조차 기존 질서를 위해 매우 엄격한 통제 형태 아래 놓여야 했던 사람들을 매우 잔인하게 진압하는 것에 반대하는 입장을 취할 수 없었다. 산업혁명의 팽창적인 상황 아래 생산 자체의 조건 변화가 ─ 크게 확대된 ─ 노동력에 대한 필요를 창출하기 전까지는 말이다.

존 로크가 집필할 무렵에는, 산업혁명 동안에 초래될 것에는 훨씬 미치지 못 하더라도, 헨리 8세의 시대보다는 수익성 있게 고용 가능한 사람들에 대한 수요가 더 커졌다. 그리하여 현저하게 감소하는 '잉여 인구'는 예전처럼 물리적으로 근절될 필요가 없었다. 그런데도 그것은 매우 권위주의적으로 취급되어야 했고, 동시에 거창한 도덕의 이름으로 야만성과 비인간성을 합리화했다. 17세기 말, 근대 자유주의의 위대한 우상 존 로크 ─ 고액 급료를 받는 정부 관리일 뿐 아니라 서머싯셔*Somersetshire*(잉글랜드 남서부의 주 ─ 옮긴이)의 부재지주인 ─ 는 당시 정치경제학의 자본 관점에 순응해 마르크스가 묘사한 바와 똑같은 '낡아빠진 어린아이 같은 것'을 설교했다. 로크의 주장에 따르면 '빈민 증가'의 원인은 "규율의 이완, 예절의 타락에 불과할 뿐이다. 즉, 한편으로 미덕과 근면이 언제나 동행하듯이 다른 한편으로 악덕과 게으름이 동행한다. 따라서 빈민을 일하게 만드는 첫걸음은 …… 방탕에 대처하기 위해 (헨리 8세와 여타 사람들에 의해) 제안된 법을 엄격하게 집행해 그들의 방탕을 억제하는 것이어야 한다".[16]

존 로크는 그 시대에 (그의 여러 직책 가운데 하나인 상무성 장관으로서) 정부에 대한 복무로 매년 1500파운드라는 천문학적인 급료를 받으면서 "하루에 1페니",[17] 즉 그가 일하는 정부 사무소들 가운데 단지 한 곳에서 받는 수

734~736.

16 Locke, "Memorandom on Reform of the Poor Law," in H. R. Fox Bourne, *The Life of John Locke*, vol.2(London: King, 1876), p. 378.

입의 대략 1천 분의 1에 해당하는 액수를 버는 빈민의 미래를 거리낌 없이 찬양했다. 그러므로 당연히, "죽을 때 그의 재산 가치는 – 거의 2만 파운드로, 그중 1만 2천 파운드는 현금이었는데 – 잘 나가는 런던 상인의 재산 가치에 견줄 만했다".[18] 주된 수입원이 – 틀림없이 아주 기꺼이 지급했을 – 국가였던 사람에게 이는 놀라운 성취가 아닌가!

게다가, 지켜야 할 매우 큰 이해관계를 가진 진정한 귀족으로서 그는 엄격한 통행 허가 조치를 통해 빈민의 이동을 규제하기를 원했다. 그는 다음과 같이 제안했다.

> 통행증 없이 연해沿海 지방에서 구걸하는 모든 사람, 신체 불구자나 50세 이상의 노인, 바다에 인접하지 않은 내륙 지방에서 통행증 없이 구걸하는 모든 연령의 사람은 근처에 있는 교화소로 보내져 3년 동안 중노동에 처해져야 한다.[19]

그리고 헨리 8세와 에드워드 6세의 야만적인 법들이 법을 두 번째 위반한 사람들의 "귀의 절반(한쪽 귀 – 옮긴이)"만을 잘라내기를 원했던 반면, 우리의 위대한 자유주의 철학자이자 국가 관리 – 초기 영국 계몽주의의 지도적 인물 가운데 한 명 – 는 법을 처음 위반했을 때부터 양쪽 귀를 제거할 것을 근엄하게 권고하면서 그 법을 개선할 것을 제안했다.[20]

동시에 「빈민법 개혁에 관한 비망록Memorandum on the Reform of the Poor Law」에서 아주 어린 나이의 빈민 아동을 위한 작업장을 설치할 것을 제안하며 다

---

17 Ibid., p. 383.

18 Neal Wood, *The Politics of Locke's Philosophy*(Berkeley: University of California Press, 1983), p. 26.

19 Locke, "Memorandom on Reform of the Poor Law," in H. R. Fox Bourne, *The Life of John Locke*, vol.2, p. 380.

20 Ibid.

음과 같이 주장했다.

　　노동하는 인민의 아이들은 교구敎區에 일상적인 짐이 된다. 그들은 보통 건성
으로 관리된다. 그 결과, 그들이 12세나 14세가 될 때까지 그들의 노동을 통상
일반인에게 빼앗긴다. 우리가 생각할 수 있고 또 그렇기 때문에 정중하게 제안
하는 가장 효과적인 치유책은, 앞에서 제정되어야 한다고 언급한 새로운 법에,
모든 교구에 노동 학교를 설립해서 교구의 구호를 필요로 하는 3세 이상 14세
이하의 모든 어린이가 …… 그 학교에 의무적으로 다닐 것을 추가로 규정하는
것이다.[21]

종교적인 사람이 아니었던 로크의 주된 관심사는 엄격한 노동규율과 종
교적 교화를 국가와 도시의 최대한의 재정 절약과 어떻게 결합할 것인지에
있었다. 그는 다음과 같이 주장했다.

　　아이들을 노동학교에 보내는 것의 또 다른 이점은 이런 방식으로 그들이 남
선생이나 여선생을 따라 매주 일요일 항상 교회에 의무적으로 간다는 것, 그리하
여 그들이 일정한 신앙심으로 인도된다는 것이다. 반면, 지금 일반적으로 그들
은 대부분 게으르고 느슨하게 양육되어 산업에 대해서와 마찬가지로 종교와 도
덕에 대해서도 전혀 모른다.[22]

분명히 ‘노동 빈민’에게 적용되어야 할 조치는 ‘계몽가들’이 스스로에게
적합하다고 여기는 것과는 근본적으로 달랐다. 결국 그 모든 것의 핵심은
노골적인 권력관계이며, 이는 초기 자본주의 발달 과정에서 극단적인 잔인

21　Ibid., p. 383.
22　Ibid., pp. 384~385.

함과 폭력으로 강제되었다. 마르크스가 말했던 정치경제학의 부드러운 역사에서 그것이 어떻게 합리화되는지와는 무관하게 말이다.

물론 교육기관은 시간의 흐름에 따라 자본 시스템의 재생산 규정의 변화에 맞춰 적응되어야 했다. 이런 식으로, 교육 수단으로서의 극도의 야만성과 합법적으로 집행된 폭력 ― 한때 의심할 나위 없이 수용되었을 뿐 아니라 우리가 방금 보았듯이 로크 같은 초기 계몽가들에 의해 적극적으로 고취되기까지 한 ― 은 뒷전으로 물러나야 했다. 그것들을 포기한 것은 인도주의적 고려 때문 ― 비록 빈번히 그런 말로 합리화되었지만 ― 이 아니라, 엄격한 집행 기구를 유지하는 것이 경제적으로 낭비적이거나 적어도 불필요한 것으로 판명되었기 때문이다. 이는 공식적 교육기관에 적용되었을 뿐만 아니라 교육 이념과 간접적으로 연관된 일부 분야에서도 그러했다. 중요한 사례 하나만 들면, 로버트 오언 실험의 초기 성공은 이 계몽된 자본가의 온정주의적인 인도주의에 기인한 것이 아니라 그의 유토피아 공동체의 제조 기업이 처음 누린 상대적인 생산적 우위에 기인했다. 왜냐하면 그 시대에 대체로 통용되었던 터무니없이 긴 노동일을 단축한 덕분에 노동에 대한 오언주의적 접근은 단축된 시간 동안 훨씬 큰 **강도**의 생산적 성과를 가져왔기 때문이다. 하지만 비슷한 관행이 조금 더 광범하게 확산되면, 자본주의적 경쟁의 법칙 아래서 그러해야 하듯이, 그의 기업은 교육 문제에 대한 로버트 오언의 의심할 바 없이 진보적인 견해에도 불구하고 망할 운명이었고, 결국 파산했다.

자본의 전반적인 규정은 결코 공식적 교육기관에만 영향을 미치는 것이 아니라 교육과 관련된 **모든** 개별 영역에 깊이 영향을 미친다. 공식적 교육기관은 사회적 과정의 총체에 밀접히 통합되어 있어서 **사회** 전체의 **포괄적인 교육 규정**과 조화를 이루지 않는 한 적절하게 기능할 수 없다.

자본의 지배 아래서 결정적인 문제는 특정 개인들이 자본 시스템의 객관적으로 실행 가능한 재생산 목표를 '자신의 목표'로 채택하는 것을 확보하는 것이다. 달리 말하면, 용어의 참으로 포괄적인 의미에서 교육은 개인들이 사회적 위계에서 그들에게 할당된 지위의 정당성을, 그에 근거해 다소 명시적으로 규정된 '적절한' 기대와 '올바른' 행동 형태와 함께 '내면화할' 필요다. 내면화가 자본 시스템의 전반적인 재생산 매개변수를 확보하면서 제대로 작동할 수 있는 한, 근대 자본주의 발달 과정에서 실제로 일어났던 것과 같은 야만과 폭력은 낭비적인 가치 집행 양식으로서 (결코 영구적으로 포기되는 것은 아니지만) 뒷전으로 물러날 수 있다. 최근 칠레와 아르헨티나에서 발생한 수천 명의 **행방불명자**의 비극이 보여주는 바와 같이, **첨예한 위기의 시기**에만 야만과 폭력의 무기는 가치 집행을 위해 다시 부각된다.

확실히 공식적 교육기관은 전체 내면화 시스템의 중요한 부분이다. 하지만 그것은 전체 내면화 시스템의 한 부분에 불과하다. 개인들이 공식적 교육기관에 참여하든 안 하든 간에 그들은 사회질서 속의 그들의 지위에 걸맞게, 또 그들에게 할당된 재생산 임무에 따라 사회 자체의 지배적인 재생산 지향 원리를 능동적으로 (또는 다소 체념해) 수용하도록 유인되어야 한다. 물론, 노예제 또는 봉건 농노제 상황의 경우의 문제는 자본주의 아래서 — 심지어 노동하는 개인들이 공식적으로 전혀 또는 아주 조금밖에 (용어의 형식적 의미에서) 교육받지 않았을 때조차 — 통용되어야 하는 것과는 매우 다르다. 자본주의 아래서 노동하는 개인들은 편재하는 외부 압력을 내면화해 상품 사회의 전반적인 관점을 자신들의 열망의 의심할 나위 없는 한계로 선택해야 한다. 매우 의식적인 **집단적 행동**만이 그들을 이 끔찍한 곤경에서 구해낼 수 있다.

이런 관점에서 살펴보면 공식적 교육이 자본 시스템의 **주된** 이데올로기적 응집력이 아니라는 것은 매우 명백하다. 또한 그 **자체만으로는** 자본 시스템에 대한 근본적인 해방적 대안을 제공할 수 없다. 우리 사회에서 공식적 교육의 주요 기능은 제도화되고 합법적으로 승인된 한계 내에서, 그리고 그 한계를 통해서 가능한 한 많은 일치나 '합의'를 도출하는 것이다. 공식적 교육기관이 우리 시대의 거대한 역사적 과제, 즉 인류 생존을 위해 자본의 논리를 타파할 과제를 온전하게 받아 안도록 이끌 수 있는 권한을 교육기관에 부여하는 법률을 적극적으로 제정하는 — 또는 심지어 단순히 용인하는 — 일을 상품 사회에서 기대하는 것은 대단한 기적을 바라는 일이다. 따라서 교육 분야에서도 치유책은 '단지 형식적일 수 없고 본질적이어야 하는' 것이다. 달리 말하면, 그것은 기존 사회의 교육적 실천의 총체를 포괄적으로 다루어야 한다.

형식적인 교육적 치유책은 몇몇 주요한 것조차, 그리고 그것들이 법에 고이 간직될 때조차 자본의 논리가 사회의 방향을 설정하는 틀로서 손대지 않는 채 그대로 유지되는 한, 완전히 반전될 수 있다. 예컨대, 영국에서 수십 년 동안 교육에 대한 주된 논쟁은 오랜 기간 엘리트주의 학교 체계 대신에 도입된 '종합중등학교Comprehensive School' 문제에 집중되었다. 이들 논쟁 과정에서 영국 노동당은 예전의 특권적인 학습 체계를 종합중등학교로 대체하는 일반 전략을 핵심 선거 강령으로 채택했을 뿐 아니라, 집권에 성공한 후 실제로 그 정책을 법적으로도 성문화했다. 비록 그때조차 영국 노동당은 매우 특권적인 교육 부문인 이른바 '사립학교Public School'[23]에는 감히 손대지 못했지만 말이다. 하지만 오늘날 '신노동당'의 영국 정부는 낡은 엘리트주의 교육기관을 재단장했을 뿐 아니라, 나아가 중간계급이 선호하는 새로운 다양한 아카데미academy를 도입해 종합중등학교 체계를 해체하는 데 대단히 힘쓰고 있다. 영국 정부는 국민보건서비스NHS: National Health Service 체계에 '이중체계'를 수립하고 강화하는 과정에 있는 것과 마찬가지로 교육 분

---

23 영국에서 'Public School'은 국가 보조 없이 비싼 수업료를 받는 사립학교를 가리키며, 우리의 공립학교에 해당하는 개념은 'State School'이다. 1970년대 영국 노동당 정부는 교육개혁의 일환으로 상위권 학생이 갈 수 있는 'Grammar School'과 일반 'Secondary Modern School'로 나뉘어 있던 (공립)중등학교를 'Comprehensive School'로 통합했다.

야에서도 이중체계를 수립하고 있다. 신노동당 지지자들 안에서조차 이에 대해 온갖 비판이 있는데도 말이다.

단순히 기존의 학교 체계를 개혁하는 것만으로는 (호세 마르티가 이 단어로 비난했던) '끔찍한 감옥'에서 벗어날 수 없다. 왜냐하면 일부 고립된 제도의 변화를 통해서는 자본 자체의 오만한 전반적인 논리에 전혀 도전하지 못하고, 그 결과 머지않아 개혁 이전에 존재했던 것이 반드시 복원될 것이기 때문이다. 대결해야 하고 근본적으로 변경할 필요가 있는 것은 전체 내면화 체계와 그것의 모든 가시적이고 또 숨겨진 차원들이다. 따라서 교육 분야에서 자본의 논리를 타파하는 것은 신비화를 야기하는 내면화의 편재되고 깊이 뿌리박힌 형태를 포괄적인 긍정적 대안으로 대체하는 것과 같다. 이제 우리는 이 문제로 돌아가야 한다.

8.3 "배움은 젊을 때부터 늙어서까지 바로 우리의 삶 자체다"

파라셀수스는 그의 시대에 절대로 옳았고 오늘날에도 여전히 옳다. 즉, "배움은 젊을 때부터 늙어서까지, 실제로 죽기 직전까지 바로 우리의 삶 자체다. 아무도 배움 없이 열 시간을 살 수 없다".

중대한 문제는 이것이다. 우리가 이런저런 방식으로 배운다는 것은 무엇인가? 그것은 개인들이 인간적으로 (마르크스의 말로 표현하면) "부유한rich 사회적 개인"으로서 자아를 실현하는 데 도움이 되는 것인가? 아니면, 알든 모르든 간에 자본의 (소외를 야기하고 궁극적으로 통제 불가능한) 사회질서를 영구화하는 데 봉사하는 것인가? 그것은 모든 역경에도 불구하고 인류의 자기 해방을 성공적으로 마무리하겠다는 개인들의 지속적인 결단, 헌신과 함께 인간해방의 이상을 실현하는 데 필요한 지식인가? 또는 반대로, 특정한 개인이 오직 자본의 물화된 목적을 실현하는 데 알맞은 행동 양식을 채택하는 것인가? 우리 노동 생활의 모든 계기를 주요하게 포함하는, 교육의 매우 광범하고 깊은 의미에서, 우리가 '배움 없이는' 보낼 수 없는 이 모든 불가피한 시간 속에서 좋든 나쁘든 ― 개인으로서 우리 자신뿐만 아니라 동시에 인류에 대해서도 ― 너무나 많은 것(거의 모든 것)이 결정된다는 점에서 파라셀수스의 생각에 동의할 수 있다. 왜냐하면 "바로 배움이 진실로 우리의 삶 자체이기" 때문이다. 좋든 나쁘든 이런 식으로 너무나 많은 것이 결정되기 때문에 좋은 것을 극대화하고 나쁜 것을 극소화하기 위해서는 파라셀수스적인 총괄적인 의미에서 배움의 과정을 의식적인 과정으로 만드는 데 성공 여부가 달려 있다.

교육에 대한 가장 넓은 개념만이 신비화를 야기하는 자본의 논리를 타파할 수 있는 지렛대를 제공해 우리가 진실로 근본적인 변화라는 목적을 추구하는 것을 도울 수 있다. 문제에 그렇게 접근하는 방식이 실상 실행 가능한 성공의 희망이자 보증이다. 이와 달리, 형식적인 제도적 임시변통 ― 오래전부터 개혁주의적 지혜가 그러하듯이 '조금씩' ― 의 유혹에 빠지는 것은 제도적으로 구성되고 보호되는 자본의 자기 편의적 논리의 악순환에 사로잡혀 있다는 것을 의미한다. 문제 자체와 그에 대한 '현실주의적인' 해결책을 대하는 후자의 방식은 우리 사회에서 신중하게 함양되고 선전된다. 반면, 진정하고 원대한 실질적 대안은 '겉치레 정치(실속 없이 폼만 잡는 정치 ― 옮긴이)'라는 명목 아래 선험적으로 실격되고 거만하게 묵살된다. 이런 종류의 접근 방식은, 그것이 민주주의적인 척을 할 때조차, 교정할 수 없을 만큼 엘리트주의적이다. 왜냐하면 그것은 교육과 지적 활동을 가능한 한 협소하게, 즉 무정부 상태와 전복에 대항해 교육하고 통치할 운명을 타고난 자들이 '문명화된 기준'을 보존하는 유일하게 올바르고 적절한 형태로 규정하기 때문이다. 동시에 그것은 당연시되는 엘리트의 우월성 ― '능력주의적', '기술관료적', '기업가적', 기타 등등 ― 을 내세워 인류의 압도적 다수를 주체로서 행동하는 장에서 배제하고, 영원히 오직 객체로서 행동의 대상이 되도록 (그리고 같은 의미에서 조작되도록) 만들어버린다.

교육과 지적 삶에 대한 의도적으로 협소한 개념 — 이는 물론 노동을 '적절한 위치'에 유지하려는 것인데 — 에 대항해 그람시는 강력하게 주장한다.

모든 지적 개입을 배제할 수 있는 인간 활동은 없다. (공작인工作人, homo faber [24]은 예지인叡智人, homo sapiens과 분리될 수 없다.) 또한 모든 사람은 자신의 직업 외부에서 일정한 지적 활동을 발전시킨다. 달리 말하면 그는 '철학자'이고, 예술가이며, 멋을 아는 사람이다. 그는 세계관을 공유하며 도덕적 행위에 대한 의식적인 생각을 가지고 있다. 그리고 이것은 세계관을 유지하거나 변화하는 데, 즉 새로운 사고방식을 고무하는 데 기여한다.[25]

우리가 볼 수 있듯이, 그람시의 입장은 심오하게 민주주의적이다. 그것은 유일하게 견지될 수 있는 입장이다. 그의 결론은 이중적이다. 첫 번째로, 그는 **모든** 인간은 이런저런 방식으로 지배적인 세계관의 형성에 기여한다고 주장한다. 두 번째로, 그는 그러한 기여가 '유지하는 것'과 '변화하는 것'이라는, 대조되는 두 범주로 나뉠 수 있다고 강조한다. 그것은 단순히 전자 또는 후자일 수 있을 뿐 아니라 동시에 양자 모두일 수도 있다. 둘 중 어느 것이 또 어느 정도로 더 부각되는지는 대립하는 사회 세력들이 서로 충돌하면서 자신들의 중요한 대안적 이해관계를 주장하는 방식에 확실히 의존한다. 달리 말하면, 역사의 원동력은 어떤 신비스러운 외부적 힘이 아니라 대다수의 인간이 관여하는 실제의 역사 과정에 있다. 이런 관여는 특정

---

24 '인간과 동물의 차이를 무엇으로 보는가'라는 문제에서 인간의 본질은 물건을 만들고 또 이것을 만드는 데 도구를 사용하는 것이라고 보는 견해다. 보통 현생 인류를 생각하는 존재, 즉 예지인으로 보는 인간관과 대립한다. — 옮긴이

25 Antonio Gramsci, "The formation of intellectuals," in *The Modern Prince and Other Writings*(London: Lawrence and Wishart, 1957), p. 121.

세계관을 '유지 또는 변화'해 중요한 사회 변화의 도래를 지연 또는 촉진하는 방향으로 ─ 상대적으로 정태적인 시기에는 '변화'보다 훨씬 많이 '유지'하는 방향으로, 또는 적대적인 헤게모니적 대결의 강도가 주요하게 고조되는 시기에는 그 반대로 ─ 작용한다.

이 입장은 자칭 정치인과 교육자의 엘리트주의적 주장을 올바르게 보게 한다. 그들은 자기 시대의 '세계관'을 제멋대로 바꿀 수 없기 때문이다. 그들이 아무리 그렇게 하고 싶을지라도, 그들이 가동할 수 있는 선전기구가 아무리 거대할지라도 말이다. 가장 영악하고 가장 넉넉하게 돈을 쓰는 정치적·지적 수완가들조차 기본적인 규모의 불가피하게 **집단적인 과정**을 영원히 빼앗을 수는 없다. 만약 그람시가 강력하게 강조한, 이 불편한 '부인할 수 없는 사실'이 없다면 협소한 공식적인 제도 교육의 지배는 자본을 위해 영원히 군림할 수 있다.

아무리 많은 위에서부터의 **조작**도 우리 시대의 일반적인 세계관을 형성하는 엄청나게 복잡한 과정 ─ 연루된 개인들이 근본적인 구조적 적대를 얼마나 의식하는가와는 무관하게, 객관적으로 화해할 수 없는 대안 헤게모니적 이해관계를 토대로 구성된 무수한 특정 개념으로 만들어지는 ─ 을 자본 논리의 **항구적인 촉진자**로 기능하는, 하나의 **획일적이고 동질적인 장치**로 전환할 수는 없다. 심지어 '유지하는' 측면도 개인의 지배적인 세계관을 구성하는 **수동적인 구성 요소**로 간주될 수 없다. 비록 그 시대의 세계관을 '변화시키는' 측면과는 아주 다른 방식일지라도 그것은 **능동적**이다. 그리고 그것은 능동적일 때에만 자본에게 유익하다. 이것이 의미하는 바는, '유지하는 것'이 노동의 헤게모니적 대안과 관련해서 문제가 있더라도 그것은 자신의 합리적 근거를 가지고 있다(그리고 가져야 한다)는 것이다. 다시 말해, 그것은 일정 시점에 구조적인 피지배층의 개인들에 의해 생산되어야 할 뿐 아니라, 그들에 의해 **끊임없이 재생산**되어야 한다. 이는 그것이 갖는 본래의 합리적 근거의 영속성(여부)에 달려 있다. 과거에 상당한 인구 ─ 많은 나라의 인구 70%에 육박할 정도의 — 가 수십 년 동안 투표권을 획득하기 위해 싸워왔는데도 선거 의례의 '민주주의적 과정'에 경멸감을 품고 외면하는 것은 지배 질서에 대한 태도의 실질적 변화를 말해준다. 혹자는 시스템의 '민주주의적' 외관 위에 조심스럽게 쌓인 두꺼운 층의 회반죽에 생긴 균열을 말할지도 모른다. 하지만 그것이 지금 지배적인 세계관을 유지하는 것을 근본적으로 철회하는 것으로 해석될 수 있거나 해석되어야 하는 것은 결코 아니다.

물론 레닌*Lenin*이 "지배계급이 낡은 방식으로 지배할 수 없고, 또 종속 계급이 낡은 방식으로 살기를 원하지 않을 때"로 묘사한 혁명적 위기가 한창일 때는 '변화시키는' 태도와 대안적인 세계관의 출현에 훨씬 더 유리한 상황이 조성된다. 이들 혁명적 위기는 역사상 아주 특별한 계기다. 또한 이 위기는 과거에 주의주의*voluntarism*[26]적 전략들의 실패가 보여주었듯이, 원한다고 해서 오래 계속될 수도 없다.[27] 따라서 특정 세계관을 '유지하는 것'과

---

26 사회과학에서 주의주의란 개인의 목적이나 선택이 사회적 행위나 결과에서 결정적인 요소라고 보는 입장으로, 결정론 또는 구조주의와 대비된다. — 옮긴이

27 "어려움은 급진적 정치의 '계기'가 (문제가 되는) 위기의 성격과 그것이 전개되는 시간적 규정에 의해 엄격하게 제한된다는 점이다. 위기 시에 열린 틈새는 영원히 열려 있을 수 없다. 아주 초기 단계부터 이를 메우기 위해 채택된 조치들은 자신의 논리를 가지고 후속하는 개입에 대해 누적해서 영향을 미친다. 게다가 위기의 최악의 순간이 지나가고, 다시 '최소저항노선'을 고려해볼 수 있게 되자마자 현존의 사회경제적 구조와 그에 상응하는 정치제도의 틀은 바로 그들의 관성 자체에 의해 급진적인 운동에 반대하는 쪽으로 작동하는 경향이 있다. …… 역설적으로 들릴지 모르지만, 정치의 급진적인 자기규정만이 급진적 정치의 계기를 연장할 수 있다. 만약 그런 계기가 당면한 경제적 압력의 무게 때문에 허비되지 않으려면, 위기의 절정(즉, 급진적 정치가 대체로 그 효력을 발휘하는 경향이 있는 절정) 자체를 훨씬 넘어 급진적 정치의 영향력을 확장할 방법을 찾아야 한다. 그리고 보통 말하는 그런 위기의 시간적 지속을 마음대로 연장할 수 없기 때문에 — 또한 연장되어서도 안 된다. 왜냐하면 주의주의적 정치가 인위적으로 조작한 '비상사태'와 함께 위험을 무릅쓰고 그렇게 시도할 수 있을 뿐이고, 그리하여 인민대중의 지지를 확보하는 대신에 그들을 소외시키기 때문이다 — 그 해결책은 의사 결정의 권력과 제도를 재구조화해 '쏜살 같은 시간'을 항구적인 공간으로 성공적으로 전환하는 데서만 생겨날 수 있

'변화시키는 것' 양자 모두와 관련해 근본적인 문제는 역사적으로 지배적인 내면화 양식을 영구적으로 변경할 필요성이다. 그렇지 않고서는 교육 분야에서 자본의 논리를 타파하는 것을 전혀 생각할 수 없다. 더 중요하게, 이 관계는 긍정적 방식으로 표현될 수 있고 또 표현되어야 한다. 왜냐하면 지배적인 세계관을 지탱하는 지금까지의 고압적인 내면화 양식을 근본적으로 변화시키는 것을 통해 자본의 지배가 타파될 수 있고 또 타파될 것이기 때문이다.

"배움은 바로 우리의 삶 자체다"라는 구절에 표현된, 매우 폭넓은 교육 개념의 전략적 중요성은 매우 중대하다. 다행스럽게도, 우리의 지속적인 학습 과정 대부분은 공식적 교육기관 바깥에 놓여 있다. 이들 과정은 법적으로 보호되고 인가되는 공식적 교육 틀에 의해 손쉽게 조작되고 통제될 수 없다. 그 과정들은 모든 것을 포괄한다. 여기에는 우리가 시와 예술을 처음 접하는 것뿐 아니라 우리 유년기의 다소 박탈된 물질적 환경에 맞서 비판적 대응을 시작한 것부터 우리 자신과 (우리와 경력을 공유하는) 사람들의 합리적인 검증을 거친 다방면의 경력 기간 모두, 그리고 물론 우리 시대의 사회적·정치적·도덕적 분쟁을 비롯해 일생 동안의 갈등과 대결에 우리가 수많은 상이한 방식으로 관여한 것에 이르기까지 모든 것이 포함된다.

이 모든 것의 단지 아주 작은 일부만이 공식적 교육과 직접 연관된다. 하지만 공식적 교육은 우리의 성장기뿐만 아니라 우리 일생 전체에 걸쳐서 매우 중요하다. 그동안 너무나 많은 것이 끊임없이 재평가되었다. 따라서 일관되고 유기적이며 작동하는 통합체로 귀속되어야 한다. 그런 통합성이 없다면 우리는 인격을 지닐 수 없고 단지 단편적인 조각들 ─ 권위주의적인 사회적·정치적 목적을 위해서조차 결함 있는, 아무짝에도 쓸모없는 ─ 로 전락할 것이다. 오웰*Orwell*의 『1984』가 보여준 악몽은 실현될 수 없다. 바로 우리의

다"(Mészáros, *Beyond Capital*, pp. 950~951).

구성적 경험들의 압도적 다수가 공식적인 제도적 통제와 강제의 영역 바깥에 있기 ― 그리고 항상 그러할 것이기 ― 때문이다. 확실히 수많은 학교는 막대한 폐해를 초래할 수 있고, 그리하여 '끔찍한 감옥'이라는 마르티의 심각한 혹평을 온전히 받을 만하다. 하지만 그들의 최악의 그물망조차 획일적으로 지배할 수는 없다. 젊은이들은 지적·도덕적·예술적 자양분을 다른 곳에서 발견할 수 있다.

나는 개인적으로 여덟 살 때 매우 위대한 선생님을 만나는 행운을 누렸다. 학교가 아닌 다른 곳에서 거의 우연히 만났다. 그 후로 그는 줄곧 나의 동반자가 되었다. 그는 세계문학의 거장 어틸러 요제프다. 내 책 『자본을 넘어서』의 제사를 읽은 독자들은 이미 그의 이름을 알고 있을 것이다. 이 책의 제사로 뽑은, 그의 또 다른 위대한 시에서 몇 줄을 인용해보자.

신도, 이성도 아니다:

실재의 물질이 우리를 창조했네,
석탄, 철 그리고 석유가,
이 무시무시한 사회의
거푸집으로 우리를 내던졌네,
열렬하게 그리고 제한받지 않고,
불멸의 땅 위에서,
인류를 위해 우리가 싸우도록.

사제들에 이어 병사들과 시민들,
그리하여 마침내 우리는
법칙의 충실한 경청자가 되었네:
이것이 인간사의 모든 의미가

깊은 비올라처럼

우리에게 쇄도하는 이유라네.[28]

이 시는 독일에서 히틀러가 집권했을 때인 1933년에 쓰였다. 그런데도 이 시는 그 어느 때보다 오늘날의 우리 모두에게 더 강렬하게 다가온다. 시는 우리에게 '법칙들을 주의 깊게 충실하게 경청할 것'을 권유한다. 그리고 오늘날 다름 아닌 바로 인류의 생존 자체가 위태로워지고 있기 때문에 그 법칙을 모든 곳에서 소리 높여 명료하게 천명한다. 공식적인 비교육적 관행들은 그런 영향의 지속적인 정당성과 힘을 결코 소멸할 수 없다.

그렇다. 거의 5세기 전에 파라셀수스가 언명했고, 결코 그의 이름을 들어본 적도 없는 수많은 사람 또한 그를 본받아 그러했듯이 "배움은 바로 우리의 삶 자체"다. 이 진실을 자명한 것으로 만들기 위해서 (마땅히 그래야겠지만) 우리는 평생교육의 모든 영역을 개척해야 한다. 이는 근본적 개혁을 제도화하는 관점 속에 교육의 공식적인 부분을 배치하기 위함이다. 이것은 공식적 교육체계 자체에 의해 자본에 유리하도록 대폭 강화된 지금의 지배적인 내면화 형태에 도전하지 않고서는 수행될 수 없다. 실제로 공식적 교육의 주요 기능은 주어진 내면화 양식에 대한 일반적인 순응주의를 유발하도록 직무상 권위 있는 감독자 구실을 하는 것이다. 이를 통해 내면화 양식을 기존 질서의 요구에 종속시키려는 것이다. 그런 공식적 교육이 보편적인 순응주의를 창출할 수 없다고 해서 그것이 전반적으로 그런 목적을 지향한다는 사실이 바뀌는 것은 아니다. 그러한 기획에 맞서 저항하는 교사와 학생들은 공식적인 영역 안에서 저항하는 동료에게서, "젊을 때부터 늙어서까지"의 교육 경험의 아주 광범위한 영역에서 그들이 획득한 무기를 가지

---

28 "Al boarder de la ciudad," translated by Fayad Jamis, "A város peremén," in Attila Jó zsef, *Poesias*, p. 35.

고 저항에 나서는 것이다.

우리가 몹시 필요로 하는 것은, (현존하는 것을 − 옮긴이) **부정**否定하는 데 기력을 모두 소진하지 않고 − 부정이 이 사업의 한 단계로서 아무리 필요할지라도 − 현존하는 것에 대한 포괄적이며 **긍정적으로 지속 가능한 대안의 창출**을 자신의 기본 목적으로 규정하는, 일관되고 지속적인 '대항-내면화_counter-internalization_' 활동이다. 약 30년 전에 나는 저명한 필리핀 역사학자이자 정치 사상가인 레나토 콘스탄티노가 쓴 에세이 한 권을 편집하고 소개한 바 있다. 그때 그는 미국 괴뢰정권에 의한 마르코스 장군의 매우 가혹한 권위주의적 제약 아래 있었다. 언젠가 그는 나에게 그 책의 제목을 『신식민지 정체성과 대항-의식_counter-consciousness_』[29]으로 붙이고 싶다는 메시지를 보내는 데 성공했다. 콘스탄티노는 자신의 나라에서 식민지 의식의 내면화가 미치는 노예화 영향을 온전히 자각했다. 따라서 그는 공식적 교육 영역을 훨씬 뛰어넘어, 인민이 이용 가능한 모든 수단을 가지고 지속적인 대안 교육체계를 창조할 역사적 과제를 강조하려고 항상 애썼다. 그렇게 '대항-의식'은 긍정적인 의미를 획득했다. 과거와 관련해 콘스탄티노는 다음과 같이 지적했다.

애초부터 스페인 식민지화는 폭력보다 종교를 통해 더 많이 작동해 의식에 깊이 영향을 미쳤다. …… 식민지 통제를 위해 의식을 주조하는 것은 미국인들에 의해 또 다른 차원에서 반복되었다. 그들은 10여 년 동안 대대적인 탄압을 벌인 후에 마찬가지로 의식을 통제했는데, 이번에는 교육과 여타 문화 기구를 이용했다.[30]

---

29 Renato Constantino, _Neo-Colonial Identity and Counter Consciousness: Essays on Cultural Decolonization_(London: Merlin Press, 1978).

30 Ibid., pp. 20~21.

그는 탈식민지화된 대항-의식의 구성은 일반 대중을 지극히 중요한 사업에 직접 관련시킨다는 점을 명확히 했다. 그가 주창한 "해방의 철학"의 의미를 그는 다음과 같이 규정했다.

> 해방 자체는 의식의 증가에 의지하며 성장하는 것이다. …… 그것은 관조적인 것이 아니다. 그것은 능동적이고 역동적이며, 관련된 인민의 주체적 반응뿐 아니라 객관적 상황도 포괄한다. 그것은 선택된 그룹의 작업일 수 없다. 비록 어떤 그룹이 인민의 최선의 이익을 위해 나섰다고 자임하더라도 그러하다. 그것은 **민족의 중추**(인민대중 — 옮긴이)의 참여를 필요로 한다.[31]

달리 말하면 그가 주창한 교육적 접근 방식은 매우 광범한 해방적 변혁의 개념 속에서 문화적·교육적·정치적 실천의 총체를 포괄한 것이다. 이런 방식으로, 식민지적으로 지배된 내면화에 대한 필수적인 대안으로서 전략적으로 고안된 대항-의식은 위대한 교육적 사명을 실현할 수 있다.

실제로 교육자의 역할과 그에 상응하는 책임은 더할 나위 없이 크다. 호세 마르티가 명확히 했듯이, 그 말의 본래의 뜻에서, 문화를 추구하는 것은 해방의 근본 목표와 분리할 수 없다는 점에서 최고의 관건이 되기 때문이다. 그는 "교육되는 것은 자유롭게 되는 유일한 길*ser cultos es el unico modo de ser libres*"이라고 주장했다.[32] 그리고 교육 자체의 존재 이유를 다음과 같이 아름답게 요약했다.

---

31 Ibid., p. 23.
32 영어의 'culture'와 같은 어원에서 파생된 스페인어의 'culto'는 '교육된', '배운', '깨달은'이라는 의미를 가진다. 메자로스는 이 점에서 문화(culture)와 '배움'을 연계하고 있는 것으로 보인다. — 옮긴이

교육하는 것은 모든 인간에게 그에 앞서 이루어졌던 모든 인간사를 스며들게 하는 것이다. 즉, 모든 인간을 그가 살고 있는 시대에 이르기까지의 살아 있는 세계의 총화*sum*가 되도록 만드는 것이다.[33]

이것은 우리 시대에 온갖 종류의 무거운 제약 아래서 구성되는 공식적 교육의 협소한 경계 안에서는 절대로 불가능한 일이다. 마르티는 '끔찍한 감옥'을 해방과 진정한 실현의 장으로 변혁하기 위해 교육의 전 과정이 모든 측면에서 다시 만들어져야 한다고 느꼈다. 그래서 그는 1889년 ≪황금시대*La Edad De Oro*≫[34]라는 이름으로 청년들을 위한 월간지를 혼자 집필하고 간행했다.

이러한 정신*spirit* 속에서 교육의 모든 차원을 하나로 모을 수 있다. 이런 방식으로 공식적 교육의 지향 원리는 순응주의를 부과하는 자본의 논리를 가진 자신의 외피에서 탈피해야 한다. 그 대신 매우 광범한 교육적 실천과의 능동적이고 긍정적인 상호 교환으로 나아가야 한다. "바로 우리의 삶 자체"인 교육의 총괄적인 과정과 의식적으로 진취적인 상호 교환을 하지 않으면 공식적 교육은 자신의 절실한 해방적 열망을 실현할 수 없다. 하지만 만약 공식적 교육의 진보적 요소들이 현존 질서에 대한 헤게모니적 대안의 관점을 지향하는 태도로 자신의 과제를 재규정하는 데 성공한다면 그들은 자신의 제한된 영역뿐만 아니라 전체 사회에서도 자본의 논리를 타파하는 데 중요하게 기여할 수 있다.

---

33 Jorge Lezcano Pérez, *José Marti: 150 Aniversario*(Brazil: Casa Editora de la Embajada de Cuba en Brazil, 2003), p. 8.

34 마르티는 계속 진행할 프로젝트로 기획했으나 재정 지원의 부족으로 4호까지만 간행되었다. 이것들은 모두 José Marti, *Obras Completas*, Vol.18(La Habana: Editorial de Ciencias Sociales, 1991), pp. 299~503에 수록되어 있다.

8.4 '노동의 자기 소외를 긍정적으로 초월하는 것'으로서 교육

우리는 소외가 비인간화를 야기하고 실제 사태가 의식 속에서 물신숭배적으로 전복되는 (종종 '물화'로 특징되는) 조건 아래에 살고 있다. 자본이 다른 방식으로는 확대 재생산의 사회신진대사 기능을 수행할 수 없기 때문이다. 이들 조건을 바꿔내는 데는 우리의 개인적·사회적 현존의 모든 영역과 수준에서 의식적인 개입이 필요하다. 이런 까닭에, 마르크스에 따르면, 인간은 "그들의 산업적·정치적 현존 조건들, 즉 그들의 전체 존재 방식을 근본적으로" 바꿔야 하는 것이다.[35]

마르크스는 또한 — 만약 우리가 신비화를 야기하는 우리 사회질서의 모순이 이해되고 초월될 수 있는, 그런 아르키메데스의 점을 찾는다면 — 우리는 각양각색의 소외의 근원에 역사적으로 전개된 **노동의 소외**, 즉 노예화를 야기한 자기 소외의 과정이 있음을 발견할 것이라고 강조했다. 하지만 이는 (불가피한 '인간의 곤경'[36]으로 특징화되는) 형이상학적 숙명의 신화적인 외부 작인作因이 부과한 것도 아니고, 실제로 변화할 수 없는 '인간 본성' — 이 문제가 종종 고의적으로 묘사되는 방식 — 이 부과한 것도 아니다. 노동 자체가 부과한 역사적 과정에 우리가 관여되기 때문에 오랫동안 확립된 우리의 현존 조건들, 즉 '우리의 전체 존재 방식'을 근본적으로 재구조화해 소외를 극복하는 것이 가능하다.

따라서 '자유롭게 연합한 생산자들'의 새로운 사회 재생산 신진대사를 통해 소외를 극복하는 과제를 지향하는 역사적 과정에 필요한 의식적 개입, 즉 이런 종류의 전략적으로 일관된 행동은 (아무리 근본적일지라도) 단지 부

---

35 Marx, *The Poverty of Philosophy*(London: Martin Lawrence Ltd), p. 123.
36 이것의 한 형태는 '우리는 비탄의 계곡에 살 운명이다'라는 것이고, 또 다른 형태는 '우리는 자유의 괴로움을 겪을 운명이다'라는 것이다.

정否定의 문제일 수만은 없다. 마르크스의 견해에 따르면, 모든 형태의 부정은 그 부정의 대상에 의해 조건이 정해지기 때문이다. 쓰라린 역사적 경험이 충분히 보여주었듯이, 부정되는 대상이 조건을 규정하는 관성은 시간이 흐름에 따라 강화되는 경향이 있다. 처음에는 '최소저항노선'을 추구하도록 강제하며, 나중에는 ― 훨씬 더 큰 강도로 ― 이전 질서의 재구조화되지 않은 차원에서 반드시 살아남게 되는 이전以前 상태의 '익숙한 관행'으로 되돌아가는 것이 '합리적'이라고 강제한다.

이 지점에서 교육 ― 앞에서 논의했듯이 용어의 매우 포괄적인 의미에서 ― 이 전면에 등장한다. 우리 시대에 주요한 사회변혁의 첫 단계는 적대적인 정치적 국가를 통제 아래 두어야 할 필요성과 불가피하게 관련한다. 이 정치적 국가는 사회의 포괄적인 재구조화라는 이념에 대립하고 있고 또 그 본성상 대립할 수밖에 없다. 이런 의미에서 기존 시스템의 전반적인 정치적 명령 구조는 그 불가피한 지배적인 부정성 때문에 변혁의 초기 단계에서 근본적으로 부정되어야 한다. 하지만 정치권력을 장악하기 이전의 초기 단계에서조차 이 필수적인 부정은 전체 여행의 나침반인 구상된 사회변혁의 전반적인 목표에 의해 긍정적으로 의미가 부여될 때에만 상정된 자신의 역할을 적절하게 수행한다. 따라서 정치적 선택을, 자본주의적 국가를 '민주적인 헌법을 통해 정당화하는 것'으로 한정하는 내면화를 깨뜨리기 위해 교육의 역할은 처음부터 결정적으로 중요하다. 왜냐하면 이 '대항-내면화(또는 대항-의식화)' 또한 사회의 전반적인 의사 결정 기능을 운영할 근본적으로 다른 방식에 대한 포괄적이고 긍정적인 윤곽을 내다보는 것이 필요하기 때문이다. 이는 현존 질서에서 소외의 최고 형태인 정치가 모든 근본적인 결정을 내리는 권력을 몰수하고 그 결정을 개인에게 인정사정없이 부과하는 오래된 방식을 훨씬 뛰어넘는다.

우리가 직면해야 할 역사적 과제는 자본주의를 부정하는 것보다 헤아릴 수 없이 더 거대하다. 자본을 넘어서 나아간다는 개념은 본질적으로 긍정적인 것이다. 그 개념은 자기 정당화를 위해 자본주의의 악을 준거로 하지 않고, 스스로를 긍정적으로 떠받치는 (자본주의의 악과 무관하게 긍정적인 자기 논리를 지닌 — 옮긴이) 사회신진대사 질서의 실현을 내다본다. 그러해야 하는 이유는 소외의 다양한 현상을 직접 부정하는 것은 여전히 부정되는 것을 조건으로 취하고, 이에 따라 취약한 상태로 남는다는 것에 있다.

자본주의를 방어하는 개혁주의 전략은 실제로는 **특정 결함**을 제거하는 점진적인 사회 변화를 상정하는 것에 기초한다. 이로써 대안 시스템에 대한 주장을 표명할 수 있는 근거를 잠식하려는 것이다. 치유적인 '개혁들'로 상정된 것이 실제로는 기존 사회의 틀 안에서 구조적으로 실현될 수 없기 때문에 고의적으로 허구화된 이론에서만 실행 가능하다. 따라서 개혁주의의 실제 목표는 스스로 주장하고 있는 것 — 즉, 부인할 수 없는 특정 결함의 실제적인 치유 — 이 전혀 아니라는 점이 분명해진다. 비록 그 결함들의 규모가 교묘하게 최소화되고, 그 결함들을 다루는 기획된 방법이 매우 완만하다는 것이 인정되더라도 그렇다는 얘기다. 이 담론에서 실제로 의도된 지시 대상을 가진 유일한 용어는 '점진적'이라는 말인데, 심지어 이 용어조차 하나의 전반적인 전략으로서 극도로 부풀려진다. 하지만 이 용어는 하나의 전반적인 전략이 될 수 없다. 왜냐하면 자본주의의 특정 결함들은, 이들 결함을 필연적으로 만들어내고 끊임없이 재생산하는 전체 시스템을 검토하지 않고서는 진정으로 치유되기는커녕 피상적으로 조사될 수도 없기 때문이다.

특정한 현상들만 취급한다는 정당성을 내세워 현존 시스템의 모순을 철저히 다루기를 거부하는 개혁주의 — 또는 그 '탈근대' 변종에서는 자의적으로 이상화된 미시 담론의 이름으로 이른바 거대 담론을 선험적으로 거부하는 것 — 는 사실상 적절한 분석 없이 어떤 경쟁적인 시스템의 가능성도 거부하는 특유의 방식일 뿐이다. 또한 마찬가지로 자본주의 시스템을 영구화하는 **선험적** 방식이다. 약간 어리둥절하겠지만, '점진적인 변화'의 주창자들이 명시적으로 표명하는 개혁에의 열의와는 무관하게 개혁주의적 주장의 실제 대상은 지배 시스템 자체이지, 거부하거나 방어하는 시스템의 **부분**이 아니다.[37] 개혁주의의 실제 관심사를 공개적으로 표명하지 못하는 필연적인 까닭은 개혁주의가 기존 사회경제적·정치적 질서의 영원한 **타당성**을 유지할 수 없다는 것에 있다. **역사적으로 창출된** 어떤 것이든 그것의 초역사적인 타당성과 영구성을 유지하는 것은 실제로 전혀 생각할 수 없다. 따라서 사회정치적 개혁주의의 모든 변종에서는 **체제적 규정** — 궁극적으로 모든 핵심적 문제의 성격을 규정하는 — 에서 특정 **결과**에 관한 다소 임의적인 논쟁으로 주의를 돌리려는 것이 불가피해진다. 반면, 그 결과들을 야기한 교정할 수 없는 인과적 근거는 도전할 수 없고 영원한 것으로 남겨둘 뿐만 아니라 심지어 언급조차 하지 않는다.

이 모든 것은 바로 개혁주의 담론의 본성상 계속 은폐된다. (지도적인 이데올로그들에게조차 기본 구성 요소가 종종 은폐되어 있는) 그런 담론의 신비화된 성격 때문에 역사의 일정 시점에서 — 영국의 '신노동당'과 독일, 프랑스, 이탈리아 등등에서 그 형제자매 당의 등장과 같이 — 의미 있는 사회 개혁 이념 자체가 완전히 포기된다. '진보' — 실제로는 다른 어떤 곳으로도 결코 이르지 않는 — 인 척하는 주장이 표리부동하게 재천명되는데도, 이 신조의 신봉자들에게는 아무런 문제가 되지 않는다. 따라서 주요 정당 사이에 나타나는 예전의 차이조차 지금 지배적인 미국식 '양당(유일당)' 체제에서는 편리하게 말

---

37 마르크스에 대한 베른슈타인의 비판은 후자 관점(개혁주의적 주장의 실제 대상이 시스템의 부분이라는 관점 — 옮긴이)의 전적으로 희화화된 표현이다. 그는 적절한 이론적 논의를 펼치는 대신, 마르크스와 헤겔의 '변증법적 비계(飛階, 높은 곳에서 공사를 할 수 있도록 임시로 설치한 가설물 — 옮긴이)'를 전혀 아무런 논증 없이 괜히 모욕하고 비난하는 방식을 선호했다. 마치 변증법적 추론의 중대한 문제를 저질의 욕설로 변형하면 논쟁 중인 주요 사회적·정치적 문제를 저절로 해결할 수 있는 것처럼 말이다. 관심이 있는 독자는 내 책 『이데올로기의 힘』 제8장에 나와 있는 이 논쟁에 관한 꽤 상세한 논의를 참조할 수 있다. 탈근대 사상에서 '거대 담론'이라는 용어는 베른슈타인의 '변증법적 비계'와 유사하게 사용된다.

소된다. 특정 나라에 아무리 많은 '하위 정당들'이 있더라도 그러하다. 계속 변함없이 남아 있는 것은 현존 질서의 실제적인 체제적 규정에 대한 다소 은폐된 방어다. '대안이 없다'라고 주장하는 치명적인 금언金言 — 특정 정치제도뿐만 아니라 기존 사회질서 일반에 대해서도 말하는 — 은 영국 보수당의 총리로서 — 그 금언을 위해 싸웠고 그 금언을 대중화했던 — 마거릿 대처만큼이나 토니 블레어 총리의 이른바 '신노동당'과 전 세계 의회정치 영역에 있는 수많은 사람에게도 받아들여진다.

근본적 재구조화 과정의 방향이 개인들이 속한 전체 시스템의 포괄적인 긍정적 재형성 전략에 따라 설정되어야 한다는 사실에 비춰볼 때 직면해야 할 도전은 역사적으로 전례 없는 것이다. 왜냐하면 이 새로운 역사적 과제의 성취는 자본 자체 — 단순히 헌신적인 자본가로서 자본 시스템의 지상명령을 관철하는 특정 유형의 자본의 인격화가 아니라 — 에게서 완전한 통제력을 되찾는다는 의미에서, 사회 재생산의 객관적 조건의 질적인 변화와 필연적으로 변화하는 조건에 대응하는 지속적인 의식 변혁을 동시에 수반하기 때문이다. 따라서 객관적인 재생산 조건을 변화시킬 적절한 전략을 정교화하기 위해서는 물론이고, 근본적으로 상이한 사회신진대사 질서의 창출을 실현하도록 소명을 받은 개인들의 의식적인 자기 변화를 위해서도 교육의 역할은 매우 중요하다. 이것이 '자유롭게 연합한 생산자들의 사회'로 구상된 것이 의미하는 바다. 마르크스의 개념에서 "노동의 자기 소외를 긍정적으로 초월하는 것"이 불가피하게 교육적 과제라는 특징을 가진다는 것은 놀라운 일이 아니다.

우리는 두 개의 핵심 개념에 주목해야 한다. 즉, 교육의 보편화와 자기실현적 인간 활동인 노동(일)의 보편화. 실제로 양자 가운데 어느 것도 다른 것 없이는 실행 가능하지 않다. 또한 양자의 밀접한 상호 관계를 다소 먼 미래의 문제로 생각하는 것도 불가능하다. 그것은 지금 여기서 일어나며, 또 모든 수준과 단계의 사회경제적 발전과 관련한다. 우리는 피델 카스트로가 행한 1983년의 연설에서 하나의 탁월한 예를 볼 수 있다. 그 연설은 경제적 조건뿐만 아니라 필요한 교사를 제공하는 일에서도 엄두를 못 낼 정도로 명백히 어려운 곤란이 있는데도 **교육의 보편화**라는 정언적 명령을 받아들였을 때 쿠바가 직면하게 된 문제에 관한 것이다. 그는 그 문제를 다음과 같이 요약했다.

> 우리는 공부가 **보편화되는** 상황에 도달했다. 경제적 관점에서 석유도 없는 저개발국에서 공부를 보편화하기 위해서는 노동을 보편화해야 했다. 하지만 만약 우리가 석유를 가지고 있더라도 노동을 보편화하는 것은 매우 적절했을 것이다. 그것은 모든 의미에서 매우 **구성적**이고 매우 **혁명적**이다. 어쨌든 이러한 생각은 오래전에 마르크스와 마르티에 의해 주창되었다.[38]

신속하고 전면적인 문맹 퇴치에서 최고 수준의 창조적인 과학연구에 이르기까지,[39] ─ 저개발이라는 거대한 경제적 제약에 맞서, 또한 45년 동안 적대적인 봉쇄의 심각한 영향에 맞서 싸워야 했던 나라에서 ─ 쿠바의 뛰어난 교육적 성취는 이런 배경을 바탕으로 이해될 수 있다. 또한 이 성취는 막연한 미래에 도래할 '유리한 시간'을 마냥 기다리는 것이 전혀 정당화될 수 없다는 것을 보여주기도 한다. 만약 우리가 적절한 때에 필요한 변화를 성취하기 원

---

38 Fidel Castro, *José Marti: El autor intelectual*(La Habana: Editora Politica, 1983), p. 224.
39 적대적인 미국 정부조차 이 성취를 편파적이지만 인정할 수밖에 없었다. 즉, 목숨을 구할 항암제 배급을 위해 2004년 7월 캘리포니아 소재 미국 제약 회사에게 쿠바와 상당한 ─ 수백만 달러의 ─ 상업 거래를 할 권리를 부여함으로써, 그리하여 이와 관련해 야만적인 봉쇄 규제의 하나를 중단함으로써 그렇게 했다. 물론, 이때조차 미국 정부는 관련 자금을 '경화(달러 ─ 옮긴이)'로 보내는 것을 거부하고, 혁신적인 쿠바 의약품을 받은 대가로 미국 농산품이나 공산품을 제공하는 일종의 '물물교환' 거래를 교섭하도록 자국 회사에 강요했다.

한다면 교육과 학습에 대한 질적으로 상이한 접근 방식에 착수하는 것이 지금 여기서 시작될 수 있고 또 시작되어야 한다.

노동과 교육의 결합된 보편화를 의식적으로 증진하지 않고서는 노동의 자기 소외에 대한 긍정적인 해결책은 있을 수 없다. 하지만 노동의 구조적인 위계적 종속과 지배 때문에 과거에는 그렇게 할 실질적인 기회가 없었다. 몇몇 위대한 사상가들이 이 문제를 매우 진취적인 태도로 개념화하려고 했을 때조차 그러했다. 따라서 괴테가 집필한 『파우스트』의 모델인 파라셀수스는 다음과 같이 노동과 교육을 보편화하려고 시도했다.

> 비록 사람은 신체적으로는 온전하게 창조되었을지라도, 그의 '기술*art*'과 관련해서는 온전하게 창조되지 않았다. 그에게 모든 기술은 주어졌지만 직접 인지할 수 있는 형태로 주어지지 않았다. 즉, 그는 학습을 통해 그것들을 발견해야 한다. …… 올바른 길은 노동*work*과 행위에, 즉 행함*doing*과 생산함에 있다. 즉, 사악한 사람은 아무것도 하지 않지만 많은 것을 말한다. 우리는 사람을 그의 말이 아니라 그의 마음으로 판단해야 한다. 마음은 행위에 의해 확인된 것만을 언어를 통해 말한다. …… 누구도 그에게 무엇이 숨겨져 있는지를 보지 못하고, 그의 노동이 드러내는 것만을 본다. 따라서 사람은 신이 그에게 준 것을 발견하기 위해 끊임없이 노동해야 한다.[40]

실제로 파라셀수스는 노동*arbeit*이 사회의 일반적인 명령 원리가 되어야 한다고 주장했다. 그는 빈둥거리는 부자들을 생산적인 삶으로 이끌기 위해 그들의 부를 몰수하는 것을 실제로 주창할 정도로 나아갔다.[41]

---

40 Paracelsus, *Selected Writings*(London: Routledge & Kegan Paul, 1951), pp. 176~177, 183, 189.

41 Paracelsus, *Leben und Lebensweisheit in Selbstzeugnissen*(Leipzig: Reclam Verlag, 1956), p. 134를 참조하라.

노동과 교육을 서로 분리할 수 없는 것으로 보편화한다는 이념은 오랜 역사를 가지고 있다. 그러므로 이 이념이 매우 좌절된 이념으로 남을 수밖에 없었다는 사실은 매우 중요하다. 이 이념의 실현은 반드시 모든 인간의 **실질적 평등**을 전제로 하기 때문이다. 개인의 비인간적인 **노동시간**이 그들 **생애** 가운데 더 큰 부분을 차지한다는 중대한 사실은 냉담하게 무시되었다. 특정 사회경제적·정치적 시스템에서 종속적 임무의 수행에 배치된 압도적 다수의 인류에게서 사회신진대사 재생산을 통제하는 기능은 분리되고 또 그들에게 대립되었다. 마찬가지 태도로, 우리 시대에는 구조적으로 종속된 노동에 대한 통제뿐만 아니라 교육의 통제 차원도 자본의 인격화들의 지배 아래 분리된 칸막이 방 안에 보존될 수밖에 없었다. 참된 ─ 단지 형식적이지 않고 (형식적 차원의 평등은 실제로 현존하는 실질적 차원의 평등에 의해 완전히 무효화되지는 않더라도 항상 깊이 영향을 받는다) 실질적인 ─ **평등**을 실현하지 않고서는 이런 구조적 지배와 종속 관계를 변화시키는 것은 불가능하다. 이런 까닭에 노동과 교육을 서로 분리할 수 없게 보편화하는 도전은 **자본을 넘어서는** 관점 안에서만 역사적 의제로 등장하는 것이다.

오랫동안 지배적인 교육 개념에서, 정치적 지배자-피지배자 관계와 마찬가지로 교육에서 특권적 지위에 있는 사람들(교육자로 고용된 개인들이든 교육기관을 관리하는 행정가로 고용된 개인들이든)과 교육을 받는 사람들은 분리된 ─ 거의 방수된 ─ 칸막이 방에 있는 것으로 나타난다. 이런 시각의 좋은 예는 『브리태니커백과사전*The Encyclopaedia Britannica*』의 이른바 최신 전문가판의 교육에 관한 항목에 표현되어 있다. 거기에는 다음과 같이 쓰여 있다.

근대국가의 행동은 초등교육에까지 미칠 수밖에 없다. '재능 있는 사람에게 성공의 길이 열려 있다'는 원리는 더 이상 추상적인 인도주의적 이론, 즉 혁명적 몽상가들의 환상적인 열망의 문제가 아니다. 근대 세계의 거대한 산업 공동체에게 이러한 원리는 삶의 기술과 산업을 지배하는 격렬한 국제 경쟁에 의해 부과된, 타당성 있는 실제적 필요다. 상업적 성공과 국민의 삶, 문명을 포함한 모든 것을 위한 투쟁에서 실패하지 않으려는 국가는 자신의 산업이, 일반 지성과 기술 훈련의 두 측면 모두에서 적절하게 양성된 노동자들의 지속적인 공급을 통해 부양된다는 것을 반드시 직시해야 한다. …… 역시 정치의 장場에서도 제도의 민주화가 증가함에 따라 인민 사이에 광범하게 지식을 보급하고 높은 수준의 지성을 장려하는 일이 신중한 정치력의 필수적인 대비책으로 된다. 특히 세계 정책의 매우 중대한 문제를 대중 여론의 중재에 맡기는 제국주의 열강에게 그러하다.[42]

명확히 식별 가능한 이데올로기적 이유 때문에, 의심할 바 없이 그 역사적 개관에서 인상적인 이 학술적인 항목은 자신의 기준에서 보더라도 매우 불완전하다. 왜냐하면 그것은 민족 자본들의 '격렬한 국제적 경쟁'이 노동하는 인민의 교육에 미치는 유익한 효과를 크게 과장하기 때문이다. "20세기에서의 노동의 쇠퇴"[43]에 관한 해리 브레이버맨*Harry Braverman*의 통찰력 있는 책은 근대 자본주의 기업에서 작동하는 소외와 비인간화를 야기하는 힘에 대해서 비교할 수 없이 훌륭한 평가를 제시한다. 그 힘은 '상업적 성공을 위한 투쟁'을 희망적으로 왜곡해 제시한 것에 대해 아주 부정적인 빛을 비춘다. 이 항목의 저자는 이 '상업적인 성공을 위한 투쟁'이 '문명화' 효과를 가진 것으로 상정하지만, 그것의 필연적인 결과는 종종 정반대다. 그리고

---

42 *Encyclopaedia Britannica*, in the thirteenth edition(1926)의 "교육(Education)" 항목을 참조하라.

43 Harry Braverman, *Labor and Monopoly Capital: The Degradation of Work in the Twentieth Century*(New York: *Monthly Review* Press, 1974)를 참조하라. 디트로이트 (Detroit) 자동차의 조립 라인 노동자에 대한 TV 다큐멘터리는 한 그룹의 노동자들을 인터뷰하면서 그들이 숙련하는 데 얼마의 시간이 걸렸는지를 물었다. 그들은 서로 쳐다보고 웃기 시작했고, 노골적인 경멸을 드러내며 응답했다. "8분, 그걸로 충분해요!"

특정 산업의 기업에 관해서조차, 프레더릭 테일러*Frederick Taylor*의 이른바 과학적 관리는 경쟁에서 성공할 수 있게 운영하는 데 필요한 자본주의 기업의 교육적·지적 요구가 얼마나 높은지에 관한 비밀을 폭로한다. 권위주의적 경영 통제 체제의 창시자인 프레더릭 테일러는 솔직하게 냉소적으로 다음과 같이 쓰고 있다.

> …… 정규직으로서 무쇠(선철)를 다루는 데 적합한 사람에게 가장 먼저 요구되는 것은 그가 매우 우둔하고 느릿느릿해서 그의 정신적 기질이 다른 어떤 유형보다 황소를 더 흡사하게 닮아야 한다는 점이다. …… 무쇠를 다루는 데 가장 적합한 작업자는 이런 종류의 작업을 하는 것에 관한 실제적 과학을 이해할 수 없다. 그는 너무 우둔해서 그에게는 '퍼센트(백분율)'라는 말이 아무런 의미가 없다.[44]

정말로 매우 과학적이다! '광범하게 지식을 보급하고 높은 수준의 지성을 장려하는 것'이 근대 자본주의국가 — "특히 세계정책의 매우 중대한 문제를 대중 여론의 중재에 맡기는 제국주의 열강에게" — 의 목적으로 기꺼이 채택되었다는 진술을 보면, 그것은 너무 우스꽝스럽고 성격상 너무 명백히 변호론적이기 때문에 자본이 사회를 지배하는 상황에서 민주적으로 고취되고 정치적으로 계몽된 교육의 개선이라는 자칭 대의를 위한 진지한 주장으로 단 한순간도 고려될 수 없다.

자본을 넘어서는 교육은 질적으로 다른 사회질서를 내다본다. 그 질서로

---

44 Frederick Taylor, *Scientific Management*(New York: Harper and Law, 1947), p. 29. 앞서 인용한 『이데올로기의 힘』의 제2장과 제3장, 특히 2.1절 "전후 확장과 '탈-이데올로기'(Postwar Expansion and 'Post-Ideology')"와 3.1절 "경영 이데올로기와 국가(Managerial Ideology and the State)"를 참조하라.

나아가는 길에 착수하는 것은 지금 실행 가능할 뿐만 아니라 필요하고 긴박하기도 하다. 왜냐하면 현존 질서의 교정할 수 없는 파괴적 규정 때문에 자본 시스템의 화해할 수 없는 구조적 적대에 맞서 사회신진대사 재생산을 규제하는 지속 가능한 **긍정적 대안**을 대치시키는 것이 지상명령으로 되고 있기 때문이다. 만약 우리가 인간 생존의 기초 조건을 확보하고 싶다면 말이다. 자본을 넘어선다는 유일하게 긍정적으로 실행 가능한 관점을 지향하는 교육의 역할은 이 점에서 절대적이다.

자본의 재생산 질서의 (유지할 수 없고 구조적으로 구축된) **적대성** 그리고 궁극적인 파괴성과 달리, **지속 가능성**은 자유롭게 연합한 생산자들에 의한 재생산 사회신진대사 과정의 **의식적 통제**와 똑같은 것이다. 용어의 가장 포괄적인 의미에서 교육 자원을 온전히 활성화하지 않고서는 사회적 과정에 대한 의식적인 통제 — 자유롭게 연합한 생산자들이 되기 위한 필요조건인 **자율 통제**의 유일하게 실행 가능한 형태이기도 한 통제 형태 — 를 가져오는 것은 생각할 수 없다.

자본 시스템의 심각하고 극복할 수 없는 결함은 자본 시스템이 자본의 인격화들을 비롯한 모든 인간에게 부과해야 하는 소외를 야기하는 제2차 매개 안에 존재한다. 실제로 자본 시스템은 자신의 제2차 매개 — 주요하게는 국가, 시장 지향의 교환관계, 자본에 구조적으로 종속된 노동 — 없이는 단 일주일도 생존할 수 없다. 이 제2차 매개는 개인들 사이에, 특정 개인들과 그들의 열망 사이에 반드시 끼어들어 그 열망을 뒤집어버린다. 자본 시스템의 물신숭배적 지상명령에 그것을 종속시키기 위함이다. 달리 말하면 이들 제2차 매개는 인류에게 소외된 매개 형태를 부과한다. 사회신진대사 재생산을 통제하는 이 방식에 대한 **긍정적 대안**은 연합한 개인들이 의식적으로 규제하는 사회 재생산 질서에서의 **자기 매개** — 실질적 자유와 평등을 통한 자율 통제와 자기실현에서 분리할 수 없는 — 일 수밖에 없다. 또한 긍정적 대안은 사회적 개인들에게 부과되는 — 오늘날 그러하듯이, 수익성 있는 자본축적의 물화된 지상명령에 의한 철저히 인위적인 욕망 형태로 — 대신에 그들의 실질적 필요에 맞춰 그들이 스스로 선택한 가치와도 분리될 수 없다. 자본을 넘어서는 사회질서를 향한 긍정적 지향을 가진 교육의 매우 능동적인 개입 없이는 이들 해방적 목적의 어느 것도 생각할 수 없다.

과거에 주장되던 자본주의적인 '생산적 파괴'에서 오늘날 파괴적 생산이 훨씬 더 지배적인 현실성을 갖는 쪽으로 변하면서 우리는 낭비적인 생산이 매우 높은 비율을 차지하는 반면 인류의 압도적 다수에게는 인간적인 성취의 최소한의 필요조건조차 냉담하게 거부되는 사회질서 속에 살고 있다. 오늘날 분명하게 보이는 심각한 사회적 불평등은 이미 진행 과정에서 훨씬 더 확연해지고 있는데, 이는 다음 수치들이 잘 보여준다.

> 국제연합의 인간개발 보고서에 따르면, 세계의 가장 부유한 사람인 1%의 소득이 가장 빈곤한 사람들 57%의 소득과 맞먹는다. 세계에서 최상위 20%와 최하위 20% 사이의 소득 격차는 1960년 30 대 1에서 1990년 60 대 1로, 1999년에는 74 대 1로 높아졌고, 2015년에는 100 대 1에 달할 것으로 예상된다. 1999~2000년에 28억 명이 하루 2달러 이하로 살았고, 8억 4천만 명이 영양실조였으며, 24억 명이 어떤 형태로도 개선된 위생 서비스를 받지 못했고, 전 세계 초등학교 연령의 아동 6명 가운데 1명이 취학하지 못했다. 전 세계 비농업 노동력의 50%가량이 실업자이거나 불완전고용자인 것으로 추산된다.[45]

여기서 중요한 것은 단순히 근거 없는 약속으로서 조만간 극복될 것이라는 가용 경제 자원의 우연한 부족이 아니라, 낭비와 부족의 악순환을 통해 작동하는 시스템의 필연적인 구조적 결함이다. 관련된 개인의 전면적이고 자

---

45 Minqi Li, "After Neoliberalism: Empire, Social Democracy, or Socialism?," *Monthly Review*, January 2004.

유로운 협의를 통해 실질적 필요를 규정하고 우선순위를 설정할 수 있는 교육의 긍정적 개입 없이는 이 악순환을 깨뜨릴 수 없다. 그렇지 않으면, 오늘날 행해지듯이, 자본이 광기 속에서 지향하는 자기 확장과 반反생산적 축적을 위해 극히 낭비적으로 인위적인 필요를 만들어냄에 따라 희소성은 점점 증가하는 규모로 재생산될 것이다.

자본을 넘어서는 교육이라는 긍정적으로 표명된 (자본의 교육관과 — 옮긴이) 경쟁하는 교육관은 개인의 삶에서 한정된 기간에 국한될 수 없고, 근본적으로 변화된 기능 때문에 전 생애를 포괄한다. '동등한 사람들의 자기교육'과 '사회 재생산 질서의 자주-관리*self-management*'는 서로 분리될 수 없다. 사회신진대사 과정의 핵심적인 기능에 대한 — 자유롭게 연합한 개인들에 의한 — 자주-관리는 지속적인 — 그리고 불가피하게 변하는 — 사업이다. 동일한 것이 교육적 실천에서도 진행되는데, 이는 자유롭게 연합한 개인들이 변하는 필요 — 자신들이 필요의 능동적 주체인데 — 에 맞게 자신들에 의해 끊임없이 재규정되는 기능을 개인들이 완수하는 것을 가능하게 한다. 이런 의미에서 교육은 진실로 '지속적인 교육'이다. 그것은 '직업적인 것'(이는 우리 사회에서 해당 인민을 협소하게 미리 규정된 실용적인 기능에 한정하고, 그들에게서 모든 의사 결정권을 빼앗는다는 것을 의미한다)일 수 없고, '일반적인 것'(이는 시혜적으로 '생각하는 기술'을 개인에게 가르치는 것을 상정한다)일 수도 없다. 이들 관념은 실제적인 차원과 전략적인 차원 사이의 전혀 유지될 수 없는 분리에 기초한 개념을 교만하게 전제한 것들이다. 따라서 자본을 넘어서는 사회의 규제 원리의 필수 구성 요소인 '지속적인 교육'은 뜻있는 **자주-관리**의 실천과 분리될 수 없다. 그것은 두 가지 의미에서 자주-관리의 필수적인 부분이다. 첫 번째는 개인의 삶에서 **형성 단계**를 나타내는 것으로서 그러하다. 두 번째는 교육에 의해 풍요로워진 개인들이 적절하게 변화하고 공정하게 재규정된 필요를 통해 사회의 지향 원리와 목표의 전반적인 규정에 대해 **긍정적인 피드백**을 할 수 있다는 의미에서 그러하다.

우리의 역사적 곤경은 **전 지구적 자본 시스템의 구조적 위기**에 의해 규정된다. 자본주의적 세계화[46]의 대성공에 대해 극히 자기만족적으로 말하는 것이 유행이다. 최근 간행되어 극진히 선전되는 책의 제목은 『왜 세계화는 작동하는가*Why Globalization Works*』[47]이다. 하지만 런던의 ≪파이낸셜 타임스≫의 수석 경제논평가인 저자는 정말로 중요한 문제 — 만약 그것이 작동한다면 누구를 위해 그것이 작동하는가? — 를 잊고 있다. 자본주의적 세계화는 그 영향으로 고통을 겪어야 할 인류의 압도적 다수를 위해서가 아니라, 초국적 자본의 의사 결정자들을 위해서 한동안 분명히 작동하지만 결코 그렇게 잘 작동하지는 않는다. 그리고 저자에 의해 주창된 "사법권의 통합" — 쉽게 말하자면, 한 줌의 제국주의 열강, 특히 그들 중 가장 큰 국가가 (개탄스러운 것으로 이야기된) '너무 많은 국가'를 더 엄격하게 직접 통제하는 것 — 이 아무리 많이 이루어지더라도 사태를 치유할 수 없다. 현실에서 자본주의적 세계화는 작동하지 않고 있고 또 작동할 수 없다. 왜냐하면 그것은 자본 시스템의 전 지구적인 구조적 위기를 통해 표현된, 화해할 수 없는 모순과 적대를 극복할 수 없기 때문이다. 자본주의적 세계화 자체는 위기의 모순적인 표현이다. 또한, 일부 부정적 결과의 원인을 다루는 것이 구조적으로 불가능하기 때문에 그것은 여타의 희망적으로 투영된 결과로써 그 부정적 결과를 치유하기 위해 헛되게 인과관계를 전복하려 한다.

자본의 전 지구적인 구조적 위기의 시대인 우리 시대는 또한 현존 사회질서에서 질적으로 상이한 사회질서로 옮겨갈 역사적인 **이행기**다. 이것들이 **자본의 논리를 타파해야** 하는 거대한 도전과 동시에 **자본을 넘어서는 교육**의

---

46 1970년대 말 이후 자본주의의 심각한 구조적 위기를 극복하기 위해 자본이 채택한 신자유주의 또는 신자유주의적 세계화 전략과 그에 따라 구성된 현대자본주의, 즉 전 지구적 자본주의(global capitalism)를 말한다. — 옮긴이

47 Martin Wolf, *Why Globalization Works*(New Haven: Yale University Press, 2004).

전략적 윤곽을 정교화하는 것이 그 안에서 서로 합쳐져야 하는, 사회적·역사적 시간의 두 가지 기본적인 규정적 특징이다. 따라서 우리의 교육적 과제는 동시에 포괄적인 사회해방적 변혁의 과제이기도 하다. 이들 가운데 어느 것도 다른 것의 앞에 놓일 수 없다. 그것들은 분리될 수 없다. 이 강의에서 묘사했듯이 총괄적인 의미에서 교육의 매우 능동적인 긍정적 기여 없이는 우리에게 필요한 근본적인 사회해방적 변혁을 생각할 수 없다. 그리고 그 역逆도 참이다. 즉, 교육은 허공에 뜬 채 (사회해방적 변혁과 무관하게 — 옮긴이) 이루어질 수 없다. 그것은 지속적인 사회해방적 변혁의 조건과 필요의 변화와 변증법적 상호 관계 속에서 적절히 구성되고 끊임없이 재형성될 수 있고 또 그러해야 한다. 이들은 함께 성공하거나 실패하는 운명을 같이한다. 이들이 실패하지 않고 성공하는 것은 우리 모두에게 — '교육자들도 교육되어야 한다'는 것을 우리는 온전히 잘 알고 있기 때문에 — 달려 있다. 그리고 사안이 너무나 막중하기 때문에 실패할 가능성을 생각할 수 없다.

이 사업에서 당면 과제와 그것의 전반적인 전략적 틀은 서로 분리될 수도, 대립될 수도 없다. 당면 과제를 달성하지 않고서는 전략적 성공을 생각할 수 없다. 실제로 전략적 틀 자체는 항상 갱신되고 확장되는 수많은 당면 과제와 도전의 전반적인 종합이다. 하지만 당면 과제와 도전의 해결책은 당면 도전을 다루는 것이 종합적인 전략적 틀에 의해 안내될 때만 실행 가능하다. 미래를 향한 매개 단계 — 자기 매개의 유일하게 실행 가능한 형태라는 의미에서 — 는 오직 당면한 것에서부터 출발할 수 있다. 그러나 (이 당면한 것은) 전망되는 미래에 의해 정향되는 전반적인 전략 속에서 그것이 올바르게 점할 수 있는 자리space에 의해 조명된다.

제9장

·

21세기 사회주의

·

Socialism in The Twenty-First Century

21세기에 사회주의 문제는 두 측면에서 제기된다. 하나는 과거(소련, 동유럽 등 현실 사회주의의 붕괴 ─ 옮긴이)에 대한 비판적 평가의 필요성이라는 측면이다. 다른 하나는 예상되는 근본적인 변화 전략 속에 포함되어야 할 기본적인 필요조건을 확인하는 불가피한 도전이라는 측면이다. 이 작업은 매우 절박하게 수행되어야 한다. 기존의 사회신진대사 질서에 대한 가장 악질적인 옹호론자들만이 현재 진행 중인 파괴적인 발전 추세에 대한 대응의 절박함을 부인할 수 있을 것이다.

이 장에서 우리는 요구되는 사회주의 변혁의 주요 목표와 특징을, 미래의 실행 가능한 전략을 수립할 때 따라야 할 지향 원리*orienting principles*로 간략하게 제시할 것이다. 여기에서 서술되는 특정한 논점의 순서는 뒤의 것이 반드시 앞의 것에 종속되는 것과 같은 중요도의 순서를 의미하지 않는다. 문제가 되는 쟁점의 바로 그 본질 때문에 중요도 순으로 서열을 매기는 것은 부자연스럽고 왜곡될 여지가 있다. 진정한 사회주의 변혁의 규정적 특징은 긴밀하게 통합된 전체를 구성하고 있기 때문이다. 이들 특징 모두 서로를 규정하고 전면적인 연관을 맺어 자신을 지탱하고 서로를 지탱해준다는 측면에서 '아르키메데스의 점'이다. 달리 말하면, 그 특징들은 모두 전반적인 전략에서 장기적으로 어느 것도 소홀히 하거나 빠뜨려서는 안 된다는 의미에서 동등하게 중요하다. 이는 사회주의 변혁이라는 여행을 시작할 때 그 특징이 얼마나 **직접적으로** 관련되는지와는 관계없이 그러하다.

그런데도 그 특징들이 별개의 논점으로 서술되어야 하는 이유는 두 가지다. 첫째, 상대적으로 동질적인 요소들을 동일한 표제標題 아래 함께 묶어내는 것이 분석하는 데 도움이 되기 때문이다. 조금 동떨어지고 다소 대조적인 일련의 매개들을 그들 고유의 특정한 맥락 속에서 검토해야만 전체의 복합적인 상호 연관이 확립될 수 있을 경우에 그러하다. 둘째, 참으로 영속적인 사회주의 변혁의 특정한 특징과 필요조건을 실현하는 데 걸리는 시간이 똑같을 것으로 생각할 수 없기 때문이다. 우리가 주장하는 변화의 일부는 당연히 다른 것보다 상당히 일찍 실행될 것이다. 하지만 매우 어려운 목표의 경우 그것을 실현하는 것이 불가피하게 시간이 더 오래 걸릴지라도 요구되는 근본적인 변혁이 온전히 성공하려면 바로 처음부터 핵심적인 것으로 인정되어야 한다. 그렇지 않으면 전체 기획은 조만간 궤도를 이탈하거나 훼손되고 말 것이다. 여행의 **전반적 목적지**를 명확히 하지 않고서는, 그리고 목적지에 도달하기 위한 **전략적 방침**과 필요한 **나침반** 없이는 성공을 기약할 수 없기 때문이다. 전 세계에 걸친 사회민주주의의 재앙적인 역사적 실패는 이 지점을 우리에게 강력하게 상기시키고 경고한다. 사회민주주의의 역사적 실패는 "목표는 중요하지 않고, 운동이 모든 것이다"[1]라는 거짓된 만병통치약 때문이기도 했다. 이 문구는 사회민주주의가 주창한 애초의 개량주의적 강령이 지배 질서의 가장 불합리한 측면까지 지켜주는 반동적인 것으로 변질되는 데 크게 기여했다.

기존의 파괴적인 사회신진대사 통제 시스템을 근본적으로 **부정**하는 것은 분명 우리가 요구하는 것 가운데 한 측면일 뿐이다. 자본 시스템에 대한 부정은 확실히 필요하지만, 그것만으로 성공을 거둘 수 있는 것은 아니다. 전체 기획의 긍정적인 측면이 그 부정을 보완할 때만 성공을 거둘 수 있다. 즉, 대안적인 사회 재생산 질서의 점진적인 창출이다. 여기서 대안적이라는

---

1 사회민주주의 창시자인 독일의 베른슈타인이 마르크스의 혁명적 사회주의에서 이탈한 자신의 수정주의를 정당화하기 위해 만들어낸 문구다. 이 문구는 마르크스의 저작 『독일 이데올로기(Die Deutsche ideologie)』에 나오는 공산주의에 대한 다음의 개념 규정을 교묘하게 왜곡한 것이다. "우리에게 공산주의란 조성되어야 할 하나의 **상태**, 현실을 배열하는 하나의 **이상**이 아니다. 우리는 현재의 상태를 지양해나가는 현실적 운동을 공산주의라고 부른다"[마르크스·엥겔스, 『칼 맑스·프리드리히 엥겔스 저작 선집』, 최인호 외 옮김(박종철출판사, 1991), 1권, 215쪽]. 이 책에서 마르크스는 공산주의가 관념으로만 존재하는 유토피아 또는 하나의 고정된 모델이나 교조(教條)가 아니라 역사적 필연성으로 전개되는 현실적 운동이라는 점을 강조하는데, 베른슈타인은 "목표는 중요하지 않고"로 왜곡하고 있다. ― 옮긴이

것은 장기적인 역사적 견지에서도 참으로 지속 가능할 뿐 아니라 애초부터 인간에 의해 통제와 실행이 가능하다는 것을 뜻한다. 이런 접근 방식은 불가피하게 복합적이고 뒤얽힌 사회적 과정을 가리킨다. 이 사회적 과정은 사회주의 변혁의 모든 개별 목표와 필요조건을 개방된 역사적 과업의 불가결한 한 부분으로 정의한다. 이는 사회주의가 '유토피아적인 폐쇄된 시스템'[2]이고, 따라서 옹호될 수 없는 독재 수단에 의해 단지 일시적으로만 현실에 부과될 수 있기 때문에 실패할 운명이라는, 사회주의에 쏟아지는 자의적인 비난과는 정반대다. 사실 이런 비난과는 반대로, 본래 사회주의 목표와 필요조건이 과정적이라는 규정성이 의미하는 바는, 초점이 되는 어떤 시기의 특정한 목적은 항상 동시에 전반적인 설계를 참조하고 서로의 내적 규정을 통해 발전하는 전체와 유기적인 방식으로 강화할 뿐 아니라 심화하고 풍부해진다는 것이다. 이런 조건 아래서 21세기 사회주의 변혁의 주요 목표와 필요조건은 지금부터 우리가 논의하는 바와 같은 특징을 갖는다.

9.1 불가역성: 역사적으로 지속 가능한 대안 질서의 불가피함

9.1.1

우리는 그동안의 역사에서 몇몇 주요 모순을 극복하기 위해 의미 있는 사회 변화를 가져오는 데 숭고한 노력을 바쳤던 수많은 사례뿐 아니라 원래 의도한 대로 이루어진 몇몇 부분적인 성공 사례도 볼 수 있다. 하지만 그러한 성공은 머지않아 이전의 의존관계가 복원되면서 실패로 돌아간 경우가 너무 많았다. 주요 원인은 때때로 사회 상층부 인사들의 부분적 교체

---

2 이상(Ideal)이나 이념에 따라 고정되고 완결된 시스템. — 옮긴이

에도 불구하고 역사를 통해 이런저런 형태로 재생산되어온 **구조적 불평등**의 숙명적 관성이 발현된 것이다. 왜냐하면 구조적 불평등이, 짧거나 긴 쇠사슬을 달고 있는 닻의 역할을 했기 때문이다. 즉, 주요한 역사적 격변기에 배의 선원 일부가 아무리 굳세게 마음먹고 앞으로 나아가려 해도 구조적 불평등이 배를 더 이상 전진할 가능성이 없는 것처럼 여겨지는 지점으로 끊임없이 끌어당기는 닻과 같은 역할을 한 것이다. 설상가상으로, 기존 질서에 의해 지배되어온 민중의 궁핍은, 역사적으로 규정되고 인간의 힘으로 해결될 수 있는 것인데도 정기적으로 인재人災가 아니라 **천재**天災로 개념화되고 이데올로기적으로 합리화되었다. 심지어 구조적 불평등의 만연이 어느 모로 보나 유익한 것이 결코 아니라는 점이 인정되어야 할 때조차 그러했다.

이런 종류의 합리화 — 그리고 정당화될 수 없는 것의 정당화 — 의 필연적 귀결은 ('인간 본성'과 잘 부합된다고 하는) 변치 않는 자연의 규정으로서 사회적 불의不義가 영원하고 이치에 맞다는 것이다. 그러나 불변이라는 생각 자체가 분명히 인식 가능하고 절박한 역사적 변화의 증거에 의해 의문에 붙여진다면 어떻게 될까? 왜냐하면 우리 행성에서 사악한 사회경제적 힘에 의한 파괴적인 개입이 지속되면서 끊임없이 변하는 자연 자체가 파국적으로 훼손된다는 사실은 물론이고, 인간의 역사적 시간은 자연의 불변성으로는 측정될 수 없다는 것을 인정할 수밖에 없게 되자마자 반反역사적인 정당화의 추론 전체가 무너지기 때문이다. 바로 그 지점에서, 인간 역사를 끝장내는 방향으로 나아가는 위험천만한 사회적 적대 관계를 근본 원인부터 극복하기 위해 우리가 진정한 역사적 시간의 잠재력과 한계에 순응하는 것이 불가피해진다. 오늘날 우리는 바로 그 시점에 서 있다. 지금 우리가 요청하는 치유책인 지속 가능한 대안적 사회질서 형태와 동시에 그것을 불가역적으로 만들기 위한 적절한 안전장치를 마련하는 일은 오늘날 피할 수 없는 역사적 도전이다. 왜냐하면 오늘날 냉소적이고 자의적으로 상상된 것이 아닌, 명백하게 통제할 수 없는 '실제의' 대량 살상 무기가 축적되어 배치되고, 한편으로는 자본이 가공할 만하게 자연을 파괴하고 있기 때문이다. 인류의 존속과 멸망이 걸린 이런 독특한 역사적 시간의 절박성을 감안하면 인류가 마치 그런 현실을 교정할 수 있는 시간을 무한히 가진 것처럼 생각하면서 그 도전에 성공적으로 대응하지 못하고 더욱 파괴적인 사회질서로 되돌아가는 위험을 무릅쓸 수는 없기 때문이다.

9.1.2

자본 시스템의 심각한 구조적 위기를 전제하면 오늘날 우리에게 남은 유력한 양자택일은 **사회주의 또는 야만**이다. 그 야만이 인류의 완전한 절멸은 아닐지라도 말이다. 이런 무거운 역사적 사실 때문에 어떤 계기에도 뒤집히지 않는 일련의 일관된 전략을 추구할 것이 요청된다. 이는 '**최소저항노선**'의 수용과 그에 따른 사회주의 운동의 수세적 대응에서 비롯된 과거의 실패와 대비된다. 동시에 지속 가능한 사회주의 변혁의 **목표**는 아주 일시적으로만 유지될 수 있는 '**자본주의의 전복**'이 아니라 사회신진대사 과정에서의 **자본의 근절**로 방향이 확실히 전환되어야 한다. 그렇지 않으면 20세기 소련형 사회에서 목격했듯이, 물려받은 시스템의 낡은 구조가 분명히 소생하게 된다. 그러한 소생은 자본주의가 실제로 복원되었던 해당 사회뿐만 아니라 인류 전체에 잠재적으로 파멸적인 결과를 초래한다. 실제로 인류 전체에 그런 결과를 가져온 것은 사회주의 세력이 이데올로기적 무력화에 의해 위축되었기 때문이다. 이 이데올로기적 무력화는, 자본 시스템 전반의 구조적 위기를 심화하는 훨씬 더 근본적인 조건들은 간과된 반면 일부 지역에서 자본주의의 복원이 거둔 상대적인 성공(예컨대 중국의 급속한 경제성장 — 옮긴이)이 일체의 균형 감각 없이 내면화한 데서 비롯된다.

마르크스는, 부분적인 패배 때문에 전보다 더 강력하게 재출현하는 자본주의의 힘에 대해 경고하면서 자본의 복원력과 대비해 프롤레타리아 혁명에 요구되는 지향이 다음과 같은 특징을 갖는다고 말했다.

> …… (프롤레타리아 혁명은 ― 옮긴이) 항상 자신을 비판하고 진행 도중에 끊임없이 걸음을 멈추며, 완수된 것처럼 보이는 것으로 되돌아와 다시 새로이 시작하면서 자신이 처음에 시도한 것의 불완전함, 허약함, 빈약함을 가차 없이 철저하게 비웃는다. 또한 이 혁명들이 자신들의 적敵을 땅에 메다꽂는 것은 다만 그 적이 땅에서 새로운 힘을 흡수해 더욱 거대해져 자신에 대항하도록 만들기 위해서인 듯하다. 이 혁명들은 언제나 자신의 목적이 너무나 거대하다는 것에 놀라 거듭 뒤로 물러난다. 그러다가 마침내 어떠한 반전反轉도 있을 수 없는 상황이 창출되어 상황 자체가 다음과 같이 외치게 될 때까지 말이다. 여기가 로두스다, 여기서 뛰어라![3]

당연한 일이지만, 마르크스가 이 글을 쓸 시기인 1851년에는 "여기가 로

---

3 Marx, "The Eighteenth Brumaire of Louis Bonaparte," in Marx and Engels, *Collected Works*, vol. 11(London: Lawrence and Wishart, 1979), p. 107. "여기가 로두스다. 여기서 뛰어라!(Hic Rhodus, hic salta!)"라는 금언은 이솝 우화 가운데 '뽐내는 운동선수' 이야기를 전통적인 라틴어로 번역한 데서 유래한 것이다. 어떤 운동선수가 로두스섬에 있을 때 누구도 따라오지 못할 만큼 멀리 뛰었고, 자신의 말을 입증해줄 증인도 있다고 자랑한다. 그러자 지나가는 어떤 행인이 "그래! 여기가 로두스라 치자, 여기서 지금 그 점프를 보여달라"라고 말한다. 이 우화는 사람들은 스스로 주장한 바에 의해서가 아니라 그들의 행위에 의해 평가되어야 한다는 것을 보여준다. 헤겔은 '법철학 서문'에서 이 금언을, 사회생활을 변혁할 수 있는 비전(秘傳)의 지식을 보유하고 있다고 주장하는 특정 신비학파를 염두에 두고서, 사회를 이해하고 변화시키는 요소는 사회 자체 속에 주어지는 것이지, 어떤 초월적 세계의 이론 속에 있는 게 아니라는 함의로 사용했다. 이 금언은 정치학에서 '당신이 할 수 있는 것을 지금 여기서 입증하라'는 의미로 사용된다. 다음 본문에 나오듯이, 메자로스는 마르크스가 사용한 이 금언을 '불가역적인 사회주의 변혁'이 불가피해지는 '진실의 순간이 온다'라는 의미로 해석한다. ― 옮긴이

두스다, 여기서 뛰어라!"라는 피할 수 없는 지상명령이, 인류의 잠재적인 자기 파괴의 위협이 명백히 임박한, 심각한 사회적·역사적 비상 상황 아래에서 제기될 것이라고는 예상할 수 없었다. 그런데도 그는 불가역적인 사회주의 변혁의 실행 가능한 전망을 진단할 때 염두에 두어야 할 주요 고려사항 두 가지를 확인해내는 데 성공했다. 첫 번째, 그리스 신화에서 안타이오스Antaeus[4]가 그러했듯이 "땅에서 새로운 힘을 끌어와 다시 일어서는" 자본의 궁극적으로 가장 위협적인 능력을 인정하는 것이다. 이에 따라 더욱더 파괴적으로 되는 역사적인 적(자본 - 옮긴이)의 힘을 영속적으로 극복하기 위한 적절한 전략적 조치들이 마련되어야 한다는 점이다. 지배적인 자본주의국가가 자본 시스템의 '생산적 생존력'을 입증하기 위해 대량 학살전쟁을 수행할 때 특히 그렇다. 두 번째, 역사 전개 과정에서 '최소저항노선'을 추구하는 것이 더는 옹호될 수 없고, 도약하려는 시도가 불가피해지는 시기가 도래한다는 깨달음이다. 우리 시대의 역사적으로 비상한 상황 때문에 마르크스의 두 번째 고려 사항은 수정되어야 한다. 오늘날 '최소저항노선'을 추구하는 것은 '더는 옹호될 수 없을' 뿐 아니라 사회의식에서 **자멸적**인 것으로 인식되어야 한다는 의미에서 그러하다.

---

4 그리스 신화에 나오는 안타이오스는 바다의 신 포세이돈과 대지의 여신 가이아 사이에서 태어났다. 안타이오스는 괴력을 지닌 씨름꾼으로, 땅에 닿았을 때만 그 괴력을 발휘할 수 있었다. 그가 리비아를 지배하면서 폭정을 하고 있을 때, 리비아를 통과하던 헤라클레스가 이를 참지 못해 그와 싸우게 되었다. 힘센 헤라클레스가 안타이오스를 인형 내던지듯이 메다꽂았으나, 그때마다 안타이오스는 전보다 힘이 세져 돌아왔다. 이때 한 젊은이가 헤라클레스에게 안타이오스의 힘의 원천이 땅이니 그가 땅에 닿지 않도록 해야 한다고 알려주었다. 이에 헤라클레스는 안타이오스를 공중에 들어 올려 목숨이 끊어질 때까지 꼭 껴안았다. 마침내 헤라클레스가 승리하자 리비아 주민은 폭군 안타이오스의 패배를 기뻐했다. ─ 옮긴이

9.2 참여: 연합한 생산자들에게
의사 결정을 점진적으로 이전하기

9.2.1

연합한 생산자들이 정치적·문화적·경제적 통제의 모든 수준에서 이루어지는 의사 결정 과정에 온전히 참여하지 않고서 대안적 사회질서를 불가역적으로 만드는 것은 상상조차 할 수 없다. 왜냐하면 오로지 연합한 생산자들의 온전한 참여가 대다수 민중이 사회와 영속적인 이해관계를 맺을 수 있게 만들기 때문이다. 그리고 이로써 그들이 사회적 생존 조건을 재생산할 목적과 양식樣式에 진정으로 일체감을 가지며, 과거로 되돌아가려는 모든 시도에 대항해 자신의 사회적 생존 조건을 지켜낼 뿐 아니라 자기 사회의 긍정적인 잠재력을 끊임없이 확장하려고 떨쳐나서게 만드는 유일한 방식이기 때문이다.

지금까지 마치 의사 결정에 '참여하는 것'처럼 위장하는 것만큼 이데올로기적 신비화에 효과적으로 기여한 발상은 드물다. 심지어 일부 대규모 자본주의 기업은 업무에서 노동자에게 '민주적 참여'의 문을 활짝 열어놓았다고 주장한다. 하지만 실제로는 '바람직한 상商관습'이라는 구실 아래 정말 중요한 모든 사안에서, 마치 '주권이 있는' 의결권 없는 주주처럼 노동자를 이전보다 훨씬 더 배제하고 있다. 사회민주주의적 개혁주의의 희망적 사고는 이런 자본주의 기업과 동일한 접근 방식을 채택했다. 이 접근 방식은 전적으로 무의미한 '양보'를 통해 종종 좌파 생디칼리스트*syndicaliste*들이 주도한 사회적 소요騷擾의 물결(예컨대 1960년대 말 프랑스, 이탈리아, 영국 등 유럽 노동계급의 소요 사태 — 옮긴이)을 성공적으로 무력화했다. 그런데 이른바 이런 '양보'는 특정 기업의 산업 지도자에게서 획득된 것이었고 노동자의 손을 훨씬 더 꽁꽁, 그리고 대부분의 경우 등 뒤로 묶어놓기 위한 것이었다.

민중이 지혜롭게 이런 관행을 거부하는 매우 역설적인 현상(민중의 '민주적 참여' 확대를 민중 스스로 거부하기 때문에 역설적인 — 옮긴이)은 때때로 정치 토론에서 '참여하다'라는 동사의 인칭변화 형태를 바꾸는 것으로 표현되었다. 즉, '우리는 참여한다, 너희는 참여한다, 그들은 참여한다'로 끝내는 것이 아니라 '그들은 이윤을 얻는다'로 끝내거나 다른 버전에서는 '우리는 참여한다, 너희는 참여한다. 그리고 그들이 결정한다'로 끝내는 것이다.

이처럼 지혜로운 민중은 동사의 3인칭변화 형태를 바꿔, 매우 선호되는 개량주의 전략의 신비화하는 본질을 드러냈다. 왜냐하면 온갖 위장에도 불구하고 개량주의 전략에서는 연합한 생산자들이 점차 권력의 주체로서 변혁하는 방향으로 나아가는 문제가 결코 존재할 수 없기 때문이다. 심지어 그들이 이상화한 '작은 정도'의 변화조차 눈곱만큼도 없다. 실제로 절대적인 금기로 남아야 하는 것은 질적 변화를 가져오는 변혁적 여정이라는 **방향**이다. 쟁점이 변혁적 방향의 문제가 아닌, 마치 취해야 할 특정한 조치의 규모 문제인 것처럼 냉소적으로 잘못 오도되었다. 즉, 전략적으로 포괄적인 것과 대립하는 의미에서 '점진적인' 또는 '단편적인' 것으로 말이다. 그러나 이상화된 점진적 방법은 자신의 전략적 방향 없이는 결코 존재할 수 없었다. 잘 은폐되어 있는 이 점진적 방법의 이데올로기적 지향은 실제로는 (기존 질서의 악순환 속에 빈틈없이 봉쇄된) 첨예한 모순들의 미로迷路에서 **어디로도 빠져나가지 못하게 하는 것**이었기 때문이다. 그처럼 예정된 악순환 굴레 속에서 돌고 도는 방식은 의도적인 체제 옹호론으로서, 점진적 방법의 주요한 기능이었으며 지금도 그러하다.

연합한 생산자들에게 의사 결정권을 점진적으로 이양하는 (즉, 최상위 수준을 포함한 모든 수준에서 의사 결정권을 이양하는) 전반적 전략이 없다면 참여 개념은 칭찬할 만한 합리성을 갖지 못한다. 이것이 의미하는 바는, '대규모'에 '소규모'를 대립하거나 '지구적'인 것에 '지역적'인 것을 대립하는 잘못된 이분법은 실행 가능한 사회주의 전략에 들어설 자리가 없다는 것이다. 그것이 아무리 자본 시스템을 끝장내는 길을 닦는 선의일지라도 말이다. 지속적인 무기력의 쓰디쓴 약이 "작은 것이 아름답다", "지구적으로 생각하고 지역적으로 행동하라"와 같은 슬로건으로 사탕발림되었을지라도 연합한 생산자들에게 이양될 권력은 지역적 수준으로 한정될 수 없다.

의사 결정권이 적당히 분할될 수 있고 헤게모니적 대안들 모두에게 이익이 되는 방식으로 배분될 수 있다는 것은 부르주아적 합법성의 환상, 사람들을 무력화하는 환상이다. 이른바 '민주적 합헌성合憲性' 아래의 '권력분립'이라는 이데올로기에도 불구하고 실제로 자본의 사회질서 아래에서는 경쟁하는 사회 계급 사이에 실질적 의사 결정권은 분배될 수 없다. 모든 중요한 ─ 극히 주변적인 것과 대립되는 의미에서 ─ 권력은 자본 자체에 의해 소유되기 때문이다. 자본은 본성상 포괄적인 초의회 세력이다. 초의회 세력으로서 자본은 또한 의회를 지배하며 의회 내 반대 세력에게 협소하게 제한된 행동의 여지만을 남겨준다. 우리 사회에서 의사 결정권 관계를 매우 다른 방식으로 구상해보는 것은 극히 중대하며, 사회신진대사 재생산의 전반적 통제자인 자본에 근본적으로 도전하는 것이 요구된다.

근본적 변혁 과정에서 효과적인 권력 이양을 구상할 때 요구되는 포괄적인 변화들은 단번에 이루어질 수 없고 지속적인 방식으로 점진적으로 추구되어야 한다. 그렇지만 이러한 사실이, 연합한 생산자들이 사회신진대사 과정 전체와 모든 수준에서 궁극적으로 통제를 확보해야 한다는 생각을 우리가 포기해야 한다거나 포기할 수 있다는 것을 뜻하지는 않는다. 그렇지 않으면 우리는 비판받아온 과거의 환상 ─ 형식적으로는 민주적이었지만 실질적으로는 권위주의적인 ─ 으로 되돌아 갈 것이다. 궁극적으로 작동 불가능한 권력분립의 새로운 형태를 가지고 갈지라도 말이다. 처음 시작할 때 과거에서 물려받은 구조적 규정의 제약 때문에 연합한 생산자들의 권력은 제한받게 된다. 초기의 이런 제한은 한정된 역사적 이행기에만 인정될 수 있다. 이때에도, 위에서 강조한 바와 같이, 여정의 방향이 (처음으로 지속 가능한 역사적 기회를 맞이한) 권력의 완전한 이양을 분명하게 지향할 경우에만 인정될 수 있다. 그렇게 하지 않으면 새롭게 등장하는 대안적 사회질서의 재생산 신진대사는 지속적으로 헤게모니를 잡는 데 성공할 수 없을 것이다.

이 점에서 핵심적인 문제는 새롭게 전개되는 새로운 사회 재생산 질서의 부분들 – 사회 재생산 질서의 소우주들(기업 같은 생산의 기본 단위 – 옮긴이) – 이 질적으로 다른 대우주로 통합되는 방식과 관련한다. 지금 확립되어 있는 재생산 질서의 특징을 이루는 것은 자신의 사회적 소우주들의 교정할 수 없을 만큼 적대적인 구조다. 이 때문에 유일하게 실현 가능한 자본의 포괄적인 통합 형태를 가능하게 만들기 위해서는 사회적 소우주들의 적대적인 구조는 엄격하게 위계적인 하나의 전반적 규정 양식 아래로 포섭될 수밖에 없다. 이것이 바로 기존의 재생산 질서가 어떤 경우에서도 철저하게 권위주의적인 이유다. 일종의 '형식적인 민주적 합헌성'은, 역사적 조건이 허용할 때는 시스템의 안정성을 조금 더 잘 보장하기 위해 정치적 측면에서 불변의 물질적 착취 구조를 보완할 수 있지만, 커다란 위기 때는 가차 없이 내팽개쳐질 뿐이다. 반면, 자본에게서 물려받은 소우주들의 권위주의적이고 적대적인 심층적 규정을 극복하지 않고서는 대안적 사회 재생산 질서를 생각조차 할 수 없다. 이는 재구조화된 비적대적인 사회적 소우주 구성원들의 핵심적 이해관계를 온전히 공유한 것에 근거한, 질적으로 새로운 재생산 교류 양식을 수립해야만 가능할 것이다. 오직 그러한 방식으로 비적대적인 사회적 소우주들은 상응하는 비적대적인 대우주 형태에 적절하게 통합될 수 있다.

바로 이런 이유로 참여는 모든 수준과 영역에서 연합한 생산자들에게 실제로 의사 결정권이 이양될 때에만 의미가 있다. 단지 국지적으로 통제를 행사하는 것은 '작은 것이 아름답다'와 같은 위로 형태의 보상으로 윤색된다. 하지만 이는 구조적으로 구축되어 있기 때문에 필연적으로 적대적인 상위 수준에서 국지적 결정이 승인되거나 거부된다는 점에서 형용모순[5]이다. 그 경우에 국지적 결정은 전혀 결정이 아니고 기껏해야 일종의 허용된 (또는 허용되지 않은) 권고일 뿐이다. 이른바 진정한 의미의 결정은 오직 '상위 기관'에 의해서만 내려질 수 있기 때문이다. 만약 영구히 확립된 상위 기관의 '뒷문'을 통해 모순들이 무대로 들어올 수 있다면 다가올 새로운 소우주들은 진정으로 민주적인 ― 그리고 비적대적으로 사회주의적인 ― 것이 될 수 없다. 그 반대의 경우도 마찬가지다. 만약 구조의 상위 수준에서 스스로 결정과 통치 권력을 보유할 경우 그러한 사회질서의 대우주는 비적대적인 사회주의가 될 수 없다.

9.2.2

여기서 문제가 되는 것은 진정으로 비위계적인 통합이라는 사활적으로 중요한 관계다. 이는 알려지고 실행 가능한 모든 형태의 구조적으로 강제된 지배·예속과 대립된다.

관련된 사람들의 숫자가 매우 크고 쟁점 자체가 다양할 때마다 (의회 선거나 국민투표 같은 형식적 행사에 참여하는 것과 대비되는) 실질적 결정을 내리는 것이 불가능하다고 선포하는 것은 사회주의의 적대자들이 가장 좋아하는 방책 가운데 하나다. 이와 같이 사전에 실격시키는 방책은 앞서 언급한 포괄적인 질적 변화의 가능성을 거부하는 것과 똑같은 방식으로 작동한다. 즉, '점진적인 개량'이라는 접근 방식만이 유일하게 수용할 수 있고 포괄적인 질적 변화는 받아들일 수 없는 것으로 선포된다. 두 경우에서 모두 현존 질서의 영원함에 타당성을 부여하기 위해 양量의 물신숭배[6]가 조장된다. 점진적인 개량을 내세워 포괄적인 질적 변화를 부정하는 경우에, 진정한 쟁

---

5 '국지적 통제'에서는 '국지적'이 '통제'와 모순된다. ― 옮긴이
6 '양의 물신숭배'에서는 '작은 정도' 또는 '소규모' 등이 물신숭배의 현상 형태다. ― 옮긴이

점을 양의 많고 적음이라는 양量의 경합에 대한 기계적인 희화화로 전환하기 위해 질적 변화를 이끌어낼 해방 여정의 **방향**은 무대에서 슬쩍 사라진다. 승리의 원인을 ─ 그냥 정의상 ─ 이상화된 '작은 정도'를 추구한 데서 비롯된 것으로 돌린다. 똑같은 방식으로, 형식적인 참여와 실질적인 결정 사이의 선택이 문제가 될 경우에도 우리의 '복잡 광狂들'은 '어떤 공동체가 일정 규모를 넘어서면' ─ 그 규모는 한 번도 정해진 적이 없다 ─ 구성원들이 너무 많기 때문에 실질적 의사 결정이 그 구성원들에 의해 실행될 수 없다고 선포하기 위해 양量에 대한 맹목적인 숭배를 이용한다. 그렇게 해서 참여 개념을 어떤 의미도 없는 것으로 완전히 무효화해버린다. 이런 종류의 추론은 오류다. 왜냐하면 그것이 **증명**한다고 주장하는 결론을 애초에 **가정할** 뿐 아니라, 더 중요하게는 '참여적 의사 결정의 소우주들을 응집력 있고 역사적으로 지속 가능한 사회적 대우주로 통합하기 위해 필요한 조건이 무엇인가'라는 진정한 문제를 외면하기 때문이다. 이는 규모의 크고 작음의 문제가 아니다. 심지어 화해할 수 없이 다투는, 둘로 구성된 가장 작은 공동체도 실제로 지속 가능하기에는 너무 크다. 오히려 이 문제에서 유일하게 실현 가능한 해법은 그들이 연합해 긍정적으로 발전하는 사회적 전체가 될 수 있도록 특정 사회적 소우주들의 **적대적이고 갈등적인** 내부 규정을 폐기할 것을 요구한다.

따라서 진정으로 비위계적이고 비적대적인 통합의 구축은 미래를 담보하기 위한 시도에서 우리가 직면하는 도전이다. 그것이 사회주의적 발전 과정에 있는 모든 수준의 의사 결정에서 효과적인 참여가 확실하게 이루어지게 할 수 있는 유일한 방안이기 때문이다. 즉, 진정한 **권력 주체**인 연합한 생산자들의 포괄적이고 자율적인 활동을 통해서 이루어지는 참여 말이다.

9.3 실질적 평등: 지속 가능성의 절대적 조건

9.3.1

실질적 평등은 앞서 제시한 논점인 참여의 필연적인 귀결임이 확실하다. 대안적 사회질서를 창출하기 위한 필요조건인 우리의 진정한 참여 전략의 성패를 평가할 때 단순히 형식적이 아닌, **실질적 평등** 문제를 논외로 하는 것은 지극히 부질없기 때문이다. 전체 인류의 3분의 1은 하루에 1달러 조금 넘거나 실제로 그 이하로 살아가는 반면 산업 자본가와 경영자는 역겹게도 수억 달러의 연봉을 보상으로 받는 세상에서, 민주주의와 자유에 대해 말하면서 (필요하다면 대량 학살 전쟁을 감행하는 가장 폭력적인 군사적 수단을 포함해) 체제가 가진 수단과 방법을 가리지 않고 지배 질서의 착취 관행을 계속 강요하는 것은 그야말로 도덕적으로 분노할 일이다.

실질적 불평등이라는 해묵은 문제와 의식적으로 대결하지 않고서는 현재 사회적 소우주들의 적대적인 내부 규정을 제거하는 것은 생각조차 할 수 없다. 자본의 사회질서는 매우 부당한 방식으로 구조화되어 있으며, 다른 방식으로 작동하는 것은 생각할 수 없다. 왜냐하면 자본은 본성상 시스템의 가장 작은 구성 세포부터 전반적인 사회 통제의 최상부에 이르기까지 모든 중요한 의사 결정권을 항상 스스로 보유해야 하기 때문이다. 이것은 이른바 개발도상국 사회 — 즉, 자본의 지구적 위계질서에 완전히 통합되고 구조적으로 예속된 부분 — 뿐만 아니라 현재 지배적인 사회신진대사 재생산 시스템의 특권적 지위에 있는 국가에도 해당된다.

자본 시스템의 구조적 불평등을 근본적으로 변경하는 역사적인 과제를 그처럼 훨씬 더 어렵게 만드는 것은 이 사회질서가, 매우 오랜 세월동안 구축된 **실질적 불평등 문화**와 분리될 수 없었다는 사실 때문이다.[7] 이 실질적 불평등 문화의 형성에는 과거 부르주아지의 가장 위대하고 진보적인 인물들도 깊이 연루되었다. 물론 이에 대해 놀랄 것도 없다. 왜냐하면 애덤 스미스, 괴테, 헤겔과 같은 지적 거장을 포함해서 부르주아지 가운데 가장 선견지명이 있고 계몽된 인물조차 세계와 세상 문제를 **자본**의 관점에서 바라보았기 때문이다. 그들은 바로잡을 필요가 있는 것에 대한 진단, 그리고 식별된 도전과 모순에 대한 해법 모두를 자본의 시야에서 구조적으로 제약된 매개변수와 전제를 가지고 정식화했다. 모든 사회 계급의 구성원을 완전히 포괄하는 **진정한 평등**이라는 관념은 아예 고려될 수 없었다.

1789년 프랑스혁명의 대혼란기에 '자유, 평등, 우애'의 사회질서를 구축하는 기본 과제가 수면 위에 떠올랐고, 그러한 사회질서를 규정하는 주요한 특징들이 정치 이데올로기 수준에서 천명되었다. 그러나 현실에서 이러한 규정적 특징들은 자본의 교정할 수 없는 내적 규정의 압력으로 처음부터 어겨졌다. 계몽 개념은 **실질적 평등** 제도를 쟁취하려는 사람들의 '자유'까지 용인할 정도로 확장될 수 없었다. 따라서 1797년 프랑수아노엘 바뵈프가 자신이 펴낸 잡지 ≪호민관*Tribune du Peuple*≫에서 혁명이 진행되는 경로를 비판하고 '**평등자단**'을 조직하려 했을 때 재판도 없이 단두대로 끌려가 용서할 수 없는 범죄로 처형당해야 했던 것은 결코 놀라운 일이 아니다.

이후 자본주의 시스템의 역사적 전개 과정에서 프랑스혁명의 위대한 슬로건 세 가지 가운데 두 가지인 '평등과 우애'가 시야에서 조용히 사라진 것은 충분히 이해할 만하다. 그리고 '자유'조차도 공허한 정치적 수사의 흔한 기법으로 변질되어 결국은 자유의 본질에 대한 가장 악랄한 침해와 양립하는 것은 물론이고 심지어 그러한 침해를 거짓 **정당화해주는** 것으로 되고 말았다.

평등이 기껏해야 **형식적·법적** 요건이자 의례적으로 반복되는 형식적 요건에 불과할 뿐인 현재의 사회관계를 대체하는 대안적 사회질서는 평등이

---

7   이 책의 제7장 "지속 가능한 발전의 도전과 실질적 평등의 문화"를 보라.

온전히 실현되지 않으면 장기적으로 지속 가능하지 않다. 왜냐하면 실제로 엄숙하게 선언된 '법 앞의 평등'조차 거창한 형식적 규칙을 실질적인 조롱거리로 만드는 비용을 가볍게 지불할 수 있는 사람에게 유리하도록 대체로 왜곡되어 있기 때문이다(자본주의사회에서 형식적 법률은 얼마든지 매수될 수 있기 때문이다 — 옮긴이). 이 점에서 루소는, 비록 식별된 모순에 대한 실행 가능한 해법을 제시할 수는 없었지만, 그 시대에 적절한 질문 몇 가지를 서슴없이 제기했다. 그는 다음과 같은 방식으로 자신의 비판을 제시한다.

부자와 권력자에게 모든 사회적 이득이 돌아가지 않는가? 돈이 되는 자리는 모두 그들의 수중에 있지 아니한가? 모든 특권과 면제가 그들에게만 부여되고 있지 않은가?…… 가난한 사람의 경우는 얼마나 다른가! 그가 인간적일수록 사회는 그를 더욱 부정한다. …… 이들 두 계급 사람들 사이에 맺은 사회계약의 조건은 다음과 같이 몇 마디로 요약될 수 있다. '나는 부자이고 너는 가난하기 때문에 너는 나를 필요로 한다. 따라서 우리는 계약을 맺을 것이다. 내가 너에게 명령하는 수고로움을 무릅쓰는 대가로 네가 가진 얼마 안 되는 것을 나에게 넘겨준다는 조건 아래, 나는 네가 나에게 봉사하는 영광을 갖도록 허락할 것이다.'[8]

부르주아 질서의 역사적 주도권이 끝나가면서, 사회적 불평등에 관해 난처한 질문을 하는 것은 자본의 관점과 전혀 양립할 수 없게 되었다. 평등에 대한 지배적인 담론은 평등의 극히 형식적인 요건의 몇몇 제한된 측면에 관한 것으로 한정되어야 했는데, 이것도 자본주의적으로 시행 가능한 계약의 규칙에 적절했기 때문에 가능했다. 하지만 주로 형식화된 의미로 쓰이는 평등에 대한 담론의 주요 기능은 사회적 변호론과 신비화였다.

'결과의 평등'에 대한 요구를 배제하는 데 복무하는 냉소적인 담론이 도처

---

8   Rousseau, *A Discourse on Political Economy*(Everyman edition), pp. 262~264.

에 존재한다는 사실이 이 점을 너무나 잘 보여준다. '결과'에 의미 있는 변화를 압박하는 것이 허용되면 기존의 권력관계에 일부 불편한 간섭이 일어나게 되고, 사회적 개인들이 사회의 의사 결정의 실질적 과정에 효과적으로 개입하는 능력이 개선될 것이기 때문이다. 이것이 바로 '기회의 **평등**'이라는 실현 불가능한 상태를 약속하는 전적으로 공허한 공식公式을 위해 '결과의 평등'을 옹호하는 생각 자체가 절대적으로 사라져야 하는 이유다. 선포된 '기회의 평등'은 쟁점이 정의되는 방식 때문에 전혀 실현 불가능한 조건이며, 결국은 **텅 빈 형식적인 껍데기**로 귀결될 뿐이다. 공식 자체가 명백하게 '**결과의 평등**'에 대한 냉담하고 냉소적인 거부를 전제로 하기 때문이다. 당연히 정의定義상 '결과'에 대한 희망이 애초부터 배제된다면 '기회'라는 것은 어떤 의미도 가질 수 없다.

9.3.2

실질적 평등을 온전히 실현하는 일은 확실히 너무나 어려운 역사적 과업이다. 사실 어쩌면 그것은 사회질서 전체의 변혁을 포함하는 매우 어려운 일이다. 진실로 공평한 사회의 건설은 자본주의적 변종은 물론이고 수천 년 동안 구축된 착취의 구조적 위계제를 근본적으로 극복할 것을 요구하기 때문이다.

잘 알다시피 긴 세월의 인간 역사에서 구조적으로 정착된 불평등은 확대재생산의 기본 조건들이 계급사회의 명령 구조를 통해 가장 잘 확보될 수 있다는 점을 근거로 삼아 일정한 정당성을 가지고 합리화되었다. 왜냐하면 불평등은 모든 것을 '하루살이로' 즉시 소비해버리는 대신에 잠재적인 생산적 발전을 위해 잉여노동의 과실을 — 매우 부당한 방식일지라도 — 상당 정도 따로 떼어내 축적하는 것을 가능하게 만들었기 때문이다. 물론 그런 정당화는 우리 시대의 거대한 생산력과 생산적 잠재력 아래서는 전혀 타당성을 갖지 못한다. 당연히 사회의 확대 재생산 조건에서 — 비교할 수 없이 더 나은 쪽으로 — 인류가 역사적으로 성취한 이와 같은 변혁은 원론적으로 모든 사람의 실질적 평등의 기초 위에 사회신진대사 통제 양식을 조정하는 질적으로 다른 방식을 구축할 가능성을 말해준다.

하지만 이야기는 거기에서 끝나지 않는다. 거대한 역사적 가능성이 우리 시대에 열려 있다는 사실은 이 가능성이 가까운 미래 또는 먼 미래에 현실로 될 것이라는 것을 결코 의미하지 않는다. 특히 현재의 발전 단계에서 자본의 사회신진대사 통제의 조건 아래 모든 생산적 잠재력은 동시에 위협적인 파괴적 잠재력이기 때문이다. 이 파괴적 잠재력은 우리 시대에 점차 증가하는 빈도와 커져가는 규모로 위협적으로 현실화되어 인간의 삶뿐만 아니라 지구 위의 유한한 생명체 전체를 위험에 빠뜨리고 있다. 이것이 우리 시대에 크게 선전된 자본주의적 세계화의 온전한 의미다.

이전에는 상상도 할 수 없었던 그러한 역사적 곤경은 불가피하게 우리의 과제 순서에서 높은 위치에 있는 문제인 진정한 평등 문제를 포함해 수많은 문제를 근본적으로 재규정하도록 만든다. 실행 가능한 사회주의적 재생산 질서의 형성은 갈수록 더 파괴적으로 되어가는 자본의 사회신진대사 통제 방식의 단순한 부정 이상의 것을 요구하기 때문이다. 만약 사회주의적 재생산 질서가 자본의 통제 방식에 대한 부정과 동시에 현재의 지배적인 조건에 대한 긍정적인 대안으로 명료하게 표명되지 않는다면 그것은 장기적으로 유지될 수 없다. 이 점에서 실질적 평등은 대안적 사회 재생산 질서의 긍정적인 규정의 필수적인 특징이다. 왜냐하면 실질적 평등의 기초 위에서 재구조화되지 않는다면 현재의 사회적 소우주를 구성하는 세포들의 적대적이고 갈등적인 내적 규정을 제거하는 것이 불가능하기 때문이다.

자본 시스템을 규정하는 근본적인 특징인 구조적으로 정착된 위계제 사회는 본성상 자신을 구성하는 소우주들 그리고 적대적으로 결합된 총체 모두에서 언제나 적대적이고 갈등적일 수밖에 없다. 자본 시스템의 구조적 위기가 깊어지면서 적대적인 내적 규정은 결국 폭발에 이르게 될 때까지 심화할 뿐이다. 오늘날 선진 자본주의국가에서조차 권위주의적인 국가 입법 조치를 점점 더 많이 도입하는 쪽으로 선회하는 것,[9] '자유와 민주'라는 완전히 거짓된 평계를 대고 참혹한 전쟁에 적극적으로 개입하는 것을 우리가 목격하는 것은 바로 이 때문이다.

폭발적인 모순의 축적을 점점 더 폭력적인 수단으로 통제하려는, 현재 분명히 관찰할 수 있는 권위주의적 경향은 감당할 수 없을 뿐만 아니라 역효과를 초래한다. 그런 식의 발전이 궁극적으로 이르게 될 곳은 인류의 파멸이다.

이런 점에서 궁극적으로 이치에 맞는 유일한 대안은 연합한 생산자들이 자신의 생존 조건을 재생산하는 목적과 이를 위해 인간적으로 보상하는 작업 요건에 전적으로 일체감을 갖는 사회다. 그런 사회는 오직 실질적 평등의 기초 위에서만 가능하다.

달리 말하면, 무한정 억압될 수만은 없는 폭발적인 적대에 대한 해법은 다음과 같은 사회에서만 실현 가능하다. 즉, 한편으로 노동 자체가 **보편화되어**[10] 모든 개인을 의식적으로 참여시키고, 다른 한편으로 각자의 생산 목

---

9 가령 Jean-Claude Paye, "The End of Habeas Corpus in Great Britain," *Monthly Review*, November 2005를 보라. 그는 최근 영국 의회에서 전개된 해로운 입법을 다음과 같이 특징지었다. "그 법률은 내무 장관에게 사법적 특권을 부여해 형식적 권력분립을 공격한다. 게다가 그것은 실제로 방어권을 제거해버린다. 또한 그 법률은 사실이 아니라 혐의에 우선권을 부여한다. 왜냐하면 개인들이 무엇을 해서가 아니라 그들이 했거나 할 수 있다고 내무 장관이 여기는 일 때문에, 잠재적으로 가택 연금에 이를 수 있는 자유를 제한하는 조치들이 개인에게 부과될 수 있기 때문이다. 이로써 이 법률은 법치를 고의로 외면하고 새로운 형태의 정치체제를 수립한다." 또한 이 책의 제10장, 특히 10.3 "정치의 구조적 위기"를 참조하라.

10 사회적으로 형평성 있는 노동의 보편화에 대한 이런 요청은 몇 세기 전 일부 위대한 몽상가들의 저작에서 나타났지만, 그들 시대에 진행 중이었던 사회경제적 발전의 압도적인

표에 대해 개인이 적극적으로 노력해 얻을 수 있는 잠재적으로 매우 풍성한 성과가 그들 모두에게 **형평성 있게 분배되는** 사회다. 그런 사회에는 생산자들이 실질적 평등의 분리될 수 없는 두 차원이 결여된 (내부에서 파열된 소련형 사회에서 널리 일어났던) '마지못해 하는 노동력'[11]과 유사하게 행동해야 할 이유가 존재할 수 없다.

이것이 바로 시간이 얼마나 걸리든 간에 포괄적인 실질적 평등의 실현이 역사적으로 지속 가능한 대안 질서를 창출하는 데 **절대적 조건**인 이유다. 실질적 평등의 실현이 비적대적 재생산 질서를 성공적으로 수립하고 유지하는 절대적 조건이라는 바로 그 이유로 실질적 평등을 실현하는 것은 처음부터 사회변혁의 전반적 전략에 필수적인 요소로 설정되어야 한다. 실질적 평등의 실현을 변혁의 **필수적 목표** ― 여정을 위한 **나침반**뿐만 아니라 선정된 목적지에 이르는 도정에서 성공을 측정하는 구체적인 척도 역시 제공하는 목표 ― 로서 의식적으로 채택하지 않는다면 사회주의 건설에 관한 모든 이야기는 달성하기 어려운 정치적 공상이 될 수밖에 없다.

사회주의와 민주주의 사이의 필수적 관계를 이야기하는 것은 이와 같은 핵심적 문제를 비껴간다. 이런 측면에서 '민주주의'에 대한 옹호는, 과거에 한 줌밖에 안 되는 '선진 자본주의' 나라에서 보았듯이, (사회주의적 조건 아래에서는 최소 필요조건에 지나지 않는 것인) 민주주의 개념을 **형식적으로** 환원하거나, 해법을 찾는 모든 것을 **정치** 영역으로 제한해 필연적으로 굴레 속에서 빙빙 도는 **책임 회피**를 신비화하는 것이다. 이것이 바로 사회주의를

동학 아래서는 아무 소용이 없었다. 앞서 제8장의 파라셀수스에 관한 논의를 참조하라.

11 '마지못해 하는 노동력(reluctant labor force)'은 소련에서 스탈린주의 모델이 정립되면서 위에서 부과된 권위주의적 질서 때문에 노동자들이 적극적인 동기부여 없이 수동적으로 노동하며, 때때로 무단결근, 음주, 태업 등으로 소극적으로 저항하는 상태를 말한다. 이는 필연적으로 생산성 정체로 귀결되었고, 스탈린 체제는 이를 해결하기 위해 노동 성과와 연계된 다양한 형태의 성과급 제도를 도입할 수밖에 없었다. ― 옮긴이

건설하자는 호소가 실현할 수 없는 것으로, 달성하기 힘든 정치적 꿈으로 전락하게 된 경위다. 상정된 '민주주의'가 사회적 내용이라고 할 만한 것을 전혀 담지 못하기 때문이다. 그것은 과거의 자본주의에서 구성되어 물려받은 것으로서 정치가 사실 인류의 해방에서 매우 큰 장애물 가운데 하나이기 때문이다.

이것이 바로 마르크스가 명시적으로 국가의 소멸을 그에 따른 귀결과 함께 비타협적으로 옹호했던 이유다. 오직 실질적 평등 사회의 실현을 향한 가차 없는 돌진만이 사회주의적 민주주의 개념에 요구되는 사회적 내용을 제공해줄 수 있다. 사회주의적 민주주의는 정치적 용어만으로 정의될 수 없는 개념이다. 그것은 과거에서 물려받은 정치 그 자체를 넘어서야 하기 때문이다.

따라서 실질적 평등은 또한 대안적 사회질서를 향한 이행의 정치가 취하는 기본적인 지도 원리다. 명백하게 인정되든 그렇지 않든 간에 이행의 정치가 목표하는 주요 사업은 연합한 생산자들에게 의사 결정권을 점진적으로 넘겨 그들이 자유롭게(소외된 권력인 국가의 개입 없이 — 옮긴이) 연합한 생산자들이 될 수 있게 함으로써 그 사업에서 스스로 물러나는 것이다. 하지만 실질적 평등의 대안적 사회질서를 펼치는 과정에서 스스로를 넘어서는 적절한 지향 원리를 찾아내지 못하면 정치는 스스로 물러설 수 없다. 이처럼 실질적 평등을 실현한다는 사활적인 역사적 과업에 힘쓰는 것은 사회주의 정치가 거대한 해방적 변혁을 위해 스스로를 재규정하고 재구조화하는 자신의 사명을 완수할 수 있는 유일한 길이다.

9.4 계획: 자본의 시간 남용을 극복하는 데 불가결한 것

9.4.1

지구 가정*household*을 관리하는 적대적이고 갈수록 파괴적인 자본의 방식 대신 합리적이고 가치 있는 사회신진대사 통제 형태를 채택하지 않고서는 현재의 역사적인 상황 아래 이 유한한 지구에서 우리의 생존 조건을 재생산하는 필연적이고 필수적인 대안적 양식의 이름인 사회주의를 상상하기는 어렵다.

용어의 온전한 의미에서 계획이란 사회주의적 사회신진대사 통제 양식의 본질적 특징이다. 왜냐하면 우리의 통제 양식은, 생산 활동이 개인과 사회의 재생산 조건에 미치는 즉각적인 영향과 관련해서 실행 가능해야 할 뿐 아니라, 적절한 안전장치를 도입하고 유지하기 위해 우리가 예상할 수 있고 또 예상해야 할 만큼의 먼 미래에 미칠 **무한한** 영향과 관련해서도 실행 가능해야 하기 때문이다.

이런 측면에서 자본의 사회신진대사 질서에서 우리는 놀라운 모순을 만나게 된다. 왜냐하면 과거의 어떤 사회 재생산양식도 인간 삶 자체의 **자연적 토대**를 포함한 핵심적인 생존 조건에 대해 자본의 질서에 조금이라도 필적할 만한 영향을 즉각적으로, 장기적으로 미치지 못했기 때문이다. 동시에 자본의 사회신진대사 통제 양식의 시각에서는 **장기 역사적 차원**이 완전히 사라져 자본의 통제 양식은 **불합리하고** 전적으로 **무책임한** 관리 형태가 되어버린다. 아주 미세한 세부 수준의 합리성이라는 필요조건은 **즉시성**이라는 시간 척도에서 자본과 양립 가능할 뿐만 아니라 자본을 유지하기 위한 기본 조건으로 자본에 의해 요구되기도 한다. 그러한 필요조건은 자본주의적 시장에서 자신에 적합한 작동 틀을 발견한다(예컨대 가치법칙 — 옮긴이). 문제는 이 사회 재생산 통제 양식에는 **전반적 합리성**이라는 결정적으로 중요한 차원이 필연적으로 결여되어 있다는 점이다. 이에 대한 대체물은 편향된 교정자로서 자본주의국가의 개입을 늘리는 것이지만, 이는 매우 빈약할 뿐 아니라 끝까지 유지될 수도 없는 대체물이다.

시스템의 이러한 교정 불가능한 구조적 결함 때문에 바로 역사의식의 필요성이 가장 절박한 시대, 즉 우리들 자신의 역사 시기인 이 세계화 시대에 역사의식의 가능성이 배제되어버린다. 이미 예기치 못한 — 그리고 원리적으로 자본의 인격화들이 예견할 수 없는 — 시스템 발전의 장기적 영향이 지구 전체에 파고들었기 때문이다. 따라서 슘페터 같은 일부 주류 자유주의 정치경제학자들이 묘사했듯이, 과거 자본주의 질서의 특징이 '생산적 파괴' 시스템으로 어느 정도 정당화되었을지라도 오늘날 자본주의 질서를 그런 용어로 계속 찬양하는 것은 매우 위험한 망상이 된다. 즉, 고질적으로 지속되는 자본 시스템 전체의 **구조적 위기**를 초래한 20세기 후반의 **역사적 발전**의 영향 아래 **파괴적 생산** — 이상화된 '생산적 파괴'의 정반대인 — 의 강력한 영향과 치명적인 잠재력에 직면하는 것을 절대 피할 수 없게 된 시대에 자본주의 질서를 그런 식으로 그릇되게 설명하는 것은 매우 위험한 망상이다.

오직 합리적으로 계획된 사회신진대사 재생산 시스템만이 역사적으로 창출되어 이제는 통제가 불가능하게 된 이런 곤경의 모순과 위험에서 벗어날 길을 제시해줄 수 있다. 이 역사적 곤경을 치유하려면 진정 포괄적인 **계획 형태**가 필요하다. 과거에는 결코 실제로 실행할 수 없었지만 현재 절대적으로 필요한 역할에 부응하기 위해 이런 계획 형태는, 특정한 나라의 생산력을 편성하고 건설적으로 향상하는 어려움뿐만 아니라 우리 시대에 진실로 **지구적인** 사회경제적·정치적·문화적 발전의 다양한 문제와 **모든 차원**을 다룰 수 있어야 한다.

깊게 뿌리내린 기득권과 지배적인 '자본주의적 시장경제'가 스스로를 신화화神話化하는 상황을 감안하면 성공적으로 계획된 대안적 경제 형태라는 생각 자체가 **선험적으로** 배제되는 것은 이해할 만하다. 최근에 출간된, 사회주의를 강력하게 옹호하는 저작물에서 맥도프 부자父子는 계획과 대립되는 이런 근시안적 접근 방법의 특징을 다음과 같이 표현했다.

> 중앙 계획의 효험 또는 심지어 중앙 계획의 가능성에 대해 사람들이 느끼는 회의는 오직 중앙 계획의 결점만을 인정하는 반면, 그 성과는 부정한다. 중앙 계획에서 명령주의를 필요로 하거나 계획의 모든 측면을 중앙 당국에 의존하게 만드는 것은 아무것도 없다. 그런 일은 특수한 관료적 이해관계의 영향과 군림하는 국가권력 때문에 일어난다. 민중을 위한 계획은 (계획 단계부터 — 옮긴이) 민중을 포함해야 한다. 지역, 도시, 마을의 계획은 노동자 평의회나 지역 평의회에 소속된 지역 주민, 공장과 상점의 능동적인 개입을 필요로 한다. 전반적인 프로그램, 특히 소비재와 투자 사이의 자원 배분을 결정하는 프로그램은 민중의 참여를 필요로 한다. 민중의 참여를 위해서 민중은 생각의 근거를 제공하는 확실한 방법으로서 사실fact을 접해야 하고, 기본적인 결정에 기여해야 한다.[12]

예를 들면 제2차 세계대전 같은 역사적으로 대단히 위급한 시기에는 심지어 자본의 의사 결정권자들도 기꺼이 자신의 생산 전략에, 다소 제한적이고 대체로 이윤 지향적이기는 하지만, 계획경제의 일부 요소를 통합하려 했다. 그렇지만 일단 큰 위기가 끝나면 그런 관행은 모두 재빨리 역사적 기억에서 지워지고, 시장이야말로 상상할 수 있는 모든 문제의 이상적인 해결책에 부합한다는 시장의 신화가 그 이전보다 더욱 강력하게 조장되었다.

만약 종종 있었던 **비상조치** 형태의 양보가 아니라 자본의 사회신진대사 통제 양식의 **정상상태**가 앞서 말한 바와 매우 다를 수 있다면 그것은 엄청난 기적이 될 것이다. 계획이라는 관념은 주어진 사회 재생산 시스템에 고

---

12 Harry Magdoff and Fred Magdoff, "Approaching Socialim," *Monthly Review*(July~August 2005).

유한 근본적인 시간 규정과 분리될 수 없기 때문이다. 이런 측면에 따라 자본의 필연적인 시간 남용에서 계획에 반대하는 잘 알려진 편견이 생겨난다. 자본에게 직접적으로 유의미한 유일한 시간 양식은, 이윤 지향의 시간 회계(시간 계산법 - 옮긴이)의 조건과 이를 통해 확장된 규모로 자본의 실현을 보장하고 보호하기 위해 요구되는 것으로서 필요노동시간과 그 운영에 수반되는 것이다.

앞서 언급한 바와 같이, 특정 기업에서 정밀한 세부 사항을 추구하는 (그리고 타락한 의미의 '계획'인) 근시안적 합리성은 필연적으로 경제 전체의 전반적인 기획을 결여한다. 그리고 그에 대한 보완물을 적대적이고 갈등적으로 결합된 시장에서 찾는다. 근시안적 합리성은 머리가 잘리고 합선合線된 시간(경제 전체의 전반적 기획이 없다는 의미에서 맹목적이고, 따라서 근시안적 합리성들이 서로 충돌해 혼선을 일으킨다는 의미 - 옮긴이)과 양립할 수 있을 뿐이다. 제2차 세계대전과 같이 역사적인 초비상 시기에 주요한 군사적 도전에 대응하기 위해 조금 더 포괄적인 합리성을 가진 일부 요소를 도입하는 것은 양보 조치가 극히 일시적이어야 하고 가능한 한 가장 빠른 기회에 제거되어야 한다는 분명한 합의 위에서 이루어진다.

현재의 상황과는 전혀 다르게, 전 지구적으로 통합된 세계의 재생산 실행은 전반적 합리성의 인도를 도입하고 유지할 것을 요청한다는 사실을 인정한다면 - 통제 불가능성과 그에 따른 폭발 위험이 증가하는 데 대처하기 위해서는 마땅히 그래야 하는데 - 시간에 대한 자본의 잘못된 관계는 근본적으로 재검토되고 변경되어야 한다. 이 점에서 인류의 사회신진대사 재생산 조건을 진정 참여적이고 포괄적으로 계획하는 것은 자명한 필요조건이다. 이러한 포괄적 계획은 엄밀하게 경제적인 차원뿐 아니라 도덕적·문화적인 차원까지 포함해 다양한 구성 요소 모두를 포괄한다. 그런 포괄적인 계획을 확실히 가능하게 만들기 위해서는 숙명적으로 소외와 불구화를 낳는 상태 - 이윤 지향적이고 근시안적으로 머리가 잘린 "시간이 모든 것이고, 인간은 아무것도

아니다. 즉, 인간은 기껏해야 시간의 형해일 뿐"인 상태 — 를 극복하는 것이 필수적이다.[13]

9.4.2

자본의 정상상태가 포괄적인 계획과 양립할 수 없는 주요 원인은 지속가능한 사회경제적 지향의 필수 요건이 인간적으로 실행 가능한 재생산 질서를 관리하는 질적 측면에서 비롯되는 것이다. 그것이 단순히 자본의 경제활동에 포함된 시간을 확장하는 문제라면 원칙적으로 지배 시스템의 관점에서 가능할 것이다. 이 점과 관련해 겉보기에 다루기 힘든 문제를 해결하지 못하게 하는 조건으로 작용하는 것은 적절한 척도의 총체적 부재다. 채택된 생산 활동이 인간에 미치는 질적인 영향을 적절하게 평가하는 데 적합한 척도가 장기적으로는 물론이고 비교적 상대적으로 단기적으로도 존재하지 않는다. 이에 대한 좋은 일례로, 지배적인 자본주의국가들, 특히 미국이 교토의정서에 담긴 최소한의 필요조건조차 매우 무책임한 방식으로 다루는 것을 들 수 있다.[14]

---

13 Marx, *The Poverty of Philosophy*(London: Martin Lawrence Ltd.), p. 47.

14 불행한 교토 무용담은 이런 발전의 최근 국면에 불과하다. 나는 십 년도 더 전에 다음과 같이 주장했다. "마지못해 인정된 문제를 다루는 어떤 시도도 그 시스템의 기본 법칙과 구조적 적대의 엄청난 중압 아래서 수행되어야 한다. 그리하여 1992년 리우데자네이루 (Rio de Janeiro, 브라질 동남부의 대서양을 마주하고 있는 세계 최대 항만 도시 — 옮긴이) 대회와 같은 대규모 국제 대회의 틀 안에서 상정된 '교정 조치들'은 전혀 문제가 되지 않는다. 그 조치들은 기존의 지구적 권력관계와 기득권의 영구화에 종속되어야 하기 때문이다. 위험이 얼마나 심각하든 간에 인과관계와 시간은 지배적인 자본주의 이해관계의 노리개로 취급되어야 한다. 그리하여 미래 시제(時制)는 무정하고 무책임하게도 즉각적인 이윤 예상 수치라는 매우 협소한 지평으로 제한된다"(Mészáros, *Beyond Capital*, p. 148). "특히 조지 부시(아버지 부시 — 옮긴이) 대통령이 이끄는 미국 대표단을 비롯

물적·인적자원 측면이나 시간 측면을 질적으로 고려하지 않고서도 계획된 생산 확장이 규정될 수 있다면 자본은 인상적인 **수량화**數量化는 물론이고 심지어 자기 확장적인 **증식**에서도 아무런 어려움이 없다. 이런 의미에서 현재와 미래에서 모두 특히 중요한 개념인 **성장**은 자본에 의해 **물신숭배적 수량화**로 제한된 범위 안에서 왜곡되게 다루어질 수밖에 없다. 그러나 우리가 다음 절에서 보게 되듯이, 성장에 대해 **질적**으로 깊이 고려하지 않는다면 현실에서 성장은 생산적으로 실행 가능한 전략 형태로 전혀 유지될 수 없다. 마찬가지로 **포괄적인 계획** — (추구될 수 있는 특정한 생산적 목표와 관련해) 안전하게 선택적이고, 일시적으로 제한된 (단기) 개입과 대비되는 — 도 인정될 수 없다. 인간적으로 타당한 전반적 합리성의 범위나 시간의 척도가 모두 물신숭배적 수량화로 전환될 수 없기 때문이다.

여기서 핵심 개념은 원래의 그리고 그 자체로서의 합리성이 아니라, 채택된 전반적 척도의 고유하게 인간적인 **요소**_humanness_가 요구하는 **지속 가능한 합리성**이라는 필수적인 규정이다. 아주 쉽게 수량화가 가능한 **부분적 합리성**이 자본의 생산적 소우주들 내부에서 자본 운영상의 명령과 완벽하게 조화될 수 있다. 그렇지만 그것은 시스템 전반의 지향 틀과 적절한 척도로서 인간적으로 타당한 전반적 합리성은 아니다. 전반적 합리성을 지향하는 것과 관련해 실행 가능하고 지속 가능한 생산 시스템을 규정할 수 있는 유일한 것은 고유하게 질적인 규정으로서 **인간적 필요** 그 자체다.

질적인 전반적 규정은 (비록 지금은 자본주의에 의해 좌절되고 있지만, 억누를 수 없는) 인간적 필요라는 현실을 통해서만 제기될 수 있다. 이는 자본 시

해 지배적인 자본주의 열강의 압력 아래 거의 무의미할 정도까지 희석된 1992년 리우데자네이루 회의의 무력한 결의안조차 예전처럼 난제에 대응하기 위해 아무것도 하지 않으면서 '부과된 의무를 완수하는 척' 꾸미는, 실행에 대한 **알리바이**로서만 활용되고 있다"(Ibid., p. 270).

스템의 교정될 수 없는 자기 정의_self-definition_와 뛰어넘을 수 없는 전반적 규정에서 필연적으로 결여된 것이다. 자본이 (명확히 식별할 수 있는 인간적 필요와 질적으로 관계하지 않고서는 전적으로 무의미한) 쉽게 수량화할 수 있는 교환가치에 사용가치를 종속시켜야 하는 것은 바로 이 때문이다. 교환가치는 인간적 필요와 전혀 관련될 필요가 없고, 오직 자본의 확대 재생산의 필요와 관련될 뿐이다. 바로 대량 학살 전쟁의 반反인간적인 관행과 관련된 끔찍한 현실이 군산복합체와 그것의 수익성 좋은 '자본-실현'을 통해 우리 시대에 분명하게 입증하듯이, 교환가치는 실제로 파괴적인 반가치의 승리와 완벽하게 조화를 이룬다.

9.4.3

그 용어의 매우 심오한 의미에서, 계획은 이런 문제와 모순을 시정하기 위해 절대적으로 중요한 것이다. 그렇지만 여기서 논의되는 계획은 그에 상응하는 역사적 시간 차원 없이는 가시화될 수 없다. 이런 측면에서 협소하게 기술적인 의미와 대비되는, 고유한 의미에서의 계획을 이해하는 데 필요한 시간 개념은 추상적이고 일반적인 우주宇宙 시간이 아니라 인간적으로 유의미한 시간이다. 역사의 도정에서, 특히 인류 역사의 전개를 통해서 인류의 발달 — 그리고 동시에 일어나는, 마르크스가 말한, "자연 자체의 인간화" — 과 더불어 근본적으로 새로운 시간 차원이 등장한다는 의미에서 시간 개념은 크게 달라진다.

동물 세계와 달리, 인류가 역사적으로 창조되고 변하는 조건 아래서 역사적으로 발전하는 개인들로 구성된다는 사실은 인류와 대립되는 것으로서 인간 개인이 극히 제한된 생애生涯를 가진다는 상황과 분리될 수 없다. 따라서 기나긴 역사적 발달 때문에 시간 문제는 단지 개인의 일생에서 처음부터 마지막 시간까지 생존할 필요라는 인간적 맥락뿐만 아니라 동시에 개인이 생명 활동의 참된 주체로서 의미 있는 삶을 창조하기 위해 직면할 도전이라는 인간적 맥락에서도 나타난다. 달리 말하면 이 도전은, 개인이 필수적이고 능동적으로 기여하는 한 부분이 되어 구성하는 사회가 집단적 잠재력을 점점 더 향상하는 것과 밀접하게 관련해, 행위의 참된 '창조자'로서 개인이 자신의 삶을 의미 있게 만드는 것이다. 이는 인류의 진보를 위해 개인적 의식과 사회적 의식이 진정으로 화해할 수 있는 방식이다.

자본의 지배 아래서는 이런 모든 것이 불가능하다. 여기에서는 계획의 핵심적인 필요조건이 포괄적인 사회 수준과 개인의 삶 모두에서 폐기된다. 인간적 필요라는 긍정적인 지향을 가진 매우 광범위한 사회적 수준에서 포괄적 계획은 매우 근시안적 지향의 시간 회계를 위해 적절하지 않다고 판정되고, 이에 파괴적 생산의 위험이 증가하게 된다. 동시에 개인적 의식 수준에서 '각자의 삶을 의미 있게 만드는 것'에 대한 요구는 오직 '초월 세계'에만 관심을 갖는 사회적으로 매우 무기력한 종교적 담론 형태로 표현될 수 있을 뿐이다.

자본의 필연적인 시간 남용은 모든 영역에서 엄청난 대가를 치르며 널리 이루어지고 있다. 현존 질서에 대한 실행 가능한 헤게모니적 대안인 사회주의 재생산 질서를 내다보기 위해서는 계획 문제를 우리 관심의 전면에 내세워야 한다. 재생산 합리성의 광범위한 사회적 차원과 의미 있는 삶에 대한 개인의 요구를 결합하지 않는다면 성공은 지속될 수 없기 때문이다.

진정한 의미에서 참된 주체가 되는 것이 의미하는 두 기본 차원은 운명을 함께한다. 만약 집단적 힘을 구성하는 특정한 사회적 개인들이 자신의 의미 있는 생명 활동을 전적으로 책임지는 '자신의 행동에 대한 의식적인 주체'가 될 정도까지 스스로를 해방할 수 없다면 의식적으로 집단적 힘을 발휘하는, 자유롭게 연합한 생산자 집단이 어떻게 사회 세계에서 주권적인 '권력 주체'가 되어 자연과의 그리고 사회 구성원들 사이의 생산적 교류를 계획하고 자율적으로 운영할 수 있겠는가? 그 반대도 마찬가지다. 즉, 만약 사회신진대사 재생산의 **전반적 조건들이** (사회적 개인의 기획을 좌절시키고, 그들이 애쓰려는 자아실현의 목표와 가치를 매우 권위적인 방식으로 기각하는) **외부의 힘**에 의해 지배된다면 어떻게 개인이 자신의 삶을 의미 있게 만들어갈 수 있겠는가?

소련형 탈자본주의사회에서 일어났던 계획에 대한 관료적 모독은 똑같은 모순의 표현이었다. 맥도프 부자가 올바르게 개탄했듯이, 경제에서 무기력을 낳는 "특수한 관료적 이해관계의 영향과 군림하는 국가권력"은 실패할 수밖에 없었다. 왜냐하면 (옛 소련) 공산당 정치국 구성원들은 포고된 '계획경제'를 운영하는 데 전능의 의사 결정 주체라는 배타적인 역할을 스스로에게 임의로 부여했으며, 동시에 공공연한 우월감으로 심지어 국가의 최고위 계획 관리들조차 '단지 한 무리의 회계사'로 치부해버렸기 때문이다. 해리 맥도프가 체 게바라와 나누었던 대화를 알려주는 흥미로운 인터뷰가 있다.

> 나는 체에게 말했다. '중요한 것은 계획이 수립될 때 그 방향과 수치를 제시하는 사람인 계획가들이 현실적인 조건을 감안해 실제적인 정책 대안을 고안하는 데 몰두해야 한다는 점입니다.' 그러자 그는 웃으며, 그가 모스크바에 있을 때 그를 초청한 당시 소련의 당과 정부 수반인 흐루시초프Khrushchev가 그를 데리고 다니며 정치적 관광 명소들을 보여주었다고 말했다. 도시를 관광하며 체는 흐루시초프에게 계획위원회와 만나고 싶다고 말했다. 그러자 흐루시초프는 다음과 같이 말했다. '왜 그들을 만나고 싶습니까? 그들은 단지 한 무리의 회계사에 불과합니다.'[15]

---

15 Harry Magdoff, interviewed by Huck Gutman, "Creating a Just Society: Lessons from Planning in the U.S.S.R. & the U.S.," *Monthly Review*(October 2002).

더구나 사회의 특정 개인은 모두 전반적인 계획 과정에서 거만한 특징을 지닌 "한 무리의 회계사"보다 발언권이 훨씬 더 적었다. 국가 관리들은 개별 주체인 특정 개인의 역할을 격식이고 뭐고 없이 상부의 명령을 수행하는 것으로 국한했다.

　그 결과는 매우 파괴적인 것이었는데, 이는 충분히 이해할 만하다. 그런 상황에서는 핵심적인 사회 재생산과정에 대한 진정으로 지속 가능한 통제를 수행하는 데 필수적인 포괄적 교류의 의식적인 집단적 주체가 진정한 집단적 주체로 결코 구성될 수 없었기 때문이다. 이것이 불가능했던 이유는 참된 주체가 되는 것이 의미하는 두 기본 차원 — 즉, 재생산 합리성의 광범위한 사회적 차원과 개인적 목표를 결합할 필요성 — 이 임의로 파괴되었고, 서로 대립되었기 때문이다. 이와 같은 상명하복의 의사 결정 양식 아래에서는 사회의 정당한 집단적 주체의 잠재적 구성원인 특정 개인들의 뜻 있는 생명 활동에 대한 자율적 통제가 부정된다. 또한, 이로써 그들이 사회신진대사 재생산 전체를 자율적으로 통제하는 것이 부정된다. 이 슬픈 이야기의 나머지는 소련형 시스템의 내파를 통해 잘 알려져 있다.

　따라서 자본의 필연적인 시간 남용은 인간을 '시간의 형해' 상태로 격하하고 그들의 참된 주체로서 가진 자기 결정권을 부정한다. 이를 근본 원인부터 극복하는 문제는 대안적인 사회질서를 창출하는 데 사활적이다. 머리가 잘리고 합선된 시간은 일반적인 사회 수준에서 변화하는 것만으로는 치유될 수 없다. 개인과 사회의 해방 조건은 서로 대립될 수 없음은 물론이고 분리될 수도 없다. 그것들은 동시성이라는 시간 차원에서 함께 성공하고 실패한다. 하나는 다른 하나의 실현을 위해 온전히 요구되며 그 반대의 경우도 마찬가지이기 때문이다. 심지어 우리는 사회 변혁의 기초적인 일반 목표가 성공적으로 달성될 때까지 개인의 해방을 유보한 채 기다릴 수 없다. 자신이 선택한 사회의 목표와 가치에 대해 일체감을 가질 수 있고 또한 일체감을 가진 개인이 아니라면 도대체 누가 포괄적인 사회 변혁의 첫발을 내딛을 수 있겠는가?

이를 위해서 특정 사회적 개인들은 그들에게 협소하게 부과된 머리가 잘린 시간이라는 구속에서 스스로를 해방해야 한다. 그들은 오직 의미 있는 생명 활동이라는 올바른 ― 비적대적으로 확장된 ― 관점과 함께 자율적이고 의식적이며 책임 있는 의사 결정권을 획득해야지만 그렇게 할 수 있다. 이 것이 역사적으로 지속 가능한 시간 척도로 대안적인 사회신진대사 질서를 구성하는 것을 가능하게 하는 방식이다. 그것이 사회주의 기획의 핵심 원칙인 계획에 진정한 의미를 부여하는 것이다.

9.5 이용利用에서의 질적 성장: 유일하게 실행 가능한 경제

9.5.1

예전에 자본주의 생산양식은 그 이전의 모든 생산양식에 비해 대단한 진보를 의미했다. 하지만 이 역사적 진보는 결국 문제투성이고 실상 파괴적인 것으로 판명되었다. 자본은 인간의 사용과 생산 사이의 (오랫동안 널리 통용되었으나 제약이 있는) 직접적 연계를 파괴하고 그 연계를 상품 관계로 대체했다. 이로써 자본은 역동적으로 펼쳐지는 억누를 수 없을 듯한 ― 자본 시스템과 그것의 '의지의 인격화들'의 입장에서 보면, 인지 가능한 어떤 한계도 있을 수 없는 ― 확장의 가능성을 열었다. 이는 자본의 생산 시스템이 가진 역설적이고 궁극적으로는 전혀 이치에 맞지 않는 내적 규정 때문이다. 즉, 상품은 "그 소유자에게는 비非사용가치이고 그것의 비非소유자에게는 사용가치다. 따라서 상품은 모두 그 소유자를 바꾸어야 한다. …… 그러므로 상품은 사용가치로 실현되기 전에 먼저 가치로 실현되어야 한다".[16]

자본 시스템의 자기 모순적인 내적 규정은 인간의 필요를 (소외를 야기하는) 자본 확장의 필요성에 무자비하게 굴복하도록 강제한다. 그리고 이 역동적인 생산 질서에서 전반적인 합리적 통제 가능성을 제거한다. 그것은 장기적으로 위험스럽고 잠재적으로 파멸적인 결과를 가져온다. 그리고 머지않아 이전에는 상상조차 할 수 없는 경제 발전의 거대한 **긍정적인 힘**을 (필수적인 재생산 제약이 완전히 부재한) 파괴적인 **부정성**으로 변형한다.

자본 시스템의 변경 불가능한 물신숭배적 지상명령과 기득권 때문에 체계적으로 무시되고 무시될 수밖에 없는 것은, 문자 그대로 생명과 직결된 **객관적 한계**를 가진 유한한 세계에 우리가 불가피하게 살고 있다는 사실이다. 자본주의 발달의 수 세기를 포함한 인류 역사에서 오랫동안 그러한 한계는 상대적으로 안전하게 무시될 수 있었고 실제로 무시되었다. 하지만 일단 그 한계가 드러나기 시작하면 ─ 돌이킬 수 없는 우리의 역사적 시대에 그럴 수밖에 없듯이 ─ 불합리하고 낭비적인 생산 시스템이 아무리 역동적일지라도 (실상 더 역동적일수록 더 악화되는) 그 영향을 결코 피할 수 없다. 단지 무슨 수를 써서라도 그 시스템을 보존한다는 공공연하게 파괴적인 지상명령을 냉철하게 정당화하는 쪽으로 시스템을 끌고 가 그 영향을 잠시 동안 무시할 수 있을 뿐이다. '대안이 없다'라는 금언을 하거나 지속 불가능한 미래를 예시하는 매우 명백한 경고신호조차 그런 식으로 깔아뭉개거나 필요하면 언제든지 야만적으로 억압함으로써 말이다.

잘못된 이론화는 이처럼 사용가치에 대한 교환가치의 (균형을 잃은) 객관적이고 구조적인 규정과 지배의 필연적 귀결이다. 이는 매우 부조리하게 맹목적으로 변호되는 현대자본주의의 상황뿐만 아니라 자본 시스템이 역

---

16 Marx, *Capital*, vol. 1(Moscow: Foreign Languages Publishing House, 1959), p. 85. 상품이 먼저 사용가치로 실현될 경우 당연히 인간의 사용과 생산 사이의 직접적 연계의 구속을 받겠지만, 가치로 먼저 실현될 경우 이런 직접적 연계가 파괴되기 때문에 무한히 확장할 수 있을 듯이 보인다. ─ 옮긴이

사적으로 상승하던 시기인 부르주아 정치경제학의 고전적 시대에도 그러했다. 자본의 지배 아래서는 가상적으로 무제한적인 생산만이 유일하게 훌륭한 것으로 이론적으로 정당화되어야 할 뿐 아니라 그것이 무슨 수를 써서라도 추구되어야 하기 때문이다. 심지어 다음 두 사항에 대해 어떤 보장도 있을 수 없다 해도 그것은 반드시 추구되어야 한다. 즉, ① 공급된 상품에 요구되는 지속 가능한 '소유자 교환'이 이상화된 시장에서 일어날 것이다(애덤 스미스의 훨씬 더 신비한 '보이지 않는 손'이 가진 신비한 자비심 덕분에), ② 상품의 무제한적인 ─ 그리고 필요와 사용에서 유리된다는 그 1차적 규정 때문에 인간적으로 제한될 수 없는 ─ 공급을 생산하기 위한 객관적인 물질적 조건은 영원히 확보될 수 있다. 자본의 사회신진대사 재생산양식의 자연에 대한 파괴적 영향과 인간 생존 자체의 기초 조건에 대한 파괴적 영향과 무관하게 말이다.

위의 ①에서 지적된, 변경 불가능한 구조적 결함을 교정하는 데 시장이 이상적으로 적합하다는 것은 하나의 불필요한 사후약방문에 불과하고, 수많은 자의적인 가정과 실현될 수 없는 규제적 기획을 똑같이 헛되게 수반한다. 교정적 사후약방문인 시장의 기저를 이루는 냉혹한 현실은 일련의 극복하기 어려운 적대적인 권력관계들이다. 경향적으로 이 권력관계들은 독점적 지배로 나아가고 시스템의 적대성을 심화한다. 마찬가지로 위의 ②에서 부각되었듯이, 무제한적인 자본 확장을 추구하는 것 ─ 지극히 중요한 '성장' 그 자체를 목적으로 이상화하는 것 ─ 의 심각한 구조적 결함 역시 일부 개선책이 필요하다고 인정할 수밖에 없게 될 때 똑같이 허구적인 사후약방문에 의해 보완된다. 숙명적인 '정상상태'의 구제할 수 없는 부정적인 상황 때문에 시스템이 무너져 내리지 않게 하기 위한 하나의 대안으로서 그렇게 기획된 처방은, 생산 시스템은 건드리지 않고 그대로 남겨둔 채 단지 분배를 '더 공평하게' (그럼으로써 갈등이 덜 생기게) 만든다는 희망적인 주장이다. 물론 이런 이론은 자본의 사회질서의 근본적인 위계적 구조 규정 때문에 실행될 수 없지만, 설령 실행될 수 있더라도 생산 — 또한 그 토대 위에서 치유할 수 없는 분배라는, 자본 시스템의 극복하기 어려운 모순도 발생한다 — 의 심각한 문제를 전혀 해결할 수 없다.

자유주의 사상의 주요한 대변자 가운데 한 명인 존 스튜어트 밀은 미래의 '정상상태'에 대해 진정한 관심을 가졌지만, 그 '정상상태'에 대해 제안한 처방은 그 진정성만큼이나 절망적으로 비현실적이다. 자본의 관점으로는 절대로 다루기 힘든 이 문제에 관한 논의에서 그는 공허한 희망을 제시할 뿐이다. 그는 "필연성이 후손들에게 정상상태를 강제하기 전에 그들이 정상상태에 만족할 것을 나는 후손들을 위해 진심으로 희망한다"라고 서술한다.[17] 이와 같이 밀의 담론은 온정주의적인 설교에 불과하다. 그는 자본의 재생산 질서의 모순을 전혀 인정할 수 없고, 그가 받아들인 맬서스주의[18]적 진단과 일치하게 인구 증가 때문에 야기된 곤란만을 인정할 수 있기 때문이다. 그에게서는 부르주아적인 자기만족이 명백하게 보이는데, 이는 그의 분석과 온정주의적인 개혁 의도에서 모든 알맹이를 빼앗아버린다. 밀은 단호하게 다음과 같이 주장한다.

생산 증가가 여전히 중요한 목표인 곳은 오직 세계의 후진국뿐이다. 선진국에

---

17 John Stuart Mill, *Principles of Politcal Economy*(London: Longmans, Green and Co., 1923), p. 751.

18 맬서스주의(Malthusianism)는 영국의 성직자이면서 경제학자인 토머스 맬서스(Thomas Malthus)가 주장한 비과학적 인구(人口)이론이다. 그는 『인구론(An Essay on the Principle of Population)』(1798)에서 인구 증가는 영원한 자연법칙에 따라 기하급수적으로 증가하는데, 식량 생산은 산술급수적으로 증가하므로 빈곤과 기아가 필연적으로 발생한다고 주장했다. 따라서 노동자의 빈곤과 기아는 자본주의적 생산관계에 원인이 있는 것이 아니라 자신을 번식하려는 인간의 자연적 본성에 원인이 있게 된다. 결국 맬서스의 인구법칙은 자본주의적 생산관계 때문에 발생하는 노동계급의 빈곤화를 정당화하는 변호(辯護)론이다. — 옮긴이

서 경제적으로 필요한 것은 더 나은 분배인데, 이를 위한 불가결한 수단은 더욱 엄격한 인구 통제다.[19]

"더 나은 분배"라는 그의 생각조차 절망적으로 비현실적이다. 왜냐하면 아마도 밀이 인식(또는 인정)할 수 없는 것은 분배의 압도적으로 중요한 측면인 생산수단이 자본가계급에게 매우 배타적으로 분배되어 있다는 점이기 때문이다. 당연하게도, 사회질서의 작동에 대한 이렇게 자기중심적인 전제 아래서는 항상 다음과 같은 온정주의적인 우월감이 팽배하게 된다. 즉, "더 나은 심성을 지닌 사람들이 나머지 사람들을 교육하는 데 성공"해,[20] 나머지 사람들이 인구 통제와 거기서 생겨난다는 "더 나은 분배"를 받아들일 때까지는 어떤 해결책도 기대할 수 없다고 주장하는 것이다. 따라서 사람들은 사회를 침체된 정상상태로 냉혹하게 몰고 가는 기존의 사회신진대사 질서의 파괴적인 구조적 규정을 바꾸는 것에 관한 모든 것을 잊어야만 한다. 밀의 담론에서 자본주의적 천년왕국이라는 유토피아는 — 그것의 이치에 맞는 정상상태와 더불어 — 계몽된 자유주의적인 '더 나은 심성'의 훌륭한 교육 서비스 덕분에 생겨나게 될 것이다. 그렇게 되면 기존의 사회 재생산 질서의 구조적 규정에 관한 한, 모든 것은 이전과 마찬가지로 영원히 지속될 수 있다.

이 모든 것은 자본의 관점에서 보면 얼마쯤 의미가 있었다. 비록 자본 시스템의 구조적 위기가 극적으로 시작되었고 냉혹하게 심화되었기 때문에 마침내 그런 의미가 문제시되고 궁극적으로 이치에 맞지 않는 것으로 판명될 수밖에 없었을지라도 말이다. 그렇지만 바로 희망적인 입장의 부분적인 의미마저 노동의 전략적 이해를 대표한다고 주장하는 개량주의 정치 운동

---

19 Mill, *Principles of Politcal Economy*, p. 749.
20 Ibid.

에서 비롯되었다고 할 수 없다. 오히려 사회민주주의적 개량주의는 처음에 자유주의 정치경제학의 안이한 — 처음에는 진정성을 가지고 주장되었을지라도 — 사후약방문에서 영감을 얻었다. 따라서 재생산 신진대사의 도전할 수 없는 통제자인 자본의 관점과 기득권에서 유래하는, 채택된 사회적 전제의 내적 논리 때문에 사회민주주의적 개량주의가 실제로 다음과 같은 방식으로 자신의 발전 도정道程을 끝냈다는 것은 전혀 놀랄 만한 일이 아니다. 즉, 스스로를 (영국에서) '신노동당'으로 (또한 다른 나라에서 그에 상응하는 것으로) 변형해 기존 사회질서의 매우 제한된 개량에 대해서조차 관심을 완전히 포기하는 것으로 말이다. 동시에 진정한 자유주의를 대신해 매우 야만적이고 비인간적인 다양한 종류의 **신자유주의**가 역사 무대에 등장하면서 자유주의적 신념이, 진보적이던 과거에 가지고 있던 사회적 처방 — 희망적인 온정주의적 해결책까지 포함해 — 의 기억을 일소했다. 현대의 역사적 발전이 보여주는 쓰라린 역설로서, '신노동당' 형태의 예전 사회민주주의적 개량주의 운동이 (영국뿐만 아니라 그 밖의 모든 '선진' 자본주의와 개발 도상 자본주의 세계에서도) 집권하게 되었는데, 이들은 자본 옹호론의 억압적인 신자유주의 국면과 전적으로 일체감을 갖는 데 주저하지 않았다. 이런 변형은 명백히 개량주의 노선의 종말을 고했는데, 이는 처음부터 가망이 없는 길이었다.

9.5.2

경제적으로 실행 가능하고, 장기간 역사적으로 지속 가능한 사회 재생산 질서를 창출하기 위해서는 인간의 필요$need$와 사용을 (소외를 야기하는) 자본 확장의 필요에 무자비하게 복종시키는 기존의 사회 재생산 질서의 자기 모순적인 내적 규정을 근본적으로 바꾸는 것이 필수적이다. 이는 지배적인 생산 시스템의 부조리한 전제 조건이 영원히 과거의 일이 되어야 함을 의미한다. 이 전제 조건 아래서 (미리 정해지고 전적으로 부당한) 소유권 규정에 의해 사용가치가 그것을 창출한 사람에게서 분리되고 그들과 대립하게 된다. 그렇게 해서 자본의 확대된 자기실현이 이루어지고, 그러한 자기실현이 순환적·자의적으로 정당화된다. 이 전제 조건이 폐기되지 않으면 필연적으로 유한한 가용 자원을 합리적으로 절약하는 것이라는 경제의 유일하게 실행 가능한 의미는 핵심적인 지향 원리의 하나로 설정되거나 존중될 수 없다. 그 대신에 절대 무적無敵의 '효율성'이라는 자기 신화에도 불구하고 변함없이 제도화된 무책임으로 거듭 드러나는 자본의 사회경제적 ― 그리고 그에 상응하는 정치적 ― 질서에서 무책임한 낭비가 지배적으로 된다. (확실히, 이런 식으로 찬양된 종류의 '효율성'은 적대적이고 갈등적인 부분을 맹목적으로 추동해 전체를 희생하기 때문에 실제로는 궁극적으로 스스로를 잠식하는 자본의 효율성이다.) 따라서 당연하게도 소련과 동유럽의 정부가 열심히 조장했던 '시장 사회주의'라는 환상은 그러한 전제와 자본주의적으로는 극복할 수 없는 구조적 규정을 수용했기 때문에 굴욕적인 붕괴 형태로 흐지부지 끝날 수밖에 없었다.

우리 시대에 진정 지구적인 규모로 벌어지는 매우 극심한 낭비조차 전혀 제한하지 못하는 현재의 지배적인 '경제'관은 자기 편의적인 동어반복과, 정당성 없는 자기 정당화를 위해 고안된 (임의대로 조립되고 동시에 기각되는) 잘못된 대당對當이나 허위의 양자택일과 양립할 수 있을 뿐이다. 빤한 ― 그리고 위험스럽게 모두를 감염하는 ― 동어반복으로서 성장이 생산성이고 생산성이 성장이라는 자의적인 정의가 제시된다. 성장과 생산성이라는 용어는 역사적으로 제한되고 객관적으로 지속 가능한 각각의 평가를 필요로 하는데도 말이다. 당연히, (요구되는 적절한) 이론적·실천적 평가보다 명백한 동어반복의 오류가 훨씬 더 선호되는 이유는 있다. 그것은 자본 시스템을 보증하는 이들 두 핵심 용어의 동일성을 임의로 선포함으로써 극히 문제 있는 ― 그리고 궁극적으로 자기 파괴적이기도 한 ― 사회 재생산 질서의 자명한 타당성과 초역사적인 우월성이 그럴듯하게, 의심할 여지가 없게 보이기 때문이다. 동시에 임의로 선포된 성장과 생산성의 **동어반복적 동일성**은 '성장 또는 제로 성장_no-growth_' 사이의 똑같이 임의적이고 자기 편의적인 양자택일에 의해 지탱된다. 게다가 성장과 제로 성장 사이의 양자택일은 자본주의적으로 가정되고 정의된 '성장'을 지지하는 쪽으로 자동적으로 예단된다. 영원을 전제하는 — 현실에서는 철저하게 역사적인데, 부조리하게도 영원한 것으로 주장하는 — 방식에 걸맞게, (자본주의적으로 가정되고 정의되는) 성장은 **성장 그 자체와 동의어**인 것처럼, 물신숭배적 수량화에 의거해 기획되고 정의된다. 즉, 인간의 필요와 사용을 충족하기 위한 기본 전제로서 증대하는 **자본 확장**이라는 추상적 일반성 외에는 어떤 구체적이고 인간적으로 의미 있는 내용도 없는 정의다.

이 양자택일은 인간의 필요와 사용으로부터 괴리되는 — 실상은 인간의 필요와 잠재적으로 매우 재앙적이고 파괴적으로 대립하는 — 자본주의적 성장의 본성을 은연중에 드러낸다. 절대적인 것으로 선언된 **성장과 생산성**에 대한 잘못된 동일성의 뿌리에 있는 물신숭배적 신비화와 임의적인 가정假定이 일단 벗겨지게 되면, 전제됨과 동시에 모든 비판적인 검토에서 자동으로 면제된 그런 종류의 성장은 결코 인간의 필요에 상응하는 지속 가능한 목표와 본질적으로 연결되어 있지 않다는 점이 매우 뚜렷해진다. 자본의 사회신진대사 우주에서 어떤 비용을 치르더라도 주장되고 수호되어야 할 유일한 연결은, 전제된 **자본 확장**과 순환적으로 상응하는 (그러나 실제로는 똑같이 전제된) '성장'의 **잘못된 동일화**다. 심지어 가장 파괴적인 유형의 성장이 자연과 인류에게 어떤 결과를 가져오든 말이다. 왜냐하면 자본의 실질적 관심은 오직 자신의 **계속 증대하는 확장** — 비록 그것이 인류의 파괴를 초래할지라도 — 일 수밖에 없기 때문이다.

이와 같은 관점에서 보면, 어쩌다가 인간의 필요가 언급될지라도, 가장 치명적인 암癌적 성장조차 인간의 필요와 사용에 맞서 그것의 개념적 우선성을 지켜내야 한다. 자본 시스템의 변호론자들이 『성장의 한계_The Limits to_

Growth』[21]를 고려하고자 할 때 — 1970년대 초 로마클럽*Roma Club*이 널리 선전한 자본-변호론적인 사업에서 그러했듯이 — 그 목적은 여전히 불가피하게 **현존하는 심각한 불평등의 영구화**[22]다. 그 방식은 현존하는 문제를 (맬서스 이래로 부르주아 정치경제학이 당연하게 그랬듯이) 주로 '인구 증가' 탓으로 돌리면서 전 지구적 자본주의 생산을 도저히 지킬 수 없는 수준에서 허구적으로 (그리고 돈키호테*Don Quixote*식으로) 동결하는 것이다. 그야말로 '인류의 곤경'과 관련된 것처럼 수사修辭적으로 그럴듯하게 둘러대는 냉담하고 위선적인 '개선 의도'와 비교해보면 (자신이 익숙했던 것보다 조금이라도 더 공평한 분배를 진정으로 주장했던) 존 스튜어트 밀의 온정주의적인 설교는 급진적 계몽 패러다임이다.

'성장 또는 제로 성장'의 특징이 자기 편의적인 잘못된 양자택일이라는 것은 '제로 성장'이라는 가정假定이 자본의 사회질서에서 불평등과 고통의 심각한 조건에 미치는 불가피한 영향이 무엇일지 고려해보더라도 자명하다. 그것은 인류의 압도적 다수를 현재 그들이 견디도록 강요되는 비인간적 조건에 영원히 처하게 만드는 것을 의미한다. 지금 수십 억 인구가 비인간적인 조건을 견디도록 문자 그대로 강요되고 있기 때문이다. 그에 대한 현실적인 대안이 창출될 수 있을 때인데도 말이다. 다시 말해, 지금 물적·인적자원이 범죄적으로 낭비되는 세계에서 이미 달성된 생산성 **잠재력**을 인간적으로 훌륭하고 보람 있게 사용해 적어도 지구적 궁핍의 최악의 효과

---

21 이 책의 가식적인 제목 전체를 인용하면, *The Limits to Growth: A Report for the Club of Rome Project on the Predicament of Mankind*, A Potomac Associates Book(London: Earth Island Limited, 1972).

22 흥미롭게도, 이 '성장 제한' 사업의 배후에 있는 주요 이론가인 매사추세츠 공과대학 제이 포레스터(Jay Forrester) 교수는 평등에 대한 모든 관심을 단순한 "평등의 표지(標識)"일 뿐이라며 (평등에 대한 실제적 관심이 아니라는 의미 — 옮긴이) 경멸적으로 기각했다. *Le Monde*, August 1, 1972에서 그의 인터뷰를 보라.

를 바로잡는 것이 분명히 실행 가능한 그런 조건 아래서 말이다.

9.5.3

확실히 우리는 긍정적인 **생산성 잠재력**을 말할 수 있을 뿐이지 그것의 현존하는 현실성을 말할 수 있는 것은 아니다. 구식의 단일 쟁점 개혁가들이 녹색(생태주의 — 옮긴이)의 좋은 의도로, 하지만 무한한 환상을 가지고 종종 단정하듯이 말이다. 그들은 우리가 실제로 그렇게 하기로 결정만 하면 오늘날 우리가 처분할 수 있는 생산력으로 '지금 당장' 생산성 잠재력을 현실화할 수 있다고 희망적으로 주장한다. 하지만 불행히도 그러한 관점은 지금 우리 생산 시스템이 구성되는 방식 — 미래에 근본적인 재구성을 필요로 하는 — 을 완전히 간과한다. (파괴적 생산이라는 현재의 지배적인 현실 형태에 있는) **자본주의적** 성장과 융합한 생산성은 매우 방해가 되는 적이기 때문이다. 현존 사회의 수많은 절박한 불평등과 부정의를 바로잡을 수 있도록 생산 발전의 긍정적 가능성을 절실한 현실성으로 전환하기 위해서는 **질적으로 상이한** 사회질서의 **규제 원리**를 채택하는 것이 필수적이다. 달리 말하면, 현재 파괴적으로 부정된 인류의 **생산성 잠재력**이 사회적으로 실행 가능한 **생산력**이 되려면 자본주의적 외피에서 해방되어야만 한다.

매사추세츠 공과대학에서 개발된 공허한 사이비 과학적 모델을 이용해 1970년대 초에 달성된 수준으로 생산을 동결하자는 공상적 주장은 무자비하게 강요된 미국 지배 아래 전후 제국주의의 실제적 권력관계를 감추려 했다. 물론, 그러한 제국주의의 변종은 (레닌이 알았던) 초기 형태와는 매우 달랐다. 왜냐하면 레닌 생전에는 적어도 주요 제국주의 열강인 여섯 국가가 실제적이거나 기대되는 정복이 가져다줄 보상을 놓고 다투고 있었기 때문이다. 심지어 1930년대에 히틀러는 여전히 일본, 무솔리니의 이탈리아와 함께 폭력적으로 재규정된 제국주의의 과실을 나누어가지려 했다. 그와 달리 우리 시대에는 미국이 압도적으로 지배적인 열강이 된 전 지구적 패권 제국주의[23]에서 비롯되는 현실 — 그리고 그 치명적인 위험 — 에 직면할 수밖에 없다. 히틀러와 달리, 단일 패권국인 미국은 전 지구적 지배를 어떤 경쟁자와도 전혀 나누려고 하지 않는다. 그것은 단순히 정치적·군사적 우연 때문이 아니다. 문제는 훨씬 더 깊다. 문제는 심화되는 자본 시스템의 **구조적 위기**에 따라 더욱 악화되는 모순을 통해 드러난다. 미국 지배의 전 지구적 패권 제국주의는 세계의 나머지 부분을 대상으로 매우 잔인하고 폭력적인 지배를 통해 구조적 위기에 대한 해결책을 마련하려는 하나의 — 결국 헛된 — 시도다. 이러한 지배는 지금 잇따른 대량 학살 전쟁을 통해 — 자신에 맹종하는 '의지의 동맹들'의 지원이 있든 없든 간에 — 강요된다. 1970년대 이래 **파국적인 부채** 때문에 미국은 점점 더 깊게 가라앉고 있다. 여러 미국 대통령이 공공연하게 선포한 환상적 해법은 '시간이 지나면 해결될 것'이라는 것이었다. 그 결과는 정반대로, 즉 천문학적이고 여전히 증가하는 부채 형태로 나타났다. 따라서 미국은 세계 전역에서 — 현재 성공적으로 지배하는 단일 패권국으로서 미국의 전 지구적인 사회경제적·정치적·군사적 지배에 힘입어 — 자본주의적 성장의 결실을 이전하는 것을 통해 차지할 수 있는 모든 것을 독차지하려 한다. 이 목적을 위해서 필요할 때는 언제나 가장 폭력적인 군사 침략을 포함해 가용한 모든 수단이 사용된다. '평등이라는 케케묵은 생각'에 대한 냉담한 경멸로 아무리 잘 무장되었더라도, 제정신 가진 사람이라면 미국 지배의 전 지구적 패권 제국주의가 한순간이라도 '제로 성장'이라는 만병통치약을 진지하게 받아들일 것이라고 어찌 생각할 수 있겠는가? '인류의 곤경'에 대한 위선적인 관심으로 아무리 과장되게 포장하더라도 최악의 부정직한 사람만이 그러한 생각을 제안할 수 있을 것이다.

다양한 이유로, 현재와 미래 어느 쪽이든 성장의 중요성에 대해서는 의

---

23 이 책의 제4장, 특히 제2절 "제국주의의 잠재적으로 치명적인 국면"을 보라.

문이 존재할 수 없다. 그렇지만 현재까지 우리가 익히 알고 있는 성장 개념이 아니라 미래에 지속 가능성을 예상할 수 있는 성장 개념에 대해서 적절한 검토가 있어야 한다. 우리가 성장의 필요성을 편드는 것이 무조건의 성장을 지지하는 것일 수 없다. 의도적으로 회피된 실제 문제는, 우리 주변 어디에서나 볼 수 있는 위험스러울 정도로 낭비적이고 심지어는 치명적인 자본주의적 성장과 대비해서, 오늘날 어떤 종류의 성장이 현재와 미래 모두에서 실행 가능한가이다. 성장은 또한 장기적으로 미래에도 긍정적으로 지속 가능해야 하기 때문이다.

이미 언급했듯이, 자본주의적 성장은 물신숭배적 수량화의 피할 수 없는 한계에 의해 숙명적으로 지배된다. 점차 악화되는 낭비성은 그러한 물신숭배의 필연적 귀결이다. 그것의 준수를 통해 낭비성이 교정될 수 있는 어떤 표준이나 실행 가능한 척도도 존재할 수 없기 때문이다. 다소 임의적인 수량화가 그 맥락을 부여하고 동시에 일단 필요한 양量이 강자를 위해 확보되면 더 이상의 중대한 문제는 존재할 수 없다는 환상을 만들어낸다. 그러나 사태의 진상은, 현실에서 자기중심적인 수량화는 단기적으로조차 생산적으로 실행 가능한 전략 형태로 전혀 지속될 수 없다는 것이다. 그것은 부분적이고 (완전히 맹목은 아니라 해도) 근시안적이기 때문이다. 그것은 주어진 생산 과업의 성취를 방해하는 직접적 장벽에 해당하는 양量에게 관심을 가질 뿐이고, (의식하든 않든) 만사를 궁극적으로 결정하는 사회경제적 기업 자체가 필연적으로 연관된 구조적 한계에는 관심을 가지지 않기 때문이다. (자본의 사회신진대사 질서의 극복할 수 없는 규정에 해당하기 때문에) 그 한계를 무시하기 위해 구조적 한계를 (양적으로 극복될 수 있는) 장벽과 혼동하는 것은 자본주의에서 필연적인데, 이는 전체 생산 시스템의 성장 지향을 해친다. 성장이 실행 가능하려면 성장에 대해 철저하게 질적인 고려를 적용해야 한다. 하지만 그것은 무조건적이고 의심할 수 없는 자본의 자기 확장적 추동력 ― 질과 한계라는 제약에 대한 고려와 양립할 수 없는 ― 때문에 전적으로 가로막힌다.

자본 시스템의 거대한 혁신은 **양**量의 압도적인 지배를 통해서 — 비변증법적으로 — 작동할 수 있다. 자본은 (인간의 필요와 사용이라는 질과 분리될 수 없는) 살아있는 인간 노동을 포함해 **모든 것**을 가치와 교환가치의 형태로 **추상적인 양적 규정** 아래 포섭한다. 그리하여 모든 것은 한정된 기간에 수익성을 기준으로 측정되고 관리될 수 있게 된다. 이것이 자본이 거둔 (오랫동안 저항할 수 없는) 사회 역사적 승리의 비밀이다. 그러나 우리의 역사적 시대에 종종 일어나듯이, 그 시스템의 **절대적 한계** — 생산적으로 정복할 수 있는 확장을 저해하는 장벽에 해당하는 시스템의 상대적 한계와 대비되는 — 가 전면적으로 활성화되면, 자본의 사회 역사적 승리는 또한 자신의 궁극적인 지속 불가능성과 필연적인 해체의 전조前兆이기도 하다. 그 시스템의 절대적 한계가 전면적으로 활성화될 때 질에 대한 양의 비변증법적 지배는 위태롭게 되고 유지될 수 없게 된다. 왜냐하면 우리 시대에 (책임 있는 관리와 같은 의미인) **절약으로서의 경제**에서는 근본적이지만 자본주의 아래서는 필연적으로 무시되었던 고유한 연관 — 그것은 이제 사활적인 규제 지향으로서 의식적으로 채택되어야만 한다 — 을 무시하는 것은 상상할 수 없기 때문이다. 우리는 지배적 생산 시스템의 '의지의 인격화'가 핵심적인 객관적 연관에 대한 모든 자각을 일소해버리는 데 전력을 기울이고, 부인할 수 없는 파괴성을 선택하는 역사적 시간의 임계점臨界點에 서 있다. 이 파괴성은 지극히 낭비적인 생산 관행에 대한 숭배뿐만 아니라 심지어 무제한적인 '예방적·선제적 전쟁들'에 대한 치명적으로 파괴적인 개입을 칭송하는 것으로 나타난다.

본성상 질質은 바로 종차種差, *specificities*[24]와 분리될 수 없다. 따라서 질을 존

---

24 사물에 대한 정의(定義)인 개념은 유(類)개념과 종차로 구성된다. 예를 들면 '평행사변형은 두 쌍의 대변이 서로 평행인 사각형이다'라는 평행사변형 개념에서는 '사각형'이 유개

중하는, 무엇보다 생산 주체인 살아 있는 인간의 필요를 존중하는 사회신 진대사 시스템은 위계적으로 조직화될 수 없다. 자주-관리로 간략하게 요약 되는, 질적으로 상이한 재생산 신진대사의 기초 위에서 작동되는 사회에서 는 근본적으로 상이한 종류의 사회경제적·문화적 관리가 요구된다. 규격 화된 통제regimentation는 자본의 사회신진대사 질서를 위해서는 필수적이었 고 실행 가능했다. 실제로 자본의 명령 구조는 다른 방식으로 기능할 수 없 었다. 구조적으로 확보된 위계와 권위주의적 통제는 자본 명령 구조의 규 정적인 특징이다. 대안 질서는 규격화된 통제나 자본 시스템에서 통용되는 회계 — 필요노동시간의 엄격하게 양적인 작동을 포함하는 — 와 양립할 수 없 다. 대안적 사회신진대사 질서에서 필수적이고 실행 가능한 종류의 성장은 오직 인간의 필요에 직접적으로 상응하는 질에 기초할 수 있을 뿐이다. 인 간의 필요란 사회 전체와 사회의 특정 개인들 모두의 실제적이고 역사적으 로 발전하는 필요다. 동시에 필요노동시간의 제한적이고 물신숭배적인 시 간 회계에 대한 대안은 사회적 개인들 스스로가 의식적으로 제공하고 관리 하는, 그들을 자유롭게 하고 해방하는 가처분 시간일 뿐이다. 사용 가능한 인적·물적 자원에 대한 그런 종류의 사회신진대사 통제는 절약하는 것으로 서 경제의 지향 원리에서 생겨나는 전반적인 한계를 모두 존중할 것이고 실제로 존중할 수 있으며, 동시에 그런 한계를 안전하게 허용된 역사적 발 전 조건으로서 의식적으로 확대할 것이다. 결국 우리는, 마르크스가 말한, "첫 번째 역사적 행위는 새로운 필요의 창조였다"라는 사실을 잊어서는 안 된다. 경제를 다루는 자본의 무모한 방식, 즉 합리적 절약으로서가 아니라 끝없는 낭비를 가장 무책임하게 정당화하는 방식만이 이 역사 과정을 완전 히 왜곡하고 있는 것이다. 인간의 필요를 확대 재생산이라는 자본의 단 하

넘이 되고, '두 쌍의 대변이 서로 평행'이 종차가 된다. 바로 이 종차가 사각형에서 특정한 종류의 부분을 가려내주는 것이다. — 옮긴이

나의 유일한 현실적 필요로 대체해 인간 역사 자체를 끝장낼 것이라고 위협함으로써 말이다.

9.5.4

부분적 교정책일지라도 만약 그것들이 정말로 질質을 지향하는 것이라면 자본의 작동 장치 안으로 도입될 수 없다. 이 측면과 관련된 유일한 질은 어떤 추상적이고 물리적인 특성이 아니라 **필요와 분리될 수 없는 인간적으로 의미 있는 질**이기 때문이다. 물론 앞에서 강조했듯이, 개인들 스스로와 역사적으로 주어지고 변하는 사회관계 모두의 (명확하게 정의될 수 있는) 특정한 인간적 필요에 상응해 그러한 질이 항상 특수하다는 것은 사실이다. 따라서 다방면에 걸친 특이성을 가진 그 질은 고유의 **체제적 한계**와 함께, **통일성 있고 잘 정의된 일련의 신성한 체제적 규정을 구성한다**. 바로 그러한 ― 전혀 추상적이지 않은 ― 체제적 한계의 존재 때문에 의미 있게 작동하는 규정과 지향 원리는 예상되는 대안적 사회신진대사 질서에서 자본 시스템으로 이전할 수 없는 것이다. 두 시스템은 근본적으로 상호 배타적이다. 대안 질서에서는 인간 필요에 상응하는 특수한 질이 인간적으로 타당한 사회 재생산 통제 시스템에 불가결한 부분으로서, 전반적인 체제적 규정의 지울 수 없는 흔적을 간직하기 때문이다. 반대로 자본 시스템에서는 전반적 규정이 변경할 수 없게 **추상적**이다. 왜냐하면 자본의 **가치 관계**는 자본 확장의 이해관계에 따라 그 결과를 도외시한 채 모든 것에 대한 소외적인 역사적 지배를 관철하기 위해 (필요와 사용에 상응하는) 모든 질을 측정 가능한 일반적인 양量으로 환원해야 하기 때문이다.

우리가 한계 그 자체의 문제에 대한 그들의 관계를 고려할 때 두 시스템의 양립 불가능성은 확실히 분명해진다. 대안적 사회신진대사 통제 아래서 긍정적으로 장려되는 유일하게 지속 가능한 **성장**은 그런 한계들 ― 그것들을 위반할 경우 선택된, 인간적으로 타당한 재생산 목표의 실현을 위태롭게 할 — 을 의식적으로 수용하는 것에 기초한다. 따라서 (명확히 식별되는 한계를 설정하는 개념으로서) 낭비성과 파괴성은 (사회적 개인들이 핵심적 지향 원리로 채택해) 의식적으로 수용된 체제적 규정 자체에 의해 절대적으로 배제된다. 이와 달리 자본 시스템은 고유한 체제적 한계를 포함해 모든 한계의 (의식적이든 무의식적이든) 거부를 특징으로 해 숙명적으로 추동된다. 심지어 자신의 고유한 체제적 한계조차 그것이 마치 극복할 수 있는 우연한 장벽인 것처럼 임의로 위험스럽게 취급된다. 따라서 이 사회 재생산 시스템에서는 총체적 파괴의 가능성 — 우리가 살고 있는 이 역사적 시대에 일어날 개연성이 매우 높은 — 을 포함해 어떤 일이든 일어난다.

물론, 한계 문제에 대한 이 상호 배타적 관계는 반대로도 작용한다. 따라서 대안적 사회신진대사 질서를 창출하고 강화할 때 자본 시스템에서 빌려온 '부분적 교정책'은 존재할 수 없다. 두 시스템의 부분적인 — 일반적으로는 말할 것도 없고 — 양립 불가능성은 그들의 가치 차원의 근본적 양립 불가능성에서 생겨난다. 앞서 말한 것처럼 이것이 대안 질서의 특정한 가치 규정과 관계가, ('점진적으로'라는 공허한 방법론과 융합된) 몇몇 전적으로 비현실적인 개량주의적 기획에서 가정되었듯이, 개선을 목적으로 삼아 자본의 사회신진대사 틀로 이전될 수 없었던 이유다. 왜냐하면 대안 시스템의 가장 소소한 관계들조차 인간 필요의 전반적 틀 — 그 불가침의 기초 공리公理가 자신의 심층적 본성에 따라 낭비와 파괴를 근본적으로 배제하는 — 에 따른 일반적 가치 규정 속에 깊이 배태되어 있기 때문이다.

동시에 다른 측면에서는 어떤 부분적인 '교정책'도 자본의 작동 틀에서 진정한 사회주의 질서로 이전될 수 없다. 이는 고르바초프가 시도한 '시장 사회주의' 모험의 재앙적인 실패가 고통스럽고 확실하게 보여주었다. 왜냐하면 그 점에서도 우리는 가치 규정의 근본적인 양립 불가능성과 항상 직면할 것이기 때문이다. 물론 그 경우에 관련된 가치는 파괴적인 반가치일 것이다. 이 반가치는 자본 시스템 자체의 궁극적인, 동시에 필연적으로 무시되는 한계에 상응한다. 자본의 체제적 한계는 낭비나 파괴와 완벽하게 양립할 수 있다. 그러한 규범적인 고려는 자본에게 부차적인 것일 뿐이기 때문이다. 조금 더 근본적인 규정들이 그러한 관심사보다 선행되어야 한다. 이것이 낭비와 파괴에 대한 자본의 본래의 무관심이 (자본에게 무관심보다 더 긍정적인 자세는 결코 없다) 사정에 따라 낭비와 파괴에 대한 매우 적극적인 장려로 전환되는 이유다. 실제로 낭비와 파괴는 이 시스템에서 압도적인 체제적 규정 인자인 **자본 확장의 지상명령**에 직접 예속되어 무자비하게 추구될 수밖에 없다. 그것은 우리가 자본 시스템 발달의 역사적 상승 국면을 지날수록 더욱더 그러하다. 자본의 저명한 이데올로그들이 반가치의 압도적 관철을 '가치중립성'으로 흔히 잘못 설명하고 합리화하는 데 속아 넘어가서는 안 된다.

그러므로 고르바초프의 불운한 페레스트로이카 시대에 그의 '이데올로기 담당 서기(공식 명칭)'가 자본주의 시장과 그 상품 관계가 "보편적 인류 가치"의 도구적 구현이고 "인류 문명의 주요한 성취"라고 엄숙하게 주장하며, 심지어 이 기괴한 투항적 주장에 더해 자본주의 시장은 "사회주의 갱신의 보증자"라고까지 덧붙일 수 있던 것은 믿어지지 않는 일이었다.[25] 그 이론가들은 자본주의 시장이 결코 융통성 있는 중립적인 '기구'가 아님에도 불구하고 '시장기구'의 채택에 관해 계속 말했다. 자본주의 시장은 실제로 교정할 수 없을 만큼 가치판단적이었고 항상 그럴 수밖에 없다. 기이하게도 고르바초프의 이데올로기 담당 서기와 다른 이들은, 사회주의 이념을 "노예의 길"[26]이라고 격렬하게 비난했던 하이에크 부류와 이런 종류의 관점을 공

---

25 Vadim Medvedev, "The Ideology of Perestroika," in Abel Aganbegyan(ed.), *Perestroika Annual*, vol.2(London: Futua/Macdonald, 1989), pp. 31~32.

26 하이에크의 매우 유명한, 십자군 전쟁 같은 책 제목.

유했다. 이 관점에서 교환 일반은 몰역사적이고 반역사적으로 **자본주의적 교환**과 동일시되고, 심지어 더욱더 파괴적인 **자본주의 시장**의 현실은 가상의 자비로운 '시장' 일반과 동일시되었다. 따라서 그들은 의식적으로든 무의식적으로든 투항해 자본의 사회신진대사 질서의 내적 규정이 요구하는 (궁극적으로 제국주의적 파괴와 분리될 수 없는) 필연적이고 냉혹한 **시장 지배 시스템**의 지상명령을 이상화했다. 이 투항적인 입장의 채택은 고르바초프의 개혁 문서에도 공표되어 훨씬 더 큰 해악을 끼쳤다. 왜냐하면 그가 다음과 같이 주장했기 때문이다.

> 시장에 대한 대안은 없다. 시장만이 인민의 필요에 대한 충족, 부의 공평한 분배, 사회적 권리 그리고 자유와 민주주의의 강화를 보증해줄 수 있다. 시장은 소련 경제가 세계경제와 유기적으로 연계되도록 해주고, 우리 시민이 세계 문명의 모든 성취에 접근할 기회를 줄 것이다.[27]

물론, 전 지구적 자본주의 시장부터 모든 영역까지 이른바 성취와 이익이라는 모든 멋진 것을 '인민에게' 풍부하게 공급할 것을 기대하는, 고르바초프의 '대안 없는' 희망적 사고가 전적으로 비현실적이었음을 고려할 때 이 모험은 매우 굴욕적이게도 소련형 시스템의 재앙적인 내파로 끝날 수밖에 없었다.

9.5.5

자본의 관점에서 표현된 사회경제적·정치적 관념에서 '대안은 없다'라는

---

27 John Rettie, "Only market can save Soviet economy," *The Guardian*, October 17, 1990 에서 인용된 고르바초프.

명제가 그처럼 중요한 자리를 차지하는 것은 전혀 우연도 아니고 놀라운 일도 아니다. 애덤 스미스나 헤겔과 같은 위대한 부르주아 사상가들조차 이 점에서 예외일 수 없다. 왜냐하면 부르주아 질서가 역동적인 **자본 확장** 형태로 자신을 관철하는 데 성공하거나 아니면 궁극적으로 실패할 운명에 처하는 것 중에 하나라는 것은 절대적인 진실이기 때문이다. 자본의 관점에서는 끝없는 자본 확장 외에는 **생각해봄직한 대안**이 실제로 존재할 수 없어 자본의 관점에 선 모든 사람의 비전을 규정한다. 하지만 또한 이런 관점의 채택은 시스템 발달의 상승 국면을 지나 일정 시점을 넘어서는 통제 불능의 자본 확장에 대해 '**어떤 대가가 치러져야 하는지**'라는 문제가 전혀 고려되지 못한다는 것을 의미한다. 따라서 (시스템의 확장 명령을 시스템의 가장 기본적이고 절대로 변경 불가능한 규정 인자로 내면화해) 자본의 관점을 채택하는 데 따른 필연적인 귀결은 역사적 시간의 훼손이다. 위대한 부르주아 사상가들의 생각에서조차 이 입장은 관철될 수밖에 없었다. 그 규정적인 특징이 기존의 것과 현저하게 다른 대안적인 미래 사회질서는 있을 수 없었다. 이것이 그의 당대에 이르기까지 가장 심오한 역사관을 체계화한 헤겔조차 자본의 변경 불가능한 현재에서 역사의 종말을 자의적으로 찾고 전체 국민국가 시스템의 파괴적 함의를 예리하게 파악하면서도, 자본주의 국민국가[28]를 모든 상상 가능한 역사적 발달의 최고 정점으로 이상화할 수밖에 없었던 이유다.

그리하여 부르주아 사고 속에는 **대안 없음**이라는 유해한 교조를 선포하는 것 외에 다른 방도가 존재할 수 없다. 그러나 사회주의자들이 끝없는 (그리고 본성상 통제할 수 없는) 자본 확장을 채택하는 것은 전적으로 어리석은

---

28 헤겔이 이상화한 전제 하나를 인용하면 "국민국가는 실질적 합리성과 직접적 실제성의 정신이고, 그러므로 지구상에서 절대 권력이다"[Hegel, *The Philosophy of Right*(Oxford: Clarendon Press, 1942), p. 212].

일이다. 왜냐하면 그에 따른 (특성상 무제한적인) '소비'의 이상화로 말미암아 자본의 무비판적인 자기 확장 관점에서는 파괴와 소비 사이에 차이가 존재할 수 없다는 기초적인 진실이 무시되기 때문이다. 요구되는 목적을 위해서는 파괴든 소비든 어느 것이나 좋다. 자본 관계 속의 상거래는, 군산복합체의 제품과 전쟁에서 그것의 비인간적 사용을 통해 구체적으로 나타나는 가장 파괴적인 종류의 상거래조차 자본의 확대 재생산 순환을 성공적으로 완결하고 새로운 순환을 개시할 수 있게 하기 때문이다. 그 결과가 아무리 지속 불가능할지라도 이것은 자본에게 실질적으로 중요한 유일한 것이다. 따라서 사회주의자들이 성장을 옹호하는 필수적인 기초로서 자본 확장 명령을 내면화할 때 그들은 단순히 하나의 고립된 교의敎義를 받아들이는 것이 아니라 전체 '패키지package 거래'를 받아들이는 것이다. 즉, 알든 모르든 간에 그들은 필수적인 자본 확장을 무비판적으로 옹호하는 데서 파생될 수 있는 '성장 또는 제로 성장'과 같은 모든 잘못된 양자택일을 동시에 받아들이는 것이다.

우리는 제로 성장의 잘못된 양자택일을 거부해야 한다. 그것을 채택하면 현재 세계를 지배하는 가장 섬뜩한 비참함과 불평등이 그것들과 분리할 수 없는 투쟁이나 파괴와 함께 영구화될 것이기 때문이다. 그러한 접근 방식을 근본적으로 부정하는 것은 필수적인 출발점일 뿐이다. 우리 비전의 본질적으로 긍정적인 차원은 부富 자체의 근본적인 재정의를 포함한다. 자본의 사회신진대사 질서 아래서 우리는 소외를 야기하는 사회에 대한 부의 지배에 직면하는데, 이는 좁게는 경제 영역부터 문화와 정신 영역에 이르기까지 삶의 모든 측면에 직접 영향을 미친다. 따라서 우리는 그 핵심적 관계를 완전히 180도 전환하지 않고서는 자본의 악순환, 그리고 그것의 모든 궁극적으로 파괴적인 규정과 거짓 양자택일에서 벗어날 수 없다. 다시 말해 사회, 즉 자유롭게 연합한 개인들의 사회가 부를 지배하게 만들지 않고서는, 동시에 인간 노동의 생산물이 쓰이는 용도用途와 시간에 대한 개인의 관계를 재규정하지 않고서는 자본의 악순환에서 벗어날 수 없다. 이미 마르크스는 초기 저작에서 이렇게 말했다.

> 계급 사이의 적대가 종식되고, 더 이상 어떤 계급도 존재하지 않을 미래 사회에서는 사용使用. *use*이 최소 생산시간에 의해 결정되지 않을 것이다. 오히려 하나의 물건을 만드는 데 투입되는 생산시간이 그 물건의 사회적 효용의 정도에 의해 결정될 것이다.[29]

이것은 부를 (부의 창조자인 실제적 개인을 무시해야 하는) 물신숭배적인 물질적 실체로 파악하는 것과 비타협적으로 결별하는 것을 의미한다. 당연하게도, '부의 창조자이자 구현물'로서 스스로를 부와 동일시하는 거짓 주장을 펴는 자본은 자신의 사회신진대사 통제를 정당화하기 위해 개인을 무시한다. 이런 방식으로 실질적인 부의 역할을 빼앗고 그것의 가능한 잠재적 사용을 전복하기 때문에 자본은 역사적 시간의 적敵이다. 이것은 인류의 생존 자체를 위해 제거되어야 한다. 역사적으로 스스로 결정하는 실제적 개인들 사이에 전개되는 관계의 모든 구성 요소는 (그들이 창조하고 유일하게 실행 가능한 시간 양식, 즉 가처분 시간의 의식적 적용을 통해 긍정적으로 배분되는) 부와 함께, 질적으로 상이한 사회신진대사 틀 속에서 결합되어야 한다. 마르크스의 말로 표현하면 다음과 같다.

---

29 Marx, "The Poverty of Philosophy," in Marx and Engels, *Collected Works*, vol.6 (London: Martin Lawrence Ltd.), p. 134. 이는 *Beyond Capital,* Chapter 19("The Communitarian System and the Law of Value in Marx and Lukács")에서 인용되었다. 또한 몇몇 중요한 관련 쟁점을 다루는 *Beyond Capital,* Chapter 15("The Decreasing Rate of Utilization Under Capitalism"), Chapter 16("The Decreasing Rate of Utilization and the Capitalist State")을 참조하라.

…… 실질적 부는 모든 개인의 발달한 생산력이다. 그렇게 되면 어쨌든 부의 척도는 더 이상 노동시간이 아니라, 오히려 가처분 시간이다. 가치의 척도로서 노동시간은 부 자체를 빈곤에 기초하는 것으로 정립하고 가처분 시간을 잉여노동시간과의 대립 속에서, 그리고 이 대립에 의해서만 실존하는 것으로 정립한다. 또는 개인의 전체 시간을 노동시간으로 정립해 그를 단순한 노동자로 격하한다, 즉 노동으로 포섭한다.[30]

가처분 시간은 개인들의 실제 역사적 시간이다. 이와 달리, 자본의 사회신진대사 통제 양식이 기능하는 데 요구되는 필요노동시간은 반역사적이다. 필요노동시간은 개인이 자신의 생명 활동을 통제하는 데 참된 역사적 주체로서 스스로를 주장하고 실현할 수 있는 유일한 방식을 부정하기 때문이다. 자본의 필요노동시간 형태에서 개인은, "사회적 개인들의 필요에 의한" 질적인 인간적 기준으로 판단되고 측정되는 대신, 항소심 법정도 없는 압제적인 판단과 개인을 격하하는 척도로서 실행되는 시간에 예속된다.[31] 부당하게 스스로를 절대화하는 반역사적인 자본의 시간은 (앞서 보았듯이, 살아 있는 노동을 시간의 형해로 환원하는) 물신숭배적인 규정 인자로서 인간의 삶 위에 덧씌워진다. 반면 대안적 사회신진대사 질서에서 역사적 도전은 사회적 개인이 스스로, 소외시키는 규정 인자인 (자본의 동결된) 시간의 지배에서 벗어나 ─ 필요노동시간의 압제를 통해 쥐어짜낼 수 있는 것에 비교할 수 없이 더 풍부한 가처분 시간 자원을 그들이 선택한 목표를 실현하는 데 의식적으로 투여할 수 있도록 ─ 자유로운 결정으로 나아가는 것이다. 이것이 절대적으로 핵심적인 차이다. 사회적 개인만이, 그들을 지배하는 필요노동시간과 날카롭게 대비되게, 자신의 가처분 시간을 실제로 결정할 수 있다. 시간이 압제적인

---

30 Marx, *Grundrisse*(Harmondsworth: Penguin Books), p. 708.
31 Ibid.

규정 인자에서 재생산과정의 자율적이고 창조적으로 결정된 구성 요소로 변형될 수 있는 유일하고도 올바른 길은 가처분 시간의 채택이다.

9.5.6

이 도전은 구조적으로 강제된 위계적인 사회적 분업을 폐지하는 것을 반드시 수반한다. 왜냐하면 시간이 압도적 다수의 잉여노동시간을 추출하는 지상명령의 형태로 사회를 지배하는 한, 이 과정을 떠맡은 인원들은 소외시키는 시간 명령의 의지의 집행자라는 자신의 기능에 부응해 실질적으로 상이한 실존 형태를 이끌기 때문이다. 동시에 압도적 다수의 개인들은 '단순한 노동자로 격하되고 노동에 포섭된다'. 그런 조건 아래서 사회 재생산과정은 (복귀할 수 있는 길이 없다는 위험스러운 궁극적인 함의를 지닌) **구조적 위기**로 점차 깊게 빠져들 수밖에 없다.

'정상상태'의 악몽은, 존 스튜어트 밀이 제안했던 바와 같이 고립적으로 취급된 '더 나은 분배'라는 환상적인 해결책을 통해 그것을 경감하려 노력해도, 여전히 악몽으로 남는다. 생산과정 자체를 근본적으로 재구조화하지 않고서 '더 나은 분배' 같은 것은 있을 수 없다. 자본의 지배에 대한 사회주의 헤게모니적 대안은 생산, 분배, 소비의 핵심적인 상호 관계에서 **불완전한 변증법**을 기본적으로 극복하는 것을 필요로 한다. 그렇지 않고서는 노동을 '삶의 제1 욕구'로 전환시킨다는 사회주의의 목표는 상상할 수 없기 때문이다. 마르크스를 인용해보겠다.

공산주의 사회의 더 높은 단계에서, 즉 개인이 분업에 복종하는 예속적 상태가 사라지고 이와 함께 정신노동과 육체노동의 대립도 사라진 후에, 노동이 삶을 위한 수단일 뿐만 아니라 삶의 제1 욕구로 된 후에, 개인들의 전면적 발달과 더불어 생산력도 성장하고 **협동적 부**富의 모든 샘이 흘러넘치고 난 후에야 비로소

부르주아적 권리의 편협한 한계가 완전히 극복되고, 사회는 자신의 깃발에 다음과 같이 쓸 수 있게 된다. 각자는 능력에 따라, 각자에게는 필요에 따라![32]

이것들은 사회주의 변혁의 **전반적 목표**이고, 동시에 여정의 **나침반**과 그도정에서 완수된 (또는 완수에 실패한) 성취의 **척도**를 제공한다. 자본의 사회 재생산 질서에 대한 헤게모니적 대안의 비전 안에는 '정상상태' 같은 것이나, 그와 연관되거나 거기에서 파생된 거짓 양자택일이 들어설 여지가 있을 수 없다. '협동적 부'의 생산을 지향하는 새로운 사회신진대사 통제의 틀 안에서 자신의 **가처분** 시간의 모든 자원을 의식적으로 실행하는 '**전면적으로 발달한 개인**'은 질적으로 상이한 회계의 기초를 제공할 것이다. 즉, 인간적 필요에 의해 규정되고, 물신숭배적 수량화와 그에 뒤따르는 피할 수 없는 낭비에 정면으로 대립하는 필수적인 **사회주의적 회계**다.

이것이 지속 가능한 종류의 성장이 갖는 결정적 중요성이 대안적 사회신진대사의 틀 안에서 인정되고 성공적으로 관리될 수 있는 이유다. 즉, 정신노동과 육체노동의 대립이 영원히 사라져야 하는 사회신진대사 통제 질서 안에서 말이다. 구조적으로 예정된 생산수단의 수탈을 통해 자본이 확보한 정신노동과 육체노동의 대립은, 지배적인 역사적 주체의 역할을 강탈한 자본이 노동에 대한 절대적인 지배를 유지하는 데서 항상 핵심적이다. 의식적으로 추구된 생산성 자체는 통제 불가능한 낭비의 어떤 위험도 없이 **질적으로 더 높은 수준**으로 고양될 수 있고, 자율적인 (그리고 바로 정확히 그런 의미에서 부유한) 역사적 주체인, 마르크스 용어로, "부유한 사회적 개인들"이 전면적으로 통제하는 진정한 부, 편협하게 이윤을 지향하는 물질적인 것이 아닌 부를 산출할 수 있다. 이와 달리 '정상상태'에서 개인은 진정한 역사적

---

32 Marx, "Critique of the Gotha Programme," in Marx and Engels, *Selected Works*, vol.2(Moscow: Foreign Languages Publishing House, 1958).

주체가 될 수 없다. 치유 불가능한 희소성의 지배 아래서 개인은 최악의 물질적 규정에 좌우되어 자신의 삶을 통제할 수 없기 때문이다.

자본 시스템에서 점차 증가하는, 따져보면 결국 파국에 이르게 될 낭비는 생산된 재화와 용역이 수익성 있는 자본 확장을 위해 **활용되는** 매우 무책임한 방식과 분리될 수 없다. 황당하게도, 불합리한 그리고 (이미 언급한) 장차 총체적으로 유지 불가능할 평형 상태에서 이용률利用度이 낮을수록 수익성 있는 대체 범위는 더 커진다. 따라서 자본의 관점에서는 소비와 파괴 사이에 의미 있는 구분을 지을 수 없다. 전적으로 낭비적인 파괴도, 생산의 새로운 수익성 있는 순환을 위해 자기 확장적인 자본이 필요로 하는 수요를 적절하게 충족하기 때문이다. 사용을 의미하는 진정한 소비가 충족할 수 있는 만큼이나 말이다. 그러나 자본의 역사적 발달 과정에서 범죄적으로 무책임한 자본의 살림살이에 대해 비싼 대가를 치러야 할 때 진실의 순간이 찾아온다. 실제로 재화와 용역은 인간의 질적인 필요와 사용과 관련해 이용률을 개선하고 책임 있는 이용을 높이는 것을 염두에 두고 의식적으로 생산된다. 진실의 순간은 생산된 재화와 용역의 **이용률**을 점차 개선하고 이용의 책임성도 뚜렷이 높이라는 지상명령이 절대적 관건이 되는 지점이다. 왜냐하면 유일하게 실행 가능한 경제, 즉 유의미하게 절약해 가까운 미래나 더 먼 미래에 지속 가능한 경제는 생산된 재화와 서비스의 **최적**最適 이용을 지향하는, 일종의 합리적으로 관리되는 경제일 뿐이기 때문이다. 지속 가능한 종류의 성장은, 진정한 인간적 필요를 지향하는 합리적인 살림살이의 매개변수 외부에는 존재할 수 없다.

이 측면에서 자본의 지배 아래 교정할 수 없을 정도로 잘못된 것의 아주 중요한 예를 들면, 우리 사회에서 계속 늘어나는 자동차가 이용되는 방식을 떠올려볼 수 있다. 자동차 생산과 연료 주입에 낭비되는 자원은 '선진 자본주의'에서 아주 막대하다. 특정 가계家計에서는 이를 위해 모기지(주택담보대출) 계약 다음으로 두 번째로 높은 비용을 지출한다. 불합리하게도, 자동차의 이용률은 1% 미만에 불과한데, 그것은 구입자에게 부여된 **배타적 소유권**에 의해 그럴듯하게 정당화된다. 동시에 준╫독점기업의 거대한 기득권은 실현 가능성이 분명한 참된 대안을 부정할 뿐 아니라 적극 거부한다. 왜냐하면 개인이 필요로 하는 (그리고 그들에게 부과된 무거운 재정 부담에도 불구하고 획득할 수 없는) 것은 적절한 **교통 서비스**이지, 경제적으로 낭비적이고 환경에 매우 해악을 끼치는 사적으로 소유된 상품이 아니기 때문이다. 그것은 또한 건강하지 못한 **교통 체증**에 의해 그들 생활의 막대한 시간을 잃게 만들기도 한다. 질적으로 최상 수준의 **대중교통**을 개발하는 것이 **참된 대안**이라는 점은 분명하다. 이것은 합리적으로 추구된 기획 범위 내에서 필요한 경제·환경·건강 기준을 잘 충족하고, 아울러 (집단적으로 소유되고 적절하게 할당되는, 그리고 배타적이고 낭비적으로 소유되지 않는) 자동차의 사용을 특수한 기능으로 제한할 것이다. 그리하여 수익성은 있으나 궁극적으로는 파괴적인 자본 확장에 대한 기존 시스템의 물신숭배적 필요에 의해 완전히 지배되는 개인이 아니라, 개인의 필요 ─ 이 경우, 적절한 교통 서비스에 대한 진정한 필요 ─ 에 따라 최적 이용 원리에 맞게 생산되고 유지될 (도로, 철도 네트워크, 교통 안내 시스템 같은) 운송 수단과 통신 시설의 목표가 결정될 것이다.

우리는 불가피한, 그러나 현재까지 의도적으로 회피된 **참된 경제 문제**를 아주 가까운 장래에 직면할 수밖에 없다. 왜냐하면 이른바 제3세계 국가들이 자본의 사회신진대사 재생산양식의 지배 아래서 (실상 그들의 불안정한 현재의 조건을 운명으로 만든) 과거의 낭비적인 '발전' 유형을 추종하는 것을 상상할 수 없기 때문이다. 매우 장려되었던 '근대화 이론들'과 그에 상응하는 제도적 전형들의 요란스러운 실패는 그런 접근 방식이 무망함을 명확하게 보여준다.

9.5.7

주요 자본주의국가가 자신의 특권을 주장하고 동시에 그 특권을 반드시 보존할 것을 계속 요구하는 데서 제기된 경고신호를 우리는 최근에 적어도 한 측면에서 목격하고 있다. 그것은 에너지 자원 요구의 국제적 증가와 그 전개 과정에서 몇몇 잠재적으로 거대한 경제 강대국, 무엇보다 중국의 경쟁적 개입과 관련된다. 오늘날 그러한 관심은 일차적으로 중국에 관한 것이지만, 물론 때가 되면 핵심적 에너지 자원을 불가피하게 요구하는 주요국 명단에 인도도 추가되어야 한다. 중국에 인도아대륙印度亞大陸을 더하면 인구가 25억 명이 넘는다. 만일 그들이 '자본주의적 도약과 성숙'이라는 단세포적인 주장과 함께 한때 기괴하게 선전된 『경제성장의 단계들The Stages of Economic Growth』[33]이라는 처방을 실제로 따른다면, 이는 물론 우리 모두에게 재앙적인 결과를 가져올 것이다. 왜냐하면 1천 명당 자동차 700대 이상을 가진 미국의 '선진 자본주의 발달' 모델에 따라 25억 인구가 전면적으로 자동차를 사용하는 사회가 되면 곧바로 지구의 석유 보유량의 완전한 고갈은 말할 나위도 없고, 유독한 오염의 전 지구적 '근대화' 혜택으로 머지않아 우리 모두 죽게 된다는 것을 뜻하기 때문이다. 마찬가지로 반대의 의미에서, 누구도 문제의 국가들이 오늘날 서 있는 자리에 무한히 그대로 있을 수 있다고 진지하게 상정할 수 없다. 중국과 인도아대륙의 25억 인구가 영원히 (세계의 선진 자본주의국가에게 이런저런 방식으로 여전히 심각하게 종속되어 있는) 현재의 곤경에 처할 운명일 수 있다고 상상할 수는 없다. 유일한 문제는

---

33 Walt Rostow, *The Stages of Economic Growth: A Non-Communist Manifesto*(London: Cambridge University Press, 1960)를 보라. 로스토는 케네디 대통령의 '고문단(顧問團)'의 저명한 구성원이었다. [로스토는 이 책에서 각국 경제의 발전을 다섯 단계로 설정했다. 즉, ① 전통적 사회 단계, ② 도약 준비 단계, ③ 도약 단계, ④ 성숙 단계, ⑤ 고도(高度) 대중 소비 단계로 구분했다 ― 옮긴이]

인류가 해당 인민의 사회적·경제적 발전의 정당한 요구에 대해 합리적으로 실행 가능하고 진실로 공평한 해법을 찾을 수 있을 것인지, 아니면 자본의 사회 재생산 통제 양식의 지향 틀과 작동 원리에 걸맞게, 자원을 둘러싼 적대적 경쟁과 파괴적 투쟁이 미래의 길일 것인지에 관한 것이다.

경제적·사회적 삶의 질적으로 상이한 조직 방식을 채택하라는 절대적 명령이 우리 시대의 지평 위에 떠오르게 되는 또 다른 측면은 생태와 관련된다. 점차 심각해지는 전 지구적 생태의 문제를 다루는 유일하게 실행 가능한 방식은 물신숭배적 수량화라는 현존 질서의 낭비적인 살림살이에서, 진정하게 질을 지향하는 살림살이로 전환하는 것이다. 지구온난화 같은 치명적인 문제에 대한 직접적인 영향부터 깨끗한 물 자원과 맑은 공기에 대한 기초적인 요구에 이르기까지 지구 가족의 악화하는 문제와 모순에 책임 있게 대처하고자 한다면 말이다. 이 지점에서 생태는 생산된 재화와 용역의 이용에 대한 필수적인 질적 재정의 가운데 중요한, 하지만 부차적인 측면이다. 재화와 용역의 이용에 대한 질적 재정의 없이 인류의 영원히 지속 가능한 생태 — 다시, 절대로 필수적인 것 — 를 주장하는 것은 비현실적인 희망 사항에 불과할 수밖에 없다.

이 맥락에서 강조할 마지막 요점은 이들 문제를 직시할 긴급성이 (상호 극복할 수 없는 경쟁 속에 있는 주요 제국주의 국가 구성체에 의해 지탱되는 자본의 기득권 세력이 계속 그렇게 하듯이) 최소화되거나 과소평가될 수 없다는 점이다. 역설적이게도 '세계화'에 관한 많은 선전 담론이 있지만, 합리적으로 지속 가능하고 전 지구적으로 조정되는 사회적 교류 재생산 질서가 작동되기 위한 객관적 필요조건은 끊임없이 훼손되고 있다. 그러나 역사 발전의 현 단계에서, 이 절에서 논의된 모든 주요 쟁점과 관련해서 실제로 우리가 전 지구적 해법을 필요로 하는 점점 악화되는 전 지구적 도전에 연관되어 있다는 분명한 진실은 여전히 남아 있다. 그렇지만 우리의 가장 큰 우려는 본질적으로 적대적인 구조적 규정과 그것의 파괴적인 표출 때문에 자본의 사회신진대사 재생산양식이, 실행 가능한 전 지구적 해법의 여지를 전혀 갖고 있지 않다는 점이다. 만약 자본이 **구조적 지배** 형태로 지배할 수 없다면 자본은 그 불변의 본성상 아무것도 아니다. 하지만 구조적 지배의 분리될 수 없는 또 다른 차원은 **구조적 종속**이다. 이것이 자본의 사회신진대사 재생산양식이 (매우 파괴적인 전쟁까지 동반하면서) 항상 기능했고 또한 기능하려고 할 수밖에 없는 방식이다. 우리 시대에는 그러한 파괴적인 전쟁의 단순한 전조前兆를 훨씬 넘어서는 것이 보인다. 전 지구적 패권국인 미국이 예전에는 상상할 수 없었던 파괴적인 힘을 통해 전 지구적 패권 제국주의의 파괴적 명령을 폭력적으로 관철하는 것은 우리의 악화되는 문제에 대한 **전 지구적 해법**을 가져올 수 없고 전 지구적 재앙만을 초래할 수 있을 뿐이다. 이와 같은 전 지구적 문제를 다룰 불가피한 필요성 때문에 역사적으로 지속 가능한 방식으로 자본의 사회신진대사 통제 양식에 대한 유일하게 실행 가능한 헤게모니적 대안인 21세기 사회주의라는 도전이 상정되는 것이다.

9.6 민족적인 것과 국제적인 것: 우리 시대에 이들의 변증법적 상호 보완성

9.6.1

사회주의 발전에 대한 가장 큰 난관 하나는 민족 문제를 지속적으로 간과해왔고 여전히 간과한다는 것이다. 이는 두 가지 요인, 즉 일부 우연적이면서도 광범위한 역사적 규정과 과거의 복잡한 이론적 유산 모두에서 유래한다. 더구나 관련된 쟁점의 성격상 이 둘은 서로 밀접히 얽혀 있다.

실천적이고 역사적인 규정과 관련해서 우리는 무엇보다 근대 민족의 형성이 부르주아지의 계급적 주도로 성취되었다는 것을 기억해야 한다. 이 발전은 자본의 다수가 자기 확장 충동에 내재하는 사회경제적 지상명령과 조응해 일어났다. 자본의 자기 확장 충동은 원래 매우 제한된 지역적 배경에서 시작했지만, 상호 간 갈등이 점차 심화되면서 점차 더 넓은 영토에 대한 통제로 나아갔다. 이후 20세기의 두 차례 파괴적인 세계대전과 우리 시대의 잠재적인 인류 절멸에서 절정에 이르고 있다.

자본의 자기 확장이라는 지상명령 아래 구성된 국가 사이의 관계 체계는 교정할 수 없을 만큼 사악할 수밖에 없다. 그것은 제국주의적 태세를 갖춘 한 줌의 민족이 가진 매우 특권적인 지위를 여타 민족에게 강요하고 끊임없이 강화해야만 했다. 정반대로, 그것은 동시에 매우 폭력적인 방법을 포함해 동원 가능한 모든 수단을 발휘해 다른 모든 민족에게 구조적으로 종속적인 상태를 강요했다. 이렇게 국제 질서를 표현하는 방식은 약소민족을 압도했을 뿐만 아니라, 대영제국 아래 인도처럼 심지어 그 나라가 외국 압제자에 견줄 수 없을 만큼 많은 인구를 가지고 있더라도 그러했다. 식민지화된 민족에 관해서, 주요 제국주의 열강은 자신에게 빌붙은 토착 지배계급인 공범共犯들의 도움을 받아 식민지 민족에게 경제적·정치적 종속 상황을 무자비하게 강요했다. 특징적으로 '탈식민지적'인 변화들은 모든 실질적 관계에서 (형식적으로는 다소 수정된 방식일지라도) 옛 지배 양식을 재생산하는 데 어떤 어려움도 없었다. 이 때문에 오래전에 수립된 구조적 지배와 종속 시스템이 지금까지 줄곧 영속되고 있다.

대단한 기적의 힘만이 구조적 지배와 종속의 자본주의적 국가 간 관계를 실제로 역사 발전 과정에서 나타났던 바와 상당히 다르게 바꿔낼 수 있었을 것이다. 왜냐하면 경제적·사회적 재생산과정을 통제하는 힘으로서 자본은 심지어 매우 특권적인 제국주의 국가에서조차 그 심층적 규정에서 엄격하게 위계적이고 권위주의적일 수밖에 없기 때문이다. 그러므로 자본주의적 변종에서 (마르크스의 용어로) "작업장 권위주의와 시장 독재"를 특징으로 하는 사회·정치 시스템이 어찌 국제적 수준에서 공평할 수 있었겠는가? 자신의 노동력을 내적으로 지배하려는 자본의 절대적 필요 때문에 국수주의적 신비화를 꾀하기 위해서 제국주의 지배를 통해 얻은 착취 이익의 초과분을 이용해 그 토착 노동 인구에게 일부 제한된 특권을 부여할 수도 있다. 그러나 이런 관행은 (자본이 모든 실질적 문제에 대한 의사 결정권을 완벽하게 유지하고 있고, 또한 항상 유지해야 하는) 특권적 제국주의 국가의 자본-노동관계에 티끌만큼의 평등도 가져오지 않는다. 이런 변경 불가능한 내적인 구조적 규정에도 불구하고 그 시스템의 외부적 관계, 즉 국가 간 관계가 전적으로 사악한 것이 아닐 수 있다고 말하는 것은 전혀 이치에 닿지 않는 일이다. 왜냐하면 그처럼 말하는 것은 본성상 매우 사악한 것(자본 시스템 – 옮긴이)이 (필시 강요된) 외국 지배라는 한층 더 악화된 조건 아래서 진정한 평등을 만들어낼 수 있는 것처럼 꾸며대는 것이기 때문이다.

당연하게도, 이런 시스템에 대한 사회주의적 응답은 매우 근본적인 부정의 언어로 분명하게 표현되어야 했고, 진정으로 협동적인 국제 질서의 틀 안에서 현존하는 적대를 폐기하면서 크고 작은 매우 다양한 국가 사이에 질적으로 다른 관계를 수립할 필요성을 강조했다. 그렇지만 사회주의적 사회변혁을 기획한 최초의 성공한 혁명이 전제군주제인 러시아에서 발발했다는 비극적 사정 때문에 20세기에 들어와 문제는 매우 복잡해졌다. 당시 러시아는 압제적인 다민족 제국이었기 때문이다. 이러한 사실은 레닌이 러시아를 '제국주의의 가장 약한 고리'로 규정하는 데 기여했다. 잠재적으로 혁명 발발의 긍정적인 자산이라는 것이다. 레닌의 이런 판단은 완전히 옳은 것이었음이 입증되었다. 하지만 그 동전의 이면은 심각한 사회적·경제적 후진성뿐만 아니라 압제적인 다민족 제국의 끔찍한 유산 역시 훗날 엄청난 문제를 드러냈다는 것이다.

스탈린이 권력을 강화한 후 수십 년 동안 '일국–國 사회주의'를 놓고 격렬한 논쟁이 일어났다. 그 논쟁에서 대부분 빼놓았던 단순하지만 핵심적인 고려 사항은 소련이 전혀 일국이 아니었으며 오히려 다수 민족이 전제군주제적 제국에게서 물려받은 심각한 차별과 내적 적대 때문에 분열되어 있었다는 점이다.

레닌의 사후에 잠재적으로 폭발적인 민족적 차별의 모순을 적절하게 다루는 데 실패한 것은 훗날 대단히 파괴적인 결과를 가져왔다. 이는 결국 소련의 붕괴로 귀결되었다. 이 문제에 대한 접근 방식에서 레닌과 스탈린의 차이는 두 사람 사이의 차이 가운데 가장 컸다. 레닌이 다양한 소수민족의 '연방 탈퇴까지' 포함한 완전한 자치권을 항상 지지했던 반면, 스탈린은 소수민족에 대해 러시아의 이해관계에 매우 엄격하게 예속된 (어떤 수를 써서라도 통제해야 할) '변방'에 지나지 않는 존재로 폄하했다. 레닌이 스탈린을 단호한 어조로 비난했던 이유가 바로 이것이다. 그는 만약 스탈린이 주장한 견해가 득세하게 될 경우 – 나중에 실제로 득세하게 되었듯이 – "우리가 정당화했던 '연방 탈퇴의 자유'는 그저 종잇조각이 되어버려 진짜 러시아인, 즉 대러시아 국수주의자의 습격으로부터 비非러시아인을 방어할 수 없게 될 것"이라고 주장했다.[34] 그는 그 정책이 초래할 심각한 악영향을 강조했으며, 그 범인을 명확하게 거명했다. "이런 모든 엄밀히 대러시아 민족주의적인 캠페인에 대한 정치적 책임은 응당 스탈린과 제르진스키Dzerzhinsky가 져야 한다."[35]

1924년 1월 오랜 투병 끝에 레닌이 사망한 후, 민족 문제에 관한 그의 충고는 파기되었고 다른 민족을 종속적인 '변방'으로 취급하는 스탈린의 '대러시아' 정책이 전면 실행되었다. 이는 그 후 소련 사회의 특징이었던 봉쇄된 발전에 크게 기여했다. 내가 소련이 해체되기 훨씬 전에 강조하려고 애썼듯이[36] 심지어 고르바초프와 그의 추종자들의 접근 방식도, 레닌 이후의

---

34 Lenin, *Collected Works*, vol.36(London: Lawrence and Wishaet, 1960), p. 606.
35 Ibid., p. 610.
36 이들 문제에 대한 내 논의 "민족 문제의 극적인 재출현(The dramatic reappearance of

여타 이론 작업과 실천들이 그러했듯이, 똑같이 극단적인 비현실감을 특징으로 했다. 그들은 머지않아 (전혀 통합되지 않은) 소련 붕괴로 귀결될 몰려드는 폭풍우의 명확한 신호에도 불구하고 순진하게 또는 제멋대로 '통합된 소비에트 민족'의 폭발적인 내부 문제를 무시하고 '소비에트 민족'과 그것의 이른바 '통합된 자기 인식'이라는 허구를 붙들고 있었다. 동시에 그들은 발트제국(발트해 연안에 있는 에스토니아, 라트비아, 리투아니아 — 옮긴이), 벨라루스, 우크라이나를 포함한 다양한 민족 공동체를 '종족 집단ethnic groups'의 지위로 격하한 것을 정당화하려고 애썼다.

스탈린 통치 아래에서는 심지어 모든 소수민족의 강제 이주까지 서슴지 않는 권위주의적인 억압 조치를 통해 터무니없는 비현실을 받아들이는 것이 강요될 수 있었다. 하지만 일단 그 길이 포기될 수밖에 없게 되었을 때는 어떤 것도 압제적인 전제군주제적 다민족 제국의 끔찍한 유산과 그에 따른 적대가 표출되지 않은 채 보전되게 할 수 없었다. 그것은 단지 '일국'과는 한참 거리가 먼 탈혁명적인 소비에트 국가가 여러 모순의 견딜 수 없는 중압 아래서 언제, 어떤 형태로 해체될 수밖에 없는지에 관한 문제였을 뿐이다.

9.6.2

민족 문제에 대한 지속적인 무시는 확실히 그 딜레마를 직시하는 데 실패한 소련의 몰락으로 한정되지 않았다. 서유럽 사회주의 운동에서 민족

---

the national question)"을 참조하라. 이 글은 베네수엘라 계간지 ≪폭풍의 눈(El ojo del huracan)≫에 게재하기 위해 1989년 12월과 1990년 1월 사이에 "오늘날의 사회주의(Socialismo hoy dia)"라는 제목으로 작성되었고, 1990년 2, 3, 4월호에 게재된 글의 일부다. 이후 『자본을 넘어서』 제4부로 재출간되었다.

문제와 (이와 밀접히 관련된) 국제주의 문제에서 막다른 골목으로 나아가는 경향은 러시아혁명 훨씬 전에 나타났다. 실제로 프리드리히 엥겔스는 러시아혁명이 일어나기 42년 전 독일에서 고타강령Gotha Program[37]에 대한 논쟁이 벌어졌을 때 "노동운동이 국제적인 운동이라는 원칙은 사실상 완전히 부인되었다"라고 비통하게 한탄했다.[38] 일관되고 현실에서 완벽히 지속 가능한 국제적인 입장을 채택하지 않고서는 사회주의 관점에서 자본의 현존 질서를 근본적으로 부정할 필요성은 생각조차 할 수 없었다. 하지만 고타강령의 승인에 참여한 정치 세력의 통일을 확보할 목적에서 나온 기회주의적 책략은 훗날 아주 비싼 대가를 치를 수밖에 없는 심각한 민족주의적 양보를 수반했다. 제1차 세계대전이 발발할 무렵 독일 사회민주당이 공격적인 부르주아 국수주의 세력에 완전히 투항한 것은 독일의 정치 발전에서 위태로운 전환의 논리적 정점이었을 뿐이었고, 그것으로 제2차 인터내셔널의 운명도 확정지어졌다.

네 차례의 인터내셔널은 노동에 대한 자본의 위계적인 구조적 지배를 이겨낼 국제 연대의 힘을 만들어낼 것이라는 기대와 함께 창설되었다. 여기서는 어떤 인터내셔널도 그들에게 부여된 희망을 완수하지 못했음을 기억하는 것이 중요하다. 제1차 인터내셔널은, 방금 살펴본 바대로 엥겔스에 의해 날카롭게 비판되었듯이, 1870년대 말에 이르러 국제적인 운동으로서 노

---

37 1875년 독일 사회주의 노동운동의 두 조직인 전독일노동동맹(라살레파)과 독일사회민주노동당(아이제나하파)이 정부의 탄압에 대처하기 위해 고타에서 합동 대회를 열어 독일 사회주의노동당을 결성하면서 채택한 강령이다. 주로 라살레파의 주장이 받아들여진 이 강령은 1891년의 에르푸르트 강령이 성립될 때까지 당의 지침이 되었는데, 이는 라살레파의 국가사회주의와 아이제나하파의 마르크스주의를 타협적으로 절충한 것이다. 마르크스는 『고타강령 비판(Kritik des Gothaer Programms)』(1875)에서 이 같은 원칙의 절충을 통렬히 비판했다. ─ 옮긴이

38 Engels, *Letter to August Bebel*, March 18~28, 1875.

동운동이 탈선한 결과로 이미 마르크스가 생존해 있을 때 좌초했다. 제2차 인터내셔널은 내부에 이 모순의 씨앗을 안고 있었고, 그 씨앗을 거침없이 자라는 식물로 전환했다. 그리고 제1차 세계대전이 제공한 역사적인 기회를 맞아 인터내셔널 회원 조직들이, 맞붙는 교전交戰 당사국 편에 서면서 치명적으로 전체 조직의 신뢰를 떨어뜨렸다. 이처럼 처참하게 신뢰를 잃은 '노동자 인터내셔널'을 구성하는 각국 회원 조직들은 전쟁 기간에 계속해서 자국의 부르주아지 편에 섰다. 그리하여 사회주의적 국제주의의 핵심 필요 조건과 관련된 모든 것을 중단했다. 나중에(1920년 — 옮긴이) 제2차 인터내셔널은 사회경제적 조정 기관이자 계급투쟁을 부인하는 기관으로서 재건되었다. 로자 룩셈부르크는 이 발전의 의미를 "계급투쟁의 존재를 부인함으로써 사회민주당은 바로 자신의 존재 기반을 부정했다"라고 명료하게 요약하며 비판했다.[39] 따라서 전 세계의 사회민주주의 정당들이 드러내놓고 기존 질서를 수호하는 입장을 채택하는 것은 단지 시간문제였을 뿐이다.

제2차 인터내셔널의 수치스러운 실패를 배경으로 삼아 10월 혁명 이후 제3차 인터내셔널이 창립되었다. 하지만 제3차 인터내셔널 자체의 정당들과의 관계를 포함해 국제 문제를 소련의 국가이익에 엄격하게 예속된 것으로 다루었던 스탈린의 권위주의적인 정책이 차츰 부과되면서 이 조직도 진정한 사회주의적 국제주의를 발전시키는 역할을 수행하는 데 실패했다. 공산주의 인터내셔널 코민테른Comintern을 해산하고 코민포름Cominform — 즉, 국제 정보기관 — 으로 바꾸었지만 아무것도 해결하지 못했다. 코민포름마저도 일방통행이었기 때문이다. 그렇게 된 것은 스탈린 생전에는 소비에트 체제에 대한 어떤 비판도 절대적인 금기로 남아 있었기 때문이다. 심지어 그가 사망한 이후 흐루시초프가 스탈린의 '개인숭배'와 그 부정적인 결과에 대해 가혹하게 비판할 때조차 사회신진대사 재생산양식으로서 소련형 사

---

39 Rosa Luxemburg, *Junius pamphlet*(Colombo: Young Socialist, 1967), p. 54.

회의 근본 문제를 다루지 못했다. 소련형 사회의 모순과 위기의 징후가 한 층 심화되고 있었는데도 말이다.

고르바초프의 **글라스노스트**와 **페레스트로이카** 아래 위기의 심각성 자체가 인정되었을 당시에 상정된 교정 노력은 자본주의로 복귀하는 길로 들어서는 것과 분리할 수 없는 방식으로 생각되었다. 제4차 인터내셔널은 그 창립자의 바람에도 불구하고 결코 **대중적인** 영향력을 가진 국제조직의 위상을 갖추지 못했다. 만약 상정된 전략적 비전이, 마르크스의 용어로, "대중을 장악할" 수 없다면 요구되는 사회주의적 국제주의를 발전시키는 임무는 성취될 수 없다.

민족 문제는 필연적으로 소수의 압제자 국가와 제국주의에 억압받는 압도적 다수의 민족들 사이의 양극화 형태를 취한다. 이는 제국주의 국가의 노동계급도 깊이 연루된 매우 사악한 관계다. 이 관계는 직접적인 군사적 지배에 한정되지 않았다. 몇몇 주요 군사행동 또는 '포함외교' 활동을 통해 군사적 지배가 관철될 때마다 그 목적은 정복된 나라에서 가능한 한 최대의 노동 착취를 계속 확보하는 것이었고, 그로써 궁극적으로는 자본 특유의 사회신진대사 통제 양식을 전 세계에 강요하는 것이었다. 이것이 바로 제2차 세계대전 이후 '탈식민지화' 과정에서 예전 제국들이 자본 시스템에 적합한 기존의 구조적 지배·예속 관계의 실질적 내용을 변화시키지 않고서 직접적인 군사·정치적 통제를 포기하는 것이 충분히 가능했던 이유다.

이 측면에서는 미국이 선구자였다. 미국은 예컨대 필리핀 같은 몇몇 나라에서 직접적인 식민지 유형의 군사적 지배를 해당 주민에 대한 사회경제적 지배와 결합해 행사했다. 동시에 미국은 라틴아메리카 전체에 대한 광대한 지배를 반드시 군사적으로 개입하지 않고서도 구조적 종속을 부과하는 형태로 확보했다. 물론 미국은 자신이 선포한 '뒷마당'에서 자신의 착취적 지배의 유지가 문제시될 때마다 공개적이든 은밀하든 간에 서슴없이 군사개입에 호소했다. 미국이 규칙을 부과하는 선호 방식 가운데 하나는 '토착' 군대가 선출된 정부를 전복하고 자국에 '우호적인' 독재 정권을 수립하는 것이다. 이런 방식은 브라질의 군부독재부터 피노체트의 칠레에 이르기까지 수많은 경우에 매우 냉소적이고 위선적으로 정당화되었다.

그렇지만 제2차 세계대전 이후 자신의 착취적 이해관계를 관철하는 미국의 주요 전략은 오랫동안 '민주주의와 자유'라는 기만적인 이데올로기와 융합된 경제적 지배의 행사를 통해서 이루어졌다. 이는 자본의 역사 발전에서 특정한 국면과 잘 들어맞았다. 이 국면에서는, 전후 세계에서 신新식민지적 관행에 더 적합한 자본 확장의 잠재력을 실현하는 데 구舊제국의 정치적·군사적 속박은 오히려 시대착오적이라는 것이 판명되었다. 이와 관련해 미국은 두 측면에서 거의 이상적인 위치에 있었다. 하나는, 미국이 전 지구적 자본의 생산 확장 공세에서 가장 역동적이라는 점이었다. 다른 하나는, 영국이나 프랑스 제국과 달리 미국은 직접적인 정치적·군사적 식민지 지배를 행할 필요가 없다고 주장할 수 있는 국가라는 점이었다. 따라서 우리 시대에 이 '민주적인' 초강대국이 자본의 구조적 위기에 대응하기 위해 세계의 나머지 국가에 전 지구적 패권 제국주의의 패권국으로서 자신을 강요함으로써 위기를 해결하려는 헛된 시도를 통해 매우 소모적이고 잔인한 군사개입과 점령 형태로 되돌아가야만 했다는 사실은 매우 특별한 의미가 있다. 더욱이 이는 인류 생존이 매우 위태로워졌음을 함의한다.

노동 인민 대다수에게 이 신판新版 제국주의는 그 전임자보다 덜 사악한 지배 형태가 아니었고, 지금도 여전히 아니다. 따라서 압제자 민족의 계속된 지배에서 수많은 피압박 민족이, 특히 라틴아메리카가 근본적으로 해방되지 않고서는 진정한 국제주의를 실현하는 것은 상상할 수 없다. 이것이 오늘날 정당한 방어적 민족주의[40]의 의미이고, 레닌이 그 시초부터 강조했

---

40 '방어적 민족주의'는 '공격적 민족주의'와 대비되는 개념이다. 공격적 민족주의가 제국주의의 이데올로기 역할을 수행하는 것과 달리, 방어적 민족주의는 제국주의의 식민지 침

던 바다. 국제주의가 성공하려면 국제주의의 **긍정적인 차원**이 방어적 민족주의를 반드시 보완해야 한다.

9.6.3

국제 연대는 자본의 구조적 적대자(노동계급 — 옮긴이)에게만 하나의 긍정적 잠재력이다. 그것은 좌파의 이론적 논의에서 부르주아 **국수주의**와 습관적으로 혼동되는 애국주의와 조화를 이룬다. 좌파의 이런 혼란은 흔히 착취적인 구조적 종속의 고리를 끊어야 할 필요성을 부정하는 것에 대한 다소 의식적인 변명일 경우가 많다. '선진 자본주의'의 노동자들도, 비록 그들의 계급 적대자들보다는 훨씬 더 제한된 정도일지라도, 이 착취적인 구조적 종속의 부인할 수 없는 수혜자다. 하지만 애국주의는, 외세에 의해 또는 실제로 자신의 지배계급의 투항 행위에 의해 위협당할 때 스스로를 **자국**의 정당한 민족적 이해관계에 배타적으로 일치하는 것을 의미하지 않는다. 이와 관련해 레닌과 룩셈부르크가 내부의 계급 착취자에 대항한 내전으로 전환할 것을 주장한 것은 옳았다. 그것은 또한 **피압박** 인민의 진정한 애국주의와 **전면적으로** 연대하는 것을 의미한다.

이런 애국주의의 실현 조건은 단순히 국가 간의 관계를 변화시켜 기존의 정치적 또는 군사적·정치적 종속을 강요하는 외세에 어느 정도라도 대응하는 것이 아니다. 왜냐하면 성공을 지속시킬 조건은, 얼마가 걸리든, 전 세계에 걸친 자본의 위계적인 구조적 지배에 대항한 지속적인 투쟁이기 때문이다. 그렇지 않으면, 종종 외세의 옛 정치적·군사적 패권에서 성공적으로 벗어났지만 다음의 사태가 전개되면서 옛 형태 또는 새로운 형태로 재건될 수도 있다. 따라서 피압박자의 국제 연대에서는 이러한 핵심적인 전략적

략 공세에 저항하는 민족주의를 말한다. — 옮긴이

지향 원리를 충분히 인식하고 일관되게 실천적으로 따를 것이 요구된다.

다른 민족의 노동 인민이 지닌 열망에 대한 충분한 존중이 없다면 사회주의적 국제주의는 상상할 수 없다. 이런 존중만이 건설적인 협동적 교류의 객관적 가능성을 창출할 수 있다. 최초의 정식화 이래 마르크스주의 이론은 다른 민족을 지배하는 민족은 자신의 자유도 빼앗긴다고 주장했다. 이는 레닌이 끊임없이 반복해서 말했던 금언이다. 그 이유를 아는 것은 어렵지 않다. 왜냐하면 국가 사이의 지배 형태는 모두 엄격히 규제되는 사회적 교류의 틀 ─ 그 안에서 상대적으로 소수가 통제의 행사를 전유하는 ─ 을 전제하기 때문이다. 다른 민족체[41] 또는 이른바 주변부와 접경 지역을 지배할 수 있는 방식으로 구성된 국민국가는 자국의 정치적으로 적극적인 시민들이 그 지배의 행사에 공모共謀하는 것을 전제한다. 따라서 해방을 열망하는 노동 대중을 미혹하고 약화한다.

그러므로 오랫동안 지배해온 매우 사악한 국가 간 관계 시스템을 근본적으로 부정하는 것은 절대적으로 피할 수 없는 사회주의 이론의 필요조건이다. 이는 방어적 민족주의의 개념적 기반을 제공한다. 하지만 자본의 사회 질서에 맞서는 절실하고 긍정적인 대안이 방어적인 것일 수는 없다. 모든 방어적인 입장은 궁극적으로는 불안정으로 어려움을 겪기 때문이다. 심지어 최선의 방어도 세력 관계가 적에게 이롭게 바뀔 경우 집중포화를 받고 괴멸될 수 있기 때문이다. 자본의 사악한 세계화에 맞서기 위해 이런 측면에서 필요한 것은 실행 가능한 긍정적인 대안의 명확한 표명이다. 즉, 다양한 구성 인자들의 진정한 평등을 기반으로 제도화되고 관리되는, 형식적이 아니라 물질적·문화적으로 일체감을 가질 수 있게 실질적으로 규정된 국제

---

41 민족체(nationality)란 민족을 구성하지는 못했으나, 독자적 정체성을 가진 민족보다 외연이 더 넓은 개념인 민족형성체를 말한다. 예컨대 민족국가를 구성하지 못한 쿠르드족(Kurd族)이나 티베트족(Tibet族) 등이 여기에 해당한다. ─ 옮긴이

적인 사회 재생산 질서가 그것이다. 긍정적인 **국제주의** 전략은 자본의 재생산적 '소우주들(자본 시스템의 포괄적인 '대우주'를 구성하는 특정한 생산·분배 기업들)'의 아주 사악한, 그리고 극복하기 어려울 정도로 대립적인 구조화 원리를 완전히 **협동적인** 대안으로 대체하는 것을 의미한다.

초국적 자본의 파괴적 공세는 특정 국민정부만의 행동을 통해서는 국제적인 수준에서 긍정적으로 극복되기는커녕 완화될 수조차 없다. 왜냐하면 적대적인 '소우주들'이 지속적으로 존립하고, 그것들이 (오늘날 자본의 집적·집중을 통해 발달하기 시작한 거대 초국적기업과 같은) 점점 커지는 동일한 갈등적 유형의 구조 아래 포섭되는 것은 필시 일시적으로 진정된 갈등을 조만간 재생산하기 때문이다. 그리하여 긍정적인 국제주의는 문화적·정치적 수준뿐만 아니라 물질적 수준에서도 **비위계적 의사 결정 형태**[42]를 구성하고 포괄적으로 조정하는 것을 도움으로써 사회신진대사 통제 양식으로서의 자본을 넘어서기 위한 전략으로 규정된다. 달리 말하면, 사회의 재생산을 통제하는 핵심 기능이 '소우주'의 구성원들에게 긍정적으로 **양도**될 수 있고, 동시에 그 구성원들이 화해할 수 없는 적대에 의해 분열되어 있지 않기 때문에 그들의 활동이 매우 포괄적인 수준까지 아우르도록 적절히 조정될 수 있는, 질적으로 상이한 의사 결정 형태에 의해 규정되는 것이다.

9.6.4

심지어 시몬 볼리바르가 실행 가능한 대안을 창안하기 위해 영웅적인 노력을 펼쳤을 때조차 그러한 적대는 극복할 수 없다는 것이 입증되었다. 왜냐하면 성공하기 위해 필연적으로 요구되었던 것이 노예의 법적 해방 같은 조치를 훨씬 넘어선 사회 전체 구조의 변혁이었기 때문이다. 따라서 볼리

---

42 참여에 관해서는 이 장의 제2절을 참조하라.

바르가 (아직 그 역사적 시간이 도래하지 않았던) 영구적인 해법을 마련하려고 노력할 때 그는 라틴아메리카에서조차 완강한 적의에 맞닥뜨렸다. 당시 이들 국가에 타의 추종을 불허할 정도로 기여했고, 그러한 공로를 인정받아 해방자라는 남다른 칭호로 존경을 받았는데도 말이다. 그 결과, 그는 생애의 마지막 나날을 비참하게 고립되어 보내야 했다.

그의 계몽된 평등[43]관의 전파로 위협을 느꼈던 미국에 있는 적들의 경우 주저하지 않고 볼리바르를 "남쪽의 위험한 미친 놈"[44]이라고 비난하고 묵살했다. 그들은 대내적으로도 위협을 느꼈고(볼리바르의 노예해방에 의해 직접 도전받았던 노예 소유주들처럼), 세계적으로 조화로운 국가 관계에 대한 그의 주창 때문에도 위협을 느꼈다.

주요 방해물은 볼리바르가 주창한 라틴아메리카 국가의 정치적 통합과 그들 사회에 존재하는 소수주들의 적대적이고 갈등적인 구성 인자 사이의 날카로운 대조였다. 그 결과, 정치적 통합에 대한 매우 고결하고 감명 깊은 호소조차 식민주의의 적수인 스페인의 위협이 심각할 때만 작동할 수 있었다. 하지만 이런 위협만으로는 내부의 적대를 치유할 수 없었다. 또한 상황은 새로운 위험에 대한 볼리바르의 앞을 내다보는 통찰에 의해서도 근본적으로 바뀔 수 없었다. 즉, 그는 "북아메리카의 미합중국이 신의 섭리에 따라 자유의 이름으로 아메리카를 불행에 빠뜨릴 운명인 것 같다"라고 통찰했다. 이 위험은 나중에 호세 마르티가 같은 기조로 훨씬 더 단호하게 강조했다.[45] 두 사람 모두 인류의 심각한 문제에 대한 이상적 해법을 편견 없이

---

43 볼리바르는 평등을 "**법칙들의 법칙**"이라 불렀고, "평등 없이는 모든 자유, 모든 권리는 소멸한다. 그것을 위해 우리는 희생을 치러야 한다(La ley de las leyes: la Igualdad. Sin ella perecen todas las libertades. A ella debemos hacer los sacrificios)"라고 덧붙였다.

44 스페인어 표기로 'El peligroso loco del Sur'.

45 José Marti, "Discurso," Hardman Hall, New York, October 10, 1890; "La Verdad Sobre los Estados Unidos," *Patria*, April 17, 1884를 참조하라.

주창했던 것만큼이나 새로운 위험에 대한 진단에서 현실적이었다. "콘스탄티누스 대제*Constantinus I*가 비잔티움을 고대 서반구西半球의 수도로 삼기를 원했던 것처럼",[46] 같은 방식으로 파나마 지협地峽을 지구의 수도로 삼아 인류의 모든 민족을 조화롭게 결합할 방안을 제안했을 때의 볼리바르, 그리고 "인류가 우리 조국이다"라고 주장했을 때의 마르티가 그러했다.

이러한 이상들이 정식화되었을 때 역사적 시간은 아직 반대 방향, 즉 사회적 적대의 섬뜩한 심화와 이것에서 발생된 두 차례 세계대전의 끔찍한 유혈의 방향을 가리켰다. 말년에 볼리바르는 예전에 그가 상상한 아메리카의 날이 아직 도래하지 않았음을 비참하게 인정할 수밖에 없었다. 오늘날 상황은 매우 다르다. 미국이 라틴아메리카 국가를 대상으로 유사類似 식민지 지배를 행사했던 과거에서 전해 내려온 조건들은 더 이상 유지될 수 없다는 의미에서 볼리바르의 '아메리카의 날'은 도래했다. 이 측면에서, 오랫동안 소수의 제국주의 열강이 다수 국가를 대상으로 유지해온 민족적 지배가 돌이킬 수 없는 역사적 시대착오가 되었기 때문에, 라틴아메리카 국가의 유효한 민족 주권이라는 이해관계는 도처에서 민족적 곤경을 극복하려는 필연적인 공세와 완전히 부합한다.

과거 제국주의 열강, 무엇보다 최대로 강력한 미국이 역사의 수레바퀴를 되돌리고 세계를 재식민지화하려고 애쓴다고 해서 변화된 역사적 조건이 없던 일로 될 수 있는 것은 아니다. 그런 목적을 위한 그들의 계획은 이른바 '테러와의 전쟁'이라는 구실로 최근에 취한 몇몇 대단히 파괴적인 군사 모험 방식으로 이미 드러났다. 실제로 매우 침략적인 열강은 '새로운 세계질서'에서 참 우습게도 그들의 의로운 '국제 테러와의 전쟁'의 성공을 위한 핵심 조건으로 새로운 만병통치약, 즉 사실상 뻔뻔스러운 재식민지화 모험

---

46 "Acaso solo alli podra fijarse algun dia la capital de la tierra, como pretendio Constantino que fuese Bizancio la del antiguo hemisferio."

을 시작한다고 선언한다. 그러나 그들은 이 사업에서 실패할 수밖에 없다.

과거에 정당한 민족적 곤경을 바로잡으려던 수많은 시도는 **국수주의** 전략을 추구하면서 탈선되었다. 왜냐하면 쟁점이 된 문제의 성격상, 지배국에 의해 강요된 민족적 이해관계가 국가 관계에 요구되는 **전적으로 공평한 국제적 조건**을 훼손하고 몇몇 여타 민족의 정당한 사회적 목표를 희생하면서까지 영구히 관철될 수는 없기 때문이다. 그러므로 단지 미국에 맞서는 것뿐만 아니라 모든 나라의 조화로운 국제적 연합을 통해 상정된 매우 광범한 틀 안에서 라틴아메리카 국가의 전략적 통합과 평등을 표방하는 볼리바르 기획은 더할 나위 없는 선견지명과 역사적 타당성을 지니고 있다. 실제로, 그들 사이의 연대에 기초해 사회적·정치적 통합을 실현함으로써 오늘날 라틴아메리카 국가들은 인류 전체를 위해 선구적 역할을 떠맡을 수 있다. 그들 누구도 개별적으로는 북아메리카에 있는 강력한 적수(미국 — 옮긴이)에 부정적으로 맞서서 성공할 수 없지만, 함께하면 긍정적인 연방제적 해법을 창출해 우리 모두에게 전진의 길을 보여줄 수 있다. 더욱이 그들은 진정한 국제주의를 통해 그렇게 할 수 있는 입장에 있다. 그들은 수많은 유럽 제국주의나 유사 제국주의 전통의 과거가 만든 짐을 지고 있지 않기 때문이다.

마찬가지로 세계의 다른 부분도 민족 모순의 심각한 문제를 겪고 있다. 이 점은, 끊임없이 전쟁으로 피폐해진 중동, 구 유고슬라비아의 폭력적인 붕괴, 소련 해체와 이에 따른 매우 걱정스러운 (체첸Chechen 같은 곳에서는 심지어 폭발적인) 여파, 중부 유럽의 드러나거나 잠재된 갈등, 인도아대륙에서 주기적으로 분출하는 심각한 내부의 적대, 캐나다의 여전히 해결되지 않은 민족 분규, 북아프리카와 중앙아프리카의 다양한 무장 충돌 등을 떠올리는 것으로 충분하다. 민족적인 것과 국제적인 것의 변증법적 상호 보완성을 우리의 역사적 시간에 적절한 것으로서 존중함으로써 만들어질 공평한 국가 관계라는 지속적으로 무시된 쟁점을 온전하게 대면하지 않고서는 근원적 문제의 영구적인 해법을 찾는 것은 생각할 수 없는 일이다.

다수에 대한 소수의 제국주의적 지배에서 그 절정에 달한 자본의 사회신진대사 통제 양식의 적대적인 구조적 규정을 감안할 때, 이 점에서 일관된 사회주의 접근 방식만이 성공할 수 있다. 그렇지만 동일한 동전의 뒷면도 검토해야 한다. 즉, 사활적으로 필요한 사회신진대사 재생산양식의 사회주의 변혁은 실질적으로 공평한 국제주의 틀 안에서, 오랫동안 무시당한 피지배 국가의 정당한 민족적 곤경에 대해 진실로 실행 가능한 해법을 만들어내지 않고서는 전혀 가능할 수 없다. 왜냐하면 모든 곳에서 사회적 교류의 민족적·국제적 차원을 그들의 긍정적인 공통분모로 전환시킬 수 있는 전략을 역사적으로 적절하게 추구할 때에만 우리 사회질서의 심각한 구조적 위기를 해결할 수 있기 때문이다.

9.6.5

자본주의가 착취와 억압을 발명하지 않았음은 분명하다. 잔인하게 진압된 노예 반란이 수천 년 전에 일어났고, 마찬가지로 잔인하게 진압된 주요 농민 봉기는 자본의 재생산 질서가 전개되고 안정화되기 수백 년 전에 일어났다. 자본의 혁신은 자본 나름의 사회경제적·정치적 착취를 보편적으로 받아들일 수 있고 영원한 것으로 시도하고 만들어냈다는 점이다. 민족적·인종적 차별과 억압도 마찬가지다. 그것들 역시 최근 300~400년보다 훨씬 더 깊은 역사적 뿌리를 갖는다. 물론 지배와 예속의 가장 사악한 ─ 제국주의적 ─ 국가 관계는 오직 '선진 자본'의 지배 아래에서 만연해졌지만 말이다.

따라서 민족적·인종적 차별 문제는 그들의 더 깊은 역사적 뿌리를 처리하지 않고서는 온전히 극복할 수 없다. 착취와 억압의 해묵은 문제와 똑같이 민족적 곤경은 훨씬 더 광범한 그림을 시사한다. 위계적 지배와 착취의 오랜 역사를 고려할 때 그 자본주의적 변종을 공격하는 것은 대답의 일부에 지나지 않는다. 비록 그것이 우리 시대에 매우 분명한 도전이고 출발점을 구성하더라도 말이다. 이는 매우 분명한 민족적 모순과 곤경에도 마찬가지로 적용된다. 그 결과, 연결된 두 개의 기본적인 미해결 문제(착취·억압 문제, 민족적·인종적 차별 문제 ─ 옮긴이)와 관련해 **사회주의 대안**은 온전한 역사적 조망 속에서, 영구적인 **획기적 처방**을 찾아 궁극적 지반까지 내려가 그 문제와 대결할 것을 요구한다. 미해결 문제는 가장 깊은 역사적 뿌리에서 파악되어야 한다. 자본주의적 변종이 아무리 중요하고 오늘날 전 지구적으로 아무리 지배적일지라도, 그것은 역사적 뿌리에서 나온 단지 하나의 싹일 뿐이다. 이처럼 역사적 뿌리에서 해결되지 않는다면 장차 새로운 적대적인 싹이 자라날지도 모른다. 사회주의 대안과 관련해 마르크스가 자신이 "인류의 전사前史"라고 불렀던 것을 **인류의 참된 역사**와 날카롭게 대비하게 된 이유는 바로 (최근 몇 세기의 역사뿐만 아니라 역사 전체에서의) 이런 계급 규정의 짐이었다. 그는 역사를 역사의 진정한 주체인 사회적 개인들이 (그들이 선택한 목표에 부합하게) 의식적으로 관리하는, 질적으로 상이한 생산·분배 통제 양식으로 파악했다.

이들 핵심적 관심사를 둘러싼 투쟁이 수천 년 동안 인간 역사의 특징을 이루었다. 물론 인간 역사는 환경의 변화와 그에 상응하는 인간의 변화와 더불어 새로운 형태를 취할 수밖에 없었다. 「다뉴브Danube」라는 제목의 장엄한 시에서 어틸러 요제프는 극적인 사회적·민족적 갈등 과정을 완벽한 역사적 긴장 속에서 묘사한다. 그는 웅장한 시적 상상력을 발휘해 "과거, 현재, 그리고 미래"인 강江 ─ 즉, 인간 역사의 분리할 수 없는 한 부분이고 인격화된 증거 ─ 에 말을 걸고 묻는 방식을 사용함으로써 자신의 답변을 제시한다. 요제프는 시인의 관점과 아주 오래된 거대한 강 사이의 매우 영감 어린 상호작용 형태로 자신의 비전을 창조적으로 표현해 깊이 감지된 역사적 책무의 짐과 더불어 위대한 인간성과 연상력聯想力을 통해 역사적 시간의 모든 차원을 우리 앞에 드러낸다. 이런 식으로 그는 "맹렬히 싸웠던", "수많은 민족체" 사이의 과거와 현재에 존재하는 주요 적대에 생기를 불어넣음과 동시에 그 적대에 필요한 해법을 제창한다.

어틸러 요제프는 그의 위대한 시의 마지막 두 연에서 이렇게 말한다.

> 나는 세계라네, 존재했고 또한 존재하는 모든 것이라네,
> 숙명적 갈등에 열중한 수많은 민족체라네.
> 정복자들이 죽으면서 나와 함께 의기양양해하네,
> 그리고 나는 피정복자의 고통으로 괴로움을 겪네.
> 아르파드*Arpád*와 잘란*Zalán*, 베르뵈지*Werböczy*와 도저*Dózsa*,[47]
> 터키인, 타타르인, 슬로바키아인, 루마니아인이 이 가슴에서 소용돌이치네,
> 관대한 미래와 함께
> 과거에 뿌리 깊은 빚을 지고 있는, 오, 오늘의 헝가리인들이여!
>
> 나는 일하고 싶네,
> 과거를 고백하는 것은 매우 힘든 법이라네.
> 과거, 현재, 그리고 미래인 거대한 다뉴브의
> 부드러운 물결이 고요히 감싸며 흐르네.
> 우리 선조들이 맹렬히 싸운 투쟁이
> 기억을 통해 평화로 녹아드네.
> 우리가 함께 떠맡은 과업에 정성을 다하는 것,

---

47 아르파드와 베르뵈지는 정복자를, 잘란과 도저는 피정복자를 나타낸다. 아르파드는 9세기 카르파시언(Karpathian) 분지의 잘란을 정복한 헝가리족의 우두머리였고, 베르뵈지는 1514년 죄르지 도저(György Dózsa)의 농민 봉기에 대해 잔인하게 복수한 16세기 초 헝가리 정치인이다.

그것을 마침내 정돈하는 것,

그것이 우리 일이라네, 그리고 작지 않은 일이라네!

역사의 현 국면에서 우리 모두는 예외 없이 "관대한 미래와 함께 과거에 뿌리 깊은 빚을 지고" 있다. 실제로 우리는 아주 오래된 과거에 대해서뿐만 아니라 위태롭게 위협하는 현재에 대해서도 그런 빚을 지고 있다. 인류의 **참된** 역사의 대안적 사회질서로 확보될, 영원히 지속 가능한 "관대한 미래"와 함께 빚을 지고 있다. 인류의 참된 역사는 우리의 조상뿐만 아니라 오늘날의 파괴적인 열강에 맞서 여전히 싸울 수밖에 없는 사람들의 "맹렬히 싸운 투쟁"도 완전히 뛰어넘는다. 지금보다 내기가 더 큰 적이 없었다. 복잡하고 심원한 뿌리를 가진 채 민족적·인종적 곤경에서 발생하는 지속적인 적대와 위험한 갈등을 극복하지 않고서는 이 내기에서 이길 수 없다. 이 적대와 갈등은 우리 시대에 점점 더 파괴적인 자본의 국가 관계라는 독초를 재생산한다. 그것들은 20세기에 두 차례의 재앙적인 세계대전으로 폭발했고, 지금은 인류의 생존 자체를 직접 위협한다.

과거로부터 물려받고 현재 심화하는 해묵은 갈등과 적대에 대한 해법은 한참 전에 나왔어야 했다. 그렇지만 민족적 곤경을 극복하는 과업은 복잡한 뿌리 자체를 뽑아내지 않고서는 성취될 수 없다. 이는 자본 시스템의 모순이 개혁에 의해, 즉 사회구조에서 **자본 자체를 제거하지** 않은 채 해결될 수 없는 것과 마찬가지다. 우리가 오랫동안 역사적으로 지속되고 변화해온 착취와 억압의 구조적 규정을 목표로 삼아야 할 때 '임금노예를 폐지하는' 것만으로는 충분하지 않다. 우리가 성공하려면 역사를 매우 멀리 퇴행시키는 잠재적이거나 폭발적인 민족적·인종적 곤경을 포함해 **착취와 억압의 모든 형태와 가능한 변종이 단호하게 제거되어야** 한다. 그것들의 기억은 오랫동안 남아 있어 종종 그 이상의 적대의 분출에 기여한다. 그러한 기억은 과거에 대해 다른 방식으로 생각하는 것만으로는 치유될 수 없다. "우리 선조들이 맹렬히 싸운 투쟁이 기억을 통해 평화로 녹아드네"라는 시의 구절은 심오한 진실이다. 그러나 역사적 기억은 (민족적·인종적 곤경을 자체를 영속적으로 바로잡는) 실천적 개입을 통해 실제로 재형성될 때만 사실이 된다. 공통의 관심사인 이들 근본 문제를 무한히 미룰 수 없다. 요제프의 말을 빌리면 "우리가 함께 떠맡은 과업에 정성을 다하는 것, 그것을 마침내 정돈하는 것, 그것이 우리 일이라네, 그리고 작지 않은 일이라네!"

9.6.6

호세 마르티가 "조국은 인류다" 또는 "인류가 우리 조국"이라고 주장하면서 애국주의의 참된 의미를 밝혔을 때 그는 절대적으로 옳았다. 왜냐하면 이런 종류의 조국, 즉 개인들이 자기 공동체의 긍정적 가치에 의식적으로 일체감을 갖는 것을 특징으로 하는 조국은 대단히 파괴적인 적대에 의해 분열될 수 없는 유일하게 영구적으로 지속 가능한 사회질서이기 때문이다. 따라서 그것은 아득히 먼 이상이 아니라, (민족 차별과 그에 따른 곤경의 여지가 있을 수 없는 대안적 사회신진대사 통제 양식의 수립을 상정하는) 사회주의 변혁 전략 성공의 필수적 목표, 나침반, 척도다. 그것은 외부에서, 위에서 질서를 강요하는, 과거에 실패했고 미래에도 실패할 운명을 지닌 모든 시도와 다르다. 그것은 바로 용어의 가장 깊은 의미에서 유일하게 실행 가능한 국제적 질서다. 그것을 실행 가능하고 지속 가능하게 만드는 것은 인류에 대한 직접적인 관계로 규정된 마르티의 조국이 이를 구성하는 부분의 긍정적인 내적 규정에서 생겨난다는 점이다. 이 내적 규정은 진정한 애국주의의 수많은 특정 표현을 그것들이 계속해서 실현되기 위한 전 지구적 조건과 조화시킨다. 이들 두 차원은 사회주의 전략에서 필수적인 전반적 목표 그리고 안내 나침반과 더불어 서로 분리될 수 없다. 다종다양한 인민의 애국적 정체성과 그들 공동체의 실제적 삶의 조건을 긍정적으로 융합하지 않고서는 우리 시대에 반드시 필요한 지속 가능한 전 지구적이고 국제적인 교류는 이루어질 수 없고, 그 반대도 진실이다. 상호 적응하고 협동적으로 조화를 이루는 인류의 전 지구적·국제적 조국을 성공적으로 수립하고 강화하지 않고서는 그 이름에 값하는 애국주의는 있을 수 없다. 그러한 인류의 전 지구적·국제적 조국만이 애국주의 자체에 대해 요구되는 긍정적인 규정적 특징을 부여할 수 있다. 이런 의미에서 민족적인 것과 국제적인 것의 변증법적인 상호 보완성은 예견할 수 있는 미래에 여전히 인간 교류의 핵심적 지향 원리다.

당연히, 이 문제들의 조직적 차원은 과소평가될 수 없다. 반대로, 사회경제적·정치적 발전의 최근 추세에 비춰보면 그 중요성은 점점 더 커진다. 이제 심각한 군사적 모험의 형태까지 상정하는 전 지구적 패권 제국주의의 국제적 행동이 장차 엄청난 위험을 제시하기 때문이다. 그러므로 최근의 사회경제적·정치적 발전의 추세는 실행 가능한 사회주의적 국제 행동의 틀을 발전시킬 것을 긴급하게 요구한다. 국제 행동의 틀이 없다면 자본의 파괴적인 사회 재생산·정치적 통제 양식에 대해 절실히 요구되는 헤게모니적 대안이 우세해질 수 없다.

완수되어야 할 필수적인 **전략적 우선순위**의 견지에서 그런 사회주의 국제 행동의 틀을 구성하고 강화하는 것은 매우 중요한 지위를 차지한다. 그것은 단순히 경제적(예컨대 환경적)·정치적 차원에서 국제 자본의 매우 위협적인 발전에 대한 임시적이고 주기적인 **대응으로서**가 아니라, **응집력 있게 전개되는 대안** ─ 적절한 형태의 국제 행동을 통해 모든 영역에서 지속되어야 할 ─ 으로서 구상되어야 한다. 달리 말하면, 우리가 관심을 가지는 것은 그러한 조직적 성취의 역사적 현실성과 필연성이다. 이 조직적 성취는 자신의 전략적인 관점에 따라 일관되게 추구되어야 한다. 예컨대 제국주의 군사행동에 맞서 다소 자연 발생적인 **대규모** 시위에 참여하는 몇몇 폭발적인 경우처럼 심각한 도전이 제기될 때뿐만 아니라 장기적으로 지속되는 것이어야 한다.

불가피하게, 이 측면에서 우리 시대에 실행 가능한 국제적 행동 양식의 성공적인 구성과 강화에 필요한 주요 조건들 가운데 하나는 과거의 실패에 대한 진지하고 비판적인 검토다. 앞서 언급했듯이, 네 차례 이루어진 인터내셔널 모두 선언한 목표를 달성하는 데 크게 미달했기 때문이다. 과거에 불리했던 역사적 조건이 사회주의적인 조직적 대안의 성공적인 국제적 발전을 방해하고 심지어 가로막았다면, 오늘날 이 조건들은 더 유리해진 것인가?

오늘날 지배 질서의 파괴성이 증가하기 때문에 자본의 재생산 질서에 대한 헤게모니적 대안의 주창자인 급진 사회주의 세력이 크게 전진할 필요성은 의심할 바 없이 크다. 그렇지만 그러한 필요성만으로는 그것이 아무리 강력하거나 유망하더라도 충분하지 않다. (나머지 세력에서 오랫동안 지배적이었던 개량주의적 탈선과 더불어) 사회주의 운동의 **급진 세력**이 가진 **내부 분열**의 무거운 짐을 간과할 수 없기 때문이다. 이 내부 분열은 과거에 전개되었고, 오늘날에도 극도로 분열적이고 부정적인 영향을 계속 미친다. 조직적으로 실행 가능한 급진적인 국제 행동 양식을 발전시키고 유지하기 위한 역사적 조건이 예전의 그 어느 때보다 오늘날 훨씬 더 유리하더라도, 과거의 국제적 실패는 내부 분열 문제를 직시하지 않고서는 치유될 수 없다.

이 점에서 주요한 차이는 우리가 자본 시스템의 **구조적 위기**라는 역사적 단계에 도달했다는 점이다. 현실의 사회적·정치적 말로 표현하면, 그것은 이제 (과거에 자본이 주기적인 국면적 위기 아래서 상대적으로 쉽게 그 모순과 적대를 관리할 수 있게 만든) 몇몇 길이 봉쇄되면서 장차 심각한 문제를 만들어낸다는 것을 의미한다.

매우 중요한 봉쇄된 길 가운데 여기에 직접 해당하는 두 개의 길이 두드러진다. 첫 번째는 과거에 개량주의적 노동이 '**진화**進化 **사회주의**'[48] — 그리고 그 쌍둥이 형제들, 즉 유럽 여타 지역에서의 '의회 사회주의'와 영국에서 해럴드 월

순이 '경제의 관제 고지를 정복함'으로써 사회주의를 허구적으로 수립한 것 — 의 실현할 수 없는 약속을 내면화하고 적극적으로 장려하도록 자본이 유도할 수 있었고, 그리하여 자본의 잠재적 적(노동계급 — 옮긴이)을 미혹하고 성공적으로 무장해제한 길과 관련된 것이다. 그러나 자본의 구조적 위기의 심각한 충격 아래서 개량주의 정당들은 겉치레만의 사회주의 전략을 포기하고 실제로 전적으로 투항할 수밖에 없었다. 그리하여 영국의 '신노동당'처럼 지배 질서의 노골적인 옹호자로 변신했다. 사태의 이런 전개는 패배주의적인 과거를 바로잡는 데 아무리 시간이 오래 걸리더라도, 심지어 선진 자본주의국가에서조차 노동자의 생활 조건이 악화되는 것에 반대하기 위해 미래에 어떤 행동 노선을 따라야 하는지의 문제를 불가피하게 다시 제기했다.

봉쇄된 두 번째 길은 훨씬 더 중요하다. 그것은 20세기의 세계대전에서 두 번 시도되었듯이, **총력전**을 통해 시스템의 악화하는 문제를 해결할 가능성을 제거하는 것과 관련된다. 나는 베트남전쟁이 막바지에 이르고 자본의 구조적 위기가 시작된 때 다음과 같이 썼다.

······ 그 시스템은 자신의 궁극적인 처벌 — 즉, 실제적이거나 잠재적인 적에 대한 총력전 — 을 제거해 목이 잘렸다. ······ 폭력 수출은 더 이상 **필요한 만큼의** 대규모로 가능하지 않다. 베트남전쟁같이[49] 제한된 규모로 그렇게 하는 것을 시도하는 것은 낡은 체제의 대체물이 될 수 없을 뿐 아니라, 심지어 시스템의 불가피한 내적 폭발을 가속화하기까지 한다. 현재 위기의 유일한 해법인 사회주의

---

48 독일의 사회주의자로서 수정주의 제창자인 베른슈타인의 주장. 자본주의는 사회혁명 없이도 사회주의를 향해 점진적으로 진화해간다는 주장이다. 그의 수정론은 마르크스주의 이론의 광범한 범위에 이르지만, 특히 중요한 점은 사회혁명이 아니라 의회주의의 입장에서 점진적인 사회주의의 실현을 제창한 것이다. 이 주장을 둘러싸고 카를 카우츠키 (Karl Kautsky)나 룩셈부르크 등과 수정주의 논쟁을 벌였다. — 옮긴이
49 우리는 여기에 중동전쟁을 추가할 수도 있다.

의 내부 도전을 외부 대립, 즉 '단일체의' 적이 해외에서 지령한 '전복'으로 묘사하는 이데올로기적 신비화를 계속 잘 해내는 것도 불가능하다. 사상 처음으로 자본주의는 더 이상 '미뤄질' 수 없고 **총력전 형태로 수출되도록** 실제로 군사적 차원으로 이전될 수도 없는 자신의 문제와 전 지구적으로 맞닥뜨리고 있다.[50]

나는 마지막 문장의 각주에 "물론 그런 전쟁이 일어날 수는 있으나, 공공연하게 그것을 실제로 계획하고 적극적으로 준비하는 것은 핵심적인 내부 안정판으로서 기능할 수 없다"라고 덧붙였다.[51] 이것은, 광기에 가까운 이론[52]을 가진 펜타곤*Pentagon*의 신보수주의 '몽상가들'이 기꺼이 '생각할 수 없는 것을 생각'하더라도 그러하다. 그러나 그러한 극단적인 형태의 비합리성조차 이 봉쇄된 길의 광범위한 함의를 없앨 수는 없다. 근원적인 문제는 자본 시스템의 재생산 틀 안에서는 해결할 수 없는 모순이기 때문이다. 모순은 한편으로 전 지구적 규모로 무자비한 자본의 집적·집중의 진행을 통해, 다른 한편으로는 그에 상응하는 전 지구적 규모로 요구되는 정치적 안정을 만드는 데서 구조적으로 부과된 자본 시스템의 무능력을 통해 나타난다. 지구의 상이한 지역에서 전 지구적 패권 제국주의의 매우 공격적인 군사개입, 즉 지금 미국의 군사개입조차 이 측면에서 실패하게 되어 있다.

국지전의 파괴성이 아무리 크더라도, 그것은 유일 제국주의 패권국과 '전 지구적 정부' ─ 자본의 논리에 걸맞는 유일한 것인 ─ 의 도전할 수 없는 통치를 도처에 지속적으로 강요하는 데 전혀 충분하지 못하다. 사회주의 헤게모니적 대안만이 이 파괴적인 모순에서 벗어날 길을 제시할 수 있다. 그

50 Mészáros, *Marx's Theory of Alienation*(London: Merlin Press, 1970), p. 310.

51 Ibid., p. 342.

52 Mészáros, "The Structural Crisis of Politics," *Monthly Review*, September 2006을 참조하라.

것은 우리 시대에 민족적인 것과 국제적인 것의 변증법적 상호 보완성을 충분히 존중하면서 조직적으로 실행 가능한 대안이다.

9.7 의회주의에 대한 대안: 물질적 재생산 영역과 정치 영역의 통일

9.7.1

의회주의에 대한 필수적인 대안은 제9장 제2절에서 논의된 실질적 참여 문제와 긴밀히 연계된다. 표면상으로, 주요한 차이는 전면적 참여가 (사회주의사회 형태가 아무리 발전되고 멀리 나아간다 하더라도) 사회주의적 상호 관계의 절대적으로 근본적이고 영원한 규제 원리인 반면, 의회주의에 대해 전략적으로 지속 가능한 대안을 창출할 필요성은 즉각적이고 피할 수 없으며 긴급하게 직면하고 있다는 점이다. 하지만 이것은 부르주아 의회주의의 구속에서 사회주의 운동을 어떻게 해방할 것인지에 관한 중요한 문제의 매우 알기 쉬운 측면일 뿐이다. 그것은 사회주의 저작에서 통상 '국가의 소멸'로 언급되는, 더 광범하고 궁극적으로 피할 수 없는 도전과 관련된 또 다른 차원을 갖는다. 이 사활적인 마르크스의 프로젝트를 외관상 가로막는 어려움은 **참여** — 근대 정치적 국가의 얼마간은 필수적인 매개에 따른 제약을 확실히 뛰어넘어, 모든 영역에서 자유롭게 연합한 생산자들에 의한 그들 사회의 온전하게 자율적인 자주-관리로서 — 와 (의회주의에 대한 근본적인 대안으로 상정된 것인) 물질적 재생산 영역과 정치 영역을 통합하는 영속적인 길, 양자 모두에 똑같은 적실성과 비중으로 적용된다. 실제로 우리가 실질적인 '국가의 소멸'을 이룩하는 역사적 과제를 고려할 때 전면적 참여를 통한 자주-관리와, 정치적으로 한정된 형식적·법적 의사 결정에 반대하는 실질적 의사 결정의 긍정적인 형태에 의해 의회주의를 영구적으로 지속 가능하게 극복하는 것은 분리될 수 없다.

의회주의에 대한 유효한 대안을 수립할 필요는 우리 시대의 역사적으로 특수한 정치제도에서 제기된다. 그것들은 20세기의 과정에서 ― 훨씬 더 나쁘게, 잠재적으로 전진하는 힘이 아니라 활동을 마비시키는 힘이 될 정도까지 ― 변형되었고, 한때 급진적 사회주의 운동이 가지고 있던 모든 희망과 기대를 참담하게 좌절시켰다. 왜냐하면 자본의 자기 편의적인 정치제도 안에서 벌여온 수십 년의 정치투쟁은 다양하게 조직된 노동계급 대표들이 '의회 게임의 규칙'에 완전히 순응하는 것을 특징으로 했는데, 그런 정치투쟁의 (역설적이고 많은 경우 비극적인) 결과가 모든 선진 자본주의국가에서 현재의 지배적인 조건 아래 노동계급이 **총체적으로 참정권을 박탈당하는** 것으로 판명되었기 때문이다. 이런 식으로, 사회민주주의적 투항은 '노동계급의 실제적 이해관계'를 대변한다고 주장하면서 실제로는 완전한 참정권 박탈 과정의 악순환을 전면적으로 완성했다. 그렇기에 역사적으로 시대착오적인 의회 시스템 자체를 ― 진실로 지속 가능한 방식으로 ― 근본적으로 극복하지 않고서는 이 악순환에서 벗어날 수 없다.

우리 시대에 실제로 현존하는 조건과 과거에 했던 약속 사이의 대조는 비교할 수 없이 커졌다. 특히 19세기 마지막 1/3기(1860년대 후반 이후)의 정치 발전과 그에 따른 노동의 희망을 상기해보면 그렇다. 알다시피, 노동운동은 그때보다 훨씬 이전에 역사 무대에 등장했고 **초의회 운동**으로 첫 진보를 이뤄냈다. 하지만 그 측면에서 19세기 마지막 1/3기는 대중적 노동계급 정당의 형성과 강화라는 뚜렷한 변화를 만들어냈다. 노동계급 대중정당의 대다수는 사회 전체에 요구되는 광범위하고 영속적인 구조 개혁을 ― 합의에 의한 입법 개입을 통해 ― 도입하기 위해서 선거 수단을 이용해 정치 영역에 대한 점진적 정복을 지향하기 시작했다. 시간이 지나면서 실제로 노동계급 대중정당들은 순전히 선거에서 몇몇 눈부신 성공을 보여줄 수 있었다. 그 결과 사회의 물질적 권력관계에서도 '당연한 추세로' 선거만큼의 성공을 이룰 것이라는 매우 미심쩍은 예상을 받아들이게 했고 또한 조장했다. 이런 식으로, 사회민주주의적 개량주의가 자본주의 강대국의 노동계급 정당에서 지배적으로 되었고, 급진적 노동운동 세력은 수십 년 동안 주변화되었다.

그러나 그 '당연한 추세'는 결코 도래하지 않았고, 도래할 수도 없었다. 자본의 사회신진대사 통제가 취하는 자기 본위의 매개변수 안에서 근본적으로 상이한 사회질서를 수립하는 것은 바로 시작부터 이율배반이 될 수밖에 없었다. 제창된 정치적·사회적 전략이 베른슈타인과 그 추종자들이 내세운 "진화 사회주의"로 불리든 해럴드 윌슨과 여타 사람들이 내세운 "경제의 관제 고지 정복하기"로 불리든 간에, 그러한 전략에 의해 거듭 선언된 오랜 약속의 땅은 허구적인 미래의 낙원 — 결국 영국 '신노동당'이, 독일과 전 세계의 수많은 사회민주당이 요란하고 완벽하게 버리고 떠난 — 을 향한 한가로운 행진이 될 수밖에 없었다.

게다가 이 문제를 훨씬 더 심각하게 만든 것은, 사회민주주의적인 제2차 인터내셔널의 돌이킬 수 없는 역사적 실패를 매우 명시적으로 단죄한 제3차 인터내셔널의 틀 안에서 형성된, 매우 중요한 그리고 선거에서도 성공을 거둔 몇몇 급진좌파 정당들이 — 이번에는 정말로 적절한 때에 — 예전에 자신들이 강력하게 비난하고 축출했던 정당들과 똑같은 재앙적인 경로를 뒤따랐다는 점이다. 이 측면에서는 이탈리아와 프랑스의 공산당이 추구한 '사회주의로 가는 의회주의의 길'을 떠올려보는 것으로 충분하다. 실제로 (한때 안토니오 그람시 못지않은 혁명가 당이었던) 이탈리아 공산당은 자본의 '민주적' 사회질서에 완전히 적응해 봉사할 수 있도록 '좌익민주당'로 개명했다. '역사적 대타협'이라는 또 다른 환상적 전략에 빠진 후, 실질적 타협을 하려면 적어도 둘이 필요하며, 그렇지 않으면 하나는 스스로와 타협할 수밖에 없다는 것을 간과하거나 아마 정말로 잊고서 말이다. 과거 레닌의 당이었던 소비에트 당의 총서기 미하일 고르바초프는 칙령에 의해 당을 해산할 권한이 자신에게 있다고 생각해 실제로 개방(글라스노스트)과 민주주의의 이름으로 그런 권위주의적 조처를 해치웠다. 그 점을 돌이켜볼 때, 이 문제와 관련해 근본적으로 잘못된 무언가를 바로잡아야 한다는 분명한 신호로 인식해야 한다. 과거에 대한 향수는 근원적인 쟁점에 대해 아무런 해법도 제공하지 않는다.

이 모든 것은 '지나고 나서 보니까' 그렇다고 말하는 것이 아니다. 이런 표현은 비판을 모면하고 과거의 실패한 전략을 (그것을 강요한 책임이 있는 사람들의 역할과 더불어) 정당화하기 위해 관례상 사용하는 표현이다. 마치 '뒤늦은 깨달음' — 이제 자기 합리화하는 빈정거림 속에 이미 실격되어버린 — 이 지평에 나타났을 때까지 그런 행동 경로를 따르는 것 이외의 대안은 있을 수 없었다는 듯이 말이다. 역사적으로 기록된 사태는 다르게 될 수 없었다. 왜냐하면 조직된 사회주의 운동의 숙명적인 탈선이 가속화되기 시작했을 당시 적극적으로 활동하던, 예지력과 헌신성을 갖춘 급진 사회주의 대안의 주창자들인 레닌과 로자 룩셈부르크는 위험의 전개를 명료하게 진단했다. 또한, 시간이 흘러 알게 된 것이 아니라, 실현할 수 없는 '진화적' 처방의 이론적·정치적 어리석음을 그 즉시 논증했다. 마르크스는 이 부르주아 의회 체제로 향하는 궁극적인 투항적 통합 과정의 초기 단계에서조차 오해할 여지없이 명백하게 경고했다. 하지만 원리상의 타협을 해서는 안 된다는 『고타강령 비판』에서의 그의 주장은 여전히 광야에서 외치는 자의 소리일 뿐이었다.

조직된 노동 세력은 결국 그 경험이 아무리 쓰라린 것으로 판명되더라도 스스로 경험해야만 했다. 왜냐하면 그 이후 오랜 역사적 시기에 대다수의 노동운동에는 '최소저항노선'의 (다양한 핑계로 교묘하게 빠져나가는) 약속을 추종하는 것 이외의 대안은 없는 것 같았기 때문이다. '민주적 선택'과 보장된 선거의 '평등' — 실제로는 극히 형식적이고 결코 실질적이지 않은 — 이라는

이데올로기에도 불구하고, 자본에 유리한 물질적 권력관계에 의해 구조적
으로 확립되고 강제되는 불평등이 제도권 정치 무대에서도 지배적일 수밖
에 없다는 것을 밝혀주는 쓰라린 경험을 할 때까지는, 고도로 복잡한 사회
문제를 상대적으로 단순한 의회 입법 과정을 통해 해결하자는 약속과 유혹
은 무시하거나 그냥 지나치기에는 너무 컸다. 실제로 노동을 포획하는 객
관적으로 보장된 제도적 함정은, 노동을 타락시키는 선거 기구의 영향과
그에 연관된 '다수표를 추구하는' 의회주의 옹호 이데올로기 때문에 더욱
복잡해졌다. 로자 룩셈부르크는 문제의 이런 측면들을 오래전에 다음과 같
이 특징지었다.

> 의회주의는 지금 서구 사회민주주의에 현존하는 온갖 기회주의 경향의 번식
> 처다. …… (그것은) 사회 개혁에 대한 과대평가, 계급과 정당 제휴, 사회주의로
> 의 평화적 발전 희망 등과 같은 현행 기회주의의 환상을 낳는 토양을 제공한다.
> …… 노동운동의 성장과 더불어 의회주의는 정치적 출세주의자들의 발판이 되
> 고 있다. 그것이 부르주아지에서 발생한 그렇게 많은 야심적인 탈락자들이 사
> 회주의 정당의 깃발로 모여드는 이유다. …… (그 목적은) 프롤레타리아트의 적
> 극적이고 계급의식적인 부분을 '유권자'라는 **무정형**無定形의 대중 속에 용해하는
> 것이다.[53]

자연히, 신화로나 존재하는 '유권자'를 민주적으로 존중하는 양 왜곡하는
자기 합리화 이데올로기는 정당들을 임의로 종종 부정하게 통제하고 매우
미미한 '점진적 개혁'조차 도입할 가능성을 없앨 목적으로 편리하게 이용할

---

53 Rosa Luxemburg, "Organizational Questions of the Russian Social Democracy," in *The Russian Revolution and Leninism or Marxim*(Ann Arbor: The University of Michigan Press, 1970), p. 98.

수 있었다. 이는, 20세기의 우울한 역사 기록이 분명히 보여주듯이, 노동계급의 완전한 참정권 박탈로 귀결되었다. 그러므로 주요한 사회적 변화를 도입하려는 시도, 예컨대 라틴아메리카에서 특히 최근 15년 동안 베네수엘라와 지금 볼리비아에서의 시도가, 제창된 원대한 변혁을 향한 첫 발걸음으로서 의회주의 시스템에 대한 강력한 비판과 제헌의회 설립을 결합한 것은 전혀 우연이 아니다.

9.7.2

의회 시스템에 대한 비판은 거의 의회 자체만큼 오래되었을 정도로 충분히 많다. 근본적인 관점에서 의회 시스템의 치유할 수 없는 한계를 처음 폭로한 것은 마르크스가 아니었다. 이미 루소의 저작에서 그것은 강력하게 표현되었다. 주권은 인민에게 속하고, 따라서 적법하게 양도될 수 없다는 입장에서 출발한 루소는 같은 이유로 주권이 어떤 형태의 대의제로든 합법적으로 포기될 수 없다고 주장했다.

그러므로 인민의 대리인은 인민의 대표가 아니고 대표일 수도 없다. 그들은 단지 인민의 집사에 불과하고, 어떠한 최종적 행동도 완료할 수 없다. 인민이 직접 비준하지 않은 모든 법은 무효이고 법적 효력이 없으니 사실상 법이 아니다. 영국의 인민은 스스로를 자유롭다고 여긴다. 그러나 그것은 전혀 오해다. 의회 의원의 선거 기간에만 인민은 자유로울 뿐이다. 의원들이 선출되자마자 노예제가 인민을 엄습하고 인민은 아무것도 아니다. 인민이 누리는 짧은 순간의 자유를 인민이 사용하는 방식(선거 때 인민의 태도 — 옮긴이)은 실제로 인민이 그 짧은 순간의 자유를 잃어버릴 만하다는 것을 보여준다.[54]

---

54 Rousseau, *The Social Contact*(Everyman edition), p. 78.

동시에 루소는 입법권은 의회 대의제를 통해 인민에게서 분리될 수 없더라도 행정 또는 '집행' 기능은 매우 다른 시각에서 고려되어야 한다는 점을 중요하게 지적했다.

> 입법권의 행사에서 인민은 대표될 수 없다. 그러나 법이 효력을 발휘할 수 있게 적용되는 유일한 힘인 집행권의 행사에서 인민은 대표될 수 있고 대표되어야 한다.[55]

이런 식으로 루소는 그를 비난하는 사람들에게서, 심지어 좌파에게서도 흔히 평가되거나 실제로 비난받은 것보다 훨씬 더 실행 가능한 정치·행정 권력의 행사를 제기했다. 루소의 입장에 대한 의도적인 와전訛傳 때문에 사회주의자들이 적절하게 번안된 형태로 사용할 수 있는, 그의 이론의 결정적으로 중요한 두 원리, 즉 정치·행정 권력의 행사에 관한 원리는 자격이 박탈되고 내버려졌다. 하지만 문제의 핵심은 한편으로 결코 인민대중에게서 기본적 의사 결정권이 분리되어서는 안 된다는 것이다. 동시에 다른 한편으로, 자율적으로 부과된 규칙 아래서 이루어지고 실질적인 의사 결정 과정의 모든 단계에서 적절히 통제된다면, 사회 재생산과정의 모든 영역에서 특수한 행정과 집행 기능의 실행은 자유롭게 연합한 생산자들이 해당 공동체의 성원들에게 정해진 기한 동안 실제로 위임할 수 있다는 것이다.

어려움은 루소가 정식화한 두 기본 원리 자체에 있지 않고, 두 원리가 사회신진대사 과정에 대한 자본의 물질적이고 정치적인 통제와 어떻게 관련되어야 하는지에 있다. 왜냐하면 양도할 수 없는 규칙 결정권(즉, 특수한 계급으로서가 아니라 보편적 사회 조건으로서 노동의 '주권')과, 잘 규정되고 유연하게 분배되며 적절하게 감시되는 규칙들 아래서 특수한 역할과 기능을 위임

---

55 Ibid., p. 79.

하는 것 등 두 원리에 부응하는 사회주의적 의사 결정 형태의 수립은 자본의 적대적 물질 영역으로 진입하고 그것을 근본적으로 재구조화하는 일을 요구할 것이기 때문이다. 이는 루소의 양도할 수 없는 인민주권과 그에 따른 위임권 원리에서 도출되는 고려 사항에 의해 성공적으로 규제될 수 있는 것을 훨씬 뛰어넘어야 하는 과정이다. 달리 말하면, 사회주의 질서에서 '입법' 과정은 생산과정 그 자체와 융합되어야 한다. 지역 수준부터 전 지구적 수준까지, 필요한 **수평적 분업**이 자주적으로 결정되는 노동 **조정** 시스템에 의해 적절하게 보완되는 방식으로 말이다.

입법 과정과 생산과정 사이의 이런 관계는 자본의 치명적인 **수직적 분업** — 소외된, 그리고 노동 대중에게 변경 불가능하게 덧씌워진 '민주적 정치 시스템' 안에서 '권력분립'에 의해 보완되는 — 과 날카롭게 대비된다. 왜냐하면 자본의 지배 아래 수직적 분업은 또한, 가장 단순한 생산 기능부터 입법 정글_jungle_[56]의 가장 복잡한 이해 조정 과정까지, 수평적 분업의 모든 측면에 필연적으로 영향을 미치고 치유 불가능하게 감염하기 때문이다. 입법 정글이 점점 복잡해지는 것은, 끝없이 늘어나는 규칙과 제도적 구성 요소가 국지적인 노동분쟁을 경계하면서 저항적 노동의 실재적 또는 잠재적 도전 행위를 확고하게 통제하고 사회 안에서 자본의 전반적인 지배를 보장하는 데서 핵심적인 역할을 담당해야 하기 때문이다. 또한 그런 규칙과 제도적 구성 요소는, 역사적 전개 과정의 특정 시기에 다수 자본의 분열된 이해관계와 (전 지구적 실체로서 스스로를 궁극적으로 관철하는 경향이 있는) 사회적 자본의 총체성이 갖는 통제할 수 없는 역동성을 (조화가 이루어질 수 있는 정도까지는) 어떻게든 조화시켜야 한다.

당연히, 사회주의적 사회변혁을 보장하고 보호하는 데 필요한 근본적인 변화는 지난 400년 동안의 자본주의 발전 과정에서 구성되고 굳어진 정치

---

56 다양한 세력과 이해관계, 규칙과 절차 등이 정글처럼 얽혀 있는 입법부를 의미. ─ 옮긴이

영역 내부에서 성취될 수 없다. 이 측면에서 회피할 수 없는 도전 때문에 매우 당혹스러운 문제에 대한 해결책이 필요하다. 즉, 자본은 우리 사회질서의 최고의 초의회 세력이며, 동시에 외부에서 의회를 완전히 지배한다는 사실이다. 표면상으로는 노동운동의 대안적 정치 세력과 관련해 완전히 공평하게 운용되는 의회의 한 부분에 지나지 않는 것처럼 꾸미면서 말이다.

비록 이 사태의 영향이 심각한 오해를 낳을 수 있을지라도, 우리의 관심은 단순히 노동의 정치적 대표들이 개인적으로 희생물이 되는 기만적인 외관의 문제가 아니다. 달리 말하면 원리적으로, 지금 기만당하는 인민은 적절한 이데올로기적·정치적 계몽을 통해 (견고하게 자리 잡은 사회 재생산 질서를 근본적으로 변화시킬 필요 없이) 개인적으로 벗어날 수 있는 상황이 아니다. 유감스럽게도 사태는 그보다 훨씬 더 심각하다. 거짓 외관 자체는 객관적인 구조적 규정에서 생겨나고 자본 시스템의 모든 변혁 과정에서 그 역동성에 의해 끊임없이 강화되기 때문이다.

9.7.3

어떤 의미에서 보면 근본적인 문제는 사회의 물질적 재생산 차원에서 (의회와 그에 부수되는 다양한 제도에서 추구되는) 정치의 분리로 요약할 수 있다. 이는 사회의 물질적 재생산 차원이 다수의 생산 기업 속에서 구현되고 실제적으로 갱신되는 데 따라 역사적으로 확립된 것이다. 우발적인 역사적 발전 문제로서, 하나의 사회 재생산 질서로서의 자본주의는 당시 지배적인 봉건적 정치와 물질적 재생산의 제약에 맞서 스스로를 전개하고 관철해야 했다. 자본주의의 전개는 봉건적 정치 질서에 정면으로 대항하는 통일된 정치 세력의 형태를 취하지 않았고, 봉건적 농노제의 정치적 구속에서 자유로운 다수의 신흥 생산 기업을 통해 이루어졌다. 이 생산 기업들이 역동적으로 변하는 전반적인 사회의 재생산과정에서 물질적으로 점점 더 중요한 비중을 차지해가면서 말이다. 통일된 정치 세력의 형태는 비교적 늦게, 사회 안에서 자본주의적 과정을 촉진하는 물질적 기반이 뚜렷하게 진전되었던 몇몇 주요 나라에서 부르주아 혁명이 승리하는 단계에서 나타났다.

그러나 물질적 재생산 단위들이 자신의 힘으로 성공적으로 성장했다는 일방적인 이론적 개념화에도 불구하고, 그것은 이야기의 결말과는 한참 거리가 멀다. 정치적 차원은 항상 일정한 형태로 현존했다. 자본주의 시스템이 더 전면적으로 발달할수록 정치적 차원은 특정한 표출과 관계없이 실제로 점점 더 큰 역할을 맡아야 했기 때문에 그럴 수밖에 없다. 왜냐하면 새로운 사회신진대사 질서가 응집력 부재 때문에 붕괴되지 않도록 대다수의 원심적인 물질적 재생산 단위들은 자본주의국가의 포괄적인 정치적 명령 구조 아래 어떻게든 결합되어야 했기 때문이다.

전능하게 규제하는 '보이지 않는 손'이라는 희망적인 가정이 실제로 매우 중요한 정치의 역할에 대한 적절한 대안적 설명인 것처럼 등장했다. 자본주의 발전의 전개와 필연적으로 연관된 그런 환상은 다음의 사실에 의해 잘 설명되었다. 영국에서 [한 세기 전(17세기 - 옮긴이)에 내전과 '명예혁명'으로 봉건적 적수를 성공적으로 물리친 후] 자본주의국가에 의해 그 시스템이 훨씬 더 견고해지고 또한 정치적으로 보호되던 바로 그 순간에, 뛰어난 고전파 정치경제학자 애덤 스미스가 '지방의회든 상원이든 모든 정치인'이 경제 문제에 주요하게 개입하는 것을 전부 금지하기를 원했다는 사실이다. 그러한 개입 사상을 "위험스러운 어리석고 주제넘은 것"으로 일축하면서 말이다.[57]

애덤 스미스가 이런 입장을 택했다는 사실은 이해할 만하다. 그는 자본주의 재생산 질서가 "완전한 자유와 정의의 자연적 시스템"을 나타낸다는 관점을 가지고 있었기 때문이다.[58] 따라서 재생산 질서에 관한 그와 같은 이

57 Adam Smith, *The Wealth of Nations*(Edinburgh: Adam and Charles Black, 1863), p. 200.

해에서는 정치의 규제적 개입에 대한 필요도, 허용할 만한 개념적 여지도 있을 수 없었다. 스미스의 관점에서 정치는 (흔히 자유와 정의의 필요조건과 완벽한 조화를 이룬다고 말하는) '자연적 시스템'에 단지 적대적이고 해로운 방식으로 간섭할 수 있을 뿐이었다. 이 '자연적 시스템'은 본래 모두의 이익을 위해 이미 이상적으로 예정되어 있었고,[59] '보이지 않는 손'에 의해 완벽하게 관리되기 때문이다.

애덤 스미스의 그림에는, 실제로 현존하고 태생적으로 갈등적인 권력관계라는 핵심 문제가 완전히 빠져 있었다. 이러한 갈등적인 권력관계를 빼고서는 자본주의 발전의 역동성은 이해될 수 없다. 그것을 인정하면 그에 대해 적절한 정치적 설명을 제공하는 것이 본질적으로 중요하게 될 것이다. 스미스의 이론에서는 '국지적 상황'이라는 신비하게 부풀려진 개념이 사회적인 갈등적 권력관계의 자리를 대신 차지했다. 이 국지적 상황이라는 개념은 '보이지 않는 손'의 신비한 안내 아래 무의식적으로 — 그런데도 관념상 전체 사회의 이익을 위해 — 자신의 생산적 자본을 경영하는 순전히 이기적인 개인에 의해 국지적으로 소유되는 특정 기업이라는 상응하는 관념과 짝을 이루었다. 자본의 극복할 수 없을 정도로 갈등적인 권력관계에 대한 이런 국지 지향의 개인주의적인 — 그러나 모두를 조화롭게 포괄하고 모두에게 보편적으로 유익한 — 파악은 애덤 스미스 시대에서조차 현실과 매우 동떨어진 것이었다.

20세기에도 흔했던, 다종다양한 그런 관념이 갖는 큰 결함은 자본 시스

---

58 Ibid., p. 273.

59 여기에서 250년 전 '자연적이고' 보편적인 상품화와 소외 시스템이 전개되는 것을 비난한 독일 농민 혁명의 재침례교도 지도자 토마스 뮌처의 대단한 도덕적 분노는 상기할 만한 가치가 있다. 그는 "모든 피조물 — 물속의 물고기, 공중의 새, 지상의 식물 — 이 소유물로 변형되어야 한다는 것"이 얼마나 참을 수 없는 일인지를 언급했다. 이 문구는 이 책의 제7장 제1절에서 인용되었다.

템의 물질적 재생산 차원과 정치 차원 사이의 내재적인 객관적 연관을 인식하거나 이론적으로 설명하지 못한다는 점이었다. 변경할 수 없이 분리되어 있다는 기만적인 외관에도 불구하고 두 차원은 항상 깊은 내재적인 연관을 가질 수밖에 없었다. 실제로, 두 차원의 내재적 관계가 없다면 기존의 사회신진대사 질서는 아마 한순간도 기능하거나 생존할 수 없었을 것이다.

하지만 같은 맥락에서 자본 시스템 내 두 핵심 차원의 역설적인 상호 관계 ― 기만적인 외관이지만 객관적인 구조적 규정에 뿌리를 둔 ― 가 사회주의 대안을 성공적으로 제도화하는 데서 또한 광범위한 함의를 갖는다는 점은 똑같이 강조될 필요가 있다. 왜냐하면 의회 입법의 주어진 틀 안에서 착취 세력에 대해 승리를 거두는 것은 말할 것도 없고, 자본주의국가의 정치적 전복을[60] 통해 기존 질서를 실질적으로 극복하는 것은 생각할 수 없기 때문이다. 그런 시도로는 상속된 자본 시스템의 물질적 재생산 차원과 정치 차원 사이의 신비롭게 분할되어 있지만 동시에 필연적인 연관을 지속적으로 다룰 수 없다. 따라서 물질적 재생산 영역과 정치 영역의 분리될 수 없는 통일을 영원히 역사적으로 실행 가능하게 근본적으로 재구성하는 것이 사회주의적 사회신진대사 통제 양식의 핵심적인 필요조건이고, 또한 계속 그러할 것이다.

---

60 레닌은 충분히 명료하게 다음과 같이 주장했다. "정치혁명은 어떤 상황에서도 결코 사회주의혁명 구호를 모호하게 하거나 약화할 수 없다. …… (사회주의혁명은) 단일한 행위가 아니라, 요동치는 정치적·경제적 대변동, 매우 격렬한 계급투쟁, 내전, 혁명과 반혁명의 시기로 간주되어야 한다"[Lenin, "On the Slogan for a United States of Europe," *Collective Works*, vol.21(London: Lawrence and Wishart, 1960), p. 340]. 레닌은 유럽에서 혁명적 물결이 차츰 잦아든 이후 정치혁명 자체의 생존을 방어하는 일이 긴박해졌을 때조차 정치혁명과 계속되는 사회혁명 사이의 기본 차이를 항상 의식했다. 이에 반해 스탈린은 이 핵심적 구별을 없애버리고, 봉쇄된 한 국가에서 사회주의 변혁으로 나아가는 방향의 불가피한 첫 단계가 사회주의 자체를 의미하는 것으로, "공산주의의 가장 높은 단계"로 발전하는 도약이 단순히 그것에 뒤따라오는 것처럼 주장했다.

9.7.4

자본 시스템 출현의 초기 단계부터 '민주적인' 현재에 이르기까지 자본의 갈등적 권력관계의 냉혹한 현실을 무시하거나 묵살하는 것, 그리고 무엇보다 이들 권력관계 안에서의 노동의 권위주의적 예속과 이에 대한 무자비한 지배를 모든 개인의 거짓 '평등'으로 변질시키는 것은 부르주아지의 가장 위대하고 진보적인 지성들의 저작에서조차 자본의 관점을 따른 세계관에 피할 수 없이 수반되는 일이었다. 애초부터 자본 관점을 채택함에 따라 제거되어버린 것은 '원시적축적'[61]의 피로 물든 역사였다. '원시적축적'에서 신흥 지배계급은 선행 지배계급인 봉건적 토지 소유 계급의 탄탄한 착취 관행을 새로운 형태로 이어갔다. 그리하여 아주 오래된 다종다양한 계급 억압과 착취의 중요한 역사적 연속성을 다시 분명하게 만들었다.

'자유와 평등'이라는 공인된 교의에도 불구하고, 자본의 본성에 부합하도록 적절하게 재규정된 유사성의 공통 기반 위에서, '자유로운 노동'이라는 새로운 생산 질서의 영구히 필수적인 전제, 지극히 중요한 생산의 통제 수단에 대한 극소수의 배타적 소유권, 그리고 동시에 사회의 압도적 다수에게서 생산수단의 배제 — 궁극적으로는 국가에 의해 정치적으로 보호되는 — 가 영속화되어야 했다. 동시에, 사회질서의 통제권에서 압도적 다수의 인민을 정치적·이데올로기적으로뿐만 아니라 물질적·재생산적으로도 강제로 배제하는 잔혹한 현실, 즉 어떤 진정한 '윤리 국가'[62]에서 가장 거리가 멀고 실제로는 그것에 정반대로 대립하는 현실은 새로운 사회신진대사 통제 양식의

---

61 마르크스가 지적했듯이, 이른바 원시적축적(primitive accumulation) 과정에서 자본은 "머리부터 발끝까지 모든 털구멍에서 피와 오물을 흘리면서" 출현한다. Marx, *Capital*, vol.1, "The So-Called Primitive Accumulation"을 참조하라.

62 국가는 '윤리적 전체'로서 개인들의 결집체 이상의 것이라는 헤겔의 국가 이론. — 옮긴이

자화상目畫像에서 깊은 침묵의 봉인 아래 놓여야 했다. 이는 자본의 이기적 관점에서 파악된 최선의 자화상에서조차 그러했다. 이것이 물질적 재생산 차원에서 정치의 분리라는 신비화가 보수적인 이데올로기적·문화적 기능을 완수하고 동시에 그 분리가 영원히 넘어설 수 없는 것으로 찬양될 수 있는 방식이다. 그리하여, 이를테면 헤겔은 그의 체계에서 매우 교묘하고 철학적으로 절대화된 분리, 즉 '시민사회'의 이기적인 물질적 현실과 (시민사회의 피할 수 없는 결함에 대한 이상적인 교정책으로 요구되는) 정치적인 '윤리 국가'의 분리를 제안했다. 실제로는 이기적인 것이 극복할 수 없는 자본의 존재론적 기반에 내재되어, 주어진 사회신진대사를 안에서 작동할 수밖에 없는 개인들에게 부과되는 것인데, 헤겔은 그 실제적 인과因果 순서를 뒤집어 이기적인 것의 핵심적인 규정이 개인에게서 직접 나오는 것인 양 신비스럽게 서술했다. 그 결과, 개인은 자본 시스템의 객관적인 자기 확장의 지상명령(즉, 사회의 모든 측면을 그런 방식으로 지배하는, 변경 불가능하게 이기적인 자본 시스템의 규정) — 이것 없이는 자본 시스템 자체가 존립할 수 없는 — 을 내면화해야 했다. 마치 지혜의 여신 아테네Athene가 완전무장한 채 제우스Zeus의 머리에서 솟구쳐 나온 것으로 상정되듯이,[63] 자기 확장이 본성적으로 규정된 개인적 목표와 목적의 내적 핵심에서 솟아 나온 것처럼 말이다. 이런 식으로 헤겔은 철학적으로 절대화된 자본의 사회질서의 이원론二元論을 산출

---

63 그리스 신화에 나오는 아테네는 지혜의 여신이다. 아테네의 별명은 팔라스이고 아테나(Athena)로도 불린다. 아테네의 어머니는 메티스(Metis)로 제우스에게 티탄족을 물리칠 방법을 가르쳐주었다. 메티스가 제우스의 아이를 가졌을 때 그는 장차 태어날 아이가 자신을 능가하리라는 예언을 감지하고 메티스를 집어삼켰다. 그 후 심한 두통에 시달린 제우스는 아들 헤파이스토스를 불러 도끼로 자신의 머리를 쪼갤 것을 지시했다. 제우스의 머리가 갈라지자 창을 손에 쥐고 완전무장을 한 아테네가 솟구쳐 나왔다. 지혜를 상징하는 머리에서 태어났기 때문에 아테네를 지혜의 여신이라고 한다. 또한 아테네는 전쟁의 여신이기도 하다. — 옮긴이

했을 뿐 아니라, 동시에 자본의 사회질서 속에서 이른바 '자유의 실현'에 상응하는 역사적 발전을 "진정한 **신정론**神正論, Theodicaea,[64] 즉 역사 속에서 신의 정당화"로 찬미할 수 있었다.[65]

이와 같은 파악의 모든 변종에 대한 비판은 오늘날에도 매우 적절하다. 왜냐하면 시민사회와 정치적 국가 사이의 관계에 대한 이원론적 파악을 주장하는 것은 구상된 행동 노선에서 채택된 이원론적 비전의 어느 쪽이 다른 쪽보다 우선되는지에 상관없이 방향감각을 상실한 전략을 가져올 뿐이기 때문이다. 이 점에서 의회를 통한 기획이 비현실적이라는 사실은 순진하게 상정된, 시민사회의 제도적 대항 세력을 통해 우리의 주요 문제를 해결하겠다는 기대가 매우 무너지기 쉽다는 사실과 필적한다.

그런 입장의 채택은 '시민사회'의 본성에 대한 매우 순진한 파악에 의해, 비정부기구NGO 대다수에 대한 총체적으로 무비판적인 태도에 의해 함정에 빠지는 것으로 귀결될 뿐이다. 비정부기구 대다수는 '비정부 조직'이라는 자기규정과 어긋나게, 자신의 재정이 의존하는 지배적인 퇴행적 국가기관과 순조롭게 잘 공존할 수 있게 된다. 노동조합처럼 특정 비정부기구보다 훨씬 중요한 몇몇 조직을 생각해볼 때도 상황은 이 점에서 별반 다르지 않다. 따라서 정당과 달리 노동조합을 어쨌든 '시민사회'에만 속하는 것으로서, 그리고 그 덕분에 심대한 사회주의 변혁을 위해 정치적 국가에 대항해 동원될 수 있는 것으로서 여기는 것은 낭만적인 희망적 사고에 불과하다. 실제로 자본의 제도 영역은 (상호 깊이 침투하고 서로를 강력하게 지탱하는) 시민사회와 정치적 국가의 **상호적 총체화**에 의해 만들어지기 때문이다. 조직

---

64 이 세상에 악(惡)이나 화(禍)가 존재하기 때문에 신의 존재를 부인하는 이론에 대항해 신은 악이나 화를 보다 높은 목적을 위한 수단으로 인정하고 용납할 수 있으므로 신은 바르고 의롭다고 주장하는 이론. ― 옮긴이

65 Hegel, *The Philosophy of History*(New York: Dover Publications, Inc., 1956), p. 457.

영역에서도 정치 차원과 물질적 재생산 차원의 통일의 실현을 완강하게 추구하지 않고서는 사회주의 변혁의 현실주의적 전략은 있을 수 없다. 실제로 노동조합의 거대한 해방적 잠재력은 바로 급진적인 정치적 역할 ― 대체로 지금 그들이 떠맡는 경향이 있는 보수적인 정치적 역할을 훨씬 뛰어넘는 ― 을 (적어도 원칙적으로는) 떠맡을 그들의 역량에 있다.[66] 이는 지난 130년 동안의 과정에서 노동운동의 다수파가 의회의 지배를 받아들여 각각의 자본주의적 외피 아래서 따로 쪼개진 노동의 '산업적 날개(노동조합 자신)'와 '정치적 날개(의회 정당)'의 숙명적 분리를 극복하려는 의식적인 노력을 통해 이루어진다.

의회 시스템은 최초에 조직된 노동 세력이 자신의 계급 이익을 공공연히 주장하기 훨씬 전에 구성되었다. 노동계급이 역사 무대에 출현한 것은 그런 의회 시스템에 대한 하나의 **불편한 사후약방문**에 불과했다. 자본의 관점에서는 불편하지만, 성장하는 '성가신 존재'를 대상으로 한 즉각적인 대응은 관련 정치집단을 수긍하지 않는 거부와 배제였다. 하지만 나중에 몇몇 방식으로 노동 세력을 길들이겠다는 훨씬 더 융통성 있는 생각이 뒤따랐다. 처음에는 상대적으로 진보적인 부르주아 정당들이 노동계급의 일부 요구를 의회에서 온정주의적으로 후견하는 방식으로, 그리고 나중에는 (물론 '의회 게임의 민주적 규칙'을 따를 것을 강요하는 엄격히 제한된 형태이지만) 몇몇 노동계급 정당이 의회에 합법적으로 진출하는 것을 수용하는 방식으로 말이다. 불가피하게도 이것은 그런 노동계급 정당에게 자신의 효과적인 **적응**에 '자유롭게 동의하는 것'을 의미했다. 비록 시기가 무르익었을 경우 의회 활동을 통해 자신들에게 유리하게 상황을 급진적으로 시정할 수 있으리라는 환상을 꽤 오랫동안 유지할 수 있었더라도 말이다.

66　이 문제에 관해서는 『자본을 넘어서』 제18장뿐만 아니라, 이 책의 제4장 제3절 "사회주의 운동이 직면한 역사적 도전들"을 참조하라.

이것이 최초의 그리고 잠재적으로 대안적인 초의회적 노동 세력이 영구히 불리한 조건에 놓인 의회 조직체로 변질된 방식이다. 비록 이런 발전 경로가 맨 처음에 조직된 노동의 명백한 허약함을 통해 설명될 수 있더라도, 현실로 일어났던 사태를 그런 방식으로 논증하고 정당화하는 것은 단지 사회민주주의적 의회주의의 가망 없는 길을 옹호하며 논점을 회피하는 것이다. 왜냐하면 의회 외부에서 스스로를 조직하고 관철하는 노동계급 세력이 세력을 획득하는 급진적 대안, 즉 '세력의 획득'을 명분으로 노동계급의 참정권을 완전히 박탈하는 데서 그 절정에 달했던 수십 년 동안 추종된 전략과 대비되는 대안은 쉽게 기각될 수 없기 때문이다. 마치 진정으로 급진적인 대안은 선험적으로 불가능한 것처럼 말이다. 특히 지속 가능한 초의회 활동의 필요는 근본적으로 재구성된 사회주의 운동의 미래에 절대적으로 사활적이기 때문이다.

9.7.5

의회정치의 형식적·법적 틀과 그에 상응하는 제약 안에서 우리 사회질서의 심각한 문제의 지속 가능한 해법을 상정하는 것의 비현실성은, 시민사회와 정치적 국가의 이원론을 주장하는 모든 변종에서 제시되는 바와 같이, 자본 지배의 구조적 규정에 대한 기본적인 오해에서 비롯된다. 의회의 틀 안에서 극복할 수 없게 만드는 난점은, 자본은 사회신진대사의 모든 핵심 측면을 실제로 통제하기 때문에, 분리되어 구성된 정치적 정당화 영역을 엄격히 형식적·법적 문제로 정의할 수 있는 여유가 있고, 이로써 자신의 실질적인 사회경제적 재생산 운용 영역에서 합법적으로 도전받을 가능성을 필연적으로 배제한다는 것이다. 직접적으로든 간접적으로든 간에 자본은 의회 입법 과정을 포함해 모든 것을 통제한다. 입법 과정에 참여하는 모든 정치 세력의 '민주적 평등'이 실재하는 것처럼 거짓으로 꾸미는 수많은 이론에서는 입법 과정이 자본에서 완전히 독립된 것처럼 되어 있지만 말이다. 이제 자본 세력이 모든 영역에서 완전하게 지배하는 우리 사회에서 매우 다른 의사 결정권 관계를 구상하기 위해서는 사회신진대사 재생산의 전반적 통제자인 자본 자체를 대상으로 근본적인 도전을 시도할 필요가 있다.

기존 정치 시스템의 주변부에서 의미 있는 변화를 추구하는 모든 사람에게 이 문제를 더욱 나쁘게 만드는 것은 기존 정치 시스템이 현재의 작동 양식 — 물질적 재생산의 실상實狀이 전도되도록 역사적으로 구성된 것에 기초하는 — 에서 진정한 입헌적 정당성을 주장할 수 있다는 점이다. 왜냐하면 자본가들이 '자본의 인격화'일 뿐만 아니라 동시에 "노동의 **사회적** 성격의 인격화, 즉 **총 작업장** 자체의 인격화"로도 기능하는 한,[67] 자본 시스템은 (모두의 이해관계를 통합하고 개인의 지속적인 실존의 토대로서 개인과 대면하는) 사회의 필수적인 생산력을 대표한다고 주장할 수 있기 때문이다. 이런 식으로 자본은 사회 재생산의 객관적으로 주어진 필요조건이라는 자격으로, 그리고 따라서 자신의 정치 질서에 대한 입헌적 토대라는 자격으로, **실질적인** 사회 권력뿐만 아니라 **법률상의** 사회 권력으로도 나타난다. 자본의 입헌적 정당성이 생산자들에게서 사회신진대사 재생산 조건, 즉 노동수단과 노동 재료를 무자비하게 수탈한 것에 역사적으로 기초한다는 사실, 또한 그러므로 자본이 주장하는 '합헌성'은 (모든 헌법의 기원처럼) 비입헌적이라는 사실은 먼 과거의 안개 속으로 사라져버린 불쾌한 진실이다.

---

67 "Economic Manuscripts of 1861-63," in Marx and Engels, *Collected Works*, vol.34 (London: Lawrence and Wishart, 1994), p. 457. 여기에 추가해야 할 또 다른 중요한 단서는 다음과 같다. "생산적 노동 — 가치를 생산하는 — 은 항상 **고립된** 노동자들의 노동으로서 자본을 대면한다. 그 노동자들이 생산과정에서 어떠한 사회적 결합에 들어가더라도 그러하다. 따라서 자본이 노동자에 대해 노동의 사회적 생산력을 나타내는 반면, 생산적 노동은 항상 자본에 대해 고립된 노동자의 노동만을 나타낸다"(Ibid., p. 460).

처음에 노동의 사회적 생산력 또는 사회적 노동의 생산력은 특수한 자본주의
의 생산양식과 함께 역사적으로 발달했다. 따라서 이것은 자본 관계에 내재적이
고 여기에서 분리할 수 없는 어떤 것으로 나타난다.[68]

이것이 자본의 사회신진대사 재생산양식이 법적으로 도전받을 수 없는
시스템으로 영구화되고 정당화되는 방식이다. 정당성 경합은 변경 불가능한
전반적 구조의 몇몇 사소한 측면에 대해서만 인정된다. 사회경제적 재생산
측면의 실상 ─ 즉, 실제로 발휘되는 노동의 생산력과 자본의 재생산을 확보하는
데서 그것의 절대적 필요성 ─ 은 시야에서 사라진다. 부분적으로 이는 시스
템의 현존 작동 양식의 전제인 자본의 '원시적축적'과 그에 동반된 ─ 흔히
폭력적인 ─ 소유의 수탈이라는 자본의 역사적 기원에 대한 무지 때문이다.
또한 부분적으로는 기존의 생산·분배 관계의 신비화된 성격 때문이다. 마
르크스는 이렇게 말한다.

객관적 노동조건이 노동자에게 포섭된 것으로 나타나지 않는다. 오히려 노동
자가 노동조건에 포섭된 것으로 나타난다. 자본이 노동을 고용한다. 이 단순한
관계조차 사물의 인격화와 인간의 물화다.[69]

이 가운데 어느 것도 의회의 정치 개혁 틀 안에서는 도전받거나 치유될
수 없다. 정치적 법령에 따라 "사물의 인격화와 인간의 물화"를 폐지할 것을
기대하는 것은 매우 어리석은 일이다. 마찬가지로 자본의 정치제도 틀 안
에서 그러한 의도를 가진 개혁의 선언을 기대하는 것도 어리석다. 자본 시
스템은 인간과 사물 사이의 관계를 사악하게 전복하지 않고서는 기능할 수

---

68 Ibid., p. 456.
69 Ibid., p. 457.

466 • 역사적 시간의 도전과 책무

없기 때문이다. 즉, 자본의 소외되고 물화된 권력이 인민대중을 지배한다. 마찬가지로, 만약 노동과정에서 '고립된 노동자'로서 자본을 대면하는 노동자들이 몇몇 정치적 법령에 의해 또는 심지어 자본의 사회신진대사 통제 질서 아래 제정된 모든 일련의 의회 개혁에 의해 그들 노동의 사회적 생산력에 대한 지배를 재획득할 수 있다면, 그것은 기적일 것이다. 왜냐하면 이 문제에서는 '양자택일'의 물질적 이해관계를 둘러싼 화해할 수 없는 갈등을 피할 방법이 존재할 수 없기 때문이다.

자본은 노동을 위해서 자신이 강탈한 사회적 생산력을 포기할 수 없고, 조금은 희망적인 그러나 전혀 허구적인 '정치적 타협'에 의해 그것을 노동과 함께 나눌 수도 없다. 자본의 사회적 생산력은 '사회에 대한 부富의 지배' 형태로 사회의 재생산에 대한 전반적 통제력을 구성하기 때문이다. 그리하여 기본적인 사회신진대사 영역에서 엄밀한 양자택일 논리를 벗어나는 것은 불가능하다. 왜냐하면 자본의 형상을 한 부富가 인류 사회를 계속 지배해 자기 파괴 직전까지 몰아가든지, 아니면 연합한 생산자들의 사회가 개별 ― 그러나 더 이상 고립되지 않은 ― 구성원들의 자기 결정에 의한 사회적 노동에서 생겨나는 생산력과 함께, 소외되고 물화된 부를 지배하는 것을 배우든지, 두 가지 가운데 하나만을 선택할 수 있기 때문이다.

자본은 최고의 초의회 세력이다. 어떤 경우에도 자본의 사회신진대사 통제권은 의회에 의해 정치적으로 구속될 수 없다. 이런 까닭에, 자본의 작동 양식과 양립할 수 있는 유일한 정치적 대표 양식은 자본의 물질적 권력을 다툴 가능성을 효과적으로 부정한다. 바로 자본이 최고의 초의회 세력이기 때문에 자본은 자신의 의회정치 틀 안에서 제정될 수 있는 개혁에 대해 전혀 두려울 게 없다.

나머지 모든 문제를 좌우하는 핵심 문제는 "객관적 노동조건이 노동자에게 포섭된 것으로 나타나지 않고", 반대로 "노동자가 객관적 노동조건에 포섭된 것으로 나타난다"는 사실이다. 그러므로 자본의 초의회적 권력과 행동 양식에 필적할 수 있는 정치형태와 **물질적 재생산** 영역 모두에서 이 문제를 다루지 않는다면 어떤 의미 있는 변화도 실행 가능하지 않다. 따라서 지속 가능한 방식으로 자본 권력에 영향을 미칠 수 있는 유일한 도전은 시스템의 핵심 생산 기능을 떠맡는 것과 모든 영역에서 상응하는 정치적 의사 결정 과정에 대한 통제를 획득하는 것을 동시에 목표하는 것이다.[70] 제도적으로 합법화된 의회 입법을 위한 정치 활동의 쳇바퀴에 의해 가망 없이 제약되는 대신에 말이다.

지난 수십 년 동안의 정치 논쟁에서는 예전에 좌파였던 정치인들과 이제는 완전히 순응적인 그들의 정당에 대한 비판이 많았다. 그런 논쟁에서 문제가 되는 것은 그 논쟁이 개인적 야심과 실패의 역할을 지나치게 강조해, 실제로는 비판된 '개인적 배신'과 고통스러운 '정당의 탈선'을 촉진한 동일한 정치제도 틀 안에서 그 상황을 치유할 것을 계속해서 상정한다는 점이다. 불행하게도, 그렇게 주장되고 희망된 인적 교체와 정권 교체는 똑같은 통탄할 결과를 재생산하는 경향이 있다.

이 모든 것은 그리 놀랍지 않다. 기성 정치제도가 개선을 위한 중요한 변화를 성공적으로 막아낼 수 있는 것은 정치제도 자체가 해법의 일부가 아니라 문제의 일부이기 때문이다. 그 내재적인 성격에 따라 정치제도는 근원적인 구조적 규정과 모순의 구현물이기 때문이다. 이 근원적인 구조적 규정과 모순을 통해서 근대 자본주의국가 — 관료적 구성원들의 편재하는 네트워크와 더불어 — 는 지난 400년 동안 구성되고 안정화되었던 것이다. 당연히 국가는 일방적인 기계적 결과가 아니라, 자본의 역사적 전개의 물적 기반에 대한 국가의 필연적인 호혜적 상호 관계를 통해서 형성되었다. 즉, 국가는 물적 기반에 의해 형성되었을 뿐 아니라 지배적인 — 그리고 바로 그 상호 관

---

70 *Beyond Capital*, "The Need to Counter Capital's Extra-Parliamentary Force," Chapter 18.4, pp. 734~735.

계를 통해 변하기도 하는 — 상황 아래서 물적 기반을 역사적으로 실행 가능한 만큼 능동적으로 형성하기도 했다.

거대한 준*독점적 초국적기업의 수준에서조차 극복할 수 없는 자본의 생산 소우주들의 원심력적 규정 아래서 오직 근대국가만이 자본 시스템의 전반적 명령 구조로서 요구되는 기능을 떠맡고 수행할 수 있다. 그것은 불가피하게 생산자들에게서 전반적 의사 결정권을 완전히 소외하는 것을 의미했다. '자본의 특수한 인격화들(개별 자본가들 — 옮긴이)'조차 그들 시스템의 구조적 지상명령에 부합하게 행동하도록 엄격한 명령을 받았다. 실제로 자본 시스템의 물적 기반 위에 구성된 근대국가는 포괄적 의사 결정권과 관련해서 소외의 패러다임이다. 따라서 자본주의국가가 의회의 입법적 틀 안에서 작동하는 어떤 경쟁 행위자에게 소외된 체제적 의사 결정권을 기꺼이 넘겨줄 수 있다고 상상하는 것은 지극히 순진한 생각이다.

의미 있고 역사적으로 지속 가능한 사회 변화를 구상하려면, 단순히 몇몇 우연적이고 제한된 정치적 관행이 아니라 전체 시스템의 물질 재생산적 상호 규정과 정치적 상호 규정 양자에 대해 근본적으로 비판할 필요가 있다. 물질 재생산적 규정과 국가의 포괄적인 정치적 명령 구조가 결합된 총체성이 자본 시스템의 압도적인 현실을 구성한다. 이런 의미에서 사회경제적 재생산과 국가에 관련해 체제적 규정의 도전에서 생겨나는 피할 수 없는 문제 때문에, (그것 없이는 광범위하고 영속적인 정치 변화를 상상할 수 없는) 사회의 핵심 생산 기능의 의미 있는 발휘와 함께하는 포괄적인 정치 변혁의 필요성은 **국가의 소멸**로 묘사되는 문제와 분리할 수 없게 된다. 따라서 '국가의 소멸'을 달성하는 역사적 과업에서 전면 참여를 통한 자주-관리와 긍정적인 실질적 의사 결정 형태를 통한 영구히 지속 가능한 의회주의의 극복은 서로 분리될 수 없다.

이것은 사활적인 문제다. 몇몇 사람들이 불신하고 기각하려 했던 바와 같이 '실현할 수 없는 꿈에 대한 마르크스의 낭만적인 충성'이 아니다. 실제로 '국가의 소멸'은 신비스럽거나 아득한 것이 아니라 우리 자신의 역사적 시간에 곧바로 시작되어야 할 완벽하게 현실적인 과정을 나타낸다. 쉽게 말해, 그것은 진정한 사회주의사회로 이행하는 기획을 추진하는 개인들이 소외된 정치적 의사 결정권을 점진적으로 환수하는 것을 의미한다. 정치적 의사 결정권의 환수 — 자본주의국가뿐 아니라 구조적으로 자리 잡은 물질적 재생산 관행의 무력하게 만드는 관성은 여기에 대립한다 — 없이는 개인들에 의한 새로운 사회 전체의 정치적 통제 양식을 생각할 수 없다. 또한 자유롭게 연합한 생산자들의 자주-관리에 의한 특정 생산·분배 단위의 (비적대적이고 그리하여 응집력 있고 계획 가능한) 일상 운영도 실제로 생각할 수 없다. 적대성을 근본적으로 폐기하는 것과 그리하여 전 지구적으로 실행 가능한 계획의 물질적·정치적 기반을 확보하는 것 — 개별 구성원들의 잠재적으로 풍요로운 자기실현은 말할 것도 없고, 바로 인류의 생존을 위해 절대적으로 필수적인 — 은 지속적인 역사적 사업으로서, 국가의 소멸과 아주 밀접한 관계에 있다.

9.7.6

명백히, 모든 역경에 맞서 지속될 수 있는 가장 도전적인 역사적 과업에 대한 혁명운동의 의식적인 헌신 없이는 이런 규모의 변혁은 성취될 수 없다. 이 역사적 과업에 착수하는 것은 자본 시스템의 모든 주요 세력의 날카로운 적의를 불러일으키기 때문이다. 이런 까닭에, 문제의 운동은 단순히 의회의 양보를 획득하는 것을 지향하는 정당일 수 없다. 대체로 의회의 양보는 의회까지 지배하는 기존 질서의 초의회적 기득권에 의해 머지않아 무효화되는 것으로 판명되었다. 사회주의 운동은 지방적, 전국적, 전 지구적, 국제적인 모든 정치적·사회적 투쟁 형태에서 의식적으로 능동적인 혁명적 대중운동으로 재구성되지 않는다면 자본 시스템의 주요 세력들의 적의에 직면하여 성공할 수 없다. 이 혁명적 대중운동은 의회의 기회를 (활용할 수 있는 때는 한계가 있겠지만) 충분히 활용해야 하고, 무엇보다 대담한 초의회적 행동이라는 필수적 요구의 행사를 회피하지 않아야 한다.

이 운동의 발전은 현재의 역사적 국면에서 인류의 미래를 위해 매우 중요하다. 왜냐하면 전략적 지향을 가지고 지속되는 초의회적 도전 없이는 정부를 번갈아 맡는 정당들이 시스템의 필연적인 구조적 실패에 대해 서로 편리한 **변명**을 이용해 노동을 향해 계속 기능함으로써 계급 대립의 역할을 (자본의 의회 시스템에서 불편하지만 주변적인 추가 부분에 불과한) 현재의 지위로 효과적으로 가두어놓을 수 있기 때문이다. 따라서 물질적 재생산 영역과 정치 영역 모두와 관련해, 전략적으로 실행 가능한 사회주의 초의회적 **대중운동** — 그러한 초의회 세력의 압력과 지지의 **급진화**를 몹시 필요로 하는 (지금은 절망적으로 탈선한) 전통적 형태의 노동 정치조직과 협력하는 — 의 구성은 막강한 자본의 초의회 권력에 맞설 핵심적인 전제 조건이다.

혁명적 초의회 운동의 역할은 이중적이다. 한편으로, 그것은 노동의 전략적 이해관계를 포괄적인 사회신진대사 대안으로 공식화하고 조직적으로 방어해야 한다. 그런 역할의 성공은, 조직된 노동 세력이 개량주의적이었던 과거의 주요 국면에서 항상 일어났던 바와 같이, 위기 시에 자본의 **재안정화**를 돕는 대신 사회경제적 과정에서 자본 관계와 그에 동반하는 노동의 예속으로 표현되는 기존 **물질적 재생산** 질서의 구조적 규정에 의식적으로 대항하고, 그 구조적 규정을 실제로 강력하게 부정할 때만 실현될 수 있다. 다른 한편으로, 지금 의회를 지배하는 (공개되거나 은폐된) 자본의 **정치적 권력**은 초의회적 행동 형태들이 입법부와 행정부에 행사할 수 있는 압력을 통해 비록 제한적일지라도 도전받아야 하고 도전받을 수 있다.

초의회적 행동은 자본의 중심적인 측면과 체제적 규정 — 이것들이 사회를 지배할 수 있게 해주는 물신숭배적 외양의 미로를 뚫고 나가면서 — 을 의식적으로 다룰 때에만 효과적일 수 있다. 왜냐하면 기존 질서는 주로 **자본 관계** 안에서, **자본 관계**를 통해서 자신의 권력을 물질적으로 관철하며, 이 자본 관계는 자본주의사회에서 헤게모니적 대안 계급의 실제적 생산관계를 신비하게 전도하는 것에 기초해 영속화되기 때문이다. 이미 말했듯이, 이런 전도는 (사람들을 당혹스럽게 하는) '사물의 인격화와 인간의 물화' 덕분에 자본이 '생산자' — 마르크스의 말로 표현하면 "노동을 고용하는" — 역할을 강탈할 수 있게 만든다. 이를 통해 자본은 스스로를 '모두의 이익'을 실현하기 위한 변경 불가능한 전제 조건으로 정당화한다. 지금 '모두의 이익' 개념은 '정의와 평등'이라는 형식적·법적 겉치레에 의해 압도적 다수의 인민에게는 아무런 실체가 없는 현실을 감추는 데 기만적으로 사용되고 있다. 그런데도 이 '모두의 이익'이라는 개념은 현실적으로 중요하게 작용하기 때문에 모든 것을 포괄하는 자본 관계 자체를 근본적으로 극복하지 않고서는 기존 사회질서에 대한 의미 있고 역사적으로 지속 가능한 대안은 존재할 수 없다. 이 체제적 요구는 연기될 수 없다. 만약 **부분적** 요구가 문제의 핵심인 자본 관계 극복이라는 아주 근본적인 요구에 대해 직간접적인 관계가 있다면 사회주의자들은 부분적 요구를 주창할 수 있고 주창해야 한다.

이런 요구는 자본의 충직한 이데올로그들이나 정치인들이 현재 반대 세력에게 허용하는 것과 날카롭게 대비된다. 노동의 중요한 부분적 요구들에 대해서조차 그 가능성을 배제하는 주요 기준은 그 요구들이 시스템의 안정성에 부정적으로 영향을 미칠 잠재력을 갖고 있는지의 여부다. 예를 들면 국지적인 '정치적 동기를 가진 노동쟁의 행위'조차 '민주 사회에서'는 무조건 배제된다(심지어 불법화된다). 그런 노동쟁의를 실행하는 것이 시스템의 정상적 기능에 부정적인 함의를 가질지도 모르기 때문이다. 이와 달리 개량주의 정당의 역할은 환영받는다. 왜냐하면 그들의 요구는 어려운 시기에 ("허리띠를 졸라맬 필요성"이라는 슬로건과 함께) 임금을 억제하는 노사 관계 개입과 노조를 억압하는 정치적·입법적 협약을 통해 시스템을 재안정화하는 것을 도와 자본 확장 갱신의 역동성에 기여하기 때문이다. 또는, 비록 개량주의 정당의 요구가 처음 공식화된 그 순간은 아닐지라도 미래의 일정 시점에 '정상성'이라는 규정된 틀 안으로 통합될 수 있다는 의미에서 최소한 '중립적'이기 때문이다.

자본 시스템의 혁명적 부정은 전략적으로 지속적이고 의식적인 조직적 개입을 통해서만 생각될 수 있다. 분파주의적 가정에 따라 편향되게 '자발성'을 일방적으로 기각하는 것은 마땅히 비판받아야 하지만, 혁명적 의식의 중요성과 혁명적 의식화의 조직적 필요조건을 과소평가하는 것도 그에 못지않게 해롭다. 이탈리아와 프랑스 공산당처럼 한때는 레닌주의적이고 혁명적인 목표를 공언했던 제3차 인터내셔널의 일부 주요 정당의 역사적 실패가 (그것을 통해 미래에 우리 사회의 핵심적인 사회주의 변혁을 성취할 수 있는) 그러한 정치조직을 훨씬 더 확고한 기반 위에서 재창설하는 것의 중요성을 외면하게 해서는 안 된다. 무엇이 잘못되었는지에 대한 단호한 비판적 평가는 명백히 갱신 과정의 중요한 일부다. 지금 당장 너무나 분명한 것은 의회 함정의 위험한 비탈길 위에 서 있는 그러한 정당들의 해체적 몰락이 미래에 중요한 교훈을 던져준다는 점이다.

오늘날 두 종류의 포괄적인 사회신진대사 통제 양식만이 실행 가능하다. 하나는 '자본의 인격화들'이 무슨 수를 써서라도 부과하는 자본의 계급 착취적 재생산 질서다. 우리 시대에 자본의 이 재생산 질서는 인류의 기대를 참담하게 저버렸고, 자기 파괴 직전까지 몰아붙였다. 또 다른 질서는 기존 질서에 정면으로 대립하는 것으로, 하나의 특정 계급으로서 노동이 아니라 사회의 모든 개인의 **보편적 존재 조건**으로서 노동의 사회신진대사 헤게모니적 대안이다. 이것은 개인들의 생산적인 인간적·지적 잠재력을 자연 질서의 신진대사적 필요조건과 조화롭게 전면적으로 발달시키는 것을 가능하게 하는 '**실질적 평등**'의 기초 위에서 개인들에 의해 운영되는 사회다. 자본의 통제할 수 없는 사회신진대사 통제 양식이 바로 지금 그리하고 있듯이 자연을 파괴하고 그리하여 또한 개인들 자신도 파괴하는 데 힘을 쏟는 대신에 말이다. 이것이, 자본의 구조적 위기라는 현재의 상황에서 자본의 지배에 대한 포괄적인 헤게모니적 대안, 즉 특수하지만 무시할 수 없는 즉각적 요구와 체제적 변혁의 포괄적 목표의 변증법적 상호 보완으로 요약되는 대안만이 전 세계에서 의식적인 혁명적 조직 운동의 타당한 프로그램을 구성할 수 있는 이유다.

의식적으로 조직된 혁명운동이 초의회적 자본 권력이 지배하는 의회라는 제한된 정치 틀에 의해 억제될 수 없다는 것은 분명하다. 또한 그것은 이기적인 분파주의적 조직으로서는 결코 성공할 수 없다. 의식적으로 조직된 혁명운동은 핵심적 지향 원리 두 가지를 통해 성공적으로 정의될 수 있다. 첫째 원리는 방금 말한 대로, 근본적인 체제적 변혁을 확보할 포괄적인 헤게모니적 대안 목표를 지향하는 혁명운동 자신의 초의회적 프로그램을 정교하게 만드는 것이다. 둘째는, 전략적인 조직적 견지에서 똑같이 중요한 것으로서 필수적인 초의회적 **대중운동** ─ 입법 과정도 국가의 소멸을 향한 주요한 진전으로 질적으로 변화시킬 수 있는 혁명적 대안의 실행자 ─ 의 구성에 능동적으로 개입하는 것이다. 인민의 대다수까지 직접 참여시키는 이런 조직적 발전을 통해서만, 포괄적인 사회주의적 해방을 위한 노동의 헤게모니적 대안을 수립하는 역사적 과업의 실현을 상상할 수 있다.

9.8 교육: 사회주의 의식의 지속적인 발전

9.8.1

온전히 지속 가능한 사회주의 변혁을 확고히 다지는 것에서 교육의 역할은 더할 나위 없이 크다. 여기서 말하는 교육의 개념 ─ 개인의 일생에서 엄격히 제한된 기간이 아니라 사회 전반에서 사회주의 의식의 지속적인 발전으로 상정되는 ─ 은 선진 자본주의 아래 지배적인 교육 관행과 근본적으로 결별하는 것을 의미한다. 이 교육관은 물론 오래전에 주창된 위대한 교육적 이상을 역사 발전에 부합하게 확장하고 근본적으로 변혁한 것으로 이해된다. 왜냐하면 그러한 교육적 이상은 시간이 지나면서 서서히 침식되었을 뿐 아니라, 인간소외가 갈수록 깊어지고 구속력을 더해가는 자본 확장과 이윤 극대화의 이해관계에 문화 발전 전반이 예속되는 데 영향을 받아 결국 완전히 소멸되었기 때문이다.

16세기의 파라셀수스, 18세기 말과 19세기 초 수십 년 동안 괴테와 실러[71]조차 개인들을 일생 동안 인도하고 인간적으로 풍부하게 해줄 수 있는 교육적 이상을 신봉했다. 그와 대조적으로, 19세기 후반은 이미 공리주의의 승리가 뚜렷해졌고, 20세기 역시 교육 영역에서 '도구적 합리성'이라는 매우 편협한 개념에 전적으로 투항했다. 자본주의사회가 '선진화'할수록 그 자체가 목적으로 물신화된 부의 생산에 대해, 그리고 유치원부터 대학까지 모든 수준의 교육기관을 (국가가 강력한 이데올로기적 열의를 가지고 장려한 '사유화' 형태로) 상품 사회의 영구화를 위해 이용하는 것에 대해 자본주의사회는 더욱더 일방적으로 되었다.

이런 발전과 병행해 압도적 다수의 인민이 변경 불가능한 '자연 질서'라는 자본의 사회질서의 가치에 세뇌되었다는 것은 놀라운 일이 아니다. 이는 자본 시스템의 매우 세련된 이데올로그들에 의해 '과학적 객관성'과 '가치중립성'의 이름으로 합리화되고 정당화되었다. 일상생활의 실제 조건은 자본주의 풍조*ethos*에 완전히 지배되었다. 따라서 개인들은 임금노예의 가혹한 곤경을 벗어날 수 없는데도, 구조적으로 확립된 규정으로서 자본주의

---

71 이 책의 제8장과 Mészáros, *Marx's Theory of Alienation*(London: The Merlin Press, 1970), Chapter 10을 참조하라. 프리드리히 실러(Friedrich Schiller, 1759~1805)는 독일의 시인이자 극작가다. 독일의 국민 시인으로서 괴테와 더불어 독일 고전주의 문학의 2대 거성으로 추앙받는다. ― 옮긴이

풍조에 자신의 열망을 맞추라는 지상명령에 복종하게 되었다. 그리하여 선진 자본주의는 제도화된 교육 기간을 개인의 일생에서 경제적 편의로 설정된 몇 년으로 제한해 자신의 용무를 안전하게 정리할 수 있었다. 이는 심지어 차별적이고 엘리트주의적인 방식으로 이루어졌다. 자본주의적 일상생활의 '정상성'이라는 객관적인 구조적 규정은 제도 교육 이외의 나머지 용무를 성공적으로 수행했다. 즉, 지배적인 사회적 풍조를 당연시하도록 인민을 지속적으로 '교육해' 기성의 '자연 질서(자본의 사회질서를 의미 ─ 옮긴이)'는 변경 불가능하다는 선언을 '합의에 의해' 내면화했던 것이다. 바로 이것이 칸트의 '도덕교육'과 실러의 '미적美的교육'이라는 최상의 이상조차 비현실적인 교육적 유토피아의 영역에 영원히 머무르는 운명에 처해진 이유다. 칸트와 실러는 '도덕교육'과 '미적교육'을 비인간적 소외가 심화하는 추세에 대한 필수적이고 실행 가능한 해독제로, 즉 도덕적인 개인들이 자신의 개인적인 삶 속에서 비판받는 추세에 대항하게 만들어주는 것으로 생각했다. 그 이상은 자본의 자기 확장이라는 궁극적으로 파괴적인 지상명령을 성공적으로 부과하려는 세력이 만들어낸 무미건조한 현실에 전혀 맞수가 될 수 없었다. 왜냐하면 포괄적인 소외의 사회경제 추세는 계몽 시대의 가장 고상한 이상조차 흔적도 없이 소멸시킬 만큼 강력했기 때문이다.

이런 의미에서 제도화된 교육 기간은 자본주의에 의해 개인의 일생에서 상대적으로 국한된 몇 년으로 제한되지만, 사회의 이데올로기적 지배는 전 생애에 걸쳐 이루어진다는 것을 알 수 있다. 많은 경우 그러한 지배가 공공연한 교조적인 가치 선호를 취할 필요는 없겠지만 말이다. 또한 그것은 사회 전반에 대한, 동시에 편의적으로 고립된 개인에 대한 자본의 이데올로기적 지배 문제를 훨씬 더 치명적인 것으로 만든다. 특정한 개인이 그러한 이데올로기적 지배를 자각하거나 말거나 그들은 사회에서 눈곱만큼의 '가치중립적 기반'도 발견할 수 없다. 노골적인 이데올로기적 세뇌가 기만적으로 그들을 정반대로, 개인이 일반적으로 가치를 선택하는 데 온전한 주권을 가진 것처럼 믿게 하고, 또한 개인들이 그런 가식에 '자율적으로' 동질감을 갖도록 유도할지라도 말이다. 개인이 자본주의적으로 생산된 상품 – 점점 더 독점적으로 통제되는 슈퍼마켓에서 '주권적인 선택'에 기초해 구매되는 – 의 "주권적인 소비자"라고 이야기되는 것처럼 말이다. 이 모두는 자본주의 교육의 통합적 일부다. 자본주의 교육을 통해 도처에서 날마다 특정 개인들은 당연한 것처럼 상품 사회의 가치에 흠뻑 젖어든다.

자본주의사회는 지속적인 교육뿐 아니라, 동시에 영구적 세뇌를 위한 강력한 체계를 가진다. 심지어 광범위한 세뇌가 '합의에 의해 내면화된' 지배 이데올로기 – 기존의 나무랄 데 없는 '자유 사회'에서 합법적으로 공유된 긍정적인 신념 체계 – 에 의해 이루어지기 때문에 전혀 세뇌가 아닌 것처럼 나타날지라도 말이다. 자본 시스템에서 지속되는 교육의 핵심이 기존 질서 자체는 어떤 중대한 변화도 필요로 하지 않는다는 주장이라는 점은 사태를 더욱 악화한다. 자본 시스템은 자신의 여백에 '미세한 조정'만을 필요로 하고, 이는 '점진적으로'라는 이상화된 방법론을 통해 이루어져야 한다. 따라서 기존 질서에서 지속적인 교육이 지닌 매우 심오한 의의는 기존 질서의 근본적인 구조적 규정의 절대적인 변경 불가능성에 대한 신념을 임의로 부과하는 데 있다.

교육의 참된 의의는 개인이, 역사적으로 변하는 사회 조건 – 가장 혹독한 환경에서조차 그 개인들이 창조자인 – 의 도전에 부응하게 만드는 것이다. 무슨 수를 써서라도 기존 질서를 무비판적으로 보존할 것을 지향하는 모든 교육체계는 오직 매우 왜곡된 교육적 이상이나 가치와 양립할 수 있을 뿐이다. 칸트와 실러의 관점처럼 아직 고상한 교육적 유토피아가 만들어질 수 있었던 자본주의적 변혁의 상승 국면인 계몽 시대와 달리, 자본 역사의 하강 국면이 반가치에 대한 가장 호전적이고 냉소적인 숭배와 더불어 일찍이 생각할 수 없던 교육의 위기를 동반할 수밖에 없었던 이유가 바로 이것이다. 반가치의 숭배는 20세기에 발달해 21세기로 이어진 독점과 제국주의가 초래한 끝없는 파괴에 대한 변호론에서 절정에 달했다. 우리 시대에 반가치를 숭배하는 것에는 인종적 우월주의의 거짓, 심지어 핵무기를 전혀 보유하지 않은 나라에도 '예방적·선제적으로 핵무기를 사용할 도덕적 권리'라는 끔찍한 추정推定, 불가피하게 파괴적일지라도 이른바 더 '인간적'이라 불리는 '자유주의적 제국주의'의 매우 위선적인 정당화 등이 포함된다. 이 새로운 제국주의는 정당하고 우리의 '탈근대 조건'에 적합하다고 이야기된다. 탈근대 이론은 고전적 제국주의의 불명예스러운 붕괴 뒤에 '전근대-근대-탈근대'라는 기괴한 도식을 통해 지적으로 그럴싸하게 치장된 이론이다. 이것이 오늘날 자본이 천거한 고위 관료와 정당의 정책 입안자들이 매우 진지하게 주장하고 독단적으로 선고한 '실패한 국가'[72]와 이른바 '악의 축'에 부과할 필요가 있는 전략으로 입안되는 것이다.

　이런 이념들이 우리 자신의 역사적 조건에 적합한 전략적 지향 원리와 가치로 상정되고 있다. 그것들이 전반적인 매개변수를 설정하게 된다는 뜻이다. 그리고 개인들은 이제 그 매개변수 안에서 '테러와의 전쟁'이라는 이념과 동의어인 '이데올로기 투쟁'에서 지배적인 자본주의국가들이 승리할 수 있도록 교육된다. 이 '이데올로기 투쟁'은 (불과 얼마 전까지만 해도 설교되고 적극 고무되었던) '이데올로기의 종언'[73]과 행복한 자유주의적 '역사의 종

---

72 '실패한 국가(failed state)'에는 주로 반미 국가와 미국 등 서구 제국주의의 개입 때문에 인종·종교 분쟁이 발생해 내전 상태에 처한 국가가 포함된다. 미국 중앙정보부는 '실패한 국가'로 20개국을 선정했다. 예컨대, 소말리아, 짐바브웨, 이라크, 아프가니스탄, 북한 등이 포함된다. 서구 제국주의는 이들 '실패한 국가'가 국외로 테러를 수출하는 행위를, 이른바 '테러와의 전쟁'으로 부르는 자신들의 무력 개입을 정당화하는 명분으로 삼는다. 미국의 외교잡지 ≪포린 폴리시(Foreign Policy)≫는 매년 세계 177개국을 대상으로 정치, 사회, 경제, 안보 등 12개 분야의 불안 정도를 조사해 계량화한 '실패 국가 지수'를 발표한다. ― 옮긴이
73 『이데올로기의 종언(The End of Ideology)』(1960)은 미래 사회에서는 이데올로기의 중요성이 사라지게 될 것이라고 주장한 대니얼 벨(Daniel Bell)의 저서로, 그는 과학기술

말[74]이라는 신화와 날카롭게 대비되는 개념인데, 갑작스레 (부정적인 용어가 아니라 — 옮긴이) 긍정적인 용어로 매우 자주 선전된다. 그리하여 자본의 더 먼 과거와 비교해볼 때, 교육적 이상이 오늘날 우리가 직면한 것보다 더 완전히 퇴락한 경우는 상상하기 어렵다. 우리 시대에 이 모든 것은 시스템이 사용할 수 있는 모든 수단을 통해, 대통령과 총리들이 걸핏하면 입에 올리는 말인 '민주주의와 자유'의 이름으로 장려된다. 자본주의적 허위의식의 전도된 성격을 이보다 더 분명하게 드러낼 수 있는 것은 없다. 이 허위의식은 일상생활 속에서 상품 사회에 의해 다소간 자연 발생적으로 행사되는 편재한 세뇌를 통해 온전하게 보완된다.

9.8.2

사회주의 교육관은 자본주의 발달의 상승 국면에 공식화된, 계몽된 부르주아지의 가장 고상한 교육적 이상들과도 질적으로 다르다. 왜냐하면 그런 교육적 이상은, 그 주창자들이 신흥 질서의 방종과 이미 가시화된 일부 추세가 개인의 인격 발달에 미치는 부정적인 영향에 대해 비판적 입장을 취

혁명에 의해 정보와 지식의 생산이 중요하게 되는 탈산업사회로 이동하면서 미래 사회에서는 이데올로기가 중요하지 않게 될 것이라고 예측했다. '이데올로기의 종언' 또는 '탈이데올로기'는 마르크스주의와 이에 바탕을 둔 정치 운동 시대는 지나갔다는 의미로 주로 사용되는데, 1955년 이탈리아 밀라노에서 개최된 국제회의가 발단이 되어 프랑스의 레몽 아롱(Raymond Aron), 미국의 시모어 립셋(Seymour Lipset), 대니얼 벨 등이 주장했다. — 옮긴이

74 『역사의 종말(The End of History)』(1989)은 미국의 정치학자 프랜시스 후쿠야마의 저서다. 그는 자본주의와 공산주의의 체제 경쟁에서 동유럽, 소련 등 현실 사회주의가 붕괴함에 따라 자본주의가 승리하면서 역사는 끝났다고 주장했다. 자본주의가 역사의 종착점이며 더 이상 다른 사회는 없다는 '역사의 종말론'은 1991년 소련 붕괴 이후 시장경제와 자유민주주의를 선전하는 이데올로기로 활용되었다. — 옮긴이

했다고는 하나, '자본의 입장'을 받아들이는 데서 오는 한계를 불가피하게 안고 있었기 때문이다. 그렇더라도 그들은 자신들이 신봉하는 사회에 대해 어떤 잘못된 것도 보려 하지 않는 최근의 자본 이데올로그들과는 현저히 달랐다.

주요 부르주아 계몽가들은 각 개인들의 전면적 발달을 인간적으로 실현하는 것을 옹호했다. 이는 당시에 조짐을 보이던 '무미건조한' 특징들과 그 당연한 귀결인 인간적인 궁핍화 ― 애덤 스미스가 웅변적인 어조로 비판했던 '도덕적 방탕'을 포함해 ― 에서 해방되는 것을 뜻했다. 그렇지만 그들은 개인들의 전면적 발달이 자본주의사회의 틀 안에서 성취되는 것을 보기를 원했다. 그들은 세계를 자본의 관점으로 바라보았기 때문에, 자신의 이상을 실현하기 위해 사회질서 전반에 요구되는 근본적인 변화를 상상할 수 없었다. 그들이 채택한 자본의 관점으로는 자신의 교육적 이상 ― 그들의 유토피아적 대항 이미지에 걸맞은 도덕적·미학적으로 훌륭한 개인들에 적용될 ― 과 의기양양하게 부상하는 사회질서 사이의 구조적 양립 불가능성을 파악할 수 없었기 때문이다.

교육 이론에서 변화 개념이 가지는 중요성은 매우 크다. 그것이 모든 교육 시스템의 궁극적 실행 가능성(여부)과 전반적인 지평을 결정하기 때문이다. 이 점에서 당시의 지배적인 역사적 상황에서 위대한 부르주아 계몽가들이 내다본 변화는 특성상 한쪽으로 치우칠 수밖에 없었다. 왜냐하면 그들이 파악한 변화는 구체제를 지배했던 실효된 봉건적 사회질서와 관련해서는 충분히 급진적이었던 반면, 미래와 관련해서 그들이 주장한 변화의 관념은 부정적인 사회 역사적 추세에 대항하는 환상적 방식인 특정 개인들에 대한 인격교육의 발전으로 확장될 수 있었을 뿐이기 때문이다.

자본의 사회질서의 구조적 규정, 즉 개인의 발달에 필연적으로 영향을 미쳤고, 항상 매우 중요하게 영향을 미칠 수밖에 없는 규정을 비판적으로 다루는 것은 그들의 관심 밖에 있었다. 비난의 대상이 되는 발전 추세에 대한 교정책은 개인주의적 용어를 통해서만 구상될 수 있었다. 말하자면, 최종적인 서술에서는 의기양양하게 부상하는 자본주의 질서의 구조적 틀과 커지는 적대를 그대로 남겨두는 방식으로 말이다. 따라서 매우 조리 있게 다듬어진 개인들의 미적교육에서조차 제안된 '해독제'는 현실성 없는 유토피아적 대항 이미지에 머무를 수밖에 없었다. 왜냐하면 부정적 효과를 생산하고 냉혹하게 재생산하는 인과 규정을 밝혀내고 적절한 사회적 관점에서 효과적으로 대응하지 않고서 강력한 사회적 추세가 개인의 형성에 미치는 부정적 효과를 차단하는 것은 전혀 불가능하기 때문이다.

자본의 관점을 비판적 지평의 넘어설 수 없는 사회적 전제로 채택한 까닭에, 상승기 부르주아지의 매우 위대한 인물들조차 사회적 힘의 부정적 효과와 결과 — 개인에 이상적으로 적합한 인격교육을 통해 계몽주의 대표들이 개혁하기를 원했던 — 에 대항해 특정한, 더 정확하게 말하면, 고립된 개인들의 투쟁을 기획하는 것을 넘어서지 못했다. 이 투쟁은 성공적인 결말에 이를 수 없었다. 고립된 개인들로 파편화된 주체는 하나의 강력한 사회적 힘을 제어할 수 없기 때문이고, 또한 비판받은 질서의 구조적인 인과 규정은 인과 영역에서 그에 부합하는 기준으로, 다시 말해 역사적으로 지속 가능한 응집력 있는 구조적 대안의 힘으로 맞서고 대응해야 하기 때문이다. 물론 여기에는 문제의 사상가들이 근본적으로 다른 사회적 관점을 채택하는 일이 필요하다. 즉, 자신의 구조적 인과 규정에 대항하는 자본의 개혁적 잠재력이 불가피하게 가지는 한계를 현실적으로 평가할 수 있는 사회적 관점이 필요하다. 당연한 일이지만, 자본의 관점을 자기 비전의 전반적 지평으로 채택했기 때문에 위대한 계몽주의 사상가들의 실행 가능한 교정 수단은 절망적으로 유토피아적인 대항 수단의 주창으로 제한되었다. 아직 상대적으로 유연한, 자본 시스템의 역사적 전개의 상승 국면, 즉 충분히 발달한 상품 사회의 적대적 계급 규정이 물화되고 소외된 (개혁될 수 없는) 사회구조로 철저히 고착화되기 이전에조차 그러했던 것이다.

과거의 교육적 이상과 실제와, 지속 가능한 사회주의 변혁 과정에서 직면해야 할 역사적 도전에 적합한 관점 사이의 대비를 분명히 파악할 수 있는 지점이 바로 여기다. 사회주의 교육의 사명은 결코 개인에게 제시된, 그들이 순응할 것으로 상정된 몇몇 **유토피아적 이상**의 견지에 따라 정식화될 수 없다. 이러한 유토피아적 정식화는 희망적으로 규정된 추상적·도덕적 '**당위**'의 힘을 통해 (다소 고립되어 있지만 '도덕의식이 있는' 개인으로서) 사회생활의 문제에 대응하고 그것을 극복하리라는 다소 소박한 희망에 근거한다. 그런 당위의 힘은 과거에도 결코 작동하지 않았고 미래에도 작동하지 않을 것이다. 변화된 역사적 조건과 사회 구성원으로서 그에 연루된 인민의 상태라는 객관적 제약으로부터 끊임없이 일어나는 실제적 도전에 대응해야 할 필요는 명백하지만 말이다. 추상적·도덕적 당위의 제안이 표면상으로 아무리 매력적이고 찬양할 만한 것처럼 보일지라도, 사회주의 교육을 사회생활의 결함에 대한 개인주의적 해독제로 파악하는 것은 완전히 자멸적인 것이다. 소련 사회에서 노동 윤리의 변혁을 위한 '스타하노프 운동의 장려'가 총체적으로 실패한 것은 문제가 되는 쟁점의 훌륭한 일례다. 그러한 장려는 주어진 상황에서 **마지못해 하는 노동력**이라는 지배적인 노동 윤리 — 의사 결정 과정에서 노동자를 권위주의적으로 배제하는 데서 비롯된 — 의 근원에 있는 인과 **규정**을 터무니없이 무시했기 때문에 실패했다.

사회주의 교육은 성공적으로 실행될 수 있다. 왜냐하면 과거의 자본 관점을 채택하는 데 내재하는 구조적 한계와는 대조적으로 사회주의 교육의 평가 관점은 교육의 관심을 (적절한 사회적 교정을 요하는) 인과 규정된 실질적 사회 문제에서 (단지 실현될 수 없는 유토피아적 기획만을 낳을 뿐인) 추상적이고 개인주의적인 도덕적인 호소로 돌리게 할 필요가 없기 때문이다. 사회적 원인을 사회주의 교육 틀에서 적절한 수준으로, 즉 역사적으로 발생하는 원인과 명확히 식별할 수 있고 변화 가능한 구조적 규정으로서 직시해야 하고 직시할 수 있다. 이 접근 방식에서는 아무리 고통스러운 것일지라도 심대한 사회 변화의 요구를 직시하는 도전은 부정적인 생각이 아니라 오히려 의식적으로 형성될 미래라는 개방적 관점과 분리할 수 없는 **긍정적인 생각**이다. 바로 그렇기 때문에, 사회 구성원에 의해 구상된 사회주의적 발전에서 선택된 목표와 가치의 실현을 위해 요구되는 교육적 힘은 성공적으로 활성화될 수 있다.

따라서 사회주의 변혁 과정에서 교육에 대한 이상적 요구와 교육의 실제적 역할은, **사회적 개인**으로서 자신이 직면해야 하는 도전을 의식하는 **사회적 개인**의 활동을 통해 도전에 대응하기 위해 요구되고 스스로 설정한 가치와 부합하게 사회적 과정을 발전시키는 데 지속적이고 효과적으로 개입하는 데 있다. 이는 사회적 개인이 가진 도덕의식의 발달 없이는 생각할 수 없다. 여기서의 도덕은, 수많은 영국 교회에서 대리석에 새겨놓은 "너의 신을 두려워하고 너의 왕에게 복종하라!"는 비문碑文처럼 하나의 분리되고 다소 추상적인 도덕적 '당위' 담론의 이름으로 외부로부터 — 위로부터는 말할 나위도 없고 — 특정 개인들에게 부과되는 것이 아니다. 또한 도덕은 자본의 지상명령이 지배하는 모든 사회에서 개인에게 덧붙여진 준準종교적인 외적 명령에 대한 세속적 등가물도 아니다. 그와 달리, 사회주의 교육의 도덕은 합리적으로 인식되고 권유되는 광범위한 **사회 변화**와 관련된다. 그 도덕의 교의는 선택된 과업에 대한, 그리고 그 과업을 성취하기로 한 자신의 의식적 결정 속에서 개인에게 요구되는 몫에 대한 구체적인 평가를 기초로 해 구성된다. 이런 방식으로 사회주의 교육은 (어떤 주어진 시기에 진행 중인 전반적인 역사적 변혁과 분리될 수 없고 또한 그 역사적 변혁과 긴밀히 상호작용하는) **사회주의 의식의 지속적인 발전**으로 규정될 수 있다. 달리 말해, 사회주의 교육의 규정적 특징은 이 장에서 논의된 사회주의 발전에 적합한 모든 지향 원리에서 생겨나고, 그 지향 원리와 깊이 상호작용한다.

9.8.3

변화에 대한 근본적으로 다른 태도 — 개인의 인격 발달뿐만 아니라 사회의 핵심적인 구조적 규정에도 동시에 적용되는 — 때문에 교육의 온전한 의미는 사회주의적 관점 안에서만 열매를 맺을 수 있다. 그렇지만 이런 사정을 부각하는 것만으로는 전혀 충분하지 않다. 왜냐하면 전반적인 사회 변화에서 교육의 중대한 역할 때문에, 의식적으로 구상된 변혁 과정에 대한 교육의 영속적 기여 없이는 지속 가능한 역사적 발전의 핵심 목표를 성취할 수 없다는 점이 같은 동전의 다른 면이기 때문이다.

사회주의적 발전을 과거의 제약이나 모순과 대립시키는 경계선은 자본의 사회신진대사 지배 아래 다양한 형태로 만연하는 허위의식에 대한 필수적인 비판에 의해 그어진다. 자본의 사회신진대사는 합법적이라고 가정되는 '생산적' 자본의 헤게모니와 자본주의적으로 '고용된' 노동의 총체적 종속이라는 물신物神 아래서 실제 사회 재생산 교류 관계의 신비화된 전도에 의해 지배된다. 그리하여 자본의 사회신진대사는 사회 전체와 그 사회에서 실제로 노동하는 생산적 개인의 의식에 "사물의 인격화와 인간의 물화"라는 허위의식을 성공적으로 부과한다.[75]

허위의식의 힘은 당연히 (아무리 선의일지라도) 개인들의 교육적 계몽만으로는 극복될 수 없다. 고립된 개인으로서 특정 개인들은 허위의식의 물화에 휘둘리게 된다. 그들이 들어가 살게 되는 역사적으로 주어진 실제 재생산 관계가 "사물의 인격화와 인간의 물화"의 기초 위에서만 기능할 수 있기 때문이다. 따라서 물화를 야기하는 허위의식이 특정 개인들을 지배하는 데 대응하면서 인류의 지속 가능한 재생산 관계의 신비화되고 궁극적으로

---

75 *Economic Manuscripts of 1861-63*, in Marx and Engels, *Collected Works*, vol.34, p. 457.

파괴적인 전도를 변경하려면 포괄적인 사회 변화가 요청된다. 바로 그처럼 포괄적인 것이 아니고서는 지속적으로 승리할 수 없다.

'점진적 개혁'과 그에 상응하는 부분적 변화에 만족하는 것은 자멸적이다. 문제는 그 변화가 갑작스럽게 도입되는지 아니면 더 장기간에 걸쳐 도입되는지에 관한 것이 아니라, 성공적 실현이 얼마나 오래 걸리는지에 상관없이 일관되게 추구되는 근본적인 구조 변혁의 전반적인 전략 틀이다. 상호 배타적인 사회신진대사 통제 형태들 — 현재 수립된 것과 미래의 것 — 사이의 양자택일에 걸려 있는 것은 시간과 공간 모두에서 전 지구적이다. 이 때문에 사회주의 기획은 (구조적으로 구축되고 소외를 야기하는) 자본의 사회신진대사에 대한 헤게모니적 대안으로 구성되고 일관되게 관철될 경우에만 성공할 수 있다. 즉, 사회주의 대안 질서가 생산적 발전 과정에서 모든 사회를 포괄하고, 기존 자본의 사회신진대사 통제에 대한 노동의 헤게모니적 대안의 역사적 불가역성을 담보하는 기조로 포괄할 때만 성공할 수 있다.

자본 시스템의 구조적으로 지배적인 허위의식에 대한 불가피하고 공공연하게 표명되는 근본적 비판 때문에 사회주의 기획에서는 채택하는 물질적 변혁의 수단이 우리가 내거는 교육 목표와 분리될 수 없다. 그것은 사회주의적 사회변혁의 지향 원리가 (사회주의 의식의 지속적 발전인) 교육과 전면적으로 연계되지 않고서는 실현될 수 없기 때문이다. 앞서 논의된 모든 지향 원리는, 모든 수준의 의사 결정에 대한 진정한 참여부터 (자율적으로 '각자의 삶을 뜻있게 만드는 것'을 포함하는 계획이라는 의미로 파악된) 포괄적인 계획에 이르기까지, 그리고 사회 전반에서 실질적 평등의 점진적 실현부터 국제 질서의 긍정적 전개 속에서 실행 가능한 경제의 전 지구적으로 지속 가능한 조건에 이르기까지 교육의 힘이 이 목적을 위해 온전히 작동될 때만 현실화될 수 있다.

항상 계속해서 변화에 종속되어야 한다는 의미에서도, 특정한 시기에 채택된 수단은 역사적이다. 유리한 조건 아래서는, 두말할 나위 없이, 쟁취된

성과가 점진적으로 확대되고 심화된다. 하지만 역전 현상이 **선험적으로** 배제될 수 없다는 것도 물론 똑같이 당연하다. 따라서 지속되는 변혁 과정에서 사회주의 교육이 얼마나 효과적으로 개입하는지에 따라 많은 부분이 좌우될 것이다. 긍정적 잠재력과 부정적 잠재력 가운데 어느 쪽이 얼마나 우세할지를 최종적으로 결정하는 것은 사회주의 교육의 개입이다.

9.8.4

오늘날 선진 자본주의사회에서는 '존중 의제'에 관한 논의가 매우 많다. 이 의제는 점차 깊어가는 가치 위기 — 청소년의 악화되는 사회적 소외와 더불어 늘어나는 범죄와 청소년 비행 형태로 드러나는 — 를 해결하려는 희망적 기획 속에 있다. 이 기획은 '책임 있는 민주 시민의 자질'이라는 가치에 대한 (합당한) 존중'을 헛되이 가정하면서 개인의식에 다소 수사학적으로 직접 호소해 가치 위기를 해결하려 한다. 그리고 비난의 대상이 되는 부정적 징후의 사회적 원인을 회피하기 때문에 그 모든 공허한 설교가 실패할 때 (당연히 실패할 수밖에 없는데) 자본의 정치적 인격화들인 고관대작들은 — 최고위층을 포함해 — 어느새 미래의 청소년 비행을 '모태母胎에서' 식별할 수 있는 방법에 관해 이야기하기 시작한다. 이는 가능한 가장 초기 단계에 잠재적인 미래의 범죄행위를 다루는 데 '필요한' 권위주의적 국가 입법 조치를 의미한다. 이런 접근 노선은 '테러와의 전쟁'에서 승리하기 위해 '이데올로기 투쟁을 무자비하게 추구할 것'을 주창하는 자본주의국가보다 더 합리적이지도 덜 권위주의적이지도 않다. 동시에, 파괴적인 효과와 결과를 생산하고 재생산하는 기존 사회질서의 구조적 규정을 변화시킬 가능성은 절대적으로 배제된다. 현재 상태 그대로의 사회에 어떤 심각한 잘못이 존재할 수 있다는 가정은 무조건 부정되어야 한다. 단지 비난 대상으로 편향되게 선발된 개인들만이 교정 행동을 필요로 할 수 있다. 그 교정 행동은 **직책상** 모든 것을 더 잘 안다고 주장하는 자천한 개인들로 구성된 특권 그룹 — 자본의 사회경제적·정치적 질서의 '의지의 인격화들'과 보호자들 — 에 의해 제공된다.

따라서 헤게모니적 대안 질서의 수립만이 정당화될 수 있다. 이 대안적인 질서의 교육 틀은 개인적이면서 사회적이다. 이 둘은 분리될 수 없다. 사회주의 교육의 피교육자는 단순히 전통적인 교육적 이상의 모델에 나오는 분리된 개인일 수 없다. 앞서 이미 지적했듯이, 지금까지 주창된 교육적 교의와 원리는 대체로 도덕적 장려로 진술되는, 특정 개인들의 의식에 직접 호소하는 형태로 표현되었다. 이와 달리, 사회주의 교육은 고립된 개인이 아니라 사회적 개인을 다룬다. 달리 말해, 자기 준거적인 고립된 개인성에 대한 전통 철학의 추상적·일반적 담론과는 대조적으로, 사회주의 교육이 관심을 가지는 개인은 개인으로서의 자기규정이 그들의 실제적인 사회적 배경과 특수한 역사적 상황 — 그 속에서 인간적 도전이 불가피하게 일어나는 — 에 대한 관계를 빼놓고는 상상도 할 수 없는 개인이다. 왜냐하면 개인이 가치를 정립하도록 이끄는 것은 바로 그의 구체적인 사회적·역사적 상황이기 때문이다. 개인은 그처럼 스스로 정립한 가치를 통해 규정적 행동 형태에 적극 헌신함으로써 주요 변혁이 진행 중일 때 스스로 의식적으로 선택한 적절한 역할 — 그를 자율적이고 책임을 가진 사회적 개인으로 규정하는 — 을 실현할 수 있다. 이런 방식으로, 사회적 개인에 대한 실제적으로 효과적인 교육은 자기교육이라는 교육의 가장 깊은 의미와 같게 된다. 마르크스가 언급한 "부유한 사회적 개인"이 가리키는 바는 실행 가능한 교육 틀인 이런 방식의 자기 정의라고 생각할 수 있다.

사회적 책임을 ('개인이 순응하기로 기대되는' 몇몇 외적인 '이상'을 주창하는) 전통적 철학 담론의 추상적·도덕주의적 '당위'로서가 아니라 실제의 사회적·역사적 상황에 통합된 현실적 힘으로서 상정하는 일은 교육 자체를 하나의 전략적으로 핵심적인 사회 기관, 즉 사회주의 의식의 지속적인 발전과 분리할 수 없는 사회적 실천으로 이해하는 기초 위에서만 가능하다. 그것은 결국 헤게모니적 대안 질서의 틀 안에서 변화에 대한 근본적으로 다른 태도 때문에 실행 가능하다. 새로운 질서에서는 변화 과정에서 선험적으로 면제될 수 있는 것은 아무것도 없다. 이는 사회의 중요한 구조적 규정에 대한 비판이 불법이라고 선고되어 가장 폭력적인 수단을 포함해 시스템이 동원할 수 있는 모든 수단으로 방지되는, 자본의 사회신진대사 틀과는 선명하게 대비된다. 사회 발전의 역동적 전개와 부합하게 역사적으로 주어진 조건을 변경하는 것은 헤게모니적 대안 질서에서 수용될 수 있으며, 이는 결정적으로 중요하다. 그렇게 하는 데 실패한다면 이는 공언된 사회주의 정신에 배치될 뿐 아니라, 20세기의 역사가 비극적으로 보여주었듯이, 사회에서 그 긍정적인 발전 잠재력이 박탈당할 것이다.

이 측면에서 사회주의 교육의 역할은 매우 중요하다. 사회주의 교육의 사회적이면서 동시에 개인적인 내적 규정은 상호 관계 ─ 그것을 통해 사회주의 교육이 영향력을 행사할 수 있는 ─ 에 기초해 사회주의 교육에 독특한 역사적 역할을 부여하고 사회 발전 전체에 주요한 영향을 미친다. 사회주의 교육은 오직 사회변혁 과정에 대한 의식적이고 효과적인 개입으로 구성될 때 사명을 완수할 수 있다.

이 점에서 방금 언급한 상호 관계는 매우 적실하다. 왜냐하면 한편으로 사회적 개인은, 주어진 과업과 도전의 실현과 그에 따른 사회의 중대한 변혁에 능동적으로 기여할 수 있으면서 동시에 성취된 변화 과정에서 의미 있는 방식으로 형성되기 때문이다. 실제로 사회적 개인은 계속되는 발전의 의의에 대한 자신의 긍정적인 자각을 통해 합리적으로 형성되고, 이들 발전에서 자신의 능동적인 역할을 올바르게 이해한다. 계속되는 발전에 대해 사회적 개인의 진정한 동의에 기초한 내면화는 '암묵적 동의'라는 철저히 변호론적인 교의와의 근본적인 결별을 나타낸다. 이 변호론은 창시자인 존 로크 시대 이래로 기존 질서에 대한 정치 이론에서 지배적이었다.

사회 변화에 대한 개인의 능동적 개입은 용어가 갖는 최선의 의미에서 사회적 상호작용이라고 할 수 있다. 이것은 사회적 개인과 사회 사이에 상정된 서로 유익한 상호 관계에 기초한 의미 있는 사회적 상호작용이다. 헤게모니적 대안 질서의 다양한 측면 ― 그것의 매우 중요한 구조적 규정을 포함해 ― 이 모종의 권위에 의해 사회적 개인의 손이 미치지 않도록 정해지면 서로 유익한 상호 관계의 출현과 강화는 전혀 불가능할 것이다. 그 경우 사회적 개인의 '자율성'은 완전히 무의미해진다. 이는 상품 사회의 개인들이 행한다고 가정되는 '주권적인 선택'의 경우에 실제로는 그 자율성이 무의미한 것과 마찬가지다. 그렇기 때문에 사회주의 의식의 지속적인 발전으로서 사회주의 교육의 의의는, 특정한 개인을 **사회적 개인**으로 규정하는 [그리고 동시에 규정하는 용어(사회적 개인 ― 옮긴이) 자체의 의미를 분명히 해주는] **상호 관계**의 핵심적 의미에서, 더할 나위 없이 중요하다. 사회주의 변혁의 중요한 지향 원리에 비춰볼 때 역사적으로 실행 가능한 발전의 필요조건은 그 과정에 대한 교육의 매우 적극적인 기여를 통해 실현되기 때문이다. 교육 없이는 어떤 필요조건도 자신에게 요구되는 사회적 기능을 완수할 수 없다.

9.8.5

대표적인 사례로 우리는 교육의 심대한 중요성 ― 특정한 개인과 사회 사이의 서로 유익한 상호 관계 형태로 입증되는 ― 을, 현재의 지배적인 경제 관행을 질적으로 다른 종류의 것으로 변혁하기 위해 요구되는 근본적인 변화와 관련해서 매우 명확하게 볼 수 있다. 그 차이는 핵심적인 물질 재생산 영역과 직접 관련된다. 물질 재생산 영역의 건전성은 심지어 가장 간접적으로 연관되는 문화적 관행의 실행 가능성에서도 핵심적이다. 왜냐하면 물질 재생산과정을 지배하는 자본의 **시간 지상명령**은 계급사회 전체의 착취적인 구조적 관계에 직접 영향을 미칠 뿐 아니라, 동시에 특정 개인의 **생애**에서 물질적·지적 활동의 모든 측면에 부정적이고 인간적으로 궁핍화하는 효과를 부과하기 때문이다. 따라서 그 안에서 사회주의 교육이 핵심적인 역할을 수행하는 인간해방에 대한 욕구는 근본적인 도전을 의미한다.

자본주의사회의 재생산 관행은 비인간화를 야기하는 시간 회계를 특징으로 한다. 이 시간 회계는 노동하는 개인들 − 시스템의 소외를 야기하는 시간 명령을 강제하는 매우 의욕적인 의지의 집행자들인 '자본의 인격화들'과 대비되는 − 을 필요노동시간의 폭정에 복종하도록 강제한다. 마르크스가 규탄했듯이, 이런 방식으로 노동하는 개인 − 마르크스의 용어로는 잠재적으로 "부유한 사회적 개인" − 은 생애에 걸쳐 소외당하는 고통을 겪는다. 그들이 "노동에 포섭된, 단순한 노동자로 격하되기" 때문이다.[76] 게다가 이런 구조적 종속과 그에 상응하는 격하는 결코 이야기의 끝이 아니다. 일정한 상황에서, 특히 주요한 사회경제적 위기 상황 아래서 노동자는 또한 실업이라는 악행, 냉소적으로 위장되고 위선적으로 정당화된 '노동 유연성'의 곤경과 광범위한 불안정화의 야만도 겪어야 한다. 이들 상황은 모두 자본주의적 노동과정의 동일한 작동 규정에서 생겨난다. 이런 상황은 자본의 시간 회계의 구제할 수 없는 비인간성과, 시스템의 변경 불가능한 시간 지상명령의 구조적 강제에 기인한다.[77]

이미 살펴보았듯이, 노동의 헤게모니적 대안은 (사회주의적 회계의 인간적으로 부유한 필요조건과 동의어인) 근본적으로 다른 시간 회계의 수립이다. 오직 그 기초 위에서만 "부유한 사회적 개인들"의 생산 관행의 전면적 전개를 구상할 수 있다. 이것은 역사적으로 지배적인 필요노동시간의 폭정에서 벗어나 가처분 시간을 사회 재생산의 지향 원리로서 의식적으로 채택해 창조적으로 사용하는 방향으로 근본적으로 전환할 때에만 실행 가능하다.

이런 중대한 전환을 생각하는 것은 분명히 광범위한 함의를 갖는다. 왜

---

76 Marx, *Grundrisse*, p. 708.

77 앞서 제5장에서 나온 관련 쟁점에 관한 중요한 논의를 참조하라.

냐하면 필요노동시간을 대체할 수 있는 실제로 효과적인 시간 회계로서 가처분 시간을 채택하는 것과 관련된 질적 변화의 필요성에 관심의 초점을 맞추는 바로 그 순간에, 사회주의 교육의 힘을 온전하게 작동하지 않고서 그런 근본적인 전환을 사회에 도입하는 것을 생각할 수 없다는 사실이 매우 분명해지기 때문이다. 여기에는 주된 이유 두 가지가 있다.

첫째, 가처분 시간을 사회 재생산과정의 새로운 지향과 작동 원리로 도입하기 위해서는 가처분 시간에 대한 의식적 신봉이 필요하기 때문이다. 이는 사회를 전반적인 경제적 강제 형태로 지배하는 필요노동시간의 폭정과 총체적으로 대비된다. 경제적 강제는 의식적인 통찰에 의해서 규제되지 않는다. 자본의 인격화들이 뒤늦게 노동과정에 도입한 특정한 경제 단위에 적용 가능한 극히 부분적인 '계획'에 의해서 규제되는 것도 아니다. 그것은 자본과 노동 사이의 적대적 모순에 의해서, 시장의 사후적인 힘에 의해서 규제된다. 노동자는 필요노동시간의 작동 틀에 진입하는 과업을 위해 교육될 필요가 없다. 그들은 그 작동 틀의 지상명령을 벗어날 수 없을 뿐이다. 왜냐하면 그러한 지상명령은 절대적인 '사회적 운명' ― 기존 사회질서에서 그들이 구조적으로 확립된 종속에 처한 사정에 상응하는 ― 으로 그들에게 직접 부과되기 때문이다. 이런 까닭에 마르크스는 그런 틀을 '인류의 무의식적 조건'이라고 적절하게 불렀다. 자본주의적 노동과정 도처에 만연한 무의식은, 자본주의적 노동과정의 맹목적인 ― 아무리 이상화되더라도 ― 시간 회계 때문에, 궁극적으로 파괴적인 함의와 더불어 통제 불가능성을 의미한다.

둘째, 첫 번째 이유와 똑같이 중요한 것으로, 가처분 시간에 기초해 노동과정을 규제할 수 있는 사회적 주체로는 다수의 사회적 개인들이 의식적으로 결합한 세력, 즉 관례상 부르는 바와 같이 '자유롭게 연합한 생산자들'만이 될 수 있기 때문이다. 여기서 우리는 이런 사회적 주체가 다시 한 번 필요노동시간에 기초한 사회 재생산과정을 규제하는 '주체'와 현저하게 다르다는 것을 알 수 있다. 왜냐하면 생산과 사회의 재생산을 규제하는 힘이 고유한 의미의 주체가 결코 아니고 **자본 시스템 일반의 구조적 지상명령**이라는 점에서 필요노동시간은 협소하게 **결정론적**일 뿐 아니라 전적으로 비인격적이기 때문이다. 기존 시스템의 시간 **지상명령**의 가장 의욕적인 집행자들조차 조금 더 또는 덜 성공적으로 그러한 **구조적 지상명령**에 복종할 수 있을 뿐이다. 만약에 그들이 물신숭배적 지상명령에 요구대로 순응하지 못한다면, 머지않아 그들은 그들 기업의 파산을 통해 시스템의 틀에서 쫓겨날 것이다. 자본 시스템의 물신숭배적 신비화에도 불구하고 참된 생산 주체는 노동자다. 통제하는 주체로 전제되고 있는, 그러나 실제로는 기존 질서의 필연적으로 지배적인 구조적 지상명령을 통해 엄격하게 통제당하는 자본가는 **강탈적인 사이비 주체**에 불과하다. 따라서 유일한 실제 생산 주체인 노동만이 우리 시대의 역사적 조건 아래서 실현 가능하고, 생산적으로 실행 가능한 규제 의식을 획득할 수 있다. 여기서 분명히 해야 할 것은 우리가 고립된 노동자로서, 자본의 사회적 힘에 맞서는 경험주의적인 사회학적 범주의 특정 노동자들에 대해 말하는 것이 아니라 헤게모니적 대안 질서에서 **보편적인 삶의 조건으로서, 의식적으로 결합한 사회적 개인들의 노동**에 대해 말한다는 점이다. 이것이 가처분 시간에 기초한 사회 재생산과정을 의식적으로 규제할 능력을 갖춘 유일하게 실현 가능한 사회적 주체다. 동일한 변증법적 상호 관계를 다른 방식으로 표현하면, 가처분 시간을 우리 삶의 지향 원리와 실제로 효과적인 작동 원리로 의식적으로 채택하는 방식을 통해서만 헤게모니적 대안 질서에서 생산과 사회의 재생산에 대한 적절한 통제를 가능하게 하는 사회적 주체의 발전을 구상할 수 있다.

앞서 언급했듯이, 문제가 되는 주체는 사회적인 동시에 개인적이다. 새로운 사회신진대사 질서의 창조적 필요조건을 충족할 수 있는 교육과 자기교육의 과정 없이는 이 사회적 개인을 생각할 수 없다. 사회가 현재의 상태 그대로를 유지하는 한, 가처분 시간을 생산의 핵심적 작동 원리로서 어디에서나 채택하는 것은 단지 **추상적인 잠재력**일 뿐이다. 미래는 그러한 추상적 잠재력을 구체적이고 창조적인 현실로 전환할 우리의 능력(또는 실패)에 달려 있다.

필요노동시간의 폭정은 노동자에게 부과되는 것이다. 자본 시스템 틀 안에서 노동자는 항상 마지못해 하는 노동력일 수밖에 없다. 더구나 필요노동시간의 부과는 자신의 기준에 견주어봐도 낭비적이다. 왜냐하면 필요노동시간의 작동은 엄격히 위계적인 명령 구조의 수립을 전제하는데, 이 위계적 명령 구조는 몇몇 측면에서 극히 문제적이거나 심지어 그것의 경제적 기능으로 주장되는 것에서조차 실제로는 전적으로 기생적이기 때문이다. 이와 비교해볼 때, 가처분 시간에 기초해 생산과 사회의 재생산을 수행하는 것 ― 여기서는 자율적인 사회적 개인들이 의식적으로 선택한 목표를 실현하는 데 전념한다 ― 의 우월성은 부인할 수 없이 명백하다. 왜냐하면 자유롭게 연합한 생산자들은 자본의 필요노동시간의 구조적 지상명령의 부과 아래 마지못해 하는 노동력에서 쥐어짜낼 수 있는 것보다 비교할 수 없이 더 많은 자원을 처리하기 때문이다.

여기서 또한 강조해야 할 점은, 역사적으로 변하는 사회 환경과 긴밀하게 상호작용하는 사회적 삶에 불가결한 사회주의 의식의 지속적인 발전으로서 교육은 물질적 재생산의 변화에 미치는 중대한 영향을 통해서도 확인할 수 있는 결정적인 힘이라는 사실이다. 교육이 물질적 재생산의 변화에 미치는 영향은 필요노동시간에서 (노동하는 개인이 사회의 처분에 맡긴) 자율적으로 결정된 가처분 시간으로 작동 원리를 전환하는 데서 직접 비롯된다. 명백히, 오직 사회적 개인만이 개인으로서 (사회의 창조적 업적을 가능하게 만드는) 자신의 가처분 시간의 성격(질적 차원)과 양을 자신을 위해 스스로, 의식적으로 결정할 수 있다. 그런 모든 것은 그들이 관련 생산 과업에 바칠 작업 시간과 강도強度 모두와 관련된다. 예전에 불가피했던 필요노동시간의 지배와 달리, (그들에게서 ― 옮긴이) 분리된 권력은 그런 필요조건을 결정하거나 그들에게 부과할 수 없다.

새로운 변혁 과정에 긍정적으로 기여할 수 있게 하는 유일한 힘은 **교육** 그 자체다. 그리하여 교육은 개인과 사회 사이의 서로 유익한 **상호 관계**를 현실로 만드는, 앞서 언급한 **사회적 기관**으로서의 자신의 역할을 완수한다. 여기에는 아무것도 (미리 확립된 규범으로서) 사전事前에든 제약적인 **결말**로서든 부과될 수 없다. 우리는 헤게모니적 대안 질서의 긍정적으로 개방적인 재생산과정에서 진정한 **상호작용**이 나타나는 것을 볼 수 있다. 사회주의 교육의 매개를 통해 개인의 생산력은 확장되고 고양되며, 동시에 사회 전체의 전반적인 재생산 역량을 확대시키고 더욱 해방적인 것으로 변화시킨다. 이것이 **사회적 부의 증가**가 가지는 유일하게 역사적으로 지속 가능한 의미다. 이는 유한한 우리 세계에서 궁극적으로 파괴적인 **자본 확장의 물신적 숭배** — 자본 시스템의 숙명적인 낭비와 분리할 수 없는 — 와 대비된다.

사용가치에 대한 교환가치의 지배와 그 결과로서, 우리의 지구적 질서에서 인간의 필요에 대한 체계적이고 냉담한 부인否認은 오직 사회적 개인이 의식적으로 채택하고 행사하는 가처분 시간이라는 사회주의 지향 원리로 근본적으로 전환하는 것에 기초할 때 교정될 수 있다. 가치 지향적인 자기교육으로서 사회적 개인의 교육은 (그들이 직면해야 할 역사적 과업이나 도전과 변증법적 상호 의존관계에 있는) 사회주의 의식의 지속적인 발전과 분리할 수 없다. 이런 교육은 인간성뿐만 아니라 생산력에서도 개인이 성장할 수 있게 만든다. 인간성과 생산력에서 이루어지는 사회적 개인의 성장이 그들에게 자율적 주체로서 창조적인 자기실현에 필요한 근거를 제공해준다. 여기서 자율적 주체란 사회의 역사적으로 지속 가능한 긍정적 발전을 확보하는데 그들의 이해관계와 책임을 충분히 자각하면서 특정한 사회적 개인으로서 자신의 삶을 뜻있게 만들 수 있는 (그리고 동시에 자신의 삶에 뜻을 부여할 수 있는) 주체를 말한다. 물론 "**부유한 사회적 개인**"이라는 표현에 진정한 의미를 부여하는 것도 인간성과 생산력에서 이루어지는 사회적 개인의 성장이다.

9.8.6

동일한 고려 사항이 헤게모니적 대안 사회질서의 모든 핵심적 지향 원리
― 그들의 재생산 필요조건이 사회주의 교육과 불가결하게 연계된 ― 에도 적용
된다. 왜냐하면 사회변혁의 과정 ― 개인과 사회 사이의 더욱더 의식적인 변증
법적 상호 관계를 작동시키는 교육의 능력을 통해 성취되는 ― 에서 교육의 매우
능동적이고 항상적인 관여를 통해서만, 처음에는 단지 일반적인 지향 원리
와 가치에 불과한 것을 효과적이고 역사적으로 전개해 **구체적으로 작동하는**
힘으로 전환하는 것이 가능하기 때문이다.

사회적 개인은 (자신이 선택한 사회적 목표의 실현에 자유롭게 투여된) 가처
분 시간의 성격과 양을 향상하는 것을 의식적으로 결정할 수 있다. 사회적
개인만이 스스로 그 사회적 목표를 지속적으로, 자율적으로 결정할 수 있
다. 동일한 방식으로, 사회적 개인만이 모든 수준의 의사 결정에서 **실질적
참여**의 의미를 규정할 수 있다. 왜냐하면 창조적으로 해방적이고 생산적인
참여는, 관련 과업의 성격을 그 역사적 존재 이유를 포함해 적절히 이해하
고 동시에 (사회질서를 지속 가능하게 규제하는 전면적으로 참여적인 방식과 분
리할 수 없는) 커다란 **책무**를 의식적으로 수용할 필요성을 통찰함으로써만
생각될 수 있기 때문이다.

마찬가지로, **실질적 평등**의 의미는 오직 사회주의 의식의 지속적인 발전
으로서 자기 변혁적 교육을 통해서 타당한 일반적 **지향 원리**에서 (창조적으
로 지속 가능하고 인간적으로 풍요롭게 하는) **사회 현실로** ― 그리고 근원적인 가
치 규정과 진정한 정당화에 대한 사회 구성원들의 상응하는 전폭적인 긍정적 일체
감으로 ― 전환될 수 있다. 이런 형태의 교육을 통해 (과거에서 물려받은) 구
조적으로 구축되고 치명적으로 파괴적인 **물질적·사회적·정치적 불평등**의
사회 재생산 관계에 의식적으로 대항하고 교정할 뿐 아니라, 동시에 여전
히 우리 사회의식에 침투한 아주 오래된 실질적 불평등 문화가 지닌 (깊숙이

배태된) 신비화된 힘을 극복할 수 있어야 한다.

소련형 사회 시스템에서 발생한 경제 계획의 통탄할 실패는 국가가 공표한 계획에 대해 사회적 개인들의 자발적인 협력을 확보할 필요성을 묵살한 채 그것을 위에서 아래로, 매우 권위주의적 방식으로 사회에 부과하려는 관료주의적 시도에서 비롯되었다. 의식적인 긍정적 협력은 핵심적 필요조건이다. 그런 필요조건은 특정 개인이 자신이 선택한 생산 목표의 달성에 의식적인 일체감을 갖도록 만들기 위해 실제 효과적인 자기교육으로서 교육을 긍정적으로 – 노동하는 개인과 더욱 폭넓은 사회적 책무 사이에서, 앞서 언급한 상호 관계의 형태와 기조로 – 개입시키지 않고서는 얻을 수 없다. 의식적인 긍정적 협력이 없다면 개인은 결정적으로 중요한 영역에서 변혁 과정에 자율적으로 기여하기 위해 전반적인 계획 자체와 창조적으로 상호작용할 수 없다.

하나 더 예를 들면, 우리 시대에 사회의 민족적 차원과 국제적 차원의 변증법적 상호 보완성에 대해 생각할 때 의식적으로 추구되는 합의에 기초한 교육으로서의 교육의 역할이 매우 중요하다는 것은 즉각 밝혀진다. 피델 카스트로를 인용하면,

우리가 인민을 국제주의와 연대의 기풍으로 깊이 교육하고 인민이 오늘날 우리 세계의 문제를 의식하게 만드는 데 성공한 정도만큼, 딱 그만큼만 우리는 우리 인민이 자신의 국제적 의무를 완수할 것으로 믿을 수 있다. 연대가 여러 민족 사이에서 동시적으로 창출되지 않는다면, 하나의 민족 구성원들 사이의 연대도 생각할 수 없다. 그렇게 하지 못하면 우리는 민족 이기주의에 빠질 위험이 있다.[78]

---

78 Fidel Castro Ruz, "Speech in Katowice," Poland, June 7, 1972. Carlos Tablada Pérez, *Economia, etica e politica nel pensiero di Che Guevara*(Milan: Il Papiro, 1996), p. 165

극히 부정적이고 분열적인 과거 유산은 민족의식에 여전히 매우 큰 부담을 주고, 오늘날 세계의 여러 지역에서 갈등과 파괴적인 대결의 끊임없는 분출에 적극 기여한다. 사회주의 의식의 지속적인 발전으로서 사회적 개인이 자율적으로 실행하는 교육의 창조적인 힘이 없다면 이들 모순과 적대에서 벗어나는 것은 생각할 수 없다. 왜냐하면 그런 교육만이, 문제가 되는 쟁점의 성격과 의의를 명확하게 통찰할 수 있게 해주고, 동시에 전 지구적으로 뒤얽힌 ― 그리고 우리의 역사적 시간에 불가피하게 민족적이고 국제적인 ― 사회질서에서 파괴적 추세를 억제하는 데 자신의 긍정적인 역할을 온전히 책임지도록 고무하기 때문이다.

이 모든 문제에서 우리는 우리의 사회 재생산 질서의 근본적이고 포괄적인 구조적 변화의 결정적인 필요성에 관심을 기울인다. 이런 구조적 변화는 과거의 역사적 발전에서 지배적일 수밖에 없었던 맹목적인 물질적 규정을 통해 성취될 수 없다. 더구나 우리의 역사적 조건이 가진 거대한 문제와 난관은 (예전의 역사 시대에서는 결코 겪어보지 못한) 명백한 시간의 **긴박함** 때문에 훨씬 심화하고 있다.

이 측면에서는 우리 시대에 시간의 긴박함을 예리하게 부각하는, 말 그대로 결정적인 차이 두 가지를 지적하는 것으로 충분하다. 첫째, 오늘날 인류가 동원할 수 있는 (예전에는 상상할 수 없던) **파괴력**이다. 다양한 군사 수단을 통해 인류의 완전한 절멸이 손쉽게 이루어질 수 있을 정도다. 우리는 지난 20세기에 (두 차례의 극단적으로 파괴적인 세계대전을 포함해) 점점 더 규모와 강도가 커지는 실제 전란戰亂을 목격했다. 더구나 지난 몇 년 혼돈스러운 '신세계 질서' 시기에 인종 학살 전쟁을 벌이기 위해 매우 어리석고 냉소적인 구실이 이용되었고 지금도 이용되고 있다. 동시에 미래의 '예방적·선제적' 전쟁 기획에서는 심지어 '도덕적으로 정당화되는' 핵무기의 사용이

에서 인용.

우리를 위협한다. 두 번째로 심각하게 위협적인 조건은, 우리 시대에 자본의 사회신진대사 통제의 파괴적 성격 — 생산적 파괴라는 자본주의 신화의 전통적인 자기 정당화와는 달리, 파괴적 생산의 훨씬 더 큰 우위를 통해 나타나는 — 이 자연환경을 황폐화하는 과정에 있고, 따라서 이 행성에서 인류 생존의 기본 조건을 직접 위협한다는 점이다.

적어도 이들 조건은 한편으로 우리 자신의 역사적 시대의 극적인 시간의 긴박함을 나타낸다. 다른 한편으로는, 위험과 의식적으로 대결하고 유일하게 합리적으로 실행 가능한 — 그리고 용어의 가장 깊은 의미에서 협력적인 — 교정책을 추구하는 데 전념하지 않고서는 관련된 심각한 문제에 대한 실행 가능한 해법을 찾을 수 없다는 것을 설득력 있게 보여준다. 즉, 문제가 되는 과업의 전례 없는 규모와 그에 대한 항구적인 해법을 강요하는 우리 시대의 역사적으로 독특한 긴박함 때문에 사회주의 의식의 지속적인 발전에 부여된 역할은 매우 근본적이다.

기존 사회신진대사 질서에서 근본적이고 포괄적인 구조적 변화의 필요성은 변혁의 전반적 전망으로서, 사회의 체제적 규정에 대한 질적인 재정의의 필요성을 수반한다. 현존 사회 재생산 질서에 대한 부분적인 조정이나 주변적인 개선은 그 도전에 부응하는 데 전혀 충분하지 않다. 왜냐하면 그것들은 경제적·군사적 파괴 영역과 생태적 지평 모두에서 분명히 식별할 수 있는 위험을 다만 확대된 규모로 재생산할 뿐 아니라, 실상 무겁게 압박하는 우리의 역사적 시간이 지나가면서 필연적으로 악화될 뿐이기 때문이다. 이런 까닭에 자본의 사회신진대사 통제에 대한 헤게모니적 대안의 수립과 공고화만이 우리 시대의 모순과 적대에서 벗어날 길을 제공할 수 있다.

앞서 살펴보았듯이, 경합하는 헤게모니적 대안들을 가장 현저하게 구별해주는 것은 변화에 대한 근본적으로 서로 다른 태도다. 구조적으로 중대한 변화의 긴박함에 대한 모든 증거에도 불구하고 자본의 사회신진대사 통제는 구조적으로 중대한 변화라는 생각과 절대 양립 불가능하다. 이와 달리, 사회적 노동의 헤게모니적 대안 질서는 (사회의 물질적·문화적 재생산의 구조적으로 핵심적인 규정을 포함해) 개인적·사회적 삶의 모든 수준에서 변화의 역동적인 힘을 긍정적으로, 의식적으로 포괄하지 않고서는 전혀 기능할 수 없다. 이것이 실현되려면 사회적 개인들에 의해 의식적으로 기획되고 자율적으로 결실을 맺게 되는, 그 이름에 걸맞은 계획을 사회 전체가 지속적이고 포괄적으로 추구하는 일이 필요하다.

이런 의미에 따라 헤게모니적 대안 질서에서 변화는 최후 또는 종료에 대한 주장과 결부되어 채택되는 하나의 특정 단계 또는 단계들로서가 아니라(사회주의 변혁 과정에서 생겨나고 환영받는 새로운 도전은 항상 있다), 오직 사회주의 의식의 지속적인 — 결코 최종적으로 완성되지 않는 — 발전을 통해서만 실행 가능하다. 따라서 헤게모니적 대안 사회신진대사 통제 양식은 효과적인 물질적 생산과 포괄적인 사회 재생산 능력을 통해서뿐만 아니라, 개인적·사회적 의식의 힘을 현실화하는 (자유롭게 채택되고 운영상 중요한) 지향 원리의 항구적인 영향을 통해서도 정의된다. 실상 물질적 생산과 포괄적인 사회 재생산 능력은, 인류가 맞닥뜨린 도전에 대응하고 인류의 생존 조건을 향상하는 것과 관련된 가치 규정이나 의식적인 헌신과 긴밀히 병행해, 사회 역사적 상황 변화 속에서 인류가 의식적으로 세운 기획이나 설계와 끊임없이 상호작용하지 않고서는 전혀 발전할 수 없다. 여기서 언급되는 향상은 물질적으로 일어날 뿐만 아니라 '자기 개발하는 부유한 사회적 개인'의 온전한 의미와도 부합해 일어난다.

기존 사회신진대사 질서와 그에 대한 헤게모니적 대안 사이의 대립적인 주장과 관련해 노동하는 사회적 개인의 의식은 우선 무엇보다 자본의 사회 재생산 통제 양식의 파괴성 증가에 대한 역사적으로 지속 가능한 대안을 성공적으로 수립할 필요성에 대한 의식이다. 동시에, 관련된 인민의 자기 인식과 역사적으로 적절한 자기규정과 관련해서 변혁 과정에 복무하는 사회적 개인에게 요구되는 의식은 그들이 현 상황에서 유일하게 실행 가능한 헤게모니적 대안 질서의 수립에 능동적으로 참여한다는 긍정적인 자각이다. 비타협적인 결의와 일관성을 가지고 관철되는 이런 종류의 자기규정이 결여되어 있으면 성공할 수 없다. 여기서 우리는 인류 역사의 결정적인 시기에 제기된 포괄적인 질적 변혁이라는 독특한 임무와 관계한다. 이 결정적 시기는 다름 아닌 바로 인류 생존 자체가 직접 걸린, 예전에는 상상할 수 없던 시기다.

문제가 되는 핵심적인 역사적 임무를 성취할 유일한 사회적 기관은 사회주의 의식의 지속적인 발전을 확고하게 지향하는 교육이다.

9.8.7

자본의 관점으로, 즉 필연적인 제약을 지닌 시스템의 개념적 매개변수의 관점으로 세상을 볼 때 구조적 변화에 대한 생각은 **선험적으로** 배제된다. 따라서 자본의 관점으로 설정된 역사적 지평에 머물러 있는 대부분의 비전에서 미래 차원은 제한될 수밖에 없다. 헤겔 같은 철학의 천재도 세계사에 대한 그의 기념비적 개념에서 현재에 이르렀을 때 단지 **끝을 잘라버린 시간 변증법**만을 제시할 수 있었다. 그는 "세계사는 동에서 서로 옮겨간다, 왜냐하면 유럽이 절대적으로 역사의 끝이기 때문"이라고 변호론적인 방식 — 결국 진정한 의미로는 반反역사적인 것으로 판명될 수밖에 없는 — 을 주장해 구조적으로 미래의 중요한 변화 가능성 앞에 놓인 길을 효과적으로 봉쇄했다.[79] 그는 한 걸음 더 나아가, 세계사의 절정과 이념적 완성을 향한 이런 발전 과정은 "진정한 **신정론**, 즉 역사 속에서 신의 정당화"라고 덧붙였다.[80]

궁극적으로 자멸적인 자본의 관점에서 바라보는 발전의 전망은 **즉시성**

---

79 Hegel, *The Philosophy of History*, p. 103.
80 Ibid., p. 457.

에 대한 관심이 시간 지평을 지배하는 방식으로 맞추어질 수밖에 없다. 구상되는 모든 변화는, 앞으로 변경될 조건들이 자본 시스템과 그에 상응하는 가치 규정의 기존 구조 틀에 손쉽게 어우러질 때만 용인될 수 있고 타당하다.

물질적 열망과 사회적 가치를 포함한 개인의 교육적 지향은 같은 방식으로 유도되어 자본주의적 즉시성 문제에 직접 지배된다. '미래'에 관한 한, 개인의 시간 의식은 일상생활에서 물신숭배적이고 억압적인 즉시성이라는 힘과의 투쟁, 즉 자본의 필요노동시간의 지배 아래 도저히 승리할 수 없는 투쟁 속에서 끊임없이 갱신되는 현재 시제로 제한된다. 따라서 **국지주의**_{localism}와 즉시성은 어디에서나 지배적으로 될 수밖에 없다. 지배적인 교육 시스템의 관점에서, 물질적·사회적으로 실행 가능한 **전반적인 구조적 변화**의 개념은 — 그것의 바람직함과 타당성은 말할 나위도 없고 — 절대적인 **금기**로 남아 있게 된다.

자본주의적으로 편리한, 국지적인 것과 즉시적인 것에 대한 숭배는 널리 유포되고 서로 분리될 수 없게 함께 간다. 그렇기 때문에 불가피하게 개인들이 일상생활에서 **끝이 잘린** 시간 지평을 가진다는 점을 감안하지 않으면, 이른바 영구적인 '자연 질서'라는 자본 관점의 자기 신화화에 순응하는 관념에서 **포괄적이고 변혁적인** 목표와 이상 — 일정한 미래 시점에 근본적인 사회 역사적 변화의 필연성 또는 최소한 그 가능성을 내다보아야 하는 — 의 역동성이 보이지 않는다는 것은 이해될 수 없다. 여기에 이 양자(국지적인 것과 즉시적인 것 — 옮긴이)의 관계에서 악순환을 낳는 잘못된 상호 관계가 존재한다. 개인들의 끝이 잘린 시간 지평은 스스로 포괄적이고 변혁적인 목표를 설정할 가능성을 배제하고, 그 반대도 마찬가지로 성립한다. 즉, 개인의 전망에 포괄적이고 변혁적인 규정이 없으면 그의 시간 의식은 즉시성이라는 가장 협소한 시간 지평에 계속 갇히게 된다.

이와 달리, 사회주의 교육은 적절한 시간 지평과 연계된, 핵심적으로 중요한 포괄적이고 변혁적인 목표에 대해 합당한 중요성을 부여하지 않고서는 역사적 사명을 완수할 수 없다. 물론, 이것은 구조적 변화의 매우 근본적인 목표들이 (완전한 실현을 장기적으로 전망할 수밖에 없기 때문에) 먼 미래로 미뤄져야 하거나 미뤄질 수 있다는 것을 의미하지는 않는다. 그와 반대로, 당면한 과업이 장기적이고 더 포괄적인 목표와 분리되어 편의적으로 격리될 수 없다는 것 — 과거에 그러했듯이 자기 합리화 방식으로 그것에 대립하는 것은 고사하고 — 이 사회주의 변혁 과정에서 직면해야 하는 쟁점의 현저한 특징이다. 요구되는 포괄적인 구조적 변화가 지닌 독특한 역사적 성격 때문에 쟁점들 자체는 매우 밀접하게 얽혀 있다. 따라서 심지어 매우 먼 미래에나 **전면적으로** 실현 가능한 변혁적 목표 — 예를 들면, 온전한 의미 그대로 모든 곳에서의 실질적 평등 수립과 같은 — 와 관련한 행동도 먼 훗날로 미뤄질 수 없다. 그러한 근본적인 물질적·문화적 변화의 도입과 공고화에 요구되는 비타협적 활동이 성공적으로 완수되기를 진정으로 바란다면, 실질적 평등의 포괄적 실현으로 나아가는 일은 지금 바로 착수되어야 하는 것이다.

개인의 의식과 자기의식이 다소 허구적인 고립된 개인성의 사적 영역으로 구획되기보다는, 요구되는 사회변혁과 그 속에서 개인들 자신의 역할 — 문제가 되는 전반적인 목표에 불가결한 — 의 포괄적이고 **총망라하는** 성격에 초점을 맞춰야 하는 것이 질적인 구조적 변화를 주창하는 사회주의의 역사적 특수성이다. 또한 특정 사회적 개인의 시간 지평은 사회의 역동적 발전 전체라는 포괄적인 역사적 시간 — 아무리 장기간이더라도 — 과 분리될 수 없다. 그리하여 인류 역사상 처음으로 개인들은 긍정적으로 실행할 수 있는 포괄적이고 변혁적인 목표와 관련해 인류 발전에서 자신이 맡은 역할을 진정으로 **자각하게** 될 것으로 기대된다. 아울러 사회 변화에 대한 자신의 실제적인 관여와 특정한 기여의 **시간 척도도 자각하게** 될 것이다.

이런 의미에서, 책임 있는 사회적 개인으로서 자신의 역할에 대한 특정 개인의 의식과 자기의식 — 계속되는 포괄적 변혁에 대한 자신의 즉각적이지만 자율적으로 선택한 특수한 기여에 대한 분명한 자각 ― 은 모든 실행 가능한 성공에서 꼭 필요하고 핵심적인 부분이다. 왜냐하면 자율적으로 구성하고 형성하는 더욱 광범위한 변혁적 틀 속에서 자신들이 펼치는 특정 활동이 (자신을 포함해 여러 세대를 이어 지속적으로 창조된) 포괄적인 역사적 시간의 한 구성 요소로서 적절한 것인지를 자기의식적으로 성찰하고 평가하지 않고서는 상대적으로 제한적인 목표조차 제대로 성취할 수 없기 때문이다. 오직 이런 전망 속에서만 그들은 '자유롭게 연합한 생산자들'로서 자신의 가처분 시간의 핵심적 의의를 온전히 깨달을 수 있다. 이는 질적으로 다르고 역사적으로 지속 가능한 사회신진대사 질서를 창출하는 데 자신의 가처분 시간을 자율적으로 바칠 수 있는 유일한 방식이다. 동시에 가처분 시간은 자신의 삶을 의미 있게 만들고, 그것에 의미를 부여할 수 있는 특정 사회적 개인으로서 그들의 참된 역사적 시간이기도 하다.

이런 근본적인 변혁에서 실행 가능한 새로운 사회를 창출할 (말 그대로 사활적인) 필요성이 문제가 된다. 이는 지속적으로 새로운 질서의 전반적인 매개변수에 대한 합리적 기획 ― 역사적으로 불가피한 ― 을 의식적으로 확보하지 않고서는, 사회적 개인이 세대에 걸쳐 전반적 기획의 창조자·재창조자로서의 자기의식을 갖지 않고서는 성공을 생각할 수 없는 하나의 변혁이다. 이치로 보아, 자기 사회의 역사적으로 전개되는 변혁에 일체감을 가질 수 있고 기꺼이 일체감을 가지려 하는 사회적 개인의 자기의식적이고 자율적인 가치 규정이 없다면, 요구되는 전반적 기획을 창출하고 적절하게 갱신하는 것은 생각할 수 없다.

사회주의 의식의 지속적인 발전이라고 적절히 정의되는 교육의 역할은 분명히 이런 거대한 변혁 과정의 핵심적인 구성 요소다.

9.8.8

우리 역사적 시간의 전례 없는 긴박함을 고려하면 21세기 사회주의는 이러한 지상명령에서 제기되는 극적인 도전에 감연히 맞서는 것을 피할 수 없다.

일반적인 의미에서 그러한 도전은 이미 마르크스 시대에 나타났다. 우리 시대에 도처에서 경험되는 바와 같이 자본 시스템의 불가피한 구조적 위기와 밀접하게 결합해 인류의 총체적 파괴를 쉽게 해치울 수 있는 군사적 수단과 양식이 없었기 때문에 비록 그 시대에는 인류의 총체적인 파괴가 아직 전 지구적으로 위협적인 현실은 아니었을지라도 말이다.

자본 시스템의 파괴 추세가 발전하는 것에 맞서 역사적으로 지속 가능하게 대항하기 위해 필요한 포괄적인 변혁적 변화를 실현할 길을 탐색하기 위해 마르크스는 열정적으로 노력했다. 그는, 근본적으로 다르고 실행 가능한 사회신진대사 재생산 질서를 수립하는 획기적인 역사적 과업의 실현에 인민이 의식적으로 헌신하지 않는다면 그 역사적 과업이 성공할 수 없다는 것을 온전히 자각했다. 이론적 통찰이 아무리 훌륭하더라도 지적 능력과 설득력만으로는 충분하지 않다. 그가 뛰어난 현실감을 가지고 이 문제를 정식화한 방식은 "사상이 자신을 실현하기 위해 애쓰는 것으로는 **충분하지 않으며, 현실이 스스로 사상에 쇄도해야 한다**"라는 점을 인정하는 것이었다.[81]

그는 자본 시스템 발전의 하강 국면에서 점차 파괴적으로 되어가는 자본의 물질적 힘에 맞서기 위해서 역사적으로 실행 가능한 헤게모니적 대안의 물질적 힘을 통해 대항해야 하고 또한 긍정적으로 극복해야 한다는 것을 충분히 간파했다. 이에 따라 이론 작업이 의미 있게 되기를 갈망할 수 있는

---

81 *Marx and Engels, Collected Works*, vol.3, p. 184.

방식을 강조하면서 방금 인용한 문장에 "이론 또한 대중을 사로잡자마자 물질적 힘으로 된다"라고 덧붙였다.[82] 물론 보통의 이론이 그 일을 해낼 수 있는 것은 아니다. 이는 근본적인 사회 변화의 사상에 충실한 이론과 영향력 있는 물질적 힘 사이에 적절한 관계를 구성하는 문제이기 때문에 몇몇 핵심적인 중요한 조건이 충족되어야 한다. 분파주의적이고 엘리트주의적인 정치 담론에서 흔히 그렇듯이, '대중을 사로잡는 이론'이라고 주창된 이론이 공허한 도덕주의적 구호로 전락하는 것을 막을 수 있는 그런 조건 말이다. 이에 마르크스는 "이론이 인민의 필요를 실현하는 한에서만, 이론은 민중 속에서 실현될 수 있다"라는 점을 단호하게 강조하면서 그 주제에 관한 성찰을 마무리했다.[83]

이론은 책만으로 또는 단지 때때로 모이는 군중에게 연설하는 것 − 선의를 가지고 있더라도 − 만으로는 해당 민중에게 도달할 수 없다. 적절한 조직적 표명 없이는 근본적인 사상은 사회의식을 변화시키는 임무를 성공할 수 없다. 민중의 제반 필요와 그 실현을 위한 전략적 사고 사이에 역사적으로 발전하는 상호 교환의 틀을 제공할, 하나의 응집력 있는 조직이 변혁 사업의 성공에 핵심적이다. 그러므로 마르크스와 그의 친밀한 반려인 엥겔스가 젊은 혁명적 지식인으로서 당대의 가장 급진적인 사회운동에 관여했고, 또한 전 지구적 역사 과정의 전개에 요구되는 비타협적인 조직적 개입을 주창한 『공산당 선언』의 작성을 책임진 것은 전혀 놀랄 일이 아니다.

의식 발전의 전략적 지향, 즉 의식 발전의 필수적인 초점에 대한 분명한 사상을 갖는 것도 마찬가지로 매우 중요하다. 그것이 없을 때 의식은 역사적 과업의 실현으로부터 어긋날 수 있기 때문이다. 이런 까닭에, 마르크스는 "공산주의 의식"은 "근본적인 혁명의 필연성에 대한 의식"인 한에서만 역

---

82 Ibid.
83 Ibid.

사적 사명을 완수할 수 있다고 강조했다.[84]

더구나 마찬가지로 중요하게 고려해야 할 점은 공산주의 의식이 자신의 적을 굴복시키려면 사회에 얼마나 폭넓게 확산되어야 하는지에 관한 문제다. 아울러 이에 수반되는 문제로, 관련된 민중이 공산주의 의식의 광범위한 채택을 가로막는 오랜 역사적 조건 속에 있었다는 점을 감안할 때, 지배적인 환경 아래서 공산주의 의식의 확산 조건들이 여전히 결여되어 있다는 점도 고려해야 한다. (궁극적으로 자멸적인) 전위주의vanguardism의 유혹은 최근에 생겨난 것이 아니기 때문이다. 그런 유혹은 마르크스 시대 훨씬 이전에 이미 현저하게 있었다. 이는 비단 '교육자 자신은 어떻게 교육될 것인가'라는 문제에 대한 무지 ― 자칭 '교육자'에게 일종의 생득권生得權 또는 직권상 우월성을 전제하는 ― 에 해당될 뿐 아니라, 더 일반적인 용어로 표현하면, 민중의 대다수를 배제하는 의사 결정이라는 핵심 쟁점에도 해당되었다. 게다가 민중의 대다수를 동원하지 않고서는 지배적인 역사적 조건 아래 압도적으로 자본에 유리한 악조건에 맞서 성공할 가망이 없기 때문에 그런 엘리트주의적 관념은 항상 무익하고 실패하게 되어 있다.

과거에 우리는 이 문제에 대한 엘리트주의적인 왜곡의 여러 유해한 전형을 목격해왔다. 마르크스는 생각할 수 있는 모든 엘리트주의적인 왜곡에 반대하면서 다음과 같이 강조했다.

공산주의 의식을 대규모로 산출하기 위해서도, 그 대의大義 자체의 성공을 위해서도 오로지 하나의 실천적인 운동, 즉 혁명 속에서만 이루어질 수 있는 광범위한 인간 변혁이 필요하다는 것. 그러므로 혁명이 필요한 까닭은 단지 지배계급이 달리 전복될 방법이 없기 때문만이 아니라, 지배계급을 전복하는 계급이 오직 혁명 속에서만 시대의 모든 오물을 스스로 벗어 버리고, 사회를 새롭게 건설할

---

84 Marx and Engels, *Collected Works*, vol.5, p. 52.

역량을 갖출 수 있기 때문이기도 하다는 것.[85]

　이런 고려들은 현재와 미래에 대해서도 계속 타당하다. 분파주의적인 전위주의는 거대한 역사적 과업에 결코 부응할 수 없다. 이 과업은 적을 성공적으로 극복할 수 있는 혁명적 대중운동의 구성뿐 아니라 동시에, **사회를 새롭게 건설할 역량을 갖출 수 있도록 시대의 모든 오물에 의한 무력화에서** "스스로 벗어나는 것"도 포함한다. 이것이 마르크스가 공산주의 대중 의식의 필요성을 "민중이 그에 따라야 하는 **추상적 이상**"과 대비한 이유다. 그러한 접근 방식의 주창자들이 자각했든 아니든, 분파주의적 전위주의는 항상 민중 대다수에게 마르크스가 개탄한 추상적 이상을 강요하는 시도였으며(결코 다른 것일 수 없었다!), **공산주의 대중 의식**이라는 타당한 대안을 거만하게 또는 적어도 순진하게 '포퓰리즘*populism*'[86]이나 그 아류로 기각하는 것이었다. 분파주의적 전위주의에 의해 외부로부터 강요된 '추상적 이상'은 몇몇 헌신적인 옹호자들이 스스로, 개인적으로 기꺼이 따른다는 이유만으로 덜 해로운 것이라고 간주될 수 없다.

　역설적으로 20세기 몇몇 시기에는, 마르크스의 표현을 빌리면 "현실이 스스로 사상에 쇄도했다". 그러나 요구되는 근본적인 변혁의 사회적·정치적 전략과 함께 그에 상응하는 조직적 표명으로 구체화되어야 했던 '사상'은

85　Ibid., pp. 52~53.

86　포퓰리즘은 일반적으로 '대중영합주의' 또는 '민중주의'로 불린다. '대중영합주의'적 의미의 '포퓰리즘'은 정치, 경제, 사회, 문화 등에서 본래의 목적을 위해서라기보다 대중의 인기를 얻는 것을 목적으로 삼는 것을 말한다. '민중주의'적 의미의 '포퓰리즘'은 19세기의 포퓰리스트 운동(populist movement)에서 유래한 말로, 정부에 대한 국민의 통제를 요구하는 정치 정향을 말한다. 즉, 정치권력을 정치 지도자에게서 국민에게 이양할 것을 요구하고 엘리트에 의한 정치가 아니라 모든 국민이 참여하는 정치를 요구하는 정치적 신조를 말한다. 본문의 단어는 후자인 '민중주의'로서의 '포퓰리즘'에 가깝다. — 옮긴이

그 도전에 부응하지 못했다. 자본의 구조적 위기가 심화되면서 조성된 유리한 조건을 활용하지 못할 가능성에 대처하기 위해서는 매우 중요한 두 문제를 기억해야 한다. 두 문제와 모두 관련해 크게 요구되는 사회주의 의식의 발전으로서 교육의 역할이 가장 중요하다. 왜냐하면 사회주의 의식의 발전 없이는 자본의 신진대사 질서가 심각한 구조적 위기를 겪더라도 그 위기가 '사회를 새롭게 건설하는' 과정을 작동하는 데 결코 충분하지 않기 때문이다.

첫 번째 문제는 지배 질서에서, 역사적으로 지속 가능한 미래 사회로 가는 필수적 이행에 관한 것이다. 우리가 앞서 살펴보았듯이, 지금 깊숙이 구축된 자본의 사회신진대사 질서는 반가치의 지배, 즉 치명적으로 낭비와 파괴를 긍정하는 함의를 특징으로 한다. 이 반가치의 지배는 반가치의 유지와 확장에 적합하도록 '교육'을 인민의 체제 순응적 순치 행위로 격하해 인민에게 자본 시스템의 파괴적이고 자멸적인 필요조건을 '내면화'하도록 강제한다. 이런 의미에서 이행기 사회에서 새로운 사회신진대사 질서로 옮겨가는 것은 자본의 재생산 질서에서 물려받은 사회적 풍조를 극복할 필요성과 분리할 수 없다. "오직 하나의 실천적인 운동, 즉 혁명 속에서만 일어날 수 있는" 그들의 '변혁' 과정 속에서 근본적인 자기교육으로 간주되는 교육을 통해서만 사회적 개인은 교육자이자 피교육자가 될 수 있다. 마르크스가 강조했듯이, 바로 이것이 사회를 엄선된 소수의 신비롭게 우월한 '교육자'와, '피교육자'라는 영원히 종속적 지위에 놓인 나머지 사회 구성원으로 나누는, 모든 엘리트주의적 관념이 지니는 보수적인 이분법을 극복할 (생각할 수 있는) 유일한 길이다. 이 측면에서 우리는 사회의 압도적인 다수를 포괄하는 "공산주의 대중 의식"의 발전을 통해서만 이른바 "사회를 새롭게 건설할 역량을 갖추는 인민의 변혁"이 실행 가능하다는 점을 끊임없이 명심해야 한다.

공산주의 대중 의식의 발전은 주어진 특징 − 이상화된 미래의 원리에 맞추기 위해 없어지기를 바랄 수 없는 — 을 가진 **이행기** 사회에서 이루어진다. 실제로 이용 가능한 매개적 지렛대, 즉 현재와 지속 가능한 미래 사이의 식별 가능한 실천적인 매개들은[87] 상속된 부정적 구성 요소의 힘을 감소하면서 파악된 긍정적 잠재력을 점차 높이고 동시에 이를 사회주의 변혁의 **일반적 지향 원리를 작동하는 힘으로** 전환할 수 있는 유일한 방법이자 수단이다. 이런 과정이 성공하기 위해서는 긍정적 잠재력과 성과를 (개인들이 그 위에 이어서 쌓아나갈 수 있는) 필수적인 기반으로 공고화해 **변화와 연속성의** 실천적인 변증법에 의지하는 것이 필요하다. 당연히, 이행 사회에서 이용 가능한 매개적 지렛대를 움켜쥘 적절한 방법에는 더 먼 과거의 진보적인 열망 — 우리가 앞에서 위대한 계몽 사상가들의 실현되지 못한 교육적 이상에 대해 살펴본 바와 같은 — 을 우리 자신의 설계에 맞춰 의식적으로 조정해 잃어버린 **역사적 연속성** — 자본이 체제적 위기를 겪는 현 단계에서 절대적으로 적대시하는 — 을 재창조하는 일이 포함된다. 성공적인 **이행**은 연속성과 변화의 지속 가능한 변증법에서 전개되는 사활적인 역사적 과정이다. 그러한 과정의 타당한 변증법적 구성 요소 두 개 가운데 어느 하나를 포기하는 것 — 두 개 모두를 억누르는 것은 말할 것도 없고 — 은 자본이 오늘날 열중하듯이 오직 **역사를 파괴할** 수 있을 뿐이다. 이행기 사회의 매개적 지렛대를 장악하고 적절히 조정하는 것에서 자기교육하는 교육의 자율적인 역할은 긍정적 연속성의 필수적인 건설자다. 그것은 선택된 미래를 향해 전개되므로 **살아있는 역사**이고, 아울러 어려운 이행기에 자신의 역사를 살아가는 사회적 개인의 의식적인 삶의 방식이다.

두 번째 문제는 우리가 직면한 **국제적 도전**에 관한 것이다. 국지주의의 숭배 — "작은 것이 아름답다"라는 순진한 낭만주의에서, 수사학적으로는 매혹적이

---

87 철학 용어 가운데 매개 범주는 새로운 사회질서로 이동하는 역사적 이행기에 특별히 커다란 중요성을 가진다.

지만 자멸적이고 일방적인 구호인 "전 지구적으로 생각하고, 지역적으로 행동하라"
에 이르기까지 — 가 자본의 전 지구적 지배와 파괴의 자원에 맞서기에는 전
적으로 무력하다는 점을 누구도 진지하게 부인할 수 없기 때문이다. 동시
에, 사회주의적 국제주의의 힘을 통해 자본의 전 지구적 권력과 조직적으
로 대결하려 한 과거의 시도들이 그들이 선언한 목표에 부응하지 못한 사
실도 역시 부인하기 매우 어렵다. 인터내셔널이 실패한 주요한 이유 가운
데 하나는 그들의 출발점과 필수적인 작동 양식으로서 교의상의 통일이라
는 매우 비현실적인 — 역사적으로 제약된 것이었을지라도 — 전제, 그리고 다
양한 자멸적인 방식으로 그러한 교의상의 통일을 강제하려는 (일탈과 궁극적
인 내파로 귀결된) 시도였다. 우리의 역사적 시간의 필요조건과 잠재력에 부
합하게 이 문제를 의식적으로 교정하는 것은 미래에 대한 주요한 도전을
나타낸다.

다른 한편, 국제 영역에서 자본의 이데올로기적 지배는 실질적 불평등 문
화에 의해 강력하게 뒷받침되었다. 그것은 '세계사적' 나라에 영원히 예속
될 운명에 처했다는 약소민족을 희생하면서 '세계사적 민족' — 일정한 역사
적 상황 아래서 지배하게 된 한 줌의 자본주의 강대국 — 의 자기 편의적인 신화
를 조장했다. 이런 견해는 추상적인 철학의 경우에 역사적 우연을 일종의
선험적인 존재론적 필연이라는 고상한 지위로 격상했다. 그리고 유럽의 '세
계사적 민족'이 '절대적인 역사의 종말'에 해당한다는 식의 변호론적 견해
에서 절정에 달했다. 이와 같이, 전적으로 정당화될 수 없는 지배와 구조적
종속 체계는 (우연히 확립되었을 뿐이고 역사적으로 바뀔 수 있는) 야만적인 세
력 관계를, 실질적 불평등의 영속성으로 상정하는 사변적 희화화를 통해
정당화되었다.

이 측면에서도 교육의 역할은 핵심적이다. 왜냐하면 한편으로, 역사적으
로 변화하는 전 지구적 질서에서 영구적으로 지속 가능한 실질적 평등의 인
간관계를 더 빨리 실현하기 위해서는 오랫동안 구축된 모든 형태의 실질적

불평등 문화의 변호론적 성격을 사회주의 교육의 탈신비화하는 힘을 통해 폭로하는 것이 필요하기 때문이다. 다른 한편으로, 조직적으로 실행 가능한 사회주의 연대 형태의 수립을 통해 자본의 전 지구적 지배에 성공적으로 대결하는 방식을 정교화하는 데 교육이 긍정적으로 개입하는 일이 역사적 시간의 거대한 국제적 도전에 대응하는 데 사활적이기 때문이다.

제10장

·

왜 사회주의인가?
역사적 시간과 근본적 변화의 현실성

·

Why Socialism?

Historical Time and The Actuality of Radical Change

1949년 알베르트 아인슈타인은 ≪먼슬리 리뷰≫ 첫 호에 기고한 글에서 "왜 사회주의인가?"라는 질문을 던졌다. 그는 스스로 내린 답변에서 "인류 사회는 위기를 경과하고 있고, 그 안정성은 심각하게 깨졌다"라고 단호하게 강조했다. 그는 "이제 인류가 생산과 소비의 지구 공동체를 구성한다고 말하는 것이 지나친 과장이 아니기" 때문에 전 지구적으로 맞물린 사회질서에서 확보되어야 할 이해관계가 매우 크다고 주장했다. 또한 그는 미래에 직면해야 될 문제를 과소평가하는 것을 원하지 않았다. 그는 소박한 책임감을 가지고 "사회주의의 성취는 몇몇 지극히 어려운 사회적·정치적 문제의 해결을 필요로 한다"라고 강조했다. 그리고 그는 다음과 같이 결론을 내렸다. "우리의 이행 시대에는 사회주의의 목표와 문제를 명료하게 하는 것이 매우 중요한 의의를 가진다."[1]

　　이후 60여 년이 지났고, 이 글이 작성된 이래 아인슈타인이 언급한 위기는 훨씬 더 커졌다. 즉, 그것은 우리의 전체 사회 재생산 시스템의 진정한 구조적 위기다. 또한 우리가 지구 질서의 복합적 곤경과 관련되어 있음을 부인할 수 있는 사람은 아무도 없다. 이와 같이 진행 중인 발전 추세에 대한 유행어가 ─ 자기 본위의 평계로 종종 사용되는 ─ 세계화다. 더구나 1980년대 중반 소련형 시스템이 내부적으로 파열되면서 수백만 명의 고통스러운 반향과 함께 "사회주의의 성취는 몇몇 지극히 어려운 사회적·정치적 문제의 해결을 필요로 한다"라는 아인슈타인의 판단은 극적으로 부각되었다.

　　그리하여 어느 때보다 우리의 이행 시대에는 (20세기에 벌어진 재앙적인 두 차례 세계대전의 뿌리에 있는 적대에 의해 초래되었고, 세 번째 세계대전이 벌어질 경우 총체적인 인류 파괴가 예견되는) 심각하게 깨진 안정성을 치유하기 위해 모순과 재앙적인 대결에 대한 역사적으로 실행 가능한 해법을 찾아내는 일이 필요하다. 기존 질서에 대한 매우 무비판적인 옹호자만이 모든 일이 우

1　Albert Einstein, "Why Socialism?," *Monthly Review*, May 1949.

리가 예전에 지켜본 대로 무한히 계속될 수 있다고 주장할 수 있다. 하지만 자본의 사회신진대사 질서의 구조적 위기가 심화되고 있기 때문에 '왜 사회주의인가'라는 질문은 정당하게 새롭게 제기될 수 있고, 또 제기되어야 마땅하다.

그러면 왜 사회주의인가? 일차적 이유는 자본이 본성상 자신의 구조적 위기라는 위험한 문제를 진지하게 다룰 수 없기 때문이다. 자본 시스템은 그 성격이 현저하게 — 그리고 심지어 독특하게 — 역사적이다. 자본의 인격화들은 그들의 사회 재생산 통제 양식의 지배를 영구화하기 위해 이 점을 인정하기를 거부한다. 심지어 자연 파괴와 그러한 파괴가 인류의 생존 자체에 대해 갖는 부인할 수 없는 함의와 관련하여 지금 너무나 명백한 위험이 존재하는 데도 말이다.

극복할 수 없는 난관은, 사회 재생산 통제 양식으로서 자본 시스템은 어떤 희생을 치르더라도 그것의 객관적인 구조적 규정에 상응하는 자신의 논리를 따라야 한다는 점이다. 도덕적으로 바람직한 것으로 보일 수 있다는 이유로 인간적 고려를 부여한다고 해서 자본의 자기 확장 충동을 제어할 수 있는 것은 아니다. 자본은 '돌봄 자본주의caring capitalism'나 '인민자본주의 people's capitalism' 같은 신화를 통해 우리가 그렇게 믿기를 바라지만 말이다. 그와는 반대로, 자본의 논리는 이기적인 파괴성을 특징으로 한다. 자본 시스템은 자본의 무자비한 확장 충동을 가로막는 모든 것은 무시하고, 심지어 필요하다면 당연히 분쇄하기도 때문이다. 그렇지 않으면 자본은 자기 확장의 진행을 급격히 중단하고 머지않아 사회신진대사 통제 양식으로서 총체적으로 내파될 것이다.

이것은 자본 시스템의 구조적 위기라는 현재의 역사적 상황 아래서만 관철되는 진기한 것이 결코 아니다. 오히려 그 반대다. 우리가 자본의 구조적 위기라는 위험한 상황에 직면하고 있는 것은 이 사회신진대사 통제 형태가 시스템의 넘어설 수 없는 한계를 동시에 작동하지 않고서도 자신의 내재적 모순과 적대들을 쉽게 치환할 수 있는 상황이 더 이상 아니기 때문이다. 이러한 곤경은 자본 시스템의 발전이 상승 국면에 있었을 때 모든 것을 잠식하고 부닥친 장애물을 상대적으로 쉽게 극복할 수 있던 과거 자본의 능력과는 날카롭게 대비된다.

지구의 객관적인 한계와 그 자원을 둘러싼 적대적으로 경쟁하는 세력을 전제하면 모든 것을 무자비하게 정복하는 자본의 통상적 방식은 점차 증대하는 규모로 끊임없이 생성되는 모순을 치환하는, 점점 더 문제 있는 방식으로 될 수밖에 없었다. 20세기에 벌어진, 절대로 옹호할 수 없는 모순의 치환에는 두 차례 세계전쟁의 극단적 파괴성이 포함된다. 이 두 세계대전은 잠재적인 제3차 세계대전이라는 치명적으로 엄청나게 값비싼 함의를 지닌다. 그러나 전 지구적 규모에서의 그러한 파괴적 치환 가능성을 제외하면 체제적 모순과 적대는 전체 시스템의 극복할 수 없는 구조적 위기를 동반하면서 단지 심화할 수 있을 뿐이라는 것은 자명하다.

자본의 가차 없는 자기 확장 충동에 인간적 고려가 부재하다는 것은, 유혈이 낭자한 이른바 원시적축적의 역사가 풍부하게 보여주었듯이, 자본주의 발달 초기 이래로 명백하게 나타났다. 예를 들면, 영국에서 헨리 8세 통치 아래서만 7만 2천 명의 사람들이 수익성 있는 양 목축을 위해 수탈된 공유지에서 이전의 생계를 박탈당한 후에 ― '필요 이상의 여분'인 ― '방랑자'와 '부랑자'로 몰려 몰살되었다. 그래서 토머스 모어 경은 양모羊毛 생산의 수익성을 높이기 위해 "양이 사람을 잡아먹는"[2] 비인간적인 상황에 대해 통렬한 풍자를 이용해 폭로했던 것이다.

기존 질서의 구조적 위기가 악화되는 상황에서 자본의 무자비한 자기 관철이 인간에 미치는 영향에 대해서 자본이 다른 태도를 취할 수 있다는 어떠한 환상도 가져서는 안 된다. 고통스러운 사실은 자기 정당화의 모든 약

---

2 Sir Thomas More, *Utopia*(1516)를 참조하라.

속에도 불구하고 자본이 심지어 현재에 이르기까지 인류 절대다수의 기초적인 필요를 충족하지 못했다는 점이다. 따라서 인간에 미치는 영향은 조금도 고려하지 않고 항상 적대적인 자기 확장 충동을 사회에 강요해온, 자본의 체제적 규정을 어떻게 긍정적인 방식으로 극복할 것인지는 미래에 대한 거대한 도전이다. 바로 이 때문에 자본의 사회 지배에 대한 근본적인 대안으로서 사회주의가 역사적 의제로 떠오른다.

10.1 시간 규정들의 충돌

10.1.1

우리가 역사의 현 단계에서 시간 문제를 다룰 때 역사적으로 지속 가능한 사회질서의 필요조건에 관한 주요 고려 사항은 오로지 자본이 가진 파괴적 적대성을 근본 원인부터 지양하는 것이다. 칸트는 자본의 파괴적 적대성을 이른바 인간 본성의 교정할 수 없는 "비사회적 사회성"에서 유래하는 "사회에서의 사람들의 적대"라고 서술했다. 그 자체로 아무것도 설명하지 못하면서 비난받는 상황에 대해 우리가 아무것도 하지 못하게 만드는 인간 본성이라는 면책조항을 거부하는 일은 필요하지만 단지 출발점에 지나지 않는다. 또한, 자본의 파괴적 적대성에 맞서는 싸움은 역사적 과업의 부정적 측면을 구성할 뿐이다.

문제의 핵심은 자본의 적대성에 대한 불가피한 부정이 동일한 사업의 긍정적인 측면에 의해 보완되지 않고서는 아마 성공할 수 없다는 것이다. 그것은 사회적 개인들의 시간과 인류의 제한 없는 역사적 시간을 창조적으로 조화하는 것을 포함한다. 역사적 시간이 진정으로 제한을 벗어나지 못하면 '역사적 시간'은 전혀 역사적이지 못하다.

이런 관점은 헤겔이 상정했던, 기존 질서의 "이성적 현실성"을 특징짓는 것으로 간주되는 "영원한 현재"의 임의로 폐쇄된 시간성과 날카롭게 대조된다. 어느 것도 자본의 영구화된 현재를 사변적으로 합리화하는 것을 정당화할 수 없다. 그런 시도는 옹호할 수 없는 – 구조적으로 매우 사악하고 교정할 수 없을 만큼 적대적인 – 사회질서의 비이성적인 현실성을 영구화하는 것에 대한 무비판적인 지지에 불과할 뿐이다. 비록 위대한 독일 철학자가 체념적인 어조로 헤겔주의적인 역사적 시간의 종말을 진술할지라도 말이다.

여기서 언급된 역사적 시간과의 필수적인 조화는 우선 첫째로, 자본이 규정적으로 부과한 반가치에 대립해 사회적 개인들이 객관적으로 실행 가능한 인류의 긍정적 잠재력을 자신의 생명 활동의 지향 원리와 가치로서 채택하는 것을 의미한다. 그것이 가능하려면 특정 개인들이 소속된 사회집단의 역사적으로 규정적인 도전에서 유래하는 전략과 의식적으로 선택된 목표에 기초해야 한다. 하지만 개인이 위험에 처한 인류를 자각하는 일은 우리 시대 자기규정의 필요조건 가운데 하나다. 이런 자각이 없다면 개인들이 이해한 역사적 곤경 – 의식적인 사회적 개인으로서 자신들의 행동과 바로 관련되는 – 의 전반적 지평은 매우 핵심적인 차원을 놓칠 것이다. 어틸러 요제프가 그의 위대한 시에서 표현했듯이.

> 실재의 물질이 우리를 창조했네,
>
> 석탄, 철 그리고 석유가,
>
> 이 무시무시한 사회의
>
> 거푸집으로 우리를 내던졌네,
>
> 열렬하게 그리고 제한받지 않고,
>
> 불멸의 땅 위에서,
>
> 인류를 위해 우리가 싸우도록.[3]

더구나 요제프가 이 시에서 부각했듯이, 이제 인류를 위해 싸우도록 요청받는 사회적 개인들은 인류의 역사적 발전이 지속되는 것을 확보할 수 있는 객관적으로 필연적인 법칙에 따를 필요성을 충분히 자각한 상태로 싸워야 한다. 왜냐하면 오직 "법칙의 충실한 경청자들" — 스페인어로 번역하면 "fieles oidores de las leyes"[4] — 로서만 그들은 자연의 황폐화와 파괴 조짐을 나타내는 오늘날 자본의 자기 관철 추세가 위험하게 진전되는 현상을 극복할 수 있기 때문이다. 1933년에 위대한 선견지명으로 쓰인 시에서 앞에 인용한 연의 마지막 두 행이 "**인류를 위한 우리의 싸움**"을 대체할 수 없는 인류 생존의 자연적 기반에 대한 불가결한 존중과 직접 연계한 까닭이 여기에 있다. 인류를 위한 우리의 싸움이 이루어져야 하는 "**불멸의 땅 위에서**"라는 구절로 이를 나타낸 것이다.

또한, 그 요구는 인류의 역사적 진보 속에서 긍정적 가치를 구성하는 것에 대해 깊은 존중을 품을 필요성과도 분리할 수 없다. 그러한 긍정적 가치는 연속성과 변화 사이의 변증법적 관계라는 의미에서 지켜져야 한다. 달리 말하면, 문제가 되는 요구는 사회적으로 실행 가능하고 의미 있는 **변화 속의 연속성**과 역사적으로 적절하고 지속 가능한 **연속성 속의 변화**를 이해하고 지지하는 것을 의미한다. 시구 "**불멸의 땅 위에서**"에 바로 뒤이어 나오는 행을 인용하면,

> 사제들에 이어 병사들과 시민들,
> 그리하여 마침내 우리는
> 법칙의 충실한 경청자가 되었네:
> 이것이 인간사의 모든 의미가

3 Attila József, "A város peremén," 1933.
4 Translation by Fayad Jamis.

깊은 비올라처럼

우리에게 쇄도하는 이유라네.[5]

이것이, 우리를 위험에 빠뜨린 역사적 곤경 아래서, 의식적으로 행동하는 사회적 개인들의 시간과 인류의 시간이 결합될 수 있는 방법이다. 하지만 물론 개인의 생애와 인류의 역사적 시간의 그러한 조화 — 고정된 '인간 본성'에서 직접 유래하는 것으로 상정되는 '비사회적 사회성'을 편의적으로 가정하는 것을 통해 독일 고전 철학이 기획한, 존재론적으로 극복할 수 없는 이분법과 대비되는 — 는 당연시될 수 없다. 그런 조화가 이루어지려면 인류의 운명에 — 그리고 그와 더불어 불가피하게 개인들 전체의 삶에도 — 깊이 영향을 미치는 (사변적으로 상정된 것이 아니라 매우 실제적인) 상충하는 시간 규정들이 역사적으로 지속 가능한 사회질서에 유리하게 해결되어야만 한다. 우리 시대의 경우 너무나 명백한 자본의 파괴적인 발전 추세를 성공적으로 극복하는 것을 통해서 말이다.

10.1.2

확실히, 객관적으로 상충하는 시간 규정들은, 사회적으로 구성된 이해관계와 적대에 기초해 상호 대립하고 역사적인 무대에서 경쟁하는 사회 세력의 성격과 분리될 수 없다. 요제프는 개인의식에 직접 호소하는 일이 이들 갈등에 요구되는 해법을 제공할 수 있으리라는 환상을 품지 않았다. 그는, 역사적 시간에 대한 개인들의 지각이 주어진 사회질서의 기본적인 헤게모

---

5   인용한 요제프 시를 스페인어로 번역하면 다음과 같다. "Tras los sacerdotes, los solda-tos y los burgueses,/ al fin nos hemos vuelto fieles/ oidores de las leyes:/ por eso el sentido de toda obra humana/ zumba en nosotros/ como el violón profundo."

니적 대안과 관련해 그들이 ─ 단지 출생에 의해서가 아니라, 그들의 다소 의식적으로 갱신한 자기규정을 통해서 ─ 취하는 입장에서 생긴다는 것을 분명하게 인식했다. 따라서 그 시대의 실제로 이용 가능한 ─ 이미 충분히 표명되고 구축되었든 아직 출현 과정에 있고 잠재적으로 우세하든 간에 ─ 역사적 대안을 이끄는 주요 사회 세력이 관련된 대립 없이는 참으로 실행 가능한 해법을 생각할 수 없다. 그러한 규정은 해방적 사회변혁을 지향하거나 반대로 기존 질서의 보존을 지향하는 행동으로 대비되는 그들의 자기규정과 더불어 역사적 시간에 대한 개인들의 태도에 상당한 차이를 가져온다. 요제프가 더욱 앞서 쓴 시에서 표현되었듯이 말이다.[6]

> 시간이 안개를 걷어 올리고 있네,
> 우리가 우리의 정상을 더 잘 볼 수 있도록.
> 시간이 안개를 걷어 올리고 있네,
> 우리는 시간을 데려왔네,
> 우리는 투쟁을 통해 그것을 데려왔네,
> 우리의 남은 불행과 함께.

또한, 강력한 **안개** 발생기로 무장한 기존 질서의 옹호자들은 상충하는 시간 규정들을 부정하고 그들의 역사적 적수敵手를 미혹하기 위해서 권력을 이용해 무슨 짓이든 한다. 그러나 지배 질서 이데올로그들이 특성상 정의되지 않은 그들의 '근대 세계'에서 기본적인 사회적 이해관계와 적대를 성공적으로 제거한 것처럼 아무리 냉소적으로 거짓말을 늘어놓더라도, 불평등과 불행을 구조적으로 강제하는 것에 대한 억누를 수 없는 투쟁 덕분에 "시간은 안개를 걷어내고 있다". 그들은 한 세기 훨씬 넘게 "계급들은 서로

---

6   Attila József, "Szocialisták," 1931.

융합되고 있다"며, "우리는 모두 중간계급이 되고 있다"라고 뻔뻔스럽게 설교해왔다. 그러나 — 인류의 압도적 다수에게 직접 영향을 미치는 불평등과 착취가 점차 더 명백하게 증가하는 가운데 — 그들은 '무엇의 중간인가?'라는 질문을 애써 회피했고, 계속 회피한다. 그들에게 역사는 이미 행복한 완성에 도달했기 때문에 사회적 기반이 있는 객관적인 대립은 말할 것도 없고, 역사적 시간에 대한 의미 있는 논쟁은 있을 수 없다.

시간과 관련해 구획의 기본선은 그 파괴성 증대에도 불구하고 기존 사회 신진대사 재생산양식을 영구화하기를 원하는 사람들과, 필요한 근본적 대안을 역사적으로 지속 가능한 규모로 수립하고 인간적으로 만족스러운 것으로 만들려고 하는 사람들 사이에 그어진다. 따라서 걸려 있는 내기는 참으로 획기적이다. 이는 현존 질서를 여기저기 보수補修해 자본 시스템의 구조적 적대를 해소할 가능성을 배제한다. 그런 식으로 구조적 적대를 해소하려는 노력은 한 세기를 훨씬 넘는 동안 '개량주의적' 약속을 통해 시도되었으나 완전히 실패했다.

사회에 대한 자본의 지배를 옹호하는 변호론자들의 태도는 역사적 시간 — 즉, 분명히 규정할 수 있고 객관적으로 검증할 수 있는 일련의 시간 규정 — 과 우리 문제와의 관련성을 부인하는 것이다. 그들은 상품 사회의 교환관계를 과거로 투사하는 것 — 그것이 변경 불가능한 미래에 무한히 영속된다는 것을 쉽게 상정하기 위해 — 뿐만 아니라 다른 수많은 방법으로 그 관련성을 부정하려 시도한다.

아마 그들의 가장 흥미로운 접근 방식은 역사적 시간 규정 — 그리고 그에 상응하는 사회 발전 — 을 허구적인 자연적 규정으로 전환하려는 시도다. 이를 통해 역사적으로 창출된 — 그리고 역사적으로 변할 수 있는 — 사회의 구조적 위계를 예정된, 절대 변경할 수 없는 자연의 작품이라고 안전하게 선언할 수 있다는 것을 그들은 확신하는 것 같다. 이런 종류의 추론 덕분에, 매우 반동적인 사회적 이해관계들이 자연에 의해 영원히 인가되었다는 명목 아래 그것들에 대한 어떠한 역사적 정밀 조사도 면제되어 왜곡되게 옹호되고 심지어 찬양되기까지 할 수 있다.

이를 효과적으로 보여주는 사례를 들면, 자연에서의 **다양성**(또는 차이)이라는 사실 — 인간들 사이에 존재하는, 명백하지만 결코 사실상 사회적으로 차별적이지는 않은 다양성을 포함해 — 은 지배적인 사회질서의 역사적으로 수립되고 **구조적으로 구축된** 불평등을 영원히 정당화하는 거짓된 선언에 이용된다. 그리하여 냉소적인 **보수적 의도**를 바탕으로 지배적 재생산 시스템의 변호론자들은 중립적인 **다양성** 개념을, 사회적으로 창출되고 전혀 정당화될 수 없는 **구조적 지배·예속**의 조건과 그릇되게 동일시하는 데 주저하지 않는다. 동시에 같은 이유로, 그들은 끔찍한 기존의 불평등과 차별 조건에 도전하고 변화시키려는 어떠한 시도도 단순한 "평등의 표지"[7]에 지나지 않는 것이라고 경멸적으로 비난한다. 마치 그런 시도가 자연에 대해 용서할 수 없는 모욕을 나타내는 것처럼 말이다. 이것이, 그들이 논리 위반을 보수적으로 고쳐 정당화할 수 없는 것을 정당화하는 방법이다.

당연히, 여기 언급된 보수 세력은 단지 — 이용할 수 있는 정치적 상표를 위해 — 그러한 이름을 편의적으로 취한 공식 조직뿐만이 아니다. 그런 종류의 자기 특징화는, 가령 의회를 통한 정권 교체를 활용하려고 노력할 때 기존 정당들의 (정치적 — 옮긴이) 입장을 서로 조정하는 과정에서 정치적 바람이 어떻게 부는지에 따라 쉽게 바뀔 수 있다. 우리가 전통적 보수정당에서 목격하는 이런 일은 이른바 의회 정치 변혁의 '진보' 쪽에서도 목격할 수 있다. 이들 변화를 통해 예전에 개혁 지향적이었던 일부 좌파 정당은 오래된 우파 보수당과 구별할 수 없게 되거나, 사회 시스템을 개혁한다는 그들의 전후 구실조차 다소 공공연히 포기하면서 희망을 잃고 보수적 입장으로 더

---

7 제9장의 9.5.2에서 인용된, 제이 포레스터 교수 — 기득권층에 의해 크게 장려된 로마클럽의 선전 배후에 있는 주요 인물 — 가 이러한 효과에 대해 언급한 것을 참조하라.

확고해지는 상황에 이른다. 영국 노동당이 토니 블레어의 '신노동당'으로 변신한 것은 이런 종류의 발전을 보여주는 좋은 사례다.

하지만 이들 정치적 국면 변화는 상충하는 역사적 시간의 규정들에 대해 거의 밝혀주지 않는다. 그것들은 우리의 실제적인 역사적 곤경의 기본적인 헤게모니적 대안과 전혀 관련되지 않기 때문이다. 실제로, 개량주의적 조정 ─ 에두아르트 베른슈타인의 "진화 사회주의" 주장부터 훨씬 더 수상쩍은 그것의 모방에 이르기까지 ─ 을 통해 사회질서를 변화시킨다고 선언된 정치 프로그램들은 기존의 사회신진대사 재생산양식에 필요한 헤게모니적 대안으로서 실천적으로 시도되는 것은 말할 것도 없고 이론적으로도 결코 표명되지 않았다. 반대로 그들 모두는 기본적인 활성화 원리로서, 유일한 종류의 실행 가능한 변화는 엄격히 **점진적**('단편적', '조금씩' 등등)이어야 하고, 또한 그것은 자본의 기존 구조 틀 안에서 적절히 도입되어야 한다는 ─ 처음에는 소박했지만 점점 더 공허해지는 ─ 신념을 채택했다. 이보다 더 근본적인 것은 모두 베른슈타인의 악명 높은 표현인 마르크스의 "변증법적 비계"로 비난받고 범주적으로 거부되어야 했다. 따라서 사회민주주의적 노동주의*labour-ism*가 온건한 개량주의 프로그램조차 완전히 포기하는 것으로 귀결되었고, 지금까지 자신의 보수적 정적政敵과 같은 편에 ─ 그리고 몇몇 현저한 경우 심지어 상당히 그 오른쪽에 ─ 섰다는 것은 놀라운 일이 아니다.

실제로, 역사적 시간과 관련해서 **보수**의 의미는 국면적인 정치 변화와 상관없이 실제 현존하는 헤게모니적 대안 문제와 밀접하게 연관되어 있다. 그 의미는, 일단 자본 시스템이 (포괄적이고 지배적인 사회 재생산양식이 된다는 의미에서) 견고하게 확립되면 자본은 **보수적**으로 될 수밖에 없고 주요한 사회 변화를 만들어내려는 모든 시도와 단호하게 대립하고 싸우게 된다는 역사적 사실에 의해 객관적으로 규정된다. 이러한 관점에서는 단지 **주변적**인 조정만이 인정될 수 있고, 그것도 오직 자본 시스템을 강화하기 위해서만 인정될 수 있다.

"대안은 없다"라는 일반적으로 고취되고 강요된 풍조는 그러한 기초 위에서 이해될 수 있다. 마찬가지로 마거릿 대처 총리를 포함해 우리 시대의 보수적인 '신념에 찬 정치가들'에 따르면, **구조적 변화**를 주창하는 것은 '내부의 적'이며 여기에 맞서 자본주의국가의 모든 권력을 가지고 싸워야 한다. 이는 이해될 수 있지만 물론 정당화되기는 매우 어렵다. 그러므로 1년이 넘는 파업을 벌였던 영국 광부들이 마거릿 대처의 탄압을 지지한 노동당의 적극적 공헌 때문에 결국 패배한 것은 의회 방어벽의 반대편에 설 것으로 여겨졌던 정치 세력의 야합野合을 가장 효과적으로 보여주는 시범 사례다. 헤게모니적 대결 가능성이 희박할 때조차 매번 전통적 정당들 — 보수당이든 노동당이든 — 은 사회가 나뉠 때 대체로 역사적으로 요구되는 근본적인 대안의 도입을 지향하는 세력에 맞서 같은 편에 서곤 했다.

그러나 이들 모든 부정적인 환경과 **국면적인** 정치적 조정에도 불구하고, 실제 상충하는 역사적 시간의 규정들은 힘으로 제거될 수 없다. 또한 고질적인 — 구조적으로 화해 불가능한 — 사회적 적대에 대해 희망하듯이 논쟁의 여지없는 영원한 해법으로 전환될 수도 없다. 왜냐하면 기존 사회질서의 파괴적 모순이 계속 심화하는 한 — 지금은 바로 인류의 생존을 직접 위협할 정도까지 — 자본의 사회신진대사 재생산양식에 대한 지속 가능한 헤게모니적 대안을 수립할 필요성은 계속 역사적 의제에 오를 수밖에 없기 때문이다.

10.1.3

'조금씩'이라는 자본-변호론적 처방에 순응하도록 역사적 시간을 점진적이고 단편적인 영역으로 제한하려는 시도와 이것의 진행에서 사회적 진보의 영속적인 성과를 기대하는 것은 언제나 이론적으로 어리석고 실천적으로는 가망 없는 짓이었다. 왜냐하면 적절한 **포괄적인** 준거 틀이 결여된 '조금씩'을 '점진적으로', '단편적으로' 수립하는 것은 전혀 이치에 맞지 않기 때문이다. 미리 구상되고, 진행 중인 발전을 감안해 적절하게 수정 가능한 **전략적 틀**, 즉 애초부터 근본적인 사회주의 변혁을 굳건히 지향하는 전략적 틀이 아니라면 그것은 모두 맹목이기 때문이다.

노동운동의 쓰라린 경험을 통해 모두가 알다시피, 몇몇 예전의 부분적인 행동의 성과에 조금씩 점진적으로 덧붙이는 것은 매우 미약한 정도의 전술적인 — 결코 전략적이지 않은 — 개선만큼이나 쉽게 **재앙과 자멸**을 가져온다. 20세기 개량주의가 진전시킨 '완만한 개혁'이라는, 곳곳에서 장려된 선전은 실제로는 결국 기존 질서의 **보존**과 심지어 강화로 귀결될 뿐이었다.

베른슈타인주의를 필두로 그 최신판에 이르기까지 그러한 '진화론적' 전략의 배후에 있는 실제 의도는 항상 '전체론'에 맞선, 즉 절실하게 요구되는 포괄적인 사회 변화를 근본적으로 수립하고 공고화하는 것을 목표하는 시도에 맞선 **적대적 반대 운동**이었다. 한때 사회주의의 점진적 실현을 약속했던 모든 접근 방식의 실제 기록에서 특징적인 것은 노동운동의 의회정치 대표가 그 계급적 적수에게 전적으로 투항함에 따른 노동운동의 요란한 패배와 효과적인 참정권 박탈이었다.

사회질서의 신진대사 통제가 몇 개로 해체되어, **정반대 방향으로** 잡아당기는 세력들 사이에 이것이 분할될 수 없다는 사실을 전제하면, 자본 — 해방적 변혁과 그와 함께 유일하게 역사적으로 실행 가능한 대안적인 포괄적 사회 통제 양식의 주체인 노동에 구조적으로 연계되고 또한 노동과 대립하는 — 이 자기 확장적 재생산의 헤게모니적 권력을 자신의 구조적 적대자에게 '조금씩' 넘겨줄 수 있다는 것은 생각할 수 없는 일이다. 특히 자본 시스템의 깊이 구축되고 점점 더 파괴적인 기득권을 고려하면 사활적인 역사적 이해관계가 과거 어느 때보다 우리 시대에 더 크기 때문이다. 따라서 상충하는 역사적 시간의 규정은 자본과 노동의 상호 배제적인 헤게모니적 대안들 사이의 적대가 '양자택일' 형태로 해결될 수밖에 없는 관계에 놓이게 된다. 자본의 지속 불가능한 사회신진대사 질서를 지지하는 가능한 '해법'의 운명적인 함의에 대해 이제 우리는 꽤 분명한 견해를 가지고 있다. 아무리 개량주의적인 환상을 불러일으키거나 정교한 속임수를 쓰더라도 막중한 구조적·역사적 규정을 변경하거나 무효화할 수 없다.

그리하여 자본의 사회신진대사 통제 양식에서 직접 나오는 구제 불능의 **보수적** 이해관계에 대한 유일하게 실행 가능한 역사적 대안은 전체 사회질서의 **혁명적** 재구조화다. 이 측면에서, '보수적'이라는 것과 '자유주의적'이라는 것에 대한 정치적 자기 정의가 변화한 것은 전혀 상관없다. 예전에 '자유주의'와 '공리주의'는 자신의 담론을 호소했던 사람들의 정신을 '계몽'해 사회를 변화시키겠다고 약속했다. 먼 기원으로 돌아가보면, 자유주의 자체는 계몽운동의 일부였다. 그러나 계몽운동의 사회 개혁 계획은 프랑스혁명 이후 '제3신분'[8]의 이질적인 구성에 잠재하던 적대가 공공연히 분출된 이후에는 진척될 수 없었다. 왜냐하면 바로 제3신분의 좀 더 급진적인 사회 구성원들이 혁명 이전에 가졌던 기대를 실제로 충족하지 못했던 까닭에 그러한 적대들이 공공연히 분출될 수밖에 없었기 때문이다.

따라서 계몽된 사람들의 정신에 직접 호소한 자유주의 담론은 불가피하게 점점 더 문제가 되었다. 그것은 자본의 사회질서의 기존 위계 구조적 관계를 **보존**하는 것을 전제로 하기 — 그리고 그 수취인들의 계급적 위치 때문에 전제로 할 수밖에 없었기 — 때문이다. 실제로 적대가 계속 첨예해지면서, 개인적인 계몽을 통해 적대에 대한 해법을 기대하는 것은 전적으로 비현실적인 것이 되었다. 이것은 실제로 너무 비현실적이어서 20세기 후반 우리는 자유주의가 공격적인 **신자유주의**로, 그리고 그보다 더 나쁜 것으로 전환되

---

8   중세 유럽의 신분제에서 사제, 봉건귀족에 이은 세 번째 신분으로, 평민을 의미한다. 좁은 의미로는 도시의 주민, 즉 시민 계층을 나타내는 말이다. 제3신분이라는 말은 14세기 초 3부회(三部會)가 소집된 이후 국민대표가 제1부 사제, 제2부 귀족, 제3부 시민 등 신분별로 구성된 데서 유래한다. — 옮긴이

는 것을 목격할 수 있었다. 오늘날 특히 미국에서 '신자유주의자'를 자인하는 사람과 '신보수주의자(네오콘neocons)'를 구별하는 것은 불가능한 일은 아니지만 매우 어려울 것이다. 이들 지독한 이데올로기적 지향을 가진 양쪽 모두는 심지어 핵을 보유하지 않은 열강을 대상으로도 핵무기의 선제적 사용을 공공연히 위협하는 미국 정부의 무모하고 모험주의적인 전략에 기꺼이 전폭적으로 찬동한다. 또한 유럽에서도 여러 방식을 통해 자유주의적 제국주의를 세계에 부과하려는 영향력 있는 사상이 최근 우리에게 진지하게 제시되었다. 이 사상은 오직 그러한 종류의 전 지구적 국가 관계만이 '탈근대' 상황의 필요조건에 적절하게 부응할 수 있다는 것을 이유로 그러한 기획을 기이하게 정당화한다.

우리는 제국주의 — 이제는 구미에 맞는 말인 '자유주의적 제국주의'를 공공연히 주창하는 — 의 시간 지평이 항상 퇴행적이고 시대에 역행하며 극히 반동적이라는 사실을 잊어서는 안 된다. 그것은 역사적 시간을 항구적으로 해치려는 궁극적으로 지속 불가능한 시도를 특징으로 한다. 그들의 지향이 아니라 세력 관계의 주기적 변화 — 주역들의 상대적 발전의 내적 역동성과 그들이 주기적으로 개입했던 거대한 군사 대결 결과에 기인하는 — 에 따라 오직 강대국 제국주의의 지배적 주체들만이 그들 사이에서 교대交代를 이루었다. 그들은 군사 대결을 통해 상대적 이익 획득을 시도했을 뿐 아니라 동시에 국내적·국제적 적대의 점증하는 심화와 극복할 수 없는 구조적 위기의 전개로 향하는 자본 시스템의 객관적인 역사 발전 추세를 뒤집으려고 시도하고 있었다. 거의 150년에 달하는 근대 제국주의의 역사를 통해 그 주역들은 언제나 파괴적인 반가치를 무자비하게 채택하는 것을 특징으로 했다. 20세기에 겪은 두 차례의 끔찍한 세계전쟁이 필연적으로 적대를 산출하는 함의를 전혀 고려하지 않고, 심지어 매우 위험한 결과마저 그들은 무시하거나 고의적으로 부정했다.

이 모두는 주어진 사회신진대사 질서에 대한 헤게모니적 대안의 자기 관철을 불가능하게 만들려는 자본의 매우 깊은 계급적 이해관계와 긴밀히 연관되어 있었다. 이 점에서 의심할 여지없는 자본의 성공은 기존 사회 시스템의 근본적 재구조화라는 훨씬 더 어려운 역사적 과업에 전념하는 대신 '최소저항노선'을 채택한 개량주의 노동 세력의 유의미한 공모 없이는 결코 성취되지 못했을 것이다. 이런 의미에서 독일의 조직된 사회민주주의적 개량주의 세력이 '진화 사회주의'의 실현을 약속한 직후 제1차 세계대전이 발발하자마자 그들의 계급적 적수에게 굴욕적으로 투항한 것은 결코 우연이 아니다.

이제 역사적 이해관계는 심지어 두 세계전쟁에 비교할 수 없이 더욱 커졌다. 자본 시스템의 구조적 위기는 더 깊어졌다. 이는 역사적으로 실행 가능한 해법을 필요로 한다. 그러나 오늘날 전 지구적 패권 제국주의의 대변인들이 하듯이, 비핵 강대국에 대한 핵무기 사용을 진지하게 옹호하고 그것에 대해 도덕적 정당성을 주장하는 것을 통해 하나의 해법과 안정된 '신세계 질서' 수립을 기대하는 전략은 심지어 히틀러에 견줄 만한 미친 짓의 극치를 보여준다.

우리가 헤겔과 관련해 살펴보았듯이, 바로 이것이, 더 이상 문제가 역설적이고 사변적인 역사의 철학적 종말이 아니라 인류 발달의 결정적인 단계에 이르게 된 경위다. 이제 우리는 인류 역사 전체의 종말이라는 심각한 위험에 직면해 있다. 군사적 수단에 의해서든 전 지구적 생태 파괴에 의해서든 또는 실제로 그 둘의 결합에 의해서든 간에 말이다. 이것이 그 체제적 발달의 상승 국면이 끝난 이후 역사를 부정한 것에 발맞춰 자본이 실제로 역사적 시간을 끝장내버릴 수 있는 유일한 방식이다.

10.1.4

해방적 변혁을 실행할 수 있는 유일한 사회적 주체인 노동은 역사에 대한 개방적인 개념을 확고히 견지하지 않고서는 임무를 완수할 수 없다. 이 측면에서는 타협과 변명이 존재할 수 없다. 이는 초기의 사회민주주의적 개량주의부터 교조적 스탈린주의의 주의주의에 이르기까지, 그리고 이탈리아 공산당의 전적으로 패배주의적인 '역사적 대타협'부터 고르바초프의 자본주의적인 '역사의 종말'에 대한 투항에 이르기까지 우리가 과거에 경험했던 것 — 마찬가지로 옹호될 수 없는 다양한 정당화와 짝을 이루었던 것 — 과 첨예하게 대비된다.

물론 역사의 근본적인 개방성에 대한 입장을 분명히 하는 것이, 진행 중인 역사 과정에의 의식적 개입이라는 사회주의 기획이 (더 유리한 조건들이 생겨나고 우리 문제를 해결할 때까지) 일시 유보될 수 있다는 것을 의미하지는 않는다. 우리 시대에 점차 악화하는 자본 시스템의 파괴성을 전제하면 사회주의 대안에 우호적인 (희망적으로 상정된) 조건들은 그냥 '생겨날' 수 없다. 그것들은 의심할 여지없이 어려운 현재의 조건들 아래 자본의 헤게모니적 적대자인 노동이 반동 세력에 맞서 전투적으로 쟁취하고 방어해내야 한다. 당분간 그 조건이 아무리 불리하더라도 말이다.

절대적으로 확실한 점은 사회 재생산과정 전체의 완고한 통제자인 자본은 전술적 타협조차 스스로 받아들일 수 없다는 것이다. 역사적 증거에 따르면 자본은 비록 국면적으로 타협을 강요받더라도 때가 되면 언제나 이를 파기한다. 당연히 자본은 상정된 어떤 역사적 타협에서도 자신의 몫을 고분고분 이행하려 하지 않는다. 자본이 자기 몫을 잘 이행하리라고 보는 것은 아주 비현실적인 관념이다. 그렇지 않다고 생각하고 행동하는 좌파 대표들은 단지 스스로와 타협한다. 왜냐하면 우리는 여기서 사활적으로 중요한 상호 배제적인 원리를 문제 삼는 것이지, 몇몇 타협을 실행 가능하고 정당하게 만드는 기반이 되는 일부 주변적인 상호 편의를 문제 삼는 게 아니기 때문이다. 이미 『고타강령 비판』 시기에 마르크스가 강조했듯이 "원리에 관한 협상은 있을 수 없다".

객관적 제약에 대한 냉철한 인식이 반드시 무원칙한 투항일 필요는 없다. 즉, 고르바초프와 그의 지지자들이 절실하게 필요한 대안적 사회질서 수립과 공고화에 대한 전략적 개입 없이 **페레스트로이카**를 구실로 투항했던 방식과는 다르다는 것이다. 우리 사회 재생산양식 전체의 근본적인 재구조화는 절대적으로 필요하다. 하지만 그러한 재구조화는 원리를 견결하게 지키는 기초 위에서 추구되는 경우에만 성공할 수 있다. 그렇게 하지 않은 통탄한 결과가 자본주의 복원이라는 막다른 골목에 부딪힌 고르바초프 유형의 함정이다. 고르바초프는 '모든 유형의 소유의 동등함' — 즉, 일반적인 말로는 자본주의적 사적 소유권의 법적 회복 — 을 독단적으로 선포해 이를 정당화했다.

『자본을 넘어서』 제2부 — "마르크스 유산에서 역사적 단절과 이행"이라는 제목이 달린 — 에서 나는 절대 불가피한 우리 시대의 역사적 제약을 예증하기 위해 제사 가운데 하나에서 괴테의 자전적 저작 『시와 진실*Dichtung und Wahrheit*』의 한 구절을 인용했다.

매우 낡은 도시에서처럼 프랑크푸르트에서는 목조 건물의 2층뿐 아니라 더 높은 층도 길거리 방향으로 확장해 공간을 넓히는 것이 관행이었다. 이는 부수적으로 비좁은 거리를 특히 음침하고 울적하게 만들었다. 결국 새로운 집은 그 2층만 1층을 넘어 확장하는 것을 허용하고 그 상위의 층들은 1층 범위 내로 유지되어야 한다는 법이 제정되었다. 3층에서 확장된 공간의 상실을 피하기 위해 우리 아버지는, 다른 사람들이 예전에 그랬듯이, 집의 상층 부분에 지지대를 받치면서 바닥에서 위로 한 층씩 차례로 뜯어내어 이 법을 교묘하게 우회했다. 말하자면, 결국 옛 집의 어떤 것도 남아 있는 것이 없었지만 새 건물 전체가 단순히 수리를 한 것으로 간주될 수 있도록 그 집이 새로운 구조로 슬며시 바뀌었다.[9]

---

9 Mészáros, *Beyond Capital*, p. 423에서 인용.

이 제사가 강조한 요점은 사회주의 변혁 과정이 — 자본, 노동, 국가 사이의 물질적 근거를 지닌 복합적 상호 관계의 모든 측면을 포용해야 하는 까닭에 — 물려받은, 점진적으로 변경 가능한 물질적 매개의 지렛대에 기초한 이행적 재구조화 형태로서만 생각될 수 있다는 점이다. 기본적으로 상이한 이유일지라도 괴테 아버지의 경우처럼 우리 모두가 살고 있는 건물을 헐어내고 그 자리에 총체적으로 새로운 기초를 다져 전혀 새로운 건축물을 세우는 일은 불가능하다. 재건축의 전 과정 동안 "바닥에서 위로 한 층씩 차례로 뜯어내어 결국 옛 집의 어떤 것도 남아 있는 것이 없도록 새로운 구조로 슬며시 바꿈으로써" 삶은 지지대를 받친 집에서 계속되어야 한다. 실제로 과업은 그것보다 훨씬 더 어렵다. 자본 시스템의 위험한 구조 틀에서 인류를 구출하는 과정에서 건물의 썩은 목골 구조 역시 교체되어야 하기 때문이다.

그러므로 인류 생존의 기초적 조건이라도 확보하려면 반드시 필요한 근본적 재구조화라는 목표를 구상하는 일에 '협상'은 있을 수 '없다'. 상충하는 시간 규정 자체가 현재의 역사적 상황에서 이런 비타협적 방식으로 경계선을 그었다. 이 상충하는 시간 규정은 근본적 재구조화의 추구를 지상명령으로 만들었다. 여정의 목적지와 선택된 목적지로 이끄는 데 필요한 나침반 양자 모두를 구성할 수 있고, 동시에 결정된 근본적인 사회주의적 목표에 접근할 때 — 또는 어긋날 때 — 성공의 척도를 제공할 수 있는 근본적 재구조화 말이다.

사회주의적으로 개방적인 역사관과 관련해 핵심적인 성공 조건은 온전히 포괄적인 전략적 지향의 의식적인 채택이다. 부분적 노력이 어떻게 때맞춰 부가될지 또는 실제로 지속 가능한 무엇으로 될 것인지에 대해서는 아무 생각도 없이 '조금씩'이라는 이른바 신중한 권고에 따르는 것은 맹목이고 자멸적이다. 왜냐하면 기존의 사회신진대사 재생산양식에 대해 필요하고 또한 장기적으로 지속 가능한 헤게모니적 대안을 수립한다는 전반적 목표에 비춰 무엇이 이미 성취되었고 무슨 장애물이 계속 극복되어야 하는지를 적절하게 평가하는 일이 일정한 시점에 맞춰 필요한 것은 객관적인 역사적 도전의 성격 — 포괄적인 역사적 변혁의 거대한 어려움과 관련된 — 에서 비롯되기 때문이다.

이것이, 용어의 온전한 의미에서 **계획**이 사회주의 발전의 모든 단계에서 매우 핵심적인 이유다. 단지 경제생활의 몇몇 부분적 측면만 지향하는 것이 아니라 사회변혁의 포괄적 요구를 지향해 사회적 개인들 전체의 열망을 포괄하고 그들이 **자신의 생명 활동의 실질적 주체로서** 의미 있는 목표를 스스로에게 부여할 수 있게 하는 그런 계획 말이다. 의식적으로 추구되는 **포괄적인 구상**과 실현 가능한 사회적 목표의 계획은 (그 사회적 목표가 어떤 소외된 권위에 의해 부과되는 것이 아니라 **특정한 사회적 개인들의 결정**에서 나올 경우) 서로 분리될 수 없다. 모든 형태의 자본 시스템에서 계획의 필연적인 희화화와 실패는 이 두 핵심적인 조건의 부재에 기인한다.

실제 사회 발전 과정에서, 지속 가능한 계획의 중요한 조건이 객관적으로 배제되어버리면 당면의 시간 규정과 장기_{長期} 시간 규정 사이의 관계에 내재한 어려움을 해소할 가능성 역시 크게 영향을 받는다. 자본의 단기성은 이 사회의 재생산양식의 잘 알려진 특징이다. 불행하게도, 단기 압력은 대안 사회 재생산 질서로 향하는 이행기에 불균등하게 영향력을 계속 발휘한다.

확실히, 당면의 시간 역시 상대적 타당성과 헌신적인 행동을 요구할 상대적 정당성을 가진다. 우리가 이런 사정을 무시하면 위험에 처하게 될 것은 자명하다. 하지만 단기 규정의 압력 아래서 행동할 때조차 불가피하게 장기적인 변혁의 시간 척도를 망각할 수 없다. (또는 너무나 흔히 그렇듯이, 자기 정당화를 위해 고의적으로 묵살하는 것은 물론이고 무시할 수도 없다.) 왜냐하면 문제가 되는 당면 관심사의 상대적 타당성은 변혁의 더 넓은 틀 안에서만 적절하게 평가될 수 있기 때문이다. 당면의 규정에 굴복하려는 유혹이 상당할지라도 전략적으로 더 핵심적인 장기적 열망을 **희생시키면서** 당면 관심사가 압도하게 된다면 이는 탈선을 낳을 것이다. 그것은 근본적 재구조화를 위해 선택된 목표와 전체 과업의 성공 기회를 해칠 것이다. 따라서 이 측면에서도 일관되게 추구되는 포괄적 전략만이 이러한 매우 실질적인 딜레마에서 벗어날 길을 제시할 수 있다.

시간의 또 다른 중요한 문제는 중대한 사회주의 지향 원리와 직접 관련된다. 사회주의 지향 원리들은 그 실현 조건과 관련해 불가피하게 상이한 시간 척도를 수반한다. 이해할 수 있듯이, 주창된 변화의 일부는 다른 변화들에 비해 꽤 일찍 실행될 수 있기 때문이다. 하지만 처음부터 지향 원리 모두를 사회주의 과업 전체의 성공에 필수적인 것으로 자각하고, 근본적 재구조화 전 과정을 통해 그들의 궁극적인 분리 불가능성을 계속 자각하는 것이 절대적으로 중요하다는 점은 아무리 강조해도 지나치지 않다.

우리 모두가 살고 있는 건물을 헐어버릴 수는 없다. 당연히 우리는 '자본의 인격화들' — 신보수주의자든 신자유주의자든 — 이 그것을 파괴하는 데 바쁘게 전념하고 있음을 잘 안다. 불가피하게 상충하는 역사적 시간 규정들 가운데 어느 편이 승리할지는 근본적 재구조화의 성공 또는 실패에 좌우된다. 또 다른 허구적인 '역사적 타협'이라는 형태로 위험스럽게 시대에 역행하는 자본의 인격화들의 편에 굴복하려는 어떤 시도도 그들이 그 건물을 허무는 데 능동적으로 복무하는 것만큼이나 미친 짓이 될 것이다. 왜냐하면 오직 견결한 사회주의의 기초 위에서만 역사적으로 실행 가능한 해법을 생각할 수 있고 창조적으로 지속 가능한 가치에 대한 개인의 헌신에 바탕을 둔 인류 생존의 장기적 이해관계와 기존의 적대를 모두 온전히 다룰 수 있기 때문이다.

무책임하게 근시안적인 타협이 아니라 자본 시스템의 구조적 위기가 심화되는 심각한 상황에서 폭넓은 역사적 전망을 제대로 이해하는 것만이 인류가 지금까지 겪은 최대의 위기에서 벗어날 길을 찾는 데 진정으로 관심을 갖는 사회 세력들 — 진보적인 종교 세력을 포함해 — 과의 원칙적인 협력

틀을 제공할 수 있다. 설령 퇴보가 있을지라도 (그럴 가능성이 매우 높은데) 인류 발전의 긍정적 가치에 대한 우리의 헌신은 적절한 시기에 자본의 파괴적인 반가치를 반드시 극복하기 마련이다. 요구되는 헤게모니적 대안 질서의 지평에서 우리 시대의 긴밀하게 얽힌 문제의 지속 가능한 해법을 불가능하게 만드는 것은 사회주의적 원리에 대한 우리의 충실함이 아니라 그것에서 발생하는 모든 기회주의적인 일탈 행위다. 해방신학자이자 매우 위대한 시인인 에르네스토 카르데날*Ernesto Cardenal*을 인용하면 "나는 **혁명의 원리와 이상에 대한 헌신을 지키는 산디니스타***Sandinista*[10] 분파에 속한다".[11] 그것이 지속 가능한 미래를 위한 유일한 길이다. 그것은 가장 기본적인 목표의 필요조건일 뿐만 아니라 더 제한되지만 영속적인 성취의 필요조건이기도 하고 계속 그러할 것이다.

---

10 니카라과(Nicaragua)의 좌파 무장혁명조직인 산디니스타 민족해방전선(FSLN: Frente Sandinista de Liberación Nacional)을 말한다. 산디니스타 민족해방전선은 1959년 쿠바 혁명의 영향을 받아 1960년대 초에 아우구스토 산디노(Augusto Sandino)의 — 1930년 대 니카라과 소모사 독재 정권 아래 농민 반란을 이끈 지도자로서 니카라과 민중의 영웅 — 이름을 따서 조직되었고, 무장투쟁을 통해 1979년 소모사 가문의 독재 정권을 몰아내고 집권했다. 집권 10여 년 만인 1990년 미 제국주의의 개입에 의해 선거에서 패배해 실권했으나, 이후 정당으로 변신한 산디니스타 민족해방전선은 2006년 선거를 통해 다시 집권하고 있다. — 옮긴이

11 Ernesto Cardenal, interview with *Carta Maior*, January 25, 2007. 또 다른 해방신학자의 François Houtart, *Délégitimer le capitalisme: Reconstruire l'espérance*(Brussel: Colophon Éditions, 2005)도 참조하라. 특히 제4장 "La place du croyant dans les luttes sociale"을 참조하라.

10.2. 왜 자본주의적 세계화는 작동할 수 없는가?

대체로 세계화 문제는 기존 질서의 지배적 매체에서 전형적인 자기만족의 방식으로 논의된다. '세계시장'을 찬양하는 일이 경제·정치 영역에서 발생하는 우리의 기본적인 지구적 문제에 대한 항구적인 대답을 제공할 수 있다고 간단히 선언된다. 그리하여, 영국 중앙은행 총재 머빈 킹*Mervyn King*은 런던 ≪파이낸셜 타임스≫ 부_副주필이 쓴 책을 칭찬하며 이해할 수 있는 계급의식적인 연대를 표현한다.

> 울프*Wolf*는 세계화의 반대자에 대한 통렬한 지적_{知的} 비판을 제공할 뿐 아니라 우리의 경제적·정치적 미래에 대한 교양 있고 현명하며 낙관적인 견해를 제공한다. 그의 메시지가 널리 읽히고 이해되는 일은 대단히 중요하다.[12]

같은 책에 대해 하버드 대학 총장 로렌스 서머스*Lawrence Summers*는 같은 취지로 상찬하며 주장한다. "울프의 책은 시장 기반의 세계화 문제에 대한 거의 완벽한 진술이 될 것이다."

그리하여 **자본주의적 지구화의 실질적 문제**는 평범한 '세계화'나 평범한 '시장 기반의 세계화'로 오해하기 쉽게 제멋대로 왜곡된다. 소비에트가 자본주의로 복귀한 투항의 실질적 문제가 단지 '시장 메커니즘'의 도입과 '시장 효율성'의 적절한 채택으로 위장되었던 고르바초프의 집권 기간과 아주 흡사하게, 똑같은 방식으로 우리는 이제 온전히 '세계화'만 되면 '시장'이 자본의 기존 질서의 뿌리 깊은 적대와 궁극적으로 폭발적인 불평등을 없앨

---

12 Martin Wolf, *Why Globalization Works? The Case for the Global Market Economy* (New Haven: Yale University Press, 2004). 킹과 서머스의 인용문은 마틴 울프의 책 뒤 표지에 있는 홍보용 광고문에서 가져온 것이다.

수 있을 것이라고 자기기만적으로 믿도록 상정된다. 시장이 예전의 모든 형태에서 그런 종류의 일을 결코 할 수 없었는데도 말이다. (오히려 그 반대로, 시장은 적대와 불평등을 확대했다.) 그러므로 우리는 대대적으로 홍보된 울프의 "대단히 중요한 메시지"와 "거의 완벽한 진술"이 실제적 발전을 "교양 있고 현명하며 낙관적"으로 변형하는 것을 자세히 들여다보기 전에 우선 자본 시스템의 진정한 본성과 전망을 고찰할 필요가 있다.

우리가 부르주아 금융 언론에서 정기적으로 접하는 '성장 또는 제로 성장'이라는 거짓 이분법이 문제가 아닌 것처럼 실제로 문제는 '세계화인가 또는 아닌가' 하는 것이 아니다. 오히려 우리의 실질적인 관심은 전 지구적인 통합적 발전과 성장에 관한 **어떤 종류**의 정립된 대안이 역사적으로 지속 가능한 방식으로 추구되는지에 관한 것이다. 사실상, 자본주의적 세계화의 선전자들이 태어나기 한 세기보다 훨씬 더 전에 이미 마르크스는 자본 시스템의 **전 지구적 통합**을 지향하는 자본 발전의 **냉혹한 추세**를 예견했다. 그는 누구보다 훨씬 앞서 예견했을 뿐 아니라 비판적으로 예견했다. 실제로 그 중요성과 잠재적으로 파국적인 영향의 문제와 관련해 바라보았던 것이다. 자본주의적 '세계화'의 현대 변호론자들과는 다르게 마르크스는 그 주제에 날카롭게 접근했다. 그들은 우리 현존 질서의 적대와 모순의 악화되는 미로迷路에서 벗어날 길을 지시하기는커녕 어림잡아 평가하지도 못하면서 유행에 따라, 행복한 전 지구적 결과를 상정한다. 우리가 겪는 **자본주의적 세계화**는 결코 인류의 압도적 다수를 위해 **작동하지 않고 있고 작동할 수도 없다**. 그것은 경제적·정치적 지배 세력을 크게 이롭게 하고, 그 결과 근원적인 모순을 심화한다. 이것이 조만간 구체적으로 다루어져야 할 실질적 문제다.

지배 이데올로기는 기존 질서의 초(超)시간적인 타당성을 성공적으로 설교해 대중 의식을 계속해서 장악한다. 이런 관점에서 보면 이 시스템은 비역사적이고 영원히 적합한 사회 재생산구조 틀 안에서 잘 조정되는, 소소한 주변적 변화만을 요구한다.

이 담론에서는 모든 것이 총체적으로 뒤집힌다. 이 담론은 진실을 왜곡할 뿐 아니라 일반 대중에게 정반대로 말한다. 왜냐하면 자본을 자연적이고 영원한 시스템으로 나타내려는 모든 자기 정당화의 신비화에도 불구하고 실제로 우리는 역사적으로 제한되고 시간에 독특하게 매여 있는 사회신진대사 재생산양식에 관해 말하고 있기 때문이다. 이것은 주요한 세 가지 이유를 바탕으로 삼고 있다.

1. 결과가 무엇이든 간에 **자본의 자기 확장으로서 성장 명령**. 달리 말해, 그 필연적인 결과가 아무리 해로운 것이더라도, 심지어 극히 파괴적인 것이더라도 자본축적의 무제한적 추구.

2. 자본 시스템의 항구적인 **작동 방식** 때문에 경제 영역에서의 **전 지구적 통합**을 향한 자본 경향이 정치 영역에서 그 추세가 갖는 필연적인 함의와 날카롭게 모순된다. 모든 측면에서 **지배와 예속**의 형태를 띠는 이 작동 방식은 근대 제국주의 지배 아래 약소국을 대상으로 이루어진 더 강한 **민족국가**의 필연적인 정복을 포함한다. 이런 발전의 궁극적인 ― 그리고 전적으로 미친 ― 논리는 하나의 '초강대국'이 **자본 시스템 일반의 국가**로서 자신의 도전할 수 없는 지배를 관철한다는 헛된 희망을 가지고 나머지 **모든 나라**를 자신에 복종시킨다는 것이다.

3. **경쟁과 독점의 악순환**. 즉, 중단할 수 없는 상호 규정 과정에서 경쟁이 독점을 낳고, 동시에 (이렇게 통제할 수 없는 방식으로 산출된) 독점이 점점 더 가혹

하고 파괴적인 경쟁을 초래한다는, 궁극적으로 유지할 수 없다는 의미에서의 악순환.

세 측면 모두에서 우리는 당대에 **전면적으로 활성화되고 심화된** 자본 시스템의 극복할 수 없는 자기 모순적인 **내적 규정**에 주목한다. 이것은 이들 문제에 심대한 긴박성을 부여하고, 파괴적 추세를 극복하기 위한 **긴요한 근본적 개입**을 요청한다.

여기서 자본의 역사적 생존 능력이 그 시스템의 **절대적 한계**에 의해서뿐만 아니라 어떤 한계의 존재도 인정하지 못하는 총체적인 무능력에 의해서도 부정적 의미에서 심각하게 영향을 받는다는 점을 강조하는 것은 중요하다. 그 절대적 한계들은 다음의 두 가지 고려와 관련해 분명히 눈에 띈다.

1. 자본 시스템의 시간 지평은 필연적으로 단기다. 그것은 바로 당장의 이득을 위한 경쟁과 독점에서의 엄청난 압박과 그에 뒤따르는 지배와 예속을 부과하는 방식 때문이다.
2. 또한 이 시간 지평은 성격상 사후적이기 때문에 손상을 입은 후에만 교정 수단을 채택할 수 있다. 그리고 그런 교정 수단조차 매우 제한된 형태로만 도입될 수 있다.

이와 같은 두 가지 고려의 결과로 자본 시스템은 (용어의 가장 근시안적인 의미를 제외하고는) 계획과 양립할 수 없다. 이것은 거대한 준*독점적 초국적기업을 고려할 때도 그러하다. 가장 큰 대기업조차 기껏해야 그들의 특정 사업에서 몇몇 제한된 **사후적 계획**만을 수립할 수 있다. 또한, 극히 제한된 갈등적·적대적 방식이 아니고서는 그들이 작동하는 전 지구적 시장을 자신의 힘으로 통제할 수 없다. 특히 시스템의 치명적인 모순과 결합된 전 지구적 경제통합의 경향이 관찰되는, 따라서 작동할 수 있는 **포괄적 형태의**

계획이 아주 사활적으로 필요한 역사적 상황에서 이런 체제적 제한의 중요성은 아무리 강조해도 지나치지 않다.

자본 시스템에서 인과관계는 구조적으로 손상된다. 자본의 가장 깊숙한 인과적 규정들이 진지한 비판적 검토를 결코 받을 수 없기 때문이다. 달리 말하면 이 시스템은 스스로를 무조건적으로, 절대로 의심할 바 없이 자기원인으로서 무자비하게 추동한다. 그 결과 자본은 역사적으로 발생하는 원인을 원인으로서 다루는 것이 구조적으로 불가능하다. 몇몇 사후적 교정 수단을 도입하려는 가장 진지한 시도에서조차 자본은 기존 질서의 극단적인 단기 시간 지평의 제약에 맞춰 결과 위에 다른 결과를 누적시킴으로써 (좋거나 나쁜) 결과에 대응하는 형태로, 또한 대체로 반복해 문제를 만들어내는 역효과 형태로 작동할 수밖에 없다. 따라서 시정 가능한 '시장 조작'으로 흔히 잘못 기술되는 것은 실제로 자본 시스템의 다소 용이하게 교정될 수 있는 우연한 특징이 아니다. 그것은 자본 시스템의 근본적 규정 가운데 하나로서, 원인을 다소 자의적으로 취급할 수 있는 결과로 다루는 대신 구조적으로 중요한 원인으로서 관계하는 근본적으로 다른 방법을 채택해야만 치유될 수 있다. 그렇지만 이 대안적 해법을 위해서는 생산과 재생산의 더 높은 사회신진대사 질서로 넘어감으로써 자본의 구조적 제약을 극복해야 한다. 결국 구조적 지상명령이 뜻하는 바는 질적으로 다른 구조적 틀을 구상하지 않고서는 그것을 의미 있게 변경할 수 없다는 것이다. 우리의 경우 질적으로 상이한 구조 틀이란 기존 질서의 필연적인 파괴적 제약에서 자유로운 것이다. 반면, 자본의 시각으로 세계를 파악하는 것은 자본의 관점에 일체감을 가지는 위대한 사상가들조차 극복할 수 없는 결점이다.

언급할 마지막 요점은, 역사적으로 특수하고 참으로 독특한 사회신진대사 통제 질서를 식별 가능한 일시적 규정에 종속되지 않을 뿐 아니라 그 자체가 역사보다 상위에 존립하고 역사에 대한 최종 중재자 역할을 할 수 있는 것으로 제멋대로 영구화한다는 점이다. 우리가 이미 앞서 살펴보았듯이,

자본주의 발전 과정에서 세계를 자본의 관점으로 파악한 위대한 사상가들이 역사적 차원을 부분적으로 인식할 때조차 그것은 역사적 시간 의식을 완전히 청산하기 위해 잊혀야 했다.

자본 시스템의 독특함은 '가차 없이 성장하든가 아니면 파멸하든가'라는 구조적 지상명령에서 명백히 드러난다. 인류의 전체 역사에서 이러한 자본의 내적 규정을 조금이라도 닮은 사회신진대사 재생산 시스템은 없었다. 또한, 이 구조적 규정은 자본의 재생산 질서를 넘어설 수 없는 **보편적 규칙** — 뒤로는 오랜 과거 역사로, 앞으로는 영구화된 자본주의적 미래로 자의적으로 투사되는 — 이라고 거짓되게 진술하는 것이 완전히 자기 본위의 오류임을 드러낸다. 이처럼 자의적으로 선포된 보편적 규칙에 따라 "대안은 있을 수 없다"라는 체제 변호론자들의 유명한 슬로건이 나온다.

이러한 전반적 발전을 극히 문제투성이로 만드는 것은, 자본 시스템의 기초 규정들이 고집스럽게 전도된 방식으로 **자본의 자기 확장**을 지향하며 진정한 인간의 필요에 상응하는 사용가치의 성장은 단지 우연적으로만 이루어진다는 사실이다. 이런 까닭에 자본의 역사적 전개의 초기 국면에서, 정당한 인간적 필요의 충족과 일치하는 한에서 **긍정적 진보**를 의미했던 역동적 특징이 오늘날에는 잠재적으로 매우 파괴적인 규정으로 전환된다. 왜냐하면 자본의 자기 확장 충동의 모순적 이해관계는 어떤 대가를 치르든 어떤 환경에서든 지배적으로 되어야 하기 때문이다. 심지어 그 충동에 의해 생산된 수익성 있는 사용가치들이, 전 지구적 패권 제국주의의 **진짜** 대량 살상 무기로써 인류 전체를 절멸할 수 있는 군산복합체의 악독한 전쟁 물자 — 그 유일한 '사용가치'가 파괴인 — 일 때조차 그러하다.

이전에 긍정적이었던 특징의 전복은 자본주의 발달 과정에서 **경쟁**과 관련해서도 똑같이 분명하게 나타난다. 이는 역사적으로 독특한 시스템의 점점 더 부정적인 상호 규정의 귀결인 **독점**이 점차 지배적인 역할을 떠맡는 데서 두드러진다. 독점으로 치닫는 경쟁과 더 혹독한 경쟁으로 귀결되는 독점의 악순환이 깨질 수 없기 때문에 필연적인 결과로서 자본의 집적·집중이 점증하고, 자신의 경쟁자를 게걸스레 먹어치우는 식욕이 조금도 줄어들지 않은 채 무대를 지배하는 더욱더 강력한 기업 ─ 거대 초국적기업 ─ 이 설립된다. 그리하여 자본의 자기 확장인 성장은 그 자체가 위압적인 **목적**이 되고, 진정한 인간적 목적과 관련해 채택된 목표라는 내재적 가치를 전혀 고려하지 않는다. 생산과 재생산과정의 장기적인 실행 가능성을 평가하는 적절한 인간적 척도의 총체적 부재, 그리고 모든 것을 지배하는 목적 그 자체로서 자본축적으로의 대체는 암적인 성장의 무자비한 진전으로 나아가는 위험스럽게 폭넓은 문을 열어젖힌다. 그러한 암적인 성장은 수익성 있는 확장을 위해, 준독점적 지배를 위한 경쟁에서 더 유리한 고지를 차지하기 위해 추구된다.

이러한 비뚤어진 논리의 파괴적인 결과는 이중적이다. 첫째, 경제 영역에서 성장이라는 지상명령은 **암적인 성장** 형태를 취할 때조차 추구되어야 하는데, 이는 결과적으로 인간 생존의 기초 조건에 대한 보호를 완전히 무시한다. 결국 이것은 인간 삶의 자연적 토대조차 직접 위태롭게 하는 광범한 생산 관행에서 분명하게 나타난다. 즉, 환경 파괴와 관련해 통상 표명되는 심각한 우려다.[13] 이것은 지속 가능한 사회적 재생산의 **절대적 조건**이다. 비록 자본 시스템이 가지는 구제 불능의 단기적인 시간 지평과 전적으로 부합하는 냉담한 무시가, 회피하고 합리화하는 매우 기괴한 주장 ─ 그에 상응하는 실제적 수단과 결합된 ─ 으로 그것을 부정하지만 말이다.[14]

---

13 1971년 이래 나는 이 문제들을 논의해왔다. 1971년 1월 런던 정경대학에서 이루어진 나의 아이작 도이처 기념 강연문 "사회적 통제의 필연성"에 있는 '자본주의와 환경 파괴'에 관한 장을 참조하라. 이 강연은 1971년 런던 멀린(Merlin) 출판사에 의해 한 권의 책으로 처음 출간되었고, 나중에 나의 책 『자본을 넘어서』 제4부에 재수록되었다.

14 존 벨라미 포스터의 통찰력 있는 연구 *Marx's Ecology*(New York: *Monthly Review* Press, 2000)를 참조하라. 또한 조엘 코벨(Joel Kovel)의 설득력 있는 책 *The Enemy of Nature:*

통제 불가능한 자본 확장의 궁극적으로 파괴적인 지상명령과 그에 수반되는 독점과 경쟁의 악순환에 종속된 암적인 성장의 두 번째 핵심적 측면은 정치적·군사적 영역에서 분명히 나타난다. 왜냐하면 독점적 지배 충동은 전 지구적 야심을 결코 완전히 충족할 수 없기 때문이다. 매우 유력한 초국적기업조차 전 지구적 질서에서 준독점적 지위만 이룰 수 있을 뿐이고 포괄적 독점의 지위를 차지할 수는 없다.

이것은 물론 자만하거나 기뻐할 일이 아니다. 그 추세 자체의 위험한 파괴적 차원은 그런 제한에 의해 감소되지 않는다. 문제가 되는 제한은 전 지구적 지배를 위한 투쟁이 자신의 모국과 국제적 무대에서 거대 초국적기업의 상대적 성공에 따라 심화할 수밖에 없다는 것을 의미할 뿐이다. 그 결과, 자국의 거대 **민족적-초국적기업**이 경쟁자와 대결하는 것을 지원하기 위해 제국주의 모국이 직접 등장해 사용할 수 있는 모든 수단을 동원할 수밖에 없을 것이다. 그리하여 '군산복합체' 문제는 군국주의적 **생산**의 매우 낭비적인 규정에 한정되지 않는다. 그것은 또한 20세기 — 그리고 더욱더 위험한 21세기 현재의 지배적 추세와 부합되게 — 제국주의의 흥망성쇠가 보여주듯이, **직접적인 군사적·정치적 형태를 취한다.** 미국의 압도적인 지배력을 통한 전 지구적 패권 제국주의의 새로운 국면[15]은 전율스럽게 심각해진 위험을 나타낸다. 이것은 단순히 우연하고 변경 가능한 '강대국 정치' 문제가 아니다. 이것은 훨씬 더 중요한 자본의 역사적 발전의 현 단계에서 표현된 기본적인 **체제적 규정**이며 적절한 차원에서 긴급한 주목을 필요로 한다.

The End of Capitalism or the End of World?(London: Zed Books Ltd., 2002)를 참조하라.

15 확실히, 이 지배는 — 오늘날 아무리 무자비하게 강제되더라도 — 무한정 유지될 수 없다. 미국 지배의 위험한 성격뿐만 아니라 그것의 역사적 불안정성과 궁극적 실패도 강조할 필요가 있다. 머지않아 그런 규정의 근원에 있는 복합적인 문제는 불안정성을 제거하기 위해 해결될 수밖에 없다. 그렇지 않으면 미국의 명령을 점점 더 공세적으로 관철하려는 추세는 인류의 파멸로 귀결될 수 있다.

당연히 이 모든 경향은 역사적으로 독특한 시스템의 가장 내밀한 규정과 긴밀히 얽혀 있다. '유일한 그리고 유일하게 실행 가능한' 재생산 시스템의 **영구화**를 전제해 쉽게 합리화하면서 지배 질서의 막대한 착취의 이해관계를 영속하려는 욕구는 이 경향들의 역사적 성격을 편의적으로 부인한다. 그러나 불편한 진실은 대처해야 할 문제가 자본의 통제 불가능한 성장의 숙명적인 모순과 위험을 인간적으로 지속 가능한 방식으로 어떻게 치유할지에 관한 것일 때조차 자본은 자신의 한계를 전혀 인식할 수 없다는 점이다.

　성장에 대한 관계가 이 시스템의 궁극적인 악순환을 구성하기 때문에 이와 같은 고려는 전혀 받아들여질 수 없다. 왜냐하면 자본은 절대화되고 통제 불가능한 방식으로 성장을 **앞으로 추동**하고, 동시에 어떤 대가를 치르더라도 자신의 ─ 궁극적으로는 총체적으로 유지할 수 없는 ─ 생존 조건인 성장에 의해 **추동되기** 때문이다.

　오늘날 이 시스템의 변호론자들은 합리적 제약을 요청하는 (지배적인 성장 양식에서 비롯된) 심각한 문제가 존재할 수 있다는 것을 제멋대로 부인하거나 '성장의 제한'에 관한 보수적인 환상을 만들어낸다. 후자의 경우, 그들은 자본의 유해한 규정을 당연한 것으로 간주하고, 심지어 현재의 것보다 더 사악한 사회질서를 부과하는 것을 돈키호테식의 '처방'으로 제시한다.

　심지어 이 시스템의 가장 문제적이고 실제로 파괴적인 특성까지 영구화하려는 의도를 지닌 모든 이론과 달리, 이 시스템의 역사적인 규정과 그에 상응하는 구조적 제약을 전면적으로 자각하지 않는다면 우리는 자본 영역에서 맞닥뜨린 어떤 문제에 대해서도 실행 가능한 해법을 찾아낼 수 없다. 이 사회신진대사 재생산양식의 역사적 고유성은 ─ 수 세기에 걸친 오랜 기간 전체를 포괄한다는 의미에서 ─ **획기적***epochal*이면서 동시에 그 발전의 **특정 국면**의 특징이기도 하다는 점을 염두에 두는 것 역시 중요하다. 양자는 인지된 문제 자체에 승산을 갖고 대결하려 할 때 취할 행동에 대해 각각이 갖는 중요성의 측면에서 전혀 다를 수 있다.

한 가지 결정적인 예를 들면, 궁극적으로 통제 불가능한 성장을 추구하는 것은 가장 깊숙한 체제적 규정의 문제로서 언제나 자본의 기본 특징이었다. 이 독특한 사회신진대사 통제 양식은 성장을 추구하지 않고서는 그것이 실제로 행했던 것처럼 역사적 무대를 정복할 수 없었을 것이다. 더구나, 자본축적을 지향하는 성장의 매우 **문제적인** 성격은 나중에 다소 우연히 덧붙여진 것이 아니다. 그것은 시스템이 도입될 때부터 자본 ─ 그 시스템의 성숙기까지 역사에서 사회신진대사 재생산 질서를 통제하는 가장 역동적인 방식으로 인류에게 알려진 ─ 의 본성과 분리될 수 없었고, 그 발전의 상승 국면 말기에 이르렀을 때 절정에 달했다.

이 절정기는 자본의 역사적 일시성 가운데 조금 더 특수한 두 번째 차원과 정확하게 관련된다. 왜냐하면 점차 모든 것을 포괄하는 통제 시스템으로서, 노동의 소외와 수탈을 통해 가차 없이 성장한다는 이 시스템이 성립할 때부터 자본의 본성에 깊이 박힌 **동일한 체제적 특징**이 자본의 역사적 발전의 어느 **국면**에서는 잠재적으로 가장 파괴적인 규정으로 전환되기 때문이다.

우리에게 성장 문제를 근본적으로 재평가하는 과업을 부과하는 것은 바로 이 위협적인 현재의 역사적 국면이 지닌 역사적 특수성이다. '성장 또는 제로 성장'이라는 자기 본위의 거짓 대안의 의미가 결코 아니다. 그런 거짓 대안은 우리 사회의 괴기스러운 사악함을 그대로 보존하거나 심지어 예전보다 더 악화할 것이다. 성장은 재평가되어야 한다. 이를 위해서는 급진 대중운동의 물적·인적자원을 동원해 우리의 생산 관행을 훨씬 절실한, 사회적으로 타당한 목표를 실현하는 쪽으로 실제로 바꾸어나가야 한다. 이것은 현재 지배적인 자본의 통제 불가능한 성장 양식과 분리할 수 없는 파괴적인 힘을 합리적인 통제 아래에 두지 않고서는 생각할 수 없다.

10.2.2

자본이 지구를 성공적으로 정복한 것은 주로 그것의 내적 역동성 덕분이었다. 일부 지배 국가 — 특히 영국과 프랑스 — 의 군국주의적 이점이 제국주의의 첫 번째 단계인 초기 근대 식민지 제국 건설 단계 동안 중요한 부가적인 역할을 수행했지만 말이다. 자본이 전 지구적으로 침투하고 피정복 지역에 지속적으로 광범한 영향을 미치게 만든 것은 바로 이 시스템의 비할 바 없는 변혁적 역동성이었다. 왜냐하면 자본은 독특하게 변경되었으나 여전히 역동적인 형태로 — 구조적으로 종속되었지만 내적으로 확장 가능한 '모국' 또는 '본국'의 경제적 파생물로서 — 식민지 피정복 지역에 이전될 수 있었기 때문이다. 자본이 지속적으로 성공할 수 있던 주요 원천인 이런 종류의 역동성은 그런 힘이 결여되었을 때 머지않아 동력을 잃었던 초기의 군사적 정복과 첨예하게 대비된다. 또한, 그것은 식민지를 군사적으로 통제할 때 발생하는 낭비적인 비용이 예전의 식민지 제국에서보다 자본의 지배 아래서 상대적으로 현저히 더 적을 수 있다는 것을 의미했다. 왜냐하면 적절하게 이식된 자본 시스템의 '보이지 않는 손'에 의해 일부 기본적인 통제 기능이 아주 오랫동안 매우 효과적으로 작동되었기 때문이다.

자본의 전 지구적 진출의 주요 원천은 자본의 **물질적 명령 구조**와 **정치적 명령 구조** 사이에 존재하는 큰 차이였는데, 자본 시스템 발전의 상승 국면에서는 **물질적 명령 구조**가 강력하게 지배적인 우위를 가졌다. 이런 까닭에 애덤 스미스는 정치인(그리고 국가)이 경제 발전 문제에서 격리될 필요성을 설득력 있게 주장할 수 있었다. 그러나 상승 국면이 끝난 후 사태가 훨씬 더 복잡해지면서 제국주의의 두 번째 단계인 **재분할 단계**[16] 시기에 자본주의국가는 필연적으로 지배 국가의 제국주의적 야망을 진척하는 데 점점 더

---

16 레닌이 '자본주의의 최고 단계'라고 이름 붙인 단계.

직접적으로 개입하게 되었다. 이 재분할 단계에서 준독점적 기업을 위해 주요 열강들은 심지어 대량 파괴적인 세계 전쟁 형태로 적대적으로 경합했다. 당연히, 우리 시대의 특징인 제국주의의 세 번째 단계 ─ 즉, 미국의 압도적인 지배력을 통한 전 지구적 패권 제국주의 ─ 는 무겁게 짊어진 **자멸적인 위험** 때문에 매우 문제적일뿐 아니라 총체적으로 유지될 수 없다.[17]

분리되었으나 긴밀히 상호 연관된 자본의 이중적 명령 구조는 자본 시스템의 전 지구적 전개와 공고화에서 오랫동안 큰 장점을 나타냈다. 식민지에서 자본의 물질적 명령 구조가 채택되어 내부화된 것은 자본 시스템이 전 지구적 범위에서 더욱 확장하는 데 유리한 조건을 조성했다. 즉, 매우 중요한 사회신진대사 통제 기능들 일부가 적대적인 **정치·군사 강대국의 무** 장력에 의해 부과될 필요 없이 (물론, 약간은 재촉하고 또한 정치적·군사적으로 개입함으로써) 토착의 물질적 기반에서 생길 수 있는 조건을 조성했다. 물론, 토착 지배계급이 내적인 사회신진대사 변혁 과정에서 매우 능동적인 모리배謀利輩 역할을 맡았기 때문에 이런 종류의 발전이 가능했다.

하지만 자본의 역사적 상승이 끝남에 따라 이 시스템의 포괄적인 정치적 명령 구조는 점점 더 큰 역할을 떠맡아야 했다. 동시에, 자본주의국가는 점점 더 폭력을 남용하지 않고서는 실제로 그런 역할을 완수할 수 없었다. 또한 식민지 종속국에서도 이 퇴행적 규정은 반식민지 정치 운동의 표출로 귀결되었는데, 이 운동은 종속국 가운데 인구가 많은 인도에서 가장 크게 대두했다. 그리고 ─ 인도의 지배계급을 비롯한 ─ 토착 지배계급은, 전후 '신제국주의' 시기에 비록 **체제적 변화**를 도입하려는 시도와는 매우 거리가 멀기는 했지만, 자본 시스템의 전 지구적 작동 속으로 몇몇 궁극적으로 해결 불가능한 곤란한 문제를 끌어들였다. 우리 당대에 매우 반동적인 자본주의

---

17 이 책의 제4장, 특히 제2절 "제국주의의 잠재적으로 치명적인 국면"에서 이들 문제에 관한 논의를 참조하라.

세력이 세계의 재식민지화를 다소 공개적으로 — 자신들의 자유주의적 제국주의의 이른바 '계몽된' 미래 변종을 찬양할 때 '민족적 대혼란', '악의 축', '실패 국가 *failed states*',[18] 기타 등등을 위선적으로 탄핵하면서 — 추구한다는 사실은 단지 이같은 점을 분명히 보여주는 것에 불과하다.

불가피하게, 자본의 역사적 상승이 끝나면서 — 지배적인 '본국'에서나 식민지에서 — 시스템 전반의 모순과 적대가 첨예화되고, 최초의 확장적 발전 유형을 전복할 것이 요청된다. 왜냐하면 — 헨리 8세 시기부터 19세기 초까지 — 상승 국면에서는 직접적인 정치적 개입의 역할이 감소 추세를 보인 반면, 상승 국면이 끝난 후부터는 점차 증가 추세를 보이기 때문이다. 이러한 발전 유형은 국제적 차원에서는 전 지구적 제국주의 전쟁이라는 매우 공격적인 관리까지 이르게 되고, 국내적 차원에서는 사태에 대한 점점 더 극단적인 국가 관료적 통제에 이르게 된다. 그리하여 '보이지 않는 손'은 돌연 뒷전으로 물러났으며, '보이지 않는 손'의 능가할 수 없는 권능을 실제로 믿었던 애덤 스미스와 달리, 신비화를 위해 그 신화만이 지배 이데올로기에 의해 냉소적으로 계속 이용되고 있다.

새로운 상황 아래, 분리된 자본의 물질적 명령 구조는 더 이상 식민지 지배계급에게 경제 발전과 상대적으로 자율적인 통제를 위한 여지를 충분히 제공할 수 없었다. 이미 제국주의의 두 번째 단계인 재분할 단계 동안에 식민지 영토의 배타적인 군사적 정복과 직접적 통제를 위한 야만적인 새로운 국제 경쟁이 그럴 여지를 단호하게 배제해버렸기 때문이다. 이런 식으로,

---

18 마틴 울프는 비록 조금 더 외교적인 언사를 사용하지만 반동적 본질에서는 예외가 아니다. 경건한 체하는 아첨과 함께 '지구 공동체'라는 이른바 자기 정당화 개념 — 그 이름 아래 미 제국주의와 그의 '의지의 동맹들'이 끊임없이 기본 인권을 가장 야만적으로 유린하고 있다 — 을 채택하면서, 울프는 예상대로 "또한 지구 공동체는 국가가 완전히 실패한 곳에 개입할 역량과 의지를 필요로 한다"라고 주장한다(Wolf, *Why Globalization Works? The Case for the Global Market Economy*, p. 320).

자본 시스템에 항상 잠재된 국가 간 적대는 전면적으로 활성화되고 심화되었다. 이러한 적대는 20세기의 두 차례 세계전쟁처럼 지배적 국가가 극단적인 군사적 모험에 매우 무책임하게 개입했는데도 명백히 해결 불가능하게 되었다. 물론, 이 모순은 전 지구적 패권 제국주의 상황 아래에서 훨씬 더 첨예해졌다. 왜냐하면 세 번째 제국주의 단계에서는 노골적인, 세계의 재식민지화가 의제로 재출현했기 때문이다. 잠재적인 제3차 지구 전쟁의 절대적으로 자멸적인 성격 때문에 그런 노골적인 재식민지화 기획이 세계의 나머지 국가에 사용 가능한 군사적 수단에 의해 단순히 강요될 수 없다는 추가적인 문제와 함께 말이다.

이것이 자본 시스템 자체의 국가를 창출할 수 없는 자본의 무능력이 자신의 극복할 수 없는 한계를 드러내는 지점이다. 근대 제국주의의 150년은 자본 시스템의 국가 간 적대를 줄이는 데서조차 — 그들이 희망적으로, 변호론적으로 선전해온 국가 간 적대의 완전한 제거는 말할 것도 없고 — 아무것도 성취할 수 없었다. 반대로, 극히 일시적이라도 국가 간 적대를 타협시키기 위해서 점점 더 큰 군사적 대결이 실제로 요구될 정도까지 그들은 국가 간 적대를 심화할 수 있었을 뿐이다.

이 문제에 대한 전형적인 왜곡 선전은 마틴 울프의 책에 의해 제공된다. 그의 책 『왜 세계화는 작동하는가?*Why Globalization Works?*』는 그와 마찬가지로 기득권을 가진 사람들에 의해 열렬히 칭송되었다. 그들은 "우리의 경제적·정치적 미래에 대한 교양 있고 현명하며 낙관적인 견해"로서만이 아니라 심지어 "완벽한 분석"[19]으로 그 책을 칭송한다. 왜냐하면 울프는 진행 중인

---

19 이 문구는 국제통화기금의 수석 경제학자, 하버드 대학 교수인 케네스 로고프(Kenneth Rogoff)가 울프의 책 뒤표지에서 판촉 광고문으로 사용한 것이다. 로고프는 조지프 스티글리츠(Joseph Stiglitz)조차 비판하는 그의 매서운 적수로서 자신의 우수한 기득권층 자격을 입증했다. 스티글리츠의 책 *Globalization and Its Discontents*(Harmondsworth: Penguin Books, 2004) 펭귄판 후기에서 그들 사이의 첨예한 대립에 대한 스티글리츠의

발전(세계화 — 옮긴이)에 대해 이처럼 자상하게도 '낙관적인' 형태의 설명을 제공하기 때문이다.

> 모든 강대국이 내재적 경제 발전과 평화적 교역보다 영토 획득과 약탈을 통해 번영을 이룩한다는 격세유전적 관념을 포기했다. 오늘날 테러와의 전쟁이 갖는 현저한 특징 가운데 하나는 세계의 강대국이 모두 같은 편이라는 사실이다.[20]

그리하여, 제국주의는 한때 몇몇 열강이 '격세유전적 관념'에 사로잡혔기 때문에 존재했고 이제 그들이 '내재적 경제발전과 평화적 교역'이라는 관념으로 개종했기 때문에 그런 관념은 다행스럽게도 영원한 과거의 일이 되어 버렸다고 믿는 것이다. 이 "교양 있고 현명하며 낙관적이고 완벽한 분석"의 증거는 세계의 열강들이 '테러와의 전쟁'에서 같은 편이라는 말도 안 되는 **불합리한 추론**이다. 이것은 '격세유전적 관념'이라는 가설에 답하는 결론이다. 그러한 '완벽한 분석' 덕분에 이제부터 우리는 제국주의적 경합과 약소국에 대한 착취적인 지배에 관련된 생각의 잔영에 의해 방해받지 않고 앞으로 쭉 행복하게 살 수 있다. 그러나 약소국들은 어떤가? 제국주의에 아첨하는 울프의 영웅 전설은 '세계의 열강들'에 대해서만 말하고 있을 뿐이다!

사태의 불편한 진실은 자본주의적 세계화가 **자본 시스템 자체의 국가**(세계국가 — 옮긴이)**를 창출하는** 데 성공하지 못하는 한 도저히 작동할 수 없을 것이라는 점이다. 그렇게 하려면 자본주의적 세계화는 필수적으로 제국주의 발전의 파괴적 역사의 근원에 있는 모순과 적대를 근본적으로 극복해야 한다. 하지만 내재적인 **체제적 모순** — 그리고 그에 뒤따르는 불가피한 국가 간 적대 — 은 심지어 지금 같은 상황에서조차 강력하게 표출되고 있다. 게다가

평가를 참조하라.

20 Wolf, *Why Globalization Works? The Case for the Global Market Economy*, p. 309.

그 모순은 지구 자원의 유한함과 관련해 극복할 수 없는 물질적 제한 — 먼 과거에는 단지 잠재적이었던 — 이 (최강대국들, 특히 미국에 의해 무책임하게 부인되고 무시되고 있지만) 지금 너무나 명백해졌을 뿐 아니라 갈수록 더욱 **첨예해진다**는 사정에 의해 엄청 복잡해졌다. 따라서 우리는 제국주의적 적대의 (전에는 상상할 수도 없던) 잠재적인 **심화**를 진지하게 고려해야 하며, 그것을 과거의 것으로 돌려서는 안 된다. 왜냐하면 현재 문제는 몇몇 약소국에 대한 식민지 지배를 둘러싼 경합뿐 아니라 우리의 유한한 지구 자원을 둘러싼 (자본주의적으로 해결할 수 없고 잠재적으로 재앙적인) 경쟁이기 때문이다.

우리 당대의 우려되는 발전 추세에 대해 우리가 눈을 감도록 설득하기 위해 제국주의의 변호론자들은 오진誤診과 전혀 비현실적인 해결책을 내놓는다. 그러므로 놀랄 일도 아니지만 울프는 다음과 같이 주장한다.

> 필수적인 지구적 공공재의 제공은 물론이고 지구적 번영을 더욱 크게 확산하는 데 대한 최대의 장애물을 생각해보자. 그 장애물은 비판가들이 주장하는 것처럼 전 지구적 경제통합도, 초국적기업도 아니다. 그것은 **독립적 주권의 복수성**이다(세계국가가 존재하지 않는다는 의미 — 옮긴이).[21]

울프는 한 발 더 나아가 "불평등과 지속적인 가난의 가장 중요한 원천은 단연코 인류가 200여 개별 나라들로 격리되고 고정되어 있다는 사실에 있다"라고 덧붙였다.[22] 울프는 우리가 안고 있는 문제에 대한 '주된 설명'은 "세계의 정치적 분열"이라고 강박적으로 주장한다.[23] 예상대로 그는 "세계무역기구는 세계무역에 무시해도 좋을 정도의 영향을 미치는 다수의 소국을 협상

---

21 Ibid., p. 313.
22 Ibid., p. 316.
23 Ibid., p. 317.

에 끌어들여 그들에게 어울리지 않는(과도한 — 옮긴이) 권력을 준다"라고 말하면서, 칸쿤Cancun에서 보여준 세계무역기구의 유일하게 긍정적인 잠재력을 비난한다.[24,25]

물론 우리가 앞서 살펴보았듯이, 울프는 실질적 의사 결정권이 '세계열강'의 수중으로 집중되는 것을 지지한다. 그런 견해를 정당화하기 위해 그는 자신의 혼란스러운 선전적 선언을 '입증하는' 너무 빤한 것조차 — 즉, 주로 미국 통제 아래에 있는 거대 초국적기업이 민족적 회사라는 것 — 또 다른 무척 재미있는 **불합리한 추론**의 도움을 받아 부인하기를 마다하지 않는다. "(서비스를 포함한) 최첨단 산업에서 최대 기업은 **민족적이지 않다.** 미국에 있는 도요타Toyota 공장이 중국에 있는 제너럴 모터스GM 공장보다 조금이라도 미국 것인가?"[26] 이에 대한 물론 진정한 답은 그 질문이 전혀 무의미하다는 것이다. 왜냐하면 GM 공장이 중국을 포함해 어디에 있든 간에 **민족적·초민족적인 미국의 것**이듯이 도요타 공장도 어디에 있든 간에 **민족적·초민족적인 일본의 것**이기 때문이다.

"결코 다시는 격세유전적이지 않은 세계열강들"을 위한 울프의 선전적

---

24 Ibid., p. 319.

25 2003년 9월 멕시코 칸쿤에서 열린 제5차 세계무역기구(WTO) 각료 회의는 선언문 채택에 실패해 WTO에 큰 타격을 입혔다. 이는 1999년 제3차 각료 회의(캐나다 시애틀)에서의 실패에 이어 반세계화 운동과 개발도상국의 저항에 따른 것이었다. 이 칸쿤 회의에서 중국, 브라질 등 70여의 개도국들은 선진국이 농업 보조금 폐지와 관세 인하에 소극적이면서 개도국에 투자 자유화 등을 강요하는 것에 강력히 반대하면서 협상을 결렬시켰다. 이에 따라 도하개발어젠다(DDA) 협상의 골격을 마련하지 못하고 종료해 뉴라운드(New Round)의 진전을 무산시켰다. 미국, 유럽연합, 일본 등 선진국 중심으로 제3세계에 개방 압력을 관철하는 주요 통로였던 WTO는 칸쿤 회의에서 개도국들의 반발로 실패한 이후 더 이상의 무역·투자 자유화를 추진하지 못하게 되었다. 이 칸쿤 회의 기간인 9월 10일에 진행된 WTO협상 반대 시위에서 이경해 한국농업경영인중앙연합회 회장이 할복자살을 통해 농산물 시장 개방에 반대했다. — 옮긴이

26 Wolf, *Why Globalization Works? The Case for the Global Market Economy*, p. 311.

추론의 절정은 마찬가지로 흥미롭다. 다음의 글이 잘 보여준다.

> 만약 우리가 경제적 수렴의 힘이 분산의 힘을 제압하는 것을 보장할 가장 강력한 기제가 무엇인지를 더 캐물어 들어간다면, 그 대답은 **사법권의 통합**이어야 한다. …… 만약 (경제적 ― 옮긴이) 번영을 보장하고 자본이 자유롭게 이동하도록 허용한다는 약속이 어디에서나 신뢰할 만하다면 가난한 나라로 향하는 자본 이동은 크게 증가할 것이다. 또한, 만약 인민이 빈곤하고 실패한 나라에서 더 부유한 나라로 자유롭게 이동할 수 있다면 전 지구적 불평등과 극단적인 빈곤은 분명히 실질적으로 줄어들 것이다.[27]

이 글에 따르면 '사법권의 통합' ― 즉, 한 줌의 열강에 의한 세계 전체에 대한 견고한 제국주의적 국가 통제 ― 이 우리의 점차 악화되는 문제와 적대에 대한 선포된 해결책이다. 기적적인 해결책은 거기서 끝나지 않는다. 왜냐하면 방금 인용한 구절이 다음과 같이 계속되기 때문이다.

> 우리는 더 나아갈 수도 있다. 지금 유럽연합의 의미에서가 아니라 말하자면 미국과 같은 연방 국가의 의미에서 **사법권의 통합**을 상상하라. 미국이 세계의 여러 나라들 가운데 하나가 아니라, 모두에게 **동등한 투표권**을 부여하는 전 지구적 연방 국가가 되었다고 상상하라. 그러면 훨씬 더 많은 자원이 사회 기반 시설, 교육, 보건과 법질서 기구를 지원하기 위해 이 상상 속의 세계 ― 미국을 포함한 ― 의 더 빈곤한 지역으로 흘러들어 갈 것이다. 그것은 놀라운 일이 아니다. 잘 알다시피, 국가라는 것은 **정치적 목소리**를 가진 사람에게 돈을 지출한다.

그러나 왜 우리는 이 모든 가상의 성취 가운데 으뜸가는 성취로 뜻밖의

---

27 Ibid., p. 315.

행운이 은혜롭게 내려오는 것을 상상하면 안 되는가? 전 지구적 연방 국가가 여전히 남아 있는 하나의 문제까지 해결할지도 모르기 때문이다. 즉, 전혀 근거 없는 울프의 단언에도 불구하고 실제로 기존의 '동등한 투표권'이 우리 자유민주주의 사회의 유권자에게 적절한 '정치적 목소리'를 전혀 확보해줄 수 없다는 문제다. 비록 울프의 말에 따르면, 동등한 투표권이 열거된 자연스러운 편익(앞선 인용문의 "사회 기반 시설, 교육, 보건과 법질서 기구를 지원하기 위한" 자원의 흐름 — 옮긴이)을 가져올 것으로 상정되고 있지만 말이다. 이를테면 영국의 수백만의 연금 생활자는 다른 영국 시민과 똑같은 정치적 투표권을 가지고 있지만 평균임금 인상률에 맞춰 연금을 인상하기 위해 수십 년 동안 노력해왔다. 그러나 영국의 자본가 정부는, 보수당 정부든 노동당 정부든 (신노동당만이 아니라) 간에, 그들의 요구를 완강히 거부했다.

울프의 세계에서는 모든 어려움이 가상적으로 공정한 — 현실에서는 제국주의적으로 지배되는 — 세계시장의 미덕에 의해 극복되게 되어 있다. 세계시장에 대한 비판은 확실하게 묵살된다. 그리하여 그는 "비판은 보호주의자들이, 세계의 빈민들이 세계시장에서 생계를 꾸려갈 기회를 박탈하면서도 그들을 이롭게 하고 있다고 주장할 수 있게 한다"라고 말한다.[28] 실제로 수 세기 동안 현존하는 세계시장에서 인류의 압도적 다수가 온당한 생활을 영위하지 못했다는 사실에 대해 울프는 아무 관심이 없다. 가장 중요한 점은 우리가 사법적으로 개선된 울프의 "교양 있고 현명하며 낙관적인 견해"에 동의해야 한다는 것이다. 그 견해에 따르면, 진행 중인 자본주의적 세계화 과정이 모두에게 이익을 가져다준다. 그와 반대로 일부 사람들이 계속 의심을 품을 경우 그들은 외관상 논박할 수 없는 근본적인 주장 — 그 책의 마지막 문단에 있는 — 을 통해 울프에 의해 호되게 꾸짖음을 당할 것이다. 울프는 거기에서 "마치 소련 공산주의의 붕괴가 일어나지 않은 것처럼 떠드는

---

28 Ibid., p. 319.

낡은 반자본주의의 상투 문구의 복귀"에 대해 큰소리로 비난한다.[29] 그는 소련형 발전에 대해 오랫동안 깊이 있게 수행된 사회주의적 비판에 대해 조금도 주의를 기울이지 않았음이 분명하다.

실제로 울프의 '핵심적 메시지'와 '완벽한 분석'은 가장 퇴행적인 기득권(미 제국주의와 초국적 자본 세력 ― 옮긴이)에 전면 부합하는 명백한 선전전宣傳戰이다. 또한 그의 책 뒤표지에 실린 케네스 로고프의 조심스러운 지지는 클린턴 대통령의 경제자문회의 의장과 세계은행의 수석 경제학자를 역임한 조지프 스티글리츠와 대조를 보인다. 그러나 우리가 스티글리츠의 세계화에 대한 (그의 책 제목이 나타내는) 의심할 바 없이 덜 비현실적인 견해에 어디까지 동의할 수 있는가?

분명히 『세계화와 그 불만Globalization and Its Discontents』에는 오늘날 세계화가 부정적으로 작용하는 경제적·정치적 통제 메커니즘에 대해 우리가 동의할 수 있는 여러 부분적인 비판이 있다. 특히 세계통화기금의 역할에 대한 조지프 스티글리츠의 평가가 그러하다. 마찬가지로 그의 후속 저작인 『광란의 90년대Roaring Nineties』에서도 몇몇 거대 초국적기업의 사기詐欺 행위에 대한 그의 비판은 단호하고 분명하다. 그렇지만 빌 클린턴의 주요 경제 고문답게 그가 그 과정이 "더 많은 인간의 얼굴을 가지고" 실행되기를 원하더라도, 그의 접근 방법은 자본주의적 세계화라는 전제와 결론에 항상 묶여있다. 결국 그의 비판은 물질적·구조적으로 보장된 의미 있는 변화를 위한 구체적인 제안 대신 미사여구 ― 아마도 선의의 미사여구 ― 로 끝난다. 우리는 '민주적 세계화'를 주장하는 그의 책의 전형적인 문구에서 스티글리츠의 접근 방법이 가지는 명백한 한계와 선의의 미사여구를 모두 볼 수 있다.

그러나 민주적 세계화는 이들 결정이 세계 모든 인민의 전면적인 참여와 함께

---

29 Ibid., p. 320.

이루어져야 한다는 것을 의미한다. 세계정부 없는 세계 지배 구조 시스템은 다자주의를 수용할 경우에만 작동할 수 있다. 불행히도, 작년에는 세계에서 가장 부유하고 가장 강력한 나라(미국 — 옮긴이)의 일방주의가 더 발호했다. 만약 세계화가 작동하려면 이것도 바뀌어야 한다.[30]

우리가 볼 수 있듯이, 스티글리츠의 주장은 '만약'과 '해야 한다' 위에 구축되어 있다. 그런데 바라는 목표가 '어떻게' 도달될 수 있는지에 대해서는 언급이 전혀 없다. 진행 중인 — 냉혹하게 권위주의적이고 제국주의적으로 지배하는 — 세계화 과정에 대한 대안이 실제로 성취될 수 있는 방식으로 실질적으로 분석되지 않는 한, '민주적 세계화'에 대해 논하는 것은 소용없는 일이다. 불행하게도, 결코 놀라운 일은 아니지만, 스티글리츠의 평가에서 '민주적'이라는 말은 소망되는 목표가 '어떻게' 도달될 수 있을지에 관한 어려운 문제를 설명할 필요를 제거하면서 그 문제를 해결할 수 있도록 되어 있다.

"왜 우리는 역사상 가장 탐욕스러운 십 년의 대가를 치르고 있는가?"라는 부제가 달린 스티글리츠의 『광란의 90년대』에서 똑같은 선의의 미사여구와 동시에 어려운 핵심적 문제의 회피를 우리는 발견한다. 역시나 선의가 부족한 것은 아니다. 그러나 그 선의가 도달한 지점은 다음과 같다.

아마도 차기 미국 행정부는 미국이 빠진 곤경을 피할 수 있을 것이다. 아마도 다음 행정부는 미국과 세계의 장기적인 필요에 대처하는 데 더욱 성공할 것이다. 적어도, 아마 (미국 이외의 — 옮긴이) 세계의 여타 시민은 최근 수년 동안 경제정책에 관한 수많은 사고思考를 이끌어온 신화(예컨대, 신자유주의 — 옮긴이)에 굴복하는 데 조금 더 조심할 것이다. 아마도 미국과 유럽, 그리고 선진국과 개발도상국이 함께 새로운 형태의 지구적 민주주의와 일련의 새로운 경제정책

---

30 Stiglitz, *Globalization and Its Discontents*, p. 274.

— 세계의 모든 시민이 공유할 새로운 번영을 보장하는 정책 — 을 구축할 수 있
을 것이다.[31]

그리하여 한 번이 아니라 네 번이나 '아마도'라는 근거 없는 희망이 제시
되는데, 그런 희망을 뒷받침하는 것은 아무것도 없다. 이런 까닭에 "세계의
모든 시민"을 위한 "새로운 번영을 보장하기"로 된 "새로운 형태의 지구적
민주주의"(우리가 언제 낡은 형태의 지구적 민주주의를 가진 적이 있는가?)라는
투영은 그것을 실현할 수 있는 방도에 관한 분석이 전혀 없는 가운데 하나
의 경건한 요구에 불과하다. 스티글리츠는 필수적이고 역사적으로 실행 가
능한 대안의 실현을 방해하는 거대한 **구조적 장애**에 맞서 전투적으로 대결
하기는커녕 그것을 고려조차 하지 않는다. 핵심적으로 중요한 지배 질서의
구조적 규정은 체계적으로 **회피**된다. 스티글리츠는 진행 중인 세계화의 **자
본주의적 성격**과 틀을 결코 비판하지 않는다. 그는 세계화의 '관리'에만 관
심을 기울일 뿐이다. 그리고 기존 사회질서의 일정한 **구조적 변화**에 대한
어떤 필요도 없이 자신의 독특한 종류의 더 계몽되고 덜 '탐욕적인' 형태의
자본주의적 관리를 통해, 비판받는 '잘못된 관리'를 교정하는 것에서 해결
책을 기대한다.

그러므로 스티글리츠의 정책 권고가, 부드럽게 말하면, 다소 무기력하다
는 것은 이해할 만하다. 그는 『광란의 90년대』에 대해 다음과 같이 일반적
으로 평가한다.

이 책에 단일한, 단순한 메시지가 있다면 그것은 **정부와 시장의 역할** 사이에
균형이 존재할 필요가 있다는 것이다. 한 나라는 과잉 규제로 고통받을 수 있는
것과 마찬가지로 과소 규제로 고통받을 수 있고, 너무나 많은 공공 지출로 고통

---

31 Joseph Stiglitz, *The Roaring Nineties*(Penguin Books, 2004), p. 346.

받을 수 있는 것과 마찬가지로 너무 적은 공공투자로 고통받을 수 있다. 정부는 경제의 안정화를 도울 수 있지만 나쁘게 고안된 정책은 변동을 악화할 수 있다. …… 이처럼 (정부의 역할을 ─ 옮긴이) 더욱 폭넓게 이해하는 것은 국가가 경제정책을 선택하는 데 더 큰 자유를 누려야 한다는 것을 뜻한다.[32]

우리는 정부와 시장의 역할 사이에 적절한 **균형**이 존재해야 한다고 종종 듣지만 이는 헛된 주장이다. 왜냐하면 근본적인 **인과적 규정**과 (균형에 반대로 작용하는 경향이 있는) 중대한 **구조적 장애**가 대체로 간과되기 때문이다.

스티글리츠가 균형이 잡혀야 된다고 말한 대로 그가 리스트에 열거한 항목들의 균형이 잡혔을지라도, 그런 균형이 "세계 모든 시민이 공유하는 새로운 번영"을 창출하는 것은 차치하고서라도 우리 세계의 심대한 구조적 문제를 어떻게 조금이라도 해결할 것인가? 우리는 "국가가 경제정책을 선택하는 데 더 큰 자유를 누려야 한다"라는 스티글리츠의 근본적인 정책 권고를 어떻게 이해해야 하는가? 스티글리츠의 책에는 전혀 존재하지 않는 자본 시스템의 거대한 **구조적 장애** 때문에 국가가 경제정책 선택의 자유를 누리는 데 **체계적으로 실패**하면 어떻게 될까? 그는 종종 '최상의 내부자'로 찬양되는데, 분명히 그렇다. 하지만 문제는, 스티글리츠의 선의에도 불구하고 내부자 지위 때문에 그는 (구조적으로 구축되었지만 역사적으로 지속 불가능한) '내부'의 ─ 근본적으로 매우 의심스러운 ─ 관점에 사로잡히게 된다는 점이다.

우리의 문제는 부인할 수 없는 세계화의 필요성이 아니라 (현존 질서 아래에서 만들어지고 심화된) 파괴적 적대가 초래한 자본주의적 세계화의 체제적 실패다. 왜냐하면 자본의 역사적 상승기라는 가장 유리한 시기에서조차 ─ '온정적인 자본주의적 관리'로는 결코 변경될 수 없는 내부 깊숙한 적대적인 구조적 규정의 결과인 ─ 이 사회신진대사 재생산양식은 세계적 차원에서 최소한도

---

32 Ibid., XIV.

로 웬만한 수준의 평등을 도입하는 데 필연적으로 실패했기 때문이다. 이제 변호론자 울프조차 다음과 같이 인정할 수밖에 없다. 현재의 추세가 계속 유지된다면,

세계의 최빈국과 최부국 사이의 생활수준에서 발생하는 절대적 차이뿐만 아니라 상대적 격차도 계속 더 벌어질 것이다. 오늘날 그 비율은 약 75 대 1이다. 한 세기 전에 그 비율은 대략 10 대 1이었다. 반세기 안에 그 비율은 너무나 쉽게 150 대 1로 될 수 있을 것이다.[33]

그러므로 진정한 문제는 '시장 기반의 세계화'가 아니라 인간해방과 그 실현을 위한 필요조건이다. 이른바 모두에게 유익하다는 세계시장에서 구조적으로 구축된 착취와 계급 지배라는 우리의 가장 중요한 쟁점의 해결책을 기대하는 것은 뻔뻔스러운 냉소적 거짓말은 아니라고 해도 항상 부질없는 짓이었다. 그런 기대에 부응하는 현실은 결코 없었다. 왜냐하면 (공평함과는 거리가 먼) 세계시장은 처음부터 제국주의적으로 지배되었고 여태까지 계속 그러하기 때문이다. 세계시장은 시작부터 일련의 매우 부당한 권력관계로 구성되었다. 이 권력관계는 항상 더 약한 당사자(약소국 ─ 옮긴이)에 대한 무자비한 통제 ─ 필요하다면, 가장 야만적인 군사적 억압일 수도 있는 ─ 를 유지하려는 강한 당사자(강대국 ─ 옮긴이)의 이익에 복무했다.

과거에는 상대적으로 방해받지 않는 생산적인 **자본축적**을 통해 많은 문제를 미룰 수 있었다. 비록 지배 이데올로기가 나중에 '점점 커지는 모두를 위한 케이크'를 약속하면서 문제를 부풀리기는 했지만 말이다. 그러나 우리 시대에는 자본 시스템의 **구조적 위기**라는 상황 아래에서 자본축적의 심각한 위기에도 직면할 수밖에 없다. 자본주의 최강대국인 미국에도 깊게 영

33 Wolf, *Why Globalization Works? The Case for the Global Market Economy*, p. 314.

향을 미치고 있는 자본축적의 위기는 여타 세계에 지대한 영향을 미칠 것이다. 이 자본축적의 위기는 건전한 세계화라고 기만하면서 사상누각을 짓는 데 열심히 개입한, 매우 기생적인 형태의 **금융자본**의 지배를 도처에서 동반한다. 또한 우리가 망각해서는 안 될 것은 우리의 유한한 행성(지구 — 옮긴이)의 제약에서 비롯되는, 합리적으로 관리되는 **진정한 경제**의 근본적인 필요성이다. 이는 과거에서 전해진 자본의 살림살이의 무책임한 낭비성에 맞서 설정되는 것이다. 더구나 전 지구적 패권 제국주의의 파괴적인 내적 규정은 이들 문제를 크게 악화한다. 왜냐하면 그 내적 규정은 압도적으로 지배적인 단일 패권국에게 극단적인 군사적 폭력의 사용을 통해 — 그렇게 하는 것이 인류의 절멸을 예고할지라도 — 끝없는 자본축적의 측면에서뿐만 아니라 지구 자원의 가장 큰 몫을 차지하는 측면에서도 자기기만적인 '궁극적 해결책'을 제공하기 때문이다. 이 모든 문제를 명심하는 것은 역사적 과업의 중대성을 잘 이해할 수 있게 한다.

　자본주의적 세계화는 지속 가능한 방식으로는 결코 작동하지 않았고 작동할 수 없을 것이다. 유일한 실행 가능한 헤게모니적 대안은 근본적으로 상이한 사회경제적·정치적 질서이어야 한다. 즉, 농업적 필요뿐만 아니라 에너지와 원자재에 대한 질적으로 다른 수요와 함께 자연 자체에 대해서도 매우 다른 관계에 기초하는 질서다. 또한 우리 지구 가정에서 역사적으로 지속 가능한 재생산과정의 객관적 여건을 온전히 존중하는 질서다. 이런 질서는 **국내적으로** — 적대적 계급 관계를 종식해 지금 완전히 낭비되는 막대한 인적자원을 해방함으로써 — 그리고 진정으로 **협력적인 국가 간 관계**를 채택하는 것과 관련해 **국제적으로 모두 실질적으로 공정한 관계**를 토대로 제도화하고 유지하는 경우에만 승리할 수 있다. 그러나 자본주의적 세계화의 구제할 수 없을 만큼 착취적인 틀 안에서는 그런 질서의 세부적 특징 가운데 하나라도 제도화하는 것을 상상할 수 없다. (스티글리츠처럼 — 옮긴이) 상상을 통해 자본주의적 세계화의 '관리상의 불만'에서 해방될지는 모르지만 말이다.

10.3 정치의 구조적 위기[34]

10.3.1 근본적 위기의 징후들

이 자리에서 정치와 법 영역의 매우 불온한 ― 참으로 세계를 위협하는 ―
발전을 강조할 필요가 있다. 내가 개인적으로 브라질 파라이바*Paraiba*(브라
질 동북부의 주 ― 옮긴이)에서 발생했던 폭발적인 식량 폭동의 고통스러운
상황을 알게 된 것은 23년 전이었음을 언급하고 싶다. 20년 뒤, 룰라 다 시
우바*Lula da Silva* 대통령의 선거 캠페인 때 나는 그가 자신의 미래 전략의 가
장 중요한 부분이 브라질에서 기아飢餓라는 심각한 사회악을 종식하려는 그
의 투지라고 선언한 것을 보았다. 파라이바의 극적인 식량 폭동 이후의 20
년 세월은 이 만성적인 문제를 해결하기에는 명백하게 충분하지 않았다.
심지어 오늘날에도 브라질에서 그 문제의 개선은 여전히 그다지 뚜렷하지
않다고 한다. 더구나 국제연합의 암울한 통계는 세계의 많은 지역에서 똑
같은 문제가 재앙적인 결과와 함께 지속된다는 것을 끊임없이 드러낸다.
오늘날 인류의 처분 가능한 생산력이 지금의 기아와 영양실조라는 결코 용
서할 수 없는 사회적 실패를 영원히 과거의 일로 돌릴 수 있는데도 말이다.

흔히 전통적인 정치 담론에서 그러하듯이, 이들 어려움을 다소간 쉽게
교정할 수 있는 정치적 우연에서 비롯된 것으로 돌리고 싶어 할지도 모른
다. 그리하여 다음의 적절하고 매우 질서 정연한 선거에서 이루어지는 인
물 교체를 통해 그 문제의 치유를 상정한다. 그러나 그것은 관례적으로 얼

---

34 제10장 제3절 1항(10.3.1)과 2항(10.3.2)은 2006년 5월 4일 브라질 마세이오(Maceió, 브
라질 북동부 알라고아스 주의 주도 ― 옮긴이)에서 열린 제13차 전국 노동 법원 재판관
회의(Congreso Nacional dos Magistrados da Justiça do Trabalho)와 그 창립 30주년
기념식의 개막 강연으로 진행된 것이다. 이 강연은 *Monthly Review,* September 2006에
영어로 처음 간행되었다.

버무리는 것일 뿐이고 그럴듯한 설명이 아니다. 왜냐하면 쟁점이 되는 문제의 고질적인 지속은 이것이 초래하는 모든 고통스러운 인간적 결과와 함께 훨씬 더 깊은 근원을 가진 연관을 가리키기 때문이다. 그 연관은 명백하게 제어할 수 없는 — 전도유망한 정치적 공약의 선의조차 (단테[35]가 남긴 불후의 명언으로 말하자면) 지옥으로 가는 길의 포장용 돌로, 암울하게도 빈번하게, 전환할 수 있을 것 같은 — 어떤 관성력慣性力을 나타낸다. 따라서 도전은, 개선을 위해 개입하려고 고안된 많은 정치 프로그램을 (프로그램의 창안자들이 처음부터 현존 사태가 지속 불가능하다는 것을 인정할 때조차) 관성력에 의해 탈선시키는 경향이 있는 근원적인 원인, 구조적 규정과 대결하는 것이다.

무언가가 우리 사회의 교환을 규제하는 방식에 위험스럽게 영향을 미친다는 점과, 식별 가능한 추세는 그 위험이 돌이킬 수 없는 단계를 향해 심화하고 있다는 점을 명확하게 보여주는 몇 가지 현저한 사례를 살펴보자.

1999년 10월 아테네의 공개 강연에서 나는 다음과 같이 지적했다.

아마 미래에 적을 위협하는 궁극적 형태는 핵 공갈 — (바다가 아니라 — 옮긴이) '특허받은 상공'에서 실행되는 새로운 '포함외교' — 일 것이다. 그 목표는 과거의 목표와 비슷할 것이다. 하지만 예상되는 양태는 그런 방식으로 세계의 저항 세력에게 자본의 궁극적 합리성을 강요하려는 것이 옹호할 수 없게 불합리함을 명백하게 드러낼 수 있을 뿐이다.[36]

---

35 단테 알리기에리(Dante Alighieri, 1265~1321). 이탈리아 최대의 시인으로 장편 서사시 『신곡(Divina commedia)』을 저술해 유럽·라틴 중세의 문학, 철학, 신학, 수사학 등의 전통을 총괄하고 르네상스 문학의 지평을 열었다. — 옮긴이
36 István Mészáros, *The Alternative to Capital's Social Order: Socialism or Barbarism* (Kolkata: Bagchi & Co., 2001), p. 39와 Ibid., Monthly Review Press edition, p. 40을 참조하라.

이 강연이 실시된 지 6년 만에 전 지구적 패권 제국주의의 잠재적으로 치명적인 정책 결정 관행은 일반적인 가능성이 되었을 뿐만 아니라 미국 정부의 공인된 신보수주의 '전략 개념'의 필수적인 부분이 되었다. 오늘날 심지어 상황은 더 악화되고 있다. 최근 몇 주 동안 이란과 관련해[37] 우리는 이란뿐만 아니라 인류 전체를 핵 재앙으로 위협할 수 있는 행동 방침의 실제 계획 단계에 진입했다. 그 위협을 공표하는 데 쓰인 관례적인 냉소적 계책은 "그에 대해 긍정도, 부정도 하지 말라"(이른바 'NCND*neither confirm nor deny*', 확인도 부인도 하지 않는 것 — 옮긴이)는 것이다. 그러나 그런 책략에 농락당할 사람은 없다. 실제로 최근에 구체화된 핵 재앙의 매우 실제적인 위험은 저명한 미국 물리학자 그룹(그중에는 노벨상 수상자가 다섯 명이나 된다)이 부시 대통령에게 공개적인 항의 서한을 쓰도록 만들었다. 그 항의 서한은 다음과 같이 선언했다.

최강대국인 미국이 결국 지구상 생명체의 광범위한 파괴를 초래할 수 있는 행동 방침을 고려하는 것은 심각하게 무책임합니다. 우리는 미 행정부가 지금이든 미래에든 모든 비핵 적대국에게 핵이라는 선택 사항을 사용하지 않겠다는 것을 공개적으로 선언할 것을 촉구합니다. 또한 이 문제에 관해 미국 민중이 자신의 목소리를 낼 것을 촉구합니다.[38]

---

37 "시모어 허시(Seymour Hersh)의 보고에 따르면, 나탄즈(Natanz)에 있는 이란의 주요 원심분리기 공장을 확실히 파괴하기 위해 B61-11 같은 벙커버스터(bunker-buster) 전술핵무기 사용을 포함한 옵션도 있다고 한다"(Sarah Baxter, "Gunning for Iran," *The Sunday Times*, April 9, 2006).

38 2006년 4월 17일 자의 이 서한은 저명한 서명자들의 이메일 주소와 함께 온라인상에서 (http://www.globalresearch.ca/)에서 볼 수 있다. 2006년 4월 17일 행동에 앞서 2005년 가을에, 비핵 적대국에 핵무기를 선제적으로 사용하는 것을 포함한 미국의 새로운 핵무기 정책을 거부하는 1800여 명의 물리학자들이 서명한 청원이 있었다.

전통적 정치 담론이 그와 반대되는 모든 증거에도 불구하고 우리를 안심시키는 것처럼, 과연 우리 사회의 합법적인 정치기구들이 실제적인 의사 결정 과정에서 민주적 개입을 통해 매우 위험한 상황까지 바로잡을 위치에 있는가? 단지 매우 낙천적인 ― 그리고 다소 순진한 ― 사람만이 그런 행복한 사태가 실현될 것이라고 주장할 수 있고 진지하게 믿을 수 있을 것이다. 왜냐하면 최근 몇 년 동안 주요 서구 열강들은 전쟁 같은 심각한 문제에 관해 자국의 인민과 상의하지 않고, ("행정부 특권"과 "군주 대권"[39]과 같은) 권위주의적 기제를 사용해 전혀 방해받지 않은 채 재앙적인 전쟁을 벌여왔기 때문이다. 또한, 국제법의 틀과 국제연합의 적절한 의사 결정 기관을 철저히 무시했기 때문이다. 미국은 이른바 '전략적 이해관계'에 따라 언제나 자신이 원할 때 어느 나라에든 자신이 원하는 대로 (심지어 예방적으로뿐만 아니라 선제적으로도 핵무기를 사용하는 지점까지) 행동하는 것을 자신의 도덕적 권리라고 사칭詐稱한다. '민주주의와 자유'의 자칭 챔피언이자 수호자인 미국이 이 모든 것을 행하고, 우리의 '위대한 민주 국가들'은 미국의 불법행위를 맹목적으로 추종하고 지지한다.

예전에 '상호확증파괴'라는 머리글자(MAD)가 현존의 핵 대결 상태를 묘사하기 위해 사용되곤 했다. 이제 신보수주의자들은, 미국(과 서구 일반)이 핵 절멸의 위협을 받는 것처럼, 더 이상 기만할 수 없기 때문에 그 머리글자

---

39 존 필거(John Pilger)는 이 사실에 관해 토니 블레어 총리를 올바르게 혹평했다. 그는 다음과 같이 썼다. "블레어는 군주 대권을 남용해 자신의 절대 권력 취향을 과시했다. 그는 전쟁을 벌이는 일에서 의회를 우회하는 데 군주 대권을 사용하곤 했다"(*New Statesman*, April 17, 2006). 또한 그런 '군주 대권' 같은 기제는, 기타 헌법상의 그와 똑같이 문제적인 등가물과 마찬가지로 주요한 위기 상황에서 마땅히 그러해야 하듯이 민주적 의사 결정권을 확장하는 대신, 어려운 상황에서 민주적 요구를 임의로 기각할 수 있도록 자기 정당화하는 권위주의적 예외 규정으로서 남용될 목적으로 발명되었다는 것을 추가로 지적할 수 있다.

는 제도화된 군사적·정치적 광기의 합법적인 정책 지향으로서 문자 그대로의 광기MADness로 전환되었다. 이는 부분적으로 이라크 전쟁에 대한 신보수주의적인 불만의 결과다. 왜냐하면,

> 이라크 침략을 이유로 이란과 여타 석유 부국의 민중이 들고 일어나 서구식 자유와 민주주의를 요구해 그 지역 전체에 도미노 효과가 시작되기를 미국 네오콘들이 희망했기 때문이다. 불행히도 현실은 정반대로 진행되었다. 최소한 이란에서는 그러했다.[40]

하지만 사태는 훨씬 더 나쁘다. 왜냐하면 펜타곤(미 국방부) 자체에 집중된, 제도적으로 구축되고 보증된 '전략적 사고' 체계 전체가 그 뒤에 도사리고 있기 때문이다. 이것이 새로운 광기가 (자신의 최악의 적이 바로 그런 '전략가들'인) 미국을 포함한 세계 전체를 그토록 위험하게 만드는 이유다.

2004년에 출판된 토머스 바넷Thomas Barnett[41]의 책에서 우리는 이 점을 매우 분명하게 볼 수 있다. 리처드 피트Richard Peet가 《먼슬리 리뷰》에 기고한 그 책에 대한 서평을 인용해보겠다.

> 비뚤어지고 잔인한 말로 들릴지 모르지만 2001년 9월 11일은 놀라운 선물이었다고 바넷은 말한다. 그것은 미국에게 꿈같은 1990년대에서 깨어나 세계에 새 규칙을 강제하라는 역사의 초대였다. 적敵은 종교(이슬람)도 아니요, (특정 — 옮긴이) 장소도 아니요, 단절되어 있는 상태다. 이 세계에서 단절된다는 것은 고립되고, 궁핍하며, 억압되고, 무지하다는 것이다. 바넷은 이러한 단절의 징후로 위

---

40 Sarah Baxter, "Gunning for Iran," *The Sunday Times*, April 9, 2006.
41 Thomas P.M. Barnett, *The Pentagon's New Map: War and Peace in the Twenty-First Century*(New York: G.P. Puttnam's Sons, 2004)의 저자.

험을 정의한다. 간단히 말하면, 만약 어떤 나라가 세계화에서 밀려나거나 세계화의 문화적 콘텐츠 흐름 대부분을 거부하면 미국이 결국 그곳에 군대를 보낼 수 있는 기회를 가진다. …… 미국의 전략적 비전은 '전쟁과 평화에 관한 일련의 안정적인 규칙 ― 즉, '우리의 집단적 질서'의 식별 가능한 적에 맞서 전쟁을 벌이는 것이 합리적인 조건들 ― 을 인정하는 국가 수를 늘리는 것'에 초점을 맞출 필요가 있다. 이 공동체를 늘리는 것은 좋은 정권과 나쁜 정권 사이의 차이를 정의한다. 또한 이것은 나쁜 정권이 자신의 길을 바꾸도록 고무하는 단순한 문제다. 그가 생각하기에, 미국은 세계화가 진정으로 전 지구적인 것이 되도록 자신의 거대한 힘을 사용할 책무를 가진다. 인류의 그렇지 않은 부분들(세계화를 거부하는 나라 ― 옮긴이)은 (결국에는 그들을 '적'으로 정의하는) 국외자 지위로 떨어질 운명이다. 일단 미국이 이들 나라를 '적'으로 호명하면 미국은 반드시 그들과 전쟁을 벌여 죽음과 파괴를 야기할 것이다. 바넷이 주장하기를, 이것은 강요된 동화同化도, 제국의 확장도 아니다. 오히려 그것은 자유의 확장이다.[42]

분명히 이 '비전'은 광기에 가깝다. 비전에 내포된 잔인한 함의는 바넷이 ≪에스콰이어Esquire≫와 한 인터뷰에 자세히 설명되어 있다.

이 새로운 접근 방식은 장기적으로 이 나라(미국 ― 옮긴이)와 세계에 대해 무엇을 의미하는가? 이를 분명히 하자. 즉, 장병들은 결코 집으로 돌아오지 않는다. 중동이 세계에 합류할 때까지 미국은 중동을 떠나지 않는다. 그 의미는 그처럼 단순하다. 출구가 없다는 것은 출구 전략이 없다는 의미다.

실제로 그 의미는 바넷이 여기에서 그리고 그의 책에서 묘사한 것 이상

---

42 Richard Peet, "Perpetual War for a Lasting Peace," *Monthly Review*, January 2005. 인용문의 강조 표시는 추가한 것이다.

으로 더 분명하게 나타날 수 없다. 이런 식으로 미국의 '엄청난 힘'을 불합리하게 가정하고 그에 상응하여 세계화를 노골적인 미국 지배 ─ 그 수단이 '죽음과 파괴'라고 공공연하게 인정되는 ─ 로 투영하는 것을 불필요하게 이상화하는 것을 볼 수 있다. 만약 바넷을 하찮은 사무원이라고 생각하는 사람들은 실상을 알면 그를 두려워할 것이다. 왜냐하면 바넷은 로데스Rhodes섬 뉴폴트Newport에 있는 미 해군대학의 수석 전략연구자이자 국방 장관 직속 군사력 재편 기구[43]의 '전략 구상가'이기 때문이다.

슬프게도, 미국에서 '전략적 사고'의 최고위층은 그런 '전략 구상가들'로 충원된다. 그들은 단테의 지옥으로 가는 길 위에 선의가 아니라 매우 공격적인 악의를 가진 거대한 포장용 블록을 추가로 쌓아 놓겠다는 사람들이다. 왜냐하면 이탈리아의 그 위대한 시인(단테 ─ 옮긴이)은 그가 이야기하는 지옥으로 가는 길이 선의로만 포장되어 있다고 결코 주장하지 않았기 때문이다. 위험한 '전략 구상가'인 맥스 부트Max Boot ─ 저명한 미국 외교협회 선임 연구원 ─ 에 따르면,

제국의 경찰 활동에 나선 어떤 국가도 약간의 차질을 겪을 것이다. 빅토리아 여왕의 작은 전쟁들 동안 영국군은 제1차 아프간전쟁(1842)과 줄루전쟁(1879)에서 수천의 사상자를 낸 주요한 패배를 겪었다. 이것은 제국을 방어하고 확장하겠다는 영국의 결의를 눈에 띄게 꺾지 못했다. 오히려 그들을 복수에 굶주리게 만들었다. 만약 미국인이 비슷하게 심술궂은 태도를 취할 수 없다면 그들은 제국의 경찰 활동을 떠맡는 사업을 하지 못한다.[44]

---

43 군사력 재편 기구(OFT: Office of Force Transformation)는 2001년 미 국방부에 설립되었고 2006년 폐지되었다. 당시 국방장관 도널드 럼즈펠드(Donald Rumsfeld)가 조지 부시 대통령의 미 군사력 재편에 관한 포괄적 위임에 따라 자신의 재편 구상을 지원해줄 새 관청을 설립했다. 군사력 재편 과정은 압도적이고 지속적인 경쟁 우위를 확보해줄 미국 방어의 새로운 개념을 도입해 현상 유지 타파를 추구했다. ─ 옮긴이

이런 종류의 공격적인 '전략적 비전'에서 대영제국 건설은 매우 잔인한 측면까지 포함해 공공연하게 이상화된다. '민주주의와 자유'의 확산이라는 그럴싸한 이름 아래 과거의 식민주의적 폭력을 거리낌 없이 채택하는 일이 오늘날 미국의 제국 건설 모델로 냉소적이게 권고된다.

이 모두를 특히 충격적이게 만드는 것은, 모든 중대사 ─ 그들 일부는 인류의 파멸을 낳을지도 모른다 ─ 와 관련해 현실적 대안을 제공할 것이라고 상정되는, 하원과 상원뿐만 아니라 대통령직을 위한 주기적인 선거 의례에도 불구하고 미국의 정치적 의사 결정의 최고위 수준에서 극히 불순한 합의가 발견된다는 점이다. 그런 핵심적 문제에서 주장된 차이들은 대체로 차이로 위장된 것일 뿐이다. 이라크 침략 한참 전인 2002년 12월 나는 이렇게 논평했다.

> 민주당 대통령 클린턴은 조금 더 위장된 형태였지만 공화당 소속 전 대통령 (아버지 부시 대통령 ─ 옮긴이)과 동일한 정책을 채택했다. 민주당 대통령 후보 앨 고어를 보면, 그는 이라크에 기획된 전쟁이 '정권 교체'를 꾀하는 것이 아니라 단지 '대량 살상 무기를 소유한 정권을 무장해제하는 것'을 의미하기 때문에 그런 전쟁을 거리낌 없이 지지했다고 최근 밝혔다.[45]

또한, 우리는 아프가니스탄을 처음 폭격한 미국 대통령이 종종 터무니없게 이상화된 클린턴이었다는 사실을 잊어서는 안 된다. 그러므로 앨 고어를 계승한 민주당 대통령 후보 존 케리*John Kerry* 상원의원이 최종 대통령 경선 토론에서 공화당 상대 후보 조지 부시의 말에 화답해 다음과 같이 서둘

---

44 Max Boot, *Savage Wars of Peace*(Rudjard Kipling's *The White Man's Burden*에서 따온 제목). "The Failure of Empire," *Monthly Review*, January 2005에서 재인용.

45 Boitempo(São Paulo) edition of *O século XXI, socialismo ou barbárie*, p. 10.

러 선언한 것은 놀랄 일이 아니다.

미국인은 전쟁을 벌일 것인지의 여부, 그리고 어떻게 전쟁을 벌일 것인지에 관해서 생각이 다르다. 하지만 우리가 혼란스럽게 퇴각해 어떤 사회가 심각한 분쟁에 빠지고 과격파에 의해 지배되는 것을 방치하는 것은 이제 생각조차 할 수 없는 일이다.

그러므로 저명한 미국의 작가이자 비평가인 고어 비달*Gore Vidal*이 미국 정치를 두 개의 우익右翼을 지닌 단일 정당 체제라고 매우 비꼬는 투로 묘사한 것은 이해할 만한 일이다.

불행하게도 미국이 그런 용어로 특징화될 수 있는 유일한 나라는 결코 아니다. 다른 많은 나라에서도 매우 비슷하게 자기 정당화하는 합의적인 제도적 장치가 정치적 의사 결정 기능을 독점한다. 그런 제도적 장치 아래에서도 최고위 수준의 인물은 때때로 교체되지만, 그들 사이에 차이는 (있더라도) 무시해도 될 만큼 작다. 현저한 사례인 영국에 대해서만 살펴보겠다. 토니 블레어 총리 아래 이 특별한 나라 — 전통적으로 '마그나카르타*Magna Carta*'[46]라는 역사적 문서를 이유로 스스로를 '민주주의의 모국'이라고 홍보하는 —

---

46 1215년 영국의 존(John) 왕이 귀족의 압력에 굴복해 칙허한 63개조의 법으로, '대헌장(大憲章)'으로 번역된다. 새로운 요구를 내놓은 것은 없고 과거의 관습적인 모든 권리를 확인한 문서로서 교회의 자유, 봉건적 부담 제한, 재판 및 법률, 도시 특권 확인, 지방 관리의 직권남용 방지 등 여러 규정을 포함한다. 이처럼 본래는 귀족의 권리를 재확인한 봉건적 문서였으나, 17세기에 이르러 왕권과 의회의 대립 과정에서 왕의 전제(專制)에 대항해 국민의 권리를 옹호하기 위한 최대의 전거(典據)로 이용되었다. 특히 일반 평의회의 승인 없이 군역대납금, 공과금을 부과하지 못한다고 정한 제12조는 의회의 승인 없이 과세할 수 없다는 주장의 근거로서, 또 자유인은 같은 신분을 가진 사람에 의한 재판이나 국법에 의하지 않으면 체포하거나 감금할 수 없다고 정한 제39조는 보통법 재판소에서 재판 요구의 근거로서 크게 이용되었다. 이에 따라 국민의 자유와 권리를 지키는 투쟁의 역사에

는 "두 개의 우익을 지닌 단일 정당 체제"라고 할 만한 충분한 자격이 있다. 신노동당과 보수당 양당은 영국 의회에서 다소 명백한 법률상의 조작과 위반을 통해 이라크 전쟁에 고무도장을 찍었다. 그리하여 우리는 이제 다음과 같은 사실을 알 수 있다.

> 공식 조사에 법무 장관 골드스미스 경*Lord Goldsmith*이 비공식적으로 제출한 증거 사본은, 그의 이름으로 의회에 제출된 전쟁의 합법성에 대한 핵심적인 조언이 토니 블레어의 최측근 두 사람이 대신 작성한 것이었음을 시사한다. ……
> 전 외무 장관 로빈 쿡*Robin Cook*은 전쟁이 발발하기 전날 사임해 골드스미스 경이 내각에서 법적 논거를 제시한 것을 듣지 못했다고 지난밤에 말했다. '지금 생각해보면, 골드스미스 경은 결코 공식적으로 다른 사람의 의견을 (자기 의견으로 — 옮긴이) 작성하지 않았다'라고 그는 ≪가디언≫에 밝혔다.[47]

물론, 그 이후에 "부시와 블레어의 불법적인 전쟁"[48]과 관련해 저명한 법률 전문가들이 그런 관행에 대해 공개적으로 폭로하고 비난한 것은 전혀 문제가 아니다. 왜냐하면 전 지구적 패권 제국주의의 기득권 — 예전의 주요 제국주의 열강의 정치적 합의 체제가 망설임 없이 굴욕적으로 복무하는 — 은 어떤 대가를 치르든 간에 승리해야 하기 때문이다.

사회적·정치적 상호 교환을 규제하는 이런 방식의 결과는 지대한 영향

서 항상 인용되는 매우 중요하고 기본적인 문서로서 영국의 헌정뿐만 아니라 국민의 자유를 옹호하는 근대 헌법의 토대가 되었다. — 옮긴이

47 "Transcripts show No 10's hand in war legal advice," *The Guardian*, April 13, 2006. 골드스미스 경의 처음 견해는 예상된 전쟁(이라크 전쟁 — 옮긴이)의 합법성에 대해 매우 회의적이었다는 점이 여기에서 분명한 형태로 언급되어야 한다.

48 Philippe Sands, *Lawless World: America and the Making and Breaking of Global Rule*(London: Penguin Books, 2005)을 참고하라.

을 발휘한다. 실제로 그것은 법체계 전체의 이른바 민주적 자격에 대해 재앙적인 함의를 가질 수 있다. 여기에서는 중요한 세 가지 사례가 요점을 충분히 보여줄 것이다.

첫 번째 사례는 저명한 작가 존 모티머_John Mortimer_가 제기한 경고와 관련된다. 과거에 그는 결코 급진적인 인물이 아니라 영국 노동당의 열정적인 지지자였다. 그러나 최근의 법적·정치적 발전에 비추어, 특히 **인신보호영장**이라는 결정적으로 중요한 법적 보호의 폐지 때문에 그는 (노동당을 지지할 때와 — 옮긴이) 똑같은 열정으로 항의할 필요를 느껴 일간 신문에 다음과 같이 기고했다.

> 신노동당의 '현대화' 이념이 마그나카르타와 권리장전[49] 이전으로, 즉 우리가 무죄 추정 원칙을 성취하기 이전의 암흑 시절로 우리를 되돌아가도록 강요한다는 추악한 사실이 이제 드러났다. …… 토니 블레어는 수많은 경우에 아무런 재

---

49 권리장전(Bill of Rights, 權利章典)은 명예혁명의 결과로 이루어진 인권선언이다. 제임스 2세의 전제정치와 가톨릭 신앙에 반대해 일어난 명예혁명은 1688년 12월 23일 국왕이 프랑스로 도망가고, 이듬해 2월 13일 국민협의회가 윌리엄 3세를 국왕으로 추대함으로써 무혈혁명으로 끝이 났다. 이때 의회는 새 왕을 추대하면서 왕관과 함께 권리선언을 제출해 승인을 받았고, 이 선언을 토대로 1689년 12월 16일 '신민(臣民)의 권리와 자유를 선언하고 왕위 계승을 정하는 법률'이라는 이름의 의회제정법이 공포되었는데, 이것이 곧 권리장전이다. 주요 내용은 제임스 2세의 불법행위를 열거한 12개조, 의회 동의 없이 왕권에 의해 이루어진 법률이나 그 집행 및 과세의 위법, 의회 동의 없이 평화 시에 상비군 징집 및 유지 금지, 국민의 자유로운 청원권 보장, 의원 선거의 자유 보장, 의회에서의 언론 자유 보장, 지나친 보석금이나 벌금 및 형벌 금지 등이다. 이 권리장전은 영국 의회정치 확립의 기초가 되고 영국의 절대주의를 종식했다는 점에서 영국 헌정에서 큰 의의를 나타낼 뿐 아니라 미국의 독립선언 등에도 영향을 주었고, 이를 통해 다시 프랑스 인권선언에도 영향을 미쳤다. 오늘날 권리장전이라는 말은 일반화되어 각국 헌법 속에 규정된 인권을 보장하는 조항을 가리키는 말로 사용되기도 한다. 대한민국 헌법 제2장 '국민의 권리와 의무'는 한국의 권리장전이라고 할 수 있다. — 옮긴이

판 절차를 거치지 않고 경찰이 내리는 '즉결 처분'을 지지하는 것 같다. 그렇게 우리가 매우 자부심을 느끼는 수 세기 동안의 헌법이 묵살되고 있다.[50]

두 번째 사례는 영국 정부가 심지어 사법부의 최고 기관에 의한 심각한 비판에 어떻게 대응하는지 보여준다. 즉, 영국 정부는 권위주의적인 거부로써 대응한다. 이는 최근에 명백히 드러났다.

고등법원 판사는 어제 테러 행위 용의자에 대응하는 정부의 통제 명령 체계를 '공평성에 대한 모욕'이라 낙인찍고, 그 통제 명령이 인권법 위반이라고 판결했다. ······ 내무부는 그 법원의 판결을 거부했다.[51]

세 번째 사례와 관련해 말하면, 그것은 입법부의 가장 중대한 문제를 보여준다. 즉, 신노동당 정부의 '개혁 법안'에 의해 위협받는 의회 자체의 권위 문제다. 존 필거를 인용하면,

의회 및 규제 기관 개혁 법안은 대다수 노동당 하원의원과 법원 기자의 관심을 끌지 못한 채 2차 의회 독회를 이미 마쳤다. 하지만 그 개혁 법안은 극히 전체주의적이다. ······ 그것은 정부가 의회를 통과한 법률을 비밀리에 바꿀 수 있고, 헌법과 법률이 다우닝가*Downing Street*(영국 총리의 관저가 있는 거리로 행정부를 의미 ─ 옮긴이)가 만든 법령에 의해 무효화될 가능성을 의미한다. 새 법안은 진정한 의회 민주주의의 종말을 나타낸다. 그 효과를 생각하면 그것은 미국 의회

---

50 John Mortimer, "I cannot believe that a Labour Government would be so ready to destroy our law, our freedom of speech and our civil liberties," *The Mail on Sunday*, October 2, 2005.

51 "Terror Law an affront to justice," *The Guardian*, April 13, 2006.

가 작년에 권리장전을 포기한 것만큼이나 중요하다.[52]

그리하여 정당화할 수 없는 것을 정당화하기 위한 국내법과 국제법의 조작과 위반은 심지어 기초적인 헌법적 요건에 대해서도 상당한 위험을 수반한다. 그들 '동맹'의 법적·정치적 틀에서 일부 핵심적인 법적 감시와 안전장치를 제거한 부정적인 변화들은 (미국이 부과한) 국제적인 맥락에 한정될 수 없다. 그 부정적인 변화들은 '의지의 동맹'의 국내 법체계 운용에 통제할 수 없는 결과를 초래해 합헌성 일반을 잠식하고 '의지의 동맹'의 법적·정치적 전통을 전복한다. 자의성과 권위주의는 심지어 기존 헌법을 거리낌 없이 파괴할 정도의 매우 무책임한 변화의 결과로서 마구 날뛸 수 있다. 일본에서 벌어지는 논쟁은 놀랄 만큼 딱 들어맞는 사례를 보여준다.

헌법 개악을 지지하는 정치 세력이 새 헌법을 만들기 위해 실제로 서로 경쟁하는 심각한 상황이 일어났다. 자민당(장기 집권한 자유민주당)의 '새 헌법 초안'에는 …… 헌법 제9조 제2항이 삭제되고, 일본이 '국제사회의 평화와 안전을 확보할 국제 협력 활동'을 수행하는 자기방어 군대를 유지하도록 허용하는 조항이 추가되었다. 이는 일본이 해외에서 군대를 사용하도록 허용하는 길을 닦았다. 또한 그것은 '공공 이익과 공공질서'라는 그럴싸한 이름 아래 기본적인 인권을 제한해 입헌주의를 부인하기에 이른 조항도 포함한다. 더욱이, 자민당 헌법 초안이 의회에서의 헌법 개정 발의 요건을 지금의 3분의 2 이상에서 상원과 하원 총 의원 수의 과반수로 완화해 헌법에 더욱 유해한 개정을 더 쉽게 가능하게 한 점도 심각하다.[53]

---

52 "John Pilger sees freedom die quietly," *New Statesman*, April 17, 2006.
53 *Japan Press Weekly*, Special Issue, March 2006.

명백하게, 그런 변화의 직접적인 목적은 미 제국주의의 진행 중인 전쟁과 미래의 전쟁에서 일본 인민이 '자발적으로' 총알받이가 되게 만드는 것이다. 그러나 장기적으로 그와 다른 결과는 결코 없을 것이라고 누가 안심시키고 보증할 수 있는가? 특히 과거에 일본 제국주의 모험의 고통스러운 흔적과 그때의 내적으로 매우 억압적인 역사를 감안하면 말이다.[54]

　　한편, 너무나 많은 심각한 문제가 진정한 해결책, 즉 우리의 힘이 충분히 미칠 수 있는 해결책을 절실히 필요로 한다. 수십 년 동안 우리가 안고 있던 일부 문제는 수백만 인민에게 끔찍한 고통과 희생을 강요했다. 콜롬비아가 대표적인 사례다. 40년 동안 압제 세력 ― 내부의 그리고 미국이 지배하는 ― 은 콜롬비아 인민의 투쟁을 억눌러 잠재우려 했지만 성공하지 못했다. 협상으로 타결하려는 시도 ― 콜롬비아 무장혁명조직[55] 지도자의 말에 따르

54　최근 시이 가즈오(Shii Kazuo)는 다음과 같이 경고했다. "일본이 어떻게 영토 팽창주의의 잘못된 경로에 빠졌던가? 피해국 입장에서 그것은 조국을 잃은 굴욕을 당하고 유린당한 역사였다. 이런 사실을 인정하는 것은 자학적인 것이 아니다. 만약 일본이 과거 역사를 똑바로 직시하고 자신의 악행을 인정할 정도로 용기가 있다면 일본은 여타 아시아 국가의 신뢰를 얻을 수 있고, 일본 인민은 자신 있게 미래를 맞을 수 있을 것이다. 반대로, 과거의 악행을 못 본 척 하는 것은 똑같은 오류를 다시 범하는 것으로 귀결될 것이다"(*Japan Press Weekly*, September 2, 2006).

55　콜롬비아 무장혁명조직(FARC: Fuerzas Armadas Revolucionarias de Colombia)은 1964년 콜롬비아 공산당 산하 무력부에 설립된 남미 최대의 좌익 반군 조직이다. 콜롬비아와 남미 전체의 반군 단체 가운데 뛰어난 훈련 상태와 장비를 갖추고 1만 6천여 명의 병력을 보유하고 있는 가장 큰 규모의 조직으로 알려진다. FARC는 테러와 요인 납치·암살 등 반정부 투쟁을 벌여왔으며, 콜롬비아군의 훈련과 군수 및 반군 진압을 위한 작전을 지원해온 미군에 맞서 초창기부터 반미주의를 표방해왔다. 1982년 8월에 취임한 벨리사리오 베탕쿠르(Belisario Betancur) 대통령이 비동맹 운동에 참가하면서 이 조직을 비롯한 무장혁명조직들과 화해한 결과, 1984년 5월 28일부터 1년 동안의 휴전을 성립했다. 휴전과 함께 게릴라 측이 주장하는 '국민적 대화'가 시작되어 정치 개혁과 민주화를 둘러싼 논의가 계속되었으나 일부 반동 세력이 반발해 휴전협정을 파기했으며, 게릴라 조직의 하나인 민족해방군(ELN)이 휴전협정에 참여하지 않았기 때문에 실질적으로 내전 상태가 계

면 "콜롬비아 가족이 화해하기 위해 예외 없이 모든 사회 그룹이 참여한" — 는 체계적으로 좌절되었다.[56] 마누엘 마룰란다 벨레스*Manuel Marulanda Vélez*는 최근 한 대통령 입후보자에게 보내는 공개서한에서 다음과 같이 썼다.

자유주의적이든 보수적이든 간에 어떤 정부도 사회적인 무력武力 갈등에 대한 효과적인 정치적 해결책을 내놓지 못했다. 아무것도 변화시키지 않으면서 모든 것을 현상 유지할 목적으로 협상이 이용되었다. 정부의 모든 정치적 책략은 모든 일이 반드시 예전 방식 그대로 지속되도록 헌법과 법률을 하나의 방어막으로 이용하고 있었다.[57]

그리하여 지배적인 사회적 기득권 세력이 좌지우지하는 '합헌성'과 '민주적 합의'라는 규칙은 매우 긴급한 사안에 대해서도 해결을 회피하고 영원히 연기하기 위한 — 그 결과, 인민에게 부과된 고통이 얼마나 크든 상관없이 — 냉소적인 장치로 콜롬비아에서 (그리고 다른 나라에서) 이용된다. 같은 이유로, 다른 사회적 맥락이지만 동일한 종류의 깊이 배태된 구조적 규정 아래에서 기존의 합헌성을 매우 노골적이고 공공연하게 위반하는 것조차 무시된다. 헌법적 요건을 존중할 필요성에 대해 주기적으로 표명된 의례적인 립 서비스에도 불구하고 말이다. 이런 의미에서 '이란-콘트라 사건'[58]을 조사한 미

속되었다. 2009년 말 FARC는 미국의 강력한 지원을 받은 알바로 우리베(Alvaro Uribe) 콜롬비아 대통령이 주도한 소탕 작전으로 세력이 급속히 약화되었다. — 옮긴이

56 Manuel Marulanda Vélez, *Carta enviada pelo líder histórico das FARC da Colombia a Álvaro Leyva, candidato ás Eleições Presidenciais marcadas para 24 de Maio de 2006, resistir. info*, April 2006.

57 Ibid.

58 1986년 11월 미 국가안전보장회의(NSC: National Security Council)가 레바논에 억류된 미국인을 석방시킬 목적으로 비밀리에 적국인 이란에 무기를 판매하고 그 대금의 일부를 니카라과의 산디니스타 정권을 전복하기 위해 콘트라 반군에게 지원한 사건이다. 이

의회위원회가 레이건 정부에 '법을 전복하고 헌법을 훼손한' 데 책임이 있다고 결론을 내렸을 때 죄를 범한 대통령을 내쫓는 것은 고사하고 그를 비난하는 어떤 조치도 취해지지 않았다. 또 다른 사례에서 — 집권 자민당 정부가 일본 헌법을 전복하기로 결정한 일에서 보았듯이 — 원래의 헌법 조항이 위험스러운 새 군사적 모험에 착수하는 데 걸림돌이 될 때 그 나라의 지배적인 사회적·정치적 기득권 세력은 새로운 법적 틀을 부과한다. 이 새로운 법적 틀의 주요 기능은 예전에 선포된 민주적 보호 장치를 제거하고 이전에는 불법적인 것으로 판결된 것을 자의적으로 제도화된 '헌법적 합법성'으로 전환하는 것이다. 또한 우리는 지난 몇 년 동안 매우 유해하고 위험하게 권위주의적인 의미에서 영국과 미국의 합헌성에 어떤 일이 일어났는지도 결코 잊어서는 안 된다.

우리는 사회적 교류의 고질적인 문제를 다소 용이하게 교정할 수 있는 정치적 우발성 탓으로 돌릴 수 없다. 구조적으로 예속된 사회 계급의 너무나 명백한, 매우 중대한 모든 고충을 사회적으로 지속 가능한 방식으로 바로잡기 위해 우리가 쓸 수 있는 시간은 역사적으로 다소 제한되어 있다. (자주 부각되는 광범한 정치적 부패 사례들이 그러하듯이, 개인적 실패가 심각할 때조차 단지 우연적인 개인적 실패가 아니라 실질적인 문제와 관련되어 있기 때문에) 왜why라는 문제를 무한정 회피할 수 없다. 지금 이루어지는 충격적인 부정적 추세의 완강한 지속과 악화를 설명할 수 있으려면 정치와 법 영역에서의 그런 추세가 기초하는 사회적 원인과 뿌리 깊은 구조적 규정을 조사하는 일이 필수적이다. 지금 내가 추적하고 싶은 것이 바로 이 '왜'의 문제다.

는 전쟁 중인 국가를 지원하지 않고 테러리스트와 흥정하지 않는다는 미 행정부의 공식 입장에 위배되는 것이고, 콘트라 반군에 대한 일체의 직간접적 지원을 금지한 의회의 볼랜드 수정법을 위반한 것이었다. — 옮긴이

10.3.2 자본의 구조적 위기의 성격

이 측면에서 위기의 유형들 또는 양식들 사이에 발생하는 적절한 차이를 명확히 하는 것이 필요하다. 사회 영역의 위기가 주기적이고 **국면적인 위기**로 여겨질 수 있는지, 아니면 그것보다 훨씬 더 근본적인 어떤 것으로 여겨질 수 있는지는 사소한 문제가 아니다. 근본적 위기를 다루는 방식이 주기적이거나 국면적인 위기의 범주로써 개념화될 수 없다는 것은 명백하다.

여기서 요점을 미리 말하면, 정치에 관한 한 날카롭게 대비되는 두 유형의 위기들 사이의 핵심적 차이는, 주기적 또는 국면적 위기가 주어진 정치 틀 안에서 전개되고 다소 성공적으로 해결되는 반면 근본적 위기는 그 틀 전체에 영향을 미친다는 점이다. 달리 말하면, 주어진 사회경제적·정치적 체제와 관련해 우리는 정치 안에서 **발생하는** 다소 빈번한 위기와 기존의 정치 양식 자체의 위기 — 그것을 해결하려면 질적으로 상이한 요건이 필요한 — 사이의 결정적 차이를 말하고 있다. 우리가 오늘날 관심을 가진 것은 후자(기존의 정치 양식 자체의 위기 — 옮긴이)다.

일반적으로 말하면, 이 구별은 단순히 대비되는 위기 유형들이 보이는 외관상의 격렬함 문제가 아니다. 왜냐하면 주기적 또는 국면적 위기는 극적으로 격렬할 수 있지만 — 1929~1933년 세계 경제 대공황이 그러했듯이 — 주어진 체제의 한도 안에서 해결 가능하기 때문이다. 스탈린과 그의 고문들이 1929~1933년의 세계 위기 와중에 그랬듯이, 주어진 국면적 위기의 격렬함을 마치 근본적인 체제적 위기인 것처럼 잘못 이해하는 것은 1930년대 초에 사회민주주의를 '주적主敵'으로 선언한 것과 같은 잘못된 주의주의적 전략으로 이끌어가기 마련이다. 이러한 전략은 히틀러 세력을 강화할 수 있었을 뿐이며, 실제 비극적으로 강화했다. 똑같은 방식이지만 반대되는 의미에서, 주기적인 국면적 위기가 지닌 스스로를 분출하고 해소하는 (마르크스의 표현으로) "천둥 폭풍우"와 대비되는, 장기적인 구조적 위기의 '비폭발적' 성격 또한 "천둥 폭풍우"의 부재를 잘못 ─ 마치 그 부재가 '조직된 자본 주의'와 '노동계급 통합'의 무한한 안정성에 대한 압도적인 증거인 것처럼 ─ 해석 한 결과 근본적으로 잘못 판단된 전략으로 이끌 수 있다. '과학적 객관성'이 라는 기만 아래 지배 이데올로기의 이해관계에 의해 강력히 조장된 이런 잘못된 해석은, 제도화된 ─ 옛날에는 진정으로 대립적이었으나 지금은 흔히 이 야기하듯 '공식적인 야당'이 된 ─ 노동계급 정당과 노동조합에서 개량주의적 접근 방식의 수용을 스스로 정당화하면서 수용자들의 입지를 재강화하는 경향이 있다. 그러나 지난 수십 년 동안 이루어진 사회주의 운동에서 목격 되었듯이, 자본 시스템에 대한 매우 열렬한 비판가들조차 기존 질서가 무 한히 위기가 없다는 관점과 다를 바 없는 오해 때문에 스스로를 무력화하 는 방어적 입장을 채택할 수 있다.

정치가 그 필수적인 부분을 구성하는 광범한 전반적인 사회적 틀의 맥락 에서만 우리 시대 정치의 위기가 이해될 수 있다는 점은 매우 중요하다. 이 것은 오늘날 전 세계에 걸친 지속적이고 심화하는 정치 위기의 성격을 분 명히 하려면 자본 시스템 자체의 위기에 주목해야 함을 의미한다. 왜냐하 면 (적어도 1970년대 초[59] 이래) 우리가 겪는 자본의 위기는 포괄적인 구조적 위기이기 때문이다.

오늘날 우리에게 관련된 구조적 위기의 규정적 특징을 가능한 한 간략하 게 요약해보자. 오늘날 위기의 역사적인 새로움은 주요한 네 가지 측면에 서 드러난다.

1. 구조적 위기의 **성격**은 한 특정 영역에 제한되기보다 **보편적이다**(특정 영역의 예를 들면 금융적인 것 또는 상업적인 것, 생산의 이런저런 특정 부문에 영향

---

59 1971년 11월에 나는 『마르크스의 소외론』 제3판 서문에서, 전개되는 사태와 동향은 "자 본의 전 지구적인 구조적 위기의 심화를 극적으로 분명하게 드러냈다"라고 서술했다.

을 미치는 것, 숙련의 특수 범위 그리고 생산성 정도와 함께 노동의 이런저런 유형에 적용되는 것 등).

2. (과거의 모든 주요 위기가 그러했듯이) 구조적 위기의 범위는 몇몇 특정 나라에 한정되기보다 (아주 선명하게 문자 그대로의 의미에서) 진실로 전 지구적이다.

3. 모든 예전의 자본 위기가 그러했듯이, 구조적 위기의 시간 척도는 제한되고 주기적이기보다 확장되고 지속적이다. (당신이 좋아한다면 영구적永久的이다.)

4. 구조적 위기의 전개 양식은 (과거의 더 장대하고 극적인 분출, 붕괴와는 대조적으로) 서서히 진행된다고 볼 수도 있다. 다만 미래에 — 즉, 지금 '위기관리'와 증가하는 모순의 다소 일시적인 '전이轉移'에 적극 관여하고 있는 복합 기제가 활력을 소진할 때 — 매우 격렬하고 폭력적인 격변이 일어나지 말라는 법은 없다는 단서를 달고서.

…… (여기에서) 예상될 수 있는 구조적 위기의 해결 형태뿐만 아니라 구조적 위기의 기준에 관해서도 몇몇 일반적인 지점을 지적할 필요가 있다.

가장 단순하고 일반적인 용어로 말하면, 구조적 위기는 사회적 복합체의 총체에 영향을 미친다. 사회적 복합체는 자신이 연계된 다른 복합체뿐만 아니라 자신의 구성 요소 또는 하위 복합체와도 관계한다. 이와 달리, 비구조적 위기는 문제가 되는 복합체의 일정 부분에만 영향을 미쳐, 그 부분에 아무리 심각한 영향을 미치더라도, 전체 구조의 지속적 생존을 위험에 빠뜨릴 수 없다.

따라서 모순의 전가displacement는 위기가 부분적·상대적이고 시스템에 의해 내적으로 관리 가능할 때만 실행 가능하다. 이 전가는 상대적으로 자율적인 시스템 자체 내부에서만 이루어지는 이동을 — 아무리 주요한 이동일지라도 — 필요로 한다. 같은 이유로, 구조적 위기는 관련된 전체 복합체의 실존 자체를 의문시하고 어떤 대안적 복합체에 의한 초월과 대체를 상정한다.

어느 주어진 시기에 어떤 특정한 사회적 복합체가 즉각적으로 가지곤 하는 한계를 통해 — 그것이 넘어설 수 없다고 생각하는 한계와 비교해서 — 똑같은 대조가 표현될 수도 있다. 따라서 구조적 위기는 전 지구적 구조의 즉각적 한계와 관련되지 않고 궁극적 한계와 관련된다 …….[60]

그리하여 꽤 명백한 의미에서, 기존 질서의 궁극적 한계를 규정하는 자본의 사회신진대사 재생산양식의 구조적 위기보다 더 심각한 것은 존재할 수 없다. 그러나 구조적 위기의 지극히 중요한 일반적인 매개변수에 비추어볼 때 아주 심각하더라도, 표면적으로 구조적 위기는 (주요 국면적 위기의 극적인 변동과 비교할 경우) 그런 결정적인 중요성을 가지지 않는 것처럼 보일지 모른다. 왜냐하면 국면적 위기는 "천둥 폭풍우"를 통해 스스로를 분출하는데, 이 "천둥 폭풍우"의 전개 양식에 따라 스스로를 분출할 (그리고 부과할) 뿐만 아니라 그 상황에서 실행 가능한 정도까지 스스로를 해결한다는 의미에서 다소 역설적이기 때문이다. "천둥 폭풍우"가 이렇게 할 수 있는 까닭은 바로 그것의 부분적 성격이 기존의 지구적 구조의 궁극적 한계를 문제 삼지 않기 때문이다. 그러나 동시에 같은 이유로 그것은 근본적으로 깊게 뿌리내린 구조적 문제 — 필연적으로 스스로를 되풀이해 특수한 국면적 위기의 형태로 관철하는 — 를 극히 부분적인, 일시적이고 매우 제한된 방식으로 '해결할' 수 있을 뿐이다. 즉, 다음의 국면적 위기가 사회의 지평에 출현할 때까지 말이다.

그에 반해 일시적이거나 즉각적인 의미가 아니라 획기적인 의미의 역사적 시간 속에서 전개되는 구조적 위기가 갖는 불가피하게 복합적이고 장기적인 성격을 고려하면, 심지어 '정상상태'의 거짓된 외관 아래에서조차 문제를 결정하는 것은 전체의 누적된 상호 관계다. 구조적 위기에서는 주어진 질서의 포괄적인 궁극적 한계 — 그것의 '상징적이고 전형적인' 특정 사례가

---

60 이 글은 *Beyond Capital*의 18.2.1, pp. 680~682에서 인용한 것이다.

아마 있을 수 없는 — 를 포함해 모든 것이 문제가 되기 때문이다. 특정 사태와 동향 전체의 체제적인 연관과 함의를 이해하지 않는다면 필요한 체제적 변혁을 위해 정말로 중요한 변화를 보지 못하며, 그 변화에 긍정적인 영향을 미칠 잠재적인 전략적 개입의 지렛대도 보지 못한다. 그러므로 우리의 사회적 책임은, 집이 우리 머리 위로 무너질 때까지 환상적인 정상상태의 세계에서 위안거리를 바라는 대신, 새로 등장하는 누적된 상호 관계에 대한 비타협적인 비판적 인식을 요구하는 것이다.

우리 시대 자본의 구조적 위기를 고려해볼 때 정치 영역에서 그 위기가 — 그리고 실제로 심오하고 폭넓은 의미에서 — 발생하지 않는다면 이는 절대적인 기적이 될 것이다. 왜냐하면 정치는 그에 상응하는 법적 틀과 함께 자본 시스템에서 결정적으로 중요한 위치를 차지하기 때문이다. 이것은 근대국가가 자본의 정치적 명령 구조의 총체화라는 사실에 기인한다. 자본의 정치적 명령 구조는 자본 시스템의 다수의 원심력적인 구성 요소(생산과 분배의 '소우주들') 속에 일종의 응집력(또는 효과적으로 기능하는 통일성) — 그 응집력이 매우 문제적이고 주기적으로 파열되는 것이라 할지라도 — 을 불어넣기 위해 (지금 수립된 재생산 질서가 생존하는 한) 요구되는 것이다.

이런 종류의 응집력은 항상 지배적인, 그러나 바로 그 본성상 변하는 세력 관계에 의존하기 때문에 불안정할 수밖에 없다. 크게 바뀐 세력 관계 때문에 그 응집력이 깨질 경우 그것은 새로운 세력 관계에 부응하도록 어떻게든 재구성되어야 한다. 그것이 다시 깨질 때까지 말이다. 말할 나위도 없이 당연하게 그것은 그런 식으로 계속 반복된다. 이런 종류의 문제적으로 자기 갱신하는 역동성은 국내적으로 특정 나라의 지배 세력 사이에 적용되고, 또한 국제적으로도 적용되어 자본의 지구적 질서 속에 있는 다수 국가의 권력관계의 변화에 따라 주기적인 재조정을 요구한다. 이것이 20세기에 미국의 자본이 전 지구적 지배를 획득할 수 있었던 방식이다. 미국 자본은 한편으로 고유한 발전의 내적 역동성을 통해, 다른 한편으로는 제2차 세계대전 시기와 그 이후 크게 약화된 예전의 제국주의 열강 — 누구보다 영국과 프랑스 — 에 대한 자신의 제국주의적 우위를 점진적으로 관철시킴으로써 전 지구적 지배를 획득했다.

이 점에서 큰 문제는 얼마나 오랫동안 자본의 구조적 위기를 활성화하지 않고서 주어진 시스템의 효과적으로 기능하는 응집력을 이런 식으로 파괴하고 재구성하는 것이 계속될 수 있는지다. 이 지점에서는 국가 간 세력 관계의 강제된 재조정이 궁극적 한계를 구성할 것 같지 않다. 결국, 자본이 우리의 사회신진대사 재생산의 체제적 통제자로 계속 역할을 수행하는 것이 적합한지를 문제시하지 않고서 인류가 두 세계대전의 공포를 견뎌내야 했고 견뎌냈다는 사실을 우리는 기억해야 한다. 이것은 비단 이해할 만한 일로 간주될 수 있었을 뿐 아니라 그보다 더 나쁘게는 수용할 만한 것으로도 간주될 수 있었다. 왜냐하면 "적이 어떤 다른 방식으로도 제압될 수 없다면 전쟁을 할 수밖에 없다"라고 규정하는 것이 항상 자본의 정상상태에 속했기 때문이다. 하지만 문제는 그런 '추론' — "결과가 어떻든 힘이 정의다"라는 단정적인 주장보다 결코 더 '논리적이지' 않은 — 이 이제 전적으로 부질없다는 것이다. 제3차 세계대전은 단지 비난하는 적만 제압하는 지점에서 멈출 수 없을 것이기 때문이다. 그것은 인류 전체를 파괴할 것이다. 알베르트 아인슈타인이 제3차 세계대전은 어떤 종류의 무기로 싸우게 될지에 대해 질문을 받았을 때 그의 대답은 그것에 대해서는 말할 수 없으나, (제3차 세계대전 이후의 — 옮긴이) 모든 후속하는 전쟁에서 사람들은 돌도끼를 이용해 싸우게 될 것은 확실하다는 것이었다(핵전쟁이 될 제3차 세계대전이 인류 문명을 파괴할 것이라는 점을 우회적으로 표현한 것 — 옮긴이).

요구되는 응집력을 재구성하는 데 정치의 역할은 자본 시스템에서 항상 거대했다. 아주 단순하게 말하면, 그 시스템은 정치 없이는 유지될 수 없다. 왜냐하면 자본 시스템은 구성 부분들이 가지는 원심력적인 힘에 의해 붕괴하는 경향이 있기 때문이다. 조금 더 깊은 의미에서 보면, 자본의 정상상태 아래 일반적으로 주요 정치 위기로 출현하는 것은 사회 전체 수준에서 물질적으로 변화된 - 또는 변하는 - 세력 관계에 조응해 새로운 응집력을 만들어내야 하는 필요 때문이다. 그리하여 이를테면 독점적 발전 추세는 도처에 심대한 문제를 야기하지 않고서는 존립할 수 없다. 그 추세는 정치 - 자본의 명령 구조의 총체화 - 에 의해 상대적으로 응집력 있는 틀 안으로 어떻게든 끌어들여져야 한다. 보여주기 위해 채택된 규제 조치들이 종종 새로운 세력 관계의 노골적인 이데올로기적 합리화와 정당화에 불과하며, 근본적인 추세가 새로운 세력 관계를 지배하면서 그 규제들이 독점적(또는 준독점적) 기업을 위해 더욱 완화될지라도 말이다. 물론, 독점의 국제적인 발전은 동일한 종류의 규정을 토대로 삼아 이루어진다. 이 모든 과정은 반드시 시스템의 구조적 위기를 야기하지 않고서도 - 또한 실제로 정치의 구조적 위기를 야기하지 않고서도 - 자본의 정상상태와 원리상 양립할 수 있다. 왜냐하면 위기 문제에 관한 한 아직 우리는 정치의 위기에 대해 말하는 것이 아니라 정치 내부의 위기들 - 즉, 기존 정치 시스템의 관리 가능한 매개변수 내부에서 스스로를 전개하고 해결하는 특정 위기들 - 을 말하고 있기 때문이다.

기존 정치제도는 진행 중인 물질적 발전과 그에 상응해 변하는 세력 관계와 조응함으로써 요구되는 사회의 응집력을 재구성하는 매우 편리하고 지속 가능한 방식을 (정례적으로 만든다는 의미에서) 관리하는 중요한 기능을 가지고 있다. 또한, 동시에 그런 목적을 위해 가용 가능한 문화적·이데올로기적 무기고를 가동한다. 자본주의적 민주주의 사회에서 정치 영역의 이 과정은 다소 진정으로 경합하는 주기적인 의회 선거의 형태로 관리된다. 심지어 근본적 세력 관계에 나타난 일부 주요한 변화 때문에 질서 있는 매개변수(예컨대, 의회 선거 - 옮긴이) 내부에서 불가피한 재조정의 필요를 해결할 수 없어 독재 유형의 정치적·군사적 개입이 동반될지라도, 조만간 정상상태의 특징인 '민주적 합협성'으로 복귀할 수 있는 경우라면 자본이 감당할 수 있는 정치 내부의 위기라고 할 수 있다. 더구나 라틴아메리카에서 미국이 (고취하고) 관리한 권위주의적 통치의 수많은 사례가 증언하듯이, 흔히 그런 발전은 주로 해외에서 통제된다.

물론, 매우 권위주의적인 발전 과정과 추세가 전 지구적 자본 시스템의 종속 지역이 아니라 내부 핵심 지역 — 구조적으로 지배하는 부분 — 에서 우세해지기 시작하는 경우는 매우 다른 문제다. 그런 경우에는 '이중장부'[61]의 예전 유형 — 국내에서는 합헌성의 완전한 준수를 포함해 '민주적 게임 규칙'에 순응하는 반면, 다른 나라에 대해서는 무자비하게 (심지어 군사적·제국주의적으로) 지배하는 — 은 관리할 수 없게 된다. 실행할 수만 있다면 모순을 전가하는 것은 자본의 체제적 열망이다. 또한, 어느 시기에든 국가 간 관계에서 압도적일 수밖에 없는 구조적 위계를 전제하면, 지배하는 국가가 자신의 내적 모순을 그 시스템의 덜 강력한 여타 부분에 (전쟁을 비롯한 폭력적인 개입 형태로) 수출하려는 것은 시스템의 정상상태의 일부다. 이는 필요한 사회적 응집력을 내적으로 확보하고, 심지어는 큰 갈등이 있을 때 그러한 사회적 응집력을 강화하기 위해서다.[62]

그러나 자본 시스템이 더욱 전 지구적으로 얽히게 될수록 — '보편적으로 이로운 세계화'에 대한 모든 자기 편의적 신화에도 불구하고 — 이것은 점점 더 어려워진다. 그 결과 도처에서 심각한 결과를 낳으면서 중요한 변화가 전

---

61 금전의 출납, 거래의 실제 상태나 내용을 감추기 위해 실태를 기입하는 장부 외에 거짓으로 기입하는 장부를 만드는 일. — 옮긴이

62 칸트는 '도덕 정치'의 선의를 통해 미래에 '영구 평화'의 실현을 상정함으로써 국가 간 적대 문제에 대한 이상적인 해결책을 제안했다. 이와 대조적으로, 헤겔은 국가 간 갈등을 하나의 긍정적인 자산으로 간주했다. 그는 냉소주의에 가까운 현실감각을 바탕으로 "국가들 내부의 부패는, '영구' 평화는 물론이고 장기적인 평화의 산물일 것이다"라고 말해 칸트의 희망적인 대안을 쉽게 기각했다[Hegel, *Philosophy of Right*(Oxford: Clarendon Press, 1942), p. 324].

개될 것이 틀림없다. 왜냐하면 압도적인 지배 국가, 즉 현 시기에는 전 지구적 패권 제국주의의 초강대국인 미국의 일차적 관심사는 전 지구적 자본 시스템에 대한 통제를 확보하고 유지하는 것이기 때문이다. 그러나 어떤 식으로든 지불되어야 할 막대한 물적·인적 관련 비용을 고려하면, 전 지구적 지배의 기획은 국내적으로뿐만 아니라 국내적으로도 커다란 위험과 그에 따른 저항을 불가피하게 동반한다. 따라서 우리 시대의 자본주의적 세계화와 분리할 수 없는 구조적 위기가 심화하는 상황에서 자본 시스템 전체에 대한 권위주의적 통제를 유지하려면, 모든 가능한 저항을 제압하기 위해 확실한 권위주의적 추세가 국제적 차원뿐만 아니라 지배적인 제국주의 나라 내부에서도 강화되어야 한다. 미국과 미국의 가까운 동맹들의 법적·정치적 틀에서 이미 목격된 합헌성의 심각한 침해와 현재까지 성문화되거나 냉소적으로 조작된 입법 경로에서 아직까지는 일방적으로 '고려'되는 법 조항과 조치를 통해 알 수 있듯이, 장차 우리는 자본의 구조적 위기의 영향 아래서 이런 위험한 추세의 명백한 조짐들을 보게 될 개연성이 크다.

저의가 있는 입법 조작의 흥미로운 사례는 중요한 법률들이 행정부에 의해 기안되는 방식이다. 따라서 놀랍지도 않게, 영국의 한 고등법원 판사는 인권의 핵심적인 쟁점에 관해 다음 발언과 같이 불평할 수밖에 없었다.

통과된 법률들은 법원이 통제 명령을 번복하지 못하게 막는 방식으로 기안되었다. …… (당시 영국 내무부 장관) 찰스 클라크Charles Clark는 일방적인 정보를 토대로 훈령을 내리기로 결정했지만 법원이 내무부 장관의 결정을 파기하도록 만드는 상황을 상상할 수 없었다고 그 판사는 말했다. 그 결과, 심지어 그가 그 훈령이 인권법에 위배된 것이라고 판결할지라도 그 훈령을 그대로 둘 수밖에 없을 것이라고 그 판사는 말했다.[63]

---

63 "Terror Law an affront to justice," *The Guardian*, April 13, 2006. 같은 날에 ≪가디언≫

제2차 세계대전 이후 '제국주의의 종말'이 다소 조급하고 순진하게 찬양되었다. 우리는 실제로 (제2차 세계대전 이전과 제2차 세계대전 시기에 사회경제적·정치적 권력관계가 객관적으로 개편되었던 방식에 따라) 국제적 세력 관계에서 한참 전에 행해졌어야 할 재조정이 이루어지는 것을 보았을 뿐이다. 이것은 당시 식민지 영토를 비롯해 세계 전역에 '문호개방정책'을 주창한 루스벨트 대통령의 첫 취임 연설(1933년 ─ 옮긴이)의 핵심 구절에 이미 투영된 것이었다. 물론 전후 재조정은 예전 식민지 열강을 미 제국주의의 종속 세력으로서 2등급, 3등급으로 강등하는 일을 동반했다. 그러나 상당 기간 ─ 복지국가의 성공적인 확립과 재정 조달을 뒷받침했던, 재건과 상대적으로 방해받지 않은 경제적 확장의 전후 시기에 ─ 강력하게 추진된 '문호개방정책(즉, 미국에 대한 개방)'에 의해 예고된 주요 변화는 제국주의 자체가 영원히 과거로 밀려났다는 환상과 결합되었다. 더구나 그 주요 변화는 지식인뿐만 아니라 전통적인 좌파의 일부 중요한 조직 운동에도 크게 영향을 미치면서 널리 퍼진 이데올로기 ─ 이에 따르면, 기존 사회경제적·정치적 질서의 위기(전쟁 직전까지만 인정된)는 돌아갈 수 없는 과거의 일에 속한다 ─ 와도 결합되었다. 이 이데올로기는, 이제 우리가 자신의 모순을 영원히 제어하는 데 성공한 '조직된 자본주의' 세계에 산다는 정당성 없는 가정 아래 ─ '이데올로기의 종말'을 설교하는 그 이데올로기적 쌍둥이 형제와 함께 ─ 고취되었다.

포괄적이고 심화하는 자본 시스템의 구조적 위기가 관철되면서 정치와 이데올로기에서도 조야한 자각이 일어날 수밖에 없었다. 1987년 국제 증권 거래소에 큰 위기가 닥쳤을 때 TV 공개 토론에서 유럽 상업은행가들은, 그

의 정치부 기자 타니아 브래니건(Tania Branigan)이 작성한 다른 기사는 다음과 같이 보도했다. "입법 및 규제 개혁 법안은 정부가 자신이 원하는 거의 모든 법안을 심사 없이 ─ 심지어 새로운 형사상 범죄를 도입하거나 헌법을 변경해 ─ 변경하는 것을 가능하게 할 것이라는 비판이 제기되었다. …… 토리당(Tory Party)원들과 자민당(lib dems)원들은 그 법안에 '의회 심사 폐지 법안'이라는 별명을 붙였다."

위기가 일어난 것은 미국이 자신의 천문학적인 부채에 대해 조치를 취하기를 거부했기 때문이라고 주장했다. 그 토론에서 한 미국 은행가는 이에 대해 공격적으로 반박했다. 즉, 미국이 자신의 부채에 대해 어떤 조치를 취할 때까지 그들은 오직 기다려야 한다고, 그러면 그들은 면전에서 위기가 얼마나 거대하게 폭발하는지 목격할 것이라고 말이다. 어떤 의미에서는 그(미국 은행가 — 옮긴이)가 옳았다. 왜냐하면 유럽이 만성적으로 해결될 수 없는 전 지구적인 구조적 위기의 냉엄한 전반적 영향에서 자신을 편리하게 격리할 수 있다고 상상하는 것은 극히 순진한 것이었기 때문이다. 미국의 부채는 지구적인 구조적 위기의 한 측면일 뿐이며, 여기에는 채권국의 이기적인 공모가 온전히 연루되어 있다.

명백히 노골적인 제국주의가 매우 오랫동안 '민주주의와 자유'의 탈식민지 세계로 성공적으로 위장된 후에 다시 맹렬히 복귀하는 것을 지난 20년 동안 우리는 목격해왔다. 이제 만연해진 노골적인 제국주의는 특히 파괴적인 형태를 취해왔다. 그것은 '무제한전쟁unlimited wars'[64]을 벌일 필요성을 공공연히 단언하는 역사적 단계를 지배한다. 더구나 그것은 핵무기를 지니지 않은 나라에 — '예방적'이고 '선제적인 방식'으로 — 핵무기를 사용하는 것의 '도덕적 정당성'을 선포하는 것조차 꺼리지 않는다.

바로 1970년대 초 자본의 구조적 위기가 시작된 이래 모든 분야, 특히 정

---

64 지역이나 전쟁 수단을 제한하지 않는 전면전쟁. 이에 반해, 제한전쟁은 한정된 정치 목적에 합치되도록 전쟁 지역·전쟁 수단·사용 무기·병력·전쟁 규모 등에 일정한 제한을 가하면서 수행하는 무력전이다. 제한전쟁이라는 용어는 1951년 5월, 한국전쟁의 특징에 대한 미국 상원 군사·외교위원회의 질문에 대해 조지 마셜(George Marshal) 장군이 "나는 이것을 제한전쟁이라고 특징지으며 언제까지나 한정된 상태이기를 원한다"라고 말한 데서 생겨났다. 제2차 세계대전 이후 핵무기의 대량 출현에 의해 전면전쟁이 인류의 멸망을 초래할 것이 명백해지면서, 이 같은 무제한전쟁(전면전쟁)을 억지하기 위한 대비 개념으로서 지역·수단·목적 등을 제한하는 제한전쟁 개념이 생겨난 것이다. — 옮긴이

치 영역에서 자본 시스템의 심각한 문제가 축적되고 악화되어 왔다. 모든 증거와는 반대로 '보편적으로 이로운 세계화'라는 희망적인 사고가 곳곳에서 계속 선전되지만, 우리는 진행 중인 발전 추세가 드러내는 명백히 가시적인 부정적 결과를 시정할 수 있는 실행 가능한 국제정치기구를 가지고 있지 않다. 국제연합의 제한된 잠재력조차, 거짓 구실로 이라크 전쟁에 착수할 때 일어났던 것처럼, 워싱턴의 침략 정책을 세계에 강요하는 미국의 결정에 의해 무력화되고 있다.

미국 정부는 그런 식으로 행동하면서 자본 시스템 전체의 전 지구적 정부가 되는, 도전받지 않는 역할을 자의적으로 상정한다. 그런 기획이 궁극적으로 실패할 수밖에 없다는 생각에 개의치 않고서 말이다. 왜냐하면 지배적인 군사 교리가 처방하듯이, '압도적인 무력'을 동원해 상대편 군대를 파괴하고, 군사작전 수행 과정에서 전체 인구에게 막대한 '부수적 피해'[65] — 역겹게 명명되듯이 — 를 입히는 것으로는 충분하지 않기 때문이다. 그런 식으로 공격받은 나라를 지속 가능하게 영구적으로 점령하고 지배하는 것 — 방해받지 않는, 수익성 있는 경제적 착취를 포함해 — 은 전혀 다른 문제다. 아무리 군사 최강대국이더라도 그렇게 해서 전 세계에 대해, 그런 의미에서 변경할 수 없는 '새로운 세계 질서'의 곤경으로 규정되는 '강요된 정상상태'를 부과할 수 있다고 상상하는 것은 전적으로 부질없는 짓이다.

불행하게도, 사태와 동향은 매우 오랫동안 그런 방향을 가리켜왔다. "유일하게 필요한 국가는 미합중국이다"라고 오만하게 선언한 사람은 조지 부시 대통령이 아니라 빌 클린턴 대통령이었다. '신보수주의자들'은 오로지 그런 신념에 부응하고 그것을 집행하기를 원했을 뿐이다. 그러나 이른바 자유주의자들조차 대체로 똑같은 태도로 똑같은 악성惡性 신념 외에 더 긍

---

65 오늘날 미국이 사용하는 군사 용어로, 군사행동이 초래한 민간인 피해를 마치 의도하지 않은 사소한 피해인 듯 에둘러 표현하는 말이다. — 옮긴이

정적인 어떤 것을 설교할 수 없었다. 그들은 오늘날 세계에 '너무 많은 국가'가 존재한다고 불평했고, 그 문제의 실행 가능한 해결책으로 '사법권의 통합'[66]을 주장해왔다. 이 '사법권의 통합'이 실제로 의미하는 바는 한 줌도 안 되는 제국주의 열강들, 특히 미국이 개탄스럽게 '너무 많은 국가'를 권위주의적으로 직접 통제하는 것이다.

그 모호한 용어에도 불구하고, 이 개념은 (앞에서 인용한) 개탄스러운 '단절된 상태'를 어떻게 다룰 것인지에 관한 토머스 바넷의 이론화와 크게 다르지 않다.

오늘날 '너무 많은 국가'가 있다고 해서 이들 국가가 소멸하기를 바랄 수는 없다. 또한 '새로운 정상상태'의 전 지구적 행복을 확립하기 위해 군사적 초토화를 통해 그 국가들을 파괴할 수도 없다. 정당한 민족적 이해관계는 무한정 억눌릴 수 없다. 세계 모든 지역 가운데 라틴아메리카 인민이 이 단순한 진실을 웅변적으로 증명할 수 있다.

정치의 구조적 위기는 오랫동안 악화되어온 자본 시스템의 구조적 위기의 핵심적인 구성 요소다. 구조적 위기는 모든 측면에 걸쳐 있기 때문에 그 정치적 측면만을 분리해 일부에 (자기 영속적이고 변호론적인 방식으로) 손을 대서는 해결될 수 없다. 그것은 합헌성 자체를 조작하는 것으로는 조금도 해결될 수 없는데, 우리는 그렇게 하려는 수많은 사례를 볼 수 있다. 심지어 합헌성을 완전히 뒤집고 폐지하더라도 그것은 해결될 수 없다. 만약 영국 고등법원 판사들과 이탈리아 치안판사들이 ─ 심지어 베를루스코니[67]가 총선 사흘 전에 그들을 아무리 공격적으로 비난할지라도[68] ─ 그런 시도에 맞서 항

---

66 Wolf, *Why Globalization Works? The Case for the Global Market Economy*를 참조하라.
67 실비오 베를루스코니(Silvio Berlusconi, 1937~). 언론사, 프로 축구단 AC밀란 등을 보유한 이탈리아 최대 재벌 총수이자 대표적인 우파 정치인이다. 미디어 재벌로서 언론을 장악해 이탈리아 역사상 처음으로 총리 3선에 성공했으나 갖가지 구설수 끝에 2011년 11월 총리직을 사임했다. ─ 옮긴이

의할 수 있다면 우리는 모두 그런 문제에 대해 비판적 인식을 가지고 (그 판사들과 — 옮긴이) 똑같은 일을 할 수 있다. 우리의 기존 사회신진대사 통제 양식은 심각한 위기에 처해 있다. 그것은 오로지 근본적으로 다른 사회신진대사 통제 양식 — 우리 시대에 역사상 처음으로 실제로 실행 가능해진 실질적 평등에 기초한 — 을 수립할 때 교정될 수 있다.

많은 사람이 의회정치의 너무나 명백한 실패를 올바르게 비판한다. 그렇지만 그 지점에서도 의회주의의 과거와 현재에 대해 필요한 재검토가 광범한 맥락 속에서 이루어지지 않을 경우 우리가 구상하는 (실질적 평등의 요건과 분리될 수 없는) 새로운 사회신진대사 질서의 한 구성 요소로서 지속 가능한 결실을 맺을 수 없다.

오늘날 우리의 사회신진대사 질서가 장기적으로 실행 가능하지 않다는 것을 인식하기는 그리 어려운 일이 아니다. 왜냐하면 그것의 파괴성이 매우 무책임한 군사적 파괴의 직접적 사례들이 증가하는 데서는 말할 것도 없고, 생산과 낭비적인 자본축적 영역뿐만 아니라 환경 차원에서도 높아지고 있기 때문이다. 진행 중인 발전 추세와 그 누적된 영향에 대한 우리의 비판적 인식에서 가장 우선되어야 하는 것은 장기長期가 우리 시대에 점점 더 짧아지고 있다는 사실이다. 우리의 책무는 시간이 부족하기 전에 그에 관해 무언가를 행하는 것이다.

---

68 ≪라 레푸블리카(La Repubblica)≫(이탈리아 최대 일간지 — 옮긴이) 2006년 4월 7일 자를 참조하라. 특히 조르조 루폴로(Giorgio Ruffolo)의 기사 "위험에 처한 나라(Un paese danneggiato)"를 참조하라.

10.4 우리 시대의 지평에 오른 새로운 도전과 시간의 긴박성

10.4.1

2001년 미국의 아프가니스탄 침공과 2003년 이라크 전쟁은 막대한 파괴와 인간의 고난을 초래했다. '출구 전략'에 관한 위선적인 — 또는 극히 잔혹한[69] — 이야기는 자주 들리지만 끝은 보이지 않는다. 미래에 '적절한 출구'에 관한 체면치레의 해법으로 주창되는 것들이, 국면적으로 압박을 받는 잘 계산된 정치적 편의(이를테면 장래의 미국 대통령 선거) 때문에 일부 진행 중인 군사적 갈등을 위해 일시적으로 고안될 수 있더라도, 그것은 결코 반색할 이유가 될 수 없다. 왜냐하면 전 지구적 패권 제국주의의 근본적인 심각한 인과 규정이 중동뿐만 아니라 세계의 여타 지역에서도 우리의 '위대한 민주국가들(특히 미국)'에 의해 대량 학살을 수반하는 군사개입이 또 다시 초래될 것이기 때문이다. 분명히 그러한 침략은 정당화될 수 없는 것을 정당화하기 위해 온갖 거짓 구실의 조작을 동반할 것이다. 이는 린든 존슨 대통령 재임 시기 베트남전쟁의 '통킹만*Gulf of Tonkin*사건'[70]부터 (전쟁을 정당화한 영국 의회에서 블레어 총리가 행한 완전히 오도된 연설에 따르면, 이라크의 '45

---

69 앞에서 인용한 바넷의 담론이 전형적으로 보여주듯이.

70 미 제국주의가 전쟁 명분을 조작하기 위해 만든 자작극의 대표적인 사례. 1964년 8월 4일 린든 존슨 미국 대통령이 '미국 제7함대 구축함 매덕스(Maddox)호가 베트남민주공화국(북베트남) 어뢰정 3척의 공격을 받았다'고 발표해 알려진 사건이다. 이 사건을 계기로 미국은 베트남전쟁에 직접 참가해 1965년 2월부터 북베트남에 대한 대대적인 폭격을 개시했으며, 미국 의회는 대통령에게 침략 저지에 필요한 모든 조치를 취하도록 인정하는 '통킹만 결의안'을 가결했다. 그러나 1972년 미국 언론은 「국방성비밀문서」를 인용해, 미국 측이 베트남전쟁 개입을 위해 통킹만 사건을 조작했을 가능성을 제기했고, 베트남전쟁 당시 미국 국방 장관이던 로버트 맥나마라(Robert McNamara)는 1995년 회고록에서 이 사건이 미국의 자작극이었음을 고백했다. — 옮긴이

분 내'에 발사될 준비를 갖춘 것으로 상정된) 실제로 있지도 않은 '대량 살상 무기'에 이르기까지 과거에 수차례 일어난 일이다.

언론 매체가 지배 이데올로기를 전적으로 추종하는 것을 전제하면 언론 매체의 고위 임원들은 지배 질서의 이해관계가 관철되게 하기 위해 모든 것을 원하는 대로 왜곡할 수 있고, 심지어 매우 노골적인 형태의 군사적 침략조차 방어로 정당화한다. 믿기 어렵겠지만 어떤 블레어 지지자는, 모차르트 오페라의 마지막 장면에서 지옥이 돈 조반니*Don Giovanni*를 집어삼켰듯이 지옥이 그의 발밑으로 열리고 그를 집어삼킬지 모른다는 두려움도 없이, 미국의 아프가니스탄 침공을 "방어적 제국주의"라고 기술한다. 로버트 쿠퍼*Robert Cooper*의 견해로는, 만약 아프가니스탄 같은 국가가 "기존 국가들이 관용할 수 없을 정도로 너무 위험스럽게 되면 방어적 제국주의를 상상해볼 수 있다. 아프가니스탄에 대한 서구의 대응을 이런 견지에서 보는 것은 과도한 것이 아니다".[71]

다시 말하지만, 우리는 하찮은 사무원에 관해 말하고 있는 것이 아니다. ≪옵저버≫는 방금 인용한, 로버트 쿠퍼의 매우 영향력 있고 공공연히 친제국주의적인 글을 다음과 같이 소개한다.

영국 고위 외교관 로버트 쿠퍼는 영국 총리 토니 블레어가 새로운 국제주의와 국가 주권에 제한을 가할 인도주의적 개입이라는 새로운 원칙을 요구하도록 만드는 데 일조했다. …… 새로운 자유주의적 제국주의와 대외 정책에 대해 이중 잣대의 필요성을 인정하라는 쿠퍼의 요구는 좌파를 격분하게 했다. 그렇지만 그의 글은 아프가니스탄, 이라크, 그리고 그 밖의 나라에 대한 영국 전략의 배후에 있는 생각을 들여다볼 수 있는 드물고 솔직한 비공식적인 통찰력을 제공한다.

---

71 Robert Cooper, "The New Liberal Imperialism," *Observer Worldview Extra*, Sunday April 7, 2002. 인용한 모든 쿠퍼의 글은 같은 기사에서 가져온 것이다.

물론, 우리는 쿠퍼의 개인적 중요성을 과장해서는 안 된다. 그는 전 지구적 패권 제국주의의 특징적인 '노선'의 거침없는 대변자일 뿐이다. 우리는 제국주의적으로 지배당하는 지역의 이른바 "단절되어 있음"에 대한 바넷의 비난에서, 우리의 "분열된 세계"에 있는 "너무 많은 나라"의 (주권을 제한하는) "사법권의 통합"에 대한 울프의 요구에서 쿠퍼가 아프가니스탄에 관해 발언한 것과 똑같은 유형의 접근 방식을 보았다. 이 점에서 쿠퍼가 지적한 다소 기괴한 '전근대와 탈근대'라는 도식화는 요점이 빗나갔다. 그것은 그의 칭찬받는 글의 침략적인 본질에 어떤 것도 추가하거나 제거하지 않는다. 그것은 단지 그의 접근 방식의 노골적인 제국주의적 지향을 '학술적으로' 정당화하기 위해 사용된 것이다. 탈근대성에 대한 쿠퍼의 특유한 참조는 "단절되어 있음과 연결되어 있음"이라는 바넷의 도식과 정확히 똑같은 목적에 봉사한다. 영국 외교관의 추론이 그의 미국인 지지자(바넷 ─ 옮긴이)의 추론보다 훨씬 더 난해하더라도 두 '이론'은 모두 확인된 문제의 궁극적 해결책으로서, 제국주의적으로 지배하는 강대국에 의한 무력의 사용을 상정한다.

쿠퍼의 글은 "아프가니스탄과 이라크에 대한 영국 전략의 배후에 있는 생각"뿐만 아니라 무모하게 불장난하는 ─ 심지어 잠재적으로 핵전쟁도 불사하는 ─ 전 지구적 패권 제국주의의 배후에 있는 생각에 대해서도 특징적인 합리화를 제공한다. 긴 문구는 인용할 만한 가치가 있다.

> 탈근대 세계의 성원들(선진국 ─ 옮긴이)은 서로에게는 위험을 가하지 않을지 몰라도 근대와 전근대 지역(제3세계에 속하는 국가 ─ 옮긴이)에는 위협을 제기한다. …… 탈근대 세계에 대한 도전은 이중 잣대 관념을 익숙하게 할 것이다. 우리들 사이에서는 법과 개방된 협력적 안전보장[72]을 근본으로 삼아 작전을

---

72 협력적 안전보장(cooperative security)은 '집단 안보(collective security)'를 근간으로 하

벌인다. 그러나 탈근대의 유럽 대륙 바깥에 있는 더 구식 종류의 국가를 다룰 때
는 예전 시대의 더 거친 방법 ─ 무력, 선제공격, 속임수 등 모든 국가가 자력으로
존립했던 19세기 세계에 여전히 살고 있는 국가를 다루는 데 필요한 것이라면
무엇이든 ─ 으로 되돌아갈 필요가 있다. 우리는 우리들 사이에서는 법을 지켜
야 하지만 정글에서 작전을 벌일 때는 **정글의 법칙**을 사용해야 한다. …… 전근
대 세계가 제기한 도전은 새로운 것이다. 전근대 세계는 실패 국가들의 세계다.
…… 우리가 전근대 세계의 출현을 목격하는 것은 바로 제국주의의 죽음 때문이
다. 제국과 제국주의는 탈근대 세계에서 일종의 욕설이 되어버린 말이다. 오늘
날 **식민화의 기회가**, 아마 식민화의 필요성조차 19세기 때만큼 크더라도 그 일을
떠맡으려는 식민지 열강은 없다. …… 제국주의를 실행할 모든 조건이 존재하
지만 제국주의에 대한 공급과 수요는 고갈되었다. 그렇더라도 약소국은 여전히
강대국을 필요로 하고 강대국은 여전히 질서 있는 세계를 필요로 한다. 즉, **효율적**
이고 잘 통치되는 나라가 안정과 자유를 수출하고, 투자와 성장에 개방되어 있는
─ 이 모두가 매우 바람직한 것 같다 ─ 세계를 필요로 한다. 그렇다면 필요한
것은 **신종**新種 제국주의, 즉 인권과 박애주의적인 가치를 가진 세계에서 수용될 수
있는 제국주의다. 우리는 이미 그 윤곽을 파악할 수 있다. 즉, 모든 제국주의와
마찬가지로 질서와 조직화를 가져오는 것을 목표하지만 오늘날에는 **자발성의 원**
칙에 의존하는 그런 제국주의 말이다.

일부 순진한 사람들이 '자발성의 원칙' 개념을 진지하게 받아들일 경우

는 전통적 안보 개념에 대비되는 개념으로, 냉전 이후 이데올로기 대립이 해소되어 적군
과 아군을 확실하게 특정할 수 없는 세계에서 잠재적인 위협이 현재화하지 않도록 모든
관계국이 협력하고 대화하여 안전보장 환경의 개선을 도모하려는 것이라고 정의된다.
그것은 대화를 통한 신뢰 양성, 상호 사찰, 대량 살상 무기의 확산 방지 등을 목적으로 하
여 군사적 차원보다 오히려 외교 등 비군사적 수단을 우선해 새로운 안전보장의 틀을 구
축하는 것이다. ─ 옮긴이

그들은 국제통화기금, 세계은행의 철의 규율과 국제 원조라는 그럴싸한 이름 아래 실행된 지배 아래서 "지구적 경제의 자발적 제국주의"에 대한 쿠퍼의 열광적 지지를 떠올리며 신속하게 정신을 차려야 할 것이다. 이 점에서 쿠퍼는 "국가가 혜택을 받기를 원한다면 국제기구와 타국의 개입에 스스로를 개방해야 한다"라는 것을 분명히 했다(물론 "안정과 자유를 수출할" 수 있는 크고 "효율적인" 국가의 개입에 대해). 또한 "이웃 제국주의imperialism of neighbors"라 부르는 것을 강력하게 지지하고, 발칸반도에 대한 미국과 유럽연합의 군사개입을 예로 들며, 그렇게 개입하지 못했다면 "유럽에 위협이 초래되었을 것"이라는 점을 근거로 그 개입을 정당화한다.

놀랍게도, 또한 그는 새로운 제국주의의 필요성이 "제국주의의 죽음" 때문에 생겼다고 선언하기도 한다. 분명히 쿠퍼는 미 제국주의에 관해서, 제2차 세계대전 시기와 그 직후에 미 제국주의가 영국과 프랑스 제국주의를 — 네덜란드와 포르투갈의 변종은 말할 것도 없고 — 2등급, 3등급으로 성공적으로 강등시킨 방식에 관해서 듣지 못했다. 따라서 영국 고위 외교관이 원하는 상황은 완전히 공상적이다. 영국의 군사적 굴종이 미국 군부의 옷자락에 매달려 얻을 수 있는 보상에 만족하지 못하는 쿠퍼는 그의 비전 — 그의 글 말미에서 점잖게 부른 '비전' — 의 도움으로 미래의 '자유주의적 제국주의' 지형에서 영국이 활동할 수 있는 여지를 조금 더 많이 짜내려고 애쓴다. 마치 미국을 압도적인 지배 권력으로 하는 전 지구적 패권 제국주의의 실제적인 세력 관계가 존재하지 않고, 인류의 역사를 통틀어 전 세계에 대한 잠재적으로 가장 치명적인 제국의 전략이 실행되지 않는 듯이 말이다.

의심할 나위 없이, 그 역할을 '자원하고' 경험이 풍부한 옛 영국 제국의 권력에 할당될 중요한 지위와 함께 '신종 제국주의'에 대한 쿠퍼의 공상적인 애원은 ('역사적 유산'에 열광한다는) 토니 블레어 총리를 비롯한 영국 정부 내에서 그의 알려진 영향력을 설명해준다. 이 점에서는 효과적이게도, 국제 사안에서 서슴없이 실행하며 극히 고압적이고 종종 거의 독재적인 미국의 역할에도 불구하고, 글 전체에서 미국에 대해서는 단지 간헐적으로만 언급한다.[73] 따라서 이라크 전쟁에 의해, 심지어 헌법에 제약되어 머뭇거렸던 북대서양조약기구 나라들 — 독일 같은 — 의 아프가니스탄 전쟁 참여에 의해 입증되었듯이, 미국은 '의지의 동맹들'뿐만 아니라 수많은 '내키지 않는' 국가가 미국의 군사적 모험에 복종하는 것을 확보할 수 있다.

사태의 진실은 제국주의가 결코 죽지 않았다는 것이다. 미국이 할 수 있는 한 (그러나 분명히 영원할 수 없는) 단일 패권국의 역할을 수행하면서 제국주의는 우리 시대의 전 지구적 패권 제국주의로서 더 침략적이고 위험한 형태를 취했을 뿐이다. 이라크 전쟁의 전개와 그 위선적인 준비 과정에서 영국이 국제연합에서 수행한 경멸스러운 역할은 '탈근대 자발적 제국주의'가 전적으로 공허하다는 것을 확실하게 보여주었다. 영국은 미국의 군사적 모험이 국제적 합법성을 확보한 것처럼 기만했지만 전혀 그렇지 않았던 것이다. '신보수주의자들'이 처음부터 분명하게 했듯이, 전통적인 제국주의의 폭력은 미국에 의해 인정사정없이 부과된 운영 원리여야 했다. 그들은 항상 국제연합을 완전히 무시할 태세였기 때문에 영국의 법리적인 무화과 나뭇잎(치부 은폐용 — 옮긴이)은 써먹을 데가 없었다. 쿠퍼의 가식적인 '탈근대' 도식화를 실제로 현존하는 — 전 지구적 패권 — 제국주의에 적용하려는 시도는 전혀 부질없는 짓이다. 그가 미국을 공상적인 탈근대 복장에 끼어 맞추려고 아무리 힘들게 노력하더라도 다음과 같은 설득력 없는 결과를 내놓을 수 있을 뿐이다.

---

73 빌 클린턴 대통령이 내린 결정과 그가 부과한 군사명령에 의해 이루어진 발칸전쟁의 '최종 단계'의 실제적 역사를 잊고서, 동시에 그 지역에서 유럽연합의 '탈근대적' 우월성을 환상적으로 주장하면서도, 쿠퍼는 미국에 대한 드문 언급에서 "미국 주둔군은 불가결한 안정화 요소다"라는 것을 인정할 수밖에 없었다.

미국 정부나 의회가 지금 대부분 유럽 정부들이 하는 것과 똑같은 정도로 상호 의존의 필요성이나 바람직함 또는 그 당연한 귀결로서 개방성, 상호 감시와 상호 개입을 수용한다는 것이 분명하지 않기 때문에 미국은 더욱 의심스러운 경우다.

"분명하지 않은"과 "대부분 유럽 정부들과 똑같은 정도가 아닌"이라는 조건은 상황을 완전히 왜곡한다. (그리고 우격다짐으로 윤색한다.) 실제로는 그 반대가 **충분히 분명하기** 때문이다. 다시 말해, 우리가 **국제형사재판소**[74] 또는 불명예스럽게 취급되는 교토의정서나 기타 국제의정서 등 어느 것을 말하든지 간에 미국 정부와 의회는 상정된 제약을 **조금이라도** 받아들이기를 **절대적으로 거부한다**는 것이다. 만약 그렇다면 상정된 "개방성과 상호 개입"이나 "인권과 박애주의적인 가치"와 함께 '신종 제국주의'의 공상적 그림에 적합할 수 없기 때문에 오늘날 세계의 최강대국인 미국이 **빠져 있는** 그 '비전'의 설명적 가치는 무엇인가? 그 비전이 전혀 가치를 못 가진다는 것은 명백하다. "분명하지 않은"과 "똑같은 정도가 아닌" 같은 식의 오도된 기준이 만들어져야 하는 이유가 여기에 있다. 그런데 그런 기준은 또한 전 지구적 패권인 미 제국주의의 현실이 제국주의의 투영된 탈근대 변종의 규정적 잣대 모두와 모순되더라도, 쿠퍼 자신의 비전 속에 미국을 수용한다는 것을 의미한다.

미국의 지구적 지배 책략에서 영국의 '탈근대 제국주의'에 할당된 우선적인 역할은 있을 수 없다. 아프간과 이라크 전쟁에서 영국군의 엄격하게 종속적인 지위, 그리고 다른 '의지의 동맹들'과 똑같이 영국군 장병에게도 부

---

74 국제형사재판소는 쿠퍼가 탈근대 기구의 이상적 사례로 들었던 것이다. 하지만 그의 도식화는 미국이 스스로 그 재판소의 권위를 받아들이는 것을 거부한다는 사실에 의해 교란되지 않는다.

과된 고통과 희생은 이 단순한 진실을 웅변적으로 증언한다. 오늘날 자본 시스템의 구조적 위기가 심화하는 것을 전제하면 정치적·군사적 발전의 실제 상황은 매우 심각하다. 미국이 전 세계에 강요한 중동전쟁과 최근에 부각되었듯이 미국 정부가 국제법을 개탄스럽게 취급한 것에 더해, 미국 정부를 대리한 CIA의 이른바 '용의자 인도(송환)'의 모멸적인 관행에 대한 모든 서구 민주국가의 부끄러운 굴복[75] ― 고문 체제에 맞서 그들이 자랑스럽게 목청을 높인 주장을 배반하는 ― 에 이르기까지. 기존 질서의 매우 무비판적인 옹호자들만이 실제로 누가 현존하는 제국주의 상황을 지배하는지, 그리고 누가 거의 불평 한 마디 없이 그런 상황에 복종하는지를 부인할 수 있다.

10.4.2

확실히, 제국주의 입장에서 보면 더 작은 나라 ― 그들을 '실패 국가'라고 부르든지, '사법권이 파편화된 너무 많은 나라' 또는 '강대국을 여전히 필요로 하는 약소국'으로 부르든지 간에 ― 를 다스리는 최선의 방법은 상소上訴 법원 없이 모든 중대한 결정을 그들에게 완전히 권위주의적으로 부과하는 것이라는 점은 명백한 것 같다. 과거에 단지 한 줌뿐인 제국주의 국가들이 국제 질서를 규제하고 지배한 이런 방식이 분노뿐만 아니라 적극적인 저항도 야기했다는 사실이 매우 공격적인 '신보수주의자들'에게 정신적 자양분을 준 것 같지는 않다. 그들은 전 지구적 패권 제국주의의 시대에 단일 패권국인 미국이 군사력의 매우 잔인한 ― 무제한적이라고 공공연히 선언한 ― 사용을 통해 (제국주의 초기 단계에 그들 사이에 우위를 놓고 경쟁했던) 주요 열강이 해결할

---

75 이탈리아에서 CIA 요원 23명이 미 행정부가 정치적으로 혐오하는 누군가를 납치하고 '용의자 인도'를 한 혐의로 기소된 사례가 있다. 그러나 국제법 위에 군림하는 자신의 특권을 확신한 미국 정부는 기소된 그 누구의 인도도 거부할 것이라고 선언했다.

수 없는 것으로 입증된 문제를 손쉽게 극복할 수 있다고 교만하게 상정한
다.[76]

그러나 공공연히 선언되고 빈틈없이 지키려는 미국 우위의 원칙은 인류
의 완전 절멸의 공포를 예견할 정도까지 군사력 비중을 한층 높인다. 냉전
이 끝났다고 선언된 사실은 이 점에 전혀 영향을 주지 않는다. 2006년 워싱
턴에서 진행된 페르베즈 무샤라프*Pervez Musharraf* 장군[77]의 TV 인터뷰에 따르
면, 무샤라프 정부가 미국의 명령에 복종하지 않을 경우 파키스탄을 "석기
시대로 돌아갈 정도로 폭격하겠다"라고 리처드 아미티지*Richard Armitage* 미 국
무부 부장관이 위협했다. 대규모의 핵무기 사용 없이 파키스탄 같은 큰 나
라가 폭격을 통해 석기시대로 돌아갈 것이라고 누가 상상할 수 있겠는가?

똑같은 방식으로, 유명한 미국 신보수주의자 리처드 펄*Richard Perle*은 전
국방장관 도널드 럼즈펠드를 지지하면서, 이라크를 대상으로 한 그의 군사
전략이 완벽하게 적절했다고 거만하게 말했다. 단지 "이란과 시리아를 해
결하는" 데 필요한 "정치적 의지"와 그에 적절한 정치적 결정이 결여되어
있었고, 그것이 "이라크에서의 어려움"을 초래했다는 것이다. 아마 대규모
의, 그렇지만 비핵 군사 무기를 사용해 "시리아를 해결하는 것"은 실행 가
능하다. 비록 그것이 이라크 전쟁에서 심각한 추가적인 문제를 만들어내겠
지만 말이다. 하지만 재래식 무기만 사용해 이란을 군사적으로 제압한다는

---

76 런던에서 열린 왕립국제문제연구소(RIIA)의 중요한 회의에서 미국의 전 국무부 부장관
   스트로브 탤벗이 '미국의 전 지구적 우위'를 존중할 필요성에 대해 날카롭게 경고한 것과
   관련해서 앞의 제4장 4.2.9에 나오는 이 문제에 관한 논의를 참조하라. 스트로브 탤벗은
   클린턴 대통령 행정부의 일원이었다. 따라서 미국이 전 지구적 우위를 차지하는 것에 대
   한 관심은 결코 공화당의 신보수주의 극우파에만 한정되지 않는다. "유일하게 필요한 국
   가는 미국이다"라는 클린턴 민주당 소속 대통령의 머리카락이 쭈뼛해지는 언급은 미국
   의 전 지구적 지배의 논쟁할 여지가 없는 정당성에 대한 동일한 신념을 부각한다.
77 파키스탄 육군참모총장 출신으로 1999년 10월부터 2008년 8월까지 대통령직을 역임했
   다. — 옮긴이

것은 ― 미국과 다른 서방국의 지원을 받아 사담 후세인*Saddam Hussein*의 이라크가 8년 동안 노력했으나 실패했듯이 ― 전혀 믿을 수 없다. 실제로 이란에 맞서 '전술 핵무기'를 사용하자는 생각이 미국과 친미 그룹 안에서 자주 들린다. 그러나 군사적 차원뿐만 아니라 경제 영역에서도 잠재적으로 재앙적인 결과를 초래할 그런 무모한 핵 군사개입의 '적절하게 제한된 결과'를 어느 누가 보증할 수 있겠는가?

전 지구적 지배를 위한 공격적인 전략 계획에 전적으로 맞춰 (이란에 대해 사용하겠다고 너무나 자주 주장된) 잘 알려진 '벙커 폭파용 전술 핵무기'를 포함한 군사 무기의 생산이 이루어진다. 하지만 그것을 훨씬 넘어서, 심지어 가장 멀리 떨어진 구석까지도 미국의 잠재적인 전쟁 목표를 방해하지 않고 쉽게 도달할 수 있도록 표적 설정이 ― 핵 공갈 등으로 위협할 목적과 더불어 실제로 재앙적인 군사행동을 촉발할 목적으로 ― 준비되어 있다. 어제의 '별들의 전쟁'은 (실제로 전혀 그런 부류가 아니지만) '방어용 방패'인 것처럼 여전히 기만될 수 있다. 하지만 그것의 최첨단 계승자인 '팔콘'[78]으로 불리는 것은 아무리 상상해보아도 (전 세계에 맞서 배치될) 노골적으로 공격적인 무기 시스템이라고밖에 생각할 수 없다. 이 시스템의 첫 테스트는 2004년에 실시되었고 첫 번째 작전 단계는 2006년에 완성되었다. 완전히 개발된 무인 운반 로켓은 "두 시간 이내에 9천 해리(바닷길의 거리 단위, 9천 해리는 1만 6668킬로미터 ― 옮긴이)가 떨어진 과녁을 타격"할 수 있다고 보고되었다. 더구나 그것은 "1만 2천 파운드 이상의 하중을 운반하고, 최종적으로 음속 10배 이상의 속도로 비행할 수 있다". 이 극악무도한 전쟁 기계의 목적은 미국이

---

78 팔콘(FALCON, 미국 본토에서의 전력 운용과 발사) 프로젝트는 2003년 발표되고 2006년까지 지속된 미국 국방첨단과학기술연구소와 공군의 공동 연구 작업으로, 글로벌 즉응타격(Prompt Global Strike) 체제 구축의 일환이었다. 이 프로젝트는 두 가지를 목표로 삼는다. 즉, 음속의 5배(마하 5) 이상의 극초음속 순항기(HCV)의 개발과 순항미사일 등 극초음속 무기를 발사하기 위한 소형 발사용 로켓의 개발이다. ― 옮긴이

도전받지 않고, 도전할 수 없는 전 지구적 패권 제국주의 지배자로서 세계 지배를 달성한다는 설계 속에서 굴복시키거나 파괴하고 싶은 어떤 나라든 혼자 힘으로 상대할 수 있게 하는 것이다. 워싱턴 싱크탱크*Think Tank* 'Global Security.org'의 대표 존 파이크*John Pike*는 새로운 무기 시스템에 대해 다음과 같이 논평했다.

그 무기 시스템은, 지구상의 어떤 나라도 우리가 그들의 영토를 사용하도록 허용하지 않더라도 지구의 다른 쪽에 있는 사람들을 폭파해 날려버리려는 것이다.[79]

그리하여 우리는 특히 우리 시대의 위험한 상황과 모순에서 일어나는, 진행 중일 뿐 아니라 이미 계획된 침략적인 전쟁 때문에 시간의 긴박성에 직면한다. 이 문제를 특히 심각하게 만드는 것은 전 지구적 패권 제국주의가 행하는 위험한 행동들이 영속되는 결과를 낳을 수도 없고, 지속 가능하거나 최소한의 합리성이라도 지닌 발전 경로를 위해서 포기될 수도 없다는 것이다. 왜냐하면 군사적으로 뒷받침을 받은 국가권력의 무한한 오만에도 불구하고 불편한 사실은 여전히 남기 때문이다. 즉, 지금 이라크에서 미국인들이 인정하지 않더라도 인식할 수밖에 없듯이 (선호하는 전략적 교리의 용어로 표현하면) "압도적인 무력에 의해" 자의적으로 선포된 적의 군사 거점을 파괴하는 일이 역사적으로 지속 가능한 결과를 확보하는 데 전혀 충분하지 않다는 사실이다. 한 나라를 영구적으로 점령하는 것과 수익성 있는 점령을 위해 필요한 자원을 만들어내는 것은 엄청나게 복잡한 문제다. 우리 행성의 주요 지역에 ― 미국이 풍부하게 보유한 대량 살상 무기를 가지고 ― 직접적인 제국의 지배를 확장하는 것이 전적으로 어리석은 짓이라는 것은 말할 것도 없다. 의심할 나위 없이, 전 지구적 패권 제국주의의 침략적 모

---

79 Julian Borger, "U.S.-based missiles to have global reach," *The Guardian*, July 1, 2003.

험은 인류 문명을 파괴할 가능성이 충분하고 실제로 인류 문명을 파괴하는 데 성공할지도 모른다. 그러나 그런 침략적 모험은 절대로 우리 시대의 심각한 문제에 대해 지속 가능한 해결책을 제시할 수 없다.

지배하는 제국주의 국가에 의해 투하된 자원이 아무리 막대하더라도, 공격성을 증대하는 것이 희망적으로 기대하는 결과를 지속적으로 만들어낼 수 없다는 점은 매우 중요하다. 문제가 더욱 복잡해진 것은 낭비적으로 투자된 자원이 대부분 (역설적으로 이제 중요한 위치에 있는 중국을 포함해 세계의 나머지 지역을 희생하면서) 급증하는 미국의 부채에서 유래한다는 사실 때문이다. 그렇지만 (자원이 — 옮긴이) 아무리 많이 낭비되더라도, 추구되는 군사전략이 아무리 침략적이고 인간 파괴적이더라도, 심지어 그것이 대량 학살 형태를 취하더라도 실제 결과는 제국주의가 기획한 기대에 훨씬 미치지 못할 것이다. 자본 시스템 전체의 구조적 위기는 이 점에서도 깊어간다.

그런데도 당분간 미국의 전 지구적 패권 제국주의는 잠재적 경쟁자를 상대적으로 쉽게 지배할 수 있다. 하지만 이런 상황이 영원히 지속될 것이라고 상정할 수 있는가? 국가 간 세력 관계는 과거에 영원하지 않았고 자본주의적 미래에도 결코 영원할 수 없다. 불가피하게, 타국에 대한 지배를 확보하는 데는 항상 상당한 비용이 들어간다. 그러므로 타국에 대한 지배는 극히 일시적일 수밖에 없다. '미국의 새 천 년American Millennium'이라는 오만한 신보수주의적 비전과 부합해 상정되는 단일 국가의 여타 세계에 대한 지배가 갖는 함의는 말할 필요도 없다. 잠재적 경쟁자의 상대적인 물질적 생산력은 이 점에서 가장 중요한 요인이다. 오직 바보만이 훨씬 더 작은 나라 — 예컨대 중국에 견줄 때의 미국 — 의 변경할 수 없는 이점 때문에, 주요 국가들 사이에 현존하는 세력 관계가 영원할 것이라고 간주할 수 있다. 워싱턴의 매우 공격적인 그룹 안에서 미래에 발생할, 미국의 패권에 대한 '중국의 위협을 해결할 적절한 방법' — 예상되는 대규모 군사적 파괴의 동원을 포함해 — 을 주창하는 데 끊임없이 커다란 노력이 쏟아진다는 것은 비밀이 아니다.

오래되었지만 그렇게 오래되지는 않은 '중국 로비(중국에 대한 대책을 촉구하는 로비 집단을 의미 — 옮긴이)'에 의해 가까운 미래에 그런 구상이 얼마간 성공할지라도 문제 자체는 분명 사라지지 않을 것이다. 왜냐하면 중국의 경제력은 상대적으로 짧은 시간 안에 미국의 경제보다 훨씬 더 커지게 되어 있기 때문이다. 이미 오늘날 중국이 미국에게서 거의 천문학적인 규모의 금융자산(예컨대 1조 달러가 넘는 미 재무부 채권 — 옮긴이)을 회수하기로 결정하면 그것은 미국뿐 아니라 전 세계에 걸쳐 대규모 경제 지진을 일으킬 것이다. 만약 중국 로비 세력과 그들에 동조하는 광범한 워싱턴 동맹이 선호하는 전략의 파괴적 영향을 회피하기를 바란다면, 우리는 곧 이 문제를 모든 정치적이고 잠재적으로 군사적이기도 한 귀결들과 함께 **합리적**이고 지속 가능한 방식으로 대면해야 할 것이다.

더구나 조금 더 먼 미래를 생각할 경우, 인도의 증가하는 — 잠재적으로 매우 거대한 — 개발 약속도 그것이 갖는 진정한 의미(자원과 지구 생태에 미치는 영향 등 — 옮긴이)에 따라 재고되어야 한다. 우리 행성의 생태 상황을 악화시켰다는 이유로 두 나라를 비난하는 서구 자본주의국가의 명백히 이기적인 목적에 따라 중국과 인도를 주목하는 것으로는 미흡하다. 우리의 지구적 질서에서 현재의 세력 관계는 전혀 장기적으로 유지될 수 없다. 또한 "알 카에다에 맞서" 미국을 지키기 위한 "방어용 방패"라는 뻔한 핑계를 대고 러시아의 이웃인 폴란드에 새로운 미사일 방어 시스템을 배치하려는 미국의 군사 계획에는 털끝만큼의 합리성도 있을 수 없다. 그 계획에 대해 목청을 높인 러시아의 항의는 제시된 정당화를 조금도 진지하게 받아들이지 않는다는 것을 아주 분명하게 보여주었다. 폴란드와 완벽한 공모[80] 아래 이

---

80 출처가 분명한 보도에 따르면, 폴란드와 루마니아는 CIA가 사람들을 고문 정권(고문이 허용되는 나라 — 옮긴이)으로 '용의자 인도'하는 것을 가능하게 만들고, 미국을 위해 자신들의 나라에서 불법적인 억류자 수용소를 운용한다. 이라크 전쟁에 관한 유엔의 논쟁

루어진 미국의 이런 군사 조치를 무모한 불장난이 아니라고 누가 생각할 수 있겠는가?

이제 알아차릴 수 있고 공격적으로 추구되는 전 지구적 패권 제국주의의 전략은 사태를 악화하기만 할 뿐이다. 왜냐하면 역사적 시간의 시대착오적인 숙적宿敵인 제국주의는 자신이 무자비하게 통제하는 속국들에게 가장 사악한 지배 형태를 부과하지 않고서는 기능할 수 없기 때문이다. 그와는 대조적으로 (사회주의적 질서에서만 실행 가능한) **실질적 평등**의 정신 — 역설적으로 미국이라는 '작은 나라'를 인도, 중국이라는 큰 나라들과 논란 없이 동등하게 만들 수 있는 — 을 통해 자본의 구조적 위기의 심화라는 심각한 문제에 책임 있게 맞설 것을 진정으로 주창하는 것만이 미래를 위해 절대적으로 필요한 일이다. 왜냐하면 실질적 평등의 정신을 일반적으로 채택하는 일만이 지금 지배적이고, 잠재적으로 매우 파괴적인 국가 간 세력 관계에 대해 역사적으로 지속 가능한 해결책을 제공할 수 있기 때문이다.

10.4.3

우리 지평 위에 떠오른 유일한 주요 도전에는 결코 잠재적으로 파국적인 군사적 위험만이 있는 것이 아니다. 자연에 대한 자본의 통제할 수 없는 잠식은 인류의 미래에 똑같이 커다란 위험을 나타낸다. '녹색 해결책' — 물론 상업적으로 수익성 있는 — 을 제공할 것처럼 꾸미며, 확인 가능한 생태 악화의 모든 가능한 측면을 자본주의적으로 활용하려는 최근의 시도에도 불구하고 말이다. 동시에, 한편으로 우리는 최악의 범법자 — 미국 — 가 이 문제에

이 벌어질 당시 도널드 럼즈펠드는 이 나라들을 '신유럽'(2004년 유럽연합에 동시에 가입한 동구권 국가를 중심으로 한 10개국 — 옮긴이)의 대표자로 칭찬했던 반면, 전쟁의 합법성 주장을 거부했던 '구 유럽'을 거만하게 비난했다.

서 자신의 책임을 인정하기를 계속 거부하는 것을 목격한다. 다른 한편, 분명히 다루기 힘든 이들 문제에 대한 자신들의 미심쩍은 기여를 위해 필요한 제약과 국제의정서를 진실로 받아들인다고 선언한 나라들도 발표된 목표치를 이행하지 못했다. 이 나라들은 자신의 편의적인 계산에서 일부 매우 유해한 실제적 수치 ― 연료를 많이 사용하는 항공 산업이 야기한 계속 증가하는 대규모 환경 손상 같은 ― 를 자의적으로 제외해 지구온난화라는 단일 쟁점과 관련해서도 실패했다. 우리가 인류의 미래를 위해 필요한 안전장치를 진정으로 확보하기 원해도, 어떤 나라도 현존의 생산·분배 질서에서 근본적 변화가 요구된다는 것을 고려하려고 ― 인정하고 그에 따라 행동하기 시작하는 것은 고사하더라도 ― 하지 않는다.

확실히, 자연과 인류의 불가결한 관계에 대한 위협은 '지구온난화'에 바쳐진 유행하는 기사 제목 아래 일방적으로 강조된 것보다 비교할 수 없이 더 크고 복잡하다. 지구온난화라는 측면에서조차 기본적인 문제는 개인들의 '탄소 발자국'[81] ― 이 용어는 자본주의 정부가 선전을 목적으로 선호한다. 왜냐하면 이것이 그들을 위해 좋은 정치적 뉴스거리를 만들어주고, 동시에 점점 더 큰 규모로 환경 손상을 야기하는 데 거대 기업의 주요한 책임에 대해 그들이 정부로서 실질적으로 아무 조치도 하지 않는다는 사실을 얼버무리기 때문이다 ― 이 아니라, (자본주의적 기득권에 의해 이제 매우 적극적으로 방해받는) **재생 가능한 에너지 자원의 가능한 최대한의 개발과 함께 책임 있고 장기적으로 지속 가능한 에너지 정책을 채택할 필요성**이다. 물론, 이 문제는 자본의 극복할 수 없는 단기 시간 지평에 의해 더욱 복잡해진다. 오늘날 잠재적으로 되돌릴

---

81 탄소 발자국은 인간이나 동물이 걸을 때 발자국을 남기는 것처럼 개인 또는 기업이 활동 과정에서 직간접으로 발생시키는 이산화탄소의 총량을 의미한다. 여기에는 일상생활이나 생산·유통 과정에서 사용하는 연료, 전기, 용품 등이 모두 포함된다. 비슷한 개념으로 개인과 단체의 생활을 위해 소비되는 토지의 총면적을 계산하는 '생태 발자국'이 있다. ― 옮긴이

수 없는 환경 손상과 아직 시간이 남아 있는 동안 광범한 교정 행동을 할 필요를 분명히 가리키는, 장기적으로 지속 불가능한 부정적 징후를 아무도 더 이상 진지하게 부인할 수 없다는 사실 때문에 그 문제는 상당히 구체화되었다. 하지만 자본의 인격화들은 2050년까지 요구되는 목표치를 어떻게 달성할 것인지에 대해 전적으로 공허하게 말하는, 정부가 자금을 지원한 보고서에 담긴 허풍 말고는 어떤 해답도 만들어낼 수 없다.

문제는, 우리 행성의 불가결한 전략적인 물적 자원이 되돌릴 수 없게 약탈적인 자본주의에 의해 고갈되는 것에 맞서 취해지는 필수적인 조치, 그리고 요구되는 모든 차원의 장기 에너지 수요를 포괄하는 진정한 우려를 훨씬 뛰어넘는다. 가장 어려운 문제는 실제적이고 실행 가능한 과학적 침투 ─ 자연의 객관적 규정 속으로 불가피하게 이루어지는 ─ 가 가장 잘 이용되도록 어떻게 보장할지에 관한 것이다. 말하자면, 그런 과학적 침투가 인류의 긍정적인 잠재력을 증진하는 방향으로 이루어지는 것을 어떻게 보장할 수 있느냐이다. 무책임하게 낭비적이고 파괴적인 특징을 가지고 지금 엄청난 규모로 착취되는 파괴적인 반가치를 촉진하는 대신 말이다. 이 반가치의 착취는 군산복합체에 의해, 소외를 야기하는 자본 시스템의 제2차 매개들의 다종다양한 '생산적' 화신들 ─ 철저하게 이윤 지향적이지만 역사적으로는 매우 퇴보적인 ─ 에 의해 이루어진다. 과학적이고 잠재적인 기술 발전의 결과를 다루는 긍정적으로 고무된 방식에 진정으로 충실할 때만 이 과업(과학적 침투가 인류의 긍정적인 잠재력을 증진하게 만드는 과업 ─ 옮긴이)을 감당할 수 있다.

자본주의국가는 독점적 발전을 규제하는 것처럼 법률을 제정하지만 실제로는 극히 주변적인 방식으로만 그렇게 한다. 그러할 때조차 자본주의국가는 독점적 발전의 핵심적인 촉진자다. 같은 의미에서, 국가가 촉진하거나 적극 후원하는 사업에서 반가치의 지배를 명백히 부인할 수 없을 때조차 국가는 상대적으로 무해한 자본 확장 형태뿐 아니라 매우 문제적이고 환경 손상을 가져오는 자본 확장 형태 — 물론 군산복합체를 포함한 — 의 촉진자다. 만약 그렇지 않다면 그것은 놀라운 일이다. 왜냐하면 근대국가는 자본 시스템의 포괄적인 정치적 명령 구조이고, 따라서 자기실현적인 확장을 확보하기 위한 자본의 불가결한 물질적 규정에 어긋나게 (주변적이지 않은) 실질적인 정치적 기능을 수행할 수 없기 때문이다. 유망한 단기 수익성 있는 축적이 아무리 극단적으로 편협하더라도 (실제로 맹목적으로 환경 파괴적이더라도) 말이다. 이런 까닭에 역사적으로 지속 가능한 생태적 고려는 수사학적으로 친생태적인 자본주의 정부가 채택한 정책으로부터 — 온갖 거짓 구실의 도움으로 — 단호하게 배제되어야 하는 것이다. 자본의 물질적 기득권과 자기 정당화의 정치적 명령 구조 사이의 이런 근친상간 관계는 지금 우리가 공인公認된 생태 위험에라도 단호히 대응하려 한다면 진정한 **체제적 변화**가 불가피하게 필요함을 매우 분명하게 보여준다.

물론, 이는 우리 시대의 너무나 명백한 군사적 위험에 대해서도 똑같이 적용된다. 근본적인 체제적 변화 없이는 전 지구적 패권 제국주의의 잠재적으로 가장 치명적인 단계와 역사적으로 작별할 희망이 있을 수 없다. 우리는 제국주의의 다양한 단계가 자본주의 발달의 상응하는 단계와 긴밀하게 연관되어 있었다는 것을 결코 잊어서는 안 된다. 물론 제국주의의 모든 변종은 자신의 종속국을 다루는 방식에서 자의적이고 권위주의적이지만, 제국주의 '모국들'의 사회적 뿌리와 규정을 온전히 고려하지 않고서는 그들의 전반적인 작동 양식을 이해할 수 없다. 그러한 내적인 사회적 규정을 근본적으로 극복하지 않고서는 '제국주의의 죽음'에 관한 모든 이야기는 순전한 — 또는 오히려 극히 이기적인 — 환상의 세계에 속한다. 또한 심원深遠한 **체제적 변화** 없이는 자본의 역사적 발전의 현 단계에서 뿌리 깊은 사회적 규정을 극복하는 것을 생각할 수 없다. 말하자면, 지금 지배적이고 치유할 수 없이 적대적인 사회신진대사 재생산양식을 사회주의 헤게모니적 대안으로 대체해야 한다는 것이다. 불가피한 제국주의적 국가 간 지배 체제는 그것이 기반하고 있는 물질적 기초 ― 즉, 지배-예속 형태를 취하는, 자본 시스템의 유일하게 가능한 생산적(그리고 재생산적) 작동 양식 ― 없이는 이해될 수 없다.

전 지구적 패권 제국주의 시대에 '자유주의적 제국주의'라는 관념 ― 영국이 그 안에서 동등한 역할을 수행할 ― 이 순전히 허구적인 것은 아니다. 압도적으로 지배적인 미국 파트너가 자신을 정당화하기 위해 미국의 국제적인 군사적 조치와 모험에 '최고의 의지의 동맹'으로서 필요한 자신의 영국 부하에게 트로이의 목마(적을 속이기 위해 사용하는 사람이나 물건 ― 옮긴이) 역할만을 할당하려고 한다는 의미에서 그것은 허구적이다. 또한, 자유주의적 제국주의의 제안은 두 가지 의미의 징후를 나타낸다. 첫째로, 그것은 어떤 형태로든 영국의 구 제국의 역할을 복원하려는 열망을 나타낸다. 둘째로, 그것은 노골적인 세력 관계가 덜 강력한 나라를 무자비하게 지배하게 만들어 제국주의적 방식으로 국가 간 관계를 규제한다는 데 대해 공공연하게 인정된 완전한 공모가 있음을 드러낸다. 이 점에서, 국가 간 관계를 규제하고 당연하다고 여기는 국가이익을 관철하는 제국주의 방식에 대한 같은 종류의 성향과 열망이 예전의 프랑스 식민주의 집단에게 낯선 관념일 것이라고 상상하는 것은 매우 순진한 생각이다. 동시에, 여전히 그렇게 남아 있는 예전 주요 식민지 열강의 제국주의적 열망이 장차 미국의 제국주의적 지배와의 갈등에 대해 가지는 잠재적 함의를 무시하는 것도 똑같이 순진한 생각일 것이다.

당연하게, 미국이 군사적으로 지배하는 전 지구적 패권 제국주의 시대에 제국주의 간 경쟁의 전통적 형태는 대체로 **잠재적인 것으로** 될 수밖에 없었으나 결코 소멸하지는 않았다. 경쟁적 기득권 ― 실질적이고 잠재적인 ― 에 기인하는 잠재적인 적대가 적대적인 방식을 통해 더 공공연하게 표면에 드러날 개연성은 단지 시간과 상황의 문제일 뿐이다. 왜냐하면 자본의 사회신진대사 질서에서 근본적인 사회적 규정은 당연히 정치 영역을 포함한 모든 영역에서 **구조적으로 확보된** 지배와 예속의 현실을 좌우하기 때문이다.

이것은 국가 간 관계를 통해 더 강한 국가가 더 약한 국가를 지배함으로써 항상 그들의 이해관계를 부과하려 할 것이 틀림없음을 의미한다. 거대 국가가 자본 시스템 틀 안에서 다른 방식으로 작동할 수 있을 것이라고는 생각할 수 없다.

또한 이것은 유럽연합 같은 20세기 국가 간 구성체에도 똑같이 적용된다. 미혹적인 '연합' 이데올로기가 선언하듯이, 유럽연합에 속한 소국들의 의사 결정권이 세 대국 — 독일, 영국, 프랑스 — 과 완전히 동등하다고 상상하는 사람은 자신만을 속일 수 있을 뿐이다. 자본의 사회신진대사 통제 양식이 지배하는 한, 국가 간 관계에서 실질적 평등은 생각될 수 없다. 유럽연합의 내적 구조는 잠재적으로 경쟁적인 국가 구성체의 내적 구조와 마찬가지로 위계적인 지배와 예속의 형태로 접합되어 있다. 따라서 주요 열강과 국가 블록*blocs of countries*의 전 지구적 국가 간 관계를 규제하기 위해 **구조적으로 확보되고 보호되는 적대성**이 편리하게도 그것을 뛰어넘어 **조화로운 국가 간 합의**로 전환될, 그런 경계선을 그리는 것은 불가능하다(국가 간 적대 관계가 국가 간 동등하고 조화로운 관계로 점진적·연속적으로 변할 가능성이 없다는 의미 — 옮긴이). 따라서 역사적으로 지속 가능한 국가 간 관계 체계는 자본 시스템의 구조적으로 확립된 적대성의 폐기를 필요로 한다. 그것이 미래에 지배와 그에 뒤따르는 제국주의적 경쟁의 파괴적 논리를 극복하는 유일하게 생각할 수 있는 길이다. 그것 없이는 전 지구적 패권 제국주의의 잠재적으로 가장 치명적인 단계를 영원히 과거의 일로 만들 희망은 있을 수 없다.

지금 상황에서 예전의 주요 제국주의 열강은 관타나모만灣뿐 아니라 CIA의 악명 높은 '용의자 인도' 과정이 — 각국 정부가 고분고분하게 용인하고 냉소적으로 부인하는 주요 서구 민주국가의 영토에서 (유엔에 의해 보고된) 수백 대의 불법적인 죄수 수송기를 통해 — 이루어지는 곳 어디에서나 미국이 국제법을 심각하게 위반하는 것을 암묵적으로 또는 명시적으로 전폭 지지하려고 한다. 우리의 '자유민주국가들'은 국가 간 관계를 규제하는 권위주의적 방식을 당연한 것으로 간주하는 성향을 명확히 보여주고, 국제 사안에 대한 매우 반동적인 신보수주의적 접근이 강요하는 패권적 관행에 복종한다. 앞서 우리가 정치의 구조적 위기에 관한 논의에서 이미 살펴보았듯이, 심각한 합헌성 위반조차 그 점에서는 틀림없이 용인될 수 있다. 일단 인정받은 시민적 자유 형태를 방어하려는 (고위 법률가와 판사를 포함한) 사람들의 모든 항의에도 불구하고, 예전에 이상화되었던 '민주주의 원칙과 보호 장치'의 위반 사례는 계속 크게 증가한다. 실제로, 이들 사안을 관리하는 국가 관료층은 거리낌 없이 민주주의와 시민적 자유의 원칙을 위반하는 데 관여하는 한편, 그런 모든 행동이 '민주주의와 자유를 위해' 추진된다고 냉소적으로 주장한다. 자본 시스템의 구조적 위기의 심화를 표현하는 이들 발전의 심각성을 결코 과소평가해서는 안 된다.

10.4.4

역사적 시간의 도전과 책무가 지금의 상황보다 더 큰 적은 없었다. 왜냐하면 기존의 사회신진대사 재생산양식 ─ 자신의 고유한 근본적인 구조적 규정 때문에 다른 방식으로 기능할 수 없는 ─ 이 지금 바로 인류의 생존 자체를 직접 위협한다는 점에서 문제 자체가 (현재 상황보다 ─ 옮긴이) 더 클 수 없었기 때문이다.

20년 전, 국제적으로 찬양받은 고르바초프의 **페레스트로이카** 모험의 여파로 '새로운 세계 질서'를 찬양하고 안정되고 훨씬 더 생산적인 미래('냉전의 종식'을 통해 매우 풍부하게 흘러넘칠 것으로 상정된 '평화 배당금'에서 나오는 혜택을 포함해)를 약속하는 노래를 들었다. 현실은 매우 다른 것으로 판명되었다. 어떤 평화 배당금도 결코 없었고 ─ 오히려 반대다(평화 배당금이 아니라 오히려 전쟁 분담금을 내야 했다는 의미 ─ 옮긴이) ─, 이른바 새로운 세계 질서에는 수용할 수 있는 질서를 조금이라도 닮은 것조차 아무것도 없었다. 그 대신 우리는 전 지구적 패권 제국주의 권력이 못마땅하게 여긴 수많은 나라가 ― '실패 국가'와 '악의 축' 구성원으로 ― 매우 공격적으로 비난받는 것을 목격했다. 그리고 뒤이어 잇따른 충돌이 분출했다. 그런 발전의 논리에 충실하게 '압도적인 무력'을 군사적으로 배치해 이들 문제를 다루는 근본적으로 무자비한 전략은 머지않아 아프가니스탄과 중동에서 대량 학살 모험 형태를 취했다. 그 전략은 거기서 멈출 수조차 없었다. 그 뒤로 미국은 핵무기를 사용할 가능성을 공공연히 선언했고, 동시에 극악무도하게 핵무기 사용 위협에 대해 심지어 도덕적 정당성까지 주장했다. 무제한의 파괴적 행동을 주창하는 매우 공격적인 군국주의적 전략이 그 결과에는 아랑곳하지 않고 미래에 우리에게 닥쳐올 것이기 때문에 다음과 같이 질문하는 것은 틀림없이 정당하다. 그것은 도대체 어디서 끝날 것인가? 넘어설 수 없는 (도덕적·법적 ― 옮긴이) 한계는 어디에 있는가? 어디에라도 있기는 한가? 자신이 국제법과 모든 책임 위에 군림한다고 ― 의미 있는 비난을 두려워하지 않고서 ― 선포할 수 있는 전 지구적 패권 제국주의의 무책임한 파괴성에도 불구하고 인류가 살아 남을 수 있다는 보증이 과연 있는가?

소란스럽게 공표된 '새로운 세계 질서'에 부여된 기대는 애초부터 전혀 근거 없는 것이었다. 왜냐하면 그런 기대가 냉전의 종식과 더불어 소멸할 것으로 선언된 모순과 적대를 필연적으로 야기한 (그리고 계속 야기하는) 동일한 사회신진대사 재생산 질서의 틀 안에서 ― 그 구조적 토대와 규정을 조금도 바꾸지 않고서 ― 나타날 것으로 상정되었기 때문이다. 자본 시스템은 그 구조적 틀에 대한 원인적 변화를 절대 허용할 수 없다. 모든 조정은 조작 가능하고 되돌릴 수 있는 결과의 영역에 한정되어야 한다. 이런 까닭에 자주 표명되는 자본의 인격화들의 유명한 신념이 '대안은 있을 수 없다'인 것이다. 물론, 자본 시스템의 구조적 위기의 심화는 상황을 악화할 수 있을 뿐이고, 어떤 교정적 개입도 ― 전 세계에 걸쳐 사회민주주의적 개혁 운동의 재앙적인 붕괴가 명백히 보여주었듯이, 주변적인 결과의 수준에서조차 — 실행하기 어렵게 만들 수 있을 뿐이다. 그래서 '새로운 세계 질서'와 그 '평화 배당금'의 약속된 축복 대신 '의지의 동맹들'의 굴종적인 지지와 더불어 체제적 적대가 실제로 강화되고 지배적인 제국주의 국가가 대량 학살 전쟁을 시작한다고 해서 놀랄 만한 것은 전혀 있을 수 없다.

역사적 시간의 도전과 책무는 위험에 처한 인류에 대한 필수적인 자각과 분리될 수 없다. 왜냐하면 '군사적 영역뿐 아니라 경제적 생산과 인류의 자연에 대한 관계에서도 그 위력을 발휘하는, 작금의 파괴적인 발전 추세에 대응하지 못할 경우 어떻게 될 것인가'라는 심각한 함의를 직시하는 것은 그리 어려운 일이 아니기 때문이다. 따라서 우리가 말하는 책무(짐)는 — 필요한 교정 행동에 착수해야 할 시간의 긴박성을 부인할 수 없기에 더욱 뚜렷해진 — 명백히 식별 가능한 역사적 도전에서 기인하는 거대한 어려움과 모든 개인이 성공적인 결과에 기여할 책임 모두를 가리킨다.

자본의 교정할 수 없는 체제적 제약과 모순 때문에 사회주의적 대안만이 유일하게 우리의 위험한 곤경으로부터 벗어날 수 있는 역사적으로 지속 가능한 길을 제공할 수 있다. 그것이 실행될 수 있게 하려면 오늘날 노동운동이 여전히 추종하는 일부 전략에 대한 재평가뿐 아니라 과거에 대한 비판적인 검토가 필요하다.

알다시피, '진화 사회주의'는 자본 시스템의 전반적인 구조적 틀을 문제 삼지 않고서 부분적 요구를 통해 사회를 개혁할 것을 약속했다. 우리는 그런 기획의 완전한 실패와 빗나간 결과를 안다. 그러나 노동조합과 정당의 전통적 틀의 여러 구성 요소는 여전히 조직적으로 예전과 똑같고, 조직원들의 제한된 요구에 대해서조차 성공하지 못한 무능력 때문에 수많은 조직원을 잃어 실제로 약화되었다.

이런 상황이 분명히 보여주는 고통스러운 진실은, 자본의 사회신진대사 질서에 대한 구조적으로 확립된 헤게모니적 대안을 자신의 근본적인 전략적 목표로 내세워 사회주의 운동을 근본적으로 갱신하지 않고서는 의미 있게 성공할 수 없다는 사실이다. 오직 '현실주의적인 요구'와 경제가 '감당할 수 있는 이득'만을 제기하라는 일반적 규칙을 처방하는 재생산 시스템의 경제적·정치적 전제 조건을 수용해 자본이 예전처럼 사회경제적·정치적 질서를 온전히 통제하게 내버려두었기 때문에 전통적인 노동조합의 요구의 성취는 완전히 좌절되고 무효화되었다.

따라서 노동운동의 유일하게 실행 가능한 대안 전략은 한때 제안된 (그러나 나중에 굴욕적으로 포기된) 개량주의적 접근과 정확히 반대의 것임이 판명되었다. 왜냐하면 조직된 노동운동이 겪은 끊임없는 패배와 좌절에 견주어 볼 때 자본의 통제 양식에 대한 사회주의 헤게모니적 대안을 온전히 의식적으로 접합하는 것은 부분적인 성취에서조차 필수적인 전제 조건임이 명백해졌기 때문이다. 불가피하게, 노동운동의 필수적인 재구성은 역사적으로 필요한 지속 가능한 변화를 도입하기 위해 '의회 사회주의'의 실패한 약속을 근본적으로 재검토하고 실행 가능한 조직 전략을 정교화하는 것 ─ 직접적인 정치 행동 분야, 그리고 예전의 조합주의적으로 제약된 형태의 잠재적으로 변혁적인 사회경제적 활동의 재규정된 양식 모두에서 ─ 을 포함한다.

우리의 역사적 시간의 긴박성을 전제하면 변혁적 목표를 매우 일관되게 근본적으로 재규정하는 것만이 성공의 희망을 조금이라도 제공할 수 있다. 자본의 지배에 대한 헤게모니적 대안은 불가역적인 혁명적 변혁이 필요함을 함의한다. 물론 '현실주의자들'은 그런 전략이 '시기상조'이고, '더 유리한 상황'이 도래할 때까지 연기되어야 한다고 항상 거만하게 말한다. 그러나 지금 우리가 직면할 수밖에 없는 가능한 최대의 위험 상황을 생각하면 역사 과정에 비타협적으로 근본적으로 개입하는 것만큼이나 시기상조가 아닌 것이 무엇이 있을 수 있단 말인가? 달리 말하면, 우리 자신의 역사적 시간의 긴박성 아래 있지 않다면 언제 그런 개입이 시기상조가 아닌 것으로 간주될 수 있는가? 시기상조의 행동 형태에 맞서 제기된 거짓된 반대는 대개 그런 행동 형태를 '모험주의'로 비난하는 데까지 나아간다. 일부 '마르크스주의자'와 '공산주의자'는 심지어 체 게바라에 대해 그런 식으로 혹평했다. 피델 카스트로는 『체 게바라의 볼리비아 일기 Diario del Che en Bolivia』[82]를 처음 출간할 당시 다음과 같이 강조하며 그들에게 단호하게 답변했다.

> 그 일기가 출판되지 않게 하는 데 관심이 있을지 모르는 사람들 가운데는 사이비 혁명가들, 기회주의자들, 온갖 사기꾼들이 다 있다. 이 사람들은 자신을 마르크스주의자, 공산주의자, 기타 그런 이름으로 부른다. 그러나 그들은 체 게바라를 잘못된 모험가라고 거리낌 없이 부르거나, 더 부드럽게 말할 때는 그의 죽음이 라틴아메리카에서 혁명적 무장투쟁의 백조의 노래[83]가 된 이상주의자라고 불렀다. …… 체의 죽음 이후 사모라 Zamora[84]는 체에 대한 매우 악의에 찬 '마르크스-레닌주의' 비판가가 되었다.[85]

---

82 체 게바라는 1959년 카스트로와 함께 쿠바혁명을 성공으로 이끈 뒤 33세의 나이로 산업부 장관, 국립은행 총재 등을 맡으며 사회주의 쿠바 건설에 헌신한다. 이후 1965년에 체 게바라는 혁명정부의 요직을 내던지고 다시 혁명의 길로 나섰다. 콩고 내전을 거쳐 1966년 그가 '남미 혁명의 교두보'로 삼고자 했던 볼리비아에서 게릴라 부대를 조직했다. 총 52명의 게릴라 대원이 볼리비아 남동부의 험준한 산악지대에서 11개월 동안 벌인 게릴라전은 처절한 실패로 돌아갔다. 1967년 10월 8일, 볼리비아 산악지대 유로 계곡 전투에서 게릴라 대장 체 게바라는 볼리비아 정부군에 의해 체포되었고, 미 CIA의 개입으로 다음 날 총살당했다. 체가 유로(Yuro) 계곡에서 생포당할 때 지녔던 올리브 그린 색의 배낭에 들어 있던 일기 두 권과 사진 몇 장이 카스트로에 의해 1968년 책으로 발간되었다. 일기는 1966년 11월 7일 볼리비아 동남부 냥카우아수(Ñancahuazú)에 도착한 날 시작되어 유로 계곡 전투에서 체포되기 전날인 1967년 10월 7일에 끝난다. ― 옮긴이
83 백조가 죽을 때 부른다는 아름다운 노래로 극작가, 음악가, 배우 등의 죽음이나 은퇴 전의 최후의 작품 또는 공연을 의미한다. 여기서는 '최후'라는 뜻을 나타낸다. ― 옮긴이
84 볼리비아 공산당 지도자.
85 Fidel Castro Ruz, "A Necessary Introduction,"(1968) in David Deutschmann(ed.), Che: A Memoir by Fidel Castro(New York: Ocean Press, 2006), pp. 105~110.

물론, 전반적인 세력 관계에서 자본에 맞선 노동의 헤게모니적 대안에 유리하게 근본적인 변화가 이루어질 때까지 역사 과정에 대한 모든 혁명적 개입은 어떤 의미에서는 필연적으로 시기상조이고 계속 시기상조라는 것이 진실이다. 그런 종류의 변화는 단순히 지배적인 세력 관계의 일시적 변동 — 복원 세력과 경향에 의해 잠식되고 역전될 수 있는 — 이 아니라 항구적으로 (적어도 원리적으로) 지속 가능한, 광범하고 보강되며 공고화된 변혁을 의미한다. 그것을 달성하는 것은 '자본주의를 부정하는 것'이나 '자본주의국가를 전복하는 것'의 불충분함과 달리 자본을 넘어서는 응집력 있는 전략을 포함한다. 사회신진대사 과정에서 자본을 불가역적으로 근절하는 것을 목표로 삼는 지속적인 전략이 없을 경우 자본주의가 복원되는 것은 그 재앙적인 결과와 함께 — 고르바초프 시대가 매우 명료하게 보여주었듯이 — 단지 시간문제일 수 있다.

다음과 같은 결론은 피할 수 없다. 즉, 오직 일관되게 추구된 혁명적 변혁의 국제적 관점만이 역사적으로 지속될 수 있다. 피델 카스트로는 이런 접근 방식이 라틴아메리카뿐만 아니라 동시에 전 지구적 발전 전망에 대해서도 갖는 광범한 함의를 다음과 같이 효과적으로 강조했다.

> 오직 라틴아메리카의 혁명적 변혁만이 미국 인민에게 본인들의 제국주의와의 거래를 청산할 수 있게 할 것이다. 동시에 동일한 방식으로 제국주의 정책에 맞선 미국 인민의 증가하는 투쟁은 라틴아메리카 혁명운동의 결정적인 동맹이 될 수 있다.[86]

그렇기에 우리의 역사적 시간의 도전과 책무는 사회주의적 국제주의의 **변증법적 호혜주의**가 지배적으로 되도록 만드는 것이다. 우리 모두가 살고

---

86 Ibid., p. 116.

있는 집은 헐릴 수 없으나 진실로 근본적인 재구조화를 필요로 한다. 혁명적 변혁의 필요성은 전 세계에 걸쳐 깊게 상호 연관된다. 오직 그런 식으로만 세계화는 인류를 위해 작동될 수 있다.

실행 가능한 사회주의적인 국제적 관점을 채택하지 않고서 노동운동은 요구되는 자신의 힘을 획득할 수 없다. 과거 인터내셔널의 역사에 대한 비판적인 재평가는 '사회주의에 이르는 의회의 길'에 대한 근본적인 비판 못지않게 중요하다. 실제로, 이들 두 전략적 접근의 실현되지 못한 약속은 긴밀하게 연관된다. 성공의 필요조건을 실현하지 못한 한쪽의 실패는 다른 한쪽의 가망성可望性에 깊게 영향을 미치고 그 반대의 경우도 성립된다. 한편으로, 매우 자신에 찬 국제 사회주의 운동이 없었기 때문에 국민국가의 의회 안에서 사회주의적 관점이 우세하게 만들 기회가 없었다. 다른 한편으로, 국민국가 무대에서 자본이 압도적으로 지배하게 되고, 그에 따라 국제적으로 매우 부적절하게 조직된 노동이 주어진 의회의 제약과 민족주의적 유혹(제1차 세계대전이 발발할 때 사회민주주의 정당들이 그들의 민족 부르주아지에게 투항해 요란스럽게 부각된)에 적응했기 때문에 급진적인 인터내셔널은 응집력 있고 전략적으로 효과적인 조직된 세력으로 전환될 수 없었다.

따라서 급진적 인터내셔널의 불행한 역사는 결코 우연이 아니다. 그것은 대다수 노동운동이 의회에 적응해야 할 필요성을 부과하는 정치적 틀 안에서 인터내셔널이 작동된 반면, **교리적 통일**doctrinal unity — 그리고 그것을 강제하려는 시도 — 이 필요하다는 비현실적인 가정을 가지고 있었던 데 기인한다. 실제로 이들 두 전략적 접근 노선을 동시에 추구하는 것은 **자기 모순적**이었다. 따라서 양자의 문제를 비판적으로 다루지 않고서 필요한 미래의 변화는 실행될 수 없다.

마르크스가 그의 초기 저작의 하나에 썼듯이 "최초의 역사적 행동은 새로운 필요의 창출이었다".[87] 그런 의미에서 몇몇 중요한 역사적 행동이 지금 요청된다. 왜냐하면 인류의 생존뿐만 아니라 미래 인류의 긍정적인 발전까지 담보할 수 있는 필요를 창출하고 강화하지 않고서는 우리의 역사적 시간의 도전과 책무에 성공적으로 응할 수 없기 때문이다.

결론적으로, 다른 것이 자연히 뒤따를 필수적인 두 필요성을 창출하기 위해 우리 시대의 긴박성 아래에서 절대적으로 필요한 새로운 역사적 행동만을 지적해두자.

첫 번째는, 우리의 생산 시스템에서 **책임 있는 살림살이**를 채택할 필요다. 자본의 사회신진대사 통제 양식에 대한 사회주의 헤게모니적 대안만이 이것을 제공할 수 있다.

두 번째는, 궁극적으로 통제할 수 없는 파괴를 잠재적으로 파국적인 규모로 야기하는, 자본 시스템의 **적대적인 대립적 속성**을 ― 역사적으로 지속 가능하게 ― 극복하겠다는 의식적으로 추구된 결의다.

이 점에서 사회주의 교육의 역할이 막대하다는 것은 명백하다. 하지만 그 문제 자체는 피할 수 없다. 왜냐하면 이들 필수적인 필요가 사회적 개인들에 의해 실제로 그들의 것으로 채택되는 것을 통해서만 개인의식과 사회의식은 긍정적인 인류 진보를 위해 화해할 수 있기 때문이다.

---

87 *The German Ideology.*

· 찾아보기

인명

ㄱ

고르바초프, 미하일Mikhail Gorbachev
49, 111, 265, 266, 411~413, 431,
451, 531, 532, 616

괴테, 요한Johann Goethe
59, 309~311, 313, 354, 379, 532,
533

그람시, 안토니오Antonio Gramsci
28~30, 32~36, 46, 48, 339, 340

ㄷ

대처, 마거릿Margaret Thatcher
122, 254, 526

ㄹ

레닌, 블라디미르Vladimir Il'ich Lenin
51, 426, 427, 432~434, 459

로스토, 월트Walt Rostow
143, 144, 422

로크, 존John Locke
331, 333, 334

루스벨트, 프랭클린Franklin Roosevelt
150, 152~154, 156, 157, 159~162,
587

룩셈부르크, 로자Rosa Luxemburg
149, 214, 215, 224, 430, 452

ㅁ

마르크스, 카를Karl Marx
46, 71, 83, 84, 91, 106, 107, 109,
112, 113, 116, 117~120, 125~127,
139, 142~144, 198, 235, 256, 317,
318, 329, 348, 349, 351~353, 370,
371, 416~419, 491, 505~508

마르티, 호세José Marti
317, 328, 346, 347, 443

맥도프, 해리Harry Madgoff
155, 267, 388, 394

밀, 존 스튜어트John Stuart Mill
399, 404, 418

ㅂ

바넷, 토머스Thomas Barnett
566~568, 590, 592, 594

바뵈프, 프랑수아노엘François-Nöel Babeuf
125, 379

배런, 폴Paul Baran   151

베른슈타인, 에두아르트Edward Bernstein
272, 351, 366, 446, 525

볼리바르, 시몬Simón Bolivar
16, 435~438

ㅅ

삭스, 제프리Jeffrey Sachs
164, 167, 168

슘페터, 조지프Joseph Schumpeter
43, 387

스미스, 애덤Adam Smith
97, 275~277, 321~323, 457, 458

스탈린, 이오시프Iosif Stalin
153, 201, 426~459, 578

스티글리츠, 조지프Joseph Stiglitz
556~559

ㅇ

아인슈타인, 알베르트Albert Einstein
23, 194~196, 515

엥겔스, 프리드리히Friedrich Engels
19, 429, 505

오언, 로버트Robert Owen
318, 323~327, 334

요제프, 어틸러Attila József
26~28, 32~34, 36, 40~42, 343,
440, 441, 519~522

울프, 마틴Martin Wolf
537~553, 555, 556, 560

윌슨, 해럴드Harold Wilson
204, 205, 288, 450

ㅊ

차베스, 우고Hugo Chávez   16, 21

처칠, 윈스턴Winston Churchill   153

체 게바라Che Guevara
28~32, 47, 48, 394, 615

촘스키, 놈Noam Chomsky   163

ㅋ

카스트로, 피델Fidel Castro
47, 328, 352, 496, 615

칸트, 이마누엘Immanuel Kant

59, 60, 61, 85, 97, 98, 476, 477, 518, 585

클라우제비츠, 폰*Von Clausewitz*

50, 218, 219

ㅍ

파라셀수스*Paracelsus*

317, 344, 354, 475

ㅎ

하이에크, 프리드리히*Friedrich Hayek*

86, 277, 282, 283, 289, 412

헤겔, 게오르크*Georg Hegel*

70, 74, 81~83, 97, 279, 414, 461, 500, 519, 585

용어

ㄱ

가처분 시간   23, 24, 73, 88, 255~257, 286, 409, 416~419, 490, 491~494, 503

개량주의   213, 272, 366, 373, 400, 401, 445, 446, 450, 523, 525, 527, 528, 530, 531

개인과 인류   57, 60, 63, 66

계몽주의   75, 76, 78~81, 83, 301, 302, 332, 481

계획   64, 263~269, 287~291, 293~296, 311, 386~396, 496, 528, 534, 540

고타강령   429, 531

공리주의   69, 475, 528

공산당 선언   121, 235, 505

공산주의 의식   505, 506

교환가치   70, 93, 292, 392, 397, 408, 494

구조적 불평등   308, 368, 378

국가의 소멸   127, 385, 448, 469, 470, 474

국면적 위기   578, 581

국제주의   225, 429~435, 438, 439, 496, 616

군산복합체   149, 150, 174, 224, 544

근대화   144, 145, 148, 149, 237, 306, 307, 421, 422

근본적 위기   578

ㄴ

노동가치론   107~110

노동계급의 참정권 박탈   449, 453, 527

노동시간 단축   24, 129, 131, 229, 237, 239, 253, 254, 256, 257

노동에 대한 자본의 의존   213

노동의 다수성   170, 199

노동의 보편화와 교육의 보편화 352~355, 383

노동의 산업적 날개와 정치적 날개 102, 132, 201, 463

노동자 정당   201, 210, 449, 450, 463

ㄷ

단순노동과 복잡노동   71

대항-의식counter-consciousness 345, 346

독일 사회민주당   429, 430

ㅁ

문호개방정책   160, 161

물신숭배   68, 86, 256, 348, 358, 376, 391, 416, 417, 419, 421, 423, 492

미국의 대 중국 정책   161, 172, 180~ 183, 187, 188, 604

미국의 세기   30, 137

민족 문제   424, 427, 428, 431

ㅂ

반가치   58, 59, 72, 73, 392, 411, 412, 477, 478, 508, 519, 529

베트남전쟁   30, 159, 446, 592

복지국가   200, 236

부유한 사회적 개인   143, 419, 487, 490, 494

북대서양조약기구NATO   170, 177, 189, 190

분업   24, 70, 71, 140, 322, 418

비사회적 사회성   60~63, 65, 518, 521

ㅅ

사물의 인격화와 인간의 물화   466, 472, 484

사용가치   19, 69, 70, 92, 292, 392, 396, 397, 494, 542

사회민주주의   21, 253, 272, 366, 372, 401, 449, 450, 525, 530, 531, 617

사회신진대사 재생산   55, 110, 203, 210, 256, 257, 321, 374, 389, 430,

542, 546

사회적 개인   57, 61, 63, 65, 66, 286, 393, 483, 487~489, 491~495, 502, 503

사회주의 기획   396, 485

사회주의 변혁   45, 46, 49, 365, 367, 369, 370, 462, 463, 474, 482, 483, 502, 509, 527, 533

사회주의적 사회신진대사 통제   212, 214, 386, 409, 410, 419, 435, 459, 499

사회주의 운동의 재구성   102, 201, 213, 249, 464, 470, 614

사회주의 의식   474, 483, 485, 487, 489, 493~495, 497~500, 503, 508

사회주의 지향 원리   365, 485, 494, 535

사회주의와 민주주의   384

사회주의적 회계   291, 293, 419, 490

사회혁명   125, 126, 459

상호확증파괴   196, 565

생산적 노동   114, 465

생산적 파괴   43, 70, 215, 290, 359, 387, 498

세계화   87, 99, 100, 102, 105, 106, 151, 164, 207, 208, 235~237, 361, 382, 423, 537, 538, 550, 553, 555~561, 567, 568

소련형 체제(소비에트 유형)   45, 46, 93, 264~266, 271, 369, 394, 395, 430, 431, 496

소비에트 민족   428

소외(자기 소외)   68, 71~73, 102, 139, 285, 348, 349, 350, 352, 354, 356, 358, 389, 410, 417, 418, 467, 469, 470

수직적 분업   455

수평적 분업   455

시민사회   60, 61, 461, 462

시장 사회주의   266, 402, 411

신보수주의자(네오콘neocons)   529, 565, 589, 600

신자유주의   86, 117, 205, 401, 528

실질적 평등   19, 50, 85, 139, 142, 193, 214, 308, 309, 355, 378, 379, 381~385, 495, 605

ㅇ

아메리카 민중을 위한 볼리바르 동맹 21

애국주의   433, 443, 444

역사의 종말 36, 84, 414, 478, 510

역사적 시간 34, 36, 39, 55~57, 63~
66, 368, 369, 392, 416, 417, 437,
438, 502~504, 518, 519, 521~ 523,
525~527, 529, 530, 535, 613, 614,
616, 618

연합한 생산자들 96, 109, 348, 352,
358, 372~375, 377, 383, 385, 454,
467, 470, 491

영국 광부 파업 133, 254, 526

영국 노동당(신노동당) 102, 145,
203~ 205, 239, 254, 288, 289, 336,
352, 525

원시적축적 329, 330, 460

유기적 체계 91, 92, 126, 225

유럽연합 189~191, 596, 605, 610

의사 결정권 96, 124, 164, 212, 285,
373~375, 378, 454, 465, 469, 470,
553

의회주의 448, 449, 450, 452, 453

이라크 전쟁 220, 566, 571, 597,
604

이란 175, 564, 601

이코노미스트*The Economist*
145, 146, 152, 165, 178, 188, 189,
231, 240, 261, 262, 266, 270, 296

이탈리아 공산당 49, 229, 450

인간 본성 60, 61, 63, 368, 518

인간과 자연 19, 66

인간적 필요 73, 74, 92, 274, 391,
392, 393, 410, 420

일-복지 236, 237

잉여가치 72, 75, 93, 108~110, 286

잉여노동의 추출 75, 91, 108, 109,
111, 148, 272, 418

ㅈ

자기교육 360, 487, 496, 508, 509

자본, 역사적 시간의 적 416

자본의 관점 66, 250~ 252, 320,
379, 380, 399, 400, 401, 414,
420, 460, 480, 481, 500

자본의 구조적 위기 100, 145, 174,
206, 230, 243, 250, 432, 516, 578,
582, 583, 586, 588

자본의 구조적 한계 40, 44, 87, 157,
205, 407

자본의 근절 119, 271, 369, 616

자본의 다수성 162, 170, 199, 202,
207

자본의 사회신진대사 통제 18, 92,
96, 273, 386, 416, 546, 610

자본의 세계화와 국민국가의 모순
 98, 99, 100, 151, 158, 163, 207,
 223, 551, 585
자본의 시간 남용   389, 393, 395
자본의 인격화   35, 102, 117~119,
 271, 285, 465, 490, 491
자본주의 복원   18, 95, 110, 532,
 616
자본주의 이종 혼합   149
자유 시간   58, 72, 74, 75, 83, 85,
 88, 141, 254, 257
자유주의   528
자유주의적 제국주의   529, 549, 609
자주-관리   360, 409, 448, 469, 470
전위주의   506, 507
전 지구적 패권 제국주의   185, 215,
 221~223, 406, 432, 447, 544, 548,
 561, 586, 594, 602, 603, 608, 609
절대적 잉여가치   246, 247
절약으로서의 경제   67, 109, 120,
 289, 291, 308, 402, 408, 409, 420
제1차 매개   66~68, 72
제2차 매개   66~68, 358
제2차 인터내셔널   429, 430
제3차 인터내셔널   430
제국주의의 역사적 국면   215, 221

제로 성장   403, 404, 406, 415, 546
중국 시스템   94, 100, 108, 148
중국의 실업   234
지속 가능한 발전   20, 26, 50, 289,
 299, 307, 308, 313
진화 사회주의   445, 450, 525, 530,
 613

ㅊ
차별적 착취율의 하향 평균화   129,
 131, 132, 147, 148, 244, 245
초국적 자본   22, 151, 158, 435
초의회 세력   374, 456, 467
초의회 세력으로서의 자본   201, 210
최소저항노선   51, 197, 203, 204,
 305, 341, 371, 451, 530

ㅋ
케인스주의   101, 145, 204~206,
 279, 292

ㅌ
테러와의 전쟁   220, 437, 478, 551
통화주의   117, 145, 205

ㅍ

파괴적 생산　43, 215, 290, 359, 387,
　498

페레스트로이카　49, 111, 272, 412,
　431

포함외교　172, 431, 563

프롤레타리아(화)　112, 113, 115

필요노동시간　24, 72, 73, 255,
　389, 409, 417, 490, 491~493, 501

ㅎ

핵 공갈　172, 221, 563, 601

핵무기　196, 478, 529, 530, 588,
　600, 612

허위의식　284, 479, 484, 485

헤게모니적 대안　320, 393, 418,
　419, 474, 485, 487~490, 492, 494,
　495, 498, 499, 527, 561, 614

숫자

21세기 사회주의　367, 504

· 지은이

이스트번 메자로스*István Mészáros*

1930년 헝가리 출생. 부다페스트 대학에서 죄르지 루카치의 조교로 수학했으며, 1956년 소련의 침공 직후 영국으로 망명해 서식스 대학의 철학 교수로 정착했다. 그 후 마르크스, 루카치, 사르트르에 관한 저작을 포함해 많은 철학, 정치경제학, 문화 저작을 저술했으며 『마르크스의 소외론*Marx's Theory of Alienation*』으로 1971년 아이작 도이처 상을 수상했다. 그 밖의 주요 저작으로는 『자본의 구조적 위기*The Structural Crisis of Capital*』(2009), 『역사적 시간의 도전과 책무: 21세기 사회주의*The Challenge and Burden of Historical Time: Socialism in the Twenty First Century*』(2008), 『자본을 넘어서*Beyond Capital*』(1995), 『이데올로기의 힘*The Power of Ideology*』(1989) 등이 있다. 특히 작고한 우고 차베스 베네수엘라 전 대통령이 그의 사상으로부터 많은 영향을 받았던 것으로 알려져 있다.

・옮긴이

전태일을 따르는 민주노동연구소

1990년 2월 설립. 전태일 열사의 인간해방 사상을 따라, 변혁적 노동운동을 발전시키고 자본주의를 넘어선 새로운 사회를 모색하는 실천적 이론을 연구, 보급하고 있다. 『신자유주의와 세계민중운동』(1998)과 『경제 대공황과 IMF 신탁통치』(1997)를 펴낸 바 있으며, 웹사이트(dli.nodong.net)를 통해 정세와 투쟁 방향에 관한 분석과 논평도 제공하고 있다.

『역사적 시간의 도전과 책무: 21세기 사회주의』는 전태일을 따르는 민주노동연구소 인간해방연구팀의 허석렬(충북대학교 사회학과 교수, 전태일을 따르는 사이버 노동대학 총장), 박승호(성공회대학교 외래교수), 김민곤(전 서울 대영고등학교 교사, 전 전교조 서울지부장), 박찬식(충북대학교 사회학과 외래교수)이 일차적으로 번역을 진행했으며, 박찬식이 최종적으로 전체 번역을 검토하고 마무리했다.

한울아카데미 2013

역사적 시간의 도전과 책무

21세기 사회주의

지은이 **이스트번 메자로스** ㅣ 옮긴이 **전태일을 따르는 민주노동연구소**

펴낸이 **김종수** ㅣ 펴낸곳 **한울엠플러스(주)** ㅣ 편집책임 **배유진** ㅣ 편집 **김초록**

초판 1쇄 인쇄 **2017년 6월 27일** ㅣ 초판 1쇄 발행 **2017년 7월 11일**

주소 **10881 경기도 파주시 광인사길 153 한울시소빌딩 3층**

전화 **031-955-0655** ㅣ 팩스 **031-955-0656**

홈페이지 **www.hanulmplus.kr** ㅣ 등록번호 **제406-2015-000143호**

Printed in Korea.

ISBN 978-89-460-7013-4 93300(양장)

        978-89-460-6358-7 93300(학생판)

* 책값은 겉표지에 표시되어 있습니다.

* 이 책은 강의를 위한 학생용 교재를 따로 준비했습니다. 강의 교재로 사용하실 때에는 본사로 연락해주시기 바랍니다.